Wessel
Speth
Hug
Boller

**Betriebswirtschaft
für Gesundheitsberufe**
mit gesamtwirtschaftlichen Aspekten

D1753065

Aus unserem Programm:

Wessel | Speth | Waltermann

Rechnungswesen für Gesundheitsberufe

ISBN 978-3-8120-0089-5

Zielgruppe
Ausbildungsberufe und Schulformen mit dem Schwerpunkt Gesundheitswesen, in denen Kenntnisse im fachspezifischen Rechnungswesen erworben werden sollen; Fachwirte im Gesundheits- und Sozialwesen.

Lehrplanbezug
Rahmenlehrplan der Kaufleute im Gesundheitswesen

Konzeption
Das **Lernbuch** informiert über Geschäfts- und Leistungsprozesse in Einrichtungen des Gesundheitswesens. Die Inhalte orientieren sich am Rahmenlehrplan für den Ausbildungsberuf Kaufmann im Gesundheitswesen/Kauffrau im Gesundheitswesen mit den Rechnungswesenanteilen in den Lernfeldern 3, 5, 7, 8, 9, 10 und 11. Zudem liegt der Stoffauswahl der IHK-Prüfungskatalog für die IHK-Abschlussprüfung Kaufmann/Kauffrau im Gesundheitswesen zugrunde.

Inhalt
Geschäftsprozesse buchhalterisch erfassen und auswerten | Berechnungen und Buchungen in Sachbereichen des Krankenhauses | Dienstleistungen in der Krankenversorgung abrechnen | Jahresabschluss im Krankenhaus (inkl. Analyse und Kritik) | Investitionen finanzieren (inkl. Krankenhausfinanzierung) | Finanzierung und Leistungsabrechnung in der Rehabilitation | Geschäftsprozesse erfolgsorientiert steuern (KLR) | Pflegebuchführung und Pflegekostenrechnung (Pflegeversicherung, Pflegebuchführung, Vergütung und Abrechnung von Pflegeleistungen, Kosten- und Leistungsrechnung in der stationären Pflege).

Wessel | Dreyer | Kirchhübel

Kompaktwissen und Prüfungstraining
Kaufleute im Gesundheitswesen

ISBN 978-3-8120-0626-2

Konzeption
Das Lernbuch bereitet auf die IHK-Abschlussprüfung im Ausbildungsberuf Kaufmann/Kauffrau im Gesundheitswesen als Selbststudium vor.

Alle Aufgabensätze der schriftlichen IHK-Abschlussprüfung werden nach Inhalt und Aufgabentypen mit einer Vielzahl von Übungsangeboten abgebildet. **Die ganze Prüfung in einem Buch!** Die mitgelieferten Lösungen geben eine sofortige Rückmeldung. Wo es angebracht ist, werden Lösungshinweise und Entwicklungsschritte gegeben.

Das Prüfungstraining bietet sowohl programmierte Aufgaben als auch komplexe Situationen in Form von Prüfungsfällen an. Die breite Streuung der Aufgabentypen von „einfach" bis „anspruchsvoll" kommt nicht nur den IHK-Prüfungskandidaten, sondern auch weiteren Interessenten außerhalb der punktuellen IHK-Prüfung entgegen.

Inhalt
Hinweise zur Prüfung | Aufgabentypen in der schriftlichen IHK-Prüfung | Marketing und Kommunikation | Geschäfts- und Leistungsprozesse in Einrichtungen des Gesundheitswesens | Wirtschafts- und Sozialkunde | Organisation und Finanzierung im Gesundheitswesen | Lösungen.

Wessel
Speth
Hug
Boller

Betriebswirtschaft für Gesundheitsberufe
mit gesamtwirtschaftlichen Aspekten

Merkur
Verlag Rinteln

Wirtschaftswissenschaftliche Bücherei für Schule und Praxis
Begründet von Handelsschul-Direktor Dipl.-Hdl. Friedrich Hutkap †

Verfasser:

Bernhard Wessel, Dipl.-Kfm. Dipl.-Hdl.
Dr. Hermann Speth, Dipl.-Hdl.
Hartmut Hug, Dipl.-Hdl.
Dr. Eberhard Boller, Dipl.-Hdl.

Fast alle in diesem Buch erwähnten Hard- und Softwarebezeichnungen sind eingetragene Warenzeichen.

Das Werk und seine Teile sind urheberrechtlich geschützt. Jede Nutzung in anderen als den gesetzlich zugelassenen Fällen bedarf der vorherigen schriftlichen Einwilligung des Verlages. Hinweis zu § 60a UrhG: Weder das Werk noch seine Teile dürfen ohne eine solche Einwilligung eingescannt und in ein Netzwerk eingestellt werden. Dies gilt auch für Intranets von Schulen und sonstigen Bildungseinrichtungen.

Umschlagfotos: © Africa Studio – Fotolia.com
© Yvonne Weis – Fotolia.com

Wir danken folgenden Unternehmen für die Verwendung ihrer Logos:
- visual eins, MVZ für Augenheilkunde und Anästhesie GmbH, Am Finkenhügel 7B, 49076 Osnabrück (S. 51)
- Orthopädie-Technik H. + L. Hußmann GmbH, Mindener Str. 199, 49084 Osnabrück
(Logo des Modellkrankenhauses Königsberg-Klinik GmbH [S. 32, 226, 282, 309, 316])

* * * * *

2., erweiterte und aktualisierte Auflage 2021
© 2019 by MERKUR VERLAG RINTELN

Gesamtherstellung:
MERKUR VERLAG RINTELN Hutkap GmbH & Co. KG, 31735 Rinteln

E-Mail: info@merkur-verlag.de
lehrer-service@merkur-verlag.de
Internet: www.merkur-verlag.de

Merkur-Nr. 0667-02
ISBN 978-3-8120-0667-5

Vorwort

Das vorliegende Lernbuch stellt in anschaulicher Weise die **betriebswirtschaftlichen, rechtlichen und sozialwirtschaftlichen Grundlagen für Berufstätigkeiten im Gesundheitswesen** dar. Orientiert an realen betrieblichen Handlungsfeldern in der Gesundheitswirtschaft werden folgende Lerngebiete vermittelt:

Gesundheitseinrichtungen als Unternehmung, berufliche Bildung, soziale Absicherung, Marketing, Beschaffungs- und Lagerwirtschaft, Dienstleistungen und Geschäftsprozesse, Personal und Kommunikation.

Weitere Lerngebiete leiten von der betriebswirtschaftlichen Sichtweise hinüber zur gesamtwirtschaftlichen Betrachtung mit den Kernthemen

Wirtschaftskreislauf, soziale Marktwirtschaft und europäische Geldpolitik.

Damit wird dem Umstand Rechnung getragen, dass das Gesundheitswesen zunehmend eine gesamtwirtschaftliche Bedeutung erlangt hat. In der staatlichen Finanzpolitik und ganz besonders auf dem Gebiet der Arbeitsmarktpolitik ist das Gesundheitswesen eine Angelegenheit von hoher Dringlichkeit.

- Die betriebswirtschaftliche, rechtliche und volkswirtschaftliche Grundlagenbildung orientiert sich am **Rahmenlehrplan für den Ausbildungsberuf Kaufmann/Kauffrau im Gesundheitswesen.**

- Gleichwohl ist dieses **Lernbuch für weitere Bildungsgänge mit gesundheitswirtschaftlicher Ausrichtung** in berufsbildenden Schulen und für Lehrgänge in Bildungszentren geeignet. Zielführende Verwendungen sind ganz allgemein kaufmännische Tätigkeitsfelder in Krankenhäusern, Rehabilitationseinrichtungen, Pflegeheimen, medizinischen Versorgungszentren, Organisationen und Verbänden des Gesundheitswesens und der freien Wohlfahrtspflege.

- Zahlreiche Abbildungen, Schaubilder, Merksätze, Beispiele und Gegenüberstellungen erhöhen die Anschaulichkeit und Einprägsamkeit der Informationen.

- Das **Kompetenztraining** am Ende einer Lerneinheit soll dazu befähigen, Gelerntes auf vergleichbare Sachverhalte zu übertragen. Fallbezogene Übungen können von den Lehrenden auch als problematisierender Unterrichtseinstieg genutzt werden.

- Ein ausführliches **Stichwortverzeichnis** hilft Ihnen, Begriffe und Erläuterungen schnell aufzufinden.

- Die vorliegende „Betriebswirtschaft für Gesundheitsberufe – mit gesamtwirtschaftlichen Aspekten" erhält ihre thematische Ergänzung mit dem „Rechnungswesen für Gesundheitsberufe" (Merkurbuch 0089). Zusammen mit dem Übungsbuch „Kompaktwissen und Prüfungstraining – Kaufleute im Gesundheitswesen" (Merkurbuch 0626) legt der Verlag eine umfassende **Lernbuchreihe für Kaufleute im Gesundheitswesen** vor. Die Lösungshefte zu den beiden Lernbüchern können frei im Buchhandel erworben werden.

- Bei den Berufs- und Personenbezeichnungen wird auf die Verwendung geschlechtlicher Paarformen (weiblich/männlich) in der Regel verzichtet, weil darunter die Verständlichkeit und Klarheit der Aussagen erheblich leiden würde. Wir wollen jedoch ausdrücklich erwähnen, dass bei der Nennung sowohl weibliche als auch männliche Berufsbezeichnungen und Personen gemeint sind.

Wir erhoffen uns eine gute Zusammenarbeit mit allen Benutzern dieses Buchs und sind Ihnen für jede Art von Anregungen und Verbesserungsvorschlägen dankbar. Weiterhin wünschen wir Ihnen den angestrebten Lehr- und Lernerfolg!

Die Verfasser

Inhaltsverzeichnis

1 EIGENVERANTWORTLICH WIRTSCHAFTENDE GESUNDHEITSBETRIEBE

1	**Aufgaben der Gesundheitsversorgung**	17
1.1	Gewährleistung medizinischer Versorgung	17
1.2	Grundleistungen medizinischer Versorgung	17
1.2.1	Prävention und Früherkennung	17
1.2.2	Krankenbehandlung	20
1.2.3	Rehabilitation	21
1.2.4	Pflege	22
2	**Einrichtungen der Gesundheitsversorgung**	24
2.1	Stationäre Versorgungsbereiche im sozialen Gesundheitswesen	24
2.2	Zielsystem in der sozialen Gesundheitsversorgung	25
2.3	Trägergruppen von Gesundheitseinrichtungen und ihre Unternehmenskultur	26
2.4	Gesundheitseinrichtungen als Modellunternehmen	28
2.4.1	Allgemeines Krankenhaus Königsberg-Klinik	28
2.4.2	Rehabilitationskrankenhaus Klinik am Rosenhof	29
2.4.3	Pflegeheim Seniorenresidenz Rosenhof	30
3	**Unternehmensziele in der sozialen Gesundheitsversorgung**	32
3.1	Unternehmensleitbild	32
3.2	Unternehmensziele zur Orientierung unternehmerischen Handelns	32
3.3	Erfolgsorientierte Unternehmensziele	33
3.4	Zielharmonie und Zielkonflikte zwischen den Unternehmenszielen	35
4	**Organisatorische Grundlagen von Gesundheitsbetrieben**	37
4.1	Begriff Organisation	37
4.2	Aufbauorganisation gestalten	37
4.2.1	Aufgabengliederung	37
4.2.2	Stellenbildung	38
4.2.3	Abteilungsbildung	40
4.2.4	Organisationsplan (Organigramm)	40
4.3	Formen der betrieblichen Aufbauorganisation	41
4.3.1	Grundsätzliches	41
4.3.2	Leitungssysteme	41
4.3.3	Leitungssystem des Modellkrankenhauses Königsberg-Klinik GmbH	45
5	**Rechtsformen der Unternehmung**	49
5.1	Rechtliche Grundlagen	49
5.1.1	Kaufmann	49
5.1.2	Handelsregister	51
5.1.3	Firma	53
5.2	Einzelunternehmung	55
5.3	Gesellschaft bürgerlichen Rechts (GbR)	58
5.4	Offene Handelsgesellschaft (OHG)	58
5.4.1	Begriff, Gründung und Firma	58
5.4.2	Pflichten und Rechte der OHG-Gesellschafter	59
5.4.3	Vor- und Nachteile der OHG	61
5.5	Kommanditgesellschaft (KG)	63
5.5.1	Begriff, Gründung und Firma	63
5.5.2	Pflichten und Rechte der KG-Gesellschafter	64
5.5.3	Vor- und Nachteile der KG	67

5.6	Gesellschaft mit beschränkter Haftung (GmbH)	69
5.6.1	Begriff, Gründung und Firma	69
5.6.2	Eigenkapitalaufbringung	70
5.6.3	Haftung	70
5.6.4	Gewinn- und Verlustbeteiligung	71
5.6.5	Organe der GmbH	71
5.6.6	Unternehmergesellschaft als Sonderform der GmbH	71
5.6.7	Sonderform „gemeinnützige GmbH"	72
5.6.8	Bedeutung der GmbH	73
5.7	Aktiengesellschaft (AG)	75
5.7.1	Begriff, Gründung und Firma	75
5.7.2	Eigenkapitalaufbringung, Haftung, Gewinn- und Verlustbeteiligung	76
5.7.3	Organe der AG	77
5.7.4	Bedeutung der AG	77
5.8	Sonstige Rechtsformen der Unternehmung	79
5.9	Rechtsformwahl als Entscheidungsproblem	80
6	**Grundlagen von Teamarbeit und Präsentation**	**82**
6.1	Teamarbeit als mögliche Vorarbeit für eine Präsentation	82
6.2	Organisation einer Teamsitzung	83
6.3	Vorbereitung einer Präsentation	85
6.4	Grundlegende Präsentationsregeln	86
6.5	Regeln für ein Feedback	88

2 IN AUSBILDUNG UND BERUF ORIENTIEREN

1	**Konzept der Berufsausbildung**	**90**
1.1	Das System der dualen Berufsausbildung	90
1.2	Ausbildender, Ausbilder, Auszubildender	92
1.3	Ausbildungsverhältnis	93
1.3.1	Berufsbildungsgesetz, Ausbildungsordnung und Ausbildungsplan	93
1.3.2	Berufsausbildungsvertrag	94
1.4	Berufe und berufliche Entwicklungen im Gesundheitswesen	98
2	**Schutzbestimmungen für Mitarbeiter am Arbeitsplatz**	**103**
2.1	Arbeitsschutz	103
2.2	Infektionsschutz im Gesundheitswesen	104
2.3	Gesundheitsschutz	106
2.4	Umweltschutz	108
2.4.1	Ökologische Ausrichtung der Unternehmensführung	108
2.4.2	Umweltschutz am Arbeitsplatz	110
2.5	Jugendarbeitsschutz	112
3	**Mitbestimmung in Unternehmen und Betrieben**	**117**
3.1	Gesetzlicher Rahmen der Mitbestimmung	117
3.2	Mitbestimmung im Aufsichtsrat (Unternehmensverfassung)	117
3.3	Betriebliche Mitbestimmung in der gewerblichen Wirtschaft	118
3.3.1	Betriebsrat	118
3.3.2	Jugend- und Auszubildendenvertretung	121
3.3.3	Unmittelbare Rechte der Belegschaftsmitglieder nach dem Betriebsverfassungsgesetz	122
3.3.4	Betriebsvereinbarung	123
3.4	Betriebliche Mitbestimmung im öffentlichen Dienst	124
3.5	Betriebliche Mitbestimmung in Tendenzbetrieben und kirchlichen Einrichtungen	125

Inhaltsverzeichnis

4	**Bedeutung von Tarifverträgen und die Rolle der Sozialpartner**	**131**
4.1	Sozialpartner	131
4.2	Begriff, Arten und Geltungsbereich des Tarifvertrags	132
4.2.1	Tarifautonomie – Tarifvertragsparteien – Tarifvertrag	132
4.2.2	Arten von Tarifverträgen	133
4.2.3	Geltungsbereich des Tarifvertrags	134
4.3	Wirkungen des Tarifvertrags	134
4.4	Entstehen eines Tarifvertrags	135
4.5	Bedeutung der Tarifverträge für Arbeitnehmer und Arbeitgeber	136

③ MÄRKTE ANALYSIEREN UND MARKETINGINSTRUMENTE ANWENDEN

1	**Der Gesundheitsmarkt als staatliche Gemeinschaftsaufgabe**	**139**
2	**Grundlagen, Ziele und Aufgaben des Marketings**	**142**
2.1	Grundlagen des Marketings	142
2.2	Marketingziele festlegen	143
2.2.1	Notwendigkeit von Zielformulierungen	143
2.2.2	Marketingziele formulieren	144
2.3	Aufgaben des Marketings	146
3	**Marktforschung**	**148**
3.1	Begriff Marktforschung, Träger und Gebiete der Marktforschung	148
3.2	Informationen über zentrale Marktteilnehmer gewinnen	150
3.3	SWOT-Analyse	151
3.4	Datenerhebungsverfahren	153
3.5	Methoden der Informationsgewinnung	155
3.5.1	Beobachtung	155
3.5.2	Befragung	156
4	**Entwicklung eines Marketingkonzepts (Marketingmix)**	**159**
4.1	Begriff Marketingkonzept	159
4.2	Marktsegmentierung	159
4.3	Produktpolitik	161
4.3.1	Begriff Produkt und Alleinstellungsmerkmal von Produkten	161
4.3.2	Konzept des Produktlebenszyklus	163
4.4	Kontrahierungspolitik (Entgeltpolitik)	167
4.4.1	Preisstrategien	167
4.4.2	Vergütungsregeln im Gesundheitswesen	167
4.4.3	Preispolitische Gestaltungsmöglichkeiten im Gesundheitswesen	168
4.5	Distributionspolitik	169
4.6	Kommunikationspolitik	171
4.6.1	Werbung	171
	4.6.1.1 Begriff und Grundregeln der Werbung im Gesundheitswesen	171
	4.6.1.2 Werbeplan	173
	4.6.1.3 Werbeerfolgskontrolle	176
4.6.2	Verkaufsförderung	178
4.6.3	Public Relations (Öffentlichkeitsarbeit)	179
4.6.4	Neuere Formen der Kommunikationspolitik	182

Inhaltsverzeichnis

4 Beschaffungsprozesse planen, steuern und kontrollieren

1	**Begriff Beschaffung und die Ziele der Beschaffung (Materialwirtschaft)**	188
2	**Beschaffungsmarktforschung**	190
2.1	Begriff Beschaffungsmarktforschung	190
2.2	Bereiche der Beschaffungsmarktforschung	190
2.3	Informationsquellen	193
3	**Beschaffungsplanung**	195
3.1	Aufgaben der Beschaffungsplanung	195
3.2	Bedarfsplanung	195
3.2.1	Begriff Bedarfsplanung	195
3.2.2	Kriterien für die Materialauswahl	196
3.2.3	ABC-Analyse	197
3.2.4	Mengenplanung	202
3.2.5	Zeitplanung	204
3.3	Abfallentsorgung in Gesundheitsbetrieben	206
4	**Liefererauswahl**	210
4.1	Grundsätzliches	210
4.2	Einfaktorenvergleich mit Bezugskalkulation	210
4.3	Mehrfaktorenvergleich (Scoring-Modell)	212
5	**Zentrale Rechtsnormen des Vertragsrechts**	214
5.1	Rechtsgeschäfte	214
5.2	Rechtsfähigkeit	214
5.3	Geschäftsfähigkeit	215
5.4	Nichtigkeit und Anfechtbarkeit von Rechtsgeschäften	218
5.4.1	Nichtigkeit von Rechtsgeschäften	218
5.4.2	Anfechtbarkeit von Rechtsgeschäften	218
5.5	Vertragsfreiheit, Beschränkungen und Formvorschriften	220
5.5.1	Vertragsfreiheit	220
5.5.2	Beschränkung der Vertragsfreiheit	220
5.5.3	Formvorschriften von Rechtsgeschäften	221
6	**Durchführung des Beschaffungsprozesses**	225
6.1	Grundsätzliches	225
6.2	Anfrage	225
6.3	Angebot	227
6.3.1	Begriff Angebot	227
6.3.2	Bindung an das Angebot	227
6.3.3	Inhalt des Angebots	228
6.3.3.1	Art, Güte, Beschaffenheit und Menge der Produkte	228
6.3.3.2	Preis der Produkte	229
6.3.3.3	Lieferungs- und Zahlungsbedingungen	230
6.3.3.4	Leistungsort und Gerichtsstand	233
6.4	Bestellung und Bestellbestätigung	233
6.5	Vergaberecht im Einkauf für öffentliche Auftraggeber	234
7	**Kaufvertrag**	238
7.1	Abschluss des Kaufvertrags (Verpflichtungsgeschäft)	238
7.1.1	Begriff und Zustandekommen von Kaufverträgen	238
7.1.2	Rechte und Pflichten aus dem Kaufvertrag	239
7.1.3	Einbeziehung allgemeiner Geschäftsbedingungen	240
7.2	Erfüllung des Kaufvertrags	240

Inhaltsverzeichnis

7.2.1	Erfüllung des Kaufvertrags durch den Verkäufer	240
	7.2.1.1 Lieferung der Kaufsache	241
	7.2.1.2 Eigentumsübertragung an den Käufer	242
7.2.2	Erfüllung des Kaufvertrags durch den Käufer	243
8	**Leistungsstörungen beim Kaufvertrag**	**251**
8.1	Leistungsstörungen im Überblick	251
8.2	Mangelhafte Lieferung (Schlechtleistung)	251
8.2.1	Begriff mangelhafte Lieferung	251
8.2.2	Mängelarten	252
8.2.3	Rechte des Käufers (Gewährleistungsrechte)	253
8.2.4	Verjährungsfristen von Mängelansprüchen	257
8.2.5	Mangelhafte Lieferung im Überblick	258
8.3	Lieferungsverzug (Nicht-Rechtzeitig-Lieferung)	260
8.3.1	Begriff Lieferungsverzug	260
8.3.2	Voraussetzungen des Lieferungsverzugs	260
8.3.3	Rechte des Käufers beim Lieferungsverzug	261
8.4	Vertragsstörungen bei der Übergabe der Kaufsache	265
8.4.1	Annahmeverzug	265
8.4.2	Abnahmeverzug	266
8.5	Zahlungsverzug (Nicht-Rechtzeitig-Zahlung)	267
8.5.1	Begriff Zahlungsverzug	267
8.5.2	Eintritt des Zahlungsverzugs	268
8.5.3	Rechtsfolgen (Rechte des Verkäufers)	269
9	**Sicherung und Durchsetzung von Ansprüchen**	**272**
9.1	Überwachung des Zahlungseingangs	272
9.2	Eigentumsvorbehalt	272
9.3	Kaufmännisches (außergerichtliches) Mahnverfahren	273
9.4	Gerichtliches Mahnverfahren	274
9.5	Verjährung	276
9.5.1	Gegenstand und Zweck der Verjährung	276
9.5.2	Verjährungsfristen	276
9.6	Insolvenz eines Unternehmens	277
10	**Unternehmenstypische Formen des Zahlungsverkehrs**	**279**
10.1	Überblick über die Geld- und Zahlungsarten	279
10.2	Bargeldlose Zahlung	279
10.2.1	Girokonto	279
10.2.2	SEPA-Zahlungen	280
	10.2.2.1 SEPA-Überweisung	280
	10.2.2.2 SEPA-Basis-Lastschriftverfahren (SEPA Core Direct Debit Scheme)	282
10.2.3	Zahlung mit der Girocard	285
10.2.4	Kreditkarte (Pay-later-Karte)	286
10.2.5	Onlinebanking	287
10.3	Bevorzugte Zahlungsformen beim E-Commerce	288
10.4	Vorteile von Bankdienstleistungen	289
11	**Controlling von Beschaffungsprozessen und Lagerhaltungskosten**	**291**
11.1	Begriff und Funktionen des Lagers	291
11.2	Arten des Lagers	291
11.3	Lagerorganisation in Einrichtungen des Gesundheitswesens	292
11.4	Bestandsoptimierung in der Lagerhaltung	294
11.4.1	Arten der Lagerhaltungskosten	294
11.4.2	Festlegung von Mindest- und Meldebeständen	295
11.4.3	Berechnung von Lagerkennzahlen	296

11.5	Risiken einer fehlerhaften Lagerplanung	298
11.6	Eigen- oder Fremdlagerung	298
11.7	Optimierung der Beschaffungsprozesse durch E-Procurement	300

5 DIENSTLEISTUNGEN ANBIETEN UND DOKUMENTIEREN

1	**Dienstleistungsangebote von zugelassenen Krankenhäusern**	305
1.1	Allgemeine Krankenhausleistungen	305
1.2	Wahlleistungen im Krankenhaus	306
2	**Abschluss von Behandlungsverträgen**	308
2.1	Form und Inhalt von Behandlungsverträgen	308
2.2	Formen von stationären Behandlungsverträgen	310
2.3	Vorschriften für die medizinische Behandlung	311
2.4	Haftung im Krankenhaus	312
2.5	Aufbewahrung und Entsorgung von medizinischen Dokumenten	314
3	**Schutz personenbezogener Daten**	316
3.1	Zweckbindung personenbezogener Daten	316
3.2	Datenschutz und Datensicherheit für besondere Kategorien personenbezogener Daten	318
3.3	Übermittlung und Nutzung von Patientendaten zur Leistungsabrechnung	320
4	**Ärztliche Schweigepflicht**	321
4.1	Rechtsgrundlagen der ärztlichen Schweigepflicht	321
4.2	Berufsrechtlicher Personenkreis mit Schweigepflicht	321
4.3	Inhalt und Reichweite der ärztlichen Schweigepflicht	321
4.4	Offenbarungsrechte und Offenbarungspflichten zur ärztlichen Schweigepflicht	322
5	**Datentransfer mit Kranken-, Renten-, Unfall- und Pflegeversicherung**	324
5.1	Pflichten der Erbringer von Gesundheitsleistungen	324
5.2	Datenübermittlung ärztlicher Leistungen	324
5.3	Datenaustauch zwischen Krankenhaus und Krankenkasse	325
5.4	Datenaustausch bei Vorsorge- und Rehabilitationsleistungen	327
5.5	Datenübermittlung in der gesetzlichen Unfallversicherung	328
5.6	Datenübermittlung an die Pflegeversicherung	329
6	**Wohn- und Betreuungsvertrag im Pflegeheim**	330

6 GESCHÄFTSPROZESSE ERFOLGSORIENTIERT STEUERN

1	**Prozessorientierte Organisation**	334
1.1	Optimierung der Arbeitsabläufe durch die Bildung von Geschäftsprozessen	334
1.2	Nutzenorientierter Wertschöpfungsprozess	334
1.3	Arten von Geschäftsprozessen	335
1.4	Ansatzpunkte zur Optimierung von Geschäftsprozessen	336
2	**Geschäftsprozesse im Krankenhaus**	337
2.1	Bezugspunkte für Geschäftsprozesse im Krankenhaus	337
2.2	Wertschöpfung im Krankenhaus	338
2.3	Kern- und Unterstützungsprozesse im Krankenhaus	338
2.4	Prozessorientierte Organisationsform im Krankenhaus	340
2.5	Modellierung Klinischer Behandlungspfade	341
2.6	Ziele und Vorzüge von Klinischen Behandlungspfaden	342

Inhaltsverzeichnis

3	**Qualitätsmanagement**	345
3.1	Begriffe Qualität und Qualitätsmanagement	345
3.2	Zentrale Qualitätsdimensionen	345
3.3	Instrumente und Methoden des Qualitätsmanagements	346
3.3.1	Einrichtung eines Qualitätszirkels	346
3.3.2	Prozesse im PDCA-Zyklus steuern	347
3.4	Einrichtungsinternes Qualitätsmanagement für Gesundheitsbetriebe	348
3.4.1	Gesetzliche Grundlage	348
3.4.2	Ziele des einrichtungsinternen Qualitätsmanagements	348
3.4.3	Verpflichtende Bestandteile eines einrichtungsinternen Qualitätsmanagements	349
3.4.4	Patientenorientiertes Beschwerdemanagement	350
3.5	Qualitätsmanagement-Modelle in der Gesundheitswirtschaft	352
3.5.1	KTQ-Regelwerk für Qualitätsmanagement und Patientensicherheit	352
3.5.2	Regelwerk von proCum Cert für den konfessionellen Gesundheitsbereich	355
3.5.3	Internationaler Standard für Qualitätsmanagement: DIN EN ISO 9001	355
3.5.4	Europäische Norm DIN EN 15224 für Qualitätsmanagement im Gesundheitswesen	356
3.6	Pflegequalität in zugelassenen Pflegeeinrichtungen	357
3.7	Benchmarking	359

7 PERSONALWIRTSCHAFTLICHE AUFGABEN WAHRNEHMEN

1	**Begriff und Ziele der Personalwirtschaft**	364
2	**Überblick über den Geschäftsprozess der Personalwirtschaft**	364
3	**Personalbedarfsplanung**	366
3.1	Personalanalyse	366
3.2	Personalbedarf und Personalbedarfsplanung	367
3.3	Quantitative Personalbedarfsplanung	368
3.4	Qualitative Personalbedarfsplanung	368
4	**Personalbeschaffungsplanung**	369
4.1	Aufgaben der Personalbeschaffungsplanung	369
4.2	Personalbeschaffungswege	370
4.2.1	Interne Personalbeschaffung	370
4.2.2	Externe Personalbeschaffung	370
5	**Personalbeschaffung**	372
5.1	Ablauf des Auswahl- und Einstellungsverfahrens	372
5.2	Stellenanzeigen	374
5.3	Durchführung der Personalauswahl	376
5.3.1	Sortieren der Bewerbungsunterlagen	376
5.3.2	Personalauswahl mittels Vorstellungsgespräch	377
5.3.3	Aufbereitung der Vorstellungsgespräche	378
5.3.4	Treffen der Personalauswahl	380
5.4	Personaleinstellung	384
5.4.1	Begriff und Inhalt eines Arbeitsvertrags	384
5.4.2	Anmeldung der Mitarbeiter beim Sozialversicherungsträger und beim Finanzamt	389
5.4.3	Anlegen von Personalakten	389
5.5	Betriebliche Vollmachten	391
5.5.1	Delegation und Vollmacht	391
5.5.2	Gesetzlich geregelte Vollmachten	391
	5.5.2.1 Prokura	391
	5.5.2.2 Handlungsvollmacht	392
5.5.3	Zusammenhang zwischen Vollmachten und Organisationsaufbau	393

6	**Personaleinsatz**	395
6.1	Personaleinsatzplan	395
6.2	Flexible Arbeitszeiten	396
6.3	Dienstplangestaltung bei durchlaufenden Betriebszeiten	397
6.4	Teilzeitbeschäftigung	401
7	**Personalqualifizierung**	402
7.1	Personalführung	402
7.1.1	Grundsätze der Personalführung	402
7.1.2	Führungsstile und Führungsmethoden	403
7.1.3	Mitarbeitergespräche	403
7.1.3.1	Arten von Mitarbeitergesprächen	403
7.1.3.2	Grundlagen für eine erfolgreiche Gesprächsführung	404
7.1.4	Regelung von Konflikten	406
7.2	Personalentwicklung	408
7.2.1	Begriff und Ziele der Personalentwicklung	408
7.2.2	Maßnahmen zur Personalentwicklung	408
7.2.3	Personalförderung	409
7.2.4	Fort- und Weiterbildung	410
8	**Betriebliches Entgelt**	413
8.1	Zeitlohn	413
8.2	Leistungslohn	414
8.2.1	Akkordlohn	414
8.2.2	Prämienlohn	414
8.3	Beteiligungslohn	415
9	**Freisetzung von Personal**	417
9.1	Notwendigkeit von Personalfreisetzungen	417
9.2	Vertragsablauf und Aufhebungsvertrag	418
9.3	Kündigung	419
9.3.1	Begriff Kündigung	419
9.3.2	Arten der Kündigung	419
9.3.3	Kündigungsschutz	422
9.3.4	Kündigungsschutzklage	423
9.4	Zeugnisausstellung	424
9.5	Abwicklung der Entlassung	426

8 WECHSELSEITIGE BEZIEHUNGEN DER WIRTSCHAFTSSUBJEKTE IN DER VOLKSWIRTSCHAFT

1	**Wirtschaftssubjekte im Wirtschaftskreislauf**	428
1.1	Einfacher Wirtschaftskreislauf	428
1.2	Erweiterter Wirtschaftskreislauf	429
1.3	Vollständiger Wirtschaftskreislauf	430
2	**Bruttoinlandsprodukt als Maß für die wirtschaftliche Leistung**	434
2.1	Begriff Wirtschaftswachstum	434
2.2	Begriff Bruttoinlandsprodukt (BIP)	434
2.3	Die Leistung unserer Wirtschaft	435
2.4	Kritik am Modell des BIP als Wohlstandsindikator	436
2.5	Alternativer Wohlstandsindikator: Human Development Index (HDI)	437
3	**Markt als Ort des Zusammentreffens von Angebot und Nachfrage**	440
3.1	Systematisierung von Märkten	440

Inhaltsverzeichnis

3.1.1	Begriff Markt	440
3.1.2	Marktarten	441
3.2	Nachfragekurven und Nachfrageverschiebungen	441
3.2.1	Begriff und Bestimmungsgründe der Nachfrage	441
3.2.2	Preis und Nachfrage	442
3.2.3	Nachfrageverschiebungen	443
3.3	Angebotskurven und Angebotsverschiebungen	444
3.3.1	Begriff und Bestimmungsgründe des Angebots	444
3.3.2	Preis und Angebot	444
3.3.3	Angebotsverschiebungen	445
3.4	Preisbildung auf dem vollkommen Polypolmarkt am Beispiel der Börse	447
3.4.1	Bildung des Gleichgewichtspreises	447
3.4.2	Auswirkungen des Gleichgewichtspreises	449
3.4.3	Vollkommener Markt	450
3.4.4	Funktionen des Preises im Modell des vollkommenen Marktes	451

9 WIRTSCHAFTLICHES HANDELN IN DER SOZIALEN MARKTWIRTSCHAFT

1	**Grundgedanken und Ordnungsmerkmale der sozialen Marktwirtschaft in der Bundesrepublik Deutschland**	455
1.1	Wirtschaftsordnungen	455
1.2	Begriff soziale Marktwirtschaft	456
1.3	Ordnungsmerkmale der sozialen Marktwirtschaft	456
1.3.1	Garantierte Freiheitsrechte des Grundgesetzes	456
1.3.2	Einschränkung der Freiheitsrechte in der sozialen Marktwirtschaft	457
1.3.3	Tarifautonomie und Sozialgesetzgebung	459
2	**System der sozialen Absicherung**	463
2.1	Notwendigkeit sozialer Absicherung	463
2.2	System der Sozialversicherung	463
2.2.1	Überblick über die Zweige der Sozialversicherung	463
2.2.2	Gesetzliche Krankenversicherung	464
2.2.3	Soziale Pflegeversicherung	466
2.2.4	Gesetzliche Arbeitsförderung (Arbeitslosenversicherung)	468
2.2.4.1	Anmeldung, Versicherungspflicht und die Leistungen an Arbeitnehmer	468
2.2.4.2	Grundsicherung für Arbeitsuchende	469
2.2.5	Gesetzliche Unfallversicherung	471
2.2.6	Gesetzliche Rentenversicherung	471
2.2.7	Finanzierung der Sozialversicherung	473
2.2.8	Sozialversicherungsausweis	475
2.3	Dreischichtenmodell	475
3	**Konjunkturverlauf und konjunkturelle Schwankungen**	477
3.1	Idealtypischer Konjunkturverlauf	477
3.2	Ursachen für Konjunkturschwankungen	479
3.3	Maßnahmen zur Vermeidung von Konjunkturschwankungen	480
4	**Wirtschaftspolitische Ziele und mögliche Zielkonflikte**	483
4.1	Begriff Wirtschaftspolitik	483
4.2	Wirtschaftspolitische Ziele und ihre Zielbeziehungen	483
4.2.1	Ziele des Stabilitätsgesetzes und ihre Messgrößen	483
4.2.2	Sozial verträgliche Einkommens- und Vermögensverteilung	490
4.2.3	Erhaltung der natürlichen Lebensgrundlagen	491
4.2.4	Wechselwirkungen wirtschaftspolitischer Maßnahmen	492

10 GELD UND WÄHRUNG IM EUROPÄISCHEN SYSTEM DER ZENTRALBANKEN

1	Europäische Wirtschafts- und Währungsunion (WWU)	494
2	Europäische Zentralbank (EZB)	496
3	Europäisches System der Zentralbanken (ESZB)	497
4	Deutsche Bundesbank	499
5	Geldpolitische Instrumente der Europäischen Zentralbank	499
5.1	Mindestreservepolitik	500
5.2	Offenmarktpolitik	501
5.3	Ständige Fazilitäten	503

Stichwortverzeichnis ... 506

Bilderverzeichnis

S. 17: #6685 – www.colourbox.de • S. 18: stockwerk fotodesign– www.colourbox.de • S. 22: Kzenon – www.colourbox.de • S. 83: oneinchpunch – stock.adobe.com • S. 90: lightpoet – Fotolia.com • S. 93: Picture-Factory – Fotolia.com • S. 98: Kzenon – www.colourbox.de • S. 99: www.colourbox.de • S. 105: (C) Bundeszentrale für gesundheitliche Aufklärung - Alle Rechte vorbehalten • S. 124: #52060 – www.colourbox.de • S. 124: #52060 – www.colourbox.de • S. 124: #52060 – www.colourbox.de • S. 143: Bäckers Junge – Fotolia.com • S. 156: Jeanette Dietl – Fotolia.com • S. 170: Christian Buck – Fotolia.com • S. 177: www.colourbox.de • S. 180: contrastwerkstatt – Fotolia.com • S. 193: stillkost – Fotolia.com • S. 244: www.colourbox.de • S. 277: #336 – www.colourbox.de • S. 313: PetraD – www.colourbox.de • S. 331: www.colourbox.de • S. 364: #821– www.colourbox.de • S. 378: pressmaster – Fotolia.com • S. 408: Elnur Amikishiyev – www.colourbox.de • S. 414: #105565 – www.colourbox.de • S. 423: Nadia – www.colourbox.de • S. 423: #4311 – www.colourbox.de • S. 424: Ben – Fotolia.com • S. 463: Ulrich Baumgarten - vario-press •

1 Eigenverantwortlich wirtschaftende Gesundheitsbetriebe

1 Aufgaben der Gesundheitsversorgung

1.1 Gewährleistung medizinischer Versorgung

Medizinische Leistungen sind für den Großteil der Bevölkerung, den gesetzlich Krankenversicherten, im Fünften Sozialgesetzbuch [SGB V] gewährleistet. Die Gesundheitsleistungen für die Versicherten haben nach Qualität und Wirksamkeit dem allgemein anerkannten Stand der medizinischen Erkenntnisse zu entsprechen und den medizinischen Fortschritt zu berücksichtigen [§ 2 SGB V].

Gesetzlich Versicherte haben einen Anspruch auf Krankenbehandlung, wenn sie notwendig ist, um eine Krankheit zu erkennen, zu heilen, ihre Verschlimmerung zu verhüten oder Krankheitsbeschwerden zu lindern [§ 27 SGB V]. Krankenversicherte haben ebenfalls Anspruch auf solidarische Unterstützung bei Pflegebedürftigkeit [§ 1 SGB XI].

Zu den garantierten **Gesundheitsleistungen** zählen im Einzelnen:

- Ärztliche Behandlung einschließlich Psychotherapie als ärztliche und psychotherapeutische Behandlung,
- zahnärztliche Behandlung einschließlich Versorgung mit Zahnersatz und Zahnkronen,
- Versorgung mit Arznei-, Verband-, Heil- und Hilfsmitteln sowie mit digitalen Gesundheitsanwendungen,
- häusliche Krankenpflege, außerklinische Intensivpflege und Haushaltshilfe,
- Krankenhausbehandlung,
- Leistungen zur medizinischen Rehabilitation,
- Hilfeleistungen für Pflegebedürftige.

Zusammenfassend als Grundleistungen der Gesundheitsversorgung werden Prävention mit Früherkennung, Krankenbehandlung, Rehabilitation und Pflege mit den zuständigen Versorgungseinrichtungen näher dargelegt.

1.2 Grundleistungen medizinischer Versorgung

1.2.1 Prävention und Früherkennung

„Vorbeugen ist besser als heilen!" ermahnt uns eine alte Volksweisheit und liegt damit auf der Linie der Präventionsmedizin. Prävention befasst sich mit der Gesundheitsvorsorge für konkrete Krankheitsrisiken. Auf dem Gebiet der Gesundheitsvorsorge regelt das Gesetz zur Stärkung der Gesundheitsförderung und der Prävention [Präventionsgesetz – PrävG] die Zusammenarbeit von Sozialversicherungsträgern, Ländern und Kommunen.

Prävention und Gesundheitsförderung soll die Menschen in allen Lebenswelten erreichen: als Bürger einer Kommune, in der Kita, in der Schule, im Betrieb und im Pflegeheim. Weitere Anliegen des Präventionsgesetzes sind die Früherkennungsuntersuchungen in allen Altersstufen und Maßnahmen zum Impfschutz.

Medizinisch unterscheidet man drei Präventionsbereiche:

(1) Primärprävention

Primärprävention ist die Aufgabe eines jeden gesunden Menschen. Vorbeugende Maßnahmen sollen dazu führen, dass Krankheiten erst gar nicht entstehen können.

Zu den wirksamsten präventiven Maßnahmen vor ansteckenden Krankheiten gehört das Impfen. Impfungen bewirken einen hohen Gesundheitsschutz für den Einzelnen, aber auch für die Allgemeinheit. Geimpfte Menschen verhindern eine weitere Verbreitung von Infektionskrankheiten und können eine Herdenimmunität bewirken, indem die Infektionsketten abbrechen. **Schutzimpfungen** gehören daher zum Leistungskatalog der gesetzlichen Krankenversicherung.

Neben der verantwortungsvollen Entscheidung zur Impfung sollte der gesunde Mensch so weitsichtig sein, die auslösenden Ursachen von Krankheiten zu kennen und zu vermeiden. Schon vor Eintritt einer Krankheit sollen gesundheitsorientierte Bewegungs-, Ernährungs- und Verhaltensgewohnheiten gelebt werden [§ 20 SGB V]. Sogenannte Volkskrankheiten wie Diabetes mellitus Typ 2 und Herz-Kreislauf-Erkrankungen können durch eine achtsame Lebensweise mit gesunder Ernährung und sportlichen Aktivitäten vermieden werden.

Den gesetzlichen Auftrag für eine **individuelle verhaltensbezogene Prävention** fördern die Krankenkassen mit zertifizierten Präventionsangeboten in den Handlungsfeldern Ernährung, Stressmanagement/Entspannung, Suchtmittelkonsum und Bewegungsgewohnheiten.

Beispiele für primäre Präventionsangebote:

- AOK-Kurs im Handlungsfeld Ernährung:
  „Aktiv abnehmen! Bewusst essen! Mehr bewegen!"
- AOK-Kurs im Handlungsfeld Stressmanagement/Entspannung:
  „Yoga in der Schwangerschaft"
- DAK-Kurs im Handlungsfeld Suchtmittelkonsum:
  „SKOLL-SPEZIAL – Selbstkontrolltraining für den gesundheitsgerechten Umgang mit Alkohol"

Für die **betriebliche Gesundheitsförderung** nach § 20 b SGB V zur gesundheitsförderlichen Arbeitsgestaltung entwickeln die Krankenkassen Präventionsangebote in Zusammenarbeit mit Betriebsleitern sowie Betriebsärzten und den Fachkräften für Arbeitssicherheit. Der Spitzenverband Bund der Krankenkassen (GKV-Spitzenverband KöR) hat für die betriebliche wie auch die individuelle Gesundheitsförderung einen Leitfaden Prävention herausgegeben, der in einem zusätzlichen Teil verbindliche Präventionskriterien für stationäre Pflegeeinrichtungen nach § 5 SGB XI darlegt.[1]

(2) Sekundärprävention

Sekundärprävention setzt dort ein, wo eine Krankheitsgefahr sehr real ist. Früherkennungsuntersuchungen für gefährdete Personengruppen dienen dazu, eine symptomlose Erkrankung bzw. eine Erkrankung bereits im frühen Entstehungsprozess zu erkennen.

Zum Leistungskatalog für gesetzlich Versicherte gehören Vorsorgeuntersuchungen zu Herz-Kreislauf- und Nierenerkrankungen sowie Diabetes und Krebsfrüherkennung. Reihenuntersuchungen wie z. B. Neugeborenen-Screenings und weitere obligatorische Programme bei Kindern, Jugendlichen und Schwangeren sind Maßnahmen der Sekundärprävention. Die präventiven Vorkehrungen dienen dazu, bei positiven Befunden die Heilungschancen mit einer frühzeitigen Therapie zu erhöhen. Zumindest kann eine zunehmende Verschlimmerung der Krankheit verzögert oder gar verhindert werden.

Die Ansprüche der gesetzlich Krankenversicherten auf organisierte Früherkennungsprogramme ergeben sich aus dem Sozialgesetzbuch [§§ 25, 25 a, 26 SGB V].

(3) Tertiärprävention

Tertiärprävention bemüht sich um Patienten mit deutlichen Erkrankungen. Die tertiäre Prävention verfolgt den Zweck, das Fortschreiten einer Krankheit zu verhindern, Krankheitsfolgen zu lindern oder einen Rückfall in eine akute Bedrohung zu vermeiden.

Zur Zielgruppe gehören beispielsweise Patienten mit Tumorerkrankungen oder dem Zustand nach einem Herzinfarkt sowie chronisch Kranke. Durch abgestimmte Patientenschulungsmaßnahmen mit Anleitungen zu einem angemessenen Verhalten sollen nachfolgende Schädigungen durch Komplikationen oder ein Wiederauftreten der Krankheit vermieden werden. Das breite Feld der medizinischen Rehabilitation im unmittelbaren Anschluss an eine Krankenhausbehandlung gilt ebenfalls als tertiäre Nachsorgemaßnahme.

---

1 GKV-Spitzenverband (Hg.): Leitfaden Prävention – Handlungsfelder und Kriterien nach § 20 Abs. 2 SGB V; **KöR: K**örperschaft öffentlichen **R**echts.

1.2.2 Krankenbehandlung

Die medizinische Behandlung der Bevölkerung gliedert sich grundsätzlich in zwei Versorgungsbereiche: ambulante und stationäre Versorgungseinrichtungen kümmern sich um das Wohl der Patienten.

(1) Ambulante Behandlung

Ambulante Behandlungen werden von Ärzten, Zahnärzten und Psychotherapeuten erbracht. Die Ausübung ambulanter ärztlicher Tätigkeit außerhalb von Krankenhäusern ist an die Niederlassung in einer Praxis (Praxissitz) gebunden [§ 17 MBO].

Teil der ambulanten Versorgung ist auch die Belieferung mit Arzneimitteln durch die Apotheken sowie die Versorgung mit Hilfsmitteln (z. B. Sehhilfen, Hörgeräte). Ergänzend zur ärztlichen Behandlung arbeiten nichtärztliche Heilberufe wie Physiotherapeuten und Logopäden ambulant. Die nichtärztlichen Heilberufspraxen bedürfen einer Anerkennung durch die Krankenkassen [§ 124 SGB V]. Zulasten der Krankenkassen dürfen nur ärztlich verordnete Heilmittel abgerechnet werden, deren therapeutischer Nutzen nachgewiesen ist. Dazu zählen Behandlungsverfahren der Physikalischen und Podologischen Therapie, der Stimm-, Sprech- und Sprachtherapie, der Ergotherapie und der Ernährungstherapie. Welche Heilmittel verordnungsfähig sind, ist im Heilmittelkatalog des Gemeinsamen Bundesausschusses (G-BA) festgelegt.

(2) Stationäre Behandlung

Stationäre Behandlungen in einem Krankenhaus oder einer Rehabilitationsklinik können Krankenversicherte in Anspruch nehmen, wenn das Behandlungsziel auf anderem Weg nicht erreicht werden kann [§ 39 SGB V].

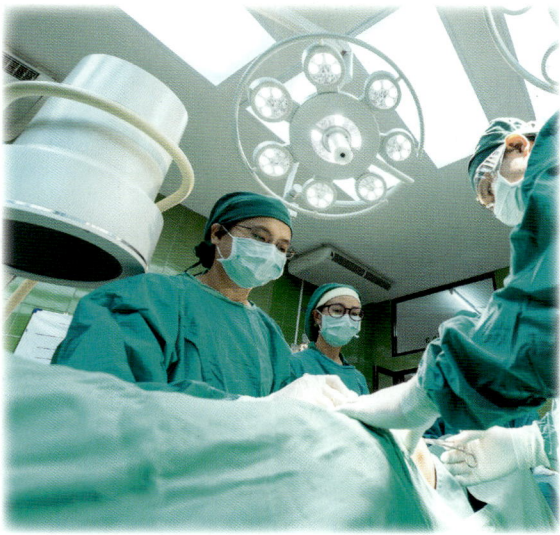

Organisatorische Voraussetzung ist in aller Regel die Einweisung durch einen niedergelassenen Arzt oder es liegt ein Notfall vor. Die Aufnahmeentscheidung trifft das Krankenhaus. Die Krankenhausbehandlung umfasst alle Leistungen, die nach Art und Schwere der Erkrankung notwendig sind, insbesondere die ärztliche Behandlung, die Krankenpflege, die Versorgung mit Arznei-, Heil- und Hilfsmitteln sowie Unterkunft und Verpflegung. Für bestimmte Therapieformen und Diagnosen kann die Krankenhausbehandlung auch teilstationär, vor- und nachstationär sowie ambulant erbracht werden.

1.2.3 Rehabilitation

Rehabilitation (kurz: Reha) bedeutet die **Wiederherstellung der Teilhabe einer Person am alltäglichen Leben** in der Gesellschaft. Rehabilitationsbedürftigkeit besteht bei körperlichen, geistigen oder seelischen Schäden mit alltagsrelevanten Beeinträchtigungen. Leistungen zur Teilhabe werden für soziale Teilhabe, Teilhabe an Bildung und am Arbeitsleben sowie für medizinische Rehabilitation gewährt [§ 5 SGB IX]. Die Leistungen für die aufgezählten Leistungsgruppen, die Kostenträger von Rehabilitationen und die Rehabilitationseinrichtungen sind so stark diversifiziert, dass sie an dieser Stelle nicht annähernd dargestellt werden können. Einzig die medizinische Rehabilitation wird hier berücksichtigt.

Die **medizinische Rehabilitation** verfolgt das umfassende Ziel, den Patienten eine bestmögliche Teilhabe an Familie, Gesellschaft und Beruf wieder zu ermöglichen. Zu den häufigsten rehabilitationsbedürftigen Krankheiten zählen Tumorerkrankungen, Gelenk- und Wirbelsäulenerkrankungen, Krankheiten des Herz-Kreislauf-Systems und psychische Erkrankungen. Für Erwerbstätige wird die medizinische Rehabilitation in aller Regel von der Rentenversicherung als Rehabilitationsträger finanziert. Mit dieser Maßnahme soll die Erwerbsfähigkeit wiederhergestellt werden, um Rentenleistungen zu vermeiden. Liegt die Ursache für eine Reha-Maßnahme allerdings in einem Arbeitsunfall oder einer Berufskrankheit begründet, zahlt die gesetzliche Unfallversicherung. Für nichterwerbstätige Versicherte ist die Krankenversicherung der zuständige Rehabilitations- und Kostenträger.

Die Rehabilitationsträger sind angehalten, in vertragsgebundenen ambulanten und stationären Einrichtungen nur angemessene Leistungen zu bewilligen, die ausreichend, zweckmäßig und wirtschaftlich sein müssen.[1] Daher folgen die Reha-Maßnahmen den Grundsätzen „ambulant vor stationär", „Rehabilitation vor Rente" und „Rehabilitation vor Pflege".

Beispiel einer medizinischen Rehabilitation:

Marie Mälzer, medizinische Fachangestellte aus Hameln, wird unvermittelt von einem einseitigen Taubheitsgefühl in Arm, Bein und Gesichtsbereich befallen. Aufgrund ihrer medizinischen Vorbildung vermutet sie sofort einen Schlaganfall und lässt sich schnellstmöglich in das Diakoniekrankenhaus in Hannover einliefern. In der dortigen „Stroke-Unit", einer speziellen Schlaganfallstation, wird sie professionell versorgt. Mittels eines bildgebenden Verfahrens, der Magnetresonanz-Tomografie, wird tatsächlich ein Schlaganfall (Apoplex) diagnostiziert. Es gelingt den Ärzten, die Durchblutung des betroffenen Gehirnbereichs rasch wiederherzustellen. Auch die weitere akute Behandlung des Schlaganfalls verläuft vielversprechend. Daher wird bereits auf der Stroke-Unit mit einer **Frührehabilitation** aus Physiotherapie und Logopädie begonnen. Erfahrungsgemäß ist der frühzeitige Beginn entscheidend für den Erfolg der Maßnahmen.

Aus diesem Grund sieht der Entgeltkatalog für Fallpauschalen im Krankenhaus bereits Leistungen zur Frührehabilitation vor. Das Krankenhaus rechnet mit der Krankenkasse die spezifische Fallpauschale B42A ab: „Frührehabilitation bei Krankheiten und Störungen des Nervensystems mit neurologischer Komplexbehandlung des akuten Schlaganfalls".

---

[1] Richtlinie des Gemeinsamen Bundesausschusses (G-BA) über Leistungen zur medizinischen Rehabilitation (Rehabilitations-Richtlinie)

Für die weitere Behandlung nach der Entlassung aus dem Akutkrankenhaus stellt Marie Mälzer mit Unterstützung des Sozialdienstes einen Antrag auf **Anschlussrehabilitation** (AHB – Anschlussheilbehandlung) an die Deutsche Rentenversicherung als zuständigen Kostenträger. Der Antrag auf stationäre Behandlung wird für das wohnortnahe Rehabilitationskrankenhaus „Klinik am Rosenhof GmbH" in Bad Pyrmont bewilligt.

Ein multidisziplinäres Team aus Fachärzten, Physio- und Ergotherapeuten, Logopäden und Pflegekräften bemüht sich um die Rückbildung der Schlaganfallsymptome. Durch häufiges Üben in den unterschiedlichsten Situationen gelingen Frau Mälzer achtbare Erfolge bei der Wiedererlangung von Alltagskompetenzen. Bereits nach vier Wochen kann sie mit einem stabilisierten Gesundheitszustand die Klinik verlassen.

1.2.4 Pflege

Alle Personen, die einer gesetzlichen oder privaten Krankenversicherung angehören, sind pflichtgemäß auch gegen das Risiko der Pflegebedürftigkeit versichert. Träger der sozialen Pflegeversicherung sind die Pflegekassen als rechtlich selbstständige Körperschaften des öffentlichen Rechts (KöR), allerdings immer im Verbund mit einer gesetzlichen Krankenkasse. Für die soziale Pflegeversicherung sind nur Pflegeeinrichtungen zugelassen, die mit den Pflegekassen einen Versorgungsvertrag abgeschlossen haben. Darin verpflichten sich die Pflegeeinrichtungen zu einer leistungsfähigen Versorgung der Pflegebedürftigen unter Beachtung von Qualitätsstandards.

Bei den Pflegeeinrichtungen unterscheidet man nach der Betreuungsform **ambulante, teilstationäre und stationäre Betriebe.** Ambulante Pflegedienste unterstützen Pflegebedürftige in häuslicher Umgebung. Einrichtungen der Tages- und/oder Nachtpflege bieten weitergehende Betreuung einschließlich der notwendigen Fahrdienste zwischen der Wohnung des Pflegebedürftigen und der Pflegeeinrichtung. Eine umfassende Versorgung und Unterbringung erfahren die Bewohner von vollstationären Pflegeheimen.

Die Leistungen der Pflegeversicherung hängen von den persönlichen Lebensumständen der Pflegebedürftigen und der Schwere der Pflegebedürftigkeit ab. Die Leistungsansprüche der Versicherten werden nach fünf Pflegegraden gestaffelt entsprechend dem Ausmaß der Beeinträchtigung an Selbstständigkeit und den Defiziten bei Alltagsfähigkeiten. Die Feststellung und der Grad der Pflegebedürftigkeit wird gutachterlich vom Medizinischen Dienst der Krankenversicherung (MDK) vorgenommen.

1 Aufgaben der Gesundheitsversorgung

Kompetenztraining

1. Nennen Sie den jeweils zutreffenden Präventionsbereich zu den folgenden gesetzlichen Bestimmungen im SGB V!

   1. Versicherte, die das 18. Lebensjahr vollendet haben, haben Anspruch auf zielgruppengerechte ärztliche Gesundheitsuntersuchungen zur Erfassung gesundheitlicher Risiken und darauf abgestimmte präventionsorientierte Beratung.
   2. Die Krankenkassen berücksichtigen u. a. folgende Gesundheitsziele: gesund aufwachsen mit Bewegung und entsprechender Ernährung, Alkohol- und Tabakkonsum reduzieren.
   3. Versicherte haben Anspruch auf Leistungen zur medizinischen Rehabilitation und andere ergänzende Leistungen, um eine Behinderung abzuwenden oder ihre Folgen zu mildern.
   4. Die Krankenkassen bieten Leistungen zur Verhinderung von Krankheitsrisiken sowie zur Förderung des gesundheitsorientierten Verhaltens der Versicherten an.

2. Ordnen Sie die folgenden Einrichtungen dem stationären, teilstationären oder ambulanten Versorgungsbereich zu!

   1. Seniorenresidenz Rosenhof KG, Pflegeheim für Dauer- und Kurzzeitpflege
   2. visual eins, MVZ für Augenheilkunde und Anästhesie GmbH
   3. Paritätische Tagespflege gGmbH
   4. Praxis für Physiotherapie und Massage
   5. Psychiatrische Tagesklinik Bad Pyrmont

3. Das Sozialgesetzbuch V sieht Leistungen für präventive Maßnahmen vor. Ordnen Sie den folgenden Leistungen die zutreffenden Präventionsbereiche zu!

   1. Anschlussheilbehandlung (AHB) nach einer Knieoperation
   2. Mammographie-Screening
   3. Reihenuntersuchungen im Kinder- und Jugendalter
   4. Impfungen gegen Tetanus (Wundstarrkrampf) und Hepatitis B (Leberentzündung)
   5. Aktivkurse zum Stressabbau und zur Entspannung
   6. Lebensqualität erhöhen nach Brustkrebsoperation

4.
   1. Felix Fischer ist bei der KKH Kaufmännische Krankenkasse in Hannover gesetzlich krankenversichert. Wegen Beschwerden im Oberbauch sucht er seinen Facharzt für Innere Medizin auf. Bei einer körperlichen Untersuchung zeigen sich charakteristische Merkmale einer Gallenblasenentzündung. Zu weiteren diagnostischen Untersuchungen überweist der ambulante Facharzt seinen Patienten in die Königsberg-Klinik in Bad Pyrmont.

      Aufgaben:
      1.1 Wer entscheidet über die Notwendigkeit einer vollstationären Aufnahme von Felix Fischer ins Krankenhaus?
      1.2 Erläutern Sie, unter welchen Umständen eine stationäre Behandlung sinnvoll und angemessen im Sinne des Sozialgesetzbuchs V ist!

   2. Simon Schmidt beginnt mit 16 Jahren seine Ausbildung als Kaufmann im Gesundheitswesen in der Königsberg-Klinik GmbH in Bad Pyrmont. Sein erstes Bruttogehalt beträgt 920,00 EUR. Das Personalbüro der Klinik meldet seinen jungen Auszubildenden u. a. bei der Krankenversicherung DAK-Gesundheit an.

      Aufgaben:
      2.1 Erläutern Sie, ob Simon Schmidt bereits als Jugendlicher beitragspflichtig für die soziale Pflegeversicherung ist!
      2.2 Entscheiden Sie, welche Pflegekasse ggf. für Simon Schmidt zuständig wäre!

   3. Beschreiben Sie die Aufgaben von teilstationären Pflegeeinrichtungen!

2 Einrichtungen der Gesundheitsversorgung

2.1 Stationäre Versorgungsbereiche im sozialen Gesundheitswesen

Eine Angelegenheit der Solidargemeinschaft ist es, die Gesundheit der Bevölkerung zu erhalten, wiederherzustellen oder zu bessern. Dazu unterhalten bzw. fördern die Bundesländer und die Sozialversicherungsträger ein Netz von ambulanten und stationären Versorgungseinrichtungen.

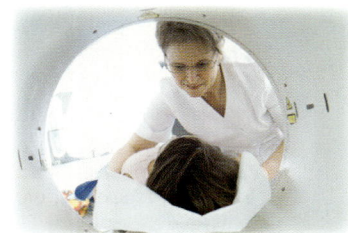

Im Bereich der stationären Versorgung unterscheidet man nach Einsatzfeldern:

- Allgemeine Krankenhäuser (Akutkrankenhäuser) [SGB V],
- Psychiatrische und psychosomatische Krankenhäuser [SGB V],
- Vorsorge- und Rehabilitationskrankenhäuser [SGB V und IX],
- Pflegeheime [SGB XI].

Die vier stationären Versorgungsbereiche haben eigenständige Systeme der Leistungsabrechnung und Buchführung. Die staatlich verordnete Rechnungslegung in den Gesundheitseinrichtungen soll eine wirtschaftliche Betriebsführung begleiten und die Erfüllung des öffentlichen Versorgungsauftrags im Zusammenhang mit einer öffentlichen Finanzierung gewährleisten.

Für Zwecke der Krankenhausplanung werden Allgemeine Krankenhäuser üblicherweise vier verschiedenen **Versorgungsstufen** zugeordnet. Die landesrechtlichen Bestimmungen sind zwar unterschiedlich ausgeprägt, aber sie orientieren sich gewöhnlich am medizinischen Leistungsspektrum und an der Bettenzahl.

- Krankenhäuser der **Grundversorgung** gewährleisten eine Versorgung auf den Gebieten der inneren Medizin und der allgemeinen Chirurgie.
- Krankenhäuser der **Regelversorgung** müssen darüber hinaus weitere Fachabteilungen betreiben, zumeist für Gynäkologie und Geburtshilfe sowie für Hals-Nasen-Ohren-Heilkunde, Augenheilkunde oder Orthopädie.
- Krankenhäuser der **Schwerpunktversorgung** decken ein noch breiteres Spektrum ab, darunter Fachabteilungen für Pädiatrie (Kinderheilkunde) und Neurologie.
- Krankenhäuser der **Maximalversorgung**, z. B. Universitätskliniken, bieten ein sehr breites Leistungsspektrum an und behandeln auch besonders seltene oder schwere Erkrankungen.

Quelle: Bundesministerium der Gesundheit, Ratgeber Krankenhaus, Berlin 2017, S. 18.

2.2 Zielsystem in der sozialen Gesundheitsversorgung

Gesundheitsbetriebe lassen sich im Hinblick auf ihre ökonomische Zielsetzung in Profit-Betriebe und Non-Profit-Betriebe unterscheiden.

Begriff	Erläuterungen	Beispiele
Profit-Betriebe	Sie haben die Zielsetzung, Gewinne zu erzielen. Sie stehen im marktwirtschaftlichen Wettbewerb und müssen sich **selbst erhalten**, d.h., sie müssen zumindest die Kostendeckung erwirtschaften. Gelingt dies nicht, werden diese Betriebe vom Markt verdrängt und aufgelöst. Profit-Betriebe wirtschaften nach dem **erwerbswirtschaftlichen Prinzip**. Es besagt, dass diese Unternehmen bestrebt sind, langfristig einen maximalen, zumindest angemessenen Gewinn zu erzielen.	Der Inhaber Benjamin Schneller möchte mit seinem Pflegedienst einen Gewinn erzielen, um in den Betrieb investieren zu können sowie ein privates Einkommen zu erwirtschaften.
Non-Profit-Betriebe	Das sind gemeinwirtschaftliche Betriebe bzw. Organisationen, die nicht auf Gewinnerzielung ausgerichtet sind. Sie sind insbesondere im Bildungs- und Erziehungswesen, Sozial- und Gesundheitswesen, als Interessenvertretungen oder zur Unterstützung von sozial Schwachen tätig. Non-Profit-Organisationen (Betriebe) wirtschaften nach dem **gemeinwirtschaftlichen Prinzip**. Es besagt, dass diese Unternehmen keinen Gewinn erwirtschaften wollen, sondern nur eine Kostendeckung anstreben.	Vereine, Kirchen, Forschungseinrichtungen, Gewerkschaften, Wohlfahrtsverbände wie z.B. Deutsches Rotes Kreuz, Arbeiterwohlfahrt, Caritasverband, Diakonie.

Die gesetzlichen Kranken-, Pflege- und Unfallkassen sowie die Deutsche Rentenversicherung nehmen zur Erfüllung ihrer Versorgungsaufgaben die Leistungen von Krankenhäusern, Vorsorge- und Rehabilitationseinrichtungen sowie Pflegeheimen in Anspruch. Die wirtschaftlich selbstständig arbeitenden Gesundheitseinrichtungen zeigen einige marktspezifische Besonderheiten in Abweichung zur üblichen Privatwirtschaft, die dem erwerbswirtschaftlichen Prinzip der Gewinnerzielung folgt.

Die Einrichtungen der sozialen Gesundheitswirtschaft sind gesetzlich dazu verpflichtet, vorrangig das **Sachziel „qualitativ hochwertige Krankenversorgung der Bevölkerung"** unter dem Gebot der **Wirtschaftlichkeit** zu erfüllen (z.B. § 70 I SGB V und § 1 KHG).

Wirtschaftlich handelt ein Unternehmen, wenn seine Leistungen in einem günstigen Verhältnis zu den aufgewendeten Kosten stehen, d.h., die Umsatzerlöse sollen mindestens die entstandenen Aufwendungen abdecken **(Kostendeckungsprinzip)**. Darüber hinaus ist die **Gewinnorientierung** in der Gesundheitswirtschaft eine inzwischen akzeptierte Zielgröße. Dieses Zielspektrum findet man in der Trägerstruktur der Gesundheitsdienstleister mit unterschiedlicher Wichtigkeit je nach Unternehmensleitbildern wieder.

2.3 Trägergruppen von Gesundheitseinrichtungen und ihre Unternehmenskultur

In der Gesundheitswirtschaft werden drei **Trägergruppen** unterschieden, die sich historisch entwickelt und etabliert haben:

- freigemeinnützige Träger
- privatrechtliche Träger
- öffentlich-rechtliche Träger

Der Gesetzgeber unterstützt grundsätzlich die **Vielfalt in der Trägerstruktur,** indem die wirtschaftliche Sicherung freigemeinnütziger und privater Träger im Wettbewerb mit öffentlich-rechtlichen Trägern zu gewährleisten ist [§ 1 KHG]. Das Sozialgesetzbuch zur Rehabilitation und Teilhabe bestimmt weitergehend, die Vielfalt von Leistungsträgern zu wahren sowie deren Selbstverständnis und Unabhängigkeit zu beachten [§ 19 IV SGB IX]. Damit werden die eigenständigen **Unternehmensleitbilder und Weltanschauungen der Trägergruppen** integraler Bestandteil der Gesundheitswirtschaft.

(1) Freigemeinnützige Träger

Als freigemeinnützige Träger, die ohne gewinnorientierte Interessen ihre Daseinsberechtigung aus der sozialen Arbeit für das Gemeinwohl herleiten, werden allgemein die **Wohlfahrtsverbände** verstanden. Dazu gehören traditionell die kirchlich orientierten Organisationen Caritas (katholisch) und Diakonisches Werk (evangelisch). Die Trägerverbände der Arbeiterwohlfahrt und des Deutschen Roten Kreuzes sind aus sozialen Notständen hervorgegangen. Der Paritätische Wohlfahrtsverband ist eine Dachorganisation weitgehend eigenständiger Mitglieder. Die freigemeinnützige Trägergruppe ist sehr heterogen. Dementsprechend sind die Unternehmensleitbilder vielfältig.

(2) Private Träger

Private Träger von Gesundheitseinrichtungen stellen eine schnell wachsende Größe im Gesundheitsmarkt dar. Darunter befinden sich Krankenhauskonzerne wie die Rhön-Klinikum AG mit 1,6 Mrd. EUR Umsatz.[1] Größter Anbieter auf dem Gesundheitsmarkt ist jedoch der DAX-Konzern Fresenius mit seiner Krankenhaus-Tochter Helios. Der internationale Klinikbetreiber kommt auf rund 90 Kliniken allein in Deutschland.[2] Erwartungsgemäß streben die privaten Krankenhäuser nach ökonomischen Zielen wie Gewinne erwirtschaften und einer möglichst hohen Kapitalrendite. Die Einführung von Leistungsanreizen und Effizienzsteigerungen im Gesundheitswesen begünstigen offenbar private Anbieter, ihre Gewinnorientierung mit Gesundheitsleistungen zu realisieren.

---

1 Vgl. Rhön-Klinikum AG, Geschäftsbericht 2020, S. 76.
2 Vgl. www.helios-gesundheit.de/unternehmen/wer-wir-sind/ (10.04.2021).

2 Einrichtungen der Gesundheitsversorgung

> Gleichwohl gelten **alle Krankenhäuser steuerlich als gemeinnützige Zweckbetriebe**, wenn mindestens 40 % der jährlichen Belegungs- oder Abrechnungstage auf Patienten entfallen, bei denen nur Entgelte nach dem Krankenhausentgeltgesetz (z. B. DRG-Fallpauschalen) berechnet werden [§§ 52 und 67 AO].

(3) Öffentlich-rechtliche Träger

Öffentlich-rechtliche Träger von Gesundheitseinrichtungen sind vorrangig die Kommunen, die für die Daseinsvorsorge der Bevölkerung verantwortlich sind. Überregionale Gesundheitsaufgaben, die die Leistungsfähigkeit und den Zuständigkeitsbereich einer Kommune überschreiten, werden bei Bedarf vom Bundesland übernommen wie z. B. die Landeskrankenhäuser und Hochschulkliniken. Bei kommunalen Krankenhäusern steht eine angemessene medizinische Versorgung der Gesamtbevölkerung im Vordergrund sowie die Erhaltung und Schaffung von Arbeitsplätzen. Die bedarfsgerechte Versorgung wird im Gleichgewicht zwischen Gemeinnützigkeit und Wirtschaftlichkeit erbracht.[1]

(4) Trägergruppen im Vergleich

Das Deutsche Krankenhausinstitut[2] hat ermittelt, dass bei allen Trägergruppen eine hochwertige Qualitätssicherung von großer Wichtigkeit ist und damit der gesetzliche Versorgungsauftrag als Zielmarke ernst genommen wird. Für die privaten Krankenhäuser haben die ökonomischen Ziele der Erhöhung des Umsatzes und des Gewinns aufgrund ihrer erwerbswirtschaftlichen Ausrichtung eine höhere Priorität im Vergleich zu Krankenhäusern in öffentlicher oder freigemeinnütziger Trägerschaft. Demgegenüber messen die stärker gemeinwirtschaftlich orientierten öffentlichen und freigemeinnützigen Krankenhäuser den versorgungspolitischen Zielen eine gleichrangige oder gar höhere Bedeutung zu als die privaten Krankenhausträger.

Deutliche Unterschiede zeigen sich auch in der Gewinnverwendung zwischen den **Non-Profit-Unternehmen** der kommunalen und freigemeinnützigen Trägergruppen und den **Profit-Unternehmen** der privaten Träger. Die Non-Profit-Unternehmen bilden Gewinnrücklagen. Diese fließen in Form von Investitionen wieder in das Unternehmen zurück. Private Träger von Gesundheitseinrichtungen schütten ihre Gewinne i. d. R. an die Kapitaleigentümer aus und verfügen daher kaum über Gewinnrücklagen.

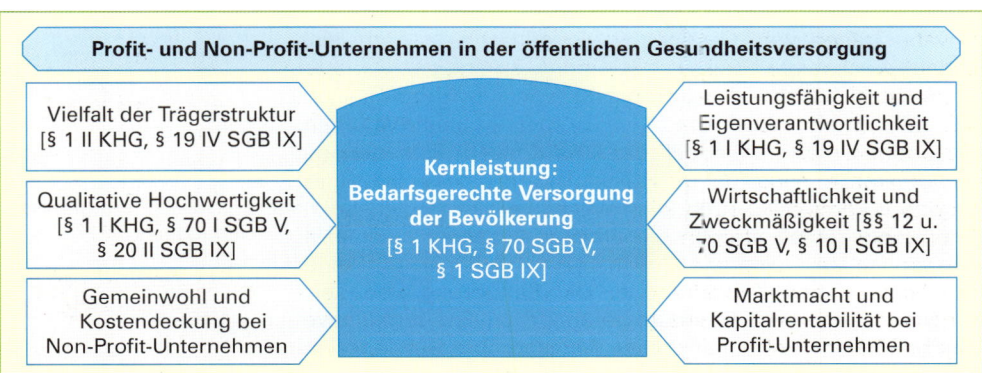

---

1 Vgl. Deutsches Krankenhausinstitut: Das erfolgreiche kommunale Krankenhaus, Zusammenfassung, Düsseldorf 2010, S. 3 f.
2 Vgl. Deutsches Krankenhausinstitut: Das erfolgreiche kommunale Krankenhaus, Zusammenfassung, Düsseldorf 2010, S. 4 ff.

2.4 Gesundheitseinrichtungen als Modellunternehmen

Eine **wirtschaftliche Betriebsführung in den Gesundheitseinrichtungen** stellen wir an praxisbezogenen Beispielen vor. In den betrieblichen Situationsvorgaben begegnen Ihnen vorzugsweise unsere fiktiven **Modellunternehmen,** die wir Ihnen in Text und Bild vorstellen. Die Modellunternehmen basieren auf realen Einrichtungen, sind jedoch nicht mit ihnen identisch.

2.4.1 Allgemeines Krankenhaus Königsberg-Klinik

Das **Sachziel Krankenversorgung** ist laut Sozialgesetzgebung die ausdrückliche Kernaufgabe für Krankenhäuser.

> **Krankenhäuser** im Sinne von § 107 I SGB V und § 2 Nr. 1 KHG sind Einrichtungen, die
> - der Krankenhausbehandlung oder Geburtshilfe dienen,
> - fachlich-medizinisch unter ständiger ärztlicher Leitung stehen, über entsprechende diagnostische und therapeutische Möglichkeiten verfügen und nach wissenschaftlich anerkannten Methoden arbeiten,
> - mithilfe von jederzeit verfügbarem ärztlichem, Pflege-, Funktions- und medizinisch-technischem Personal darauf eingerichtet sind, Krankheiten der Patienten zu erkennen, zu heilen, ihre Verschlimmerung zu verhüten oder Geburtshilfe zu leisten, und in denen
> - die Patienten untergebracht und verpflegt werden können.

Dieser gesetzliche Auftrag steht in Übereinstimmung mit einer bedarfswirtschaftlich ausgerichteten Einrichtung wie der Königsberg-Klinik GmbH. Das Krankenhaus in der Trägerschaft des Landkreises Hameln-Pyrmont bietet den Bewohnern der Region eine wohnortnahe Versorgung. Die Klinik steht den Menschen mit hochwertiger medizinischer und pflegerischer Kompetenz zur Verfügung. Moderne Technik für Diagnostik und Therapie im Umfeld eines ansprechenden Ambiente sind ihre Qualitätsmerkmale.

Königsberg-Klinik GmbH
Am Rosenhof 36
31812 Bad Pyrmont

Die Lage am Südhang des Königsbergs im niedersächsischen Staatsbad Pyrmont gab der Klinik den Namen. Als Akutkrankenhaus der Regelversorgung mit überörtlichen Versorgungsaufgaben führt die Königsberg-Klinik die vier Fachrichtungen Innere Medizin, Chirurgie, Gynäkologie/Geburtshilfe und Hals-Nasen-Ohren-Heilkunde.

Die Königsberg-Klinik GmbH ist nach dem **trialen Organisationsmodell** strukturiert:
- Ärztlicher und medizinisch-technischer Dienst,
- Pflege- und Versorgungsdienst,
- Wirtschafts- und Verwaltungsdienst.

Die oberste Leitung der Gesellschaft mit beschränkter Haftung übt der **Geschäftsführer** aus. Dem Geschäftsführer sind als Stabstellen das Referat Öffentlichkeitsarbeit und Marketing sowie das Referat Qualitätsmanagement und Controlling zugeordnet.

2.4.2 Rehabilitationskrankenhaus Klinik am Rosenhof

Die Klinik am Rosenhof GmbH ist ein Fachkrankenhaus für medizinische Rehabilitation in Trägerschaft der Stadt Bad Pyrmont.

> **Vorsorge- oder Rehabilitationseinrichtungen** im Sinne von § 107 II SGB V sind Einrichtungen, die
> - der stationären Behandlung der Patienten dienen, um
>   - eine Schwächung der Gesundheit, die in absehbarer Zeit voraussichtlich zu einer Krankheit führen würde, zu beseitigen oder einer Gefährdung der gesundheitlichen Entwicklung eines Kindes entgegenzuwirken **(Vorsorge)** oder
>   - eine Krankheit zu heilen, ihre Verschlimmerung zu verhüten oder Krankheitsbeschwerden zu lindern oder im Anschluss an eine Krankenhausbehandlung den Behandlungserfolg zu sichern **(Anschlussheilbehandlung)**, auch mit dem Ziel, eine drohende Behinderung oder Pflegebedürftigkeit abzuwenden, oder ihre Folgen zu mildern **(Rehabilitation)**.
> - fachlich-medizinisch unter ständiger ärztlicher Verantwortung und unter Mitwirkung von besonders geschultem Personal stehen.
> - darauf eingerichtet sind, den Gesundheitszustand der Patienten nach einem ärztlichen Behandlungsplan vorwiegend durch Anwendung von Heilmitteln einschließlich Krankengymnastik, Bewegungstherapie, Sprachtherapie oder Arbeits- und Beschäftigungstherapie zu verbessern.
> - ihre Patienten unterbringen und verpflegen können.

Das weite Spektrum der Vorsorge und Rehabilitation bedingt eine Schwerpunktbildung der Einrichtungen. Die Klinik am Rosenhof ist auf die Rehabilitationsbehandlung von Patienten mit orthopädischen und neurologischen Erkrankungen spezialisiert. Die Rehabilitationsmaßnahmen umfassen stationäre Vorsorgemaßnahmen, Heilverfahren und Anschlussheilbehandlungen (AHB).

Klinik am Rosenhof GmbH
Parkstraße 22
31812 Bad Pyrmont

Der ursprüngliche Adelssitz liegt unmittelbar am Rande des weitläufigen Kurparks mit dem reizvollen Rosenhof. Das Kur- und Stadtzentrum von Bad Pyrmont mit der romantischen Altstadt ist in wenigen Minuten erreichbar.

Für die stationären Rehabilitationsmaßnahmen werden Versicherte mit dem Bewilligungsbescheid eines Kostenträgers aufgenommen. Die Behandlung der Patienten erfolgt im Auftrag von Rentenversicherungsträgern, gesetzlichen Krankenkassen, Berufsgenossenschaften und von privaten Krankenversicherungen. Weiterhin werden in der Klinik auch Patienten behandelt, die den Aufenthalt selbst bezahlen.

Mit einem modernen und menschlichen Konzept sorgt die Klinik dafür, dass die Patienten nach chirurgischen Eingriffen, Unfall oder Schlaganfall wieder zurück ins Alltags- und Berufsleben finden. Darum kümmern sich erfahrene Ärzte, kompetentes Pflege- und Therapiepersonal und ein patientenfreundliches Haus in historischem Ambiente. Ziel der medizinischen Rehabilitationsbehandlung ist die nachhaltige Verbesserung des Gesundheitszustandes. Damit einhergehend soll der Patient in die Lage versetzt werden, möglichst wieder an seinem bisherigen sozialen, familiären und beruflichen Leben teilzuhaben.

2.4.3 Pflegeheim Seniorenresidenz Rosenhof

Die Seniorenresidenz Rosenhof KG ist als Pflegeheim für Dauer- und Kurzzeit-Pflege eine privatwirtschaftlich betriebene Einrichtung.

> **Stationäre Pflegeeinrichtungen (Pflegeheime)** im Sinne von § 71 SGB XI sind selbstständig wirtschaftende Einrichtungen, in denen Pflegebedürftige
> - unter ständiger Verantwortung einer ausgebildeten Pflegefachkraft gepflegt werden,
> - ganztägig (vollstationär) oder tagsüber oder nachts (teilstationär) untergebracht und verpflegt werden.

Für eine Zulassung zur Pflege durch Versorgungsvertrag mit den Pflegekassen muss eine Pflegeeinrichtung weitere Standards gemäß § 72 SGB XI erfüllen:

- Die Einrichtung zahlt ortsübliche Entgelte an ihre Beschäftigten.
- Die Einrichtung bietet die Gewähr für eine leistungsfähige und wirtschaftliche Pflege.
- Die Einrichtung verpflichtet sich zu einem einrichtungsinternen Qualitätsmanagement.
- Die Einrichtung ist wegen Unfall und Haftpflicht ausreichend versichert.

Seniorenresidenz Rosenhof KG
Am Rosenhof 42
31812 Bad Pyrmont

Die Seniorenresidenz ist in die Hanglage des Königsbergs in Bad Pyrmont eingebettet. Die reizvolle Atmosphäre wird entscheidend durch die zentrumsnahe, allerdings sehr ruhige Lage inmitten einer gepflegten Parklandschaft geprägt. Für die Aufnahme von 72 Heimbewohnern stehen die Häuser Luisenstein und Friedensthal zur Verfügung.

Ausgestattet mit einem Versorgungsvertrag der Pflegekassen ist die Seniorenresidenz eine **zugelassene Einrichtung.** Sie bietet ein wirksames pflegerisches Leistungsangebot. Es hilft den Pflegebedürftigen, ein möglichst selbstständiges und selbstbestimmtes Leben zu führen. Neben der allgemeinen Pflege können Komfortleistungen bei Unterkunft und Verpflegung sowie zusätzliche betreuende Wahlleistungen vereinbart werden.

2 Einrichtungen der Gesundheitsversorgung

Kompetenztraining

5 Gesundheitseinrichtungen geben sich in aller Regel Leitlinien oder Leitbilder für ihr soziales und wirtschaftliches Handeln. Diese Beiträge für die Öffentlichkeitsarbeit spiegeln den Typ der Trägergruppe wider. Die folgenden auszugsweisen Texte 1 bis 3 sind veröffentlicht worden als:

– Pflegeleitbild Christliches Kinderhospital Osnabrück GmbH
– Leitlinien der börsennotierten Maternus-Kliniken AG, Berlin
– Medizinstrategie des Klinikum Region Hannover GmbH

Anmerkung: Die Reihenfolge der Texte 1 bis 3 gibt nicht die Reihenfolge in der Aufzählung der Kliniken wieder.

Text 1

Im Wirtschaftsjahr 20... hat die Klinik mit einem Defizit von 20 Mio. Euro abgeschlossen. Zur Optimierung der Versorgungsstrukturen der Klinik sollen Betten verlagert, medizinische Schwerpunkte gebildet und Wachstumsfelder weiter ausgebaut werden. Ziel ist es, die Versorgungsqualität der Bevölkerung in der Region zu verbessern und zugleich die Klinik wirtschaftlich zukunftssicher zu gestalten. Neben einer Kostenreduktion durch die Konsolidierung ausgewählter Bereiche geht es vor allem darum, Leistungswachstum zu ermöglichen.

Text 2

Unser Auftrag in dieser Klinik ist es, Kindern und ihren Familien die bestmögliche pflegerische und medizinische Versorgung zu ermöglichen. Den Kindern und Familien christlich zu begegnen, bedeutet für uns, sie in liebenswürdiger Atmosphäre mit Freundlichkeit aufzunehmen und ihnen respektvoll zu begegnen. Unser Ziel ist, den speziellen körperlichen, psychischen, kulturellen und religiösen Bedürfnissen der Kinder und ihrer Familien Rechnung zu tragen.

Text 3

Im Mittelpunkt unseres Handelns steht die kontinuierliche Optimierung der wirtschaftlichen Ertragskraft, ausgeprägte Kundenorientierung und das Bewusstsein besonderer sozialer Verantwortung. Damit stärken wir unsere Marktposition und zeigen zukünftigen Partnern das Potenzial für erfolgreiche Kooperationen auf.

Aufgaben:

1. Lösen Sie zum Text 1 folgende Aufgaben:
    1.1 Ordnen Sie dem Text 1 die zutreffende Klinik zu!
    1.2 Bestimmen Sie die Trägergruppe! Begründen Sie Ihre Entscheidung anhand typischer Textbeiträge!
2. Lösen Sie zum Text 2 folgende Aufgaben:
    2.1 Ordnen Sie dem Text 2 die zutreffende Klinik zu!
    2.2 Bestimmen Sie die Trägergruppe! Begründen Sie Ihre Entscheidung anhand typischer Textbeiträge!
3. Lösen Sie zum Text 3 folgende Aufgaben:
    3.1 Ordnen Sie dem Text 3 die zutreffende Klinik zu!
    3.2 Bestimmen Sie die Trägergruppe! Begründen Sie Ihre Entscheidung anhand typischer Textbeiträge!

6 Erläutern Sie die Stellung der Gesundheitseinrichtung, in der Sie beschäftigt sind, im Rahmen der Trägergruppen! Erkundigen Sie sich nach einem Unternehmensleitbild und identifizieren Sie trägertypische Aussagen.

3 Unternehmensziele in der sozialen Gesundheitsversorgung

3.1 Unternehmensleitbild

Alle am Unternehmen beteiligten Menschen bringen Wertvorstellungen, Verhaltensweisen und Kommunikationsformen ein. Hieraus hat die Unternehmensleitung ein für das Unternehmen typisches Leitbild zu entwickeln, das die gemeinsamen Grundwerte mit entsprechenden Verhaltensregeln für das Unternehmen und die Öffentlichkeit herausstellt.

> Das **Unternehmensleitbild** formuliert die grundlegenden Zwecke, Zielrichtungen, Gestaltungsprinzipien und Verhaltensnormen des Unternehmens.

Beispiel:

Unternehmensleitbild der Königsberg-Klinik GmbH in Bad Pyrmont[1]
Unser Leitbild – Mit Herz und Verstand

Vision

Die Königsberg-Klinik versteht sich als öffentliches Krankenhaus für alle Bürgerinnen und Bürger. Wir gestalten den Auftrag der Gesundheitsversorgung gemeinsam qualitativ hochwertig und wirtschaftlich verantwortlich zum Wohl unserer Patienten.

Qualität

Wir ermöglichen für alle Patientinnen und Patienten eine umfassende medizinische Versorgung. Diese basiert auf der Grundlage aktueller, wissenschaftlich evaluierter Behandlungsleitlinien und den Wünschen des einzelnen Patienten. Der betroffene Mensch steht für uns im Mittelpunkt. Wir machen die neuesten Erkenntnisse der medizinischen Forschung in Diagnostik und Therapie allen Patienten verfügbar.

Mitarbeiterorientierung

Wir fördern und fordern die unabdingbare Fachkompetenz aller Beschäftigten. Wir blicken als kommunales Krankenhaus auf eine lange Tradition unserer Aus- und Weiterbildungsangebote in der Region zurück. Wir fördern durch unser Verhalten die positive Weiterentwicklung unseres Hauses. Wir handeln für und im Interesse unserer Klinik initiativ, zielorientiert und übernehmen Verantwortung für unsere Tätigkeit und unser Team.

Wirtschaftlichkeit

Wir wollen dauerhaft positive Jahresabschlüsse erzielen, damit

- die Zukunftsfähigkeit in öffentlicher Trägerschaft garantiert wird,
- Arbeits- und Ausbildungsplätze langfristig gesichert werden,
- Investitionen in besserer Struktur- und Ergebnisqualität ermöglicht werden.

3.2 Unternehmensziele zur Orientierung unternehmerischen Handelns

Die Unternehmensziele leiten sich aus dem Unternehmensleitbild ab. Sie geben der Unternehmensleitung, den Bereichs- und Gruppenleitern bzw. den Mitarbeitern eine Orientierung für die Steuerung und Kontrolle der betrieblichen Prozesse. Damit diese Orientierung zweifelsfrei möglich ist, sind die Unternehmensziele **eindeutig zu formulieren** und **verbindlich festzulegen**. Eine pauschale Vorgabe von Zielen reicht nicht aus, um sämtliche Aktivitäten in den einzelnen Unternehmensbereichen zu steuern und zu koordinieren.

---

1 Das Leitbild unserer Modellklinik ist eine gekürzte Fassung des Leitbildes der Klinikum Osnabrück GmbH.

> **Unternehmensziele** beschreiben einen zukünftigen, erstrebenswerten Zustand des Unternehmens, den der zuständige Entscheidungsträger anzustreben hat.

Die Zielformel **SMART** fasst kompakt und einprägsam zusammen, welche Eigenschaften Unternehmensziele haben sollen. Dabei steht jeder Buchstabe für eine bestimmte Eigenschaft.

S	**s**pezifisch, simpel	Das Ziel soll genau beschrieben, einfach formuliert und für alle nachvollziehbar sein.
M	**m**essbar	Festgelegte Kennzahlen müssen es erlauben, dass die Erreichung des Ziels gemessen werden kann.
A	**a**kzeptiert	Das formulierte Ziel muss übereinstimmen mit den Wertvorstellungen des Unternehmensleitbildes.
R	**r**ealistisch	Das Ziel darf nicht utopisch und damit demotivierend sein. Vielmehr benötigen die Mitarbeiter das Gefühl, dass das Ziel erreichbar ist.
T	**t**erminiert	Der Zeithorizont, in welchem das Ziel zu erreichen ist, muss festgelegt sein.

Beispiel:

Qualitätsbericht 2018 der Klinikum Osnabrück GmbH (Auszug)

Umsetzung der Mindestmengenvereinbarung nach § 136 b SGB V zur Qualitätssicherung	Mindestmenge	Erbrachte Menge
Kniegelenk-Totalendoprothesen	50	165
Komplexe Eingriffe am Organsystem Ösophagus (Speiseröhre)	10	14
Komplexe Eingriffe am Organsystem Pankreas (Bauchspeicheldrüse)	10	30
Stammzelltransplantation	25	25

3.3 Erfolgsorientierte Unternehmensziele

Nach dem angestrebten Erfolg sind die Ziele der Unternehmen in der Gesundheitsversorgung vierfacher Art: Zum einen sind die Unternehmen gesetzlich verpflichtet, die gesundheitliche Versorgung der Bevölkerung zu erfüllen **(humanitäre Ziele)**, zum anderen möchten die Unternehmen einen wirtschaftlichen Erfolg erzielen **(ökonomische Ziele)**. Weiterhin tragen sie Verantwortung gegenüber den Mitarbeitern **(soziale Ziele)** und gegenüber der Umwelt **(ökologische Ziele)**.

Zielsystem von Unternehmen in der Gesundheitsversorgung

Humanitäre Ziele
- Behandlung nach neuesten medizinischen Gesichtspunkten
- Verwendung von moderner, ausgereifter Medizintechnik
- Ängste und Schmerzen der Patienten lindern
- Ganzheitliche und intensive Pflege
- Stärkung der Selbstverantwortung der Patienten durch Aufklärung und Information

Ökonomische Ziele
- Kostendeckung und Gewinnerzielung erreichen
- Sicherung der Wettbewerbsfähigkeit
- Sicherung der ständigen Zahlungsbereitschaft
- Erhöhung der Fallzahlen und der Bettenauslastung
- Streben nach hohem Qualitätsstandard

Soziale Ziele
- Arbeitsplatzsicherung und Ausbildungsbereitschaft gestalten
- Personalentwicklung durch kontinuierliche Fort- und Weiterbildung
- Kommunikationskultur für Offenheit, Respekt und Toleranz pflegen
- Ergonomische Arbeitsplatzgestaltung
- Gerechte Entgeltpolitik betreiben

Ökologische Ziele
- Außenanlagen naturgerecht anlegen und pflegen
- Verhinderung von Wärme- und Kälteverlusten durch adäquate Gebäudestruktur
- Optimierter Einsatz d. Medizintechnik durch ein Auslastungsmanagement
- Bewirtschaftungskonzepte für Ge- und Verbrauchsgüter sowie für Abfälle
- Hygieneoptimierte sanitäre Einrichtungen installieren

Beispiele aus dem Bereich Krankenhaus:

Humanitäre Ziele der Gesundheitsversorgung	Mit unserer medizinischen Leistung bieten wir den Menschen ein besonders hochwertiges Angebot. Moderne medizinisch-technische Einrichtungen und Geräte bilden die Grundlage. Wir gehen auf die Bedürfnisse und Ängste unserer Patientinnen und Patienten ein und stellen ihnen unsere Kompetenz zur Verfügung. (Klinikum Bayreuth GmbH)
Ökonomische Ziele des Wirtschaftens	Die Schön Klinik zeichnet sich durch einen steten Wachstumskurs bei einer hohen, nachhaltigen Profitabilität aus. (Geschäftsbericht 2016, S. 11)
Soziale Ziele der Verantwortung	Der Mitarbeiter ist in hohem Maße eigenverantwortlich tätig. Wir unterstützen unsere Mitarbeiter in ihrer beruflichen und menschlichen Weiterentwicklung, um verantwortungsbewusstes, kollegiales und leistungsorientiertes Verhalten zu erzeugen. (Reha-Zentrum Bad Pyrmont)
Ökologische Ziele der Nachhaltigkeit	Die Initiative „Green Hospital Bayern" ist ein ganzheitliches Konzept zur Nachhaltigkeit im Krankenhaus; z.B. Optimierung von Heizung, Klima und Lüftung, Reduzierung von Wasserverbrauch und Abwasser.

3.4 Zielharmonie und Zielkonflikte zwischen den Unternehmenszielen

(1) Allgemein

- **Zielkonflikt:** Die Verfolgung eines Ziels beeinträchtigt oder verhindert die Erreichung eines oder mehrerer anderer Ziele.
- **Zielharmonie:** Die Förderung eines Ziels begünstigt zugleich die Förderung eines oder mehrerer anderer Ziele.

(2) Zielharmonie am Beispiel ökologischer und ökonomischer Unternehmensziele

Bisherige Untersuchungen zeigen weitgehend übereinstimmend, dass zumindest in den größeren von Umweltproblemen besonders betroffenen Unternehmen (Branchen) zwischen den **ökologischen** und **ökonomischen Unternehmenszielen** grundsätzlich eine sich gegenseitig ergänzende, fördernde Zielbeziehung **(Zielharmonie)** besteht.

Dies ist deshalb der Fall, weil gerade der Umweltschutz vielfältige Innovationsmöglichkeiten (z. B. Entwicklung und Anwendung umweltschonender Materialien, Entwicklung einer Technologie für erneuerbare Energien) bietet.

In dem Ausmaß, in dem es den Unternehmen gelingt, ihre Umweltschutzziele zu verwirklichen, erhöht sich z. B. auch deren Umsatz, ihr Umsatzanteil am gesamten Markt, ihre Marktmacht, ihr langfristiger Gewinn und das Leistungs- und Firmenimage in der Öffentlichkeit. Dadurch werden die Unternehmensexistenz und die Arbeitsplätze gesichert, neue Arbeitsplätze geschaffen sowie die Wettbewerbsfähigkeit verbessert.

(3) Zielkonflikte am Beispiel ökonomischer und sozialer Unternehmensziele

Häufig bestehen **Zielkonflikte** zwischen den **ökonomischen** und den **sozialen Zielen**. Strebt ein Unternehmen z. B. zugleich Arbeitsplatzsicherung und Kostensenkung an, kann ein Zielkonflikt vorliegen, weil durch den Einsatz von kostensparenden Maschinen Arbeitskräfte „freigesetzt", d. h. entlassen werden müssen.

Kompetenztraining

7
1. Bilden Sie ein Beispiel für eine Zielkombination, bei der ein Zielkonflikt besteht!
2. Bilden Sie ein Beispiel für eine Zielkombination, bei der Zielharmonie besteht!

8 Entscheiden Sie, welche der nachgenannten Ziele zu den humanitären Zielen, den ökonomischen Zielen, den sozialen Zielen oder den ökologischen Zielen gehören!
1. Verluste vermeiden und Kostendeckung erzielen
2. höhere Auslastung der Pflegeplätze anstreben
3. den Versorgungsauftrag des Sozialgesetzbuches erfüllen
4. Berufsanfänger erfolgreich ausbilden
5. Kostensenkungsprogramme vornehmen
6. eigene Stromerzeugung durch Fotovoltaikanlagen
7. Regulierung von Heizung, Beleuchtung und Sonnenschutz vom Krankenbett
8. medizinische Leistungen auf qualitativ hohem Niveau erbringen
9. Ausbau der Gesundheitsaufklärung und Beratung

9 **Erkundungsauftrag:**

Erkundigen Sie sich im Internet und ggf. in Ihrem Krankenhausbetrieb über die Initiativen „Green Hospital" und „Blue Hospital"!
1. Auf welchen Tätigkeitsfeldern ist „Green Hospital" aktiv?
2. Worin unterscheidet sich die Initiative „Blue Hospital" von der Initiative „Green Hospital"?
3. Berichten Sie über das Streben der Initiativen nach harmonischen Zielkombinationen!

10 Zwischen dem Umweltschutzziel und den ökonomischen und sozialen Zielen ergeben sich teils konkurrierende und teils komplementäre, sich ergänzende Beziehungen.

Aufgaben:

Stellen Sie dar, welcher Zielkonflikt bzw. welche Zielharmonie zwischen dem Umweltschutzziel und den nachstehend genannten Zielen besteht! Begründen Sie Ihre Antworten!
1. Langfristige Gewinnmaximierung
2. Sicherung von Arbeitsplätzen und Schaffung zusätzlicher Arbeitsplätze
3. Verbesserung des Unternehmensimages

4 Organisatorische Grundlagen von Gesundheitsbetrieben

4.1 Begriff Organisation

> **Organisation** ist ein System von **geplanten Regelungen**, durch das der **Betriebsaufbau** und die **betrieblichen Abläufe** gestaltet werden.

Die Organisation als System von Regelungen setzt Tätigkeiten voraus, die

- regelmäßig anfallen **(Wiederholbarkeit)**,
- in gleicher oder wenigstens ähnlicher Weise bewältigt werden müssen **(Gleichartigkeit)** und
- auf mehrere Personen (Stellen), Abteilungen oder Abteilungsgruppen verteilt werden können **(Teilbarkeit)**.

Beispiel:
Das Öffnen der Briefpost ist eine Tätigkeit, die sich ständig wiederholt. Es handelt sich außerdem um eine gleichbleibende Tätigkeit, die von einer Person bzw. von mehreren Personen in einer Abteilung (z. B. in der Poststelle) vorgenommen werden kann.

Im Rahmen der Organisation werden die anstehenden Aufgaben in einzelne Teilaufgaben zerlegt und an Mitarbeiter verteilt, es werden Anordnungsbefugnisse übertragen und Menschen und Sachen einander zugeordnet. Insbesondere sind zu regeln: die **Rangordnungsverhältnisse der Mitarbeiter** zueinander **(Aufbauorganisation)** und der **Ablauf der Arbeitsprozesse (Ablauforganisation)**.

Arten der Organisation	Erläuterungen	Beispiele
Aufbauorganisation	Sie legt die Aufgaben und Zuständigkeiten von Mitarbeitern fest. Sie befasst sich mit Institutionen, Stellen, Abteilungen.	Sie sagt u. a. darüber etwas aus, welche Mitarbeiter für die Patientenverwaltung zuständig sind.
Ablauforganisation	Sie legt die zeitliche und räumliche Ordnung der Arbeitsabläufe fest. Sie befasst sich mit Arbeits- und Bewegungsabläufen.	Sie legt u. a. die zeitliche Reihenfolge der Arbeitsgänge bei der Patientenaufnahme fest.

4.2 Aufbauorganisation gestalten

4.2.1 Aufgabengliederung

(1) Begriff Aufbauorganisation

> Die **Aufbauorganisation** legt die **Aufgaben** und **Zuständigkeiten** von Mitarbeitern fest. Die Gestaltung erfolgt über die Bildung von **Stellen** und **Abteilungen**.

(2) Aufgabengliederung

Zu Beginn der organisatorischen Arbeiten muss die bereits festgelegte Gesamtaufgabe des Betriebs zerlegt werden. Die Zerlegung der Gesamtaufgabe kann grundsätzlich nach zwei Gesichtspunkten vorgenommen werden: nach **Aufgaben (Funktionen)** oder nach **Objekten**.

Einteilungsgesichtspunkte	Erläuterungen	Beispiele
Aufgaben (Funktionen)	Die Aufgliederung der Gesamtaufgabe erfolgt nach den betrieblichen Aufgaben. Die Gesamtaufgaben werden in **Hauptaufgaben** und in größeren Betrieben noch in **Teilaufgaben** gegliedert.	**Hauptaufgabe:** Vorratswirtschaft **Teilaufgaben:** ■ Einkauf ■ Lager
Objekte	Die Aufgliederung der Gesamtaufgabe erfolgt nach Objekten, z. B. Klientengruppen u. Ä.	Ein Pflegeheim gliedert sich z. B. nach Wohngruppen ■ Wohngruppe Demenz, ■ Wohngruppe MS-Erkrankte, ■ Wohngruppe Anfallsleiden.

Wird die Unternehmensorganisation nach den Funktionen ausgerichtet, so spricht man auch von einer **aufgabenorientierten Unternehmensorganisation**.

4.2.2 Stellenbildung

(1) Begriff Stellenbildung

Ziel der Aufgabengliederung ist es, abgegrenzte Teilaufgaben zu definieren. Mehrere dieser Teilaufgaben (z. B. Vorräte und Dienstleistungen einkaufen, Belege buchen, Eingangsrechnungen prüfen) werden im folgenden Schritt, der Stellenbildung, zu größeren Aufgabeneinheiten zusammengefasst, die von einer Person bewältigt werden können. Die von einer Person durchzuführende Arbeit nennt man **Stellenaufgabe**. Die mit einer Stellenaufgabe betraute Person besetzt eine **Stelle**, sie ist **Stelleninhaber**. Die Stelle ist das **Grundelement der Aufbauorganisation**.

> Die Zusammenfassung von Teilaufgaben zu einem Arbeitsbereich für eine Person bezeichnet man als **Stellenbildung**.

(2) Stellenbeschreibung

> Die **Stellenbeschreibung** hat die Einordnung einer Stelle in den hierarchischen Aufbau eines Betriebs sowie die Aufgaben (Funktionen) einer Stelle deutlich zu machen.

Vorteile der Stellenbeschreibung sind z. B.:

- schnelle Einarbeitung neuer Stelleninhaber,
- Verringerung von Streitigkeiten wegen unklarer Zuständigkeiten,

- eindeutige Regelung der Über-, Neben- und Unterordnungen (Weisungsrechte),
- Grundlage für die Personalentwicklungsplanung.

Die Vorteile verkehren sich jedoch ins Gegenteil, wenn die Stellenbeschreibungen nicht an die sich ständig verändernden Arbeitsbedingungen angepasst werden.

Beispiel einer Stellenbeschreibung:

Stellenbeschreibung für die Terminkontrolle im Einkauf

1. **Bezeichnung der Stelle:** Terminsachbearbeiter.
2. **Zeichnungsvollmacht:** keine.
3. **Der Stelleninhaber ist unterstellt:** dem Facheinkäufer von Arbeitsplatz 2.
4. **Vertretung des Stelleninhabers:** Facheinkäufer des Arbeitsplatzes 2.
5. **Anforderungen an den Stelleninhaber:**
   – allgemeine Einkaufskenntnisse,
   – Zuverlässigkeit,
   – schnelles Erfassen von Zusammenhängen und
   – selbstständiges Arbeiten im Rahmen des ihm übertragenen Aufgabengebiets.
6. **Aufgaben und Zielsetzung der Stelle:**
   Der Stelleninhaber ist für die Überwachung der vereinbarten Liefertermine aller von uns erteilten Bestellungen seines Sachgebietes verantwortlich. Er hat dafür zu sorgen, dass diese auch termingerecht erfüllt werden.

   Er hat die erforderlichen Maßnahmen zu ergreifen, um einen Lieferverzug durch rechtzeitige Erinnerung und Mahnung beim Lieferanten zu vermeiden. Im Fall eines unabwendbaren Lieferverzugs ist die unverzügliche Information der betreffenden Facheinkäufer erforderlich.
7. **Tätigkeitsbeschreibung:**

   7.1 Routinemäßige Kontrollen:
   – Jede Bestellung ist mit einem Liefertermin versehen. Ist dieser vorgegebene Termin überschritten, erscheint die Bestellung in der Terminüberwachungs-Liste.
   – Ist die Lieferung eine Woche nach dem geforderten bzw. vereinbarten Liefertermin noch nicht erfolgt, wird eine Mahnung abgesandt.
   Wichtig: Innerhalb einer Woche müssen sämtliche Bestellungen mindestens einmal terminlich bearbeitet werden.

   7.2 Prüfung der Eingangsrechnungen:
   Täglich erhält der Stelleninhaber alle Rechnungen. Dadurch ist er laufend über die Eingänge unterrichtet und kann deshalb gegebenenfalls notwendige Terminreklamationen verhindern. Zu diesen Rechnungen sind die jeweiligen Bestellungen herauszusuchen.
8. **Zusammenarbeit mit anderen Abteilungen:**
   Vom Stelleninhaber wird eine gute und positive Zusammenarbeit mit den entsprechenden Sachbearbeitern folgender Sachgebiete verlangt: Hauswirtschaft, Haustechnik, Außenanlagen.
9. **Vergütung**
   Die Stelle ist der Entgeltgruppe 10 zugeordnet.

4.2.3 Abteilungsbildung

Ein formales Kriterium zur Aufgabenverteilung ist die **Rangbildung** der Stellen. Dies rührt daher, dass es im Betrieb **Ausführungsaufgaben** und **Leitungsaufgaben** gibt. Aufgabe der **Instanz** ist es, die rangniedrigeren Stellen zu leiten. Die Instanz mit den dazugehörigen rangniedrigeren Stellen zusammen bilden eine Abteilung.

> Eine **Abteilung** besteht aus mindestens einer **Instanz** und mehreren zugeordneten rangniedrigeren Stellen.

Werden mehrere Instanzen stufenweise wiederum einer übergeordneten Instanz zugeordnet, so entsteht damit die Unternehmenshierarchie.

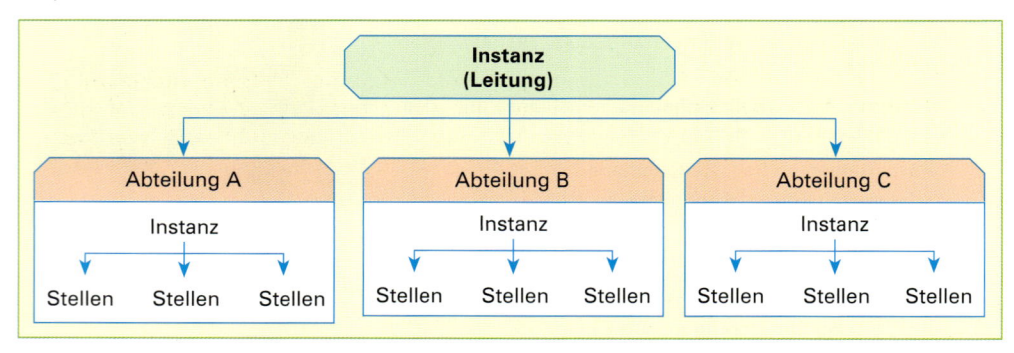

```
                        Instanz
                       (Leitung)
           ┌───────────────┼───────────────┐
           ▼               ▼               ▼
      Abteilung A     Abteilung B     Abteilung C
        Instanz         Instanz         Instanz
      ┌───┼───┐       ┌───┼───┐       ┌───┼───┐
     St. St. St.     St. St. St.     St. St. St.
```

Diese Form der organisatorischen Aufgabenverteilung stellt gleichzeitig ein **Leitungssystem** dar. Es legt fest, wer wem Anweisungen erteilen kann bzw. wer wem Bericht erstatten muss. Da alle Mitarbeiter in eine strenge Weisungs- und Meldehierachie eingebunden sind, spricht man von einem **Einliniensystem** (Einlinienorganisation).

4.2.4 Organisationsplan (Organigramm)

Das Ziel ist die Bildung von Stellen und Abteilungen. Deren Zuordnung wird in Stellen- und Abteilungsplänen dokumentiert. Damit sind die organisatorischen Einheiten in ihrer Aufgabenstellung, Rangordnung zueinander und Beziehungsgestaltung festgeschrieben.

> **Stellen- und Abteilungspläne** weisen die in einem Betrieb gebildeten Stellen und Abteilungen aus und beschreiben deren Aufgabenbereiche, Rangordnung und Stellung im Betriebsaufbau.

Werden die einzelnen Stellen- und Abteilungspläne zu einem Gesamtplan zusammengefasst, so ergibt dies den Organisationsplan (ein Organigramm). Er bildet die organisatorische Aufbaustruktur des Betriebs vollständig ab.

- Der **Organisationsplan (das Organigramm)** fasst die einzelnen Stellen- und Abteilungspläne zusammen. Er zeigt die vollständige organisatorische Aufbaustruktur des Betriebs.
- Der Organisationsplan ist in der Regel eine **grafische Darstellung** der formalen Organisation.

4.3 Formen der betrieblichen Aufbauorganisation

4.3.1 Grundsätzliches

Durch die bildliche Darstellung der bestehenden Unternehmensstruktur in Form eines Organigramms gewinnt man ein ganzheitliches Bild vom Unternehmensaufbau mit den vorhandenen Abteilungen, Stellen, Hierarchien und Aufgabenzuordnungen. Diese Arbeit ist unentbehrlich für die spätere Modellierung der Geschäftsprozesse,[1] da die Organisationseinheiten in den Geschäftsprozessen auf dem betrieblichen Organigramm beruhen.

4.3.2 Leitungssysteme

> **Leitungssysteme** (auch Weisungssysteme) betrachten die Unternehmensstruktur unter dem Aspekt der **Über- und Unterordnung** und damit der Weisungsbefugnis. Sie geben Auskunft darüber, **wer wem Anweisungen erteilen kann** bzw. **wer wem Bericht erstatten** muss.

(1) Einliniensystem (Einlinienorganisation)

■ **Organigramm**

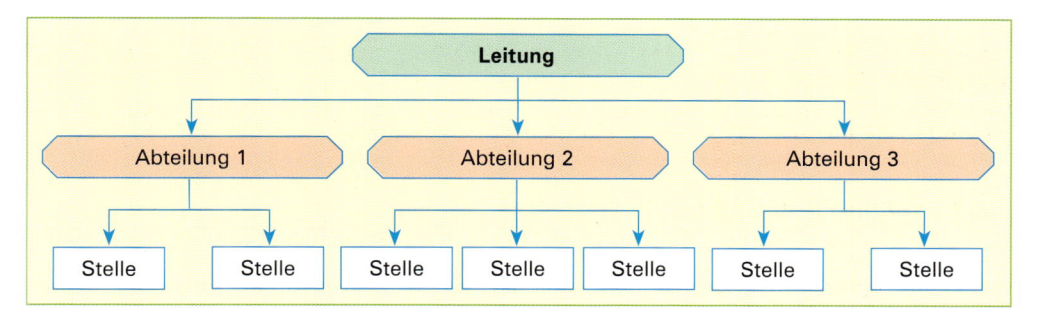

```
                        Leitung
           ┌───────────────┼───────────────┐
      Abteilung 1      Abteilung 2     Abteilung 3
       ┌──┴──┐        ┌────┼────┐       ┌──┴──┐
     Stelle Stelle  Stelle Stelle Stelle Stelle Stelle
```

■ **Kennzeichen**

- Alle Mitarbeiter sind in einer strengen Weisungs- und Meldehierarchie eingebunden.
- Jede Stelle bezieht Anweisungen nur von der unmittelbar übergeordneten Stelle.
- Im Gegenzug dürfen Berichte und Meldungen auch nur an diese übergeordnete Stelle weitergeleitet werden.
- Nur dieser eine vertikale Dienstweg ist vorhanden und dieser muss eingehalten werden.
- Kontakte zu gleichrangigen Stellen führen zwingend über die gemeinsame übergeordnete Stelle.

---

1 Siehe Teil 6.

Positive und negative Auswirkungen

Vorteile	■ Übersichtlicher Unternehmensaufbau. ■ Eindeutige und abgegrenzte Dienstwege und Zuständigkeiten. ■ Keine Kompetenzüberschneidungen. ■ Starke Kontrollmöglichkeiten des Vorgesetzten nach unten.
Nachteile	■ Überlastung der oberen Führungsebene mit Routineaufgaben (Informationsweitergabe). ■ Lange Dienstwege mit dem Risiko der Zeitverzögerung. ■ Bei Großunternehmen besteht das Risiko eines schwerfälligen „Wasserkopfes" durch Überorganisation und Bürokratisierung. ■ Zwischeninstanzen können unliebsame Informationen verfälschen oder unterdrücken. ■ Wenig Spielraum für eigenverantwortliches Handeln.

■ Beurteilung

Da mit zunehmender Betriebsgröße auch die Anzahl der Hierarchieebenen steigt, führt dies zunehmend zu Unüberschaubarkeit und langen Informationswegen. Damit erhalten die Nachteile ein immer stärkeres Gewicht. Die wenig wertschöpfenden Routineaufgaben binden mehr und mehr die kostbaren Ressourcen der Führungsebenen und die Unzufriedenheit der mündigen, aber eingeengten Mitarbeiter steigt. In seiner Reinform eignet sich das Einliniensystem daher nur für kleinere Betriebe.

(2) Mehrliniensystem (Mehrlinienorganisation)

Mit zunehmender Betriebsgröße steigt der Arbeitsumfang insgesamt. Die Arbeit muss also aufgeteilt werden und führt in der Regel zu einer zunehmenden Spezialisierung der Mitarbeiter. Die Erledigung der Gesamtaufgabe verlangt folglich häufigen Kontakt zu anderen Stellen oder Abteilungen. Zur Verkürzung des Instanzenweges kann ein Mitarbeiter von verschiedenen übergeordneten Vorgesetzten (Funktionsstellen) fachliche Anweisungen erhalten, daher auch die Bezeichnung Funktionalsystem.

■ Organigramm

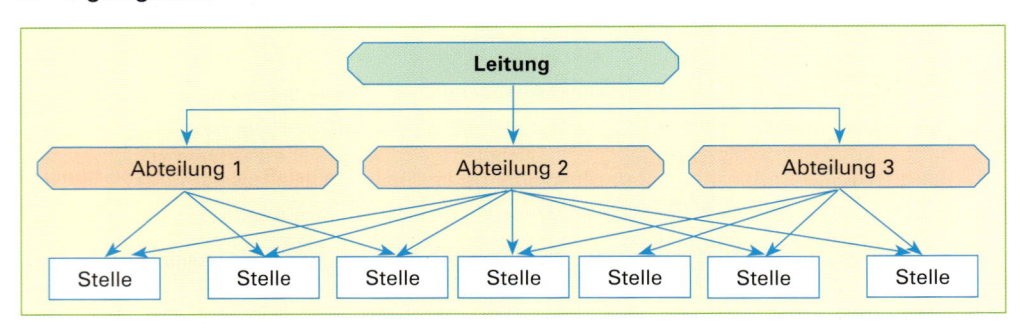

```
                    Leitung
          ┌────────────┼────────────┐
          ▼            ▼            ▼
     Abteilung 1  Abteilung 2  Abteilung 3
      │ │ │        │ │ │        │ │ │
      ▼ ▼ ▼        ▼ ▼ ▼        ▼ ▼ ▼
   Stelle Stelle Stelle Stelle Stelle Stelle Stelle Stelle Stelle
```

4 Organisatorische Grundlagen von Gesundheitsbetrieben

■ **Kennzeichen**

- Ein Mitarbeiter kann von mehreren übergeordneten Vorgesetzten (Funktionsstellen) fachliche Anweisungen erhalten.
- Im Gegenzug leitet er Berichte und Meldungen auch an die jeweilige übergeordnete Stelle zurück.

■ **Positive und negative Auswirkungen**

Vorteile	■ Entlastung der Führungsebenen von Routinearbeiten. ■ Instanzenwege werden verkürzt. ■ Die betrieblichen Hierarchien werden flacher. ■ Das Unternehmen kann flexibler reagieren. ■ Stelleninhaber können sich spezialisieren.
Nachteile	■ Instanzenaufbau wird unübersichtlicher. ■ Bei nicht klar abgegrenzten Kompetenzen besteht das Risiko von Konflikten (Vorgesetzte konkurrieren um Arbeitsleistung des Stelleninhabers). ■ Reibungsverluste, Verunsicherung und Überlastung des Stelleninhabers bei konkurrierenden statt kooperierenden Vorgesetzten. ■ Erheblicher Abstimmungsaufwand.

■ **Beurteilung**

Mit zunehmender Betriebsgröße steigt die Komplexität der Gesamtaufgabe, sodass nur Spezialisten im Team diese Aufgaben bewältigen können. Die Verkürzung der Instanzenwege durch ein fachliches Weisungsrecht in direktem Durchgriff entlastet von Routineaufgaben und erhöht damit die Effizienz des Gesamtsystems. So hat z. B. der Ausbildungsleiter für alle Fragen der Berufsausbildung eine Weisungsbefugnis gegenüber allen Auszubildenden in den verschiedenen betrieblichen Abteilungen.

(3) Stabliniensystem (Stablinienorganisation)

Beim Stabliniensystem handelt es sich im Grundaufbau um ein Einliniensystem. Dabei werden die dort vorhandenen Vorteile beibehalten und dessen Schwächen durch die Ergänzung um Stabsstellen gemildert.

■ **Organigramm**

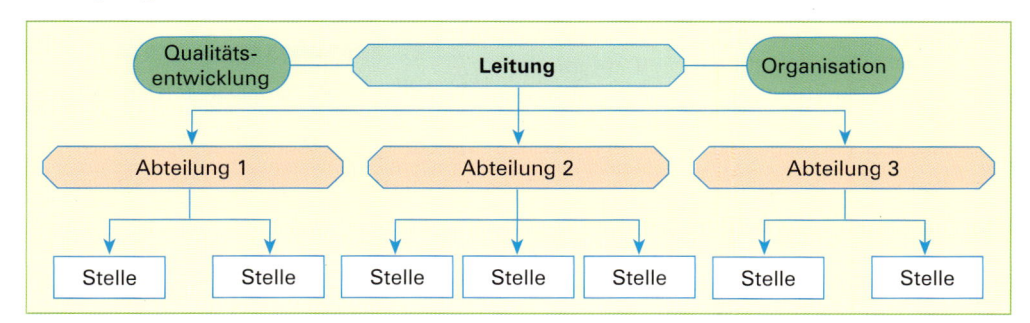

Kennzeichen

- Die Stabsstellen sind gegenüber den ihnen zugeordneten Leitungsstellen weisungsgebunden.
- Stabsstellen liegen außerhalb des Instanzenaufbaus.
- Sie haben keine Weisungsbefugnis gegenüber den nachgeordneten Stellen, wohl aber ein Informationsrecht, wenn sie Auskünfte anderer Stellen zur Bewältigung ihrer Aufgabe benötigen.
- Typische Aufgaben von Stabsstellen: Beratung der Leitungsstelle, Begutachtung, Prüfung, Informationsbeschaffung und deren Auswertung, Entscheidungsvorbereitung, Erstellung von Richtlinien.
- Beispiele: Revision, EDV, Organisation, Qualitätsentwicklung, Unternehmensplanung.

Positive und negative Auswirkungen

Vorteile	<ul><li>Die Vorteile des Einliniensystems (straffe Struktur, eindeutige Zuständigkeiten) bleiben erhalten.</li><li>Die Entscheidungsbasis der Führungsebene wird verbessert durch die qualifizierten Mitarbeiter der Stabsstellen.</li><li>Nachwuchskräfte sammeln Erfahrung durch ihre Mitarbeit in verschiedenen Stabsstellen.</li></ul>
Nachteile	<ul><li>Grundprobleme des Einliniensystems werden nicht völlig beseitigt (z. B. lange Dienstwege).</li><li>Personalkosten steigen durch teure Spezialisten in den Stäben.</li><li>Risiko, dass aufgrund der hohen fachlichen Kompetenz in den Stabsstellen deren Einfluss auf die Geschäftsleitung sehr groß wird.</li><li>Liniensysteme können gute Vorschläge der Stabsstellen weiterhin unterbinden.</li></ul>

Beurteilung

Das Stabliniensystem bewahrt die Vorteile des Einliniensystems, unterstützt die Geschäftsführung in der Qualität ihrer Entscheidungen wirkungsvoll durch die fachliche Kompetenz der Stäbe und vermeidet gleichzeitig die organisatorischen Risiken des Mehrliniensystems.

(4) Projektorganisation

Eine Projektorganisation ist dann erforderlich, wenn in einem Unternehmen **komplexe Aufgaben (Projekte)** zu erledigen sind.[1] Solche Projekte sind gekennzeichnet durch ihre Neuartigkeit, Einmaligkeit und Wichtigkeit für das Gesamtunternehmen. Weiteres Kennzeichen für ein Projekt ist, dass nicht auf Erfahrungswissen zurückgegriffen werden kann.

Beispiele:
- Einführung einer neuen Software;
- Errichtung einer Zweigniederlassung;
- Gründung eines neuen klinischen Fachgebietes;
- Vorbereitung und Durchführung einer Fusion.

---

[1] Vgl. hier und im Folgenden Wöhe, Günter: Einführung in die Allgemeine Betriebswirtschaftslehre, 24. Aufl., München 2010, S. 123.

Die Projektorganisation ist in folgenden **Formen** möglich:

Kollegienlösung	Die Beauftragten der betroffenen Unternehmensbereiche treffen sich regelmäßig, um die jeweils erforderlichen Projektschritte festzulegen.
Stabsstelle	Verantwortlich für das Projekt ist eine Stabsstelle. Sie koordiniert die Projektumsetzung mit den betroffenen Unternehmensbereichen.
Selbstständiger Projektleiter auf Zeit	Der Projektleiter ist für die Planung und Projektdurchführung verantwortlich. Die Funktionsleiter delegieren Mitarbeiter für eine begrenzte Zeit in das Projektteam. Der Projektleiter hat für die Projektdauer die alleinige Weisungsbefugnis.

4.3.3 Leitungssystem des Modellkrankenhauses Königsberg-Klinik GmbH

Die Königsberg-Klinik wird als Gesellschaft mit beschränkter Haftung vom **Geschäftsführer als oberste Instanz** geleitet. Für die Außendarstellung der Klinik wird der Geschäftsführer von einem Experten im Referat Öffentlichkeitsarbeit und Marketing unterstützt. Dem Geschäftsführer zugeordnet ist ebenfalls das Referat Qualitätsmanagement und Controlling. Darunter bilden die tradierten **Funktionsbereiche Ärztlicher Dienst, Pflegedienst und Verwaltungsdienst** die drei Säulen der Krankenhausführung als triales Organisationsmodell.

Die verantwortliche Leitung des ärztlichen und medizinisch-technischen Dienstes hat der **Ärztliche Direktor,** und zwar für die Abteilungen Innere Medizin, Chirurgie, Gynäkologie/Geburtshilfe und HNO-Heilkunde, für Labor/Diagnostik und die Krankenhausapotheke. Dem Ärztlichen Direktor steht fachkompetent das Referat Medizinische Kodierung und Dokumentation zur Seite. Die konkrete Leitung der vier medizinischen Fachrichtungen und des Labors sowie der diagnostischen Einrichtungen nehmen fünf Chefärzte wahr. Der Chefapotheker führt die Krankenhausapotheke.

Die Verantwortung für den Pflege- und Funktionsdienst trägt der **Pflegedirektor,** und zwar für die Stationen Innere Medizin, Chirurgie, Gynäkologie/Geburtshilfe und HNO-Heilkunde sowie für die Hauswirtschaft und die Krankenpflegeschule. Die alltägliche Leitung des Pflege- und Funktionsdienstes auf den vier Stationen nehmen die Stationsleiter wahr. Die Pflegekräfte sind zusätzlich an die fachärztlichen Anweisungen gebunden. Hauswirtschaft und Krankenpflegeschule haben jeweils eine eigene Leitung.

Die Verantwortung für den Wirtschafts- und Verwaltungsdienst trägt der **Verwaltungsdirektor.** Ihm sind fünf Abteilungsleiter unterstellt: Finanz- und Rechnungswesen, Technik und Bauwesen, Einkauf und Vorrätelogistik sowie Patientenverwaltung und Personal.

Die männlichen Bezeichnungen der Funktionsstellen gelten selbstverständlich auch für Funktionsträgerinnen.

1

Eigenverantwortlich wirtschaftende Gesundheitsbetriebe

Das folgende Organigramm visualisiert als grafische Darstellung die

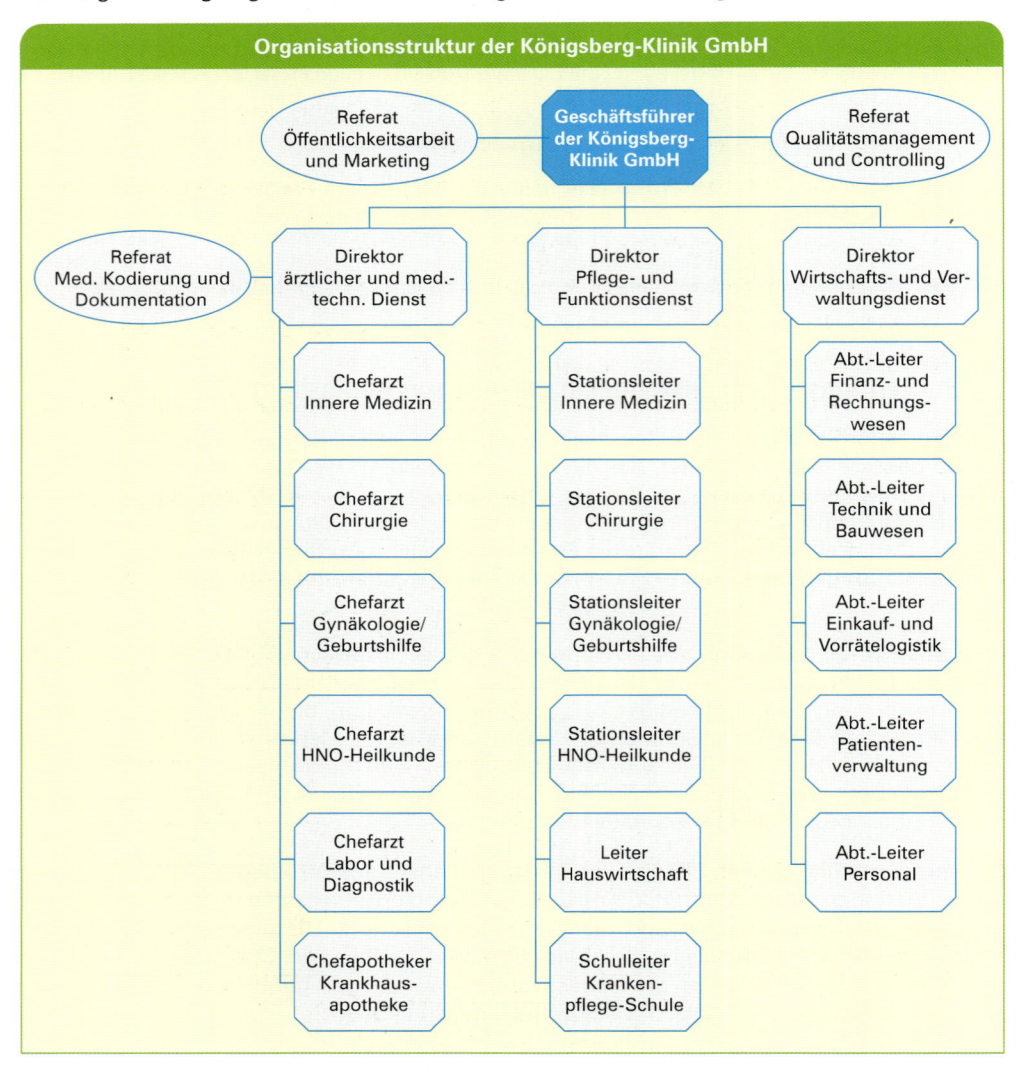

Organisationsstruktur der Königsberg-Klinik GmbH

- Referat Öffentlichkeitsarbeit und Marketing
- **Geschäftsführer der Königsberg-Klinik GmbH**
- Referat Qualitätsmanagement und Controlling
- Referat Med. Kodierung und Dokumentation

Direktor ärztlicher und med.-techn. Dienst
- Chefarzt Innere Medizin
- Chefarzt Chirurgie
- Chefarzt Gynäkologie/Geburtshilfe
- Chefarzt HNO-Heilkunde
- Chefarzt Labor und Diagnostik
- Chefapotheker Krankhausapotheke

Direktor Pflege- und Funktionsdienst
- Stationsleiter Innere Medizin
- Stationsleiter Chirurgie
- Stationsleiter Gynäkologie/Geburtshilfe
- Stationsleiter HNO-Heilkunde
- Leiter Hauswirtschaft
- Schulleiter Krankenpflege-Schule

Direktor Wirtschafts- und Verwaltungsdienst
- Abt.-Leiter Finanz- und Rechnungswesen
- Abt.-Leiter Technik und Bauwesen
- Abt.-Leiter Einkauf- und Vorrätelogistik
- Abt.-Leiter Patientenverwaltung
- Abt.-Leiter Personal

4 Organisatorische Grundlagen von Gesundheitsbetrieben

Kompetenztraining

11
1. Beschreiben Sie den Begriff Organisation!
2. Erläutern Sie, wo Sie die Hauptaufgabe der betrieblichen Organisation sehen!
3. Beschreiben Sie den Begriff Aufbauorganisation!
4. Beschreiben Sie die Kriterien, nach denen die betriebliche Gesamtaufgabe gegliedert werden kann!
5. Erläutern Sie den Begriff Stellenbildung!
6. Beschreiben Sie anhand eines Beispiels die Möglichkeiten der Stellenbildung!
7. Stellen Sie dar, was durch eine Stellenbeschreibung alles geregelt werden muss!
8. Erklären Sie den Begriff Abteilungsbildung!
9. Grenzen Sie die Begriffe Stelle, Instanz und Abteilung voneinander ab! Fertigen Sie hierzu eine Skizze an!

12
1. Geben Sie den nachfolgend dargestellten Leitungssystemen die richtige Bezeichnung!

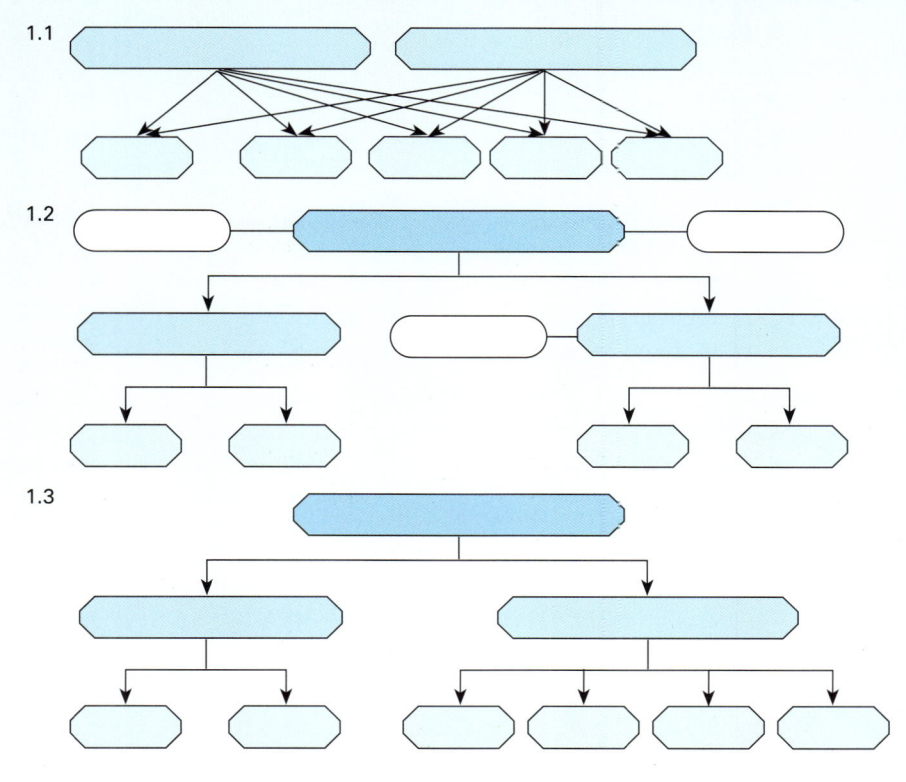

   1.1

   1.2

   1.3

2. Beschreiben Sie die charakteristischen Merkmale dieser Leitungssysteme und stellen Sie deren Vor- und Nachteile einander gegenüber!

13 1. Welches Leitungssystem hat die Königsberg-Klinik GmbH?
Begründen Sie Ihre Entscheidung anhand von charakteristischen Merkmalen!

2. Ermitteln Sie Beispiele für Stabsstellen, die es in einer funktionsorientierten Aufbauorganisation einer Einrichtung geben könnte! Begründen Sie Ihre Auswahl!

3. Die Organisation einer Einrichtung hat viele Aspekte. Dazu gehören abteilungsinterne Prozesse, organisatorische und zeitliche Abläufe von der Patientenaufnahme, der Behandlung und schließlich der Patientenentlassung.

   Aufgabe:
   Geben Sie an, welcher organisatorische Inhalt mit einem Organigramm dargestellt wird!

14 Mitarbeiter im Gesundheitswesen müssen über die organisatorische Struktur von Krankenhäusern informiert sein. Die medizinische Entwicklung geht weg vom Allgemeinkrankenhaus zur qualifizierten Konzentration auf wenige Fachgebiete.

Aufgaben:

1. Kennzeichnen Sie die Krankheitsbilder, auf die sich die folgenden Fachabteilungen von Krankenhäusern spezialisiert haben!

    1.1 Welches Fachgebiet hat die Pädiatrie?

    1.2 Welches Fachgebiet hat die Dermatologie?

    1.3 Welches Fachgebiet hat die Onkologie?

    1.4 Welches Fachgebiet hat die Pneumologie?

    1.5 Welches Fachgebiet hat die Neurologie?

    1.6 Welches Fachgebiet hat die Palliativmedizin?

2. Bezeichnen Sie die Fachabteilung eines Krankenhauses, deren medizinisches Spektrum die Behandlung folgender Krankheitsbilder ist:

    2.1 Fachabteilung für Operationen und die Versorgung von Verletzungen

    2.2 Fachabteilung für Frauenheilkunde und Geburtshilfe

    2.3 Fachabteilung für Erkrankungen des Bewegungsapparates

    2.4 Fachabteilung für seelische Erkrankungen

    2.5 Fachabteilung für Herzerkrankungen

    2.6 Fachabteilung für Erkrankungen der Niere, Harnwege und männlichen Geschlechtsorgane

5 Rechtsformen der Unternehmung

5.1 Rechtliche Grundlagen

5.1.1 Kaufmann

(1) Begriff Kaufmann

> **Kaufmann** im Sinne des HGB ist, wer ein **Handelsgewerbe** betreibt [§ 1 I HGB].

Ein Handelsgewerbe ist jeder Gewerbebetrieb,[1] wenn er nach Art oder Umfang einen in **kaufmännischer Weise eingerichteten Geschäftsbetrieb** erfordert. Merkmale eines kaufmännisch eingerichteten Geschäftsbetriebs sind z. B.

- doppelte Buchführung,
- Erreichen eines bestimmten Umsatzes,
- Produktvielfalt (Sach- und/oder Dienstleistungen),
- mehrere Beschäftigte,
- Gewinnziel und
- Zahl der Betriebsstätten.

Gewerbetreibende, deren Unternehmen **keinen** nach Art oder Umfang eines in **kaufmännischer Weise eingerichteten Geschäftsbetrieb** erforderlich macht, sind **keine Kaufleute**.

Hierzu gehören vor allem alle **Kleinbetriebe** (z. B. kleine Einzelunternehmen).

Freiberufler (z. B. Rechtsanwälte, Ärzte mit einer eigenen Praxis, Architekten) sind sogenannte **Nichtkaufleute**.

(2) Buchführungspflicht

Jeder Kaufmann, der ins Handelsregister eingetragen ist, ist **verpflichtet Bücher zu führen** und in diesen seine Handelsgeschäfte und die Lage seines Vermögens nach den Grundsätzen ordnungsmäßiger Buchführung ersichtlich zu machen [§ 238 I HGB].

Zweck der Buchführungspflicht ist die Entstehung und Abwicklung der Geschäftsvorfälle eines Kaufmanns zu dokumentieren, um dem Unternehmer sowie Dritten (z. B. Kreditgeber, Finanzamt, Mitarbeitern) einen Überblick über die Lage des Unternehmens zu vermitteln.

Nach § 241 a HGB sind Einzelkaufleute, die an den Abschlussstichtagen von zwei aufeinanderfolgenden Geschäftsjahren jeweils nicht mehr als

- 600 000,00 EUR Umsatzerlöse und
- 60 000,00 EUR Jahresüberschuss

aufweisen, von der **Buchführungspflicht befreit**. Sie haben jedoch nach Steuerrecht bestimmte Aufzeichnungen vorzunehmen [§§ 140 ff. AO].

---

1 Ein **Gewerbebetrieb** liegt vor, wenn die Tätigkeit selbstständig und auf Dauer angelegt ist, planmäßig betrieben wird, auf dem Markt nach außen in Erscheinung tritt, nicht gesetzes- oder sittenwidrig ist und in der Regel eine Gewinnerzielungsabsicht beinhaltet.

Eigenverantwortlich wirtschaftende Gesundheitsbetriebe

(3) Formen des Kaufmanns

■ **Istkaufmann**

> Gewerbetreibende, deren Unternehmen nach Art oder Umfang eine **kaufmännische Einrichtung** erforderlich macht, sind **in jedem Fall Kaufmann**, gleichgültig, ob sie bereits im Handelsregister eingetragen sind oder nicht. Man spricht deswegen auch von **Istkaufmann** [§ 1 HGB].

Der Istkaufmann ist verpflichtet, sich mit seiner Firma und mit sonstigen wichtigen Merkmalen seines Handelsgewerbes (z. B. Niederlassungsort, Zweck des Unternehmens, Gesellschafter) in das Handelsregister eintragen zu lassen. Die Eintragung erklärt dann nur noch nach außen, dass es sich um ein kaufmännisches Unternehmen handelt. Die Eintragung wirkt nur noch **deklaratorisch**,[1] was besagt, dass die Rechtswirkung schon vor der Eintragung in das Handelsregister eingetreten ist.

Beispiel:

Start-up-Unternehmer Carsten Hußmann hat in der Solbadstraße 10a in Bad Pyrmont ein Sanitätshaus mit einem Kernsortiment für Mobilität erfolgreich gegründet. Er führt ein reichhaltiges Angebot an Gehhilfen wie Gehtrainer und Freistehbarren. Viele der Hilfsmittel eignen sich auch für krankengymnastische Übungen und therapeutische Behandlungen. Bandagen, Tapes und Thera-Bänder werden prophylaktisch auch im Sport eingesetzt.

Ganz besonders erfolgreich ist Carsten Hußmann mit seinem Laufschuhprogramm. Als empfehlenswerte Adresse hat er sich einen Namen in der Region erworben. Zur Abklärung von Beschwerdebildern bietet das Sanitätshaus eine Bewegungsanalyse auf einem Lamellenlaufband an. Die Bewegungsmuster der Probanden werden von Kameras aufgezeichnet und mittels spezieller Software ausgewertet.

Das **Hußmann Sanitätshaus** hat mit Rehabilitationseinrichtungen, Sportvereinen und Privatkunden zu tun. Sein Werbekonzept „Am laufenden Band" ist auf diese Zielgruppen abgestimmt. In Hochsaisonzeiten hat Carsten Hußmann für seine geschäftlichen Aktivitäten bis zu 6 Mitarbeiter als Kundenberater und Lagerlogistiker angestellt. Eine Bürokraft ist ständig mit organisatorischen und buchhalterischen Aufgaben beschäftigt.

Innerhalb von nur 5 Jahren hat sich das Fachgeschäft von Carsten Hußmann zu einer regional bekannten Reha- und Sportadresse entwickelt. Das Sanitätshaus erzielt inzwischen einen Jahresumsatz von nahezu 1 Mio. EUR.

Die Darstellung des Unternehmens zeigt, dass der Gewerbebetrieb von Carsten Hußmann in seiner komplexen Art und den umfangreichen Geschäftsvorfällen eine **kaufmännische Betriebsweise** erfordert. Auch der Umsatz ist so groß, dass eine kaufmännische Buchführung unerlässlich ist. Nach der Definition des HGB ist Carsten Hußmann inzwischen **Kaufmann**.

---

1 **Deklaratorisch** (lat.): erklärend, rechtserklärend. Deklaration (lat.): Erklärung, die etwas Grundlegendes enthält.

5 Rechtsformen der Unternehmung

■ Kannkaufmann

- Ein **Kleinbetrieb** ist **kein Kaufmann** und unterliegt daher nicht den **Vorschriften des HGB**.
- Ein Kleingewerbetreibender **kann** sich aber in das **Handelsregister eintragen lassen**. Mit der Eintragung ist er Kaufmann.
- Ein Kleingewerbetreibender ist daher **Kannkaufmann**.

Auch die Inhaber land- und forstwirtschaftlicher Betriebe und/oder ihrer Nebenbetriebe haben die Möglichkeit, sich ins Handelsregister eintragen zu lassen. Voraussetzung ist, dass diese Betriebe einen nach Art und Umfang in kaufmännischer Weise eingerichteten Geschäftsbetrieb erfordern [§§ 2, 3 II HGB].

Bei einem Kannkaufmann wirkt die Handelsregistereintragung **konstitutiv**.[1] Dies bedeutet, dass die Kaufmannseigenschaft erst mit der Handelsregistereintragung erworben wird.

■ Kaufmann kraft Rechtsform

Kaufmann kraft Rechtsform (**Formkaufmann**) sind die juristischen Personen[2] des Handelsrechts ohne Rücksicht auf die Art der betriebenen Geschäfte und der Betriebsgröße.

Beispiel:

visualeins
MVZ für Augenheilkunde und Anästhesie GmbH

Wichtige Beispiele für einen Kaufmann kraft Rechtsform sind die Gesellschaft mit beschränkter Haftung (GmbH) sowie die Aktiengesellschaft (AG), die mit der Eintragung in das Handelsregister Kaufmann werden. Bei einem Formkaufmann wirkt die Handelsregistereintragung **konstitutiv**, d. h., die Rechtswirkung tritt erst mit der Eintragung in das Handelsregister ein.

5.1.2 Handelsregister

(1) Begriff Handelsregister

Das **Handelsregister** ist ein amtliches, öffentliches, elektronisch geführtes Verzeichnis aller Kaufleute eines Amtsgerichtsbezirks. Für die Führung des Handelsregisters sind die Amtsgerichte zuständig [§ 8 HGB; § 376 I FamFG].

- Für die **Anmeldungen zur Eintragung** ist eine **öffentliche Beglaubigung**[3] (z. B. durch einen Notar) erforderlich.
- Die für die Anmeldung erforderlichen **Unterlagen** sind **elektronisch einzureichen**.

---

1 **Konstitutiv** (lat.): rechtsbegründend, rechtschaffend. Konstitution (lat.): Verfassung, Rechtsbestimmung.
2 **Juristische (rechtliche) Personen** sind „künstliche" Personen, denen der Staat die Eigenschaft von Personen kraft Gesetzes verliehen hat. Sie sind damit rechtsfähig, d. h. Träger von Rechten und Pflichten.
3 **Beglaubigung:** Vom Notar wird die **Echtheit der eigenhändigen Unterschrift** des Erklärenden beglaubigt.
Beurkundung: Hier werden die Willenserklärungen der Beteiligten von einem Notar in eine Urkunde aufgenommen. Der Notar beurkundet dabei die **Unterschrift** und den **Inhalt der Erklärung**.

(2) Aufgabe und Bedeutung des Handelsregisters

Die Aufgabe des Handelsregisters besteht darin, der **Öffentlichkeit** die Rechtsverhältnisse der eingetragenen kaufmännischen Gewerbebetriebe offenzulegen. Das Handelsregister ist **frei zugänglich**, d. h., jeder Interessierte kann ohne Angabe von Gründen in das Register Einsicht nehmen. Das Handelsregister gibt z. B. Auskunft über

- die Firma,
- die Rechtsform,
- den Gegenstand des Unternehmens,
- den (oder die) Geschäftsinhaber,
- die Haftungsverhältnisse,
- den Ort des Geschäftssitzes,
- die inländische Geschäftsanschrift der Handelsniederlassung,
- die Vertretungsbefugnisse der Vertretungsorgane des Unternehmens und
- den Tag der Handelsregistereintragung.

Die Handelsregistereintragungen werden **elektronisch bekannt gemacht**. Auskünfte über die Eintragungen (z. B. Registerblätter, Gesellschafterlisten und Satzungen) können über das gemeinsame Justizportal aller Bundesländer (www.justiz.de) online eingesehen werden.[1] Zudem kann jeder auf elektronischem Wege (kostenpflichtig) Abschriften und Registerausdrucke erhalten.[2]

Das Handelsregister genießt **öffentlichen Glauben**. Zum Schutz des Vertrauens Dritter auf die bekannt gemachten Handelsregistereintragungen gilt die **Vermutung der Richtigkeit** der Handelsregistereintragungen.

(3) Abteilungen des Handelsregisters

Das Handelsregister besteht aus zwei Abteilungen:

Abteilung A	Abteilung B
Hier werden u. a. eingetragen: ■ Einzelkaufleute, ■ offene Handelsgesellschaft (OHG), ■ Kommanditgesellschaft (KG).	Hier werden u. a. eingetragen: ■ Gesellschaft mit beschränkter Haftung (GmbH), ■ Aktiengesellschaft (AG).

(4) Löschung

Die Löschung der Eintragung erfolgt dadurch, dass die Eintragung rot unterstrichen wird. Auf diese Weise können alle früheren Eintragungen zurückverfolgt werden.

---

1 Die Einsichtnahme „vor Ort" ist grundsätzlich bei jedem Amtsgericht über ein Terminal möglich.

2 Außerdem besteht ein Unternehmensregister, das als bündelndes Portal über die Informationen des Handelsregisters hinaus alle wirtschaftlich relevanten Daten über Unternehmen zugänglich macht (www.unternehmensregister.de).

5.1.3 Firma

(1) Begriff Firma

> Die **Firma** ist der im Handelsregister eingetragene **Name,** unter dem ein Kaufmann sein Handelsgewerbe betreibt und seine Unterschrift abgibt [§ 17 I HGB]. Der Kaufmann kann unter seiner Firma klagen und verklagt werden [§ 17 II HGB].

Das Recht an einer bestimmten Firma ist gesetzlich geschützt. Das Gesetz schützt den Inhaber einer Firma beispielsweise davor, dass ein anderer Kaufmann am selben Ort eine nicht deutlich abweichende Firma annimmt [§ 30 HGB].

(2) Firmenarten

Die einzutragenden Unternehmen können zwischen folgenden Firmenarten wählen:

Bedürfnis	Kennzeichen	Beispiele
Personenfirmen	Die Firmenbezeichnung enthält einen oder mehrere Personennamen.	Carsten Hußmann e. K.
Sachfirmen	Die Firmenbezeichnung ist dem Zweck des Unternehmens entnommen.	Seniorenresidenz KG
Fantasiefirmen	Die Firmenbezeichnung ist ein erdachter Name.	VITA-TEC OHG
Gemischte Firmen	Die Firmenbezeichnung enthält sowohl einen oder mehrere Personennamen, einen dem Gegenstand (Zweck) des Unternehmens entnommenen Begriff und/oder einen Fantasienamen.	■ Sanitätshaus Carsten Hußmann e. Kfm., ■ Weber Pflegedienst GmbH

(3) Rechtsformzusätze

Zwingend vorgeschrieben sind die folgenden **Rechtsformzusätze:**

- Die Firma der **Einzelunternehmung** muss die Bezeichnung „eingetragener Kaufmann" bzw. „eingetragene Kauffrau" enthalten. Allgemein verständliche Abkürzungen dieser Bezeichnungen sind zulässig (z. B. e. K., e. Kfm., e. Kfr.) [§ 19 I, Nr. 1 HGB].
- Die Firma der **Personengesellschaften** muss die Bezeichnung „offene Handelsgesellschaft" bzw. „Kommanditgesellschaft" aufweisen. Allgemein verständliche Abkürzungen dieser Bezeichnungen wie z. B. OHG bzw. KG sind zulässig [§ 19 I, Nr. 2 und 3 HGB].
- Die Firma der **Aktiengesellschaften** muss die Bezeichnung „Aktiengesellschaft" [§ 4 AktG], die Firma der **Gesellschaften mit beschränkter Haftung** muss die Bezeichnung „Gesellschaft mit beschränkter Haftung" enthalten [§ 4 GmbHG]. Eine allgemein verständliche Abkürzung dieser Bezeichnung ist zulässig (z. B. AG bzw. GmbH).

Freiwillige Firmenzusätze haben die Aufgabe, den Informationsgehalt einer Firma zu verstärken.

Beispiel:

Die Inhaberin eines ambulanten Pflegedienstes firmiert wie folgt:

„Luisa Kern GmbH – Der Pflegedienst mit Herz".

(4) Firmengrundsätze

Firmenwahrheit und -klarheit	Die Firma darf nicht über Art und/oder Umfang des Geschäfts täuschen.
Firmen-öffentlichkeit	Jeder Kaufmann ist verpflichtet, seine Firma und den Ort seiner Handelsniederlassung und deren spätere Änderungen zur Eintragung in das zuständige Handelsregister anzumelden. Damit wird erreicht, dass die Öffentlichkeit (also Kunden, Lieferanten, Banken, Behörden usw.) erfährt, unter welcher Firma Geschäftsvorgänge abgewickelt werden.
Firmen-ausschließlichkeit	Jede neue Firma muss sich von anderen an demselben Ort oder in derselben Gemeinde bereits bestehenden und in das Handelsregister eingetragenen Firmen deutlich unterscheiden. Bei gleichen Familiennamen der Inhaber muss ein Firmenzusatz eine eindeutige Unterscheidung ermöglichen.
Firmen-beständigkeit	Die bisherige Firma kann beibehalten werden, wenn sich der Name des Inhabers ändert (z. B. bei Heirat), das Unternehmen durch einen neuen Inhaber fortgeführt wird (z. B. bei Verkauf oder Erbschaft) oder bei Eintritt eines zusätzlichen Mitinhabers (Gesellschafters). Voraussetzung für die Weiterführung der Firma ist die ausdrückliche Einwilligung des bisherigen Inhabers oder dessen Erben. Ein Zusatz, der auf das Nachfolgeverhältnis hinweist, ist möglich.

Kompetenztraining

15

1. Lena Stehlin übernimmt für ein Krankenhaus die Erstellung von Broschüren, Informationsblättern und Image-Anzeigen. Sie hat zwei Teilzeitangestellte beschäftigt. Ihr Gewerbebetrieb erfordert keinen nach Art oder Umfang in kaufmännischer Weise eingerichteten Geschäftsbetrieb. Dennoch möchte sich Lena Stehlin ins Handelsregister eintragen lassen. Sie sollen Lena Stehlin im Rahmen der Handelsregistereintragung beraten.

   Aufgaben:

   1.1 Unterbreiten Sie drei Vorschläge für eine Firmenbezeichnung!

   1.2 Erläutern Sie, was unter dem Begriff Firma zu verstehen ist!

   1.3 Lena Stehlin möchte wie folgt firmieren:

   > Die Krankenhauswerbung e. K.

   Beurteilen Sie, ob diese Firma zulässig ist!

   1.4 Auf Ihren Rat hin meldet Lena Stehlin beim Amtsgericht folgende Firma an:

   > Die Krankenhauswerbung
   > Inh. Lena Stehlin e. K.

   Die Eintragung erfolgt am 24. Mai 20..
   Zeigen Sie auf, welche rechtliche Wirkung die Handelsregistereintragung für Lena Stehlin hat!

   1.5 Begründen Sie, ob es sinnvoll wäre, in den ersten beiden, noch umsatzschwachen Geschäftsjahren auf eine Handelsregistereintragung zu verzichten!

2. Der Orthopädietechniker-Meister Felix Kopf hat vor Jahren einen kleinen Fertigungsbetrieb gegründet, der sich gut entwickelte. Heute beschäftigt er fünf Gesellen und zwei Angestellte. Sein Betrieb ist kaufmännisch voll durchorganisiert. Im Handelsregister ist Felix Kopf nicht eingetragen.

   Aufgaben:

   2.1 Beurteilen Sie, ob Felix Kopf Kaufmann ist!

   2.2 Der Steuerberater Alexander Klug macht Felix Kopf darauf aufmerksam, dass er seinen Gewerbebetrieb ins Handelsregister eintragen lassen muss.
   Unterbreiten Sie einen Vorschlag, wie die Firma lauten könnte!

   2.3 Felix Kopf lässt sich am 15. Februar 20.. unter der Firma „Felix Kopf e. K. – Orthopädietechnik" ins Handelsregister eintragen.
   Erläutern Sie, welche rechtliche Wirkung die Handelsregistereintragung hat!

3. Die Wirkung von Handelsregistereintragungen kann deklaratorisch oder konstitutiv sein.

   Aufgaben:

   3.1 Erklären Sie, was jeweils hierunter zu verstehen ist!

   3.2 Ermitteln Sie, bei welchem Kaufmann die Handelsregistereintragung deklaratorisch, bei welchen sie konstitutiv ist!

5.2 Einzelunternehmung

(1) Begriff Einzelunternehmer

Einzelunternehmer ist, wer es selbst „unternimmt", Geschäfte in **eigenem Namen** und auf **eigene Rechnung** mit **vollem Risiko** zu tätigen und hierzu sein **eigenes Geld- und Sachkapital** einsetzt.

(2) Firma

Die Firma der Einzelunternehmung richtet sich i. d. R. nach dem Vor- und Zunamen des Einzelunternehmers. Sie muss die Bezeichnung „eingetragener Kaufmann" bzw. „eingetragene Kauffrau" oder eine allgemein verständliche Abkürzung dieser Bezeichnung enthalten [§ 19 I, Nr. 1 HGB].

Beispiel:

Pflegedienst
Emmy Reisacher e. Kfr.

(3) Merkmale der Einzelunternehmung

Personenzahl	Der Einzelunternehmer ist **alleiniger Inhaber** des Unternehmens.
Geschäftsführung	Die Geschäftsführung, d. h. die Leitung der Einzelunternehmung, obliegt dem Einzelunternehmer allein. Er trifft alle Anordnungen in seinem Betrieb (im **Innenverhältnis**) allein, ohne andere anhören zu müssen.
Vertretung	Das Recht auf Vertretung der Einzelunternehmung gegenüber Dritten (im **Außenverhältnis**) hat der Einzelunternehmer. Er schließt für die Einzelunternehmung alle erforderlichen Rechtsgeschäfte mit Dritten ab (z. B. Kaufverträge, Mietverträge, Kreditverträge).
Haftungsverhältnisse[1]	Der Einzelunternehmer haftet für alle Verbindlichkeiten der Einzelunternehmung mit seinem Geschäfts- und sonstigen Privatvermögen **unbeschränkt** und **unmittelbar** (direkt).
Eigenkapitalaufbringung	Das Eigenkapital stellt der Einzelunternehmer zur Verfügung. Über die **Höhe des aufzubringenden Eigenkapitals** gibt es **keine gesetzliche Vorschrift**.
Gewinn- und Verlustverteilung	Der Einzelunternehmer hat das Recht auf den gesamten **Gewinn**. Andererseits hat er den **Verlust** ebenfalls allein zu tragen.
Gründung	Für die Gründung der Einzelunternehmung bestehen **keine gesetzlichen Formvorschriften**. Erfordert die Einzelunternehmung eine kaufmännische Einrichtung, ist eine Eintragung ins Handelsregister erforderlich.

(4) Vor- und Nachteile der Einzelunternehmung

Für den **Einzelunternehmer** hat diese Unternehmensform Vor- und Nachteile:

Vorteile (Gründungsmotive)	Nachteile
■ Keine Abstimmung der Entscheidungen mit anderen (Ausnahme: Mitbestimmung der Arbeitnehmer). ■ Schnelle Entscheidungsmöglichkeit. ■ Rasche Anpassung an veränderte wirtschaftliche Verhältnisse. ■ Klarheit und Eindeutigkeit der Unternehmensführung. ■ Großes Eigeninteresse des Inhabers an der Arbeit, da ihm der Gewinn allein zusteht (Gewinn als Leistungsanreiz).	■ Bei falschen Entscheidungen trägt der Inhaber das Risiko allein. ■ Der Erfolg des Unternehmens hängt untrennbar an der Person des Inhabers, seinen fachlichen Fähigkeiten, seinem Charakter und seiner Gesundheit. ■ In der Regel geringe Eigenkapitalkraft und beschränkte Kreditbeschaffungsmöglichkeiten. ■ Großes Haftungsrisiko.

---

1 Die **Haftung** betrifft die Rechtsbeziehung der Unternehmung mit außenstehenden Dritten und damit das **Außenverhältnis**.

Kompetenztraining

16 Jonas Augustin, Angestellter eines Sanitätshauses, möchte sich als Onlinehändler und Berater für die Medikamentenlogistik in Alten- und Pflegeheimen selbstständig machen und hierzu ein Einzelunternehmen in Bad Pyrmont gründen. Seine Wochensystem-Wagen sollen für eine sichere und effiziente Zuteilung von Medikamenten durch die Heime rollen. Mit dieser wichtigen Ausrüstung werde das Pflegepersonal entlastet und die Qualität und Sicherheit bei der Arzneimittelabgabe erhöht.

Aufgaben:

1.
   1.1 Nennen Sie drei Gründe, die Jonas Augustin zur Wahl dieser Rechtsform veranlasst haben könnten!
   1.2 In welcher Abteilung des Handelsregisters wird die Firma „Jonas Augustin e. Kfm., Medikamentenlogistik" eingetragen?
   1.3 Ermitteln Sie, bei welchen öffentlichen Stellen Herr Augustin sein neu gegründetes Einzelunternehmen anmelden muss! Geben Sie jeweils den Grund für die Anmeldepflicht an!

2. Nennen und beurteilen Sie je drei Vor- und Nachteile des Einzelunternehmens
   2.1 aus der Sicht der Arbeitnehmer,
   2.2 aus der Sicht des Einzelunternehmers!

17 Geben Sie an, welche Merkmale eine Einzelunternehmung aufweist bezüglich

1. der Höhe des vorgeschriebenen Eigenkapitals,
2. der Anzahl der Kapitalgeber,
3. des Haftungsumfangs,
4. der Vertretungsmacht,
5. der Geschäftsführungsbefugnis!

5.3 Gesellschaft bürgerlichen Rechts (GbR)

(1) Begriff und Rechtsgrundlage

> Eine **Gesellschaft des bürgerlichen Rechts** (GbR) liegt vor, wenn sich mindestens **zwei Gesellschafter (Personen)**[1] durch einen **Gesellschaftsvertrag** gegenseitig verpflichtet haben, die Erreichung eines **gemeinsamen Zweckes (Zieles)** in der **vertraglich bestimmten Weise zu fördern** und hierzu insbesondere die vereinbarten Beiträge leisten [§ 705 BGB].

Die Gesellschaft des bürgerlichen Rechts (GbR) ist eine Personengesellschaft. Die Rechtsgrundlage der Gesellschaft des bürgerlichen Rechts ist das Bürgerliche Gesetzbuch [§§ 705–740]. Die Vorschriften des Handelsgesetzbuches können **nicht** angewendet werden.

(2) Zweck

Die Gesellschaft des bürgerlichen Rechts eignet sich

- für den **auf Dauer angelegten Betrieb kleingewerblicher Unternehmen** durch mehrere Personen,
- für die **dauerhafte Zusammenarbeit mehrerer Unternehmen** auf einem Teilgebiet, z. B. Werbung,
- für eine nur für eine **bestimmte Zeitdauer** (vorübergehend) angelegte Zweckgemeinschaft (**Gelegenheitsgesellschaft**).

Beispiele:

GbR auf Dauer:
Kiosk, Imbiss, kleine Boutique, ambulanter Pflegedienst, Praxisgemeinschaften von Ärzten, Medizinisches Versorgungszentrum (MVZ-GbR).

GbR auf Zeit:
Spielgemeinschaften für Lotto – Durchführung einer Klassenfahrt – Zusammenschlüsse von mehreren Bauunternehmen (auch Arbeitsgemeinschaften genannt) zur Durchführung von größeren Bauvorhaben (z. B. Bau von Autobahnen).

5.4 Offene Handelsgesellschaft (OHG)

5.4.1 Begriff, Gründung und Firma

(1) Begriff

> - Die **offene Handelsgesellschaft (OHG)** ist eine **Gesellschaft** mit mindestens zwei Personen, deren Zweck auf den Betrieb eines **Handelsgewerbes** unter **gemeinschaftlicher Firma** gerichtet ist und bei der die **Haftung der Gesellschafter uneingeschränkt ist** [§ 105 I HGB].
> - Die offene Handelsgesellschaft ist eine **Personengesellschaft**.

---

[1] Die Gesellschafter können natürliche Personen und/oder juristische Personen sein.

(2) Gründung

Zur Gründung der OHG sind **zwei Voraussetzungen** erforderlich:

- Abschluss eines Gesellschaftsvertrags,
- Eintragung der OHG ins Handelsregister.

Betreibt die OHG ein Handelsgewerbe, so ist sie nach § 1 I HGB auch ohne Eintragung Kaufmann. In diesem Fall ist die OHG im **Außenverhältnis** entstanden, sobald ein Gesellschafter im Namen der OHG Geschäfte tätigt, z. B. einen Kaufvertrag abschließt **(deklaratorische[1] Wirkung der Handelsregistereintragung)**.

(3) Firma

Die Firma, unter der die OHG ihre Rechtsgeschäfte abschließt (z. B. Kauf-, Miet-, Arbeitsverträge), muss die Bezeichnung „offene Handelsgesellschaft" oder eine allgemein verständliche Abkürzung dieser Bezeichnung enthalten [§ 19 I, Nr. 2 HGB].

Beispiele:
- Karl Wagner OHG;
- Wagner & Wunsch – offene Handelsgesellschaft;
- Wunsch OHG, Praxis- und Krankenhausbedarf.

5.4.2 Pflichten und Rechte der OHG-Gesellschafter

(1) Eigenkapitalaufbringung

Die Eigenkapitalaufbringung erfolgt durch die OHG-Gesellschafter. Die geleisteten Kapitaleinlagen bilden als gemeinschaftliches Vermögen der Gesellschaft ein Sondervermögen [§ 718 I BGB] und stehen den Gesellschaftern zur **gesamten Hand** zu [§ 719 BGB], d. h., ein einzelner Gesellschafter kann nicht über seinen Anteil verfügen. Das persönliche Eigentum der Gesellschafter an ihren Einlagen erlischt. Die Einlagen der Gesellschafter werden **gemeinschaftliches Vermögen (Gesamthandsvermögen)** aller Gesellschafter. Ein einzelner Gesellschafter kann damit nicht mehr über seinen Kapitalanteil verfügen.

Grundstücke werden im Grundbuch auf die OHG eingetragen. Alle Gesellschafter können nur noch gemeinsam über den einzelnen Gegenstand verfügen.

(2) Geschäftsführung und Vertretung

Zur **Geschäftsführung,** d. h. zur Leitung der OHG im Innenverhältnis, ist jeder Gesellschafter berechtigt und verpflichtet **(Einzelgeschäftsführungsrecht)**. Dies gilt für **gewöhnliche Geschäfte**. Widerspricht ein Gesellschafter einer Geschäftsführungsmaßnahme eines Mitgesellschafters, so muss diese unterbleiben. Bei einem gewöhnlichen Geschäft steht jedem Gesellschafter ein **Vetorecht** zu.

Wagner & Wunsch OHG

Gesellschafter Wagner ←Rechtsbeziehungen→ Gesellschafter Wunsch

im **Innenverhältnis**

---
1 Siehe S. 50.

Bei **außergewöhnlichen Geschäften** (z. B. bei Grundstückskauf, Aufnahme eines Großkredits, Aufnahme eines neuen Gesellschafters) müssen **alle Gesellschafter zustimmen (Gesamtgeschäftsführungsrecht).**

Zur **Vertretung** der OHG gegenüber Dritten, d. h. im **Außenverhältnis,** ist jeder Gesellschafter **ohne Einschränkungen** berechtigt **(Einzelvertretungsrecht).**

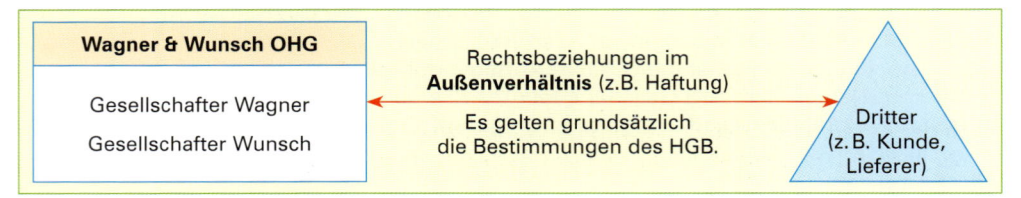

```
Wagner & Wunsch OHG                 Rechtsbeziehungen im
                                    Außenverhältnis (z.B. Haftung)         Dritter
Gesellschafter Wagner       ←──────────────────────────────────→       (z. B. Kunde,
Gesellschafter Wunsch              Es gelten grundsätzlich                Lieferer)
                                   die Bestimmungen des HGB.
```

(3) Haftung

Die OHG-Gesellschafter haften gegenüber Dritten

unbeschränkt	Die OHG-Gesellschafter haften mit ihrem Geschäftsvermögen **und** mit ihrem Privatvermögen.
unmittelbar	Die Gläubiger (z. B. die Lieferanten) können die Forderungen nicht nur der OHG gegenüber, sondern zugleich unmittelbar (direkt) gegenüber **jedem OHG-Gesellschafter** geltend machen. Dies bedeutet, dass jeder einzelne Gesellschafter durch die Gesellschaftsgläubiger verklagt werden kann. Der Gesellschafter kann nicht verlangen, dass der Gläubiger zuerst gegen die OHG klagt. Eine „Einrede der Vorausklage" steht dem Gesellschafter nicht zu.
gesamtschuldnerisch („solidarisch")	Jeder Gesellschafter haftet **persönlich** (allein) für die gesamten Schulden der Gesellschaft [§ 128 HGB], nicht jedoch für die privaten Schulden der übrigen Gesellschafter.

Tritt ein Gesellschafter in eine bereits bestehende OHG **ein,** haftet er auch für die vor seinem Eintritt bestehenden Verbindlichkeiten der OHG [§ 130 I BGB]. **Tritt** ein Gesellschafter **aus,** haftet er noch fünf Jahre für die Verbindlichkeiten der OHG, die zum Zeitpunkt seines Ausscheidens bestanden [§ 160 I, S. 1 HGB].

(4) Gewinnbeteiligung

Jeder Gesellschafter hat Anspruch auf einen Anteil am Jahresgewinn. Ist im Gesellschaftsvertrag nichts anderes vereinbart, gilt das HGB [§ 121 HGB]. Danach erhalten die Gesellschafter zunächst eine **4 %ige Verzinsung** der Kapitalanteile. Ein über die 4 % hinausgehender Restgewinn wird unter die Gesellschafter **„nach Köpfen",** d. h. zu gleichen Teilen verteilt.

Beispiel:

Der Gewinn der Schulz & Hegel OHG beträgt 92 400,00 EUR. Die Kapitaleinlage von Schulz beträgt 150 000,00 EUR, die von Hegel 200 000,00 EUR. Schulz hat am 31.12. d.J. 4 900,00 EUR, Hegel 6 800,00 EUR entnommen. Die Verteilung des Gewinns erfolgt nach § 121 HGB.

Aufgabe:

Stellen Sie die Gewinnverteilung in einer tabellarischen Übersicht (Gewinnverteilungstabelle) dar!

5 Rechtsformen der Unternehmung

Lösung:

Gesell-schafter	Anfangs-kapital	4 % Zinsen vom Kapital	Rest nach Köpfen	Gesamt-gewinn	Privat-entnahme	Gutschrift	Endkapital
Schulz	150 000,00	6 000,00	39 200,00	45 200,00	4 900,00	40 300,00	190 300,00
Hegel	200 000,00	8 000,00	39 200,00	47 200,00	6 800,00	40 400,00	240 400,00
	350 000,00	14 000,00	78 400,00	92 400,00	11 700,00	80 700,00	430 700,00

(5) Verlustbeteiligung

Nach der gesetzlichen Regelung wird der Verlust zu gleichen Teilen (nach Köpfen) verteilt [§ 121 III HGB]. Abweichende vertragliche Regelungen sind möglich.

Personengesellschaft: Offene Handelsgesellschaft (OHG)

- **Gründung und Handelsrecht**
  Gesellschaftsvertrag
  Eintragung ins Handels-register
  Wagner & Wunsch OHG

- **Geschäftsführung und Vertretung**
  Alle Gesellschafter sind zur Geschäfts-führung berechtigt und verpflichtet sowie zur Einzelvertretung ermächtigt.

- **Praktische Eignung**
  Typische Unternehmer-gesellschaft:
  alle Gesellschafter bringen das Kapital auf und führen die Geschäfte.
  Das Haftungsrisiko ist ein Hemmnis für Gründer.

- **Erfolgsbeteiligung**
  Gewinn:
  4 % Kapital-verzinsung, Rest nach Köpfen
  Verlust:
  nach Köpfen

- Kapitalkonto Gesellschafter A
- Kapitalkonto Gesellschafter B
- **Kapital**

- **Haftung und Risiko**
  Persönliche Haftung unbeschränkt mit Geschäfts- und Privat-vermögen

5.4.3 Vor- und Nachteile der OHG

Vorteile (Gründungsmotive)	Nachteile
■ Ausnutzung unterschiedlicher Kenntnisse und Fähigkeiten der Gesellschafter verbessert die Geschäftsführung. ■ Umwandlung eines Einzelunternehmens in eine OHG vergrößert die Eigenkapitalbasis des Unternehmens. ■ Bei guten privaten Vermögensverhältnissen ist die Kreditwürdigkeit der OHG größer als die des Einzelunternehmens. ■ Da das Eigenkapital und die Unternehmensführung in einer Hand sind, ist das Interesse der Gesellschafter an der Geschäftsführung groß. ■ Verteilung des Unternehmerrisikos.	■ Persönliche Meinungsverschiedenheiten zwischen den Gesellschaftern können den Bestand des Unternehmens gefährden. ■ Dem Wachstum des Unternehmens sind häufig finanzielle Grenzen gesetzt, weil das Eigenkapital der Gesellschafter zur Finanzierung großer Investitionen nicht ausreicht. ■ Fremdkapital kann nur in begrenztem Maße aufgenommen werden. ■ Durch aufwendige Lebenshaltung der Gesellschafter kann die Existenz des Unternehmens aufs Spiel gesetzt werden, da Kontrollorgane fehlen. ■ Unbeschränkte, direkte, gesamtschuldnerische Haftung der Gesellschafter.

Kompetenztraining

18 Die offene Handelsgesellschaft ist eine Personengesellschaft, die von mindestens zwei Personen gegründet wird. Legen Sie dar, warum ein Vertrauensverhältnis der OHG-Partner die unbedingte Voraussetzung zur Führung dieses Unternehmens ist!

19 Der Wagner & Wunsch OHG, Praxis- und Krankenhausbedarf, geht es sehr gut. Es ist daher notwendig, das bisherige Betriebsgelände um einen Parkplatz für Kunden und Mitarbeiter zu erweitern. Sebastian Strobel ist Eigentümer des Nachbargrundstücks. Dieses hat einen Wert von 310 000,00 EUR. Herr Strobel hat eine kaufmännische Ausbildung und ist nur dann bereit, das Grundstück an die Wagner & Wunsch OHG zu verkaufen, wenn er als gleichberechtigter Partner mitarbeiten und volle Verantwortung mitübernehmen kann. Wagner und Wunsch beschließen, Sebastian Strobel als weiteren Gesellschafter in die OHG aufzunehmen.

Ihre Aufgabe ist es, die drei Gesellschafter im Zusammenhang mit der Gründung und einiger Geschäftsvorfälle rechtlich zu beraten.

Aufgaben:

1. Prüfen Sie, ob die bisherige Firma „Wagner & Wunsch OHG" fortgeführt werden kann!
2. Wagner möchte am 30. November zwei Fachkräfte für Lagerlogistik einstellen. Prüfen Sie rechtlich, ob Wagner dazu berechtigt ist!
3. Erläutern Sie, wodurch sich die Vertretungsbefugnis von der Geschäftsführungsbefugnis unterscheidet!
4. Am 20. November 20.. wendet sich die Langinger KG, Lieferer für OP-Mobiliar, mit einer Forderung über 9 700,00 EUR direkt an Sebastian Strobel. Dieser lehnt die Zahlung ab.
   Beurteilen Sie seine folgenden Argumente und begründen Sie Ihre Antwort:
   4.1 Die Langinger KG soll sich bitte direkt an die OHG wenden.
   4.2 Die Verbindlichkeit sei von Wagner eingegangen worden, also müsse im Zweifel dieser bezahlen.
   4.3 Die Verbindlichkeit stamme noch vom Juli, demnach aus einem Zeitraum, in welchem er noch nicht Gesellschafter der OHG gewesen sei.
5. Die Tochter von Sebastian Strobel heiratet. Er möchte daher das von ihm eingebrachte unbebaute Grundstück wieder zum Verkehrswert aus dem Vermögen der OHG entnehmen, damit seine Tochter darauf ein Einfamilienhaus bauen kann. Prüfen Sie, ob er gegen den Willen seiner Mitgesellschafter das Grundstück zurückerhalten kann!

20 Die Herren Meier, Schmidt und Kunz betreiben gemeinsam ein Handelsunternehmen für Medizintechnik. Die OHG bietet medizintechnische Lösungen für Diagnose, Therapie und Überwachung.

Aufgaben:

1. Nennen Sie zwei Gründe, die die Gesellschafter veranlasst haben könnten, die Gesellschaftsform der OHG zu wählen!
2. Nennen Sie vier Beispiele, wie die Firma lauten könnte!
3. Meier und Schmidt kaufen am 24. November 20.. gegen den Willen von Kunz ein zusätzliches Lagergebäude.
   3.1 Klären Sie, ob die OHG an diesen Vertrag rechtlich gebunden ist!
   3.2 Der Verkäufer des Lagergebäudes verlangt am 25. November 20.. von Kunz die Bezahlung der gesamten Kaufsumme. Dieser lehnt entschieden ab. Er glaubt, ausreichende Gründe zu haben. Erstens war er gegen diesen Kauf. Zweitens müsse sich der Gläubiger doch erst einmal an die OHG wenden und, wenn diese nicht zahle, an die Gesellschafter, die den Kaufvertrag unterzeichnet haben. Drittens sehe er gar nicht ein, dass er alles zahlen solle. Wenn überhaupt, so zahle er höchstens den ihn betreffenden Anteil an der Kaufsumme, nämlich ein Drittel. Nehmen Sie zu diesen Aussagen Stellung!

3.3 Am 30. Juni des folgenden Jahres scheidet Kunz wegen bestehender Differenzen aus der Gesellschaft aus. Am 30. September des folgenden Jahres wendet sich der Verkäufer des Lagergebäudes erneut an ihn und fordert ihn auf, den noch offenen Restbetrag von 12000,00 EUR zu bezahlen. Prüfen Sie die Rechtslage!

4. Als Schmidt im Urlaub ist, kauft Meier ein Grundstück, das für die Erweiterung der Servicewerkstatt notwendig ist. Schmidt, der von dem Grundstückskauf erst nachträglich Kenntnis erhält, ist gegen den Kauf.
   4.1 Prüfen Sie rechtlich, ob Meier berechtigt war, das Grundstück zu kaufen!
   4.2 Entscheiden Sie, ob der Kaufvertrag für die OHG bindend ist!
   4.3 Prüfen Sie rechtlich, ob Schmidt die Zahlung des Kaufpreises verweigern kann, wenn der Verkäufer des Grundstücks von ihm den gesamten Kaufpreis fordert!

21 Die Hauser & Meyer OHG hat im abgelaufenen Geschäftsjahr einen Gewinn von 240 000,00 EUR erwirtschaftet.

Der Kapitalanteil von Hauser betrug zu Beginn des Geschäftsjahres 700 000,00 EUR, der von Meyer 500 000,00 EUR. Hauser hat am 31.12. d.J. 96 000,00 EUR entnommen, Meyer hat 60 000,00 EUR entnommen. Eine vertragliche Vereinbarung zur Gewinnverwendung besteht nicht.

Aufgaben:
1. Berechnen Sie für jeden Gesellschafter die 4 %ige Verzinsung des Kapitalanteils!
2. Stellen Sie die Gewinnverwendung (einschließlich der Privatentnahmen und der neuen Eigenkapitalbeträge) in einer tabellarischen Übersicht (Gewinnverwendungstabelle) dar!

5.5 Kommanditgesellschaft (KG)

5.5.1 Begriff, Gründung und Firma

(1) Begriff

- Die **Kommanditgesellschaft (KG)** ist eine Gesellschaft mit mindestens zwei Personen, die ein **Handelsgewerbe** unter **gemeinschaftlicher Firma** betreibt, wobei mindestens ein Gesellschafter **unbeschränkt haftet (Komplementär)** und mindestens ein Gesellschafter **beschränkt haftet (Kommanditist)**.[1]
- Die Kommanditgesellschaft ist eine **Personengesellschaft**.

(2) Gründung

Zur Gründung der KG sind **zwei Voraussetzungen** erforderlich:

- Abschluss eines Gesellschaftsvertrages,
- Eintragung der KG ins Handelsregister.

Betreibt die KG ein Handelsgewerbe, so ist sie nach § 1 I HGB auch ohne Eintragung Kaufmann. In diesem Fall ist die KG im **Außenverhältnis** entstanden, sobald ein Komplementär im Namen der KG Geschäfte tätigt, z. B. einen Kaufvertrag abschließt **(deklaratorische Wirkung der Handelsregistereintragung)**.

---
1 Die KG muss mindestens einen Komplementär aufweisen. Tritt der einzige (letzte) Komplementär aus der KG aus, so führt dies zur Auflösung der KG. Führen die Kommanditisten die Gesellschaft ohne (neuen) Komplementär fort, dann wird die KG grundsätzlich zu einer OHG, d. h., die Kommanditisten haften unbeschränkt.

(3) Firma

Die Firma der KG muss die Bezeichnung „Kommanditgesellschaft" oder eine allgemein verständliche Abkürzung dieser Bezeichnung (z. B. KG) enthalten [§ 19 I, Nr. 3 HGB].

Beispiele:

Müller und Moser sind Vollhafter (Komplementäre), Krause ist Teilhafter (Kommanditist). Mögliche Firmen sind z. B.: Müller & Moser KG; Müller Kommanditgesellschaft; Pyrmonter Mineralbrunnen KG.

5.5.2 Pflichten und Rechte der KG-Gesellschafter

(1) Eigenkapitalaufbringung

Komplementär und Kommanditist sind verpflichtet, die im Gesellschaftsvertrag übernommene Kapitaleinlage **(Pflichteinlage)** bereitzustellen.

(2) Geschäftsführung und Vertretung

Die **Geschäftsführung** der Gesellschaft liegt allein beim Komplementär, d. h., die Kommanditisten sind von der Führung der Geschäfte ausgeschlossen. Die Kommanditisten haben nur ein Kontroll- und Widerspruchsrecht.

- **Kontrollrecht.** Die Kommanditisten haben kein ständiges Kontrollrecht. Sie können jedoch Abschriften des Jahresabschlusses (Jahresbilanz mit Gewinn- und Verlustrechnung) verlangen und deren Richtigkeit unter Einsicht in die Geschäftsbücher und sonstiger Geschäftspapiere überprüfen [§ 166 I, II HGB].
- **Widerspruchsrecht.** Die Kommanditisten können Handlungen der Komplementäre widersprechen, wenn diese über den gewöhnlichen Betrieb des Handelsgewerbes der KG hinausgehen (z. B. Grundstückskäufe und -verkäufe, Änderung des Betriebszwecks, Aufnahme eines neuen Gesellschafters).

Die **Vertretung** der Gesellschaft obliegt allein dem Komplementär.

(3) Haftung

Komplementär	Er haftet wie ein OHG-Gesellschafter **unbeschränkt, unmittelbar** und **gesamtschuldnerisch** (solidarisch). Eine vertragliche Vereinbarung zwischen den Komplementären, durch die die Haftung beschränkt wird (z. B. auf den übernommenen Kapitalantteil), ist im **Außenverhältnis ungültig**.
Kommanditist	■ Soweit die Kommanditisten ihre vertraglich bestimmte und im Handelsregister **eingetragene Einlage geleistet** haben, haften sie mit ihrer Einlage nur mittelbar **(Risikohaftung)**[1] [§ 171 I, S. 1, 2. HS. HGB]. ■ Soweit ein Kommanditist seine **Einlage** nach Eintragung **noch nicht geleistet** hat, haftet er den Gesellschaftsgläubigern **persönlich in Höhe der ausstehenden Einlage** [§ 171 I, S. 1, 1. HS. HGB].

Bei **Eintritt** in die KG haftet der Kommanditist bis zur Höhe der eingetragenen Haftsumme auch für bereits bestehende Verbindlichkeiten. Bei **Austritt** des Kommanditisten haftet er noch 5 Jahre für die Verbindlichkeiten, die zum Zeitpunkt seines Ausscheidens bestanden.

---

1 Nach der Eintragung der Kapitaleinlage ins Handelsregister haftet der Kommanditist nicht mehr für die Verbindlichkeiten der Gesellschaft. Das einzige Risiko, das der Kommanditist eingeht, ist, dass er den Wert seiner Kapitaleinlage teilweise oder ganz verliert.

Beispiel für einen Gesellschaftsvertrag (KG):

Verhandelt in Bad Pyrmont, den 12. November 20 . .

Vor dem unterzeichnenden Notar Otto Janz in Bad Pyrmont erschienen heute:
Florian Burr, Bad Pyrmont, Nele Burr, Bad Pyrmont, Katharina Kolb geb. Burr, Düsseldorf

Genannte Personen gaben nachstehende Erklärung zur notarischen Niederschrift. Sie schließen nachstehenden

Gesellschaftsvertrag

§ 1 Grundlagen
1. Die Firma der Gesellschaft lautet: Seniorenresidenz Rosenhof KG.
2. Gegenstand des Unternehmens ist das Betreiben eines vollstationären Pflegeheims.
3. Sitz der Gesellschaft ist Bad Pyrmont.

§ 2 Gesellschafter, Einlagen
1. Unbeschränkt haftender Gesellschafter ist Florian Burr mit einem festen Kapitalanteil von 500 000,00 EUR.
2. Kommanditisten der Gesellschaft sind:
   – Nele Burr mit einer Kommanditeinlage von   120 000,00 EUR
   – Katharina Kolb geb. Burr mit einer Kommanditeinlage von   200 000,00 EUR

§ 3 Gesellschafterversammlungen
1. Gesellschafterversammlungen finden mindestens einmal jährlich nach Ende des Geschäftsjahres statt. Auf Verlangen eines Gesellschafters sind weitere Gesellschafterversammlungen einzuberufen.
2. Die Gesellschafterversammlung beschließt über sämtliche Angelegenheiten der Gesellschaft, soweit sie nicht ausdrücklich der Geschäftsführung vorbehalten sind, insbesondere über Änderungen des Gesellschaftsvertrags, die Feststellung des Jahresabschlusses, die Gewinnverteilung, die Prüfung des Jahresabschlusses und die Entlastung des Geschäftsführers sowie über außerordentliche Angelegenheiten.

§ 4 Verteilung von Gewinn oder Verlust
1. Der Komplementär erhält für seine Tätigkeit – unabhängig davon, ob ein Gewinn erzielt worden ist – eine Vergütung, deren Höhe von der Gesellschafterversammlung festgesetzt und dem Umfang der Tätigkeit entsprechend angepasst wird.
2. An dem danach verbleibenden Gewinn oder Verlust der Gesellschaft sind die Gesellschafter entsprechend ihrer Beteiligung am Gesellschaftsvermögen beteiligt.

§ 5 Kündigung der Gesellschaft
1. Jeder Gesellschafter kann mit einer Frist von 6 Monaten zum Jahresende kündigen.
2. Kündigt der Komplementär, sind die Kommanditisten berechtigt, zum Kündigungsstichtag einen neuen Komplementär aufzunehmen. Ist am Kündigungsstichtag kein Komplementär vorhanden, ist die Gesellschaft aufgelöst.
3. Bei Tod eines Gesellschafters wird die Gesellschaft mit den Erben fortgeführt.
4. Veräußerungen und Übertragungen von Gesellschaftsanteilen bedürfen eines vorherigen einstimmigen Beschlusses aller Gesellschafter.

Unterschriften:

Florian Burr	*Nele Burr*	*Katharina Kolb*
Komplementär	Kommanditist	Kommanditist

Otto Janz
Notar

(4) Gewinnbeteiligung

Nach dem Gesetz erhalten die Komplementäre und Kommanditisten zunächst eine **4%ige Verzinsung** der Kapitalanteile. Der eventuell verbleibende **Restgewinn ist in „angemessenem" Verhältnis** (z. B. nach Kapitalanteilen) zu verteilen. Wegen der Unbestimmtheit der gesetzlichen Regelung ist es erforderlich, im Gesellschaftsvertrag die Gewinnverteilung eindeutig zu regeln, um Unstimmigkeiten zu vermeiden.

Die Gewinnanteile der Kommanditisten werden ihren Kapitalanteilen nur so lange gutgeschrieben, bis diese voll geleistet sind [§ 167 II HGB]. Ist die **Pflichteinlage der Kommanditisten** erreicht, so haben sie Anspruch auf **Auszahlung ihrer Gewinnanteile**.

> **Hinweis:**
>
> Der **Kommanditist** ist zur **Privatentnahme nicht berechtigt**.

Beispiel:

An der Fischer KG ist Gerald Fischer mit 400 000,00 EUR als Komplementär und Elke Vollmar als Kommanditistin mit 100 000,00 EUR beteiligt. Im abgelaufenen Geschäftsjahr wurde ein Gewinn in Höhe von 82 000,00 EUR erzielt. Der Komplementär Gerald Fischer entnahm am Ende des Geschäftsjahres für private Zwecke 7 000,00 EUR. Im Gesellschaftsvertrag ist vereinbart, dass das Kapital zunächst mit 4 % verzinst wird und der Restgewinn im Verhältnis der Kapitaleinlagen zu verteilen ist.

Aufgabe:

Stellen Sie die Gewinnverteilung in einer tabellarischen Übersicht (Gewinnverteilungstabelle) dar!

Lösung:

Gesell-schafter	Anfangs-kapital	4% Zinsen von Kapital	Restgewinn 4 : 1	Gesamt-gewinn	Privat-entnahme	Endkapital	Auszuzahl. Gewinn
Fischer	400 000,00	16 000,00	49 600,00	65 600,00	7 000,00	458 600,00	
Vollmar	100 000,00	4 000,00	12 400,00	16 400,00		100 000,00	16 400,00
	500 000,00	20 000,00	62 000,00	82 000,00	7 000,00	558 600,00	

(5) Verlustbeteiligung

Entsteht ein Verlust, wird dieser in einem „angemessenen Verhältnis" der Kapitalanteile verteilt, wobei die Verlustbeteiligung des Kommanditisten auf die Höhe seiner Kapitaleinlage beschränkt ist.

5 Rechtsformen der Unternehmung

Personengesellschaft: Kommanditgesellschaft (KG)

Gründung und Handelsrecht
Gesellschaftsvertrag
Eintragung ins Handelsregister

Geschäftsführung und Vertretung
Komplementär

Praktische Eignung
Erweiterung der Kapitalgrundlage für Einzelunternehmen oder OHG, Geschäftsführung verbleibt bei den Vollhaftern

Erfolgsbeteiligung
Gewinn:
4 % Kapitalverzinsung, Rest nach Risikoanteilen
Verlust:
nach Köpfen oder im angemessenen Verhältnis

Kapital
Kapitalkonto Komplementär
Kapitalkonten Kommanditisten

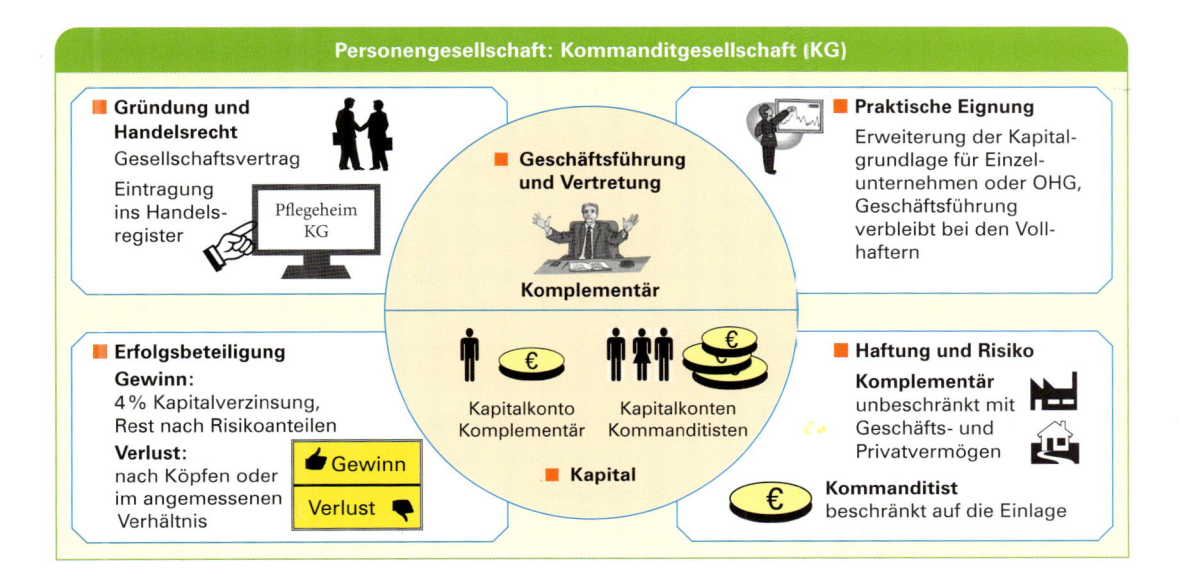

Haftung und Risiko
Komplementär unbeschränkt mit Geschäfts- und Privatvermögen
Kommanditist beschränkt auf die Einlage

5.5.3 Vor- und Nachteile der KG

Vorteile	Nachteile
■ Ausnutzung unterschiedlicher Kenntnisse und Fähigkeiten der Gesellschafter verbessert die Geschäftsführung. ■ Da das Eigenkapital und die Unternehmensführung in einer Hand sind, ist das Interesse der Gesellschafter an der Geschäftsführung groß. ■ Verteilung des Unternehmerrisikos.	■ Unbeschränkte, direkte, gesamtschuldnerische Haftung der Komplementäre. ■ Persönliche Meinungsverschiedenheiten zwischen den Gesellschaftern können den Bestand des Unternehmens gefährden (siehe Kündigungsrecht!). ■ Dem Wachstum des Unternehmens sind häufig finanzielle Grenzen gesetzt, weil das Eigenkapital der Gesellschafter zur Finanzierung großer Investitionen nicht ausreicht. Fremdkapital kann nur in begrenztem Maße aufgenommen werden.

Kompetenztraining

22 Der bisherige Einzelunternehmer Fritz Irmler e. Kfm. möchte sich aus Altersgründen aus der Unternehmensführung zurückziehen. Zusammen mit seinen beiden Söhnen Lars und Hendrik gründet er eine KG. Kapitalmäßig möchte Fritz Irmler noch im Unternehmen verbleiben.

Aufgaben:

1. Erklären Sie, welche Gründe Fritz Irmler dazu bewogen haben könnten, eine KG zu gründen!
2. Erklären Sie anhand der angeführten Personen, wie man die Gesellschafter bei dieser Rechtsform bezeichnet und beschreiben Sie kurz deren Aufgaben!
3. Bilden Sie ein Beispiel dafür, wie die Firma der KG lauten könnte!
4. Um die Liquidität der KG zu stärken, wollen die Söhne Lars und Hendrik ein Betriebsgrundstück verkaufen. Der Vater Fritz widerspricht dem Geschäft. Erläutern Sie die Rechtslage!

23
1. Häufig wird eine OHG in eine KG umgewandelt, wenn ein OHG-Gesellschafter stirbt. Nennen Sie hierfür Gründe!
2. Kommanditgesellschaften sind oft „Familiengesellschaften", d. h., die Gesellschafter sind miteinander verwandt. Begründen Sie diese Tatsache!
3. Erläutern Sie, wie bei der KG nach dem HGB die Gewinne und Verluste verteilt werden!
4. An der Leon Fischer KG ist Leon Fischer mit 350 000,00 EUR als Komplementär und Hanna Möller als Kommanditistin mit 175 000,00 EUR beteiligt. Im abgelaufenen Geschäftsjahr wurde ein Gewinn in Höhe von 57 990,00 EUR erzielt. Der Komplementär Leon Fischer entnahm im Laufe des Geschäftsjahres für private Zwecke 5 500,00 EUR. Die Entnahme ist nach dem Gesellschaftsvertrag nicht zu verzinsen. Im Gesellschaftsvertrag ist vereinbart die Kapitalanteile mit 5 % zu verzinsen und den übersteigenden Betrag im Verhältnis der Kapitalanteile zu verteilen.

Aufgabe:
Erstellen Sie die Gewinnverteilungstabelle der KG!

5.6 Gesellschaft mit beschränkter Haftung (GmbH)

5.6.1 Begriff, Gründung und Firma

(1) Begriff

- Die **Gesellschaft mit beschränkter Haftung** (GmbH) ist eine **Handelsgesellschaft** mit **eigener Rechtspersönlichkeit (juristische Person**[1]**)**, deren Gesellschafter mit ihren Geschäftsanteilen an der Gesellschaft beteiligt sind, ohne persönlich zu haften.
- Die GmbH ist eine **Kapitalgesellschaft**.

Die **GmbH** hat **selbstständige Rechte und Pflichten**. Mithilfe ihrer Organe ist es möglich, Rechtsgeschäfte abzuschließen. Sie kann z. B. Eigentum an Grundstücken erwerben und vor Gericht klagen und verklagt werden. Die GmbH ist Gläubiger und Schuldner, nicht etwa die GmbH-Gesellschafter.

Die **GmbH-Gesellschafter** statten die GmbH lediglich mit **Eigenkapital** aus.

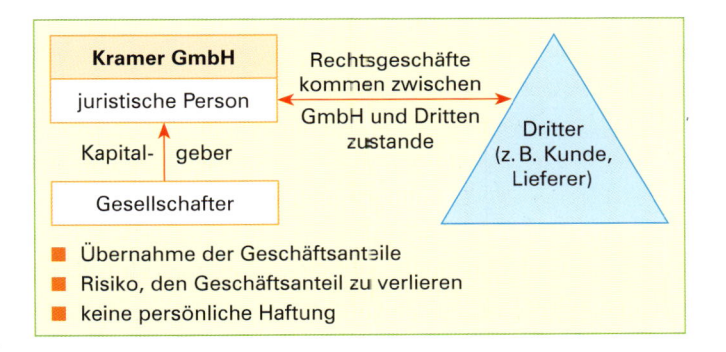

Kramer GmbH – juristische Person
Kapitalgeber
Gesellschafter

Rechtsgeschäfte kommen zwischen GmbH und Dritten zustande

Dritter (z. B. Kunde, Lieferer)

- Übernahme der Geschäftsanteile
- Risiko, den Geschäftsanteil zu verlieren
- keine persönliche Haftung

(2) Gründung

Voraussetzungen zur Gründung einer GmbH sind:

- ein notariell beurkundeter Gesellschaftsvertrag (Satzung),
- eine Person oder mehrere Personen,
- Mindesteinzahlung 12 500,00 EUR bzw. $\frac{1}{4}$ aller Geschäftsanteile,
- Sacheinlagen müssen in vollem Umfang geleistet werden,
- Eintragung ins Handelsregister.

Für unkomplizierte Standardgründungen steht den Gründern ein **Mustervertrag (Musterprotokoll)** und ein **Muster für die Handelsregistereintragung** als Anlage zum GmbHG zur Verfügung.

Die GmbH als juristische Person entsteht erst durch die Eintragung der GmbH ins Handelsregister **(konstitutive Wirkung der Eintragung)**. Schließen die Gesellschafter **vor der Handelsregistereintragung** im Namen der Gesellschaft Rechtsgeschäfte ab, so haften die Handelnden persönlich und solidarisch.

---

[1] **Zur Erinnerung: Juristische (rechtliche) Personen** sind „künstliche" Personen, denen der Staat die Eigenschaft von Personen kraft Gesetzes verliehen hat. Sie sind damit rechtsfähig, d. h. Träger von Rechten und Pflichten.

(3) Firma

Die Firma der GmbH muss die Bezeichnung „**Gesellschaft mit beschränkter Haftung**" oder eine allgemein verständliche Abkürzung dieser Bezeichnung (z. B. GmbH) enthalten [§ 4 GmbHG].

Beispiele:

Albrecht Müller GmbH; Kramer GmbH; Königsberg-Klinik GmbH.

5.6.2 Eigenkapitalaufbringung

Geschäftsanteil	Ein Geschäftsanteil ist der Anteil am Stammkapital der GmbH. Er ist mit einem Nennbetrag versehen. Die **Nennbeträge** der einzelnen Geschäftsanteile können unterschiedlich hoch sein, müssen jedoch auf **volle Euro** lauten. Jeder Gesellschafter beteiligt sich im Rahmen der Gründung der GmbH mit einem oder mehreren Geschäftsanteilen. Geschäftsanteile können jederzeit – ohne dass eine Genehmigung der übrigen Gesellschafter eingeholt werden muss – veräußert werden.
Stammeinlagen	Der Betrag, der auf einen Geschäftsanteil zu leisten ist, wird als Stammeinlage bezeichnet. Die Höhe der zu **leistenden Einlage** richtet sich nach dem bei der Gründung der Gesellschaft im Gesellschaftsvertrag festgesetzten Nennbetrag des Geschäftsanteils.
Stammkapital	Dies ist der in der Satzung festgelegte **Gesamtbetrag aller Geschäftsanteile**. Das Stammkapital muss mindestens 25 000,00 EUR betragen [§ 5 I GmbHG]. Von diesem Stammkapital müssen mindestens 12 500,00 EUR bzw. $1/4$ aller Geschäftsanteile eingezahlt werden.

Existenzgründer mit wenig Eigenkapital können eine **Unternehmergesellschaft (UG)**[1] mit einem geringeren Stammkapital als 25 000,00 EUR gründen. Das Stammkapital kann somit zwischen 1,00 EUR und 24 999,00 EUR liegen. Die Gewinne der UG dürfen solange nicht voll ausgeschüttet werden, bis das Mindestkapital von 25 000,00 EUR erreicht ist. Wenn das Mindestkapital von 25 000,00 EUR erreicht ist, kann die Unternehmergesellschaft in eine „gewöhnliche" GmbH umgewandelt werden.

5.6.3 Haftung

Die **Gesellschafter** der GmbH **haften nicht** für die Verbindlichkeiten der Gesellschaft. Als juristische Person haftet die GmbH selbst [§ 13 I, II GmbHG]. Das einzige Risiko, das der GmbH-Gesellschafter eingeht, ist, dass er den Wert seines Geschäftsanteils teilweise oder ganz verliert **(Risikohaftung)**.

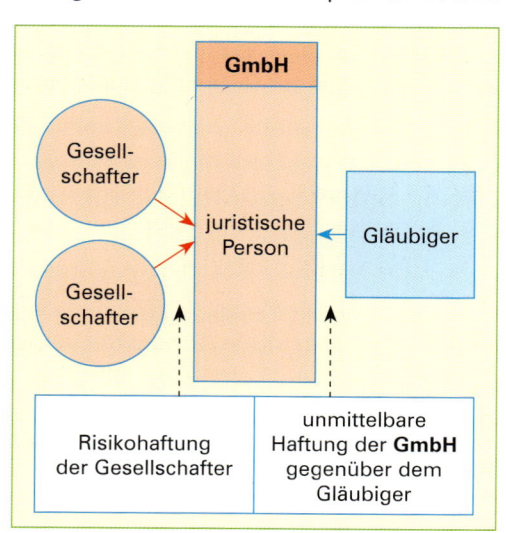

---

[1] Siehe auch S. 71f.

5.6.4 Gewinn- und Verlustbeteiligung

(1) Gewinnbeteiligung

Jeder Gesellschafter hat einen Anspruch auf den im Geschäftsjahr erwirtschafteten Gewinn. Die Verteilung des Gewinns erfolgt nach dem **Verhältnis der Geschäftsanteile**. Im Gesellschaftsvertrag kann eine andere Gewinnverteilung vereinbart sein.

(2) Verlustbeteiligung

Verluste werden im **Verhältnis der Geschäftsanteile** verteilt, wobei die Verlustbeteiligung jedes Gesellschafters auf die Höhe seines Geschäftsanteils beschränkt ist.

5.6.5 Organe der GmbH

Die Leitung und Kontrolle der Geschäftsführung übernehmen die dafür vorgesehenen Organe.

Geschäftsführer	Gesellschafterversammlung	Aufsichtsrat
■ Er leitet die GmbH (Geschäftsführungsrecht).[1] ■ Er muss bei der Geschäftsführung die Weisungen der Gesellschafter unmittelbar befolgen. ■ Geschäftsführer können auch die Gesellschafter sein. ■ Er vertritt die GmbH nach außen (Vertretungsbefugnis).[1]	■ Hier nehmen die Gesellschafter ihre Rechte (z. B. Gewinnverwendung) wahr. ■ Jeder Euro des Geschäftsanteils ist eine Stimme. ■ Beschlussfassungen mit der Mehrheit der abgegebenen Stimmen. ■ Satzungsänderungen benötigen eine $3/4$ Mehrheit der abgegebenen Stimmen.	■ Bei mehr als 500 Arbeitnehmern muss ein Aufsichtsrat gewählt werden. ■ Überwacht die Geschäftsführung. ■ Besteht aus Arbeitgebern und Arbeitnehmern.

5.6.6 Unternehmergesellschaft als Sonderform der GmbH

Höhe des Kapitals	Die **Unternehmergesellschaft** (UG, „Mini-GmbH")[2] kann mit **einem geringeren Stammkapital** als dem Mindeststammkapital von 25 000,00 EUR gegründet werden [§ 5 a I GmbHG]. Das Stammkapital kann somit zwischen 1 EUR und 24 999,00 EUR liegen. **Sacheinlagen sind ausgeschlossen** [§ 5 a II GmbHG].
Firma	Die **Unternehmergesellschaft** muss in der Firma den Rechtsformzusatz „**Unternehmergesellschaft (haftungsbeschränkt)**" oder „**UG (haftungsbeschränkt)**" führen.

---

[1] Hat die GmbH mehrere Geschäftsführer, müssen bei wichtigen Entscheidungen jeweils alle Geschäftsführer zustimmen (**Gesamtgeschäftsführungsbefugnis, Gesamtvertretungsvollmacht**).

[2] Die Unternehmergesellschaft ist **keine eigene Rechtsform**, sondern lediglich eine besondere Variante der GmbH.

Anmeldung zum Handelsregister	Die Anmeldung einer Unternehmergesellschaft zur Handelsregistereintragung kann erst erfolgen, wenn das Stammkapital in voller Höhe eingezahlt ist.
Gewinnausschüttung	Die Unternehmergesellschaft darf ihre **Gewinne** – sofern sie welche erzielt – **zu höchstens** $3/4$ an die Gesellschafter **ausschütten**. Sie muss **ein Viertel** des um einen Verlustvortrag aus dem Vorjahr geminderten Jahresüberschusses **ansparen, bis sie das Mindestkapital** von 25 000,00 EUR erreicht hat. Der angesparte Betrag ist in eine gesetzliche Rücklage einzustellen.
	Die Rücklage darf nur verwandt werden zur **Erhöhung des Stammkapitals,** zum **Ausgleich eines Jahresfehlbetrags,** soweit er nicht durch einen Gewinnvortrag aus dem Vorjahr gedeckt ist, oder zum **Ausgleich eines Verlustvortrags aus dem Vorjahr,** soweit er nicht durch einen Jahresüberschuss gedeckt ist [§ 5a, III GmbHG].
Umwandlung in eine GmbH	Wenn das Mindestkapital von 25 000,00 EUR erreicht ist, kann die Unternehmergesellschaft in eine „gewöhnliche" GmbH umgewandelt werden. Die UG ist als „Einbahnstraße" konzipiert. Das bedeutet, dass die UG nur im Rahmen einer **Erstgründung** errichtet werden kann und daher insbesondere eine Zurückführung der GmbH in eine UG nicht möglich ist.

5.6.7 Sonderform „gemeinnützige GmbH"

Im Betätigungsfeld von Non-Profit-Organisationen aus dem Bereich Gesundheit, Pflege und Erziehung ist die gemeinnützige GmbH (gGmbH) eine geeignete Rechtsform. Bei Krankenhäusern und Pflegeeinrichtungen sind neben den großen Wohlfahrtsverbänden wie Caritas und Diakonie häufig auch Städte, Gemeinden und Landkreise die Gesellschafter einer gGmbH. Für die Auslagerung einer wirtschaftlichen Betätigung mit Gemeinwohlorientierung ohne Gewinnerzielungsabsicht wird die gGmbH genutzt.

> Bei der gemeinnützigen GmbH wird die Struktur der Rechtsform GmbH beibehalten und über die Inhalte des Gesellschaftsvertrages mit dem **Gemeinnützigkeitsrecht der Abgabenordnung (AO)** verbunden. Der gemeinnützige Gesellschaftszweck muss vom Finanzamt anerkannt werden.

Die Vorteile der gGmbH liegen also im Steuerrecht. **Die gemeinnützige Gesellschaft ist von der Körperschafts- und Gewerbesteuer befreit**. Weiterhin erhält sie die Berechtigung, bei Zuwendungen an die Gesellschaft Spendenbescheinigungen auszustellen. Der Spender erhält dadurch Steuervorteile.

Eine Körperschaft wie die gGmbH verfolgt dann gemeinnützige Zwecke, wenn ihre Tätigkeit darauf gerichtet ist, die Allgemeinheit selbstlos zu fördern. Als Förderung der Allgemeinheit werden nach § 52 AO u. a. anerkannt:

- die Förderung des öffentlichen Gesundheitswesens und der öffentlichen Gesundheitspflege,
- die Förderung der Jugend- und Altenhilfe.

Selbstlose Förderung bedeutet, dass **die Gesellschafter der gGmbH keine Gewinnanteile erhalten** oder sonstige Zuwendungen. Die Mittel der Körperschaft dürfen nur für den gemeinnützigen Gesellschaftszweck verwendet werden. Sind die Gesellschafter einer gGmbH ebenfalls steuerbegünstigte Körperschaften wie z. B. Kommunen und Wohlfahrtsverbände, so können erwirtschaftete Mittel an diese zu entsprechenden gemeinnützigen Zwecken abfließen [§ 58 AO].

Unabhängig von einer gemeinnützigen Rechtsform sind die Leistungen von Krankenhäusern, Rehabilitations- und Pflegeeinrichtungen von der Umsatzsteuer befreit, soweit diese Leistungen unter den Versorgungsvertrag mit den Kostenträgern der Sozialversicherung fallen.

5.6.8 Bedeutung der GmbH

Die Gesellschaft mit beschränkter Haftung ist vor allem bei Familienunternehmen und bei Unternehmen mittlerer Größe anzutreffen, weil für die

- Gründung ein sehr niedriges Anfangskapital (Eigenkapital) vorgeschrieben ist,
- die Haftung der Gesellschafter begrenzt ist,
- ein enges Verhältnis zwischen Gesellschaftern und Geschäftsführern besteht (die Gesellschafter häufig selbst Geschäftsführer sind) und
- die Gründung verhältnismäßig unkompliziert und kostengünstig ist.

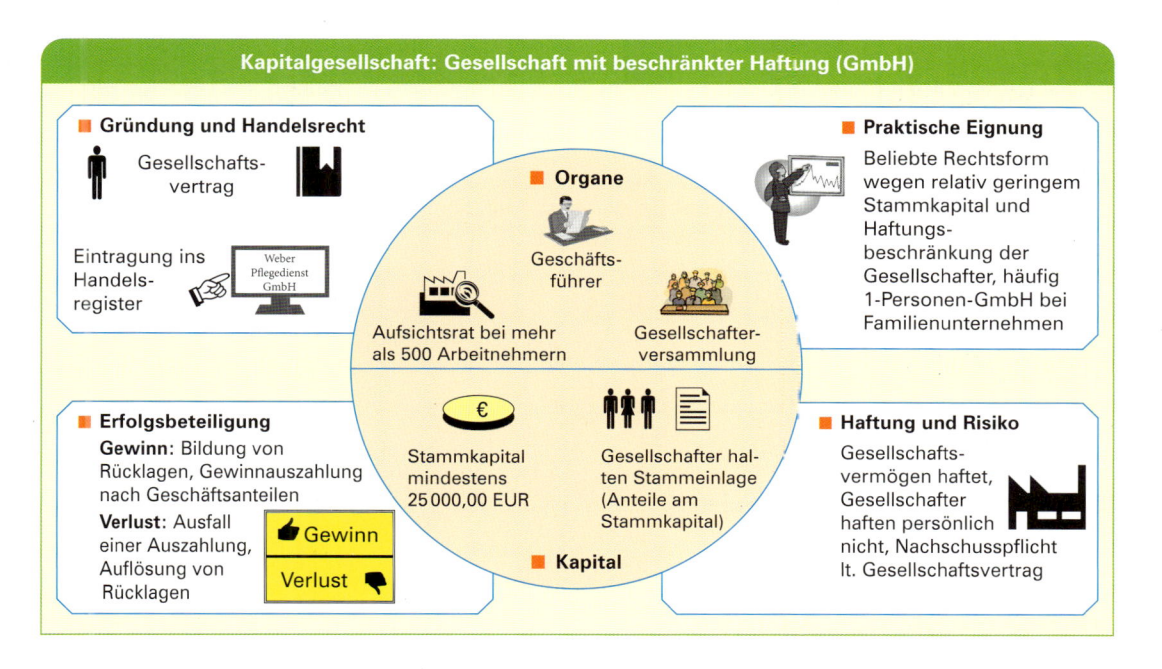

Kapitalgesellschaft: Gesellschaft mit beschränkter Haftung (GmbH)

■ **Gründung und Handelsrecht**
Gesellschaftsvertrag
Eintragung ins Handelsregister

■ **Organe**
Geschäftsführer
Aufsichtsrat bei mehr als 500 Arbeitnehmern
Gesellschafterversammlung

■ **Kapital**
Stammkapital mindestens 25 000,00 EUR
Gesellschafter halten Stammeinlage (Anteile am Stammkapital)

■ **Praktische Eignung**
Beliebte Rechtsform wegen relativ geringem Stammkapital und Haftungsbeschränkung der Gesellschafter, häufig 1-Personen-GmbH bei Familienunternehmen

■ **Erfolgsbeteiligung**
Gewinn: Bildung von Rücklagen, Gewinnauszahlung nach Geschäftsanteilen
Verlust: Ausfall einer Auszahlung, Auflösung von Rücklagen

■ **Haftung und Risiko**
Gesellschaftsvermögen haftet, Gesellschafter haften persönlich nicht, Nachschusspflicht lt. Gesellschaftsvertrag

Kompetenztraining

24 Die Emma Kern OHG betreibt eine Großhandlung für Medizintechnik. Sie soll in eine GmbH umgewandelt werden. Gleichzeitig soll der bisherige Verkaufsleiter Alexander Dick als Gesellschafter in die neue GmbH aufgenommen werden.

Aufgaben:

1. Ermitteln Sie, wodurch sich die Personengesellschaft von der Kapitalgesellschaft unterscheidet!
2. Nennen Sie zwei Gründe, die für die Wahl der Gesellschaftsform GmbH sprechen!
3. Erklären Sie, aus welchem Grund der Gesetzgeber eine notarielle Beurkundung eines Gesellschaftsvertrags bzw. eines Musterprotokolls bei der Gründung einer GmbH festgelegt hat!
4. Bilden Sie zwei Beispiele, wie die Firma der neuen GmbH lauten könnte!
5. Stellen Sie dar, wie die Haftungsverhältnisse bei der GmbH und der OHG geregelt sind!
6. Erläutern Sie, wie sich die Vertretung der GmbH von der der OHG unterscheidet!
7. Unterscheiden Sie zwischen Stammkapital, Geschäftsanteil und Stammeinlage!

25 Bernd Kramer, Diplom-Ingenieur, und Sophia Köster, Industriekauffrau, sind Gesellschafter der Messtechnik Kramer OHG, die sicherheitstechnische und messtechnische Kontrollen für medizinische Geräte durchführt.

Bernd Kramer muss zu Beginn des Jahres 20.. seine Berufstätigkeit wegen Krankheit aufgeben. Da Sophia Köster inzwischen das Seniorenalter erreicht hat, beschließen die Gesellschafter, die Messtechnik Kramer OHG zum 31.03.20.. in eine GmbH umzuwandeln.

Aufgaben:

1. Bernd Kramer und Sophia Köster behaupten, die Umwandlung bringe Vorteile hinsichtlich ihrer Haftung und Geschäftsführungspflicht.

    Erläutern Sie diese Aussage!

2. Die Gesellschafter beabsichtigen die bisherige Firmenbezeichnung beizubehalten.

    Prüfen Sie dieses Vorhaben aus juristischer und wirtschaftlicher Sicht!

26 Welche Vorschrift trifft das GmbH-Gesetz zur Rücklagenbildung bei der Rechtsform Unternehmergesellschaft (haftungsbeschränkt)?

27 In welchem Umfang haften die Gesellschafter einer GmbH für die Verbindlichkeiten der Gesellschaft?

28 Lina Köster hat nach einer beruflichen Auszeit eine Umschulung als Altenpflegerin erfolgreich absolviert. Nun packt sie der unternehmerische Ehrgeiz und sie plant, mit einer ehemaligen Mitschülerin ein Tagespflegeheim für Senioren zu gründen. Die beiden Ehegatten unterstützen ihre Frauen finanziell. Gemeinsam verfügen die vier über ein Eigenkapital von 11 000,00 EUR.

Aufgabe:

Entscheiden Sie, welche Rechtsform für Lina Köster und ihre Partnerin infrage kommt, wenn das Haftungsrisiko für alle Beteiligten so gering wie möglich gehalten wird und zwei Geschäftsführer berufen werden sollen! Begründen Sie Ihre Entscheidung für eine bestimmte Rechtsform!

5 Rechtsformen der Unternehmung

29 Im vergangenen Geschäftsjahr wurde vom Sanitätshaus Vita-Tec GmbH ein Gewinn von 160 000,00 EUR erzielt, der vollständig an die Gesellschafter ausgeschüttet werden soll. Die Geschäftsanteile der Gesellschafter verteilen sich folgendermaßen:

Bianca Becker: 300 000,00 EUR; Dörte Dreyer: 180 000,00 EUR; Fred Fischer: 270 000,00 EUR

Aufgabe:

Ermitteln Sie anhand des abgebildeten Auszugs aus dem GmbH-Gesetz, wie viel EUR Gewinnanteil die jeweiligen Gesellschafter erhalten, wenn zur Gewinnverwendung die gesetzliche Regelung gilt!

> **Auszug aus dem GmbH-Gesetz: § 29 Ergebnisverwendung**
>
> (1) Die Gesellschafter haben Anspruch auf den Jahresüberschuss zuzüglich eines Gewinnvortrags und abzüglich eines Verlustvortrags (...).
>
> (2) Im Beschluss über die Verwendung des Ergebnisses können die Gesellschafter, wenn der Gesellschaftsvertrag nichts anderes bestimmt, Beträge in Gewinnrücklagen einstellen oder als Gewinn vortragen.
>
> (3) Die Verteilung erfolgt nach Verhältnis der Geschäftsanteile. Im Gesellschaftsvertrag kann ein anderer Maßstab der Verteilung festgesetzt werden.

5.7 Aktiengesellschaft (AG)

5.7.1 Begriff, Gründung und Firma

(1) Begriff

- Die **Aktiengesellschaft** ist eine **Handelsgesellschaft mit eigener Rechtspersönlichkeit (juristische Person),** deren Gesellschafter (Aktionäre) **mit Einlagen an dem in Aktien** zerlegten **Grundkapital** beteiligt sind, **ohne persönlich für die Verbindlichkeiten** der Gesellschaft zu **haften.**
- Die Aktiengesellschaft ist eine **Kapitalgesellschaft.**

Die Aktiengesellschaft ist die geeignete Unternehmungsform zur Sammlung kleinerer Kapitalien. Dazu gibt die AG Aktien aus. Die **Aktionäre** statten mit dem Kauf der Aktien die AG mit Eigenkapital aus. Sie beteiligen sich mit ihrer **Einlage (Aktie)** am Grundkapital der AG. Die Beteiligung an einer AG wird von einem Großteil der Aktionäre als eine (zeitweilige) Kapitalanlage angesehen, mit der Aussicht, einen Anteil am Gewinn der AG zu erhalten bzw. einen Kursgewinn zu erzielen. Kauf und Verkauf der Aktien erfolgen in der Regel über die Börse.

(2) Gründung

Voraussetzungen zur Gründung einer AG sind:

- ein notariell beurkundeter Gesellschaftsvertrag (Satzung),
- eine oder mehrere Personen,
- Übernahme der Aktien durch die Gründer,
- Mindestnennbetrag des Grundkapitals 50 000,00 EUR,
- Wahl von Aufsichtsrat, Vorstand, Prüfung des Gründungsberichts,
- Eintragung ins Handelsregister.

Mit der Eintragung ins Handelsregister ist die AG entstanden (**konstitutive Wirkung der Eintragung**).

(3) Firma

Die Firma der AG muss die Bezeichnung Aktiengesellschaft oder eine allgemein verständliche Abkürzung dieser Bezeichnung (z. B. AG) enthalten [§ 4 AktG].

Beispiele:
- Rhön-Klinikum Aktiengesellschaft;
- Volkswagenwerk Aktiengesellschaft;
- Sana-Kliniken AG.

5.7.2 Eigenkapitalaufbringung, Haftung, Gewinn- und Verlustbeteiligung

(1) Eigenkapitalaufbringung

Gesetzlich ist ein Mindestnennbetrag des Grundkapitals von 50 000,00 EUR vorgeschrieben. Das Grundkapital wird in Aktien verbrieft. Eine **Aktie** ist eine Urkunde über die Beteiligung an einer AG.

Zu unterscheiden sind zwei Formen von Aktien:

- Bei der **Nennbetragsaktie** lautet der aufgedruckte Nennwert mindestens 1,00 EUR.
- Der auf der **Stückaktie** (Aktie ohne Nennbetrag) entfallende anteilige Betrag des Grundkapitals darf 1,00 EUR nicht unterschreiten (siehe Beispiel auf S. 75).

(2) Haftung

Wer Aktien bei einer Gründung übernimmt oder über die Wertpapierbörse kauft, haftet nicht für die Verbindlichkeiten der Gesellschaft. Als juristische Person haftet lediglich die Aktiengesellschaft selbst. Das einzige Risiko, das der Aktionär eingeht, ist, dass er einen Kursverlust erleidet oder dass er im Extremfall den Wert der gesamten Aktien verliert. Das Letztere ist der Fall, wenn die Aktiengesellschaft z. B. wegen Überschuldung aufgelöst wird, also kein Eigenkapital mehr übrig bleibt. Man sagt daher, dass die Aktionäre lediglich eine **Risikohaftung** übernehmen.

(3) Gewinn- und Verlustbeteiligung

Gewinn. Die Aktionäre haben – im Verhältnis zu ihrem Anteil am Grundkapital – einen Gewinnanspruch. Der Gewinnanteil je Aktie wird Dividende genannt.

Verlust. Die Verluste werden von der Aktiengesellschaft als juristische Person getragen. Ist das Kapital der AG aufgebraucht, wird die AG aufgelöst (liquidiert). In diesem Fall verliert der Aktionär sein eingesetztes Kapital.

5.7.3 Organe der AG

Die Leitung und Kontrolle der Geschäftsführung übernehmen die dafür vorgesehenen Organe.

Vorstand	Hauptversammlung	Aufsichtsrat
■ Vorstand einer AG sind in der Regel angestellte Fachleute (Manager). ■ Übernimmt die Geschäftsführung nach innen und die Vertretung nach außen.[1] ■ Unterrichtet regelmäßig den Aufsichtsrat über die Geschäftslage. ■ Beruft die ordentliche Hauptversammlung ein.	■ Beschließt über Grundfragen der AG. ■ Beschließt über die Verwendung des Gewinns. ■ Wählt den Aufsichtsrat. ■ Entlastet den Aufsichtsrat.[2]	■ Bestellung des Vorstands. ■ Einberufung einer außerordentlichen Hauptversammlung, wenn das Wohl der AG dies erfordert. ■ Prüft den Jahresabschluss.

5.7.4 Bedeutung der AG

- Durch die Aufteilung des Grundkapitals in viele kleine Kapitalanteile sind die Aktiengesellschaften in der Lage, große Kapitalbeträge anzusammeln und zu investieren.
- Die großen Unternehmen sind aufgrund ihrer Kapitalkraft in der Lage, kostspielige Forschungsvorhaben zu finanzieren und durchzuführen (z. B. Auffinden neuer Rohstoffquellen, Entwicklung neuer Technologien).
- Die Führung der Aktiengesellschaft kann besonders geeigneten und tüchtigen Fachkräften übertragen werden.
- Die Gefahr für eine marktwirtschaftlich orientierte Wirtschaftsordnung besteht allerdings darin, dass die Möglichkeit, jederzeit Aktien anderer Unternehmen aufkaufen zu können, die Konzentration (z. B. die Machtzusammenballung durch Konzernbildung) erleichtert.
- Durch hintereinandergeschaltete Beteiligungen kann so mit verhältnismäßig geringem Kapital eine Gruppe von Manager-Unternehmern (denen kein „Cent" an den beherrschten Unternehmen „gehören" muss) eine Vielzahl von Unternehmen beherrschen.

---

[1] Besteht der Vorstand aus mehreren Mitgliedern, müssen bei wichtigen Entscheidungen jeweils alle Vorstandsmitglieder zustimmen (**Gesamtgeschäftsführungsbefugnis bzw. Gesamtvertretungsmacht**).

[2] **Entlastung:** nachträgliche Billigung der Tätigkeit des Vorstands und des Aufsichtsrats.

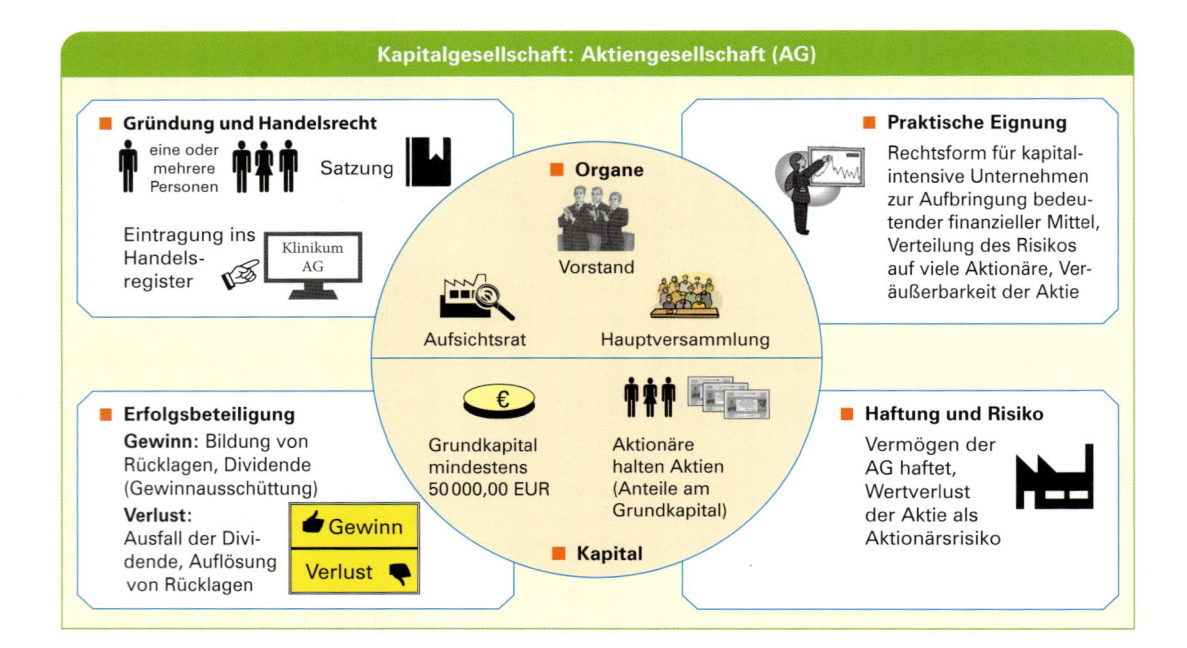

Eigenverantwortlich wirtschaftende Gesundheitsbetriebe

Kapitalgesellschaft: Aktiengesellschaft (AG)

■ Gründung und Handelsrecht
- eine oder mehrere Personen
- Satzung
- Eintragung ins Handelsregister
- Klinikum AG

■ Organe
- Vorstand
- Aufsichtsrat
- Hauptversammlung

■ Praktische Eignung
Rechtsform für kapitalintensive Unternehmen zur Aufbringung bedeutender finanzieller Mittel, Verteilung des Risikos auf viele Aktionäre, Veräußerbarkeit der Aktie

■ Erfolgsbeteiligung
Gewinn: Bildung von Rücklagen, Dividende (Gewinnausschüttung)
Verlust: Ausfall der Dividende, Auflösung von Rücklagen

Gewinn 👍
Verlust 👎

■ Kapital
Grundkapital mindestens 50 000,00 EUR
Aktionäre halten Aktien (Anteile am Grundkapital)

■ Haftung und Risiko
Vermögen der AG haftet, Wertverlust der Aktie als Aktionärsrisiko

Kompetenztraining

30 Der Zahnarzt und Kieferorthopäde Dr. med. dent. Jens Becker hat eine neuartige, patentierte Zahnspange zur Zahnstellungskorrektur entwickelt. Die Dr. Becker-Zahnspange überzeugt durch absolute Wirksamkeit, sogar in schwierigen Fällen. Weitere Vorzüge wie eine ästhetische Form und ein hoher Tragekomfort lösen geradezu einen Nachfrageboom nach diesem hochwertigen Dentalprodukt aus.

Für die Herstellung der Zahnspangen-Apparatur, bestehend aus superflachen Brackets und den dazugehörigen individuellen Drahtbögen, plant Dr. Becker die Gründung einer Aktiengesellschaft. Auf computergesteuerten Präzisionsmaschinen sollen die Zahnspangen in größerer Stückzahl produziert werden.

Aufgaben:

1. Nennen Sie zwei wichtige wirtschaftliche Entscheidungen, die bei der Gründung dieser AG außer der Wahl der Rechtsform getroffen werden müssen!

2. Stellen Sie dar, wie viel Personen zur Gründung einer Aktiengesellschaft erforderlich sind und wie viel Euro das Grundkapital mindestens betragen muss, das die Gesellschafter aufzubringen haben!

3. Bei der Gründerversammlung wird auch über die Firma der zu gründenden AG gesprochen.
   Nennen Sie einen Firmenvorschlag und erklären Sie kurz drei Grundsätze, die bei der Wahl der Firma berücksichtigt werden müssen!

5 Rechtsformen der Unternehmung

4. Nachdem die Gründervoraussetzungen erfüllt sind, wird die Satzung am 28. Juli 20.. unterschrieben und die Aktiengesellschaft am 14. August 20.. beim Handelsregister angemeldet. Am 8. Oktober 20.. erfolgt die Handelsregistereintragung.

4.1 Beschreiben Sie, in welcher Form der Gesellschaftsvertrag abgeschlossen werden muss und warum!

4.2 Nennen Sie die Stelle, bei der die neu gegründete AG angemeldet werden muss, damit sie rechtlich entstanden ist und ihre Geschäfte rechtswirksam abschließen kann!
Begründen Sie kurz diese Anmeldepflicht!

4.3 Welche Aufgaben hat das Handelsregister und wo wird es geführt?
Erläutern Sie, welche Rechtswirkung die erfolgte Handelsregistereintragung für die AG hat!

4.4 Ermitteln Sie, an welchem Tag die AG als juristische Person entstanden ist!

4.5 Erläutern Sie, warum eine AG sogenannte Organe haben muss!
Nennen Sie die Organe und jeweils zwei ihrer Aufgaben!

31 In der Hauptversammlung der Steinbach AG ist die Mehrheit der Anwesenden der Meinung, dass der Vorstand den Umsatzrückgang des vergangenen Jahres durch leichtsinnige Geschäftsführung verschuldet habe. Man verlangt die Absetzung des Vorstands.

Aufgaben:

1. Nennen Sie den Personenkreis, der in der Hauptversammlung vertreten ist!
2. Überprüfen Sie, ob die Hauptversammlung den Vorstand absetzen kann! Wenn nein, wer könnte dies tun?
3. Erläutern Sie, ob die Hauptversammlung überhaupt einen Einfluss darauf hat, wer Vorstand einer AG wird!

5.8 Sonstige Rechtsformen der Unternehmung

Stille Gesellschaft (StG) **Rechtsgrundlage:** §§ 230–236 HGB	Eine StG liegt vor, wenn sich jemand am Handelsgewerbe eines anderen mit einer in dessen Vermögen übergehenden Einlage aufgrund eines Gesellschaftsvertrags beteiligt, ohne dass die Beteiligung nach außen zum Ausdruck kommt. Es handelt sich also um eine „Innengesellschaft".
GmbH & Co. KG **Rechtsgrundlage:** §§ 116–177a HGB; GmbHG	Die GmbH & Co. KG ist eine Kommanditgesellschaft, an der eine GmbH als einziger voll haftender Gesellschafter beteiligt ist. Bei der echten (typischen) GmbH & Co. KG ist die GmbH Geschäftsführer, während die GmbH-Gesellschafter Kommanditisten sind. GmbH-Gesellschafter und Kommanditisten sind also die gleichen Personen. Bei der unechten (atypischen) GmbH & Co. KG sind die Kommanditisten andere Personen als die GmbH-Gesellschafter.

Eingetragene Genossenschaft (eG) **Rechtsgrundlage:** Genossenschaftsgesetz (GenG)	Die eingetragene Genossenschaft ist eine Gesellschaft mit nicht geschlossener Mitgliederzahl (mindestens drei), welche die Förderung der wirtschaftlichen Existenz ihrer Mitglieder durch gemeinschaftlichen Geschäftsbetrieb bezweckt, ohne dass diese persönlich für die Verbindlichkeiten der Genossenschaft haften. Rechtlich gesehen ist die eingetragene Genossenschaft eine juristische Person. Es lassen sich Produktionsgenossenschaften (z. B. in der Landwirtschaft), Fördergenossenschaften, Kreditgenossenschaften im Bankbereich oder Baugenossenschaften unterscheiden. Die Mitglieder zeichnen einen oder mehrere Geschäftsanteile. Die Organe der Genossenschaft sind die Generalversammlung (beschließendes Organ), der Vorstand (ausführendes Organ) und der Aufsichtsrat (überwachendes Organ). Genossenschaften mit nicht mehr als 20 Mitgliedern benötigen keinen Aufsichtsrat.

5.9 Rechtsformwahl als Entscheidungsproblem

Die nachfolgende Tabelle gibt einen zusammenfassenden Überblick über wesentliche rechtliche und wirtschaftliche (finanzielle) Entscheidungskriterien mit den jeweils am besten geeigneten betrieblichen Rechtsformen.

Mögliche rechtliche und wirtschaftliche (finanzielle) Entscheidungsmerkmale	Geeignete betriebliche Rechtsformen
Mittelbare (keine persönliche) und beschränkte Haftung aller Gesellschafter oder mindestens eines Gesellschafters.	Gesellschaft mit beschränkter Haftung (GmbH) mit einer mittelbaren und grundsätzlich beschränkten Haftung aller Gesellschafter. Kommanditgesellschaft (KG) mit der mittelbaren und beschränkten Haftung mindestens eines Gesellschafters (Kommanditisten).
Verteilung der persönlichen Haftungsrisiken und persönlichen Arbeitslast (Geschäftsführungs- und Vertretungsbefugnisse) auf mehrere Gesellschafter (Personen).	Offene Handelsgesellschaft, Kommanditgesellschaft.
Geschäftsführung und Vertretung durch Managerunternehmer (Gesellschafter wollen lediglich ihr Kapital in einem Unternehmen anlegen).	Gesellschaft mit beschränkter Haftung (GmbH).
Geschäftsführungs- und Vertretungsrecht bzw. -pflicht der Gesellschafter (Geschäftsinhaber).	Einzelunternehmen, offene Handelsgesellschaft (OHG), Kommanditgesellschaft (KG) bezüglich des Vollhafters (Komplementärs) sowie Gesellschaft mit beschränkter Haftung (GmbH-Gesellschafter: Geschäftsführer).
Gewinne als Leistungsmotivation der Gesellschafter.	Einzelunternehmen, Personengesellschaften (OHG, KG) und Gesellschaft mit beschränkter Haftung (GmbH).
Möglichst unkomplizierte und Aufwendungen sparende Unternehmensgründung.	Vor allem Einzelunternehmen und Personengesellschaften (OHG, KG).

5 Rechtsformen der Unternehmung

Kompetenztraining

32 Füllen Sie nachfolgende Tabelle aus, indem Sie „ja" oder „nein" eintragen. Wenn es nicht Ihr eigenes Buch ist, übertragen Sie bitte zuvor die Tabelle in Ihre Unterlagen!

	Einzel-unternehmen	OHG	KG	GmbH
Mindestkapital nötig				
Haftungsbeschränkung				
Breiter Entscheidungsspielraum				
Wenige Formalitäten				
Eintragung ins Handelsregister				
Hohes Ansehen, Kreditwürdigkeit durch persönliche Haftung				

33 Erstellen Sie eine Übersicht entsprechend dem nachfolgenden Muster, in welcher Sie die angeführten Unternehmensformen einander gegenüberstellen!

	KG	GmbH
Kapitalaufbringung/Gründungsvoraussetzungen		
Entstehung		
Firma		
Geschäftsführung		
Vertretung		
Haftung		

34 Die folgenden Aussagen sind kennzeichnend für eine bestimmte Rechtsform der Unternehmung. Bezeichnen Sie die jeweils zutreffende Rechtsform der Unternehmung!

Aufgaben:

1. Das Unternehmen ist eine Personengesellschaft mit einem nur beschränkt haftenden Komplementär.
2. Bei der Gründung des Unternehmens ist ein Grundkapital von mindestens 50 000,00 EUR erforderlich.
3. Einer oder mehrere Gesellschafter des Unternehmens treten nach außen nicht in Erscheinung.
4. Zur Gründung des Unternehmens sind mindestens zwei voll haftende Gesellschafter erforderlich.
5. Zur Gründung des Unternehmens müssen mindestens drei Personen die Satzung unterzeichnen.

6 Grundlagen von Teamarbeit und Präsentation

6.1 Teamarbeit als mögliche Vorarbeit für eine Präsentation

(1) Begriff und Voraussetzungen der Teamarbeit

Eine Präsentation ist eine Möglichkeit, anderen Personen bestimmte Inhalte (beispielsweise Ergebnisse eines Projekts oder gesammelte und aufbereitete Informationen zu einem Betrieb) vorzustellen. Die Inhalte der Präsentation (z. B. die Ergebnisse eines Projekts) sind dabei häufig das Ergebnis einer zuvor geleisteten Teamarbeit.

> **Teamarbeit** ist die Zusammenarbeit in einer Gruppe, um ein gemeinsames Ziel zu erreichen. Bei der Teamarbeit trägt die Teamleitung eine besondere Verantwortung für sachgerechte Arbeitsabläufe und eine konstruktive Arbeitsatmosphäre.

Teamarbeit wird insbesondere zur Lösung spezieller Problemstellungen eingesetzt. In einem solchen Fall arbeiten Personen unterschiedlicher Funktionsbereiche, Abteilungen oder Fachdisziplinen zusammen. Idealerweise sollte ein Team aus Personen zusammengesetzt sein, deren Fähigkeiten sich gegenseitig ergänzen.

Voraussetzungen einer **guten Teamarbeit** sind:

- Das Team muss über ein gemeinsames Ziel verfügen.
- Das Ziel muss eindeutig formuliert sein.
- Alle Entscheidungen während der Teamarbeit müssen gemeinsam beschlossen werden.
- Die Teammitglieder müssen sich in ihrer Arbeit gegenseitig unterstützen (im Notfall ersetzen).
- Der Teamleiter muss die Arbeit koordinieren und entstehende Konflikte schlichten.
- Das Team muss sich klare Regeln geben und Verantwortungsbereiche zuordnen.

(2) Ablauf der Teamarbeit

Die Teamarbeit durchläuft folgende Phasen:

1. Phase:	Zielvereinbarung	Das Team einigt sich auf ein gemeinsames Ziel (Thema). Die Zustimmung aller Mitglieder ist erforderlich.
2. Phase:	Einzelbeiträge der Teammitglieder	Von jedem Mitglied wird erwartet, eigene Beiträge zur Lösung der anstehenden Aufgabe zu leisten. Das Teammitglied setzt dabei auf sein Wissen und seine Erfahrungen für diesen Aufgabenkomplex.
3. Phase:	Diskussion über einzelne Lösungsansätze	Die einzelnen Lösungsvorschläge werden auf Schwächen und Stärken untersucht.
4. Phase:	Entwickeln einer gemeinsamen Lösung	Zunächst werden die Lösungsansätze ungeordnet erfasst. Anschließend werden die Ideen zusammengelegt, geordnet und zu einer gemeinsamen Lösung zusammengeführt.
5. Phase:	Präsentation	Die Lösung des Themas wird präsentiert.

Eine gute Teamarbeit zeichnet sich durch folgende Faktoren aus:

- Jedes Teammitglied trägt zum Erfolg bei und fühlt sich für das Gelingen verantwortlich.
- Ein Team schafft bessere Ergebnisse als die Summe seiner Mitglieder.
- Im Team fördert, motiviert und hilft man sich gegenseitig.
- Durch gemeinsame Erfolge eines Teams steigt die Motivation.

6.2 Organisation einer Teamsitzung

Für eine Projektstudie erteilt die Geschäftsleitung einen Erkundungsauftrag, bestellt eine verantwortliche Teamleitung, die wiederum kompetente und teamfähige Teilnehmer benennt und den Ablauf thematisch und organisatorisch vorzeichnet.

Beispiel für eine Teambildung:

Die Geschäftsleitung der Königsberg-Klinik GmbH in Bad Pyrmont gibt folgende Projektstudie in Auftrag: Bei Besuchern und Patienten soll die **Akzeptanz eines neuen Wegleitsystems** durch den Klinikkomplex untersucht werden. Die Aufgabe soll ein kompetentes Team aus verschiedenen Abteilungen erledigen. Geeignet erscheinen die Auszubildenden, denn sie durchlaufen turnusmäßig viele Klinikbereiche und kennen die Wege im gesamten Gebäudesystem aus ständiger Erfahrung. Die Geschäftsleitung ernennt daher die Auszubildende Marie Müller aus dem 3. Ausbildungsjahr zur Teamleiterin. Marie beruft sechs weitere Auszubildende zu Teammitgliedern.

(1) Vorbereitungen für eine Teamsitzung

Für einen erfolgreichen Einstieg in das Projekt „Akzeptanz des neuen Wegleitsystems" trifft Teamleiterin Marie Müller verschiedene Vorbereitungen zur ersten Teamsitzung.

- Termin der Besprechung mit den Teilnehmern abstimmen und bestmöglich festlegen.
- Thematik formulieren und Tagesordnung mit Zeitrahmen aufstellen.
- Geeignetes Informationsmaterial beschaffen, das einen sachbezogenen Kenntnisstand für alle Teilnehmer herstellt.
- Besprechungsraum reservieren und Raumausstattung arrangieren (Sitzplätze, Technik, Getränke etc.).
- Einladung mit Tagesordnung und Informationsmaterial an die Teilnehmer verschicken sowie zur Kenntnisnahme an die Geschäftsleitung.

(2) Durchführung einer Teamsitzung

Teamleiterin Marie Müller überzeugt sich am Tag der Besprechung davon, dass die vorbereitenden Maßnahmen erledigt sind und die Teamsitzung planungsmäßig starten kann. Im Verlauf der Sitzung ergreift die Teamleiterin folgende Initiativen bzw. legt Regeln fest:

- Begrüßung und ggf. Vorstellung der Teilnehmer.
- Kurze thematische Einführung zum Zweck und Ziel der Teamsitzung.
- Protokollant bestimmen.

- Protokollart festlegen (Verlaufsprotokoll oder Ergebnisprotokoll).
- Gesprächsregeln festlegen und erläutern:
    - freie Meinungsäußerung
    - ausreden lassen und zuhören
    - respektvoller Umgang miteinander
    - keine übermäßigen Redeanteile eines Einzelnen
- Rederecht zuteilen und Zeitrahmen einhalten.
- Themenzentrierte Gesprächsführung fördern und Abschweifungen vermeiden.
- Zwischenergebnisse festhalten und Gesamtergebnis als Abschluss feststellen.
- Besprechungsraum aufgeräumt verlassen.

(3) Abschluss einer Teamsitzung

Als abschließende Aktivität sollen die Teilnehmer ihre Meinung zum Ablauf der Veranstaltung äußern. Sie können Änderungswünsche vortragen und persönliche Erklärungen abgeben. Das dient der Teamleiterin dazu, die Qualität ihrer Leitungstätigkeit einzuschätzen und gewonnene Erkenntnisse zukünftig umzusetzen.

Beispiel für ein Feedback:

Zur Prozessauswertung gibt es zahlreiche Methoden. Um das Feedback impulsiv anzustoßen oder nur ein Stimmungsbild zu erzeugen, ist ein Stimmungsposter mit Smilies und Klebepunkten ein einfaches, aber wirkungsvolles Instrument. Dafür setzen die Teilnehmer farbige Klebepunkte auf ein Flipchart-Plakat. Sind in Abständen mehrere Teamsitzungen geplant, wechselt jeweils die Farbe der Klebepunkte. Das ursprüngliche Plakat wird immer wieder verwendet, sodass die Klebepunkte im Zeitablauf die Veränderungsdynamik visualisieren. Das folgende Plakat gibt die Stimmungslage von drei Teamsitzungen wieder.

Wie ist meine Zufriedenheit mit der Teamsitzung?

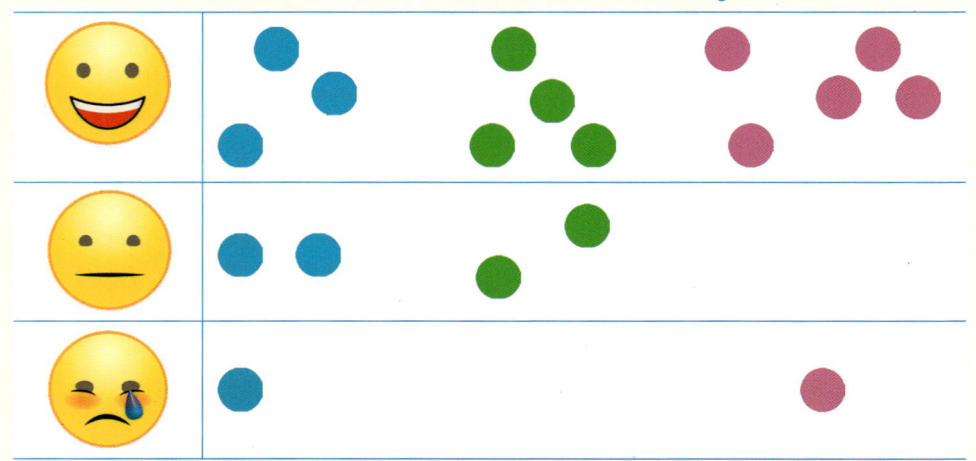

Das visualisierte Stimmungsbild gibt einen kräftigen Impuls für ein mündliches Feedback am Ende jeder Teamsitzung. Die Teilnehmer geben ihre Statements zur Thematik ab und können persönliche Eindrücke wiedergeben. Mit den Rückmeldungen der Teilnehmer erhält die Teamleiterin Marie Müller die Möglichkeit, Gesprächsatmosphäre und Arbeitsmotivation im Team gewinnbringend für sachgerechte Ergebnisse zu verbessern.

6.3 Vorbereitung einer Präsentation

(1) Erwartungshaltung des Publikums berücksichtigen

Die Vorbereitung einer Präsentation ist von sehr großer Bedeutung. Es geht nicht darum, sein eigenes Fachwissen darzustellen, sondern auf die Erwartungen des Publikums einzugehen.

Die Präsentation sollte auf den fachlichen Hintergrund der Zuhörer zugeschnitten sein und ihren Erwartungen in Bezug auf Umfang und Details entsprechen. Dadurch wird erreicht, dass die Zuhörer dem Referenten aufmerksam folgen können und sich weder langweilen noch den „roten Faden" verlieren.

(2) Wichtige Voraussetzungen klären

Bevor man anfängt, die Präsentation schriftlich auszuarbeiten, sollten die folgenden Punkte geklärt werden:

- Welches Thema soll präsentiert werden?
- Vor welchen Personen wird die Präsentation durchgeführt (Alter, Vorkenntnisse und Erwartungen der Zuhörer und Veranstalter)?
- Aus wie vielen Teilnehmern besteht das Publikum?
- Welchen Nutzen sollen die Zuhörer von der Präsentation haben?
- Wie viel Zeit ist für die Präsentation vorgesehen?
- Welche technischen Hilfsmittel stehen vor Ort zur Verfügung?
- Falls es mehrere Präsentationen gibt: Welche Themen gehen voraus und welche folgen?
- Wünscht der Veranstalter vorab schriftliche Präsentationsunterlagen?

(3) Ziele und Termine setzen

Zu einer guten Vorbereitung gehört auch, sich der Ziele, die durch die Präsentation verfolgt werden sollen, genau bewusst zu werden. Die Ziele sind im Vorfeld schriftlich festzuhalten. Ohne die **Festlegung der Ziele** ist ein logischer Aufbau der Präsentation mit einer überzeugenden Argumentationskette nicht möglich. Die formulierten Ziele müssen **realistisch,** d.h. in dem zur Verfügung stehenden Zeitraum zu verwirklichen sein.

(4) Ablauf der Präsentation planen

Einstieg	Der Einstieg sollte gut geplant und geübt werden, da der erste Eindruck oft darüber entscheidet, ob beim Publikum Interesse oder Ablehnung erzeugt wird.
	Der Einstieg besteht aus einer **Begrüßung** der Zuhörer, einer **Vorstellung** der eigenen Person und aller anderen an der Präsentation Beteiligten, dem **Grund der Präsentation** und einer **Ablaufübersicht** mit behandelten Themen, Zeitabschnitten, Frage- oder Diskussionsteil und geplanten Pausen.

Hauptteil	Im Hauptteil der Präsentation werden alle gesetzten Ziele inhaltlich abgearbeitet. Dies erfolgt durch Aussagen und Behauptungen, die belegt oder bewiesen werden, durch aufschlussreiche Diagramme, Argumente, Lösungsvorschläge oder Schlussfolgerungen.
Abschluss	Die Präsentation kann durch eine Zusammenfassung, einen Ausblick, eine offene Frage, ein Zitat oder eine Anekdote beendet werden.
	Da den Zuhörern das Ende des Vortrags am besten im Gedächtnis bleibt, sollte man den Schluss gut nutzen. Man kann nochmals seine wichtigsten Aussagen kurz wiederholen und einen Appell (Aufruf) an das Publikum richten.
	Ganz zum Schluss bedankt man sich beim Publikum für die geschenkte Aufmerksamkeit und hält ggf. ein „Handout" mit Ergebnissen und Ausblicken für interessierte Zuhörer bereit.

6.4 Grundlegende Präsentationsregeln

Das Gelingen einer Präsentation hängt sehr stark davon ab, welchen Eindruck der Redner beim Publikum hinterlässt. Das heißt, auch eine fachlich und inhaltlich sehr gute Präsentation erzielt die optimale Wirkung auf die Zuhörer erst in Verbindung mit geschickt eingesetzten rhetorischen und körpersprachlichen Mitteln.

(1) Körpersprache einsetzen

Die Körpersprache ist die **Sprache „ohne Worte"**. Sie erfolgt normalerweise unbewusst, unwillkürlich und unbeabsichtigt. Die Körpersprache trifft Aussagen, vermittelt Botschaften.

Zur Körpersprache gehören

- Blickkontakt,
- Mimik,
- Gestik,
- Körperhaltung.

■ **Blickkontakt**

Der direkte Blickkontakt ist eines der wichtigsten Mittel, um Verbindung zum Publikum aufzunehmen und zu halten. Ein Blick kann ruhig, freundlich, ablehnend, gelangweilt usw. sein.

Zuhörer, die während einer Präsentation selten oder gar nicht angeschaut werden, sind oft unaufmerksamer, weil sie sich vom Redner nicht beachtet und angesprochen fühlen.

6 Grundlagen von Teamarbeit und Präsentation

■ **Mimik**

Unter Mimik versteht man den Gesichtsausdruck, d.h. das Mienen- und Gebärdenspiel des menschlichen Gesichts.

Mimik spielt sich zwischen der Stirn und dem Kinn ab. Sie ist die Bewegung des Gesichts. Das Gesagte wird unbewusst oder bewusst durch Mimik unterstrichen. Bei der Präsentation sollte keine einstudierte, starre Mimik eingesetzt werden. Eine positive Wirkung auf das Publikum hat eine natürliche, abwechslungsreiche Mimik: Der Gesichtsausdruck ist mal interessiert, mal überrascht, mal lächelnd usw.

■ **Gestik**

Unter Gestik versteht man die Ausdruckbewegungen des Körpers, insbesondere von Kopf, Arm, Hand und den Fingern.

Gesten verstärken das Gesagte und sollten mit diesem übereinstimmen. Setzt man sie während der gesamten Präsentation auf die gleiche Weise ein, lässt die Wirkung auf das Publikum nach. Die Körperhaltung (sitzen, stehen, …) wirkt sich auf die Gestik und ihre Wirkung aus.

■ **Körperhaltung**

Auch die Körperhaltung, d.h. die Bewegung des Kopfes, des Oberkörpers und der Beine, vermittelt deutliche Signale.

Für die Präsentation sollte eine offene und sichere Körperhaltung angenommen werden. Beim Sprechen wendet man sich dem Publikum zu und nimmt eine lockere, möglichst natürliche Haltung an, ohne die Arme und Beine zu verschränken. Hektisches Hin- und Herlaufen und Herumzappeln lenkt die Zuhörer vom Vortrag ab. Bei einer Präsentation ist es üblich zu stehen.

(2) Sprache einsetzen

■ Verständlichkeit

Die Präsentation muss von den Zuhörern inhaltlich verstanden werden. Aus diesem Grund hängt es von der Fachkompetenz des Publikums ab, welche Fachbegriffe im Vortrag verwendet werden können. Fremdwörter sollten nur verwendet werden, wenn es keine entsprechenden deutschen Begriffe gibt oder sie jedem geläufig sind.

Kurze und vollständige Sätze erleichtern die Aufnahmefähigkeit. Bewusst gesetzte Pausen geben dem Publikum die Möglichkeit, kurz über das Gesagte nachzudenken und es zu verarbeiten oder sich wieder zu konzentrieren. Die Aussprache des Redners sollte natürlich, deutlich und klar sein.

■ Modulation der Stimme

Die Präsentation wirkt auf den Zuhörer lebendiger und abwechslungsreicher, wenn der Referent seine Stimme in Melodie, Klangfarbe, Lautstärke und Betonung variiert (Modulation). Der Vortrag wird dynamischer und das Publikum hat einen höheren Unterhaltungswert. Das Sprechtempo kann in Abhängigkeit von der Bedeutung der Aussagen ebenfalls variieren.

6.5 Regeln für ein Feedback

Ein Feedback ist eine gezielte, **offene Rückmeldung** an den Feedback-Empfänger, wie sein Verhalten von anderen wahrgenommen und interpretiert (gedeutet) wird. Sinnvolle **Anlässe** fürs Feedback sind z. B.: Nachbereitung einer Präsentation oder Gruppenarbeit, Mitarbeiter-Vorgesetzten-Gespräch im Rahmen der Mitarbeiterführung.

Das Feedback ist eines der wirksamsten und einfachsten Instrumente, um mit wenig Aufwand die Selbstwahrnehmung und das Verhalten des Feedback-Empfängers zu verbessern. Ein Feedback ist jedoch nur dann nützlich, wenn es **deutlich** und **unmissverständlich** gegeben wird. Ein kritisches Feedback, das sich auf störende Verhaltensweisen bezieht, kann unter Umständen zu schwierigen Situationen führen, in denen sich mindestens einer der Beteiligten unwohl fühlt.

Damit das Feedback konstruktiv ist und das zukünftige Arbeitsklima nicht belastet wird, müssen Feedback-Geber und Feedback-Nehmer bestimmte Regeln befolgen.

Regeln für das Geben von Feedback	Regeln für das Empfangen von Feedback
■ Beobachtungen konkret benennen. Verhalten genau beschreiben. ■ Das Gegenüber wissen lassen, welche Empfindungen das Verhalten ausgelöst hat. ■ Die eigenen Gefühle in der Ich-Form äußern. „Es hat mich erstaunt …" ■ Eigene Ziele und Wünsche klar äußern. ■ Auf Wertungen und Vorurteile verzichten. ■ Direkte Feedbacks geben (unter vier Augen, persönlich, die Person direkt ansprechen). ■ Keine verallgemeinernden „Abrechnungen". ■ Die passende Situation wählen. Feedback-Empfänger soll das Gesicht nicht verlieren. ■ Positives (Anerkennung) ebenfalls nennen.	■ Entgegennehmen – Verständnis zeigen. ■ Kein Rechtfertigen, keine Verteidigung. ■ Nachfragen, wenn etwas nicht verstanden wurde. ■ Für das offene Feedback danken. ■ Selbst entscheiden, was man beibehalten, was man verändern möchte. ■ Dem Feedback-Geber sagen, was das Feedback bewirkt hat.

Das Feedback-Geben sollte folgendermaßen ablaufen:

Möglichst positiver Einstieg (Ort, Zeit,…)	Wahrnehmung (positive und negative) objektiv wiedergeben	Über eigene Bedürfnisse und Gefühle informieren	Veränderungs- bzw. Verbesserungswunsch äußern	Möglichst positiver Abschluss des Feedbacks

Kompetenztraining

35 1. Für die Umsetzung neuartiger Aufgaben wird in der Königsberg-Klinik GmbH projektorientiert in abteilungsübergreifenden Teams gearbeitet.
   Aufgabe:
   Geben Sie an, welche betrieblichen Merkmale die Arbeitsweise in Teams kennzeichnen!

2. Zählen Sie mindestens 3 Tätigkeiten auf, die unbedingt zur Vorbereitung einer Teamsitzung gehören!

3. Zählen Sie mindestens 3 Aspekte auf, die einem erfolgreichen Sitzungsverlauf förderlich sind!

36 1. Erstellen Sie eine Liste mit Kriterien, die zur Bewertung einer Präsentation wichtig sind!

2. Entwerfen Sie einen ausführlichen Bewertungsbogen mit Abstufungen in der Bewertung („sehr gut", „gut", „…" oder „sollte besser werden", „muss besser werden", „…"), der Ihre Kriterienliste enthält!

3. Wie sieht ein konstruktives Feedback aus? Geben Sie eine kurz gefasste Erklärung ab!

2 IN AUSBILDUNG UND BERUF ORIENTIEREN

1 Konzept der Berufsausbildung

1.1 Das System der dualen Berufsausbildung

Die Berufsausbildung leistet den Übergang von den allgemeinbildenden Schulen in das Erwerbsleben.

> **Beispiel:**
> „Der Ausbildungsvertrag (siehe S. 91) ist da!", freut sich Mona Becker riesig über ihre erfolgreiche Bewerbung bei der Königsberg-Klinik GmbH in Bad Pyrmont. Die Berufsausbildung zur Kauffrau im Gesundheitswesen markiert für Mona Becker den Startpunkt ins Berufsleben.

Der mehrseitige Formularvertrag der zuständigen Industrie- und Handelskammer Hannover nennt neben der Angabe des Ausbildungsbetriebes und der genauen Bezeichnung des Ausbildungsberufs u. a.

- die Aufgaben und Pflichten der Auszubildenden,
- den Zeitrahmen für Ausbildung, Urlaub und Probezeit,
- die Kündigungsbestimmungen und
- die Höhe des Verdienstes.

Mit dem eigenen Geld zum Berufsstart steht Mona Becker auf eigenen Füßen. Als Auszubildende ist sie den Kinderschuhen der Familienversicherung entwachsen und begründet pflichtgemäß ihre eigene Kranken-, Pflege- und Rentenversicherung. Mit der Berufsausbildung endet allerdings nicht die Schulpflicht. Vielmehr besucht Mona Becker parallel zur **betrieblichen Ausbildung** die **kaufmännische Berufsschule** in der Kreisstadt Hameln.

Eine weit verbreitete Form der beruflichen Erstausbildung ist die **duale**[1] **Berufsausbildung an zwei Lernorten**: einerseits ein anerkannter Ausbildungsbetrieb der Privatwirtschaft bzw. eine öffentliche Einrichtung und andererseits eine staatliche Berufsschule.

Die berufspraktische Ausbildung in Unternehmen und öffentlichen Einrichtungen regelt der Bund im Berufsbildungsgesetz [BBiG] und in den Ausbildungsordnungen. Für die berufsbezogene und berufsübergreifende Bildung in der Berufsschule (Fachtheorie und Allgemeinbildung) sind im Rahmen der Kulturhoheit die Bundesländer zuständig. Die **Rahmenlehrpläne** für den berufsbezogenen Unterricht der Berufsschule werden mit den entsprechenden **Ausbildungsordnungen** des Bundes abgestimmt und von der Kultusministerkonferenz der Länder (KMK) beschlossen. Damit ist eine geordnete und einheitliche Berufsausbildung im gesamten Bundesgebiet gewährleistet.

---

[1] **Dual:** zweiseitig, zweigleisig.

1 Konzept der Berufsausbildung

Berufsausbildungsvertrag
(§§ 10, 11 Berufsbildungsgesetz – BBiG)

Zwischen dem/der Ausbildenden (Ausbildungsbetrieb) und dem/der Auszubildenden   männlich ☐ weiblich ☒
Öffentlicher Dienst ☐   Berufsausbildung im Rahmen eines dualen Studiums ☐

KNR	IHK-Firmenident-Nr.	Tel.-Nr.
123	107247	05281 123456

Anschrift des/der Ausbildenden (Ausbildungsbetrieb)

Königsberg-Klinik GmbH

Name	Vorname
Becker	Mona

Straße, Haus-Nr.: Rattenfängergasse 13

PLZ	Ort
31785	Hameln

Geburtsdatum	Staatsangehörigkeit
18.04.2004	deutsch

E-Mail-Adresse (Angabe freiwillig) | Mobil-/Tel.-Nr. (Angabe freiwillig)

Straße, Haus-Nr.: Am Rosenhof 36

PLZ	Ort
31812	Bad Pyrmont

E-Mail-Adresse des/der Ausbildenden (Angabe freiwillig): personal@koenigsberg-klinik.de

Verantwortliche/r Ausbilder/in: Schmieder, Laura

Gesetzlicher Vertreter[1]: Eltern

Namen, Vornamen der gesetzlichen Vertreter: Becker, Anja und Becker, Max

Straße, Haus-Nr.: Rattenfängergasse 13

PLZ	Ort
31785	Hameln

wird nachstehender Vertrag zur Ausbildung im Ausbildungsberuf: Kaufmann im Gesundheitswesen/Kauffrau im Gesundheitswesen

mit der Fachrichtung / dem Schwerpunkt / der/den Wahlqualifikation/en / dem/den Wahlbaustein/en etc. nach **Maßgabe der Ausbildungsordnung[2]** geschlossen.

Änderungen des wesentlichen Vertragsinhaltes sind vom/von dem Ausbildenden unverzüglich zur Eintragung in das Verzeichnis der Berufsausbildungsverhältnisse bei der Industrie- und Handelskammer anzuzeigen.

Die beigefügten Angaben zur sachlichen und zeitlichen Gliederung des Ausbildungsablaufs (Ausbildungsplan) sowie die umseitigen Regelungen sind Bestandteil dieses Vertrages.

A Die Ausbildungszeit beträgt nach der Ausbildungsordnung 36 Monate.
☐ Es wird eine Verkürzung der Ausbildungszeit um ____ Monate beantragt.
Verkürzungsgrund:

Das Berufsausbildungsverhältnis beginnt am 01.08.2021 und endet am 31.07.2024.

B Die Probezeit (Nr. 1.2) beträgt 4 Monate.[3]

C Die Ausbildung findet statt in [Name/Anschrift der Ausbildungsstätte(n)]:
Königsberg-Klinik GmbH
Am Rosenhof 36, 31812 Bad Pyrmont
und den mit dem Betriebssitz für die Ausbildung üblicherweise zusammenhängenden Bau-, Montage- und sonstigen Arbeitsstellen statt.

D Ausbildungsmaßnahmen außerhalb der Ausbildungsstätte(n) sind für die folgenden Zeitraum in der/den folgenden Ausbildungsstätte(n) vorgesehen (hierzu zählen auch Auslandsaufenthalte). (Nr. 3.12)

E Der/Die Ausbildende zahlt dem/der Auszubildenden eine angemessene Vergütung (Nr. 5); diese beträgt zurzeit monatlich brutto

€ 940,00	€ 1.005,00	€ 1.065,00	
im ersten	zweiten	dritten	vierten

Ausbildungsjahr.

F Die regelmäßige Ausbildungszeit in Stunden beträgt täglich[4] 7,50 und wöchentlich 38,50.

Teilzeitausbildung wird beantragt (Nr. 6.2): ja ☐ nein ☒

G Es besteht ein Urlaubsanspruch

im Kalenderjahr	2021	2022	2023	2024
Werktage				
Arbeitstage	12,5	30,0	30,0	17,5

H Der Ausbildungsnachweis wird wie folgt geführt: schriftlich ☐ elektronisch ☒

I Hinweise auf anzuwendende Tarifverträge und Betriebsvereinbarungen; sonstige Vereinbarungen (Nr. 11):

J Die umseitigen Bestimmungen sind Gegenstand dieses Vertrages und werden anerkannt.

Ort, Datum: Bad Pyrmont, 02.11.2020

Der/Die Ausbildende: Königsberg-Klinik GmbH
i. A. Lohmann
Stempel und Unterschrift

Der/Die Auszubildende: Mona Becker
Vor- und Familienname

Der/Die gesetzlichen Vertreter/in des/der Auszubildenden: Max Becker   Anja Becker
Vater und Mutter/Vormund

1) Vertretungsberechtigt sind beide Eltern gemeinsam, soweit nicht die Vertretungsberechtigung nur einem Elternteil zusteht. Ist ein Vormund bestellt, so bedarf dieser zum Abschluss des Ausbildungsvertrages der Genehmigung des Vormundschaftsgerichts.
2) Solange die Ausbildungsordnung nicht erlassen ist, sind gem. § 104 Abs. 1 BBiG der bisherigen Ordnungsmittel anzuwenden.
3) Die Probezeit muss mindestens einen Monat und darf höchstens vier Monate betragen.
4) Das Jugendarbeitsschutzgesetz sowie für das Ausbildungsverhältnis geltende tarifvertragliche Regelungen und Betriebsvereinbarungen sind zu beachten.

In Ausbildung und Beruf orientieren

System der dualen Berufsausbildung

Lernort Ausbildungsbetrieb

Der Ausbildungsbetrieb leistet schwerpunktmäßig eine fachpraktische Qualifizierung im Rahmen realer Arbeits- und Geschäftsprozesse an 3–4 Tagen pro Woche.

Lehrplanabstimmung

Lernort Berufsschule

Die Berufsschule leistet schwerpunktmäßig eine fachtheoretische Ausbildung verknüpft mit allgemeinbildenden Fächern an 1–2 Tagen pro Woche oder als Blockunterricht.

Das Bundesinstitut für Berufsbildung hat die gesetzliche Aufgabe, das Verzeichnis der anerkannten Ausbildungsberufe zu führen. Dort sind rund 330 Ausbildungsberufe aufgeführt. Die tatsächliche Berufswahl konzentriert sich allerdings auf ca. 50 verschiedene Ausbildungsberufe.

Neben der dualen Berufsausbildung ist die **schulische Berufsausbildung in Berufsfachschulen** eine zweite Säule im Berufsbildungssystem. Diese Form ist für die Ausbildung in Sozial-, Gesundheits- und Erziehungsberufen weit verbreitet (z. B. Kranken- und Altenpflege, medizinisch-technische Assistenz, Physiotherapie).

1.2 Ausbildender, Ausbilder, Auszubildender

(1) Begriffe Ausbildender und Ausbilder

- **Ausbildender** ist derjenige, der einen Auszubildenden zur Berufsausbildung einstellt.

  Beispiel:
  Jonas Zeiler wird von der Seniorenresidenz Rosenhof KG ausgebildet. Die Seniorenresidenz Rosenhof KG ist Ausbildender.

- **Ausbilder** ist derjenige, der vom Ausbildenden mit der Durchführung der Ausbildung beauftragt wird.

  Beispiel:
  In der Pflegeheimverwaltung wird Jonas Zeiler von der Angestellten Beate Freiberg ausgebildet. Beate Freiberg ist Ausbilderin.

Ausbilden darf nur, wer persönlich und fachlich geeignet ist. Die fachliche Eignung umfasst vor allem die für den jeweiligen Beruf erforderlichen Fertigkeiten und Kenntnisse.

Die Ausbilder vermitteln die Fertigkeiten und Kenntnisse, die zur Erreichung des Ausbildungsziels erforderlich sind. Ferner muss der Ausbildungsbetrieb in der Lage sein, die wesentlichen Inhalte der Ausbildung zu vermitteln.

1 Konzept der Berufsausbildung

(2) Begriff Auszubildender

Auszubildender ist derjenige, der nach den Bestimmungen des **Berufsbildungsgesetzes [BBiG]** einen anerkannten Ausbildungsberuf aufgrund staatlicher und bundeseinheitlich gültiger Ausbildungsverordnung erlernt.

> **Beispiel:**
>
> Jonas Zeiler schließt mit der Seniorenresidenz Rosenhof KG einen Ausbildungsvertrag als Kaufmann im Gesundheitswesen ab. Jonas Zeiler ist Auszubildender.

Anforderungen an Auszubildende. Ein Senioren- und Pflegeheim umschreibt die Anforderungen an Auszubildende auf seiner Internetseite folgendermaßen:

> „Die Voraussetzung für die Bewerbung bei uns sind gute schulische Leistungen und eine abgeschlossene Schulausbildung. Die Fähigkeit zur Teamarbeit ist ebenso wichtig wie ein hohes Verantwortungsbewusstsein. Wir möchten Auszubildende gewinnen, die überdurchschnittlich motiviert und engagiert sind. Neben den schulischen Leistungen interessiert uns vor allem die Persönlichkeit der Bewerber."

1.3 Ausbildungsverhältnis

1.3.1 Berufsbildungsgesetz, Ausbildungsordnung und Ausbildungsplan

(1) Berufsbildungsgesetz

Das Berufsbildungsgesetz [BBiG] regelt die **Berufsausbildung,** die **berufliche Fortbildung** und die **berufliche Umschulung**. Die Ausbildung in den verschiedenen Ausbildungsberufen ist durch die Ausbildungsordnung [§ 4 BBiG] geregelt.

(2) Ausbildungsordnung

Die Ausbildungsordnung ist die Grundlage für eine geordnete und einheitliche Berufsausbildung in anerkannten Ausbildungsberufen. Sie hat **mindestens festzulegen** [§ 5 BBiG]:

- die Bezeichnung des **Ausbildungsberufs** (z. B. Kaufmann/Kauffrau im Gesundheitswesen);
- die **Ausbildungsdauer,** sie soll nicht mehr als drei und nicht weniger als zwei Jahre betragen;
- das **Ausbildungsberufsbild,** es enthält die Fertigkeiten und Kenntnisse, die Gegenstand der Berufsausbildung sind;
- den **Ausbildungsrahmenplan,** es handelt sich hierbei um eine Anleitung zur sachlichen und zeitlichen Gliederung der Fertigkeiten und Kenntnisse und
- die **Prüfungsanforderungen**.

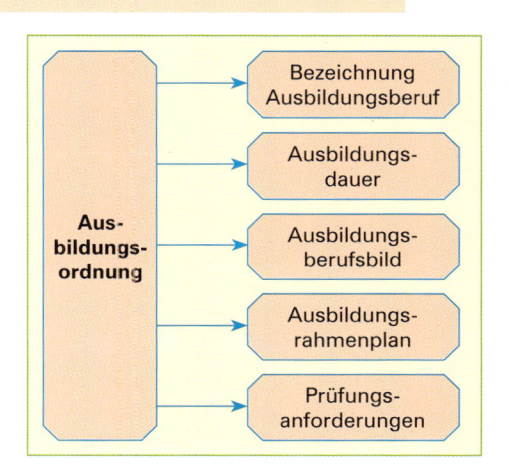

Ausbildungsordnung:
- Bezeichnung Ausbildungsberuf
- Ausbildungsdauer
- Ausbildungsberufsbild
- Ausbildungsrahmenplan
- Prüfungsanforderungen

Für einen anerkannten Ausbildungsberuf darf nur nach der Ausbildungsordnung ausgebildet werden [§ 4 II BBiG]. Jugendliche unter 18 Jahren dürfen nur in **anerkannten** Ausbildungsberufen ausgebildet werden.

(3) Ausbildungsplan

Der Ausbildungsplan regelt die **sachliche** und **zeitliche** Berufsausbildung im Betrieb. Der Ausbildungsplan wird von jedem Ausbildungsbetrieb **eigenständig** erstellt. Er muss jedoch abgestimmt sein mit dem Ausbildungsberufsbild, dem Ausbildungsrahmenlehrplan sowie den Prüfungsanforderungen.

(4) Beziehungen zwischen Ausbildungsrahmenlehrplan und Ausbildungsplan (duales Ausbildungssystem)

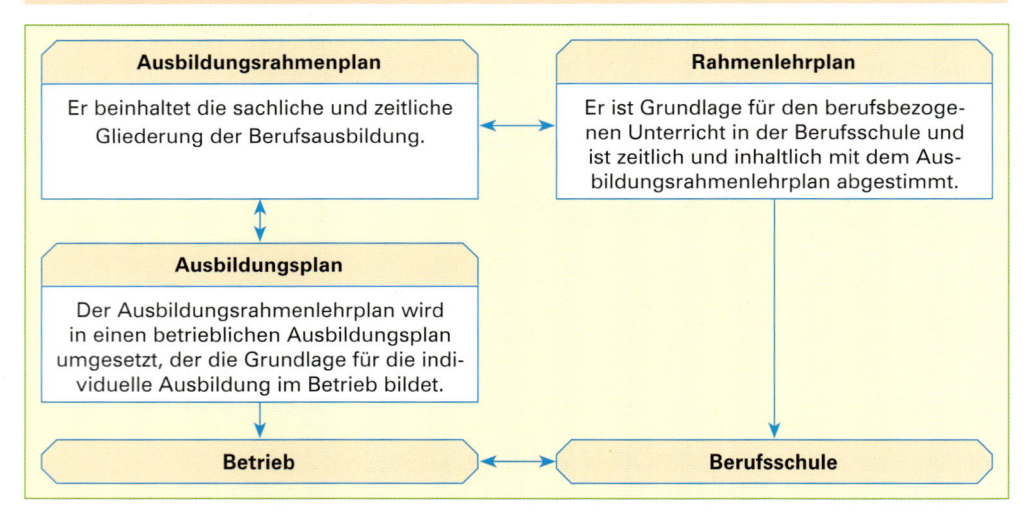

Ausbildungsrahmenplan	Rahmenlehrplan
Er beinhaltet die sachliche und zeitliche Gliederung der Berufsausbildung.	Er ist Grundlage für den berufsbezogenen Unterricht in der Berufsschule und ist zeitlich und inhaltlich mit dem Ausbildungsrahmenlehrplan abgestimmt.

Ausbildungsplan

Der Ausbildungsrahmenlehrplan wird in einen betrieblichen Ausbildungsplan umgesetzt, der die Grundlage für die individuelle Ausbildung im Betrieb bildet.

Betrieb	Berufsschule

1.3.2 Berufsausbildungsvertrag

(1) Begriff kaufmännischer Auszubildender

Kaufmännischer Auszubildender ist, wer in einem kaufmännischen Betrieb zur Erlernung kaufmännischer Tätigkeiten angestellt ist.

(2) Abschluss des Berufsausbildungsvertrags

Vor Beginn der Berufsausbildung ist zwischen dem Ausbildenden und dem Auszubildenden ein **Berufsausbildungsvertrag** zu schließen [§ 10 I BBiG].

Der Berufsausbildungsvertrag muss bei der zuständigen Stelle (z. B. **Industrie- und Handelskammer**) zur Genehmigung und Eintragung in das **„Verzeichnis der Berufsausbildungsverhältnisse"** vorgelegt werden [§ 36 BBiG]. Zuständig ist die Industrie- und Handelskammer, wenn die Ausbildung in einem kaufmännischen Betrieb erfolgt, bzw. die Handwerkskammer, wenn die Ausbildung in einem Handwerksbetrieb erfolgt.

1 Konzept der Berufsausbildung

Die Eintragung wird nur vorgenommen, wenn der Berufsausbildungsvertrag dem Berufsbildungsgesetz und der Ausbildungsordnung entspricht und die **persönliche und fachliche Eignung des Ausbildungspersonals** sowie die **Eignung** der **Ausbildungsstätte** vorliegen. Die Eintragung ist u. a. Voraussetzung dafür, dass der Auszubildende zur Abschlussprüfung, z. B. bei der Industrie- und Handelskammer (IHK), zugelassen wird [§ 43 I Nr. 3 BBiG].

Unverzüglich nach Abschluss des Berufsausbildungsvertrags, spätestens vor Beginn der Berufsausbildung, hat der Ausbildende den wesentlichen Inhalt des Vertrags schriftlich niederzulegen [§ 11 I, S. 1 BBiG].[1] Der Vertrag ist vom **Ausbildenden**, vom **Auszubildenden** und – wenn der Auszubildende noch **minderjährig** ist – von dessen **gesetzlichem Vertreter** zu unterzeichnen. Eine Ausfertigung der unterzeichneten Niederschrift ist dem Auszubildenden und dessen gesetzlichem Vertreter unverzüglich auszuhändigen [§ 11 III BBiG].

Der Ausbildungsvertrag muss folgende Punkte enthalten:

- sachliche und zeitliche Gliederung sowie Ziel der Berufsausbildung,
- Berufstätigkeit, für die ausgebildet werden soll,
- Beginn und Dauer der Berufsausbildung,
- Ausbildungsmaßnahmen außerhalb der Ausbildungsstätte (überbetriebliche Ausbildung),
- Dauer der regelmäßigen täglichen Arbeitszeit,
- Dauer der Probezeit,
- Zahlung und Höhe der Ausbildungsvergütung,
- Dauer des Urlaubs,
- Voraussetzungen, unter denen der Berufsausbildungsvertrag gekündigt werden kann,
- Hinweis auf anwendbare Tarifverträge und Betriebsvereinbarungen,
- Form des Ausbildungsnachweises (schriftlich oder elektronisch).

Auszubildende, die eine Berufsausbildung nach dem Berufsbildungsgesetz absolvieren, haben einen Anspruch auf eine Mindestvergütung [§ 17 BBiG]. Die gesetzliche untere Grenze hat ihre Bedeutung dort, wo es keinen Tarifvertrag gibt.

(3) Pflichten und Rechte aus dem Berufsausbildungsvertrag

Die Pflichten und Rechte des Auszubildenden bzw. des Ausbildenden ergeben sich vor allem aus dem Berufsbildungsgesetz und dem Jugendarbeitsschutzgesetz.

Pflichten des Auszubildenden (Rechte des Ausbildenden)	Pflichten des Ausbildenden (Rechte des Auszubildenden)
■ **Befolgungspflicht:** Weisungen des Ausbildenden im Rahmen der Berufsausbildung sind sorgfältig zu befolgen. ■ **Berufsschulpflicht.** ■ **Lernpflicht:** Der Auszubildende muss sich bemühen, so zu lernen, dass die Abschlussprüfung bestanden wird. ■ **Haftpflicht:** Bei grob fahrlässig oder vorsätzlich verursachten Schäden an Maschinen, Büroeinrichtungen usw. haftet der Auszubildende.	■ **Ausbildungspflicht:** Vermittlung der Fertigkeiten und Kenntnisse, die zur Erreichung des Ausbildungsziels erforderlich sind. ■ **Ausbildungsmittel:** Müssen kostenlos zur Verfügung gestellt werden. ■ **Fürsorgepflicht:** Vermeidung sittlicher und körperlicher Schäden; Anmeldung zur Sozial- und Unfallversicherung. ■ **Freistellungspflicht:** Der Ausbildende muss den Auszubildenden zum Besuch der Berufsschule anhalten und freistellen.

---

[1] Wesentliche Inhalte des Berufsausbildungsvertrags sind gesetzlich festgelegt (z. B. die Art, sachliche und zeitliche Gliederung sowie das Ziel der Berufsausbildung; Beginn und Dauer der Berufsausbildung; Zahlung und Höhe der Vergütung). Der Berufsausbildungsvertrag ist **kein** Arbeitsvertrag.

In Ausbildung und Beruf orientieren

Pflichten des Auszubildenden (Rechte des Ausbildenden)	Pflichten des Ausbildenden (Rechte des Auszubildenden)

■ **Ausbildungsnachweispflicht** (Berichtsheftpflicht): Der Auszubildende hat in der Regel wöchentlich Ausbildungsnachweise schriftlich oder elektronisch zu führen. Sie geben Auskunft über den Ablauf der Ausbildung und müssen bei der Abschlussprüfung vorgelegt werden. Die einzelnen Ausbildungsnachweise sind vom Ausbilder zu unterschreiben bzw. beim digitalen Berichtsheft durch eine elektronische Signatur abzuzeichnen.
■ **Schweigepflicht** über Geschäftsdaten.
■ **Betriebsordnung** beachten, insbesondere den Infektionsschutz in Gesundheitsbetrieben.
	■ **Anmeldepflicht zu Prüfungen:** Der Auszubildende muss rechtzeitig zu Prüfungen angemeldet und freigestellt werden.
	■ **Urlaubspflicht:**[1] Der Urlaub beträgt nach:
	
	  | Alter | Mindesturlaub |
	  |---|---|
	  | bis 16 Jahre | 30 Werktage |
	  | bis 17 Jahre | 27 Werktage |
	  | bis 18 Jahre | 25 Werktage |
	
	■ **Vergütungspflicht:** Die Zahlung des Arbeitsentgelts muss spätestens am letzten Werktag des Monats erfolgen.
	■ **Pflicht zur Entgeltfortzahlung:** An gesetzlichen Feiertagen und im unverschuldeten Krankheitsfall bis zu sechs Wochen.
	■ **Pflicht zur Ausstellung eines Zeugnisses.**

(4) Ausbildungszeit

Die Ausbildungszeit beträgt in den meisten kaufmännischen Ausbildungsberufen (z. B. Kaufmann/-frau im Gesundheitswesen, Kaufmann/-frau für Büromanagement) im Regelfall 3 Jahre. Eine Verkürzung der Ausbildungszeit ist unter bestimmten Voraussetzungen möglich.

(5) Probezeit

Die Probezeit beträgt **mindestens einen Monat** und darf **nicht länger als vier Monate** dauern. Die Probezeit ist Bestandteil des Ausbildungsverhältnisses. Während der Probezeit kann jeder der Vertragspartner das Ausbildungsverhältnis ohne Angabe von Gründen fristlos lösen [§§ 20, 22 I BBiG].

(6) Institutionen zur Durchsetzung ausbildungsrechtlicher Ansprüche

Sind Auszubildende der Meinung, dass der ausbildende Betrieb seinen Pflichten nicht nachkommt, können sie sich an verschiedene Institutionen wenden.

- Im Bereich des **Betriebs- und Gefahrenschutzes** sind die **staatlichen Gewerbeaufsichtsämter** als Landesbehörden für die Überwachung aller Betriebe ihres Bezirks zuständig. Die **Aufsichtsdienste der Berufsgenossenschaften** kontrollieren die Betriebe des jeweiligen Wirtschaftszweigs.
- Im Bereich des **sozialen Arbeitsschutzes** können sich die Auszubildenden an den **Betriebsrat**[2] – insbesondere an die **Jugend- und Auszubildendenvertretung**[2] – wenden. Ansprechpartner sind auch die zuständigen **Kammern** (z. B. die Industrie- und Handelskammern). Sie haben u. a. die Aufgabe, über eine ordnungsgemäße Berufsausbildung zu wachen. Hilfe gewähren auch die zuständigen **Gewerkschaften**.

Ist zwischen den Parteien keine gütliche Einigung möglich, müssen die **Arbeitsgerichte** angerufen werden.

---

1 Für Berufsschüler soll der Urlaub in die Schulferien gelegt werden. Es muss sichergestellt sein, dass mindestens 12 Werktage am Stück gewährt werden.
2 Vgl. hierzu die Ausführungen auf S. 118 ff.

(7) Beendigung des Ausbildungsverhältnisses

Das Ausbildungsverhältnis endet spätestens mit dem **Ablauf der Ausbildungszeit** [§ 21 II BBiG], frühestens mit dem **Bestehen der Abschlussprüfung** oder durch schriftliche **Kündigung**.

Während der Probezeit kann das Berufsausbildungsverhältnis **jederzeit ohne Einhaltung einer Kündigungsfrist** gekündigt werden.

Nach der Probezeit kann das Ausbildungsverhältnis grundsätzlich **nicht gekündigt** werden. Es besteht ein Kündigungsschutz. Eine Ausnahme ist nur in folgenden Fällen möglich [§ 22 II BBiG]:

Kündigung nach der Probezeit durch	Voraussetzungen	
das ausbildende Unternehmen	**Aus einem wichtigen Grund ohne Einhalten einer Kündigungsfrist,** z. B. wegen Unterschlagung.	Auflösung des Ausbildungsverhältnisses in **beiderseitigem Einvernehmen** durch einen sogenannten **Aufhebungsvertrag**.
den Auszubildenden	■ **Aus einem wichtigen Grund** ohne Einhalten einer Kündigungsfrist, z. B. wegen ständigen Mobbings. ■ Kündigung vom Auszubildenden mit vierwöchiger Frist, wenn der Auszubildende die **Berufsausbildung aufgeben oder wechseln** möchte.	

Die Kündigung muss **schriftlich** erfolgen und bei einer Kündigung aus einem wichtigen Grund oder wegen Aufgabe oder Wechsel der Berufsausbildung die **Kündigungsgründe** enthalten.

(8) Weiterbeschäftigung

Während der **letzten sechs Monate** des Berufsausbildungsverhältnisses können die Vertragspartner eine **Weiterbeschäftigung vereinbaren**. Werden Auszubildende im Anschluss an das Berufsausbildungsverhältnis weiterbeschäftigt, ohne dass hierüber eine ausdrückliche Vereinbarung getroffen ist, wird ein **Arbeitsverhältnis auf unbestimmte Zeit** begründet [§§ 12, 24 BBiG]. Kaufmännisch Ausgebildete werden damit **Angestellte**. Es entsteht ein Anspruch auf Zahlung eines Gehalts.

(9) Ausstellung eines Zeugnisses

Der Ausbildende hat dem Ausgebildeten nach Beendigung des Berufsausbildungsverhältnisses ein **Zeugnis** auszustellen, das Angaben über Art, Dauer und Ziel der Berufsausbildung sowie über die erworbenen Fertigkeiten und Kenntnisse des Auszubildenden enthalten muss **(einfaches Zeugnis)**. Auf **Verlangen des Ausgebildeten** sind darin auch Angaben über Führung, Leistung und besondere fachliche Fähigkeiten aufzunehmen **(qualifiziertes Zeugnis)** [§ 16 BBiG].

Das Zeugnis darf **keine negativen Aussagen** enthalten.

Beispiel:

„Franziska Hebel verfügt über Fachwissen und hat ein gesundes Selbstvertrauen" heißt zum Beispiel: Franziska Hebel klopft große Sprüche, um fehlendes Fachwissen zu überspielen.

In Ausbildung und Beruf orientieren

Formuliersprache in Ausbildungs- und Arbeitszeugnissen:

Formulierung im Zeugnis	Klartext (Bedeutung)	Notenstufe
a) Er/Sie hat die ihm/ihr übertragenen Arbeiten … b) Er/Sie hat unseren Erwartungen …		
a) … stets zu unserer vollsten Zufriedenheit erledigt. b) … in jeder Hinsicht und in allerbester Weise entsprochen.	Sehr gute Leistungen	sehr gut (1)
a) … zu unserer vollen Zufriedenheit erledigt. b) … in jeder Hinsicht und in bester Weise entsprochen.	Gute Leistungen	gut (2)
a) … stets zu unserer Zufriedenheit erledigt. b) … in jeder Hinsicht entsprochen.	Befriedigende Leistungen	befriedigend (3)
a) … zur Zufriedenheit erledigt. b) … entsprochen.	Ausreichende Leistungen	ausreichend (4)
a) … im Großen und Ganzen zu unserer Zufriedenheit erledigt. b) … im Großen und Ganzen entsprochen.	Mangelhafte Leistungen	mangelhaft (5)
Er/Sie hat sich bemüht …	Ungenügende Leistungen	ungenügend (6)

1.4 Berufe und berufliche Entwicklungen im Gesundheitswesen

(1) Ärztliche und nichtärztliche Berufe im Gesundheitswesen

Von den 45,3 Mio. Erwerbstätigen in Deutschland arbeiteten 2019 rund 5,6 Mio. für die Gesundheit der Bevölkerung. Die Anzahl der Erwerbstätigen in der medizinischen Versorgung ist in den letzten Jahren stärker gewachsen als im Durchschnitt der Gesamtwirtschaft. Mit 4,3 Mio. Beschäftigten prägen Frauen ganz eindeutig die Arbeitskräftestruktur.[1]

Die Berufe mit den meisten Beschäftigten im Gesundheitswesen stellen:

- Gesundheits-/Krankenpfleger und Rettungsdienste mit 1,1 Mio. Beschäftigten,
- Arzt- und Praxishilfen mit 670 Tsd. Beschäftigten,
- Altenpfleger mit 631 Tsd. Beschäftigten,
- Ärzte und Zahnärzte mit 465 Tsd. Beschäftigten,
- nichtärztliche Berufe in der Therapie mit 403 Tsd. Beschäftigten.

Zu den nichtärztlichen Therapieberufen zählen vorwiegend Physiotherapeuten, Ergotherapeuten, Diät- und Ernährungstherapeuten sowie Logopäden.

---
1 Quelle: Statistisches Bundesamt, Datenbank GENESIS-online (08.11.2020).

1 Konzept der Berufsausbildung

(2) Verwaltende Beschäftigte im Gesundheitswesen

Im Jahre 2019 übten 90 Tsd. Beschäftigte verwaltende Tätigkeiten im Gesundheitswesen aus. In der klassischen dualen Ausbildung zur Kauffrau/zum Kaufmann im Gesundheitswesen befanden sich 5 637 Auszubildende, von denen 2 025 Neuzugänge des ersten Ausbildungsjahres waren.[1]

Wer von den Berufsabsolventen der Kaufleute im Gesundheitswesen im Berufsalltag organisationsstark ist, IT-Systeme und Abrechnungstechniken beherrscht, Klienten überzeugend berät, Materialien kostengünstig beschaffen kann, viel von Marketing versteht und bei allem immer gesundheitsrechtliche Regelungen berücksichtigt, derjenige sollte weitergehende Bildungspläne realisieren!

(3) Anpassungsweiterbildung

Die Weiterbildung zur beruflichen Anpassung aktualisiert berufliches Wissen und fördert neue Entwicklungstendenzen, beispielsweise in den Bereichen Rechnungswesen, Dokumentation und Sozialversicherungsrecht. Vorwiegend private und gemeinnützige Bildungsinstitute bieten zertifizierte Kurse als **Finanzbuchhalter** für DATEV[2] und SAP[3] in der Gesundheitsbranche oder als Fachkraft für Qualitätsmanagement an. Ein wachsendes Arbeitsfeld ist das Betriebliche Gesundheitsmanagement, das als Weiterbildungskurs absolviert werden kann.

(4) Aufstiegsweiterbildung

Eine Weiterbildung, um beruflich aufzusteigen und in mittlere Führungspositionen zu gelangen, bietet ein Bildungsgang mit dem **Abschlussziel „Geprüfter Fachwirt im Gesundheits- und Sozialwesen (IHK)"**. Das Zertifikat der Industrie- und Handelskammer ist staatlich anerkannt. Der Lehrgang zeichnet sich durch besondere Praxisnähe aus und kann im Anschluss an eine einschlägige Berufsausbildung aufgenommen werden. Zum Prüfungszeitpunkt muss eine einjährige berufspraktische Erfahrung nachgewiesen werden. Der Fachwirtabschluss erreicht im Deutschen Qualifikationsrahmen (DQR) das Niveau 6 (Bachelor-Niveau).

Beispiel:

Themen der IHK-Fachwirte-Prüfung:
- Planen, Steuern und Organisieren betrieblicher Prozesse,
- Steuern von Qualitätsmanagementprozessen,
- Gestalten von Schnittstellen und Projekten,
- Steuern und Überwachen betriebswirtschaftlicher Prozesse und Ressourcen,
- Führen und Entwickeln von Personal,
- Planen und Durchführen von Marketingmaßnahmen.

---

1 **Quelle:** Bundesinstitut für Berufsbildung, Datensystem Auszubildende, Zeitreihe 2019.
2 **DATEV** ist ein IT-Unternehmen für Buchführungsprogramme.
3 **SAP** ist ein IT-Unternehmen für Software zur Unternehmenssteuerung.

Wer praktisch gut ausgebildet ist und ein wissenschaftliches Studium absolviert hat, dem bieten sich weitere Berufs- und Karrierechancen. Dafür gibt es dutzende Studiengänge im weiten Spektrum des Gesundheitswesens. Unter den verschiedenen Disziplinen und Schwerpunkten findet jeder Interessent „seine" berufliche Heimat. Der **Bachelor of Arts in Gesundheitsökonomie bzw. in Public Health** ist ein erstrebenswertes Ziel. Als Zugangsvoraussetzung für Bachelorstudiengänge erwarten die Hochschulen in aller Regel die Fachhochschulreife (sogenanntes Fachabitur) oder die Allgemeine Hochschulreife (Abitur). Der Absolvent eines Bachelorstudiengangs Gesundheitsökonomie qualifiziert sich für Managementaufgaben in verschiedenen Bereichen der Gesundheitsbranche. Derartige Studiengänge werden als zertifiziertes, berufsbegleitendes Fernstudium oder als 6-semestriges Präsensstudium angeboten.

> **Beispiel:**
>
> Der Bachelorstudiengang Betriebswirtschaft im Gesundheitswesen (BIG) der Hochschule Osnabrück hat sich auf die Gesundheits- und Krankenhauswirtschaft spezialisiert. Bereits ab dem ersten Semester werden neben den allgemeinen wirtschaftswissenschaftlichen Grundlagen betriebswirtschaftliche und gesellschaftlich relevante Aspekte des Gesundheitswesens, insbesondere der Krankenhäuser, vermittelt. In höheren Semestern können die Studierenden über einen Wahlbereich eine stärkere Profilbildung auf spätere Berufsfelder vornehmen. Charakteristisch für diesen Studiengang ist der hohe Praxisbezug.

Kompetenztraining

37 Die Königsberg-Klinik GmbH in Bad Pyrmont hat im aktuellen Ausbildungsjahr 3 kaufmännische Auszubildende in verschiedenen Ausbildungsberufen eingestellt. Fred Herget ist Ausbilder im Krankenhaus und erteilt eine erste orientierende Unterweisung für Moritz Schreiner, Ausbildungsberuf Fachkraft für Lagerlogistik, für Laura Schneider, Ausbildungsberuf Kauffrau für Büromanagement und für Mona Becker, Ausbildungsberuf Kauffrau im Gesundheitswesen.

Aufgaben:

1. Gemäß dem Berufsbildungsgesetz muss der Ausbildende unverzüglich nach Abschluss des Berufsausbildungsvertrags, spätestens jedoch vor Beginn der Berufsausbildung, den wesentlichen Inhalt des Vertrages schriftlich niederlegen.

    Analysieren Sie den abgebildeten Ausbildungsvertrag von Mona Becker (siehe S. 91) und erstellen Sie eine Checkliste mit den wesentlichen Inhalten, die ein Ausbildungsvertrag gemäß dem Berufsbildungsgesetz enthalten muss!

2. Zunächst sollen die Auszubildenden den Betrieb, ihre neue Arbeitssituation und ihre Rechtsposition erkunden.

    Fred Herget erteilt ihnen folgende Aufträge:

    - „Lesen Sie Ihren Ausbildungsvertrag, besprechen Sie ihn in Gruppen und notieren Sie offene Fragen."
    - „Notieren Sie Ihre Rechte und Pflichten!"
    - „Recherchieren Sie, wie viel Urlaubstage Ihnen nach dem Jugendarbeitsschutzgesetz zustehen."
    - „Für den Fall, dass es Ihnen bei uns nicht gefällt: Prüfen Sie nach, auf welche Weise Sie in diesem Fall das Ausbildungsverhältnis vorzeitig beenden können."

    Bearbeiten Sie die Arbeitsaufträge von Fred Herget anhand des gegebenen Berufsausbildungsvertrags und den Informationen aus Kapitel 1!

1 Konzept der Berufsausbildung

3. Neben dem Ausbildungsvertrag bilden die Ausbildungsordnung und der Ausbildungsplan die wesentliche Grundlage für die Berufsausbildung.
   Erläutern Sie, worin sich Ausbildungsordnung und Ausbildungsplan unterscheiden!

4. Angesichts der hohen Jugendarbeitslosigkeit in vielen süceuropäischen Ländern wird Deutschland häufig um das Erfolgsmodell „Duale Ausbildung" beneidet. Daher unterstützt Deutschland durch Beratung und Pilotprojekte die europäischen Partnerländer bei der Reform ihrer Berufsbildungssysteme.
   Erklären Sie, welche Elemente die duale Ausbildung so erfolgreich machen!

5. Stellen Sie Ihre eigenen Interessen und mögliche Interessen Ihres Ausbildungsbetriebes an der Durchführung der Ausbildung gegenüber und kennzeichnen Sie Übereinstimmungen (☺) und mögliche Konfliktbereiche (☹) durch Ankreuzen. Erstellen Sie hierzu eine Tabelle nach folgendem Muster!

Eigene Interessen	☺	☹	Betriebsinteressen

38

1. Notieren Sie, in welchem der nachfolgenden Fälle ein Verstoß gegen das Berufsbildungsgesetz vorliegt!

   1.1 Felix Höring erhält keinen Fahrgeldersatz zum Besuch der Berufsschule.

   1.2 Der Ausbilder verweigert Felix Höring, für einen ausgedehnten Taucherurlaub den gesamten Jahresurlaub zu verwenden.

   1.3 Die tägliche Arbeitszeit beträgt an 4 Tagen jeweils 8 Stunden.

   1.4 Der Ausbilder meldet Felix Höring nicht zur Unfallversicherung an.

2. Der Auszubildende Florian Pfiffig ist seit zwei Monaten als Auszubildender beim Pflegedienst Max Müller e.K. beschäftigt.

   Aufgaben:

   2.1 Nennen Sie den Vertrag, der zwischen Florian Pfiffig und dem Pflegedienst Max Müller e.K. geschlossen wurde! Geben Sie die zugrunde liegende Rechtsgrundlage an!

   2.2 Nennen Sie drei Angaben, die im Vertrag unbedingt enthalten sein müssen!

   2.3 Begründen Sie, ob Florian Pfiffig im Einverständnis mit dem Pflegedienst Max Müller e.K. eine Probezeit von sechs Monaten im Berufsausbildungsvertrag vereinbaren durfte!

   2.4 Nehmen wir an, die Probezeit beträgt 4 Monate und die Ausbildungszeit für Florian Pfiffig beginnt am 1. April. Die Ausbildung wurde nicht unterbrochen. Nennen Sie den Tag, an welchem die Probezeit beendet ist!

   2.5 Nennen Sie die Form, in der der Berufsausbildungsvertrag abzuschließen ist und geben Sie an, wo er registriert ist!

3. Eva Netzer ist im 1. Ausbildungsjahr zur Kauffrau im Gesundheitswesen. Miguel, Evas Freund, befindet sich im letzten Ausbildungsjahr zum Kaufmann im Gesundheitswesen. Eva hat einen $2\frac{1}{2}$-jährigen Ausbildungsvertrag und Miguel muss drei Jahre lernen.

   Aufgabe:
   Erklären Sie, wie die unterschiedlichen Ausbildungszeiten zustande kommen!

In Ausbildung und Beruf orientieren

4. 4.1 Die Berufsausbildung verursacht den Ausbildungsbetrieben hohe Kosten.
   Aufgabe:
   Erläutern Sie, warum die Berufsausbildung den ausbildenden Betrieben dennoch Vorteile bringen kann!

   4.2 Nicht alle Ausgebildeten werden von den Ausbildungsbetrieben auch übernommen.
   Aufgabe:
   Erläutern Sie, ob dies immer ein Nachteil für die Ausgebildeten sein muss!

39
1. Die 18-jährige Clara Meier hat eine Ausbildung zur Immobilienkauffrau begonnen. Nach sechs Monaten stellt sie fest, dass es doch der falsche Beruf für sie ist. Sie hat einen neuen Ausbildungsplatz als Kauffrau im Gesundheitswesen gefunden. Clara Meier reicht am 1. Februar folgende Kündigung ein: „Hiermit kündige ich zum 15. Februar 20.. mein Ausbildungsverhältnis bei Ihnen!"

   Aufgabe:
   Prüfen Sie, ob diese Kündigung rechtswirksam ist!

2. Der Auszubildende Hannes Schreiber, der sich im zweiten Ausbildungsjahr befindet, ist seit einigen Tagen nicht mehr im Betrieb erschienen. Einem Angestellten gegenüber hat er geäußert, er wolle sich nach einem anderen Arbeitsplatz umsehen.

   Aufgabe:
   Erläutern Sie, wie sich die Geschäftsleitung Ihrer Meinung nach verhalten wird!

40
1. Stellen Sie die Arbeitskräftestruktur des Gesundheitswesens in ihren Schwerpunkten dar!

2. Was machen eigentlich
   2.1 ein Physiotherapeut,
   2.2 ein Ergotherapeut und
   2.3 ein Logopäde?

   Umreißen Sie die Tätigkeitsfelder dieser nichtärztlichen Therapieberufe! Gegebenenfalls recherchieren Sie die Tätigkeitsfelder in Ihrem Ausbildungsbetrieb oder im Internet!

3. Unterscheiden Sie die Anpassungsweiterbildung von der Aufstiegsweiterbildung!

4. Erkundigen Sie sich im Internet, welches ortsnahe Bildungsinstitut den Fortbildungskurs für den Abschluss „Geprüfte Fachwirtin im Gesundheits- und Sozialwesen (IHK)" bzw. „Geprüfter Fachwirt im Gesundheits- und Sozialwesen (IHK)" anbietet!

5. Die geprüfte Fachwirtin (IHK) Sofia Seiler wird in der Königsberg-Klinik GmbH in Bad Pyrmont zur Abteilungsleiterin Patientenverwaltung befördert.

   Aufgabe:
   Ermitteln Sie typische Tätigkeiten von Führungskräften!

2 Schutzbestimmungen für Mitarbeiter am Arbeitsplatz

Arbeitsschutz ist mehr als die Beseitigung von vorhandenen Gefahren für die Sicherheit und die Gesundheit der Mitarbeiter. Ziel ist es, in einem sich immer rascher ändernden und komplexer werdenden Arbeitsumfeld durch vorbeugende Maßnahmen die **Gesundheit zu bewahren** und **menschengerechtes Arbeiten** zu ermöglichen.

Wichtige Gesetze und Verordnungen, die der Gesetzgeber zum Schutz der Mitarbeiter am Arbeitsplatz erlassen hat, betreffen den

- Arbeitsschutz,
- Gesundheitsschutz,
- Umweltschutz,
- Jugendarbeitsschutz.

2.1 Arbeitsschutz[1]

Nach dem Arbeitsschutzgesetz [ArbSchG] sind die Unternehmen verpflichtet, die zur Sicherheit und Gesundheit der Beschäftigten bei der Arbeit erforderlichen Maßnahmen des Arbeitsschutzes zu treffen. Sie müssen z. B. die Arbeit so gestalten, dass eine Gefährdung für Leben und Gesundheit möglichst vermieden und die verbleibende Gefährdung möglichst gering gehalten wird. Gefahren sind an ihren Quellen zu bekämpfen. Arbeitsschutzmaßnahmen müssen den Stand der Technik, Arbeitsmedizin, Hygiene und spezielle Gefahren besonders schutzbedürftiger Beschäftigungsgruppen berücksichtigen. Hierzu sind den Beschäftigten geeignete Anweisungen zu erteilen.

Sicherheitszeichen weisen die Mitarbeiter auf mögliche Gefahren und Risiken hin.

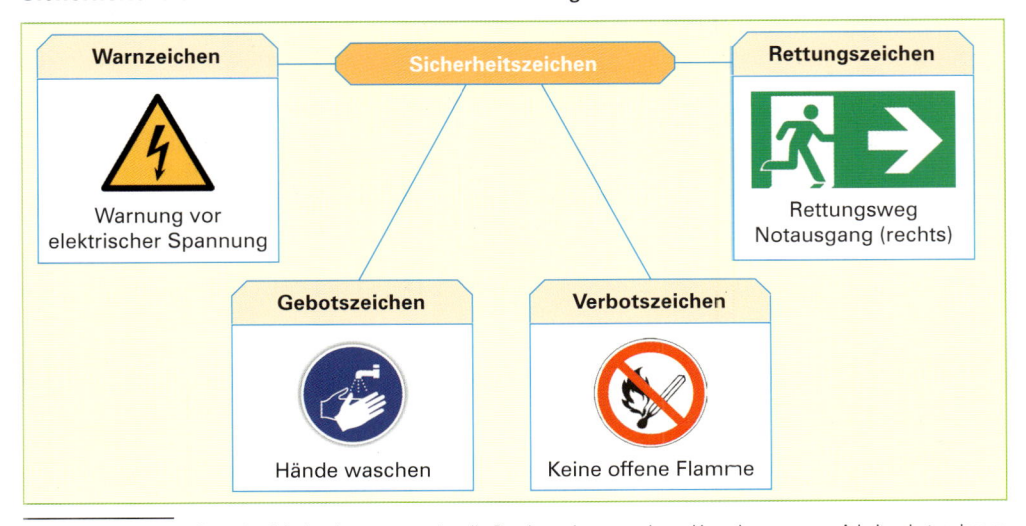

Warnzeichen	Sicherheitszeichen	Rettungszeichen
Warnung vor elektrischer Spannung		Rettungsweg Notausgang (rechts)
Gebotszeichen		**Verbotszeichen**
Hände waschen		Keine offene Flamme

---

[1] Auf der Rechtsgrundlage des Arbeitsschutzgesetzes hat die Bundesregierung mehrere Verordnungen zum Arbeitsschutz erlassen (z. B. die Arbeitsstättenverordnung).

Für die **Überwachung der Arbeitsschutzbedingungen** sind zuständig:

Gewerbeaufsichtsämter	Sie überwachen die Arbeitsschutzvorschriften und sorgen dafür, dass Missstände beseitigt werden.
Berufsgenossenschaften[1]	Sie erstellen Unfallverhütungsvorschriften, die die Unternehmen zur Einführung von Schutzmaßnahmen verpflichten. Diese Unfallverhütungsvorschriften müssen im Betrieb ausgelegt oder ausgehängt werden. Mitarbeiter der Berufsgenossenschaften überwachen deren Einhaltung, beraten, beanstanden und verlangen gegebenenfalls die Beseitigung von Mängeln unter Fristsetzung. Werden die Auflagen nicht erfüllt, können Ordnungsstrafen verhängt werden.
Sicherheitsbeauftragte	Sie haben darüber zu wachen, dass die Unfallvorschriften eingehalten werden.

Bei einem **Betriebsunfall** oder bei einem **Wegeunfall** (d.h. einem Unfall auf dem Hinweg zur Arbeitsstätte und dem Rückweg nach Hause) ist die zuständige **Berufsgenossenschaft** zu **informieren**, wenn es sich um einen Arbeitsunfall handelt, der zu einer Arbeitsunfähigkeit von mehr als drei Kalendertagen führt (Unfallanzeige).

Diese Meldung muss sowohl vom Arbeitgeber als auch vom behandelnden Arzt erfolgen.

2.2 Infektionsschutz im Gesundheitswesen

(1) Bedeutung und Zielsetzung des Infektionsschutzes

Jährlich erkranken in Deutschland 400 000 bis 600 000 Patienten an Krankenhausinfektionen, die zu einem Teil vermieden werden können. Etwa 10 000 bis 15 000 Menschen versterben laut aktuellen Schätzungen jedes Jahr in Deutschland an Krankenhausinfektionen.[2] Das Infektionsschutzgesetz (IfSG) enthält eine Reihe von Bestimmungen, damit die zuständigen Landesgesundheitsbehörden Maßnahmen treffen können, die die Verhütung und Bekämpfung **nosokomialer Infektionen**[3] unterstützen. Dabei handelt es sich um Infektionen, die in medizinischen Einrichtungen durch Mikroorganismen wie Bakterien, Viren oder Pilze ausgelöst werden.

> Zweck des Gesetzes zur **Verhütung und Bekämpfung von Infektionskrankheiten beim Menschen (Infektionsschutzgesetz – IfSG)** ist es, übertragbare Krankheiten beim Menschen vorzubeugen, Infektionen frühzeitig zu erkennen und ihre Weiterverbreitung zu verhindern.

Diese generelle Zielsetzung betrifft nicht nur Einrichtungen des Gesundheitswesens, sondern viele Gemeinschaftseinrichtungen wie Schulen, Kindergärten und Pflegeheime, die entsprechende Vorkehrungen treffen müssen. Die Durchführung des Infektionsschutzes obliegt den Ländern, sodass jedes Bundesland eigene Verordnungen erlässt.

---

1 **Berufsgenossenschaften** sind Verbände mit Zwangsmitgliedschaft für die versicherungspflichtigen Betriebe zur Finanzierung der gesetzlichen Unfallversicherung. Die Berufsgenossenschaften übernehmen den Versicherungsschutz bei Arbeitsunfällen, Wegeunfällen und Berufskrankheiten.

2 Vgl. Bundesministerium für Gesundheit, Krankenhaushygiene, 25.05.2020
https://www.bundesgesundheitsministerium.de/krankenhaushygiene (10.04.2021).

3 **Nosokomial:** das Krankenhaus betreffend. Als nosokomial gilt eine Infektion dann, wenn sie ihre Ursache in einem Krankenhaus- bzw. Pflegeheimaufenthalt hat.

(2) Maßnahmen zum Infektionsschutz

Die Niedersächsische **Verordnung über Hygiene und Infektionsprävention in medizinischen Einrichtungen** regelt Maßnahmen zur Verhütung, Erkennung und Bekämpfung von nosokomialen Infektionen und Krankheitserregern mit Resistenzen. Medizinische Einrichtungen im Sinne dieser Verordnung sind Krankenhäuser, Einrichtungen für ambulantes Operieren, Vorsorge- oder Rehabilitationseinrichtungen, Dialyseeinrichtungen und Tageskliniken. Diese Einrichtungen müssen in speziellen Hygieneplänen innerbetriebliche Verfahrensweisen zur Verhütung von Infektionen festlegen.

Die Leitung einer medizinischen Einrichtung hat sicherzustellen, dass

- das Personal der Einrichtung über die in den Hygieneplänen festgelegten innerbetrieblichen Verfahrensweisen zur Hygiene und Infektionsprävention informiert wird.
- das Personal an Fortbildungsveranstaltungen zu Hygiene, Infektionsprävention und dem Einsatz von Antibiotika teilnehmen kann. Das Fachpersonal ist verpflichtet, sich mindestens alle zwei Jahre zu Hygiene und Infektionsprävention fortzubilden.
- die Regeln der Hygiene beachtet und alle erforderlichen Maßnahmen zur Verhütung, Erkennung und Bekämpfung von nosokomialen Infektionen und Krankheitserregern mit Resistenzen getroffen werden.

(3) Prävention durch Händehygiene

Die Verbreitung von Infektionserkrankungen durch die Hände ist der häufigste Übertragungsweg. Bei einigen Erregerarten reicht es aus, einen Menschen, dessen Haut mit dem Erreger infiziert ist, nur zu berühren. Dessen Keime verbreiten sich quasi von Hand zu Hand **(Kontaktinfektion)**. Eine indirekte Übertragung kann durch den Kontakt mit Gegenständen erfolgen, die zuvor mit den Erregern besiedelt wurden. Dies können Türklinken, Handläufe, Telefone oder Trinkgefäße sein **(Schmierinfektion)**.

> Die **Händehygiene** gehört zu den wirksamsten Vorkehrungen, um die **Infektionswege von Krankheitskeimen** zu unterbinden. Eine konsequente Händehygiene ist daher eine der wichtigsten Präventivmaßnahmen speziell im Gesundheitswesen.

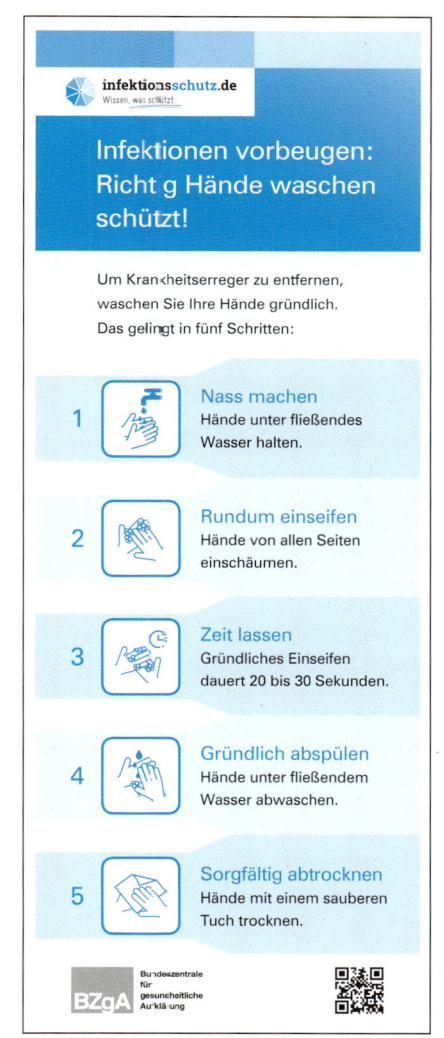

Infektionen vorbeugen: Richtig Hände waschen schützt!

Um Krankheitserreger zu entfernen, waschen Sie Ihre Hände gründlich. Das gelingt in fünf Schritten:

1. **Nass machen** – Hände unter fließendes Wasser halten.
2. **Rundum einseifen** – Hände von allen Seiten einschäumen.
3. **Zeit lassen** – Gründliches Einseifen dauert 20 bis 30 Sekunden.
4. **Gründlich abspülen** – Hände unter fließendem Wasser abwaschen.
5. **Sorgfältig abtrocknen** – Hände mit einem sauberen Tuch trocknen.

Quelle: Bundeszentrale für gesundheitliche Aufklärung (BZgA), infektionsschutz.de, https://www.infektionsschutz.de/mediathek/printmaterialien/, PDF „Richtig Hände waschen für Erwachsene" [07.11.2018]

In sensiblen Arbeitsbereichen wird eine hinreichende **Keimreduktion nur durch Desinfektion** erreicht. Das gilt bei direkten Kontakten mit Patienten oder nach Kontakten mit Körperausscheidungen und beim Umgang mit Lebensmitteln.

> **Wie sollten die Hände desinfiziert werden?**
> - Händedesinfektionsmittel auf die trockenen Handflächen geben.
> - Menge: etwa 3 ml, ungefähr ein bis zwei hohle Hände voll; die Hände müssen „nass" sein.
> - Hände mindestens 30 Sekunden mit dem Desinfektionsmittel feucht halten (Angaben der Herstellerfirmen beachten).
> - Mittel auf der gesamten Hand innen und außen einreiben, insbesondere auch Fingerspitzen, Daumen, Nagelfalze und Handgelenke.

Quelle: Berufsgenossenschaft für Gesundheitsdienst und Wohlfahrtspflege, Händehygiene

Die Berufsgenossenschaft für Gesundheitsdienst und Wohlfahrtspflege hat Hautschutz- und Händehygienepläne speziell für 25 Berufsgruppen aufgestellt, denn unterschiedliche Berufstätigkeiten erfordern angepasste Schutzvorkehrungen. Darüber hinaus sollte das **„Richtige Händewaschen"** die zivilisatorische Selbstverständlichkeit in jeder Umgebung sein.

2.3 Gesundheitsschutz

Eine Reihe weiterer Gesetze dient dem Gesundheitsschutz der Mitarbeiter. Beispielhaft werden im Folgenden angeführt

- das Arbeitszeitgesetz,
- das Mutterschutzgesetz,
- das Arbeitssicherheitsgesetz.

(1) Arbeitszeit- und Mutterschutzgesetz

Gesetz	Wirkungskreis	Wesentlicher Inhalt
Arbeitszeit-gesetz [ArbZG]	Alle Arbeitgeber und die Arbeitnehmer, für die keine Sondervorschriften bestehen (z. B. JArbSchG).	Die werktägliche Arbeitszeit für Arbeitnehmer darf 8 Stunden nicht überschreiten. Die Arbeitszeit kann auf bis zu 10 Stunden täglich erhöht werden, wenn innerhalb von 6 Kalendermonaten oder innerhalb von 24 Wochen im Durchschnitt 8 Stunden werktäglich nicht überschritten werden. Nach Beendigung der täglichen Arbeitszeit müssen dem Arbeitnehmer mindestens 11 Stunden Freizeit verbleiben. Nach mehr als 6 bis 9 Stunden Arbeitszeit ist eine Ruhepause von mindestens 30 Minuten zu gewähren.[1]

---

[1] Sofern die Arbeiten nicht an Werktagen vorgenommen werden können, dürfen Arbeitnehmer an Sonn- und Feiertagen arbeiten. Allerdings müssen diese an einem Werktag innerhalb von zwei Wochen frei haben. Zudem müssen mindestens 15 Sonntage im Jahr beschäftigungsfrei bleiben [§§ 10 I, 11 ArbZG].

Gesetz	Wirkungskreis	Wesentlicher Inhalt
Mutter-schutz-gesetz [MuSchG]	Alle Arbeit-geber bezüglich der bei ihnen beschäftigten Frauen.	Sobald der Arzt die Schwangerschaft und den errechneten Geburtstermin bestätigt, sollte die schwangere Frau dem Arbeitgeber die Schwangerschaft mitteilen. Die schwangere Arbeitnehmerin sollte die Bescheinigung des Arztes dem Arbeitgeber im eigenen Interesse möglichst bald vorlegen, damit sie in den Genuss des Mutterschutzgesetzes kommt. Schwangere Frauen dürfen u. a. **nicht beschäftigt** werden ■ mit schweren körperlichen Arbeiten (z. B. regelmäßiges Heben von Lasten über 5 kg; Arbeiten, die übermäßiges Strecken und Beugen erfordern, ■ mit Arbeiten, bei denen sie erhöhten Unfallgefahren ausgesetzt sind (z. B. bei Gefahr auszurutschen oder zu stürzen), ■ mit Arbeiten, bei denen sie gesundheitsgefährdenden Stoffen, Strahlen, Nässe, Lärm oder Erschütterungen ausgesetzt sind, ■ mit Akkordarbeit und Fließbandarbeit mit vorgegebenem Tempo, ■ nach Ablauf des fünften Schwangerschaftsmonats mit Arbeiten, bei denen sie ständig stehen müssen. Befreiung von der Arbeit für **6 Wochen vor** und mindestens **8 Wochen nach** der Entbindung. Während der Schwangerschaft, bis zum Ablauf von **vier Monaten** nach der Entbindung und während der Elternzeit besteht Kündigungsschutz.

(2) Arbeitssicherheitsgesetz [ASiG]

Das Arbeitssicherheitsgesetz regelt die Pflichten der Unternehmen zur Bestellung von Betriebsärzten, Sicherheitsingenieuren und anderen Fachkräften für Arbeitssicherheit. Deren Aufgabe ist es, die dem Arbeitsschutz und der Unfallverhütung dienenden Vorschriften den **besonderen Betriebsverhältnissen anzupassen** und ihre **Anwendung zu gewährleisten**.

Der Arbeitgeber ist verpflichtet, **Betriebsärzte** zu bestellen. Diese haben die Aufgabe, den Arbeitgeber beim Arbeitsschutz und bei der Unfallverhütung in allen Fragen des Gesundheitsschutzes zu unterstützen (z. B. bei der Planung von sozialen und sanitären Einrichtungen, bei der Einführung von Arbeitsverfahren und Arbeitsstoffen, bei der Auswahl und Erprobung von Körperschutzmitteln). Außerdem haben die Betriebsärzte die Aufgabe, die Arbeitnehmer zu untersuchen, arbeitsmedizinisch zu beurteilen und zu beraten.[1] Eine weitere Pflicht der Betriebsärzte ist, die Arbeitsstätten in regelmäßigen Abständen zu begehen und festgestellte Mängel zu melden.

Der **Betriebsrat** hat eine Mitverantwortung in Fragen, die die Sicherheit des Arbeitsplatzes sowie den Gesundheitsschutz betreffen. Im öffentlichen Dienst ist der **Personalrat** Ansprechpartner der Mitarbeiter für diesen Bereich.

---

[1] Im Rahmen des Arbeits- und Gesundheitsschutzes werden arbeitsmedizinische **Vorsorgeuntersuchungen** angeboten: Jeder Beschäftigte an einem Bildschirmarbeitsplatz hat Anspruch auf eine Untersuchung der Augen und des Sehvermögens. Auch andere körperliche Beschwerden werden dabei ggf. Thema eines Beratungsgesprächs.

In vielen Betrieben wird ein professionelles **Gesundheitsmanagement** betrieben. Maßnahmen sind z. B.

- Workshops zur Verbesserung des Kommunikationsverhaltens und der Teamentwicklung,
- Beratungsprogramme zur Suchtprävention,
- Burn-out-Prävention,
- Ernährungsberatung,
- Betriebssport.

Viele Kantinen und Catering-Einrichtungen bieten eine große Auswahl an Verpflegung an, die gesundes **Ernährungsverhalten** fördern sollen, z. B. frisches Obst und Gemüse sowie vitamin- und ballaststoffreiche Nahrungsmittel.

Mal ein Keks oder ein Stück Schokolade – kein Problem. Menge, Vielfalt und Zusammensetzung der Lebensmittel entscheiden, ob der persönliche Speiseplan der Gesundheit dient oder schadet. Dabei hilft die Ernährungspyramide. Je weiter unten die Lebensmittelgruppen in dieser stehen, desto mehr sollte man davon zu sich nehmen. Die Basis bilden die ungesüßten Getränke: Ein bis zwei Liter am Tag empfehlen die Experten – bevorzugt Wasser oder Tee. Auch Kaffee kann zur Flüssigkeitszufuhr beitragen. Gesüßte Getränke wie Limonade fallen dagegen unter die Kategorie Süßes, von der nur wenig und in kleinen Mengen verzehrt werden sollte. Bunt und ausreichend heißt die Empfehlung bei Obst und Gemüse: Je vielfältiger die Früchte, desto besser. Fleisch oder Tofu genügen ab und zu. Auch Fisch ist gesund und darf regelmäßig auf dem Speiseplan stehen. Wer sehr viel Fleisch isst, sollte den Konsum reduzieren. Das käme wegen eines geringeren CO_2-Ausstoßes auch dem Klima zugute. Außerdem sollte man auf die Herkunft der Nahrungsmittel achten.

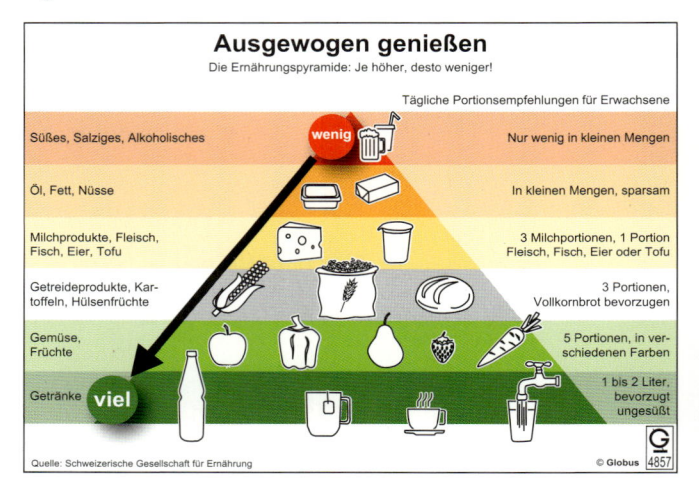

Staatlich geförderte Programme sowie die **Krankenkassen** unterstützen die Mitarbeitergesundheit z. B. durch Bewegungsprogramme, Ernährungsberatung, Suchtprävention, Stressbewältigung.

2.4 Umweltschutz

2.4.1 Ökologische Ausrichtung der Unternehmensführung

(1) Durchlaufstrategie

Bis vor wenigen Jahren wurde nur selten darüber nachgedacht, welche ökologischen Folgen die Produktion, die Verwendung und der Verbrauch von Gütern haben kann. Bei der Auswahl der Materialien bzw. der Entscheidung für einen bestimmten Lieferer wurden allein wirtschaftliche und betriebstechnische Gesichtspunkte zugrunde gelegt. Abfälle, die

2 Schutzbestimmungen für Mitarbeiter am Arbeitsplatz

im Betrieb anfielen, wurden einfach über Mülldeponien und Verbrennungsanlagen entsorgt. Gleiches galt für Konsumgüter. Wurde ein Konsumgut unbrauchbar, unmodern oder war das Gut technisch überholt, wurde es den anderen Abfällen beigegeben und durch die Müllabfuhr auf der Mülldeponie entsorgt.

Diese Form des ökologischen Wirtschaftens bezeichnet man als **Durchlaufwirtschaft**.

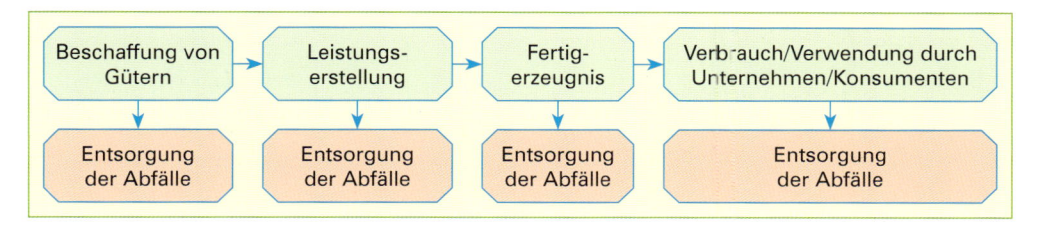

Beschaffung von Gütern	Leistungserstellung	Fertigerzeugnis	Verbrauch/Verwendung durch Unternehmen/Konsumenten
Entsorgung der Abfälle	Entsorgung der Abfälle	Entsorgung der Abfälle	Entsorgung der Abfälle

Unter ökologischen Gesichtspunkten war die Durchlaufwirtschaft **nicht mehr vertretbar**, und 1994 wurde sie durch das Kreislaufwirtschaftsgesetz [KrWG] beseitigt.

(2) Kreislaufstrategie

Nach dem Kreislaufwirtschaftsgesetz [KrWG] sind alle, die Güter produzieren, verwenden oder verbrauchen, für die Vermeidung, Verwertung oder umweltverträgliche Entsorgung der Abfälle grundsätzlich selbst verantwortlich [§ 7 KrWG].

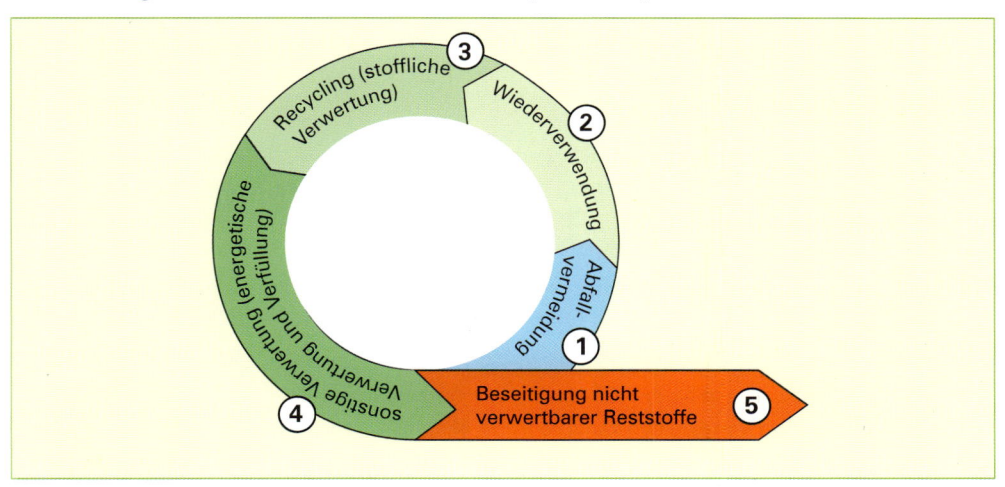

Dabei gilt folgende Rangfolge:

- Abfallvermeidung,
- Wiederverwendung,
- Recycling,
- sonstige Verwertung (energetische Verwertung und Verfüllung),
- Beseitigung nicht verwertbarer Reststoffe.

In Ausbildung und Beruf orientieren

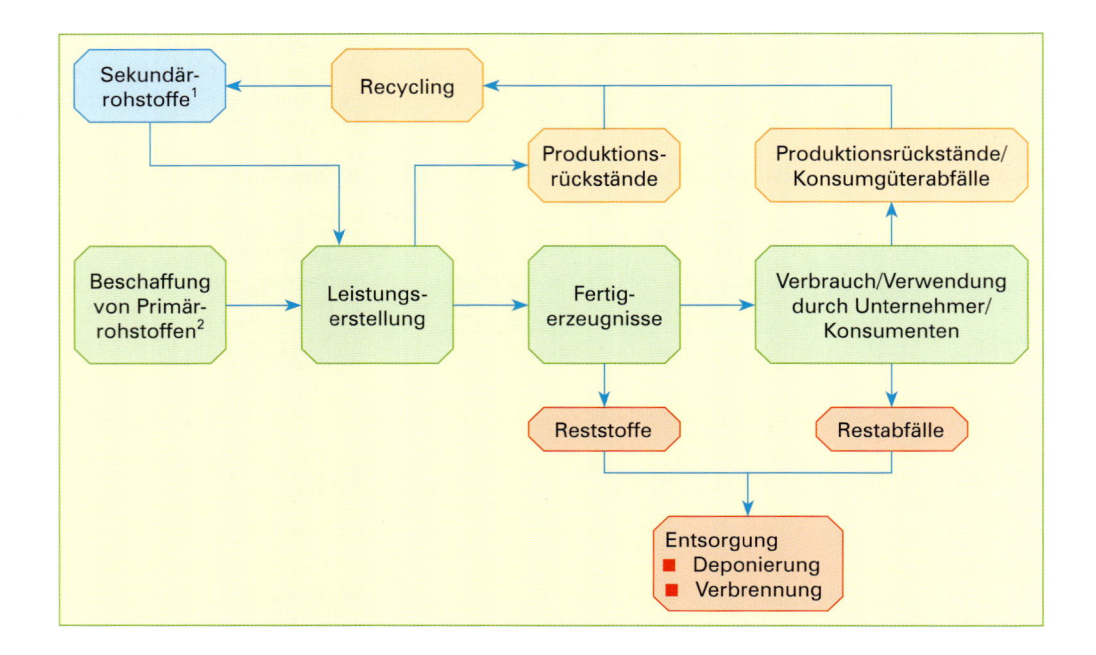

```
                    ┌─────────────┐
                    │  Recycling  │
 Sekundär-   ←──────┤             ├←─────┐
 rohstoffe¹         └─────────────┘      │
     │                      ↑            │
     │              Produktions-   Produktionsrückstände/
     │              rückstände    Konsumgüterabfälle
     │                   ↑                ↑
     ↓                   │                │
 Beschaffung   Leistungs-   Fertig-    Verbrauch/Verwendung
 von Primär- → erstellung → erzeugnisse → durch Unternehmer/
 rohstoffen²                              Konsumenten
                     │           │            │
                     ↓           ↓            ↓
                  Reststoffe              Restabfälle
                          ↘        ↓
                           Entsorgung
                           ■ Deponierung
                           ■ Verbrennung
```

2.4.2 Umweltschutz am Arbeitsplatz

(1) Überblick

Die Möglichkeiten, Umweltschutz am Arbeitsplatz zu betreiben, sind vielfältig. Der mehrfach veröffentlichte Maßnahmenkatalog „Green Hospital Initiative Bayern" zeigt eine Vielzahl von konkreten Aktivitäten auf, die nicht nur für ein Krankenhaus relevant sind. Im Folgenden werden beispielhaft einige Maßnahmen dargelegt:

- Verwendung von langlebigen reparaturfreundlichen Produkten sowie Erzeugnissen, die in der Gebrauchsphase umweltverträglich sind, wie beispielsweise energie- und wassersparende Geräte.
- Einsatz umweltfreundlicher Materialien bei Büroarbeiten und Verwenden von energiesparender und umweltfreundlicher Informationstechnik.
- Einsatz hygienisch vorteilhafter Verfahren und Materialien zur Vermeidung von Folgeschäden.
- Abfallvermeidung und konsequente Abfalltrennung zur Erhöhung der Recyclingquote.
- Effiziente Nutzung von Energie (z. B. Stoßlüften) unter Einbeziehung erneuerbarer Energien (z. B. Fotovoltaikanlagen).
- Effiziente Beleuchtung durch LED-Lichttechnik.

---

1 **Sekundärstoffe** werden durch Aufbereitung aus stofflichen Produktions- und Konsumrückständen gewonnen (Recycling).
2 **Primärstoffe** (z. B. Roh-, Hilfs- oder Betriebsstoffe) werden aus natürlichen Ressourcen gewonnen.

2 Schutzbestimmungen für Mitarbeiter am Arbeitsplatz

(2) Umweltorientiertes Handeln am Beispiel „Beschaffung und Serviceleistungen"

Um überprüfbare umweltorientierte Maßnahmen durchzuführen, ist es sinnvoll, für jeden einzelnen Geschäftsbereich eine **Checkliste** zu erstellen, durch die das betriebliche Handeln ständig auf seine Umweltverträglichkeit überprüft wird. Als Beispiel wird eine mögliche Checkliste für den Bereich „Beschaffung und Serviceleistungen" vorgestellt.

Umweltcheckliste für den Bereich „Beschaffung und Serviceleistungen"			
Fragen/Aufgaben	entfällt/nicht zutreffend	wird beachtet/ist vorhanden	ist in Arbeit/ vorgesehener Termin
Gibt es ökologische Kriterien zur Beschaffung von Investitionsgütern?			
Wird auf Langlebigkeit, Reparaturfreundlichkeit und Recycelbarkeit geachtet?			
Wird der Ressourcenverbrauch während des Gebrauchs berücksichtigt?			
Gibt es ökologische Vorgaben zur Beschaffung von Hilfs- und Betriebsmitteln?			
Werden umweltverträgliche Packmittel beschafft?			
Kommen umweltverträgliche Putz- und Reinigungsmittel zum Einsatz?			
Kommen Hygieneartikel aus Recyclingpapier zum Einsatz?			
Werden im Bürobereich Recyclingprodukte eingesetzt, z. B. Kopierpapier, Briefumschläge, Ordner u. Ä.?			
Kommen im Büro Nachfüllsysteme zum Einsatz, wie z. B. für Toner, Farbbandkassetten, Marker, Klebestifte?			
Kommen im Büro lösemittelfreie Stifte, Farben und Kleber zum Einsatz?			
Wird in der Kantine oder Teeküche Mehrweggeschirr verwendet?			
Werden Minipackungen ausgelistet?			
Werden Fremdfirmen (Reinigung, Renovierungsarbeiten u. Ä.) nach Umweltgesichtspunkten ausgewählt?			

Quelle: „Umweltmanagement im Einzelhandel", herausgegeben von der Landesanstalt für Umweltschutz Baden-Württemberg.

2.5 Jugendarbeitsschutz

(1) Geltungsbereich

Grundlage des Jugendarbeitsschutzes ist das **Jugendarbeitsschutzgesetz** [JArbSchG]. Das Gesetz geht davon aus, dass Jugendliche (Personen **bis zum vollendeten 18. Lebensjahr**) nur eine begrenzte Leistungsfähigkeit besitzen, weil ihre körperliche und geistig-seelische Entwicklung noch **nicht vollständig** abgeschlossen ist. Das Jugendarbeitsschutzgesetz gilt daher für alle Arbeitgeber, die Jugendliche beschäftigen (Auszubildende, Arbeiter, Angestellte).

(2) Mindestalter für ein Beschäftigungsverhältnis

Die Beschäftigung von Kindern und von Jugendlichen, die der Vollzeitschulpflicht unterliegen, ist **grundsätzlich verboten** [§ 5 I, II JArbSchG].

(3) Grenzen der Arbeitszeit

Arbeitsbeginn und Arbeitsende	06:00 Uhr frühestens und 20:00 Uhr spätestens.
Tägliche Arbeitszeit	Maximal 8,5 Stunden am Tag; bei 5-Tage-Woche (40 Stunden) maximal 8 Stunden am Tag.
Ruhepausen	Mindestens 30 Minuten Pause bei einer Beschäftigung von mehr als $4^{1}/_{2}$ Stunden. Mindestens 60 Minuten Pause bei einer Beschäftigung von mehr als 6 Stunden.
Berufsschultage	Keine Beschäftigung an Berufsschultagen mit mehr als 5 Unterrichtsstunden von mindestens 45 Minuten, jedoch nur einmal in der Woche.
Wöchentliche Arbeitszeit	5-Tage-Woche; 40-Stunden-Woche. Keine Beschäftigung an Samstagen und Sonntagen. Im Einzelhandel darf der Jugendliche beschäftigt werden, wenn er an einem anderen berufsschulfreien Tag einen entsprechenden Ausgleich erhält.
Verbotene Arbeiten	Gefährliche Arbeiten; Arbeiten, bei denen die Jugendlichen sittlichen Gefahren ausgesetzt sind.
Tägliche Freizeit	Zwischen dem Ende der Arbeitszeit eines Tages und dem Beginn der Arbeitszeit/Schulzeit am nächsten Tag müssen mindestens 12 Stunden Freizeit liegen.

2 Schutzbestimmungen für Mitarbeiter am Arbeitsplatz

(4) Sonstige Schutzvorschriften

Zum Schutz der Jugendlichen dürfen **bestimmte Personen** (z. B. Personen, die wegen eines Verbrechens zu einer Freiheitsstrafe von mindestens 2 Jahren rechtskräftig verurteilt wurden) grundsätzlich **keine Jugendlichen beschäftigen** und diese auch **nicht beaufsichtigen** [§ 25 JArbSchG].

Der Arbeitgeber ist zu einer **menschengerechten Gestaltung der Arbeit** verpflichtet. Bei der Einrichtung und Unterhaltung der Arbeitsstätte einschließlich der Maschinen, Werkzeuge und Geräte sind z. B. alle Maßnahmen zu treffen, die zum Schutz der Jugendlichen gegen Gefahren für Leben und Gesundheit sowie zur Vermeidung einer Beeinträchtigung der körperlichen und seelisch-geistigen Entwicklung der Jugendlichen erforderlich sind [§ 28 JArbSchG].

Vor **Beginn der Beschäftigung** und bei wesentlicher Änderung der Arbeitsbedingungen sind die Jugendlichen vom Arbeitgeber über die **Unfall- und Gesundheitsgefahren,** denen sie am Arbeitsplatz ausgesetzt sind, sowie über Einrichtungen und Maßnahmen zur Abwendung dieser Gefahren zu unterweisen [§ 29 JArbSchG].

Der Arbeitgeber muss das **körperliche Züchtigungsverbot** sowie das Verbot der Abgabe von Alkohol und Tabakwaren an Jugendliche unter 16 Jahren beachten [§ 31 JArbSchG].

(5) Gesundheitliche Betreuung

Jugendliche, die in das Berufsleben eintreten, dürfen nur beschäftigt werden, wenn

- sie innerhalb der **letzten 14 Monate** von einem Arzt untersucht worden sind (**Erstuntersuchung**) und
- sie dem künftigen Arbeitgeber eine von diesem **Arzt ausgestellte Bescheinigung über die Untersuchung** vorlegen.

Spätestens nach **einem Jahr** haben sich die Jugendlichen einer **Nachuntersuchung** zu unterziehen. Wird nach 14-monatiger Beschäftigung keine ärztliche Bescheinigung vorgelegt, besteht **Beschäftigungsverbot,** was für den Arbeitgeber ein Grund zur fristlosen Kündigung ist (siehe §§ 32 ff. JArbSchG). Weitere jährliche Untersuchungen sind erlaubt. Die Kosten für die ärztlichen Untersuchungen trägt das Bundesland.

(6) Strafen

Bei Verstößen gegen das Jugendarbeitsschutzgesetz sieht das Jugendarbeitsschutzgesetz **Geldbußen und Freiheitsstrafen** vor (siehe §§ 58 ff. JArbSchG).

In Ausbildung und Beruf orientieren

Kompetenztraining

41 Berufsstarterin Mona Becker lernt gleich am ersten Tag ihrer Ausbildung bei der Königsberg-Klinik GmbH in Bad Pyrmont (vgl. Kompetenztraining Aufgabe 37) ihre Mitauszubildenden kennen. Nach einer kurzen Begrüßungsansprache des Ausbilders Fred Herget im Schulungsraum des Ausbildungsbetriebes stellt dieser die drei Auszubildenden und deren jeweilige Ausbildungsberufe kurz vor. Im Anschluss an die Rede von Fred Herget begrüßt der Geschäftsführer der Königsberg-Klinik GmbH, Herr Dr. Daschner, die Auszubildenden.

Besonderen Wert legt der Geschäftsführer in seiner Ansprache auf die Beachtung der betrieblichen Ordnung, die sich stark an den gesetzlichen Vorgaben orientiert. Beispielhaft führt er den Infektionsschutz an.

Stolz sei die Klinik auf das von verschiedenen Institutionen bereits mehrfach ausgezeichnete Gesundheitsmanagement im Betrieb, zu dessen Bausteinen neben einigen Betriebssportgruppen auch vielfältige Programme zur gesunden Ernährung gehören. Schließlich verweist Herr Dr. Daschner noch auf die nachhaltige Ausrichtung der Klinik, wobei man besonderen Wert auf Abfallvermeidung und Recycling lege.

Aufgaben:

1. Nennen Sie zunächst die in der Ansprache erwähnten „Schutzbereiche"!

2. Herr Dr. Daschner bedauert, dass es trotz der Arbeitsschutzvorschriften im Betrieb immer wieder zu kleineren Zwischenfällen kam. Recherchieren Sie, welche Behörden für die Überwachung der Arbeitsschutzbestimmungen zuständig sind und erläutern Sie anschließend kurz deren Aufgabe!

3. Sammeln Sie Vorschläge bzw. Aktivitäten, die Ihnen im Rahmen eines betrieblichen Gesundheitsmanagements wichtig erscheinen. Versuchen Sie dabei die von Ihnen aufgeführten Maßnahmen so konkret wie möglich zu beschreiben, um sie anschließend präsentieren zu können!

4. Beschreiben Sie in Form einer schriftlichen Aufzählung konkret, welche Maßnahmen in Ihrem Ausbildungsbetrieb in Bezug auf Umweltschutz Anwendung finden!

5. Beschäftigen Sie sich zunächst mit den wichtigsten Bestimmungen des Jugendarbeitsschutzgesetzes! Erläutern Sie anschließend in Form eines kleinen Erfahrungsberichtes, inwiefern bei Ihnen oder bei Ihren Bekannten diese Bestimmungen in Betrieben eingehalten bzw. nicht eingehalten wurden!

42
1. Beschreiben Sie die Aufgabe der Arbeitsschutzgesetze, recherchieren Sie drei Arbeitsschutzgesetze und nennen Sie den betroffenen Personenkreis!

2. 2.1 Die 17-jährige Yasmin Schäfer muss nach bestandener Prüfung als Altenpflegehelferin 45 Wochenstunden ohne Überstundenvergütung arbeiten. Der Chef beruft sich auf das Arbeitszeitgesetz, wonach sogar über 50 Wochenstunden zulässig sind. Klären Sie die Rechtslage!

   2.2 Nennen Sie drei wesentliche Bestimmungen des Arbeitsschutzgesetzes!

   2.3 Recherchieren Sie, welche Maßnahmen bei einem Arbeitsunfall zu ergreifen sind und berichten Sie in der Klasse!

   2.4 Bilden Sie Gruppen, recherchieren Sie in verschiedenen Unternehmen die Bedeutung des Brandschutzes und tragen Sie das Ergebnis im Klassenverband vor!

   2.5 Recherchieren Sie die Bedeutung der angeführten Gefahrenpiktogramme!

3. Die Sicherheitszeichen des Arbeitsschutzes werden nach ihrer allgemeinen Bedeutung in folgende Kategorien eingeteilt: Gebotszeichen, Verbotszeichen, Brandschutzzeichen, Rettungszeichen und Warnzeichen.

Aufgabe:

Geben Sie an, welche allgemeine Bedeutung die folgenden Sicherheitszeichen haben und bezeichnen Sie ergänzend ihre spezielle Sicherheitsfunktion!

3.1 3.2 3.3 3.4 3.5

4. Recherchieren Sie den Text der §§ 5 und 6 ArbSchG und stellen Sie deren Inhalt dar!

5. Ermitteln Sie mithilfe des Arbeitszeitgesetzes
   5.1 die Pflicht, die der Arbeitgeber hat, wenn ein Arbeitnehmer über die gewöhnliche werktägliche Arbeitszeit von acht Stunden hinaus arbeitet!
   5.2 wer die Einhaltung des Arbeitszeitgesetzes überwacht!

43 Die 17-jährige Elke Greber befindet sich im 2. Ausbildungsjahr zur Kauffrau im Gesundheitswesen.

Fall 1: Ein Kollege von Elke Greber erleidet einen Sportunfall und ist sieben Wochen krankgeschrieben. Die Geschäftsleitung erhöht daraufhin die tägliche Arbeitszeit von Elke auf 10 Stunden. Außerdem muss sie jeden Samstag arbeiten.

Fall 2: Elke Greber erhält einen Jahresurlaub von 23 Werktagen.

Fall 3: Mittwochs geht Elke Greber in die Berufsschule. Der Unterricht beginnt um 07:45 Uhr und endet um 13:00 Uhr. Anschließend muss sie noch bis 17:00 Uhr im Unternehmen arbeiten.

Aufgabe:

Beurteilen Sie die drei Fälle mithilfe des Jugendarbeitsschutzgesetzes (JArbSchG)!

44 1. Eva Müller hat von ihrem Arzt die freudige Nachricht erhalten, dass sie schwanger ist. Sie arbeitet zurzeit als Sport- und Fitnesskauffrau bei der Ulmer Sportarena AG.

Aufgaben:

1.1 Beschreiben Sie, wie sich Eva Müller nun gegenüber ihrem Arbeitgeber verhalten sollte!

1.2 Nennen Sie drei Arbeiten, die ihr während der Schwangerschaft nicht übertragen werden dürfen!

2. Nennen Sie drei Aufgaben
   2.1 der Fachkräfte für Arbeitssicherheit!
   2.2 von Betriebsärzten!

Lesen Sie hierzu die §§ 6 und 3 des Arbeitssicherheitsgesetzes!

45 1. 1.1 Ermitteln Sie, wie Unternehmen den Umweltschutzgedanken fördern können! Bilden Sie hierzu drei Beispiele aus der Branche, in der Sie tätig sind!

1.2 Erkunden Sie, welche Rolle der Umweltschutz in ihrem Ausbildungsbetrieb spielt und berichten Sie darüber in der Klasse!

1.3 Recherchieren Sie, ob ein Einzelhändler sich weigern darf, verbrauchte Batterien vom Kunden zurückzunehmen! Begründen Sie Ihre Entscheidung!

2. Die Unternehmenspolitik der Klinik am Rosenhof GmbH ist deutlich ökologisch ausgerichtet.

Aufgaben:

2.1 Erklären Sie, was in diesem Zusammenhang mit „ökologisch" gemeint ist!

2.2 Nennen und beschreiben Sie drei Maßnahmen einer ökologischen Materialwirtschaft!

3. Begründen Sie, warum die Abfallvermeidung und Abfallminderung unter ökologischen Gesichtspunkten günstiger zu bewerten ist als die Wiederaufbereitung (Rückstandsnutzung) von Wertstoffen durch Recycling!

46

1. Der kaufmännische Auszubildende Gunnar Jauch ist seit 1. August 20.. „in der Lehre". Sein Ausbilder hatte ihn im April, im Mai und im Juli des folgenden Jahres mehrfach dazu aufgefordert, sich bei einem Arzt der Nachuntersuchung zu unterziehen und ihm die ärztliche Bescheinigung vorzulegen. Gunnar Jauch hat jedoch die Bescheinigung bis Ende Oktober noch nicht beigebracht. Der Arbeitgeber kündigt daher Anfang November das Ausbildungsverhältnis fristlos.

Aufgabe:

Prüfen Sie, ob die fristlose Kündigung wirksam ist!

2. Prüfen Sie, ob die im Folgenden beschriebenen Beschäftigungen nach dem Jugendarbeitsschutzgesetz zulässig sind! Begründen Sie Ihre Antworten mithilfe des Jugendarbeitsschutzgesetzes!

2.1 Die 16-jährige Auszubildende Anna Viviani soll in Inventurarbeiten eingearbeitet werden. Zu diesem Zweck wird sie am 31. Dezember bis 15:00 Uhr beschäftigt.

2.2 Der 17-jährige Auszubildende Robert Restle soll nach bestandener IHK-Abschlussprüfung 45 Stunden in der Woche arbeiten. Robert Restle ist in keiner Gewerkschaft. Sein Ausbildungsbetrieb ist nicht tarifgebunden.

2.3 Die 17-jährige Auszubildende Leonie Schulte hat am Montag ihre schriftliche IHK-Abschlussprüfung. Sie wird am vorausgehenden Freitag beschäftigt.

2.4 Der Auszubildende Ben Bauer (17 Jahre) hat dienstags und freitags jeweils 6 Unterrichtsstunden zu je 45 Minuten Berufsschulunterricht. Er verlangt daher von seinem Ausbilder, ihm an diesen Tagen frei zu geben.

47 Geben Sie an, welche öffentlichen Institutionen die Einhaltung des Arbeitsschutzes für Sicherheit und Gesundheitsschutz der Beschäftigten bei der Arbeit überwachen!

3 Mitbestimmung in Unternehmen und Betrieben

3.1 Gesetzlicher Rahmen der Mitbestimmung

Die betriebliche Leistung ist vor allem auf das Zusammenwirken der Produktionsfaktoren Arbeit und Kapital zurückzuführen. Hieraus leitet sich der Anspruch der Arbeitnehmer auf Mitbestimmung ab. In Deutschland kennt die Mitbestimmung der Arbeitnehmer zwei Ebenen:

```
                    Mitbestimmungsebenen
                 in der Bundesrepublik Deutschland
                    /                    \
        Unternehmensverfassung        Betriebsverfassung
                                      Betriebliche Mitbestimmung durch
        Mitbestimmung in Aufsichtsräten   ■ Betriebsrat in der gewerblichen
        von Kapitalgesellschaften           Wirtschaft
        (AG, GmbH)                        ■ Personalrat im öffentlichen Dienst
                                          ■ Mitarbeitervertretung in Tendenz-
                                            betrieben
```

3.2 Mitbestimmung im Aufsichtsrat (Unternehmensverfassung)

Die Entsendung von Arbeitnehmervertretern in die Aufsichtsräte von Kapitalgesellschaften ermöglicht den Belegschaften eine wirtschaftliche Teilhabe an der Leitung der Unternehmen. Die Mitsprache von Arbeitnehmern und ihren Organisationen, den Gewerkschaften, trägt wesentlich zum Unternehmensfrieden und zur Sozialpartnerschaft bei.[1]

Wegen der verschiedenen Gesetze zur Stärkung der Mitbestimmungsrechte der Arbeitnehmer gelten bezüglich der Wahl, Zusammensetzung und Zahl der Aufsichtsräte unterschiedliche Vorschriften. Die Mitbestimmungsgesetze unterscheiden sich nach ihrem Geltungsbereich und nach dem Umfang der Mitspracherechte der Arbeitnehmer. Die Arbeitnehmervertreter in den Aufsichtsräten von AG und GmbH werden von der Belegschaft gewählt. Die Vertreter der Anteilseigner (Aktionäre, Gesellschafter) werden von der Hauptversammlung (AG) bzw. von der Gesellschafterversammlung (GmbH) gewählt. Die Amtsperiode dauert 4 Jahre.

---

[1] Näheres zur Sozialpartnerschaft und zum Tarifvertragsrecht im Kapitel 4, S. 131 ff.

Drittelbeteiligungsgesetz von 2004	Dieses Gesetz regelt die Mitbestimmung in Kapitalgesellschaften mit 501 bis 2 000 Beschäftigten. Bei diesen Unternehmen setzt sich der Aufsichtsrat zu einem Drittel aus Arbeitnehmervertretern und zu zwei Dritteln aus Vertretern der Anteilseigner (Aktionäre, GmbH-Gesellschafter) zusammen („**Drittel-Parität**").
Mitbestimmungsgesetz von 1976	Bei Kapitalgesellschaften mit mehr als 2 000 Arbeitnehmern wird der Aufsichtsrat je zur Hälfte aus Arbeitnehmervertretern und Vertreter der Anteilseigner besetzt. Dabei muss auf der Arbeitnehmerseite ein leitender Angestellter im Aufsichtsrat vertreten sein („paritätische Mitbestimmung"). Die Kapitalseite hat allerdings das Recht, den Aufsichtsratsvorsitzenden zu bestimmen. Zur Auflösung von lähmenden Pattsituationen hat der AR-Vorsitzende bei Stimmengleichheit ein doppeltes Stimmrecht.

3.3 Betriebliche Mitbestimmung in der gewerblichen Wirtschaft

Die betriebliche Mitbestimmung ist im Betriebsverfassungsgesetz [BetrVG] festgelegt und enthält gesetzliche Regelungen

- zum **Betriebsrat**,
- zur **Jugend- und Ausbildungsvertretung**,
- zu den **unmittelbaren Rechten der Belegschaftsmitglieder** und
- zur **Betriebsvereinbarung**.

3.3.1 Betriebsrat

(1) Begriff Betriebsrat

Der **Betriebsrat** ist eine Vertretung der Arbeitnehmer gegenüber dem Arbeitgeber.

- **Zusammensetzung und Wahl des Betriebsrats**

In Betrieben mit in der Regel mindestens **fünf ständig wahlberechtigten Arbeitnehmern**, von denen **drei wählbar** sind, **kann** ein Betriebsrat gewählt werden.

- **Wahlberechtigte Belegschaftsmitglieder**[1] sind vor allem Arbeiter, Angestellte und Auszubildende des Betriebs, sofern sie das 18. Lebensjahr vollendet haben.
- **Wählbar** sind alle wahlberechtigten **Arbeitnehmer**, die mindestens sechs Monate dem Betrieb angehören.[2]

Der Betriebsrat bleibt **vier Jahre** im Amt.

Die **Anzahl der Mitglieder eines Betriebsrats** richtet sich an der **Anzahl der wahlberechtigten Mitglieder im Betrieb** aus. Je mehr Mitarbeiter ein Betrieb hat, desto mehr Mitglieder umfasst der Betriebsrat. In Betrieben mit 5 bis 20 wahlberechtigten Arbeitnehmern besteht der Betriebsrat aus mindestens einer Person. Bei mehr als 20 Arbeitnehmern besteht der Betriebsrat aus mindestens drei Mitgliedern.

---

1 Das Recht, wählen zu können, nennt man **„aktives Wahlrecht"**. („Aktiv sein" bedeutet „tätig sein"; wer wählt, „tut etwas".)
2 Das Recht, gewählt zu werden, bezeichnet man als **„passives Wahlrecht"**. (Wenn jemand „passiv" ist, geschieht etwas mit ihm, er lässt etwas mit sich tun. Beim „passiven" Wahlrecht wird also jemand gewählt.)

Ab einer bestimmten Betriebsgröße sind Mitglieder des Betriebsrats von der beruflichen Tätigkeit freizustellen.

> **Beispiel:**
>
> In Betrieben mit in der Regel 200 bis 500 Arbeitnehmern ist mindestens ein Betriebsrat von seiner beruflichen Tätigkeit freizustellen.

(2) Zusammenarbeit von Arbeitgeber und Betriebsrat

Grundsätzlich gilt, Arbeitgeber und Arbeitnehmer sollen vertrauensvoll zusammenarbeiten. Sie sollen mindestens einmal im Monat zusammentreten, um bei strittigen Fragen eine Lösung zu finden. Dabei verpflichtet das Betriebsverfassungsgesetz die Parteien dazu, mit ernstem Willen zur Einigung zu verhandeln und Vorschläge für die Beseitigung von Meinungsverschiedenheiten zu machen [§ 74 I BetrVG].

(3) Rechte des Betriebsrats

Die im Betriebsverfassungsgesetz geregelte Mitbestimmung umfasst mehrere Stufen.

Rechte des Betriebsrats	Erläuterungen	Beispiele
Informationsrecht	Der Betriebsrat hat einen Anspruch auf rechtzeitige und umfassende Unterrichtung über die von der Geschäftsleitung **geplanten betrieblichen Maßnahmen**.	Information über geplante Neu-, Um- und Erweiterungsbauten, Einführung neuer Arbeitsverfahren und Arbeitsabläufe oder Veränderung von Arbeitsplätzen. Der Arbeitgeber hat mit dem Betriebsrat die vorgesehenen Maßnahmen und ihre Auswirkungen auf die Arbeitnehmer zu beraten.
Beratungsrecht	Der Betriebsrat hat das Recht, aufgrund der ihm gegebenen Informationen seine **Auffassung gegenüber dem Arbeitgeber** darzulegen und **Gegenvorschläge** zu unterbreiten. Eine Einigung ist jedoch nicht erzwingbar.	Personalplanung (gegenwärtiger und künftiger Personalbedarf), Sicherung und Förderung der Beschäftigung, Ausschreibung von Arbeitsplätzen, Rationalisierungsvorhaben, Einschränkung oder Stilllegung von Betriebsteilen, Zusammenschluss von Betrieben, Änderung der Betriebsorganisation.
Mitwirkungsrecht	Der Betriebsrat besitzt ein **Vetorecht (Widerspruchsrecht)**. Es umfasst vor allem die „personellen Einzelmaßnahmen" wie Neueinstellungen, Eingruppierungen in Lohn- und Gehaltsgruppen und Versetzungen von Arbeitskräften. Auch bei Kündigungen hat der Betriebsrat ein Widerspruchsrecht. Die **volle Mitbestimmung bei personellen Einzelmaßnahmen** besteht in Unternehmen mit in der Regel mehr als zwanzig wahlberechtigten Arbeitnehmern.	Angenommen, einem jungen Arbeitnehmer wird fristgemäß gekündigt. Der Betriebsrat widerspricht. Dieser Widerspruch führt **nicht** zur Aufhebung der Kündigung. Gibt die Geschäftsleitung nicht nach, muss der Fall vom Arbeitsgericht geklärt werden. Unter Umständen sichert der Widerspruch die Weiterbeschäftigung des gekündigten Arbeitnehmers bis zur endgültigen gerichtlichen Entscheidung. Hier dürfen Einstellungen und Versetzungen nur mit Zustimmung des Betriebsrats erfolgen. Verweigert der Betriebsrat die Zustimmung, kann der Arbeitgeber das Arbeitsgericht anrufen. Das Arbeitsgericht kann die Zustimmung des Betriebsrats ersetzen.

Rechte des Betriebsrats	Erläuterungen	Beispiele
Mitbestimmungsrecht	Die Mitbestimmung ist **zwingend**. Dies bedeutet, dass der Arbeitgeber bestimmte Maßnahmen **nur mit Zustimmung des Betriebsrats** durchführen kann. Diese eigentliche Mitbestimmung steht dem Betriebsrat vor allem in sogenannten „sozialen Angelegenheiten" zu, soweit eine gesetzliche oder tarifliche Regelung nicht besteht.	Arbeitszeitregelung, Zeit, Ort und Art der Auszahlung der Arbeitsentgelte, Aufstellung allgemeiner Urlaubsgrundsätze und des Urlaubsplans, Einführung der Arbeitszeitüberwachung (z. B. Stempeluhren), Regelung der Unfallverhütung, Form, Ausgestaltung und Verwaltung der Sozialeinrichtungen (z. B. Kantine, Kinderbetreuung), Zuweisung und Kündigung von Betriebswohnungen, betriebliche Lohngestaltung und der Abschluss der Betriebsvereinbarung.

Informationsrecht

Beratungsrecht
(vor allem in wirtschaftlichen Angelegenheiten)

Mitwirkungsrecht
(vor allem in personellen Einzelmaßnahmen)

Mitbestimmungsrecht
(vor allem in sozialen Angelegenheiten)

weitergehendes Recht ↓

(4) Betriebsversammlung

- Unter einer **Betriebsversammlung** versteht man die Versammlung der Arbeitnehmer und des Betriebsrats eines Unternehmens.
- **Zweck der Betriebsversammlung** ist es, die Arbeitnehmer über die den Betrieb betreffenden Angelegenheiten zu unterrichten.

Der Betriebsrat hat in jedem Kalendervierteljahr eine Betriebsversammlung einzuberufen, die während der Arbeitszeit stattfindet. Aus organisatorischen Gründen (z. B. in Großbetrieben) sind **Teilversammlungen** zulässig. In der Betriebsversammlung berichtet der Betriebsrat über seine Tätigkeit und der Arbeitgeber (bzw. sein Vertreter) z. B. über die wirtschaftliche und soziale Lage des Betriebs sowie über den betrieblichen Umweltschutz. Dem Betriebsrat können Anträge unterbreitet und zu Betriebsratsbeschlüssen Stellung genommen werden. Betriebsversammlungen sind **nicht öffentlich**.

Quelle: Adam Opel AG

3 Mitbestimmung in Unternehmen und Betrieben

Der **Arbeitgeber** ist zu den Betriebsversammlungen unter Mitteilung der Tagesordnung **einzuladen**. Er ist berechtigt, in der Versammlung zu sprechen.

(5) Vor- und Nachteile der betrieblichen Mitbestimmung

Vorteile	■ Grundlegender Vorteil der Mitbestimmung ist, dass die zwischen Arbeit und Kapital vorhandenen Konflikte gemildert oder gelöst werden können. ■ Es ist zu erwarten, dass informierte und in ihrer Stellung gestärkte Arbeitnehmer mehr Interesse am Betrieb gewinnen.
Nachteile	Ein Nachteil der Mitbestimmung ist, dass betriebliche Entscheidungen verzögert, abgeändert oder unmöglich gemacht werden können, obwohl eine marktwirtschaftlich orientierte Volkswirtschaft schnelle Entscheidungen erforderlich machen kann.

3.3.2 Jugend- und Auszubildendenvertretung

Die **Jugend- und Auszubildendenvertretung** ist die Vertretung der jugendlichen Arbeitnehmer und Auszubildenden im Betriebsrat.

Sofern der Betrieb in der Regel mindestens fünf Arbeitnehmer beschäftigt, die das 18. Lebensjahr noch nicht vollendet haben oder die in ihrer Berufsausbildung stehen und das 25. Lebensjahr noch nicht vollendet haben, kann von dem genannten Personenkreis eine **Jugend- und Auszubildendenvertretung** gewählt werden [§§ 60, 61 BetrVG]. Diese kann aus bis zu 15 Mitgliedern bestehen. Die Jugend- und Auszubildendenvertreter können nur Arbeitnehmer des Betriebs sein, die das 25. Lebensjahr noch nicht vollendet haben [§ 61 II BetrVG]. Die Jugend- und Auszubildendenvertretung bleibt **zwei Jahre** im Amt.

Die **Hauptaufgabe** der Jugend- und Auszubildendenvertretung ist, die Förderung der Berufsbildung zu unterstützen und über die Einhaltung der zugunsten der Arbeitnehmer geltenden Gesetze, Verordnungen und Unfallverhütungsvorschriften sowie der Regelungen des Tarifvertrags und der Betriebsvereinbarungen zu wachen (Näheres siehe § 70 BetrVG).

Die Jugend- und Auszubildendenvertretung ist **kein selbstständiges Organ der Betriebsverfassung**. Sie ist dem Betriebsrat nachgeordnet. Nur durch dessen Vermittlung kann sie auf den Arbeitgeber einwirken.

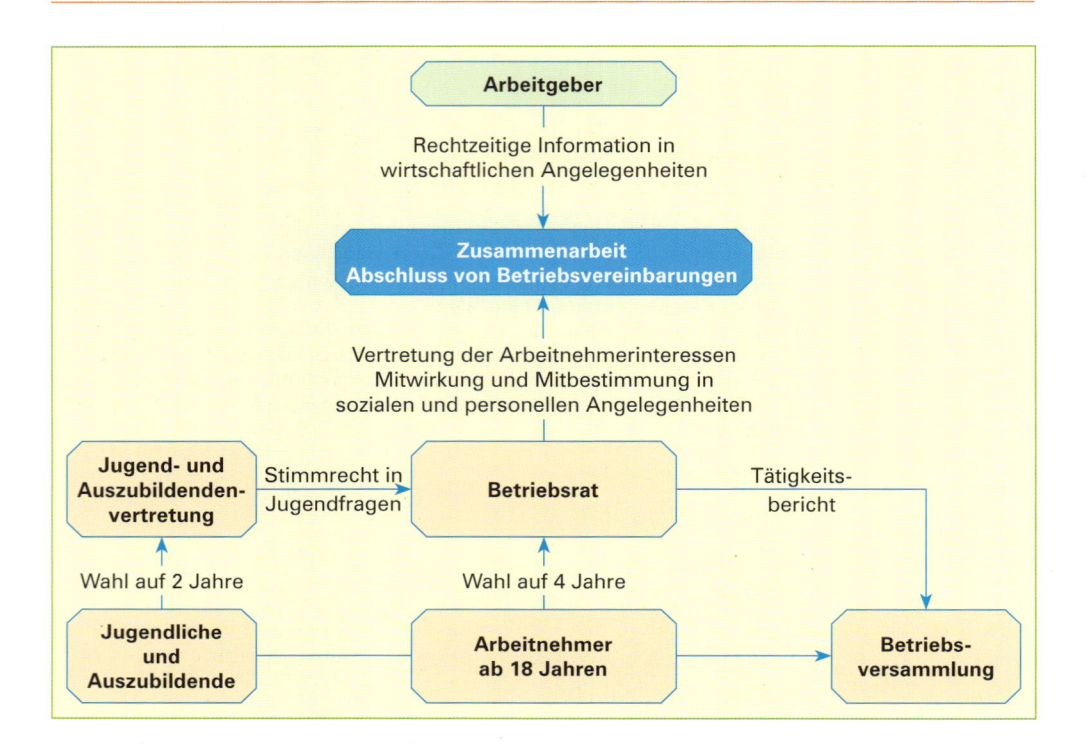

```
                        Arbeitgeber
                             │
                Rechtzeitige Information in
                wirtschaftlichen Angelegenheiten
                             ▼
                       Zusammenarbeit
                Abschluss von Betriebsvereinbarungen
                             ▲
                Vertretung der Arbeitnehmerinteressen
                    Mitwirkung und Mitbestimmung in
                sozialen und personellen Angelegenheiten

  Jugend- und       Stimmrecht in                     Tätigkeits-
Auszubildenden-  ──────────────▶  Betriebsrat  ──────▶  bericht
  vertretung      Jugendfragen

Wahl auf 2 Jahre                 Wahl auf 4 Jahre

  Jugendliche                                          Betriebs-
     und                         Arbeitnehmer   ──────▶ versammlung
 Auszubildende                    ab 18 Jahren
```

3.3.3 Unmittelbare Rechte der Belegschaftsmitglieder nach dem Betriebsverfassungsgesetz

(1) Recht auf Unterrichtung

Der Arbeitgeber hat die bei ihm beschäftigten Arbeitnehmer über deren Aufgabe und Verantwortung sowie über die Art ihrer Tätigkeit zu unterrichten. Veränderungen in ihren Arbeitsbereichen sind den Arbeitnehmern rechtzeitig mitzuteilen.

(2) Recht auf Anhörung

Die Arbeitnehmer haben das Recht, in allen betrieblichen Angelegenheiten, die ihre Person betreffen, von den zuständigen Stellen des Betriebs gehört zu werden. Sie sind berechtigt, Vorschläge für die Gestaltung ihrer Arbeitsplätze und die Arbeitsabläufe zu machen. Darüber hinaus können die Arbeitnehmer verlangen, dass ihnen die Berechnung und Zusammensetzung ihrer Arbeitsentgelte erläutert und mit ihnen die Beurteilung ihrer Leistungen sowie die Möglichkeiten ihrer beruflichen Entwicklung im Betrieb erörtert werden. Die Arbeitnehmer können ein Mitglied des Betriebsrats hinzuziehen [§ 82 BetrVG].

(3) Einsicht in die Personalakten und das Recht auf Beschwerde

Einsicht in die Personalakten	<ul><li>Alle Arbeitnehmer haben das Recht, in die über sie geführten Personalakten Einsicht zu nehmen.</li><li>Die Arbeitnehmer können verlangen, dass mit ihnen die Beurteilung ihrer Leistungen sowie die Möglichkeiten ihrer beruflichen Entwicklung im Betrieb erörtert werden.</li></ul>
Beschwerderecht	Alle Arbeitnehmer sind berechtigt, sich bei den zuständigen Stellen des Betriebs zu beschweren, wenn sie sich vom Arbeitgeber oder von Arbeitnehmern des Betriebs benachteiligt, ungerecht behandelt oder in sonstiger Weise beeinträchtigt fühlen [§ 84 BetrVG]. Der Betriebsrat hat die Beschwerden der Arbeitnehmer entgegenzunehmen und bei berechtigten Beschwerden beim Arbeitgeber auf deren Abhilfe hinzuwirken [§ 85 BetrVG].

3.3.4 Betriebsvereinbarung

> **Betriebsvereinbarungen** sind Absprachen zwischen Arbeitgeber und Betriebsrat. Die **schriftlich** niedergelegte und von beiden Seiten unterzeichnete Betriebsvereinbarung wird auch **Betriebsordnung** genannt [§ 77 II BetrVG].

In den Betriebsvereinbarungen werden den Arbeitnehmern meistens unmittelbare und zwingende Rechte gegenüber dem Arbeitgeber eingeräumt, auf die nur mit Zustimmung des Betriebsrats verzichtet werden kann [§ 77 IV BetrVG]. Arbeitsentgelte und sonstige Arbeitsbedingungen, die durch Tarifvertrag geregelt sind oder üblicherweise geregelt werden, können nicht Gegenstand einer Betriebsvereinbarung sein, es sei denn, dass ein Tarifvertrag den Abschluss ergänzender Betriebsvereinbarungen ausdrücklich zulässt [§ 77 III BetrVG]. Durch Betriebsvereinbarungen können insbesondere zusätzliche Maßnahmen zur Verhütung von Arbeitsunfällen und Gesundheitsschädigungen, die Errichtung von Sozialeinrichtungen und Maßnahmen zur Förderung der Vermögensbildung beschlossen werden [§ 88 BetrVG].

Ein Sonderfall der Betriebsvereinbarung ist der **Sozialplan**. Er stellt eine vertragliche Abmachung zwischen Arbeitgeber und Betriebsrat über den Ausgleich oder die Milderung wirtschaftlicher Nachteile dar, die der Belegschaft als Folge geplanter Betriebsänderungen entstehen (z. B. Lohnminderungen, Versetzungen, Entlassungen).

Beispiele:
Betriebsänderungen, Einschränkungen oder Stilllegung des ganzen Betriebs oder von Betriebsteilen, Änderung des Betriebszwecks, Betriebsverlegung, Zusammenschluss mit anderen Betrieben, grundlegende Änderung der Betriebsorganisation oder der Betriebsanlagen.

Der Sozialplan enthält z. B. Regelungen über Ausgleichszahlungen an entlassene Arbeitnehmer, Umzugsbeihilfen bei Versetzungen an andere Orte, Umschulungsmaßnahmen oder Zuschüsse bei vorzeitiger Verrentung älterer Mitarbeiter.

3.4 Betriebliche Mitbestimmung im öffentlichen Dienst

In den Dienststellen von Bund, Ländern und Gemeinden sowie deren angeschlossenen öffentlich-rechtlichen Institutionen werden Personalvertretungen gebildet.

> Der **Personalrat** ist die Personalvertretung auf den Hierarchiestufen der Behörden (Personalrat der Dienststelle, übergeordneter Bezirks- und Hauptpersonalrat).

Grundlagen sind das **Bundespersonalvertretungsgesetz** [BPersVG] und die Landespersonalvertretungsgesetze der Bundesländer.

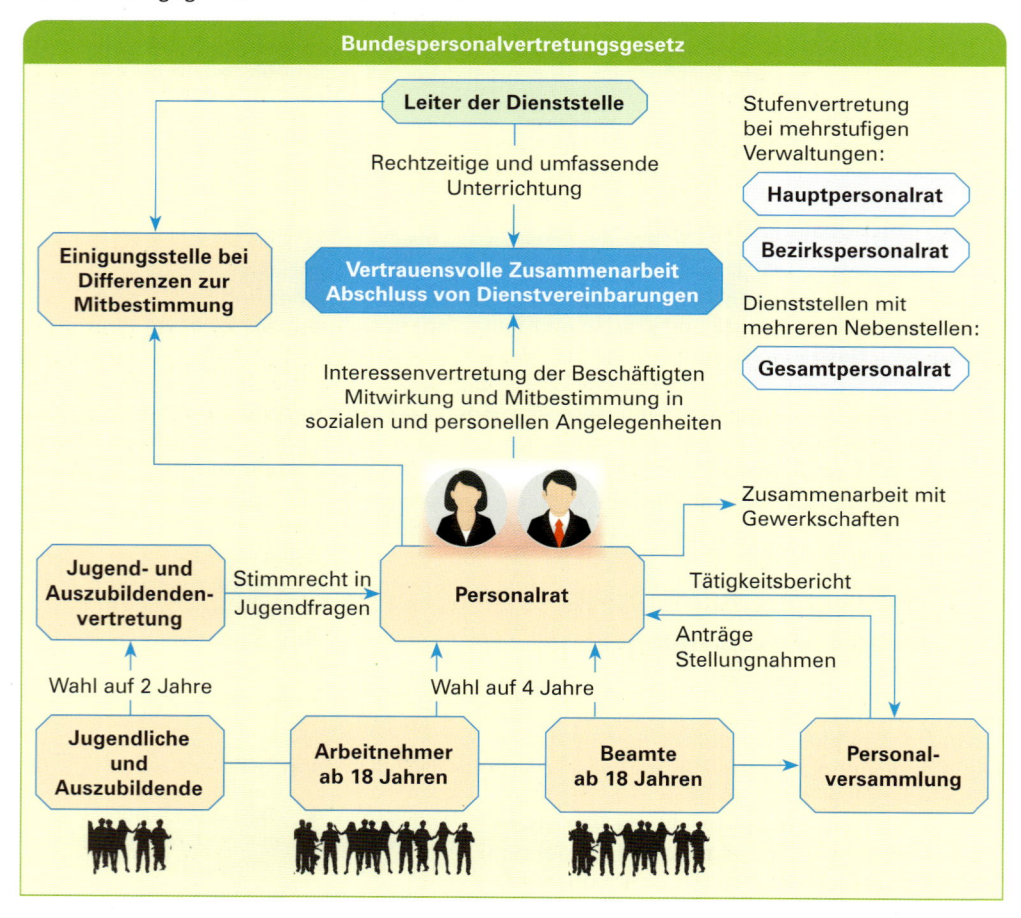

Bundespersonalvertretungsgesetz

- Leiter der Dienststelle
- Rechtzeitige und umfassende Unterrichtung
- Vertrauensvolle Zusammenarbeit Abschluss von Dienstvereinbarungen
- Einigungsstelle bei Differenzen zur Mitbestimmung
- Stufenvertretung bei mehrstufigen Verwaltungen:
  - Hauptpersonalrat
  - Bezirkspersonalrat
- Dienststellen mit mehreren Nebenstellen:
  - Gesamtpersonalrat
- Interessenvertretung der Beschäftigten Mitwirkung und Mitbestimmung in sozialen und personellen Angelegenheiten
- Personalrat
  - Zusammenarbeit mit Gewerkschaften
  - Tätigkeitsbericht
  - Anträge Stellungnahmen
- Jugend- und Auszubildendenvertretung — Stimmrecht in Jugendfragen
- Wahl auf 2 Jahre: Jugendliche und Auszubildende
- Wahl auf 4 Jahre: Arbeitnehmer ab 18 Jahren, Beamte ab 18 Jahren
- Personalversammlung

Neben den staatlichen Behörden ist das Personalvertretungsrecht auch auf kommunale **Eigenbetriebe** anwendbar. Das sind kommunale Unternehmen, die öffentliche Aufgaben mit eigener Wirtschaftsführung, aber ohne eigene Rechtspersönlichkeit wahrnehmen. Dazu gehören häufig Krankenhäuser, die als separates Sondervermögen ein Teil der kommunalen Verwaltung bleiben.

Die Wahl und die Aufgaben der Personalräte im öffentlichen Dienst sind mit der Stellung von Betriebsräten in der Privatwirtschaft vergleichbar. Eine Besonderheit des öffentlichen Dienstes ist die Einteilung der Wahlberechtigten in die Gruppen Beamte und Arbeitnehmer. Damit soll sichergestellt werden, dass beide Gruppen angemessen im Personalrat vertreten sind.

> Das Personalvertretungsrecht sieht vor, dass **Dienststelle und Personalrat vertrauensvoll zusammenarbeiten** im Zusammenwirken mit Gewerkschaften und Arbeitgebervereinigungen [§ 2 BPersVG].

Allgemeine **Aufgaben des Personalrats** sind [§ 68 BPersVG]:

- Maßnahmen zu beantragen, die der Dienststelle und ihren Angehörigen dienen,
- darüber zu wachen, dass die zugunsten der Beschäftigten geltenden Vorschriften (z. B. Tarifverträge) eingehalten werden,
- Anregungen und Beschwerden von Beschäftigten entgegennehmen und bei berechtigten Anliegen auf Abhilfe beim Dienststellenleiter hinwirken,
- Eingliederung und berufliche Entwicklung von schutzbedürftigen Personen fördern,
- die tatsächliche Gleichberechtigung von Frauen und Männern unterstützen,
- mit der Jugend- und Auszubildendenvertretung eng zusammenarbeiten.

Eine starke Position hat der Personalrat durch seine **Mitbestimmung in Personalangelegenheiten** der Arbeitnehmer [§ 75 BPersVG] und der Beamten [§ 76 BPersVG]. Verweigert der Personalrat einer mitbestimmungspflichtigen personellen Maßnahme seine Zustimmung, so kann die Angelegenheit einer höheren Stufenvertretung und im weiteren Verlauf der **Einigungsstelle** vorgelegt werden. Die Einigungsstelle wird bei der obersten Dienstbehörde gebildet. Sie ist paritätisch besetzt und wird von einem unparteiischen Vorsitzenden geleitet [§ 71 BPersVG].

3.5 Betriebliche Mitbestimmung in Tendenzbetrieben und kirchlichen Einrichtungen

(1) Betriebliche Mitbestimmung in Tendenzbetrieben

Die betriebliche Mitbestimmung nach dem Betriebsverfassungsgesetz [BetrVG] ist in Tendenzbetrieben eingeschränkt [§ 118 BetrVG].

> Ein **Tendenzbetrieb** ist ein Betrieb, der unmittelbar und überwiegend politischen, konfessionellen, karitativen, erzieherischen, wissenschaftlichen oder künstlerischen Bestimmungen dient. Weiterhin gelten Unternehmen der Berichterstattung oder Meinungsäußerung zu den Tendenzbetrieben (Presse, Rundfunk, Film und Fernsehen).

In Tendenzbetrieben kommt die Einschränkung der Beteiligungsrechte des Betriebsrats u. a. bei personellen Einzelmaßnahmen wie Einstellung, Versetzung oder Entlassung eines Arbeitnehmers in Betracht. Voraussetzung ist allerdings, dass dieser Arbeitnehmer ein sogenannter Tendenzträger ist.

> Beschäftigte sind **Tendenzträger,** wenn sie eine prägende Einflussnahme auf die geistig-ideelle Tendenzverwirklichung des Arbeitgebers haben. Eine bloße Mitwirkung bei der Tendenzverfolgung genügt dafür nicht.[1]

Gemeint ist also ein Personenkreis von leitenden Angestellten, die die ideelle Tendenzrichtung des Betriebes maßgeblich bestimmen. Nur für diese Tendenzträger bleibt dem Betriebsrat ein Mitbestimmungsrecht in personellen Einzelmaßnahmen versagt. Damit soll verhindert werden, dass der Betriebsrat die geistig-ideelle Tendenzrichtung des Arbeitgebers beeinflussen kann. Für die überwiegende Mehrheit der Arbeitnehmer in Tendenzbetrieben kann der Betriebsrat allerdings seine Mitbestimmungsrechte unverändert ausüben.

Das Bundesarbeitsgericht schränkt die Möglichkeit stark ein, dass Krankenhäuser und Pflegeheime **karitative Tendenzbetriebe** sein können. Bei karitativen Tendenzbetrieben darf keine Gewinnerzielungsabsicht vorliegen und die Leistung muss freiwillig sein, die Einrichtungen also keine Pflichtaufgaben erfüllen.[2] Eine Tendenzeigenschaft bedarf im Zweifelsfall einer Einzelfallprüfung.

(2) Betriebliche Mitbestimmung in kirchlichen Einrichtungen

Die betriebliche Mitbestimmung nach dem Betriebsverfassungsgesetz (BetrVG) findet keine Anwendung auf Religionsgemeinschaften ohne Rücksicht auf ihre Rechtsform [§ 112 BPersVG]. Als kirchliche Einrichtungen gelten nicht nur die unmittelbar pastoralen Einrichtungen, sondern auch die angegliederten karitativen und erzieherischen Organisationen wie die katholische Caritas und die evangelische Diakonie.

Den Kirchen bleibt die selbstständige Ordnung einer betrieblichen Mitwirkung der Mitarbeiter überlassen. Die katholische Kirche hat für ihre Einrichtungen die **Mitarbeitervertretungsordnung** (MAVO) erlassen. Für die Mitarbeiter in Einrichtungen der evangelischen Kirche gilt das Mitarbeitervertretungsgesetz (MVG-EKD). Anstelle eines Betriebsrats oder Personalrats werden die kirchlichen Arbeitnehmer durch eine **Mitarbeitervertretung (MAV)** an den betrieblichen Entscheidungen beteiligt.

> Das kirchliche Arbeitsrecht prägt das Prinzip der **Dienstgemeinschaft**. Dieses Leitbild verbindet den christlichen Dienst am Menschen mit der christlichen Gemeinschaft der Dienenden. Es liegt also aus kirchlicher Sicht eine gemeinsame Interessenlage von Dienstgeber und Mitarbeitern vor.

Demgegenüber erkennt das Betriebsverfassungsgesetz an, dass es im Betrieb selbstständige Interessengruppen gibt und damit durchaus streitige Willensbildungen. Der Grundsatz des § 2 BetrVG lautet: „Arbeitgeber und Betriebsrat arbeiten unter Beachtung der geltenden Tarifverträge vertrauensvoll und im Zusammenwirken

---

1 Entscheidung des Bundesarbeitsgerichts: BAG, 14. 05. 2013 – 1 ABR 10/12.
2 Ebenda.

mit den im Betrieb vertretenen Gewerkschaften und Arbeitgebervereinigungen zum Wohl der Arbeitnehmer und des Betriebs zusammen." Die Lösung streitiger Positionen sieht das BetrVG im Dialog.

Zur Ablehnung der gängigen Sozialpartnerschaft in erwerbswirtschaftlichen Unternehmen stellt die Grundordnung des katholischen Arbeitsrechts verbindlich fest: „Wegen der Einheit des kirchlichen Dienstes und der Dienstgemeinschaft als Strukturprinzip des kirchlichen Arbeitsrechts schließen kirchliche Dienstgeber keine Tarifverträge mit Gewerkschaften ab. Streik und Aussperrung scheiden ebenfalls aus."[1]

Das Leitbild der Dienstgemeinschaft in Einrichtungen der Diakonie wird vom Kirchengerichtshof der Evangelischen Kirche in Deutschland (EKD)[2] sehr konkret ausgelegt:

- „Die evangelische Kirche hat der Gestaltung des kirchlichen Dienstes das **Leitbild der christlichen Dienstgemeinschaft** zugrunde gelegt.
- Der arbeitstechnische Zweck eines Krankenhauses, die Genesung der Patienten, wird nicht nur durch unmittelbare medizinisch oder pflegerische Behandlung erreicht; auch Unterbringung, Verpflegung und nicht-medizinische Betreuung und Versorgung sind Bestandteile einer umfassenden und erfolgreichen Behandlung. Tätigkeiten der Hilfestellung bei Einweisung und Entlassung, der Anreichung von Speisen und Getränken, der Begleitung zu Operationen prägen den Charakter der Einrichtung mit und können nur im Rahmen der Dienstgemeinschaft erbracht werden."

Der Kirchengerichtshof stuft praktisch sämtliche arbeitstechnischen Vorgänge im Krankenhaus als tendenzbezogene Tätigkeiten ein, die unmittelbar dem Dienst am Menschen gelten und der geistig-ideellen Verkündung des Christentums. Alle Beschäftigten in einem kirchlichen Krankenhaus sind somit Tendenzträger innerhalb einer Dienstgemeinschaft.

Für die Gestaltung von arbeitsvertragsrechtlichen Regelungen haben die Kirchen einen sogenannten **„Dritten Weg"** entwickelt, der sich vom ersten Weg (einseitige Festsetzung durch den Dienstgeber) und dem zweiten Weg (Tarifverträge mit Gewerkschaften) unterscheidet. Grundlegende Arbeitsbedingungen werden von **Arbeitsrechtlichen Kommissionen** festgelegt, die sich paritätisch aus Vertretern des Dienstgebers und der Arbeitnehmer zusammensetzen.

Kompetenztraining

48 Die Kramer Medipark GmbH ist ein noch relativ junges Unternehmen. Durch innovative Gesundheits- und Wellnessleistungen ist es in den letzten Jahren sehr stark gewachsen und hat inzwischen 74 Mitarbeiter, darunter sieben Auszubildende. Allerdings bereitete das rasche Wachstum nicht jedem Mitarbeiter Freude, da es versäumt wurde, die dafür erforderlichen Organisationsstrukturen und festen Regeln zu schaffen.

Vieles wurde nach wie vor aus dem Bauch heraus entschieden oder mal so, mal so gehandhabt. Insbesondere die immer wieder „von oben herab" geänderten Arbeitszeiten und die Handhabung der Kündigungen sorgten für Unruhe unter den Mitarbeitern. Der Wunsch nach mehr Mitwirkung und mehr Mitbestimmung durch die Mitarbeiter wurde immer lauter.

---

1 Grundordnung des kirchlichen Dienstes im Rahmen kirchlicher Arbeitsverhältnisse, Artikel 7.
2 KGH.EKD II-0124/W10-14 Beschluss des Kirchengerichtshofes vom 25.08.2014.

Gero Sommer, seit einem Jahr Mitarbeiter in der Kramer Medipark GmbH und Mitglied der Gewerkschaft „ver.di", wurde zum Ansprechpartner vieler Mitarbeiter und darum gebeten, „endlich mal was zu unternehmen". Also organisierte er eine Zusammenkunft der Mitarbeiter und referierte – so gut er es konnte – über die Möglichkeiten der betrieblichen Mitbestimmung.

Die Zusammenkunft verlief turbulent, die Zuhörer waren neugierig und stellten viele Fragen. Annika Geiger protokollierte die Zusammenkunft.

Kramer Medipark GmbH,
Pforzheimer Str. 21, 75433 Maulbronn

Protokoll

Anlass:	Zusammenkunft der Mitarbeiter der Kramer Medipark GmbH
Ort:	Verwaltungsgebäude der Kramer Medipark GmbH, Konferenzraum 1
Zeit:	20. 01. 20 . ., 16:30–18:00 Uhr
Teilnehmer:	Siehe Anhang Teilnehmerliste

Tagesordnungspunkte (TOP)

TOP 1: Änderung der Arbeitszeiten seitens der Geschäftsleitung ohne Rücksprache

TOP 2: Kurzfristige Kündigungen im Therapiebereich und in der Verwaltung

TOP 3: Verschiedenes

...

Zu TOP 3: Die Terminabsprache mit der Geschäftsleitung für die nächste Zusammenkunft erfolgt durch Gero Sommer. Bis dahin werden von ihm folgende Fragen geklärt:

1. Welche rechtliche Stellung hat ein Betriebsrat?
2. Erfüllt die Kramer Medipark GmbH die Voraussetzungen, damit er eingerichtet werden kann?
3. An welchem Tag findet die Wahl statt?
4. Wer ist wahlberechtigt?
5. Wer ist wählbar?
6. Wie viele Betriebsratsmitglieder hätte ein Betriebsrat in der Kramer Medipark GmbH?
7. Wie wird der Vorsitzende des Betriebsrates gewählt?
8. Können auch Mitarbeiter mit einer ausländischen Staatsangehörigkeit Mitglied im Betriebsrat werden?
9. Gibt es in der Kramer Medipark GmbH die Möglichkeit zu einer Jugend- und Auszubildendenvertretung?
10. Welche Rechte hat die Jugend- und Auszubildendenvertretung?
11. Welche Aufgaben hat die Jugend- und Auszubildendenvertretung?
12. Welche Rechte hat der Betriebsrat
    – bei der Neueinstellung eines Mitarbeiters,
    – wenn Herr Kramer wieder mal die Arbeitszeiten ändern will,
    – wenn einem Mitarbeiter gekündigt werden soll?

Protokollführung: *Annika Geiger*

3 Mitbestimmung in Unternehmen und Betrieben

Aufgaben:

1. Nennen Sie Gründe dafür, warum über die Zusammenkunft ein Protokoll geführt wird!
2. Lesen Sie sich den Auszug aus dem von Annika Geiger angefertigten Protokoll durch. Recherchieren Sie, welche Vorgaben bei der Anfertigung eines Protokolls berücksichtigt werden müssen. Prüfen Sie, ob das vorliegende Protokoll in formaler Hinsicht korrekt angelegt ist!
3. Versetzen Sie sich in die Rolle von Gero Sommer und beantworten Sie die zwölf Fragen der Mitarbeiter!

49 Ein privates Pflegeheim beschäftigt 50 Mitarbeiter. Die Mitarbeiter beschließen, einen Betriebsrat zu wählen.

Aufgaben:

1. Begründen Sie, ob sich der Heimleiter dem Wunsch der Belegschaft widersetzen darf!
2. Nennen Sie vier Rechte des Betriebsrats!
3. Erläutern Sie die Begriffe aktives und passives Wahlrecht!
4. Nennen Sie die Voraussetzungen, die gegeben sein müssen, um in einem Betrieb eine Jugend- und Auszubildendenvertretung wählen zu können!
5. Geben Sie für das Mitwirkungsrecht und das Mitbestimmungsrecht des Betriebsrats jeweils zwei Beispiele an!

50 In der Eifel-Klinikum AG sind 420 Arbeitnehmerinnen und Arbeitnehmer beschäftigt. Vorstand und Betriebsrat arbeiten vertrauensvoll zum Wohl der Beschäftigten und Patienten der Klinik zusammen.

Aufgaben:

1. Erläutern Sie, zu welcher Mitbestimmungsform die Einrichtung eines Betriebsrats zählt!
2. Recherchieren Sie die Organe des Betriebsrats und ihre jeweilige Hauptaufgabe!
3. Die Einrichtung eines Betriebsrats soll dazu beitragen, Konflikte zwischen der Arbeitnehmer- und der Arbeitgeberseite zu vermeiden, zu mildern oder gar zu lösen.

    Nennen Sie mindestens drei mögliche Konflikte, die zwischen Arbeitnehmer- und Arbeitgeberseite auftreten können!
4. Die Mitbestimmung des Betriebsrats umfasst mehrere Ebenen (Stufen).
    4.1 Nennen Sie die Ebenen!
    4.2 Führen Sie mindestens je drei Beispiele an!

51 Die Seniorenresidenz Moosbrucker OHG beschäftigt ständig 50 Arbeitnehmer, darunter 8 Arbeitnehmer im Alter zwischen 18 und 25 Jahren. Ein Betriebsrat besteht bisher nicht.

Aufgaben:

1. Klären Sie rechtlich, ob die Voraussetzungen für die Wahl eines Betriebsrats und einer Jugend- und Auszubildendenvertretung erfüllt sind!
2. Notieren Sie, für welche Zeit der Betriebsrat gewählt wird!
3. Nennen Sie zwei Angelegenheiten, in denen der Betriebsrat ein Informationsrecht besitzt und zwei Angelegenheiten, in denen er die Geschäftsleitung beraten kann!

52
1. Die Geschäftsleitung der Schnell OHG hat den Angestellten Blessing zum Leiter der Rechnungswesenabteilung ernannt. Der Betriebsrat widerspricht. Er sähe an dieser Stelle lieber das langjährige Gewerkschaftsmitglied Blau. Prüfen Sie, ob sich der Betriebsrat durchsetzen können wird!

2. Sigi Knoll, seit langen Jahren im Betrieb angestellt, hat sich um die neue Stelle als Teamleiter beworben. Er fällt durch. Nunmehr verlangt er Einsicht in die Personalakten. Stellen Sie die Rechtslage dar!

3. Ohne Anhörung des Betriebsrats führt die Schnell OHG neue Arbeitszeiten ein. Der Betriebsrat widerspricht dieser Anordnung. Prüfen Sie, ob die Anordnung trotzdem wirksam ist!

4. In einer Diskussion meint der Auszubildende Patrick, dass die Mitbestimmung in den Betrieben zur Demokratie gehöre. Formulieren Sie Ihre Ansicht!

5. Die Mitarbeiterin Ina Mennig wird in den Betriebsrat der Schnell OHG gewählt.

    Aufgaben:

    5.1 Nennen Sie das besondere Recht, das sie mit dieser Wahl in Bezug auf ihr Dienstverhältnis erworben hat!

    5.2 Nennen Sie vier Beispiele, bei denen der Betriebsrat ein volles Mitbestimmungsrecht hat!

6. Clara Köhler ist eine engagierte Auszubildende im 3. Ausbildungsjahr. Kürzlich wurde sie als jüngstes Mitglied in den Betriebsrat gewählt mit gerade 19 Jahren.

    Aufgabe:

    Kann Clara Köhler als Betriebsrätin gleichzeitig Mitglied in der Jugend- und Auszubildendenvertretung sein? Nehmen Sie dazu Stellung unter Anwendung des Betriebsverfassungsgesetzes!

53
1. Erklären Sie kurz den Begriff Betriebsvereinbarung und nennen Sie zwei Vorgänge, die in einer Betriebsversammlung geregelt werden können!

2. Nennen Sie zwei Anlässe, aus denen heraus Sozialpläne erstellt werden können! Erläutern Sie Regelungen, die z. B. in den Sozialplänen getroffen werden!

54 Für die betriebliche Mitbestimmung in Krankenhäusern, Pflegeheimen und Rehabilitationseinrichtungen findet das Betriebsverfassungsgesetz (BetrVG) häufig keine Anwendung, weil das Gesetz keinen allgemeinen Geltungsbereich hat.

Aufgabe:

Unterscheiden Sie die Vorschriften zur Betriebsverfassung und Personalvertretung nach ihrem Geltungsbereich in Einrichtungen des Gesundheitswesens!

4 Bedeutung von Tarifverträgen und die Rolle der Sozialpartner

4.1 Sozialpartner

(1) Überblick

Die Gründung von Gewerkschaften und Arbeitgeberverbänden ist ein in Artikel 9 III Grundgesetz [GG] ausdrücklich verbrieftes Recht. Da – zumindest kurz- und mittelfristig – die Interessen der Arbeitnehmer denen der Arbeitgeber zuwiderlaufen können, sind beide Interessenvertretungen dazu aufgerufen, auf einen Interessenausgleich hinzuwirken. Ihre Aufgabe ist es also, für einen **sozialen Ausgleich** zu sorgen. Gewerkschaften und Arbeitgeberverbände als Tarifpartner werden daher auch als **Sozialpartner** bezeichnet.

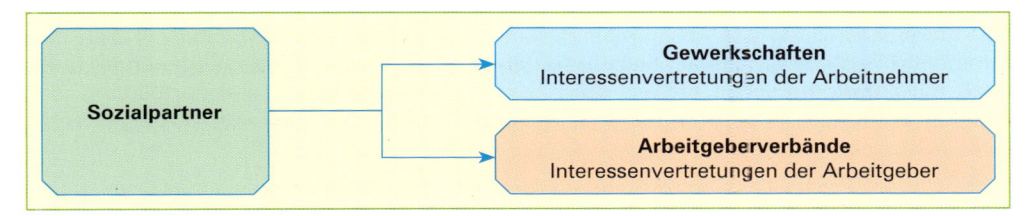

```
                    ┌─ Gewerkschaften
                    │   Interessenvertretungen der Arbeitnehmer
   Sozialpartner ───┤
                    └─ Arbeitgeberverbände
                        Interessenvertretungen der Arbeitgeber
```

(2) Gewerkschaften

Den Arbeitgeberverbänden stehen die **Gewerkschaften** gegenüber. Die Gewerkschaften sind die Interessenvertretungen der Arbeitnehmer. Sie sind insbesondere durch folgende Kriterien gekennzeichnet:

- **Koalitionsfreiheit,** d.h., die Arbeitnehmer haben die Freiheit, Gewerkschaften zu bilden, ihnen beizutreten oder auch fernzubleiben;
- **Unabhängigkeit,** d.h., die Gewerkschaften sind unabhängig vom Staat, von Arbeitgebern, von politischen Parteien und Weltanschauungen;
- **Kampfbereitschaft,** d.h., die Gewerkschaften sind bereit, ihre Forderungen gegebenenfalls mithilfe eines Arbeitskampfs durchzusetzen.

Die DGB Gewerkschaften

Mitglieder Ende 2020: 5,85 Millionen
(- 1,4 % gegenüber Ende 2019)

Gewerkschaft	davon Ende 2020 in Tausend	Veränderung gegenüber Ende 2019
IG Metall	2215 Tsd.	- 2,1 % ↓
ver.di	1941	- 0,7 ↓
IG Bergbau, Chemie, Energie	606	- 1,9 ↓
Gew. Erziehung und Wissenschaft	280	+ 0,04 ↑
IG Bauen-Agrar-Umwelt	232	- 3,5 ↓
Gew. der Polizei	198	+ 1,4 ↑
Gew. Nahrung-Genuss-Gaststätten	194	- 1,8 ↓
Eisenbahn- u. Verkehrsgew.	184	- 0,9 ↓

Quelle: Deutscher Gewerkschaftsbund © Globus 14530

Die wichtigsten **Ziele der Gewerkschaften** sind

- die **Erhöhung der Lohnquote,**[1]
- die **Verbesserung der Arbeitsbedingungen,**
- die **Hebung des Ausbildungsstands** der Arbeitnehmer und
- die **Verringerung der Arbeitslosigkeit.**

(3) Arbeitgeberverbände

Die Arbeitgeberverbände bildeten sich bereits in der zweiten Hälfte des letzten Jahrhunderts als **Gegenpol zu den Gewerkschaften.** Sie waren anfangs reine Interessenverbände der Unternehmer, um den Forderungen der Gewerkschaften z. B. nach höheren Löhnen, Tarifverträgen und Verkürzung der Arbeitszeit zu begegnen.

Die Aufgabenstellung der Arbeitgeberverbände hat sich seitdem erweitert. Neben den lohnpolitischen und arbeitsrechtlichen Aufgaben befassen sich die Arbeitgeberverbände auch mit **sozialpolitischen Fragen** wie z. B. der Berufsausbildung und Fortbildung, der Altersversorgung, der Vertretung von Unternehmerinteressen bei der Sozialgesetzgebung, der Mitwirkung bei der Selbstverwaltung der Sozialversicherungsträger und der Öffentlichkeitsarbeit.

Die Zusammenschlüsse der Unternehmen zu Arbeitgeberverbänden erfolgt sowohl auf fachlicher Ebene (z. B. Bundesverband des Deutschen Industrie [BDI]) als auch auf regionaler Ebene (z. B. Landesverband der Baden-Württembergischen Industrie e. V.). Die Mitgliedschaft ist freiwillig. Der Spitzenverband der Arbeitgeberverbände ist die **Bundesvereinigung der Deutschen Arbeitgeberverbände (BDA)**, die als Dachorganisation die gemeinschaftlichen, über den Bereich eines Landes oder eines Wirtschaftszweigs hinausgehenden sozialpolitischen Interessen der Arbeitgeber wahrnimmt.

4.2 Begriff, Arten und Geltungsbereich des Tarifvertrags

4.2.1 Tarifautonomie – Tarifvertragsparteien – Tarifvertrag

Das Recht der Tarifpartner, selbstständig und ohne staatliche Einmischung Arbeitsbedingungen (z. B. Arbeitsentgelte, Urlaubszeit, Arbeitszeit) vereinbaren zu können, nennt man **Tarifautonomie.**[2] Tarifpartner – auch **Tarifparteien** genannt – sind die Sozialpartner. Sie haben die **Tariffähigkeit.** Die Vereinbarungen werden im **Tarifvertrag** festgeschrieben.

> Der **Tarifvertrag** ist ein **Kollektivvertrag**[3] zwischen den Tarifparteien, in dem die Arbeitsbedingungen für die Berufsgruppen eines Wirtschaftszweiges einheitlich für eine bestimmte Dauer festgelegt werden. Er bedarf der **Schriftform** [§ 1 TVG].

Der Tarifvertrag regelt die Einkommens- und die Arbeitsbedingungen. Er enthält **Mindestbedingungen,** die der Arbeitgeber **nicht unterschreiten** darf, von denen er aber **zugunsten der Arbeitnehmer** abweichen kann.

---

1 Die **Lohnquote** ist der prozentuale Anteil der Arbeitnehmereinkommen am Gesamteinkommen (Volkseinkommen).
2 **Autonomie:** Unabhängigkeit, Selbstständigkeit.
3 **Kollektiv** (lat. collectivus): Ansammlung. Hier: Personengruppe.

4.2.2 Arten von Tarifverträgen

Manteltarifvertrag (Rahmentarifvertrag)	Lohn- und Gehaltstarifvertrag
■ Sie enthalten solche Arbeitsbedingungen, die sich über längere Zeit nicht ändern (z. B. Kündigungsfristen, Urlaubsregelungen, Arbeitszeitvereinbarungen, Nachtarbeit, Sonn- und Feiertagsarbeit, Lohn- und Gehaltsgruppen). ■ Sie haben eine Gültigkeit von mehreren Jahren.	■ In ihnen sind die getroffenen Vereinbarungen über Lohn- bzw. Gehaltshöhe enthalten. Dabei werden die Arbeitnehmer nach ihrer Tätigkeit in bestimmte Lohn- bzw. Gehaltsgruppen eingeteilt.[1] ■ Jeder Lohn- bzw. Gehaltsgruppe wird ein bestimmter Lohnsatz bzw. ein bestimmtes Gehalt zugeordnet. ■ Lohn- und Gehaltstarifverträge werden im Abstand von 1–2 Jahren festgeschrieben.

Beispiel:

Auszug aus dem Manteltarifvertrag öffentlicher Dienst für den Dienstleistungsbereich Krankenhäuser im Bereich der Vereinigung der kommunalen Arbeitgeberverbände (TVöD-K)

Abschnitt I – Allgemeine Vorschriften

§ 1 Geltungsbereich

(1) Die nachfolgenden Regelungen gelten für Beschäftigte, die in einem Arbeitsverhältnis zu einem Arbeitgeber stehen, der Mitglied eines Mitgliedverbandes der VKA [Vereinigung der kommunalen Arbeitgeberverbände] ist, wenn sie in

a) Krankenhäusern, einschließlich psychiatrischen Fachkrankenhäusern,
b) medizinischen Instituten von Krankenhäusern oder
c) sonstigen Einrichtungen (z. B. Reha-Einrichtungen, Kureinrichtungen), in denen die betreuten Personen in ärztlicher Behandlung stehen, wenn die Behandlung durch in den Einrichtungen selbst beschäftigte Ärztinnen oder Ärzte stattfindet,

beschäftigt sind. [...]

§ 2 Arbeitsvertrag, Nebenabreden, Probezeit

(1) Der Arbeitsvertrag wird schriftlich abgeschlossen.

(2) Mehrere Arbeitsverhältnisse zu demselben Arbeitgeber dürfen nur begründet werden, wenn die jeweils übertragenen Tätigkeiten nicht in einem unmittelbaren Sachzusammenhang stehen. Andernfalls gelten sie als ein Arbeitsverhältnis. [...]

Abschnitt III – Eingruppierung, Entgelt und sonstige Leistungen

§ 12 Eingruppierung

(1) Die Eingruppierung der/des Beschäftigten richtet sich nach den Tätigkeitsmerkmalen der Anlage 1 – Entgeltordnung (VKA). Die/Der Beschäftigte erhält Entgelt nach der Entgeltgruppe, in der sie/er eingruppiert ist.

(2) Die/Der Beschäftigte ist in der Entgeltgruppe eingruppiert, deren Tätigkeitsmerkmalen die gesamte von ihr/ihm nicht nur vorübergehend auszuübende Tätigkeit entspricht. Die gesamte auszuübende Tätigkeit entspricht den Tätigkeitsmerkmalen einer Entgeltgruppe, wenn zeitlich mindestens zur Hälfte Arbeitsvorgänge anfallen, die für sich genommen die Anforderungen eines Tätigkeitsmerkmals oder mehrerer Tätigkeitsmerkmale dieser Entgeltgruppe erfüllen. [...]

(3) Die Entgeltgruppe der/des Beschäftigten ist im Arbeitsvertrag anzugeben. [...]

Quelle: https://gesundheit-soziales.verdi.de/++file++5880c862086c2602d74459e4/download/TV%C3%B6D-K%202017%20digital%20Januar.pdf [07.11.2018].

---

[1] Die Festlegung der Gehaltsgruppen sowie deren Tätigkeitsmerkmale sind im Manteltarifvertrag (Rahmentarifvertrag) enthalten.

4.2.3 Geltungsbereich des Tarifvertrags

(1) Branchentarifverträge und Haustarifverträge

- **Branchentarifverträge** gelten für einen Wirtschaftszweig in mehreren Bezirken, ein oder mehreren Bundesländern oder gar im gesamten Bundesgebiet.[1]
- **Haus- bzw. Firmentarifverträge** werden von einzelnen Unternehmen mit einer Gewerkschaft abgeschlossen. Der Geltungsbereich ist ausschließlich das betreffende Unternehmen.[2]

Branchentarifverträge werden zunehmend flexibel gestaltet, um besondere Härten zu vermeiden. Sogenannte **Tariföffnungsklauseln** sollen es den Betrieben, denen es wirtschaftlich nicht besonders gut geht, ermöglichen, ihre Belegschaft für eine bestimmte Zeit (z. B. für ein Jahr) bis zu einem vereinbarten Prozentsatz **unter Tarif** zu bezahlen (**Entgeltkorridor**). Die konkreten Vereinbarungen werden dann zwischen **Betriebsrat** und **Arbeitgeber** ausgehandelt.

(2) Allgemeinverbindlichkeit

Grundsätzlich gilt der Tarifvertrag nur für **organisierte Arbeitnehmer und Arbeitgeber**, die Mitglied der Gewerkschaft bzw. im Arbeitgeberverband sind.

Das Bundesministerium für Arbeit und Soziales kann einen Tarifvertrag auf Antrag einer Tarifvertragspartei für **allgemein verbindlich** erklären. Mit der **Allgemeinverbindlichkeitserklärung** gelten die Bestimmungen des Tarifvertrags auch für die nicht tarifgebundenen Arbeitnehmer und Arbeitgeber.

In der Regel werden jedoch auch ohne Allgemeinverbindlichkeitserklärung die nicht organisierten Arbeitnehmer nach den Bedingungen der Tarifverträge behandelt (Grundsatz der Gleichbehandlung). Da diese i. d. R. in den Genuss der Vorteile kommen, die die Gewerkschaft erkämpft hat, werden sie von den Gewerkschaften als „Trittbrettfahrer" bezeichnet.

4.3 Wirkungen des Tarifvertrags

Tarifbindung	■ Die Mitglieder der Tarifvertragsparteien sind an die Vereinbarungen des Tarifvertrags gebunden. Die Inhalte des Tarifvertrags stellen **Mindestbedingungen** für die Arbeitsverhältnisse dar (z. B. Mindestlöhne, Mindesturlaubstage). ■ Grundsätzlich unbeschränkt zulässig ist die Vereinbarung günstigerer Arbeitsbedingungen (z. B. übertarifliche Löhne), als sie der Tarifvertrag vorschreibt.
Friedenspflicht	Während der Gültigkeitsdauer eines Tarifvertrags dürfen keine Arbeitskampfmaßnahmen (Streiks, Aussperrungen) ergriffen werden.
Grundsatz der Nachwirkung	Nach Ablauf des Tarifvertrags gelten seine Vereinbarungen weiter, bis sie durch einen neuen Tarifvertrag ersetzt werden.

---

[1] Beispiel: Tarifvertrag öffentlicher Dienst für den Dienstleistungsbereich Krankenhäuser.
[2] Beispiel: Tarifvertrag für Beschäftigte der Universitätsmedizin Mainz KöR.

4.4 Entstehen eines Tarifvertrags

① Forderungen der Gewerkschaft

Die Gewerkschaft kündigt den Tarifvertrag unter Einhaltung der entsprechenden Kündigungsfrist und übermittelt dem zuständigen Arbeitgeberverband ihre Forderungen für den neuen Tarifvertrag.

② Verhandlungen

Arbeitgeberverband und Gewerkschaften bilden jeweils eine Verhandlungskommission. Die Verhandlungen beginnen zwei Wochen vor Ablauf des Tarifvertrags. Ein oder beide Partner können das Scheitern der Verhandlungen erklären.

③ Friedenspflicht

Vier Wochen nach Ablauf des Tarifvertrags endet die Friedenspflicht, die während der Laufzeit des Tarifvertrags gilt.
Nach Ablauf der Friedenspflicht werden die Verhandlungen fortgesetzt. Nötigenfalls unterstützen Gewerkschaftsmitglieder die Verhandlungen mit Warnstreiks, Demonstrationen und Aktionen.

④ Scheitern der Verhandlungen

Die Gewerkschaft bricht die Verhandlungen ab, erklärt das Scheitern der Verhandlungen und fordert eine **Schlichtung**. Scheitert die Schlichtung, ruft die Gewerkschaft ihre Mitglieder zur Urabstimmung auf.

④ Positives Verhandlungsergebnis

Beide Tarifparteien erreichen in Verhandlungen ein Verhandlungsergebnis und stimmen zu. Die Gewerkschaft und der Arbeitgeberverband nehmen das Verhandlungsergebnis an.

⑤ Es gilt der neue Tarifvertrag.

⑤ Urabstimmung, Festlegen des Streikbeginns, Streik, Aussperrung

Entscheiden sich mindestens 75 % der aufgerufenen Gewerkschaftsmitglieder in einem Unternehmen für **Streik**, so legt der Vorstand der Gewerkschaft den Streikbeginn fest. Das Arbeitskampfmittel der Arbeitgeber gegen den Streik ist die **Aussperrung**.

Während des Streiks gibt es weitere Tarifgespräche. Es kann auch die **Schlichtung** angerufen werden. Liegt ein Verhandlungsergebnis vor, gibt es darüber eine erneute Urabstimmung.

Entscheiden sich mindestens 25 % der aufgerufenen Gewerkschaftsmitglieder für die Annahme, so steht der neue Tarifvertrag.

⑥ Es gilt der neue Tarifvertrag.

Erläuterung der Begriffe Streik, Aussperrung, Schlichtung:

- Unter **Streik** versteht man die **gemeinsame Arbeitseinstellung mehrerer Arbeitnehmer** mit dem Ziel, nach Durchsetzung bestimmter Forderungen die Arbeit wieder aufzunehmen. Da dem Streik keine Kündigung der Arbeitsverhältnisse vorausgeht, bleiben diese auch während des Streiks erhalten.
- **Aussperrung** bedeutet, dass die Arbeitnehmer durch den Arbeitgeber gemeinschaftlich daran gehindert werden, zu arbeiten (im Gegensatz zum Streik, bei dem die streikenden Arbeitnehmer nicht arbeiten wollen).
- Die **Schlichtung** hat die Aufgabe, zur Verhinderung bzw. zur Beendigung von Streiks beizutragen.

4.5 Bedeutung der Tarifverträge für Arbeitnehmer und Arbeitgeber

Wichtige Vorteile von Tarifverträgen für Arbeitnehmer und Arbeitgeber sind in der nachfolgenden Übersichtstabelle zusammengestellt.

Vorteile	Nachteile
■ Sicherung der Mindestarbeitsbedingungen (Mindestlohn, Urlaubsgeld, Kündigungsschutz usw.) für die Laufzeit des Tarifvertrags. ■ Gleichstellung der Arbeitnehmer mit gleichen Tätigkeiten, gleichen Berufserfahrungen und gleicher Verantwortung (Schutz vor willkürlicher Behandlung).	■ Einheitliche Kalkulationsgrundlage durch einheitliche Lohn- und Gehaltstarife für die Dauer des Tarifvertrags. ■ Einschränkung der Konkurrenz innerhalb der Branchen bezüglich der Personalanwerbung, geringere Mitarbeiterwechsel in Zeiten der Vollbeschäftigung.

4 Bedeutung von Tarifverträgen und die Rolle der Sozialpartner

Kompetenztraining

55 Stellen Sie zunächst in Partnerarbeit alle möglichen Aspekte, die Ihnen zum Thema Gewerkschaften bekannt sind, in Form einer Mindmap zusammen! Versuchen Sie die gesammelten Aspekte im Anschluss so weit wie möglich zu ordnen und informieren Sie Ihre Klasse über Ihr Arbeitsergebnis!

56
1. Erklären Sie den Begriff Sozialpartnerschaft!

2. Die Arbeitgeber und die Gewerkschaften vereinbaren eine Regelung über die Entgeltfortzahlung im Krankheitsfall.
   Aufgabe:
   Nennen Sie die Tarifvertragsart, in der eine solche Regelung steht!

3. Erläutern Sie kurz folgende Begriffe:
   3.1 Tarifvertrag,
   3.2 Tarifautonomie,
   3.3 Allgemeinverbindlichkeit,
   3.4 Tarifgebundenheit,
   3.5 Manteltarif,
   3.6 Friedenspflicht.

4. Nennen Sie die Vorteile, die die Tarifverträge für Arbeitnehmer und Arbeitgeber bringen!

5. 5.1 Nennen Sie die Vertragspartner beim
      5.1.1 Arbeitsvertrag,
      5.1.2 Tarifvertrag!
   5.2 Erklären Sie, welche Bedeutung die Entscheidung, Tarifverträge für allgemein verbindlich zu erklären, für die Arbeitnehmer hat!
   5.3 Nennen Sie Inhalte, die im Manteltarifvertrag geregelt sind. Bilden Sie vier Beispiele!

6. Die Klar GmbH zahlt ihren Angestellten grundsätzlich 10 % mehr als der Tarifvertrag vorsieht. Lediglich dem Neuling Lahm will man zunächst das Tarifgehalt zahlen. Erläutern Sie, ob die beiden Maßnahmen zulässig sind!

7. Erklären Sie den Begriff Kollektivarbeitsvertrag!

8. 8.1 Die Kramer Medipark GmbH möchte ihr Angebot erweitern und sucht daher neue Mitarbeiter. Die Kramer Medipark GmbH ist Mitglied im Arbeitgeberverband.
   Aufgaben:
   Notieren Sie, in welchem Gesetz bzw. Vertrag sich die Kramer Medipark GmbH über die Höhe der Gehälter der neuen Mitarbeiter informieren kann!
      8.1.1 Im entsprechenden Manteltarifvertrag ihres Tarifgebiets.
      8.1.2 Im Handelsgesetzbuch [HGB].
      8.1.3 Im Bürgerlichen Gesetzbuch [BGB].
      8.1.4 Im entsprechenden Lohn- und Gehaltstarifvertrag ihres Tarifgebiets.
   8.2 Erläutern Sie, welche Bedeutung der Lohn- und Gehaltstarifvertrag beim Abschluss eines Arbeitsvertrags hat!

57
1. In einer Pressemitteilung verlangt der Arbeitgeberverband Pflege e. V. einen maßvollen Tarifabschluss, um neue Arbeitsplätze schaffen zu können. Er appelliert dabei an die Bundesregierung, diese Forderung zu unterstützen. Der Pressesprecher der Bundesregierung lehnt diese Forderung mit dem Hinweis ab, die Bundesregierung habe keine Möglichkeit, direkt in Tarifverhandlungen einzugreifen.

Aufgaben:

1.1 Begründen Sie, ob die Bundesregierung rechtlich die Möglichkeit hat, in Tarifverhandlungen einzugreifen!

1.2 Nennen Sie zwei Gründe, die dafür sprechen, dass der Staat nicht in Tarifverhandlungen eingreifen soll!

2. Der neue Gehaltstarifvertrag für die kommunalen Krankenhäuser sieht eine Gehaltssteigerung von 2,5 % vor.

Aufgaben:

2.1 Stellen Sie dar, unter welchen Voraussetzungen ein Krankenhaus seinen Mitarbeitern 2,5 % mehr Gehalt zahlen muss!

2.2 Prüfen Sie, ob jeweils alle Mitarbeiter Anspruch auf die 2,5 %ige Gehaltserhöhung haben!

58

1. Nennen Sie einige wichtige Ziele der Gewerkschaften!

2. Erklären Sie die Begriffe Streik und Aussperrung!

3. Die Belegschaft des Sanitätshauses Overbeck GmbH hat gegen den Willen der Gewerkschaft seit drei Tagen die Arbeit niedergelegt. Sie will ein höheres Urlaubsgeld erzwingen. Die Geschäftsleitung kündigt den drei führenden Streikorganisatoren.

Aufgabe:

Prüfen Sie die Rechtslage!

4. 4.1 Beschreiben Sie die nebenstehende Karikatur!

    4.2 Erklären Sie, welcher Zielkonflikt in der Karikatur dargestellt wird!

    4.3 Erläutern Sie, auf welche Weise ein Interessenausgleich herbeigeführt werden kann!

5. Erläutern Sie den Unterschied zwischen einer Betriebsvereinbarung und einem Tarifvertrag!

3 Märkte analysieren und Marketinginstrumente anwenden

1 Der Gesundheitsmarkt als staatliche Gemeinschaftsaufgabe

Gesundheitsleistungen sieht der **Staat** als solidarische Aufgabe des Gemeinwesens an und übernimmt daher umfassende Steuerungs- und Regulierungsfunktionen. Im gesamten Gesundheitsmarkt haben die **Aufwendungen für Krankenhausleistungen** den größten Anteil. Daher ist es nur konsequent, dass ein fürsorglicher Sozialstaat hier Leistungsprozesse und Finanzierungsströme in Schlüsselstellungen mitgestaltet.

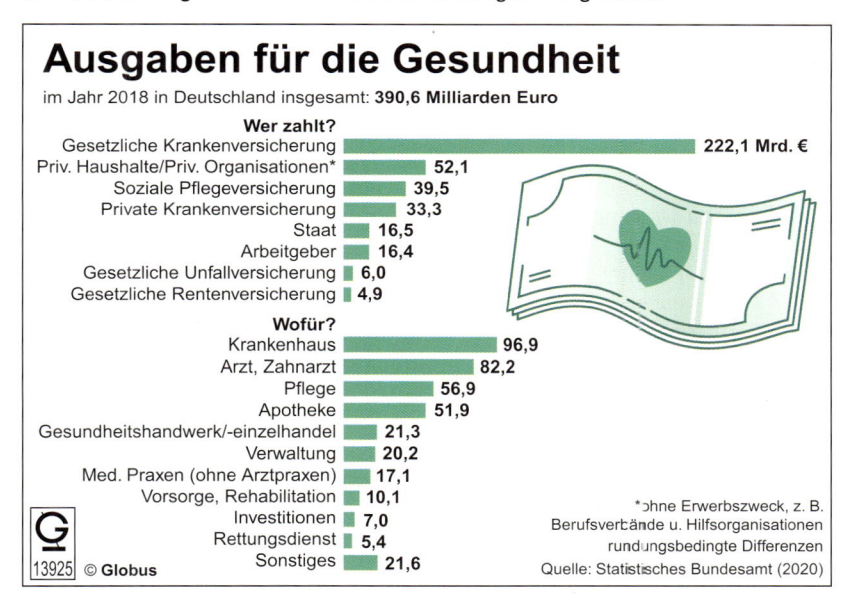

Ausgaben für die Gesundheit
im Jahr 2018 in Deutschland insgesamt: **390,6 Milliarden Euro**

Wer zahlt?
- Gesetzliche Krankenversicherung: 222,1 Mrd. €
- Priv. Haushalte/Priv. Organisationen*: 52,1
- Soziale Pflegeversicherung: 39,5
- Private Krankenversicherung: 33,3
- Staat: 16,5
- Arbeitgeber: 16,4
- Gesetzliche Unfallversicherung: 6,0
- Gesetzliche Rentenversicherung: 4,9

Wofür?
- Krankenhaus: 96,9
- Arzt, Zahnarzt: 82,2
- Pflege: 56,9
- Apotheke: 51,9
- Gesundheitshandwerk/-einzelhandel: 21,3
- Verwaltung: 20,2
- Med. Praxen (ohne Arztpraxen): 17,1
- Vorsorge, Rehabilitation: 10,1
- Investitionen: 7,0
- Rettungsdienst: 5,4
- Sonstiges: 21,6

*ohne Erwerbszweck, z. B. Berufsverbände u. Hilfsorganisationen
rundungsbedingte Differenzen
Quelle: Statistisches Bundesamt (2020)
© Globus 13925

Im Jahr 2018 betrugen die Gesundheitsausgaben in Deutschland 390,6 Mrd. EUR. Das waren rund 4 712 EUR je Einwohner. Mit 193,9 Mrd. EUR wurde knapp die Hälfte der Ausgaben in ambulanten Einrichtungen getätigt, darunter 82,2 Mrd. EUR in Arzt- und Zahnarztpraxen und 51,9 Mrd. EUR in Apotheken. Die Ausgaben der stationären und teilstationären Einrichtungen summierten sich auf 142,5 Mrd. EUR. Am meisten kosteten hier mit 96,9 Mrd. EUR die Krankenhäuser. Finanziert wurden die Gesundheitsausgaben vor allem von den gesetzlichen Krankenkassen. Sie trugen 222,1 Mrd. EUR oder 56,9 % der Gesamtkosten. Die privaten Haushalte mussten zusammen mit den privaten Organisationen ohne Erwerbszweck 52,1 Mrd. EUR aufbringen – z. B. für Medikamente oder Zuzahlungen.

Aus der sozialpolitischen Bedeutung der Krankenbehandlung als elementare Daseinsvorsorge erhalten die Leistungserbringer (z. B. Krankenhäuser) den gesetzlichen Auftrag, eine **medizinisch zweckmäßige und ausreichende Versorgung** sicherzustellen [§ 70 I SGB V]. Das SGB formuliert für die gesetzliche Krankenversicherung, bei der etwa 90 % der deutschen Bevölkerung versichert ist, einen Anspruch auf Krankenhausbehandlung, die im Einzelfall nach Art und Schwere der Krankheit notwendig ist. Behandlungsformen sind insbesondere ärztliche Behandlung, Krankenpflege, Versorgung mit Arznei-, Heil- und Hilfsmitteln, Unterkunft und Verpflegung.

Die Krankenhausbehandlung wird vollstationär, teilstationär, vor- und nachstationär sowie ambulant erbracht. Bei der Prüfung zur Aufnahme ins Krankenhaus gilt der **Grundsatz „Ambulant vor stationär!"** [§ 39 I SGB V].

> Die **Versorgung der Versicherten** muss **ausreichend** und **zweckmäßig** sein,
> - darf das **Maß des Notwendigen nicht überschreiten** und
> - muss **in der fachlich gebotenen Qualität** sowie
> - **wirtschaftlich** erbracht werden [§ 70 I SGB V].

Die gesetzlichen Vorgaben führen dazu, dass die **Krankenhaus-Betriebswirtschaft** und darüber hinaus die Gesundheitswirtschaft allgemein weniger marktwirtschaftlichen Prinzipien des freien Wettbewerbs und der freien Preisbildung verschiedener Anbieter folgen, sondern **im hohen Maße administrierten Regelungen unterliegen.** Angesichts ständig steigender Gesundheitsausgaben dominiert der Aspekt der **Kostendämpfung** die gesundheitspolitische Zielrichtung.

Die gesetzlich versicherte Bevölkerung erhält die Versicherungsleistungen der Kranken- und Pflegekassen i. d. R. als Sach- und Dienstleistungen und grundsätzlich nicht als Geldleistungen. Gemäß den Vorschriften der SGB V und XI dürfen die **Gesundheitsleistungen nur im notwendigen Umfang** in Anspruch genommen werden. Sie müssen von den vertraglichen Leistungserbringern (Krankenhäuser, Arztpraxen, Therapie- und Pflegeeinrichtungen) wirtschaftlich und wirksam erbracht werden.

> Gesundheitsleistungen, die nicht notwendig oder unwirtschaftlich sind, können Versicherte nicht beanspruchen und dürfen die Leistungserbringer nicht bewirken [§§ 2 und 12 SGB V, § 72 SGB XI].

Kompetenztraining

59
1. Warum ist die Gesundheitswirtschaft im Wesentlichen ein reglementierter Markt?
2. Wo liegen die Schwerpunkte der Gesundheitsausgabenrechnung?
3. Erläutern Sie den gesetzlichen Auftrag für den Wirtschaftsbetrieb Krankenhaus!

60 Gefährlicher Vollrausch: 21 721 Kinder und Jugendliche im Alter von 10 bis 19 Jahren wurden im Jahr 2017 wegen eines akuten Alkoholrausches stationär im Krankenhaus behandelt. Das waren 2,6 % weniger als im Vorjahr, wie aus der aktuellen Krankenhausdiagnosestatistik des Statistischen Bundesamts hervorgeht. Beim Blick auf die Geschlechter zeigt sich: Bei den 10- bis 14-Jährigen sind es vermehrt Mädchen, die mit einem Vollrausch im Krankenhaus landen. Ihr Anteil beträgt 60 %. Das Verhältnis ändert sich aber bei den älteren Jugendlichen und jungen Erwachsenen (15 bis 19 Jahre): In dieser Altersgruppe sind vermehrt Jungen betroffen (61 %).

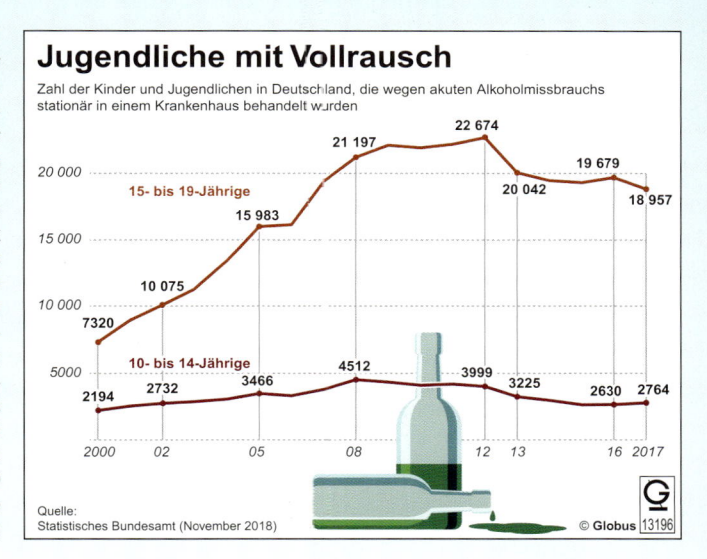

Jugendliche mit Vollrausch
Zahl der Kinder und Jugendlichen in Deutschland, die wegen akuten Alkoholmissbrauchs stationär in einem Krankenhaus behandelt wurden

15- bis 19-Jährige: 2000: — ; 02: 10 075; 05: 15 983; 08: 21 197; 12: 22 674; 13: 20 042; 16: 19 679; 2017: 18 957

10- bis 14-Jährige: 2000: 2194; 02: 2732; 05: 3466; 08: 4512; 12: 3999; 13: —; 16: 3225; (weitere) 2630; 2017: 2764

(7320 bei 10- bis 14-Jährigen Kurve um 2002)

Quelle: Statistisches Bundesamt (November 2018) © Globus 13196

Aufgaben:
1. Wer bezahlt die Krankenhausbehandlung von jährlich über 20 000 jungen Patienten mit Alkoholvergiftung?
2. Was sind Ihrer Meinung nach die Gründe für den Alkoholmissbrauch von Jugendlichen?
   Sollten die Jugendlichen oder ihre Sorgeberechtigten an den Kosten der Krankenhausbehandlung beteiligt werden?
3. Berechnen Sie den Anstieg der Krankenhausfälle von 15- bis 19-Jährigen zwischen 2000 und 2012
   3.1 als absoluten Wert (Zahl),
   3.2 als relativen Wert (% gerundet)!
4. Berechnen Sie den Rückgang der Krankenhausfälle von 15- bis 19-Jährigen zwischen 2012 und 2017
   4.1 als absoluten Wert (Zahl),
   4.2 als relativen Wert (% gerundet)!
5. Wie viele junge Frauen wurden im Jahre 2017 stationär im Krankenhaus wegen Alkoholmissbrauch behandelt (gerundet)?

Märkte analysieren und Marketinginstrumente anwenden

2 Grundlagen, Ziele und Aufgaben des Marketings

2.1 Grundlagen des Marketings

Das Streben eines jeden Unternehmens ist es, den Absatz seiner Ideen, Waren und Dienstleistungen so zu organisieren, dass es auf dem Markt seiner Branche erfolgreich ist. Dazu werden alle Unternehmensaktivitäten an den Bedürfnissen des Marktes ausgerichtet.

(1) Besonderheiten auf dem Gesundheitsmarkt

Leistungen von Gesundheitseinrichtungen unterscheiden sich erheblich von Absatzleistungen für Konsumgüter. Die Behandlung und Versorgung von Patienten ist nicht produktbezogen, sondern eine äußerst personenbezogene Dienstleistung (**Dienst am Menschen**). Daher ist die Übertragung bewährter Instrumente des Konsumgütermarketings auf den Gesundheitssektor nur bedingt möglich. Das gelingt noch am ehesten im sogenannten Wellnessbereich, der mit Wellness-Produkten und Wellness-Diensten höchstes Wohlbefinden an den interessierten Kunden verkaufen kann – oder auch nicht.

> Das Betrachtungsmodell eines wählenden Kunden versagt im Kranken- und Pflegebereich.

Der Kunde „Patient" wählt nicht freiwillig die Behandlungs- und Pflegedienste, denn er will überhaupt nicht krank sein. Eine entscheidende **Preisfrage für das Gesundheitsgut** stellt sich bei gesetzlichen Gesundheitsleistungen auch nicht, weder für Anbieter noch für Nachfrager. Angesichts **administrierter Preise** durch DRG-Fallpauschalen, Gebührenordnung für Ärzte (GOÄ) und kollektiver Pflegesätze fehlt ein sonst wichtiger Marktmechanismus. Die schicksalhaften Bedingungen des Gesundheitsmarktes führen aber nicht dazu, dass sich der Kunde „Patient" passiv verhält. Die persönliche Betroffenheit motiviert dazu, dass gesundheitsrelevante Themen zur gängigen Konversation in der Bevölkerung gehören.

Über gesundheitliche Fragen informieren sich ca. drei Viertel der Bevölkerung, und zwar vornehmlich aus dem Internet. Das Internet ist das Leitmedium.[1] Angesichts von Patientenbewertungsportalen und Social-Media-Beiträgen kann einem Krankenhaus oder Pflegeheim das verbreitete Image nicht gleichgültig sein.

> Gesundheitseinrichtungen stehen in einem ausgeprägten **Wettbewerb um einen hohen Bekanntheitsgrad und ein positives Erscheinungsbild.**

Marketing für Dienstleistungen in der Gesundheitswirtschaft ist also viel mehr als das Verteilen von Hochglanzbroschüren. Das Werberecht für den medizinischen Bereich setzt allerdings Grenzen.

---
1 Vgl. MSLGroup Germany GmbH: MSL-Gesundheitsstudie 2012, S. 7.

(2) Begriff Marketing

Die Marketingkonzeption besagt, dass der Schlüssel zur Erreichung der gesetzten Unternehmensziele darin liegt, die Bedürfnisse und Wünsche des Kunden zu ermitteln und diese dann wirksamer und wirtschaftlicher zufriedenzustellen als die Mitbewerber. Oberstes **Ziel des Marketings** ist die **Kundenzufriedenheit**.

Schlagworte zum Marketing

- Erfülle Kundenbedürfnisse auf profitable Art!
- Entdecke Kundenwünsche und erfülle sie!
- Wir richten es, wie Sie es wollen!
- Bei uns steht der Mensch im Mittelpunkt!

- **Marketing** ist eine Konzeption, bei der alle Aktivitäten eines Unternehmens konsequent auf die Erfüllung der Kundenbedürfnisse ausgerichtet sind.
- Ziel der Marketingkonzeption ist die **Kundenzufriedenheit**.

2.2 Marketingziele festlegen

2.2.1 Notwendigkeit von Zielformulierungen

Ziele beschreiben einen angestrebten Zustand in der Zukunft.

Werden diese nicht formuliert, ist nicht bekannt, was erreicht werden soll. Damit kann auch kein sinnvoller Mitteleinsatz geplant werden.

Wichtige Aufgaben von Zielformulieren sind:

Orientierung geben	Ziele geben die Marschrichtung vor. Das Engagement der Mitarbeiter findet eine Richtung, alle ziehen am gleichen Strang. Sind die zur Verfügung stehenden Ressourcen (Arbeitskraft, Kapital, Zeit) knapp, dann helfen die Zielformulierungen, die knappen Mittel so zu verteilen, dass der höchste Nutzen erzielt wird.
Kontrolle vornehmen	Durch einen Vergleich der formulierten Ziele mit den erreichten Ergebnissen kann der Unternehmenserfolg kontrolliert und beurteilt werden.
Lenkung erreichen	*„Nichts macht erfolgreicher als der Erfolg".* Wird das Erreichen von realistischen (!) Zielen verknüpft mit Belohnungen (Gehaltszulagen, Beförderung), dann fördert dies die Motivation der Mitarbeiter im eigenen Unternehmen.

2.2.2 Marketingziele formulieren

(1) Begriff Marketingziele

- **Marketingziele** beschreiben eine angestrebte künftige Marktposition, die durch **abgestimmte Marketinginstrumente** erreicht werden soll.
- Die Marketingziele leiten sich aus den **Unternehmenszielen** bzw. dem **Unternehmensleitbild** ab.

(2) Anforderungen an die Formulierung von Marketingzielen

Ein Marketingziel ist umfassend formuliert, wenn es hinsichtlich der folgenden vier Anforderungen genau bestimmt ist. Diese vier Anforderungen sollen am Beispiel des Ziels Erhöhung des Bekanntheitsgrades der Königberg-Klinik in Bad Pyrmont dargestellt werden:

Anforderungen	Fragestellungen	Beispiele
Zielinhalt	**Was** soll erreicht werden?	Unser Bekanntheitsgrad soll gesteigert werden.
Zielausmaß	**Wie viel** soll erreicht werden?	Wir wollen unseren Bekanntheitsgrad auf 80 % steigern.
Zeithorizont	**Bis wann** soll das Ziel erreicht werden?	Innerhalb der nächsten 3 Jahre wollen wir unseren Bekanntheitsgrad auf 80 % steigern.
Geltungsbereich	**Wo** soll dieses Ziel erreicht werden?	Innerhalb der nächsten 3 Jahre wollen wir unseren Bekanntheitsgrad im Landkreis Hameln-Pyrmont auf 80 % steigern.

(3) Beispiele für die Formulierung von Marketingzielen

Marketing-ziele	Erläuterungen	Zielformulierungen (Beispiele)
Marktanteil	Er ist der Anteil der eigenen Leistungen (Absatzvolumen) gemessen an den Leistungen aller Unternehmen auf einem Teilmarkt innerhalb einer Periode (Marktvolumen), ausgedrückt in Prozent. $$\text{Marktanteil (mengenorientiert)} = \frac{\text{Absatzvolumen} \cdot 100}{\text{Marktvolumen}}$$ Diese Kennzahl gibt Auskunft darüber, in welchem Maße das eigene Unternehmen das Marktvolumen des Marktes ausschöpfen und sich damit gegen die Mitbewerber erfolgreich durchsetzen konnte.	Bis zum Ende des Jahres 20.. soll unsere Station Gynäkologie/Geburtshilfe einen Anteil von 50 % aller Geburten im Landkreis Hameln-Pyrmont betreuen.

2 Grundlagen, Ziele und Aufgaben des Marketings

Marketing-ziele	Erläuterungen		Zielformulierungen (Beispiele)
Bekanntheitsgrad	Er besagt, welche Wertschätzung die Kunden dem Produkt, der Dienstleistung und der Marke entgegenbringen. Die Steigerung des Bekanntheitsgrades drückt sich in Merkmalen wie Werte, Motive, Einstellungen oder Interessen der Kunden aus. Aus deren Kenntnis kann man Rückschlüsse ziehen auf die Bedürfnisse der Kunden. Und daraus wiederum lassen sich Aussagen ableiten über das künftige Kundenverhalten. $$\text{Bekanntheitsgrad} = \frac{\text{Anzahl der Befragten, die einen Gegenstand kennen}}{\text{Anzahl aller Befragten}} \cdot 100$$ Maggi, Coca-Cola und Nivea haben z. B. einen Bekanntheitsgrad von nahezu 100 %. Allerdings: Der Bekanntheitsgrad sagt nur etwas darüber aus, wie viele der Befragten einen Gegenstand (Produkt, Marke, Unternehmen) kennen. Es sagt noch nichts darüber aus, ob die Befragten auch eine positive Einstellung gegenüber diesem Gegenstand haben. (Z. B. kann ein Krankenhaus auch deswegen bekannt werden, weil eine spektakuläre, fristlose Kündigung des Chefarztes erfolgte. In diesem Fall wäre ein hoher Bekanntheitsgrad eher negativ.) Wertvoll verfeinert werden kann diese Kennzahl durch den Sympathiegrad. $$\text{Sympathiegrad} = \frac{\text{Anzahl jener, die den Gegenstand mögen}}{\text{Anzahl jener, die den Gegenstand kennen}} \cdot 100$$		Wir wollen innerhalb von 3 Jahren im Landkreis Hameln-Pyrmont einen Bekanntheitsgrad von 80 % erzielen.
Kundenbindung		Die Kennzahlen zur Kundenbindung sagen etwas aus über die **Beziehungsqualität** der Kunden zu einem Produkt. Die Komplexität dieses Zieles bedingt, dass es nur über ein Bündel an Kennzahlen zu fassen ist. Die **Empfehlungsrate** lässt sich z. B. in einer Skalenfrage mit einer Bandbreite von 0–10 erfassen: „Wie wahrscheinlich ist es, dass Sie unser Krankenhaus weiterempfehlen?"	Innerhalb von 5 Jahren wollen wir bei unseren entlassenen Patienten eine Empfehlungsrate von 95 % erreichen.

2.3 Aufgaben des Marketings

Die konkrete Bewältigung der Marketingaufgaben ist als ein Prozess zu verstehen, der sich in folgende (idealtypische) Phasen untergliedern lässt:

Phasen des Marketingprozesses	Erläuterungen
Marktforschung (Situationsanalyse)	In dieser Phase gilt es, die gegenwärtige und zukünftige Situation des Unternehmens, des Marktes und des Umfeldes planmäßig und systematisch zu erforschen.
Planung der Marketingstrategie	Im Allgemeinen werden vier Marketing-Instrumentenbündel unterschieden, die es je nach Marktgegebenheiten zu kombinieren gilt (**Marketingmix**): ■ Produkt- und Leistungspolitik, ■ Kontrahierungspolitik (Entgeltpolitik), ■ Kommunikationspolitik und ■ Distributionspolitik. Der Einsatz einer bestimmten Marketingstrategie (Marketingmaßnahme) hängt insbesondere von zwei Faktoren ab: ■ von dem „Lebensalter" der Produkte (**Konzept des Produktlebenszyklus**) und ■ vom Marktanteil des Produkts bzw. der Leistung und den damit verbundenen Wachstumsaussichten (**Marktwachstums-Marktanteil-Portfolio**).
Entwicklung eines Marketingkonzepts (Marketingmix)	Im Rahmen des Marketingkonzepts wird die Art und Weise festgelegt, wie das Unternehmen das Marketing-Instrumentarium einsetzt. Die jeweilige Kombination der Marketinginstrumente bezeichnet man als **Marketingmix**.
Marketing-Controlling	Diese Phase liefert der Unternehmensleitung zum einen Informationen über den Grad der Zielverwirklichung (**ergebnisorientiertes Controlling**) und zum anderen über die Effizienz[1] der verschiedenen Phasen des Produktlebenszyklus (**Marketing-Audit**).[2] Darüber hinaus gibt das Marketing-Controlling Auskunft über weiteren Planungs- und Handlungsbedarf.

Die Erfüllung des Marketingkonzepts von der Situationsanalyse bis zum Marketing-Controlling soll sicherstellen, dass die Veränderungen auf den Märkten und im Umfeld und die hieraus resultierenden Chancen und Risiken für das Unternehmen rechtzeitig erkannt werden können. Auf diese Weise werden die Voraussetzungen für die Bewältigung neu auftretender bzw. veränderter Markt- bzw. Umfeldsituationen geschaffen. Marketingziele, Marketingstrategien und Marketingmaßnahmen müssen dabei immer so gestaltet werden, dass Spannungen zwischen dem Unternehmen und den unterschiedlichen Markt- und Umfeldsituationen vermieden bzw. reduziert werden.

---

1 **Effizienz:** Wirtschaftlichkeit.
2 **Audit** (lat.-engl.): Prüfung betrieblicher Qualitätsmerkmale.

Kompetenztraining

61 Beschreiben Sie drei Besonderheiten, die für den Gesundheitsmarkt kennzeichnend sind!

62 1. Charakterisieren Sie den Begriff Marketing!

2. Die Bewältigung der Marketingaufgaben vollzieht sich in idealtypischen Phasen.

   Aufgabe:

   Nennen Sie diese Phasen in ihrer chronologischen Abfolge und skizzieren Sie jeweils ihre grundlegenden Aufgaben!

63 1. Marketing-Aktivitäten folgen einer Strategie, um gesetzte Unternehmensziele auf dem Absatzmarkt zu erreichen. Entwerfen Sie für Ihre Einrichtung wünschenswerte Marketingziele!

2. Ein Ziel ist konkret formuliert, wenn es Aussagen enthält über Zielinhalt, Zielausmaß, Zeithorizont und Geltungsbereich.

   Aufgaben:

   Formulieren Sie konkrete Marketingziele

   2.1 für die Gründung einer Tagespflege-Einrichtung in einer Kreisstadt!

   2.2 für die Filiale einer Drogeriekette in der Fußgängerzone einer Großstadt!

   2.3 Schlagen Sie Maßnahmen vor, die geeignet sind, das in Aufgabe 2. formulierte Ziel zu erreichen!

Märkte analysieren und Marketinginstrumente anwenden

3 Marktforschung

3.1 Begriff Marktforschung, Träger und Gebiete der Marktforschung

(1) Begriff Marktforschung

Unternehmen, die ohne grundlegende Kenntnisse der Märkte und ohne sinnvolle Abstimmung der Marketinginstrumente Produkte und Dienstleistungen auf den Markt bringen, laufen Gefahr, auf ihren Leistungen ganz oder teilweise „sitzen zu bleiben".

Werden hingegen im Vorfeld Marktinformationen (z. B. über Kundenwünsche, Kaufkraft der Kunden, Verhalten der Konkurrenten, die Lage auf den Beschaffungsmärkten und allgemeine Marktdaten) beschafft, sind die Aussichten wesentlich besser, die Absatz- und Auslastungspläne zu verwirklichen.

- **Marktforschung** ist die systematische Erforschung, Beschaffung und Aufbereitung von Marktinformationen.
- Marktforschung geschieht durch **Marktanalyse, Marktbeobachtung** und **Marktprognose.**

- **Marktanalyse**

Die **Marktanalyse** untersucht die Marktgegebenheiten zu einem **bestimmten Zeitpunkt**.

Eine Marktanalyse wird z. B. vorgenommen, wenn **neue Produkte und Dienstleistungen** oder **weiterentwickelte Produkte und Dienstleistungen** auf den Markt gebracht werden sollen. **Untersuchungsgegenstände** sind z. B.:

- Anzahl der Personen, Unternehmen und Verwaltungen, die als Kunden infrage kommen,
- Einkommens- und Vermögensverhältnisse der mutmaßlichen Kunden,
- persönliche Meinung der (möglichen) Kunden zur angebotenen Leistung,
- Beschaffung von Daten über die Konkurrenzunternehmen, die den zu untersuchenden Markt bereits bedienen (z. B. deren Preise, Qualitäten der angebotenen Leistungen, Werbung).

- **Marktbeobachtung**

- Die **Marktbeobachtung** hat die Aufgabe, Veränderungen auf den Märkten **laufend** zu erfassen und auszuwerten.
- Beobachtet werden zum einem die vorhandenen bzw. neu zu gewinnenden **Kunden,** und zum anderen das Verhalten der Konkurrenzunternehmen.

Die **Fragestellungen** lauten z. B.:

- Wie entwickelt sich die Zahl der Nachfrager, wie die mengen- und wertmäßige Nachfrage nach einer bestimmten Leistung?
- Wie entwickeln sich die Einkommen, wie die Vermögensverhältnisse der Abnehmer?
- Wie verändert sich die Einstellung der Abnehmer zur angebotenen Leistung?
- Wie reagieren die Konkurrenzunternehmen auf absatzpolitische Maßnahmen (z. B. Preisänderungen, Werbemaßnahmen)?

Ziel der Marktbeobachtung ist die Ermittlung von Tendenzen, Veränderungen sowie Trends innerhalb eines bestimmten Zeitraums.

■ **Marktprognose**

Marktanalyse und Marktbeobachtung haben letztlich den Zweck, das **Marktrisiko zu vermindern.** Dies ist nur möglich, wenn die Gegenwartsentscheidungen der Geschäftsleitung auf Daten beruhen, die die zukünftige Entwicklung auf den Märkten mit einiger Sicherheit aufzeigen können.

Marktprognosen sind Vorhersagen über künftige Entwicklungen am Absatzmarkt, z. B. über den Absatz bestimmter Produkte oder Leistungen.

(2) Träger der Marktforschung

Die Träger der Marktforschung sind die Großbetriebe mit ihren wissenschaftlichen Stäben, wissenschaftliche Institute und vor allem Marktforschungsinstitute.

Marktforschungsinstitute sind gewerbliche Einrichtungen und Unternehmen, die sich im Auftrag von Industrie und Handel der Meinungsforschung und der Marktforschung widmen.

Beispiele:
EMNID-Institut GmbH & Co. KG, Bielefeld; Institut für Demoskopie Allensbach GmbH, Allensbach (Bodensee); INFRA-TEST-Marktforschung, Wirtschaftsforschung, Motivforschung, Sozialforschung GmbH & Co. KG, München.

Märkte analysieren und Marketinginstrumente anwenden

(3) Gebiete der Marktforschung

Die wichtigsten Gebiete der Marktforschung sind in der nachfolgenden Tabelle zusammengefasst.

Bedarfsforschung	Sie sammelt Informationen über tatsächliche und mögliche Nachfrager. Ziel ist es, die Absatzchancen für die Erzeugnisse, Handelswaren oder Dienstleistungen herauszufinden.
Konkurrenzforschung	Sie sammelt Informationen über die wichtigsten Konkurrenten sowie zur Branchenentwicklung. Wichtig sind z. B. Informationen über die Konkurrenzprodukte; die Größe des Marktanteils; die Angebotspalette, Kapitalstärke, Absatzorganisation der Konkurrenzanbieter; das Marketingverhalten der Konkurrenten.
Volkswirtschaftliche Entwicklung	Erfasst werden vor allem die Konjunkturentwicklung, wirtschafts- und umweltpolitische Maßnahmen der Regierung, Saisonschwankungen, Entwicklung des Arbeitsmarktes u. a.

3.2 Informationen über zentrale Marktteilnehmer gewinnen

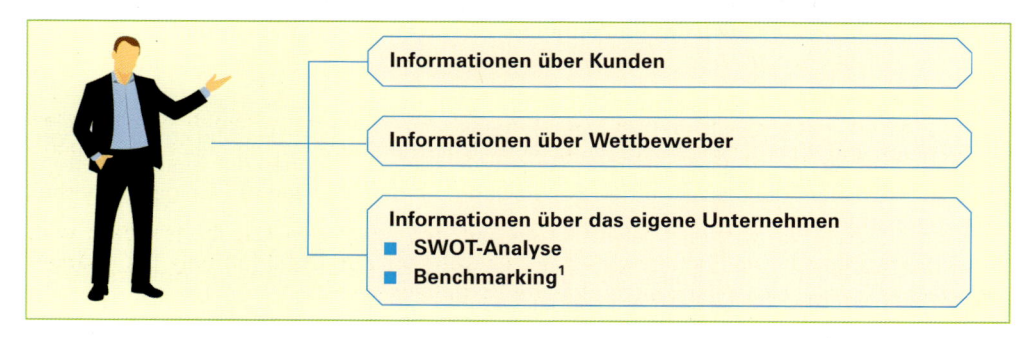

- Informationen über Kunden
- Informationen über Wettbewerber
- Informationen über das eigene Unternehmen
  - SWOT-Analyse
  - Benchmarking[1]

(1) Kundenanalyse

Um das Unternehmen auf die verschiedenen Bedarfe der Kundengruppen ausrichten zu können, brauchen die Unternehmen Informationen über ihre Kunden. Aus den gewonnenen Daten erstellt das Unternehmen dann ein **Kundenprofil**. Das Kundenprofil hat besondere Bedeutung für die Marktchancen, für die **Risikosituation des Unternehmens** und es zeigt die **Abhängigkeit des Unternehmens von einzelnen Abnehmern** auf.

(2) Wettbewerberanalyse

Bevor ein Unternehmen in den Markt eintritt bzw. sich mit seinen Leistungen neu positioniert, muss es die Wettbewerbssituation analysieren. Dabei reicht es nicht aus, lediglich die aktuell auf dem Markt agierenden Konkurrenten in die Untersuchung einzubeziehen. Es gilt vielmehr, auch potenzielle Wettbewerber zu analysieren.

---

1 **Benchmarking** ist ein Planungsinstrument, das dazu dient, das **eigene Unternehmen** mit dem **besten Mitbewerber** (Best-practice-Unternehmen) zu vergleichen.

3.3 SWOT-Analyse

(1) Grundlegendes

Um festzustellen, wie das eigene Unternehmen gegenüber den Wettbewerbern aufgestellt ist und wo die Chancen und Risiken auf dem Markt liegen, stehen dem Unternehmen mehrere Methoden zur Verfügung.

Hilfreich hierfür ist z. B. die **SWOT-Analyse**.[1] Dabei richtet man einerseits den Blick auf die **unternehmensinternen Faktoren** und untersucht im Rahmen der **Stärken-Schwächen-Analyse** die Stärken und Schwächen des eigenen Unternehmens im Vergleich zu seinen Wettbewerbern.

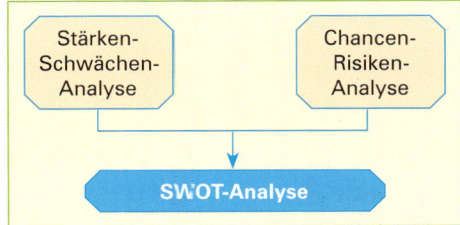

Die **Chancen-Risiken-Analyse** ergänzt die SWOT-Analyse, indem sie das **Marktumfeld** betrachtet und versucht, mögliche Entwicklungen auf dem Markt aufzudecken, die genutzt oder bewältigt werden müssen.

Eine Kombination der Ergebnisse von Stärken-Schwächen-Analysen mit der Chancen-Risiken-Analyse führt zur **SWOT-Analyse** (**S**trengths, **W**eaknesses, **O**pportunities, **T**hreats).

(2) Stärken-Schwächen-Analyse (interne Analyse)

> Die **Stärken-Schwächen-Analyse** beinhaltet die Bewertung der wesentlichen Vorteile (Stärken) und Nachteile (Schwächen) eines Unternehmens im Vergleich zu seinen wichtigsten Wettbewerbern.

Ziel der Stärken-Schwächen-Analyse ist es, auf den jeweiligen Geschäftsfeldern wettbewerberbezogene Handlungsspielräume aufzuzeigen. Zur Durchführung der Stärken-Schwächen-Analyse empfiehlt sich folgende Vorgehensweise:

- Festlegung, Erfassung und Bewertung der **eigenen strategischen Potenziale** (z. B. Ausstattung mit Versorgungsverträgen, der finanziellen, technischen und organisatorischen Ausstattung sowie der Verfügbarkeit von Ressourcen wie Personal, Know-how, Infrastruktur u. Ä.).
- Ermittlung der **Stärken und Schwächen der wichtigsten Wettbewerber**.

Typische Fragestellungen eines Krankenhauses[2] zum Finden …

… der **Stärken:**	- Bei welchen Indikationen haben wir eine hohe Qualität? - In welchen Bereichen bestehen gute Kontakte zu Zuweisern und Kostenträgern? - Wo haben wir hohe Leistungsmengen? - In welchen Bereichen ist unsere technische Ausstattung besonders gut?
… der **Schwächen:**	- Bei welchen Indikationen haben wir einen schlechteren Ruf als unsere Konkurrenten? - Wo besteht in unserem Haus ein Investitionsstau? - Was führt zu Beschwerden bei unseren Kunden?

---
1 **SWOT** steht für **S**trengths (Stärken), **W**eaknesses (Schwächen), **O**pportunities (Chancen) und **T**hreats (Gefahren).
2 Vgl. G. Schmola, B. Rapp: Grundlagen des Krankenhausmanagements, Stuttgart 2014, S. 138.

Über die Stärken-Schwächen-Analyse gelingt es, die Hauptstärken herauszuarbeiten, auf denen eine erfolgreiche Strategie aufgebaut werden kann. Zudem werden die Hauptschwächen deutlich, die zur Vermeidung von Misserfolgen beseitigt werden müssen.

(3) Chancen-Risiken-Analyse (externe Analyse)

Im Rahmen der Chancen-Risiken-Analyse versucht das Unternehmen, mögliche Entwicklungen aus dem Markt und aus dem weiteren Umfeld (z. B. technischer Fortschritt, politisch-rechtliche Gegebenheiten, ökonomische Situation, gesellschaftspolitische Lage) aufzudecken. Eine solche Analyse versetzt ein Unternehmen in die Lage, rechtzeitig strategische Entscheidungen vornehmen zu können. Außerdem kann das Unternehmen seine Möglichkeiten nutzen, die negativen Ereignisse zu verhindern, d. h. ihrem Eintreten (z. B. durch Lobbyarbeit) aktiv entgegenzuwirken.

> **Aufgabe** der **Chancen-Risiko-Analyse** ist es, die Entwicklungen aus dem Markt und dem weiteren Umfeld aufzudecken, die die Stärken und Schwächen des Unternehmens betreffen.

Typische Fragestellungen eines Krankenhauses[1] zum Finden ...

... der **Chancen**	■ In welchen Bereichen sind die Versorgungskapazitäten im Versorgungsbereich gering? ■ Für welche Indikationen ist künftig mit einer Zunahme an Nachfrage zu rechnen? ■ Ist mit einer Ausweitung des Leistungskatalogs für Krankenhausambulanzen zu rechnen?
... der **Risiken**	■ In welchen Bereichen ist der Investitionsbedarf bei Markteintritt oder Marktverbleib besonders hoch? ■ Besteht die Gefahr von rückläufigen Investitionszuschüssen? ■ Welche Leistungen dürfen künftig möglicherweise nicht mehr stationär angeboten werden? ■ Gibt es gesetzliche Vorgaben (z. B. Mindestmengen), die die vorhandenen Strukturen bedrohen?

(4) Ziele der SWOT-Analyse

Die SWOT-Analyse führt die Stärken-Schwächen-Analyse und die Chancen-Risiken-Analyse in einer Matrix zusammen. So kann z. B. festgestellt werden, ob die Kompetenzen des Unternehmens genau die Entwicklung und spezifischen Anforderungen des Gesundheitsmarktes treffen oder etwa Schwächen bereinigt werden müssen. Bieten sich dagegen Chancen, hat die Einrichtung alle Anstrengungen zu einem

	Interne Analyse	Externe Analyse
Positive Aspekte	Stärken	Chancen
Negative Aspekte	Schwächen	Risiken

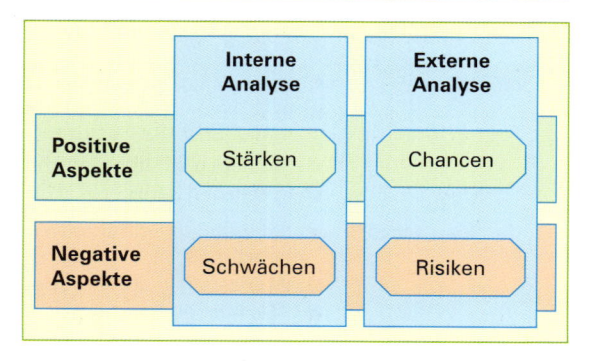

[1] Vgl. G. Schmola, B. Rapp: Grundlagen des Krankenhausmanagements, Stuttgart 2014, S. 138.

Durchbruch in neue Marktdimensionen zu unternehmen. Durch eine Auswertung der Matrix können die Marketing-Aktionen der Unternehmensführung erfolgversprechender getroffen werden.

> Die **SWOT-Analyse** stellt sicher, dass für anstehende Marketingentscheidungen alle Daten aus Unternehmen, Markt und Umfeld erfasst werden. Sie ist ein wichtiges Instrument, um Marketingstrategien zu entwickeln.

3.4 Datenerhebungsverfahren

(1) Begriffsdefinitionen

Informationen über Marktdaten (z. B. über die Kunden eines Unternehmens) können unmittelbar am Markt erhoben oder es kann auf bereits vorhandenes Datenmaterial zurückgegriffen werden. Im ersten Fall spricht man von **Primärforschung**[1] **(Feldforschung)**. Sie ermittelt **Primärdaten**. Im zweiten Fall spricht man von **Sekundärforschung**[2] **(Schreibtischforschung)**. Sie geht von Daten aus, die häufig bereits für andere Zwecke ermittelt worden sind. Man bezeichnet diese Daten als **Sekundärdaten**.

> - Eine **Primärforschung (Feldforschung)** liegt vor, wenn unmittelbar am Markt Informationen gezielt zu einer bestimmten Fragestellung gewonnen und anschließend ausgewertet werden.
> - Von **Sekundärforschung (Schreibtischforschung)** spricht man, wenn aus bereits vorhandenen Zahlenmaterialien (Daten) Informationen zu einer bestimmten Fragestellung gewonnen und anschließend ausgewertet werden.

(2) Primärforschung

Die Primärforschung gewinnt die Informationen direkt an ihrem Entstehungsort. Voraussetzung für die Gewinnung von Marktinformationen (z. B. über die Kunden) ist eine möglichst umfassende und genaue Planung aller erforderlichen Einzelschritte.

---

1 **Primär**: an erster Stelle stehend, vorrangig.
2 **Sekundär**: an zweiter Stelle stehend, zweitrangig.

Der **Ablauf einer Primärerhebung** umfasst vier Phasen:

Phasen	Erläuterungen	Beispiele
Phase der Problemformulierung	Es ist zu klären, worin das Marketingproblem besteht. Anschließend sind die Erhebungsziele zu formulieren.	Rückgang von Belegungszahlen und Umsatzeinbruch. Erhebungsziel: Rückgewinnung von Kunden.
Phase der Informationsgewinnung	Auswahl der Methoden, mit denen die gewünschten Daten gewonnen werden sollen.	Befragung der Kundenmeinung über das Image der Einrichtung, die Qualität und Aktualität der Leistungen mithilfe von Fragebögen und Interviews.
Phase der Informationsverarbeitung	Die gewonnenen Informationen werden aufbereitet, ausgewertet, interpretiert und dokumentiert.	Die medizinisch-pflegerische Leistung hat eine mindere Qualität. Außerdem fehlt eine moderne Ausstattung.
Phase der Ergebnispräsentation	Die dokumentierten Ergebnisse werden den zuständigen Entscheidungsträgern präsentiert.	Der Geschäftsführung werden die Informationen mit Vorschlägen zur Verbesserung der Leistungen und der Kommunikationspolitik präsentiert.

(3) Sekundärforschung

Gegenstand der Sekundärforschung ist die Beschaffung und Zusammenstellung des bereits vorhandenen Datenmaterials. Die Daten können aus **internen und externen Informationsquellen** stammen. Diese Form der Informationsgewinnung ist im Vergleich zur Gewinnung von Primärdaten schneller und kostengünstiger. Außerdem erweitert die Verfügbarkeit weltweiter elektronischer Netze (z. B. Internet) und Datenbanken die Möglichkeiten der Sekundärforschung, bei vergleichsweise geringen Kosten, erheblich. Darüber hinaus sind bestimmte Daten (z. B. volkswirtschaftliche Gesamtgrößen, Branchenkennzahlen, Entwicklungszahlen) auf anderem Wege für das einzelne Unternehmen praktisch nicht zugänglich.

Einen **Überblick über Quellen der Sekundärforschung** zeigt die folgende Aufstellung:

I. Unternehmensinterne Quellen

- Belegungsstatistik,
- Patienten- und Heimbewohnerdateien,
- Qualitätsberichte,
- Kostenrechnung mit Fallzahlen und Fallerlösen,
- Berichte aus früheren Sekundär- und Primäruntersuchungen.

II. Unternehmensexterne Quellen

- Amtliche Quellen
  (z. B. Publikationen des Bundesministeriums für Gesundheit, Berichte des Statistischen Bundesamtes: Daten zur Entwicklung von Bevölkerung, usw.; Statistische Landesämter: regionale Wirtschafts- und Bevölkerungsdaten; Kommunale statistische Ämter: Wirtschafts- und demografische Daten auf Kreis- und Stadtebene),
- Internationale Organisationen (z. B. EU, UN, OECD),
- Staatliche oder halbstaatliche Einrichtungen
  (z. B. Deutsche Krankenhausgesellschaft, IHK, Krankenkassen, Deutsche Rentenversicherung),
- Kassenärztliche Bundesvereinigung,
- Veröffentlichungen von Krankenhäusern und Pflegeheimen (z. B. Geschäftsberichte, Prospekte),
- Wirtschaftswissenschaftliche Institute, Hochschulen, Fachzeitschriften u. Ä.,
- Online-Dienste (z. B. Ifo-Institut, statistische Ämter, Suchhilfen im WWW),
- Externe Datenbanken (z. B. InEK[1]-Datenportal).

3.5 Methoden der Informationsgewinnung

Methoden der Informationsgewinnung sind alle **Erhebungsinstrumente**, mit denen **Primärdaten** erfasst werden.

Im Folgenden werden zwei Methoden der Informationsgewinnung skizziert:

- Beobachtung,
- Befragung.

3.5.1 Beobachtung

Bei der Beobachtung werden bestimmte Tatbestände im Augenblick ihres Auftretens planmäßig erfasst, ohne dass der Beobachtete darüber informiert wird. Die Beobachtung kann sich auf einen **Sachverhalt** oder auf das **Verhalten von Personen** beziehen.

Der wesentliche **Vorteil der Beobachtung** ist, dass das Geschehen im Moment der Handlung festgehalten wird, unter Berücksichtigung der speziellen Ausgangssituation.

Beispiele:
- Verweildauer von Passanten vor einem Informationsstand,
- Verweildauer eines Nutzers auf einer Internetseite (Clickstream),
- Besucherzählung bei einem Gesundheitsvortrag oder einem Tag der offenen Tür.

Ein wesentlicher **Nachteil der Beobachtung** ist, dass sie die subjektive Wahrnehmung des Beobachtenden enthält, was zu erheblichen Verzerrungen führen kann (**„Beobachtungseffekt")**. Zudem ist die Beobachtung zur **Messung bestimmter subjektiver Sachverhalte** wie Meinungen, Präferenzen[2] und Einstellungen nicht geeignet.

---

1 **InEK:** Institut für das Entgeltsystem im Krankenhaus GmbH.
2 **Präferenz:** Vorrang, Vorzug.

3.5.2 Befragung

Die Befragung dient dazu, ausgewählten Personen zu vorgegebenen Sachverhalten Auskunft geben zu lassen. Durch die Befragung lassen sich Tatbestände ermitteln, die man nicht beobachten kann. Zwei wichtige **Voraussetzungen** müssen im Falle einer Befragung gegeben sein:

- die **Auskunftswilligkeit,** d.h. die Bereitschaft des Befragten, überhaupt zu antworten.
- die **Auskunftsfähigkeit,** d.h., der Befragte muss die Fragen verstehen, sich ausdrücken können und die Fähigkeit besitzen, über das betreffende Problem angemessen urteilen zu können.

Eine Befragung kann schriftlich, mündlich oder telefonisch erfolgen.

Schriftliche Befragung	Hier werden den Versuchspersonen **Fragebögen** zugeschickt, die sie nach Beantwortung ausgefüllt zurücksenden sollen. Da bei der schriftlichen Befragung keine Verständnis- bzw. Nachfragen möglich sind, sollte ein Fragebogen nur eingesetzt werden, wenn die Verständlichkeit hinreichend getestet wurde. Die **Rücklaufquoten** liegen je nach Thema, Zielgruppe und Aktivierungsangebot (z.B. Teilnahme an einer Verlosung) zwischen 10 und 50 Prozent.
	Ein wesentlicher **Nachteil des Fragebogens** ist, dass sich die Erhebungssituation nicht kontrollieren lässt, sodass die Fragebögen eventuell gar nicht von den Zielpersonen ausgefüllt werden.
Mündliche Befragung	Bei ihr werden die Informationen durch **Interviewer** erhoben. Der Interviewer füllt im Beisein des Befragten den standardisierten Fragebogen aus. Persönliche Interviews werden insbesondere bei komplexeren Fragestellungen eingesetzt, die der Befragte auf Anhieb oder ohne Hilfe des Interviewers nicht beantworten könnte.
	Ein **wesentlicher Nachteil** des Interviews besteht darin, dass das Befragungsergebnis durch die **Befragungssituation** (z.B. Zeitpunkt, Ort der Befragung) und durch den **Interviewer selbst** (z.B. sein Sprachstil, sein äußeres Erscheinungsbild, Alter, Geschlecht) verzerrt werden kann **(Interviewereffekt).**
Telefonische Befragung	Bei ihr wird der Kontakt zwischen Interviewer und Befragten telefonisch hergestellt. Wie beim persönlichen Interview sind Rückfragen möglich.
	Marktforschungsinstitute führen Telefoninterviews nur noch mit CATI (Computer Assisted Telephone Interview) durch. Dabei wird die Verbindung zur Versuchsperson mit einem an einen Computer angeschlossenen Wählsystem hergestellt. Die Fragen des Fragebogens werden durch den Interviewer vom Bildschirm abgelesen und die Antworten gleich in den Computer eingegeben.
	Ein **wesentlicher Nachteil** ist, dass auf Fragen mit umfangreichen Antworten verzichtet werden muss und optische Hilfen bei der Beantwortung nicht gegeben werden können.

3 Marktforschung

Beispiel: Fragebogen

Schriftliche Patientenbefragung eines Krankenhauses zum Krankenhausaufenthalt

Sehr geehrte Patientin, sehr geehrter Patient,

Ihre Meinung ist uns wichtig. Uns interessiert Ihre persönliche Stellungnahme zum Krankenhausaufenthalt. Bitte beantworten Sie uns einige Fragen, damit wir in Zukunft noch besser auf Ihre Wünsche eingehen können. Selbstverständlich werden Ihre Angaben streng vertraulich behandelt und anonym ausgewertet.

	Ihre persönliche Erwartung				Erfüllung			
	sehr wichtig	wichtig	weniger wichtig	nicht wichtig	☺☺	☺	😐	☹
1. Qualität der ärztlichen Behandlung	❏	❏	❏	❏	❏	❏	❏	❏
2. Umgang und Ansprechbarkeit des ärztlichen Personals	❏	❏	❏	❏	❏	❏	❏	❏
3. ärztliche Beratung und Information	❏	❏	❏	❏	❏	❏	❏	❏
4. fachliche Kompetenz des Pflegepersonals	❏	❏	❏	❏	❏	❏	❏	❏
5. Umgang und Ansprechbarkeit des Pflegepersonals	❏	❏	❏	❏	❏	❏	❏	❏
6. Sauberkeit und Hygiene im Patientenzimmer	❏	❏	❏	❏	❏	❏	❏	❏
7. Menüauswahl und Qualität der Essensversorgung	❏	❏	❏	❏	❏	❏	❏	❏
8. Aufnahme- u. Entlassungsvorgänge	❏	❏	❏	❏	❏	❏	❏	❏
9. Verbesserung Ihres Gesundheitszustandes	❏	❏	❏	❏	❏	❏	❏	❏

10. Wartezeiten im Tagesablauf: ❏ angemessen ❏ zu lang

11. Dieses Krankenhaus würde ich weiterempfehlen:
    - ❏ ohne Einschränkung
    - ❏ mit Einschränkung
    - ❏ trifft nicht zu
    - ❏ Warum nicht:..........................

12. Für Ihre **Kritik/Anregungen/Wünsche** (Behandlung/Service) sind wir dankbar:

    ....

    ....

Alter:
- ❏ 16–25
- ❏ 26–35
- ❏ 36–45
- ❏ 46–55
- ❏ 56–65
- ❏ über 65

Geschlecht:
- ❏ weiblich
- ❏ männlich
- ❏ divers

Ihr höchster Schulabschluss:
- ❏ Haupt- oder Realschule
- ❏ Berufsschule mit Berufsabschluss
- ❏ Abitur, Fachhochschulreife
- ❏ Master, Bachelor, Diplom

Wir danken Ihnen für die Teilnahme an dieser Befragung.

Kompetenztraining

64
1. Erläutern Sie, warum die Marktforschung die Grundlage für Entscheidungen im Marketing liefert!
2. Um eine Entscheidung treffen zu können, soll Marktforschung betrieben werden. Informationen können mithilfe der Primärforschung oder mithilfe der Sekundärforschung beschafft werden.

   Aufgaben:
   2.1 Erläutern Sie die Begriffe Primärforschung und Sekundärforschung!
   2.2 Begründen Sie, welche der beiden oben genannten Methoden kostengünstiger ist!
   2.3 Erklären Sie, aus welchen Gründen vor Primärerhebungen zunächst Sekundärerhebungen vorgenommen werden sollten!
   2.4 Beschreiben Sie den Ablauf einer Primärforschung!
   2.5 Beschreiben Sie jeweils an einem Beispiel die Vor- und Nachteile der internen und der externen Informationsbeschaffung!
3. Stellen Sie die Vor- und Nachteile einer persönlichen, telefonischen und schriftlichen Befragung einander gegenüber!

65 Das Rehabilitationskrankenhaus Klinik am Rosenhof in Bad Pyrmont möchte eine mündliche Befragung seiner Patienten durchführen. Ziel ist es, von den Patienten umfassende Eindrücke über den Klinikaufenthalt zu erfahren. Die Klinikleitung erhofft sich dadurch wichtige Impulse, um den Leistungskatalog noch stärker an den Wünschen der Patienten zu orientieren.

Aufgaben:
1. Entwickeln Sie in der Gruppe einen Interview-Fragebogen, der die Patientenmeinung zu folgenden Themen erfassen soll:
   a) Aufnahme- und Entlassungsvorgänge,
   b) Behandlungsqualität und speziell die ärztliche Betreuung,
   c) therapeutische Leistungen und das Beratungsspektrum,
   d) pflegerische Betreuung und Hygiene im Krankenhaus,
   e) Ausstattung der Patientenzimmer und Angebote für Begleitpersonen,
   f) Menüwahlmöglichkeiten und die Qualität des Essens
   g) Möglichkeiten der Freizeitgestaltung,
   h) Lage der Klinik am Rosengarten des Kurparks und Verkehrsanbindungen,
   i) Verbesserungsvorschläge und Meinung zur Weiterempfehlung.
2. Gleichen Sie Ihren Fragebogen mit dem Fragebogen einer anderen Gruppe ab und nehmen Sie ggf. Verbesserungen vor!
3. Führen Sie das Interview als Rollenspiel mit einer weiteren Gruppe durch!
4. Beobachten Sie das Interviewgespräch und berichten Sie, welchen Einfluss der Interviewer auf das Befragungsergebnis ausgeübt hat!

66
1. Beschreiben Sie den Inhalt der Stärken-Schwächen-Analyse!
2. Erklären Sie, inwiefern die Stärken-Schwächen-Analyse durch die Chancen-Risiken-Analyse ergänzt wird!
3. Beschreiben Sie die Bedeutung der SWOT-Analyse!

4 Entwicklung eines Marketingkonzepts (Marketingmix)

4.1 Begriff Marketingkonzept

- Das **Marketingkonzept** legt die Art und Weise fest, wie ein Unternehmen das Marketinginstrumentarium einsetzt.
- Die jeweilige Kombination der Marketinginstrumente bezeichnet man als **Marketingmix**.

Die Marketinginstrumente bestehen aus vier Entscheidungsfeldern:

- **Produktpolitik,**[1]
- **Kontrahierungspolitik,**
- **Distributionspolitik** und
- **Kommunikationspolitik.**

Die Kernelemente des Marketings sind auch unter dem einprägsamen **Konzept der 4 P** bekannt: **p**roduct, **p**rice, **p**lacement and **p**romotion.

Je nach Marktsituation des Unternehmens müssen diese vier Instrumente innerhalb eines **Marketingmix** kombiniert werden. Es muss wohlüberlegt werden, welches Instrument mit welchen anderen wie lange und in welcher Stärke eingesetzt werden muss, damit die absatzpolitischen Ziele bestens erreicht werden.

4.2 Marktsegmentierung

(1) Begriff und Vorteile der Marktsegmentierung[2]

Märkte sind zusammengesetzt aus unterschiedlichen Kundengruppen mit unterschiedlichen Bedarfsstrukturen. Die Elemente des Gesamtmarktes sind in Bezug auf ihre Struktur, ihre Bedürfnisse und ihr Verhalten sehr inhomogen.[3] Diesen Markt mit **einem** Marketingmix zu bearbeiten, führt zu **hohem Streuverlust** und dazu, dass das verfügbare **Marketingbudget sehr ineffizient eingesetzt** wird. Diese Inhomogenität zu beseitigen, das ist der Ansatzpunkt der Marktsegmentierung.

Marktsegmentierung bedeutet
- die **Aufteilung des inhomogenen Gesamtmarktes in Teilmärkte**. Ein Teilmarkt ist dadurch gekennzeichnet, dass die Kunden **intern eine homogene Gruppe** bilden.
- die Bearbeitung dieser Teilmärkte mithilfe eines **gezielt darauf abgestimmten Marketingmix.**

---

1 Unter **Produkt** werden im Folgenden sowohl Sachgüter als auch Dienstleistungen verstanden.
2 **Segment:** Teilstück, Abschnitt.
3 **Homogen:** gleich beschaffen; **inhomogen:** nicht gleichartig. Ein **inhomogener Markt** ist ein solcher, bei dem sehr unterschiedliche Marktteilnehmer sehr unterschiedliche Bedürfnisse haben.

Märkte analysieren und Marketinginstrumente anwenden

Welche Vorteile bringt die Marktsegmentierung mit sich?
☑ Sie trägt dazu bei, dass das Unternehmen die Strukturen und die Gesetzmäßigkeiten auf dem Teilmarkt besser durchschaut.
☑ Prognosen über die künftige Marktentwicklungen sind besser zu treffen.
☑ Das Marketingbudget wird wirkungsvoller eingesetzt.
☑ Zwischen den Bedürfnissen der Zielgruppe und der angebotenen Leistung wird ein hohes Maß an Übereinstimmung erreicht.
☑ Da die Marketingaktivitäten präziser auf die Zielgruppe ausgerichtet werden können, steigt deren Zufriedenheit. Dies ist die Grundvoraussetzung für eine längerfristige Kundenbindung.

(2) Kriterien zur Marktsegmentierung

Bei der Segmentierung des Marktes kann nach verschiedenen Kriterien vorgegangen werden. In der betriebswirtschaftlichen Literatur wird die Marktsegmentierung üblicherweise nach geografischen, soziodemografischen und verhaltensbezogenen Merkmalen vorgenommen. Relevante Segmentierungen für den Krankenhausbereich zeigt die folgende Tabelle.[1]

Segmentierungsmerkmale	Beispiele
Geografie Die Patienten werden nach räumlichen Gesichtspunkten aufgegliedert.	Aufteilung nach Bundesländern, Großstädten, Regierungsbezirken, Wohngebietstypen (gekennzeichnet durch homogene Lebensstile und Kaufverhaltensmuster) u. Ä.
Soziodemografie Die Patienten werden nach demografischen und sozioökonomischen Kriterien aufgedeckt.	■ **Demografische Kriterien,** wie Geschlecht, Alter, Familienstand, soziale Schicht, Haushaltsgröße, Zahl der Kinder usw. ■ **Sozioökonomische Kriterien,** wie Ausbildung, Beruf, Einkommen usw.
Krankenversicherungsschutz der Patienten	■ Gesetzliche Krankenversicherung (GKV), ■ GKV mit privater Zusatzversicherung, ■ Private Krankenversicherung (PKV), Selbstzahler.
Gesundheitszustand der Patienten	■ gesund, ■ chronisch erkrankt, ■ verletzt, ■ pflegebedürftig. ■ akut erkrankt,
nach ärztlicher **Einweiser-Praxis**	■ Einzelpraxis, ■ Medizinisches Versorgungszentrum, ■ Gemeinschaftspraxis, ■ Fachrichtung der Einweiser-Praxis.
nach **klinischer Behandlungsart**	■ ambulant oder stationär, ■ konservativ oder operativ, ■ Kurzlieger oder Langlieger.
der Patienten nach der Behandlung in **ärztlichen Fachrichtungen**	■ Innere Medizin, ■ Urologie, ■ Chirurgie, ■ Orthopädie, ■ Gynäkologie, ■ Kardiologie usw.

[1] Vgl. Papenhoff, M. und Platzköster, C.: Marketing für Krankenhäuser und Reha-Kliniken, Heidelberg 2010, S. 64.

4.3 Produktpolitik

4.3.1 Begriff Produkt und Alleinstellungsmerkmal von Produkten

(1) Begriff Produkt

Das **Produkt** stellt die Leistung (Sachgüter und/oder Dienstleistungen) eines Anbieters dar, die dieser erbringt, um die Bedürfnisse und Ansprüche der Abnehmer zu befriedigen.

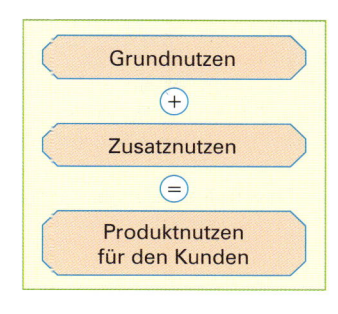

Die Gesamtheit der Leistungen eines Unternehmens bildet dessen **Produktprogramm**. Der ökonomische Erfolg eines Anbieters ist umso größer, je besser die von ihm angebotene Leistung die Bedürfnisse der Nachfrager befriedigen.

Der Produktnutzen einer **Gesundheitsleistung** umfasst für den Kunden einen **Grundnutzen** (Lösung des Gesundheitsproblems als objektiver Nutzen) und einen darüber hinausgehenden **Zusatznutzen,** der subjektiv unterschiedlich wahrgenommen wird (z. B. Vertrauen zum Arzt).

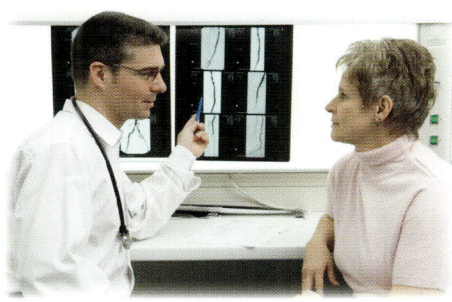

Grundnutzen
+
Zusatznutzen
=
Produktnutzen für den Kunden

Der Grundnutzen einer Gesundheitsleistung ist einheitlich mit dem normierten Leistungskatalog der gesetzlichen Krankenversicherung (GKV) abgedeckt. Arztpraxen und Krankenhäuser sind über Versorgungsverträge daran gebunden. Folglich wirkt der Zusatznutzen beim Patienten entscheidend für die Wahl eines bestimmten Gesundheitsdienstleisters.

> Aus der **Sicht des Marketings** stellt ein **Produkt** (Sachgüter und/oder Dienstleistungen) eine Summe von nutzenstiftenden Eigenschaften dar.

(2) Alleinstellungsmerkmal von Produkten

Eine Vielzahl von Gesundheitseinrichtungen erfüllt mit dem Leistungskatalog der gesetzlichen Krankenversicherung den gleichen Kundennutzen. Der völlig austauschbare Grundnutzen für das Gros der Bevölkerung erfolgt nach den Standardregeln des Sozialgesetzbuches (z. B. § 70 I SGB V) und bietet keine Priorität für eine bestimmte Gesundheitseinrichtung. Unterscheiden sich die eigenen Produkte einer Gesundheitseinrichtung aber nicht von denen anderer, dann läuft die Entscheidung über den Zusatznutzen. Die Heraushebung aus der Masse und die Erzielung eines höheren Kundenzuspruchs lässt sich nur über ein **Alleinstellungsmerkmal** (Unique Selling Proposition, USP) erreichen.[1]

> Ein **Alleinstellungsmerkmal** ist ein Produktmerkmal (oder auch eine Kombination davon), mit dem sich ein Erzeugnis oder eine Dienstleistung deutlich von dem der Wettbewerber unterscheidet.

---

[1] Der Begriff **Unique Selling Proposition** wurde 1940 von dem amerikanischen Werbefachmann Rosser Reeves als „**einzigartiges Verkaufsversprechen**" geprägt.

Märkte analysieren und Marketinginstrumente anwenden

Die Herausforderung für den Anbieter lautet: *„Wie kann ich unsere Marke, unser Produkt aus der Masse aller anderen vergleichbaren Produkte herausheben und ihm eine Einzigartigkeit verleihen?"*

Das Merkmal muss für den Kunden wahrnehmbar sein. Die Konkurrenzprodukte dürfen dieses Merkmal in diesem Maße nicht haben und auch für sich nicht in Anspruch nehmen. Es muss den Nutzen des Produkts für den Kunden so weit erhöhen, dass er bereit ist, dieses allen vergleichbaren Produkten vorzuziehen und dafür ggf. einen höheren Preis zu bezahlen.

> Das **Alleinstellungsmerkmal** ist zentraler **Ausgangspunkt für die Werbung.** Im Werbespruch wird das Alleinstellungsmerkmal in der Regel auf den Punkt gebracht.

Es gibt nicht nur **einen** Kundennutzen. Jeder Kunde kann seinen bevorzugten Nutzen an ganz persönlichen Faktoren festmachen.

Beispielhaft zeigen wir an den Websites[1] der Kliniken Ostallgäu-Kaufbeuren und der Eilenriede Klinik Hannover, wie Alleinstellungsmerkmale herausgestellt werden.

Art des Nutzens, der für den Kunden bedeutsam ist	Beispiele für Werbeaussagen, die dieses Alleinstellungsmerkmal gegenüber dem Kunden ausdrücken
Qualität	▪ *„Moderne und hochqualitative Medizin"* (Kliniken Ostallgäu-Kaufbeuren) ▪ *„Hohe Qualitätsstandards"* und *„das herausragende medizinische Niveau der Klinik"* (Eilenriede Klinik Hannover)
Nationale Bedeutung	*„Die Eilenriede Klinik Hannover gehört zu den führenden medizinischen Einrichtungen in Deutschland. Hier können Sie auf Top-Leistungen in der Spitzenmedizin vertrauen."*
Internationales Image	*„Kompetenzteam international renommierter Fachärzte mit langjähriger interdisziplinärer Erfahrung"* (Eilenriede Klinik Hannover)
Regionale Verbundenheit	*„Die Kliniken Ostallgäu-Kaufbeuren wollen führender regionaler Gesundheitsanbieter sein."*
Verantwortungsvolle Fürsorge	*„Verpflichtung zu erstklassiger Grundversorgung"* (Kliniken Ostallgäu-Kaufbeuren)
Hohe Fachkompetenz durch Spezialisierung	*„Spezielle Fachgebiete, in denen die Kliniken eine besondere Expertise und Ausstattung mit entsprechenden Diagnose- und Therapiemöglichkeiten anbieten"* (Kliniken Ostallgäu-Kaufbeuren)
Persönliche Wertschätzung	▪ *„Mit großem Einfühlungsvermögen für unsere Patienten"* (Eilenriede Klinik Hannover) ▪ *„Mit einer persönlichen Betreuung des Patienten"* (Kliniken Ostallgäu-Kaufbeuren)
Angenehmes Ambiente	*„Mit einer komfortablen Unterbringung"* (Kliniken Ostallgäu-Kaufbeuren)

[1] https://www.kliniken-oal-kf.de/ und http://www.eilenriedeklinik.de/ (04.06.2018).

4.3.2 Konzept des Produktlebenszyklus

(1) Grundlegendes zum Konzept des Produktlebenszyklus

Hat ein Unternehmen ein neues Produkt entwickelt, steht es vor der Frage, mit welchen Marketingmaßnahmen es am Markt eingeführt und anschließend begleitet und gefördert werden soll. Die betriebswirtschaftliche Theorie hat hierzu das Konzept des Produktlebenszyklus[1] entwickelt, das die „Lebensdauer" eines Produkts in verschiedene Phasen einteilt, und für jede der Phasen ein entsprechendes **Marketingziel** vorschlägt.

> Das **Modell des Lebenszyklus von Produkten** möchte den „Lebensweg" eines Produkts, gemessen an Umsatz und Gewinnhöhe, **zwischen der Markteinführung** des Produkts und dem **Ausscheiden aus dem Markt** darstellen.

Die Anwendung dieses Konsumgütermodells auf den Gesundheitsmarkt ist nur bedingt möglich, weil

- die Gesundheitswirtschaft in weiten Teilen regulierten Preisen unterliegt und ein Preiswettbewerb ausgeschlossen ist,
- Gesundheitseinrichtungen nicht unbedingt gewinnorientiert arbeiten, sondern auch gemeinnützig,
- Pharmaprodukte häufig nicht frei zugänglich, sondern verschreibungspflichtig sind,
- Werbung erheblichen Einschränkungen unterliegt und
- die Vorstellung eines frei wählenden, souveränen Kunden meistens nicht zutrifft.

Man stelle sich nur die Frage: Wer will schon freiwillig krank sein?

(2) Phasen des Produktlebenszyklus

Der **Lebenszyklus eines Produkts** lässt sich idealtypisch in **vier unterscheidbare Phasen** gliedern. Nehmen wir an, es handele sich um ein neues Fertigarzneimittel.

- **Einführungsphase**

Die Einführungsphase beginnt mit dem Eintritt des Produkts in den Markt. In dieser Phase dauert es einige Zeit bis die Kunden ihr bisheriges Kaufverhalten geändert haben und das Produkt am Markt eingeführt ist. In diesem Stadium werden zunächst **Verluste** oder nur **geringe Gewinne** erwirtschaftet, da das Absatzvolumen niedrig und die Aufwendungen für die Markteroberung hoch sind. Handelt es sich um ein wirklich neues Produkt, gibt es zunächst noch keine Wettbewerber.

Um dem Produkt den Durchbruch auf dem Markt zu ermöglichen, ist die Werbung das wirksamste Instrument. Daneben gilt es, das Verkaufsnetz auszubauen. Das neue Produkt wird meist nur in der **Grundausführung** hergestellt.

> **Marketingziel** in der **Einführungsphase** ist, das **Produkt bekannt zu machen** und Erstkäufe herbeizuführen.

---
1 **Zyklus:** regelmäßig wiederkehrende Erscheinung.

Wachstumsphase

Die Wachstumsphase tritt ein, wenn die Absatzmenge rasch ansteigt. Die Mehrheit der infrage kommenden Kunden beginnt zu kaufen. Die Chance auf hohe Gewinne lockt neue Konkurrenten auf den Markt. Nachahmerpräparate, sogenannte **Generika,** kommen als wirkstoffgleiche Kopien eines bekannten Markenprodukts in den Handel. Die Zulassung von Generika kann gemäß EG- und Patentrecht aber erst 10 bis 20 Jahre nach dem Markteintritt des Erstanbieters erfolgen. Der Markeninhaber soll in dieser Zeit des fehlenden Wettbewerbs seine hohen Entwicklungs- und Zulassungskosten erwirtschaften können.

> **Beispiel:**
>
> ASS-ratiopharm ist das wohl bekannteste Generikum der Bayer-Marke Aspirin. Der Pharmahersteller ratiopharm hat sich generell auf Generika spezialisiert und gilt als kostengünstiger Anbieter.

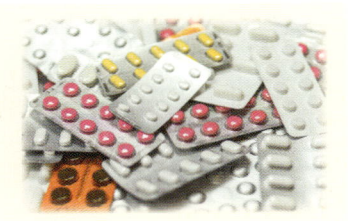

Die **Preise** bleiben aufgrund der regen Nachfrage **stabil** oder **fallen nur geringfügig.** Da sich die Kosten der Absatzförderung auf ein größeres Absatzvolumen verteilen und zudem die Fertigungskosten aufgrund der größeren Produktionszahlen sinken, **steigen die Gewinne** in dieser Phase.

Die Werbung wird in dieser Phase noch nicht nennenswert herabgesetzt. In der Produktpolitik wird in der Regel so verfahren, dass die **Produktqualität verbessert, neue Ausstattungsmerkmale** entwickelt und das **Design aktualisiert** wird.

> **Marketingziel** in der **Wachstumsphase** ist, einen **größtmöglichen Marktanteil** zu erreichen.

Reife- und Sättigungsphase

Die Reife- und Sättigungsphase lässt sich in drei Abschnitte untergliedern. Im ersten Abschnitt **verlangsamt sich das Absatzwachstum,** im zweiten Abschnitt kommt es zur **Marktsättigung,** sodass der Umsatz in etwa konstant bleibt. Im dritten Reifeabschnitt wird der **Prozess des Absatzrückgangs** eingeleitet. Die Kunden fangen an, sich anderen Produkten zuzuwenden. Dies führt in der Branche zu Überkapazitäten und löst einen verschärften Wettbewerb aus. Die Gewinne gehen zurück. Die schwächeren Wettbewerber scheiden aus dem Markt aus.

> - **Marketingziel** in der **Reife- und Sättigungsphase** ist, einen **größtmöglichen Gewinn** zu erzielen, indem die Umsatzkurve „gestreckt" wird, bei gleichzeitiger **Sicherung des Marktanteils.**
> - Da die hohen Kosten der Markteinführung und des Wachstums weitestgehend entfallen, verspricht diese Phase eine **hohe Rentabilität.**

4 Entwicklung eines Marketingkonzepts (Marketingmix)

■ **Rückgangsphase (Degenerationsphase)**

In der Rückgangsphase **sinkt die Absatzmenge** stark ab und **Gewinne** lassen sich nur noch **in geringerem Umfang** bzw. gar **nicht mehr erwirtschaften**. Die Anzahl der Wettbewerber sinkt. Die übrig gebliebenen Anbieter **verringern systematisch ihr Produktprogramm,** die Werbung wird zunehmend eingeschränkt, die **Vertriebsorganisation wird ausgedünnt.** Starke Preissenkungen können sinnvoll sein.

Als Ursachen für einen Rückgang der Absatzzahlen können der technische Fortschritt, verändertes Verbraucherverhalten oder Änderungen in der Einkommensverteilung, die ihrerseits zu Verschiebungen der Bedarfsstrukturen führt, angesehen werden.

> **Marketingziel** in der **Rückgangsphase** ist, die **Kosten zu senken** und gleichzeitig den **möglichen Gewinn** noch „mitzunehmen".

(3) Gesamtdarstellung

Den Beginn und das Ende der einzelnen Abschnitte festzulegen ist Ermessenssache. Je nach Produkttyp ist die Dauer der einzelnen Phasen und der Verlauf der Umsatz- und Gewinnkurven unterschiedlich. Der abgebildete Kurvenverlauf ist daher als ein Spezialfall unter verschiedenen möglichen Verläufen anzusehen.

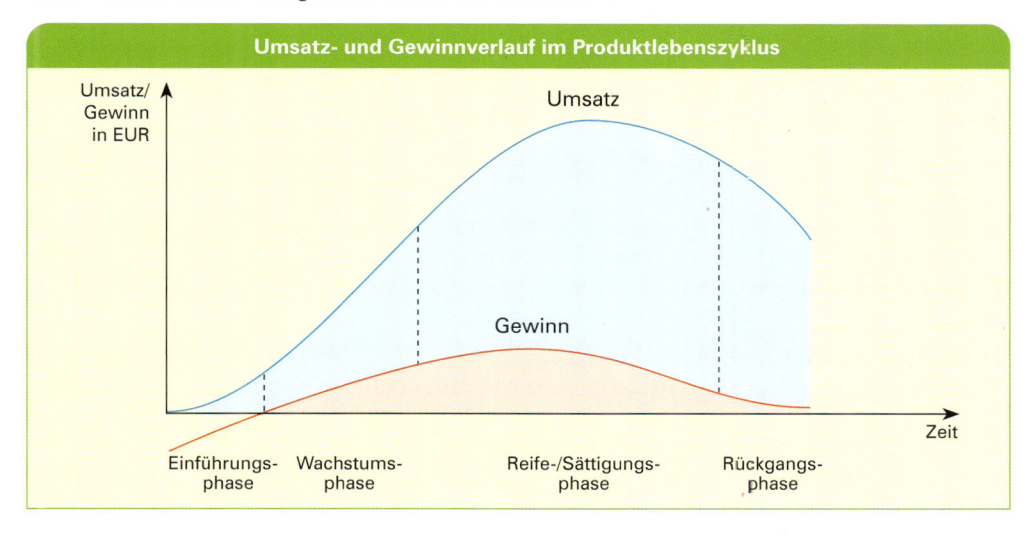

Umsatz- und Gewinnverlauf im Produktlebenszyklus

(Einführungsphase – Wachstumsphase – Reife-/Sättigungsphase – Rückgangsphase)

Die charakteristischen Merkmale der Produktlebenszyklus-Phasen sind in der nachfolgenden Übersicht zusammengestellt.[1]

---

[1] Die Tabelle ist angelehnt an Kotler, P., Bliemel, F.: Marketing-Management, 8. Aufl., Stuttgart 1995, S. 586.

Märkte analysieren und Marketinginstrumente anwenden

Merkmale	Phasen des Produktlebenszyklus			
	Einführungs-phase	Wachstums-phase	Reife- und Sättigungs-phase	Rückgangs-phase
Umsatz	gering	schnell ansteigend	Spitzenabsatz	rückläufig
Kosten	hohe Kosten pro Kunde	durchschnittliche Kosten pro Kunde	niedrige Kosten pro Kunde	niedrige Kosten pro Kunde
Gewinne	negativ	steigend	hoch	fallend
Konkurrenten	nur einige	Zahl der Konkurrenten nimmt zu	gleichbleibend, Tendenz nach unten setzt ein	Zahl der Konkurrenten nimmt ab
Marketingziele	Produkt bekannt machen, Erstkäufe herbeiführen	größtmöglicher Marktanteil	größtmöglicher Gewinn bei gleichzeitiger Sicherung des Marktanteils	Kostensenkung und „Gewinn-mitnahme"
Marketing-investitionen	sehr hoch	hoch (degressiv ansteigend)	mittel (sinkend)	gering
Kernbotschaft der Werbung	neu, innovativ	Bestätigung des Verhaltens	verlässlich, bewährt	Schnäppchen

Kompetenztraining

67
1. Erläutern Sie, was unter einem Marketingkonzept zu verstehen ist!
2. Erklären Sie den Begriff Marktsegmentierung!
3. Begründen Sie, warum Marktsegmentierung notwendig ist!
4. Nennen Sie drei Vorteile der Marktsegmentierung!
5. Beschreiben Sie, worin das Hauptziel der Marktsegmentierung besteht!

68
1. Erklären Sie, welche Zielsetzung das Konzept des Produktlebenszyklus verfolgt!
2. Erläutern Sie die typische Wettbewerbssituation beim Markteintritt von Generika!
3. Die Vita-Balance AG, ein Hersteller von diätetischen Lebensmitteln, hat ein neues Nahrungsergänzungsmittel auf den Markt gebracht. Das Balanceline-Schlankheitsmittel hat die Einführungsphase glänzend überstanden und befindet sich jetzt am Beginn der Wachstumsphase.

   Aufgabe:
   Formulieren Sie mindestens drei Marketingstrategien, die in der Wachstumsphase von Bedeutung sind!

4.4 Kontrahierungspolitik (Entgeltpolitik)

- Die **Kontrahierungspolitik** fasst alle **marketingpolitischen Instrumente** zusammen, die der **Preisstrategie**, der **Preispolitik** und der Gestaltung der **Lieferbedingungen** zugerechnet werden.

- Im Rahmen der Kontrahierungspolitik werden die **monetären** (in Geld ausgedrückten) **Vereinbarungen** getroffen, die für den Dienst- oder Kaufvertrag gelten sollen.

4.4.1 Preisstrategien

Preisstrategien sind das planvolle Vorgehen zur Durchsetzung eines bestimmten Preisniveaus auf dem Markt.

Die Kunden reagieren auf eine Änderung des Preises, indem sie mehr (bei Preissenkung) oder weniger (bei Preiserhöhung) nachfragen.

Dieses typische Kundenverhalten nennt man **Preiselastizität der Nachfrage**. Es setzt voraus, dass es einen funktionierenden Wettbewerbsmarkt mit freier Preisbildung gibt. Die **Stellschraube Preis** ist ein besonders starkes und in der Regel auch sehr **schnell wirkendes Marketinginstrument**.

Beispiel:

Die Änderung des Kaufverhaltens der Kunden bei Preisänderungen ist etwa 10- bis 20-mal höher als die Änderung des Kaufverhaltens der Kunden bei geänderten Werbeausgaben. Folge: Eine Preissenkung wirkt sich sehr viel stärker auf eine Erhöhung der Absatzmenge aus als eine prozentual gleich große Erhöhung der Werbeausgaben.

In der Gesundheitswirtschaft ist die „Stellschraube Preis" für das Kerngeschäft des Dienstes am Menschen allerdings nicht einsetzbar. **Der staatlich regulierte Gesundheitsmarkt lässt keinen Marktpreis zu** und rechnet seine Leistungen vielmehr mittels Verordnungen und kollektiven Vereinbarungen ab. Dieses System von **administrierten Preisen** soll eine flächendeckende Versorgung garantieren zum Schutz von Patienten und der Solidargemeinschaft der Versicherten.

4.4.2 Vergütungsregeln im Gesundheitswesen

Folgende einschlägige Vergütungsregeln bestimmen die preispolitischen Handlungsmöglichkeiten der Gesundheitseinrichtungen:

Allgemeine Krankenhäuser	Sie berechnen ihre stationären Leistungen mit landeseinheitlichen Fallpauschalen nach dem **DRG-Entgelttarif**.
Psychiatrische und psychosomatische Einrichtungen	Sie werden nach dem Pauschalierenden Entgeltsystem für Psychiatrie und Psychosomatik (**PEPP-Entgeltkatalog**) vergütet.

Rehabilitationseinrichtungen	Sie berechnen für ihre stationären Leistungen einrichtungsspezifische, **tagesgleiche Pflegesätze** gemäß Versorgungsverträgen mit den Rehabilitationsträgern der Sozialversicherung (Deutsche Rentenversicherung, Berufsgenossenschaften, Krankenkassen).
Niedergelassene Ärzte und Belegärzte	Sie erhalten bei kassenärztlicher Versorgung eine Vergütung nach dem Einheitlichen Bewertungsmaßstab für ärztliche Leistungen **(EBM)** und bei privatärztlicher Behandlung nach der Gebührenordnung für Ärzte **(GOÄ)**.
Pflegeheime	Sie berechnen ein **Gesamtheimentgelt** auf Tagesbasis, gesondert für jedes Pflegeheim, gemäß einer Pflegesatzvereinbarung mit den sozialen Kostenträgern.
Apotheken	Sie geben verschreibungspflichtige Fertigarzneimittel nur zum einheitlichen **Apothekenverkaufspreis** (AVP) nach den Vorschriften der Arzneimittelpreisverordnung (AMPreisV) ab.

Die absolute Preishöhe von Gesundheitsgütern hat für die Patienten als Leistungsempfänger keine große Bedeutung, weil gesetzliche und private Krankenkassen als Kostenträger eintreten. Eine Selbstbeteiligung wird im Regelfall nur in geringer Höhe einbehalten. Unter diesen Umständen verliert der Preis sein Anreizpotenzial für Marketingstrategien.

4.4.3 Preispolitische Gestaltungsmöglichkeiten im Gesundheitswesen

Eine eigenständige **Preispolitik als Bestimmung der Absatzpreise** können Gesundheitseinrichtungen nur bei Zusatzleistungen betreiben, allerdings nur soweit die gesetzliche Kernleistung nicht beeinträchtigt wird. Der Kunde hat in diesen Randsegmenten die Möglichkeit, das Preis-Leistungs-Verhältnis der Wettbewerber abzuwägen und seine Auswahl zu treffen.

Krankenhäuser und Rehabilitationseinrichtungen sind befugt, **nichtärztliche Wahlleistungen** mit eigener Preisgestaltung in angemessener Höhe anzubieten [§ 17 I KHEntG]. Dazu zählen Komfortelemente in Unterkunft und Verpflegung. Auch Pflegeheime können Komfortleistungen für Unterkunft, Verpflegung und Betreuung außerhalb der Pflegesatzvereinbarung anbieten. In Apotheken ergibt sich ebenfalls eine Preisgestaltungsmöglichkeit. **Rezeptfreie Arzneimittel** haben nur eine unverbindliche Preisempfehlung (UVP) des Herstellers. Davon abweichend kann jede Apotheke diese Verkaufspreise selbst kalkulieren.

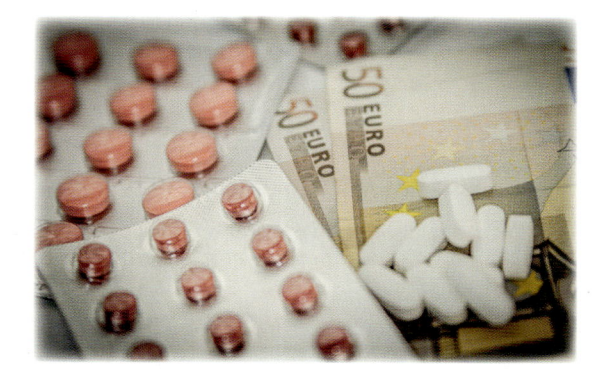

4 Entwicklung eines Marketingkonzepts (Marketingmix)

Kompetenztraining

69

1. Preisänderungen gelten in der Betriebswirtschaft als schnell wirkendes Marketinginstrument. Im Gesundheitswesen ist die „Stellschraube Preis" für das Kerngeschäft der Dienstleistung am Menschen allerdings nicht einsetzbar.

   Aufgabe:
   Erläutern Sie die Preissituation von Anbietern und Nachfragern im Gesundheitswesen!

2. In welchem Geschäftsfeld können stationäre Gesundheitseinrichtungen eigene Absatzpreise im Wettbewerb bestimmen? Geben Sie dazu Beispiele an!

4.5 Distributionspolitik

Im Bereich der Sachgüterproduktion ist es die Aufgabe der Distributionspolitik, die Absatzorganisation zu gestalten und den Warentransport zu den Kunden abzuwickeln. Das Produkt wird also vom Ort der Herstellung zum Ort der Verwendung gebracht. Dieser typische Vorgang zum Güterabsatz lässt sich nicht auf Dienstleistungen im Gesundheitsmarkt übertragen.

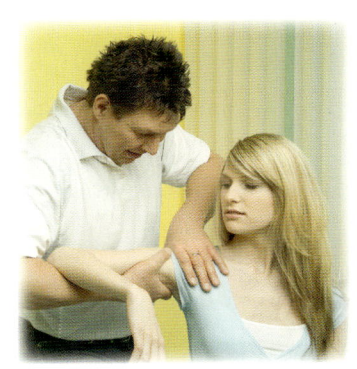

Die Sichtweise der Distribution im Gesundheitsbereich ist gänzlich anders. Dienstleistungen von stationären Gesundheitseinrichtungen werden in ihrem augenblicklichen Entstehungsprozess am Menschen erbracht und sind nicht transportfähig. Es ist also unumgänglich, dass der Leistungsempfänger das Krankenhaus oder die Therapieeinrichtung aufsucht. Ärztliche Behandlungen und therapeutische Dienste gehören zu den personengebundenen Leistungen, die die **Anwesenheit des Empfängers** erfordern. Diese unbedingte Verbindung von Anwesenheit und Leistung nennt man **Uno-actu-Prinzip**.[1] Da die Leistung weder lagerfähig noch transportierbar ist, kommt es darauf an, dass der Kunde seine gewünschte Leistung problemlos am Standort des Gesundheitsbetriebes in Anspruch nehmen kann.

> Distributionspolitik für stationäre Gesundheitsbetriebe ist zuallererst **Standortpolitik**. Es gilt, eine Nähe und Erreichbarkeit für die Leistungsempfänger (Patienten, Pflegebedürftige) herzustellen.

Der Standort von Gesundheitsbetrieben ist im Allgemeinen geschichtlich bedingt oder im Zusammenhang mit staatlichen Fördermaßnahmen politisch bestimmt worden. Eine optimale Erreichbarkeit ist damit nicht unbedingt gegeben. Ein Gesundheitsbetrieb sollte daher eine Reihe von **logistischen Maßnahmen und Vorkehrungen** anstreben und nach Möglichkeit realisieren.

---

1 **Uno actu** ist lateinisch und heißt „in *einer* Handlung" bzw. „in *einem* Vorgang".

Märkte analysieren und Marketinginstrumente anwenden

Worauf ist bei der Standortpolitik zu achten?

- ☑ Die Zufahrten für den Autoverkehr sollten für bestellte Patienten, Rettungsdienste und Besucher übersichtlich und ausgeschildert sein.
- ☑ Die Anbindung an den öffentlichen Nahverkehr ist für bestellte Patienten und Besucher von Vorteil. Gleichzeitig ist ein ausreichendes Parkplatzangebot in vertretbarer Nähe vorzuhalten. E-Bikes liegen im Trend. Radwege und Abstellplätze für Zweiräder sollten ebenfalls bedacht werden.
- ☑ Die Standorte von Rettungswachen im Nahbereich verbessern die Erreichbarkeit eines Akutkrankenhauses für Notfälle.
- ☑ Die Anlaufstelle eines Gesundheitsbetriebes sollte für bestellte Patienten, Notfallpatienten und Besucher freundlich und vor allem informativ gestaltet sein. Mit wenigen Blickkontakten muss eine Orientierung für die jeweilige Zielgruppe möglich sein.
- ☑ Eine Wegekennzeichnung mit Unterstützung von visuellen Merkmalen (Farben, Symbole) führt durch das ganze Haus.
- ☑ Im Betriebsablauf werden Wartezeiten minimiert. Erforderlichenfalls werden in Wartezonen bequeme Sitzgelegenheiten und Unterhaltungsmöglichkeiten (Zeitschriften, Kinderbücher, Fernsehen) angeboten.

Kompetenztraining

70 Die Schmidt-Medizintechnik GmbH ist im Gewerbegebiet Süd-Ost in Bad Pyrmont ansässig. Das mittelständische Unternehmen produziert sterile Einmalinstrumente in großer Stückzahl. Das sind u. a. Arterienklemmen, Schlauchklemmen, Verbandscheren, Knopfkanülen und ähnliche Artikel für den Arzt- und Praxisbedarf. Über ein Versandlager werden die Kunden beliefert, u. a. auch die Königsberg-Klinik GmbH.

Aufgabe:

Erläutern Sie mindestens drei Aspekte, worin sich die Produktion der Schmidt-Medizintechnik GmbH von der Leistungserstellung der Königsberg-Klinik GmbH unterscheidet!

71 Bewerten Sie die verkehrstechnische Anbindung Ihrer Gesundheitseinrichtung in der Region!

Welche infrastrukturellen Gegebenheiten für die Erreichbarkeit Ihrer Einrichtung

– mit dem öffentlichen Personennahverkehr,
– mit dem Individualverkehr für Pkw,
– mit dem Individualverkehr für Zweiräder

sind gut gelöst bzw. sind noch verbesserungsbedürftig?

4.6 Kommunikationspolitik

- Zur **Kommunikationspolitik** gehören alle marketingpolitischen Maßnahmen, die das Unternehmen und seine Produkte in der Öffentlichkeit darstellen und bekannt machen.
- Die **Kommunikationspolitik** setzt sich aus der **Werbung**, der **Verkaufsförderung**, der **Öffentlichkeitsarbeit** und neueren Formen der Kommunikationspolitik **(Sponsoring, Produkt-Placement, Direktmarketing, Eventmarketing** und **soziale Netzwerke)** zusammen, wobei die Grenzen mitunter fließend sind.

4.6.1 Werbung

4.6.1.1 Begriff und Grundregeln der Werbung im Gesundheitswesen

(1) Begriff Werbung

Zur **Werbung** gehören alle Maßnahmen mit dem Ziel, bestimmte Botschaften an Personen heranzutragen, um auf ein Erzeugnis und/oder eine Dienstleistung aufmerksam zu machen und Kaufwünsche zu erzeugen.

(2) Allgemeine Grundsätze der Werbung

Klarheit und Wahrheit

Die Werbung muss für den Kunden klar und leicht verständlich sein. Sie sollte sachlich unterrichten, die Vorzüge eines Artikels eindeutig herausstellen, keine Unwahrheiten enthalten und nicht täuschen. Falsche Informationen (Versprechungen) führen zu Enttäuschungen und langfristig zu Absatzverlusten.

Eine irreführende Werbung ist verboten [§ 5 UWG].

Wirksamkeit

Die Werbung muss die Motive der Umworbenen ansprechen, Kaufwünsche verstärken und letztlich zum Kauf führen. Eine wichtige Voraussetzung für eine wirksame Werbung ist eine genaue Bestimmung der Zielgruppe.

Wirtschaftlichkeit

Die Aufwendungen der Werbung finden ihre Grenzen in ihrer Wirtschaftlichkeit. Die Werbung ist dann unwirtschaftlich, wenn der auf die Werbung zurückzuführende zusätzliche Ertrag niedriger ist als der Aufwand.

Soziale Verantwortung

Die Werbung darf keine Aussagen oder Darstellungen enthalten, die gegen die guten Sitten verstoßen oder ästhetische, moralische oder religiöse Empfindungen verletzen. Die rechtliche Umsetzbarkeit von Werbemaßnahmen hängt insbesondere von den Bestimmungen des Gesetzes gegen den unlauteren Wettbewerb [UWG] ab.

Einheitlichkeit, Stetigkeit, Einprägsamkeit

Die Werbung sollte stets einen gleichartigen Stil aufweisen (bestimmte Farben, Symbole, Figuren, Slogans), um beim Kunden einen Wiedererkennungseffekt zu erzielen. Durch die regelmäßige Wiederholung der Werbebotschaft wird deren Einprägsamkeit erhöht.

(3) Erlaubte Information und berufswidrige Werbung für den Arztberuf

Die (Muster-)Berufsordnung für Ärzte (MBO) setzt den Werbeaktivitäten der Ärzte sehr enge Grenzen. Die MBO ist eine Empfehlung der Bundesärztekammer für die verbindlichen Berufsordnungen der Landesärztekammern. Gravierende Unterschiede zwischen den Bundesländern sollen auf diese Weise vermieden werden.

Bezüglich der Werbemaßnahmen von Ärzten unterscheidet der § 27 MBO zwischen erlaubter Information und berufswidriger Werbung.

- **Sachliche Informationen** sind erlaubt:
    - unaufdringliche, berufsbezogene und angemessene Beiträge in Medien,
    - Angabe von erworbenen Zusatzqualifikationen und Tätigkeitsschwerpunkten,
    - bildliche Darstellung in Berufskleidung bei der Berufsausübung ohne Mitarbeiter,
    - organisatorische Hinweise zu Praxisöffnungen und Betriebsorganisation.

- **Berufswidrige Werbung** ist unzulässig:
    - vollmundige, irreführende oder vergleichende Werbung,
    - Werbung für eigene oder fremde gewerbliche Tätigkeiten im Zusammenhang mit dem Arztberuf,
    - Werbung für eigene Produkte im Zusammenhang mit der ärztlichen Tätigkeit,
    - Abgabe von Werbegeschenken an die Patienten,
    - Heilerfolge als gewiss zu garantieren.

Die beschränkende und lenkende Absicht der MBO ist der **Patientenschutz** und die **Vermeidung einer Kommerzialisierung des Arztberufs** durch anpreisende Werbung. Das Standesrecht der Ärzte ist insoweit auch für Krankenhäuser relevant, wenn in Marketingmaßnahmen ein Bezug zur Person eines Arztes genommen wird. Hinsichtlich der Werbung von Krankenhäusern für nichtärztliche Komfortleistungen ist der Spielraum für Werbeaussagen großzügiger bemessen.

(4) Unzulässige Werbung für Heilmittel und Gebote bei der Werbung für Heilmittel

Das Gesetz über die Werbung auf dem Gebiet des Heilwesens (**Heilmittelwerbegesetz – HWG**) findet Anwendung auf die Werbung für Arzneimittel, Medizinprodukte und Behandlungen von Krankheiten. Das Gesetz spricht eine ganze Reihe von Werbeverboten und -geboten aus. Die einschränkenden Verbote verfolgen den vorrangigen Zweck, **laienhafte Personen außerhalb der Fachkreise vor falschen Vorstellungen und Erwartungen zu schützen**. Als Fachkreise sind hier Ärzte, Apotheker, Krankenhäuser und Pharmahändler gemeint.

- **Unzulässig ist eine irreführende Werbung.**
  Eine irreführende Werbung liegt insbesondere dann vor, wenn ein täuschender Eindruck über die Wirksamkeit eines Medikaments oder einer Behandlungsmethode erzeugt wird oder schädliche Nebenwirkungen gänzlich ausgeschlossen werden.

- **Unzulässig ist die Laienwerbung.**
  Für verschreibungspflichtige Arzneimittel darf außerhalb der Fachkreise nicht geworben werden. Auf den Verpackungsbeilagen darf nicht für andere Medikamente oder andere Mittel geworben werden.

- **Unzulässig ist die Werbung bei bestimmten Indikationen.**
  Außerhalb der Fachkreise, also bei medizinischen Laien, darf sich die Werbung für Arzneimittel und Medizinprodukte nicht auf die in diesem Gesetz aufgeführten Krankheiten oder Leiden beziehen wie meldepflichtige Krankheiten nach dem Infektionsschutzgesetz, bösartige Tumore, Suchtkrankheiten (ausgenommen Nikotinsucht), krankhafte Komplikationen bei Schwangerschaft, Entbindung und Wochenbett.

- Bei jeder Werbung für Arzneimittel müssen folgende **Angaben** gemacht werden [§ 4 I HWG]:

  - Firma und Geschäftssitz des pharmazeutischen Unternehmers,
  - Bezeichnung und Zusammensetzung des Arzneimittels,
  - Anwendungsgebiete, Gegenanzeigen und Nebenwirkungen des Arzneimittels,
  - Vorgeschriebene Warnhinweise.

- Bei einer Werbung außerhalb der Fachkreise ist der Text „Zu **Risiken und Nebenwirkungen** lesen Sie die Packungsbeilage und fragen Sie Ihren Arzt oder Apotheker" gut lesbar und von den übrigen Werbeaussagen deutlich abgesetzt und abgegrenzt anzugeben [§ 4 III HWG].

4.6.1.2 Werbeplan

Um den Erfolg der Werbung sicherzustellen und um die Werbemaßnahmen kontrollieren zu können, ist für jede Form der Werbung das Aufstellen eines Werbeplans notwendig.

(1) Überblick

Im Werbeplan sind insbesondere folgende Fragen zu beantworten:

- Welche **Art der Werbung** soll durchgeführt werden?
- Welche **Werbemittel** und **Werbeträger** sind einzusetzen?
- Welche **Streuzeit** wird festgesetzt?
- Welche **Streugebiete** und **Streukreise** sind auszuwählen?
- Welche Beträge können für die Werbung eingesetzt werden **(Werbeetat)**?

(2) Arten der Werbung

Beispielhaft werden im Folgenden zwei Formen der Werbung angeführt.

■ **Werbung nach der Anzahl der Umworbenen**

Direktwerbung	Massenwerbung
Einzelne Personen, Unternehmen, Behörden werden unmittelbar angesprochen, z. B. durch Werbebriefe, Reisende.	■ Die **gezielte Massenwerbung** möchte eine bestimmte Gruppe durch die Werbung ansprechen (z. B. eine Berufs- oder Altersgruppe, die Nichtraucher, die Autofahrer). ■ Die **gestreute Massenwerbung** wird mithilfe von Massenmedien (Rundfunk, Fernsehen, Zeitungen) betrieben.

■ **Werbung nach der Anzahl der Werbenden**

Phasen	Erläuterungen	Beispiele
Alleinwerbung	Ein Krankenhaus wirbt für seine Leistungen.	„Mein Partner für Gesundheit und Lebensfreude" (Klinik Der Fürstenhof, Bad Pyrmont).
Verbundwerbung	Mehrere Krankenhäuser führen gemeinsam eine Werbeaktion durch.	„Denk an mich. Diakonie" (Evangelischer Krankenhausverband).
Gemeinschaftswerbung	Hier tritt ein ganzer Wirtschaftszweig als Werber auf.	„Trinkt mehr Milch!" (Deutscher Bauernverband).

(3) Werbemittel und Werbeträger

■ **Werbemittel**

> **Werbemittel** sind Kommunikationsmittel (z. B. Wort, Bild, Ton, Symbol), mit denen eine Werbebotschaft dargestellt wird (z. B. Anzeige, Rundfunkspot, Plakate usw.).

Je nachdem, **welche Sinne angesprochen** werden sollen, gliedert man die Werbemittel in:

optische Werbemittel	Sie wirken auf das Sehen des Umworbenen (z. B. Plakate, Anzeigen, Schaufensterdekorationen, E-Mails und Short Message Service [SMS]).
akustische Werbemittel	Sie sprechen das Gehör an (z. B. Verkaufsgespräch, Werbevorführungen, Werbespots im Radio).
geschmackliche Werbemittel	Hier soll der Kunde durch eine Kostprobe von der Güte der Ware überzeugt werden. Die Kostproben sprechen den Geschmackssinn an.
geruchliche Werbemittel	Sie wirken auf den Geruchssinn der Kunden (z. B. Parfümproben).

Werden die verschiedenen Werbemittel kombiniert (z. B. Lebensmittelproben können gesehen und gekostet werden, Stoffproben können gesehen und gefühlt werden), so spricht man von **gemischten Werbemitteln**. Sie sind besonders werbewirksam, weil sie verschiedene Sinne des Menschen ansprechen.

■ **Werbeträger**

> Der **Werbeträger** ist das Medium, durch das ein Werbemittel an den Umworbenen herangetragen werden kann.

Wichtige Werbeträger (Streumedien) sind:

Werbeträger

Printmedien	Hörfunk	Plakatanschlag-	Internet	Werbe-
	Fernsehen	stellen		geschenke
– Zeitungen, Zeitschriften	Kino	Nah- und Fern-verkehrsmittel	z. B. Homepage, Werbebanner, Social Media	z. B. Einkaufs-tasche mit Firmenaufdruck
– Werbebrief, Kunden-zeitschrift		Banden-werbung		
– Prospekte, Kataloge				

(4) Streuzeit

> Durch die **Streuzeit** wird Beginn und Dauer der Werbung sowie der zeitliche Einsatz der Werbemittel und Werbeträger festgelegt.

Grundsätzlich hat ein Unternehmen drei Möglichkeiten für die zeitliche Planung von Werbeaktionen:

- ■ **einmalig** bzw. **zeitlich begrenzt** und intensiv zu werben,
- ■ **regelmäßig** zu werben (pro Tag, pro Woche, pro Monat),
- ■ in **unregelmäßigen Abständen** kurz, aber intensiv zu werben.

Vergleicht man die Wirkung von kurzzeitigen Werbeaktionen mit Werbeaktionen, die über einen längerfristigen Zeitraum angelegt sind, so gilt: Je länger und je häufiger geworben wird, desto schneller treten wirtschaftliche Werbewirkungen ein.

Die **Vergessenskurve** aus der Lernforschung zeigt, dass binnen weniger Stunden 50 % der empfangenen Informationen bereits wieder vergessen sind.

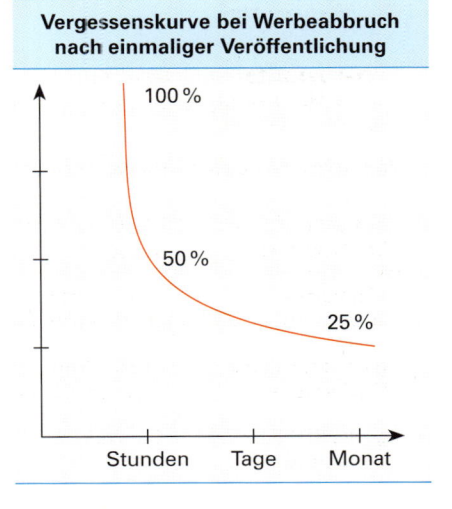

Vergessenskurve bei Werbeabbruch nach einmaliger Veröffentlichung

100 % — 50 % — 25 %
Stunden — Tage — Monat

(5) Streukreis und Streugebiet

- Der **Streukreis** beschreibt den Personenkreis, der umworben werden soll. Der Personenkreis wird häufig noch nach **Zielgruppen** (z. B. Berufs-, Alters-, Kaufkraftgruppen, Geschlecht) untergliedert.
- Das **Streugebiet** (Werbeverbreitungsgebiet) ist das Gebiet, in welchem die Werbemaßnahmen durchgeführt werden sollen.

Streugebiete sind deswegen festzulegen, weil Art und Umfang des Bedarfs in den einzelnen Gebieten (beispielsweise sei auf die andersartigen Bedürfnisse von Stadt- und Landgemeinden hingewiesen) unterschiedlich sein können.

(6) Werbeetat

Da die Werbung in manchen Wirtschaftszweigen erhebliche Mittel verschlingt – der Prozentsatz der Werbekosten am Umsatz liegt in der deutschen Wirtschaft zwischen 1 % und 20 % –, ist ein genauer Haushaltsplan (Etat, Budget) für die Werbung aufzustellen. Die Höhe des Werbeetats kann sich nach der jeweiligen Finanzlage des Unternehmens, nach dem Werbeaufwand der Konkurrenz oder nach dem erwarteten Werbeerfolg richten.

Richtet sich der Werbeetat nach der jeweiligen Finanzlage des Unternehmens, die wiederum eng mit dem Umsatz zusammenhängt, spricht man von **zyklischer Werbung**. Das bedeutet, dass bei steigenden Umsätzen mehr, bei fallenden Umsätzen weniger geworben wird. Diese zyklische Werbung ist jedoch im Allgemeinen wenig sinnvoll, weil gerade dann geworben wird, wenn der Umsatz ohnedies steigt, die Werbung jedoch unterlassen wird, wenn der Umsatz fällt.

Aus diesem Grund wird die **antizyklische Werbung** empfohlen. Sinkt der Umsatz, werden die Werbeanstrengungen verstärkt, steigt der Umsatz, werden sie verringert. Die antizyklische Werbung erfüllt den Zweck, einen gleichbleibenden Umsatz und Gewinn zu sichern.

4.6.1.3 Werbeerfolgskontrolle

(1) Begriff Werbeerfolgskontrolle

Die **Werbeerfolgskontrolle** überprüft,
- in welchem Umfang die gesetzten Werbeziele durch die eingesetzten Werbemittel und Werbeträger erreicht wurden und
- ob sich die Werbemaßnahmen gelohnt haben.

Gegenstand der Werbeerfolgskontrolle:

- Die **wirtschaftliche Werbeerfolgskontrolle** möchte den mithilfe der Werbung erzielten Gewinn feststellen.
- Die **nicht wirtschaftliche Werbeerfolgskontrolle** fragt danach, wie die Werbung bei den Umworbenen „angekommen" ist.

(2) Wirtschaftliche Werbeerfolgskontrolle

Die Feststellung des Werbegewinns ist in der Praxis sehr schwierig. Die Gründe liegen darin, dass es einerseits nicht immer möglich ist, die Werbeaufwendungen für eine Periode genau abzugrenzen, und dass andererseits Umsatzsteigerungen nicht unbedingt auf die Werbung zurückzuführen sind.

Vorbehaltlich dieser Einschränkungen wird die Wirtschaftlichkeit von Werbemaßnahmen folgendermaßen ermittelt:

$$\text{Wirtschaftlichkeit der Werbung} = \frac{\text{Umsatzzuwachs}}{\text{Werbeaufwand}}$$

Dabei wird erwartet, dass der Umsatzzuwachs höher ausfällt als der Werbeaufwand.

(3) Nicht wirtschaftliche Werbeerfolgskontrolle

Während die wirtschaftliche Werbeerfolgskontrolle im eigenen Unternehmen in Geld, Stückzahlen oder Prozentsätzen (z. B. Umsatz, Absatz, Marktanteil) gemessen werden kann, lässt sich der nicht wirtschaftliche Werbeerfolg nur am Umworbenen selbst messen, z. B. in der Änderung seiner Haltung gegenüber dem Produkt oder dem Hersteller.

Um diese verborgenen Daten zu gewinnen, werden spezielle Verfahren eingesetzt, wie z. B. Wortassoziationstests oder Satzergänzungstests. Auf indirekte Art und Weise erhält man dadurch Informationen über folgende Personengruppen:

Werbegemeinte (Adressaten)	Es handelt sich dabei um die Umworbenen, die durch die Werbung angesprochen werden sollen. Ihre Zahl ist die **Adressatenzahl.**
Werbeberührte	Darunter versteht man die Umworbenen, bei denen eine Sinneswirkung erzielt wird. Ihre Zahl ist die **Perzeptionszahl** (lat. perceptio: Wahrnehmung).
Werbebeeindruckte	Damit sind diejenigen Umworbenen gemeint, die nicht nur von der Werbung „berührt" worden sind, sondern bei denen die Werbung eine Aufmerksamkeitswirkung erzielt hat. Die Zahl der Werbebeeindruckten ist die **Aperzeptionszahl** (lat. aperceptio: Verarbeitung von Eindrücken).
Werbeerfüller	Hier handelt es sich um die Umworbenen, die den Werbezweck erfüllen, die z. B. das Produkt kaufen, für das geworben worden ist. Ihre Zahl ist die **Akquisitionszahl** (lat.: die Hinzugeworbenen).

Beispiel

Die Königsberg-Klinik GmbH in Bad Pyrmont möchte die Zusammenarbeit mit niedergelassenen Ärzten der Region, die bisher keine oder nur sporadisch Einweisungen in die Klinik vorgenommen haben, aktiv ausbauen. Speziell für diese Zielgruppe von potenziellen Einweisern wird eine Informationsveranstaltung angeboten. Im Mittelpunkt steht die Vorstellung eines neuen Operationssaales. Den Vertragsärzten werden neuartige Behandlungsmöglichkeiten und Techniken demonstriert, abgerundet mit einem Gesamtbild des Leistungsspektrums der Königsberg-Klinik GmbH. Darüber hinaus wird ein Klinikprospekt speziell für medizinische Fachkreise ausgelegt.

Die Einladung ergeht an 80 niedergelassene Ärzte, mit denen man eine dauerhafte Zusammenarbeit anstrebt. Von den eingeladenen Ärzten (also den Werbegemeinten) erscheinen 60 Personen (Werbeberührte). Daraus lässt sich eine Kennzahl (Streuzahl) ermitteln, nämlich der **Berührungserfolg**.

Er errechnet sich wie folgt:

$$\text{Berührungserfolg} = \frac{\text{Zahl der Werbeberührten}}{\text{Zahl der Werbegemeinten}}$$

In unserem Beispiel ergibt sich:

$$\text{Berührungserfolg} = \frac{60}{80} = \underline{0{,}75}$$

Das bedeutet, dass $^3/_4$ der Werbegemeinten von der Werbung berührt worden sind.

Haben von den 60 erschienenen Ärzten 48 einen Prospekt mitgenommen, zeigt das, dass diese Personen zumindest von der Werbung beeindruckt worden sind. Der **Beeindruckungserfolg** kann daher folgendermaßen berechnet werden:

$$\text{Beeindruckungserfolg} = \frac{\text{Zahl der Werbebeeindruckten}}{\text{Zahl der Werbegemeinten}}$$

In diesem Beispiel beträgt der Beeindruckungserfolg = $\frac{48}{80} = \underline{0{,}60}$

Die Zahl bedeutet, dass 60 % der Werbegemeinten von der Werbung beeindruckt waren.

Angenommen, 20 der erschienenen Ärzte haben innerhalb eines Quartals nach der Veranstaltung eine Einweisung in die Königsberg-Klinik GmbH vorgenommen. Der **Erfüllungserfolg** (Akquisitionserfolg) kann dann wie folgt ermittelt werden:

$$\text{Erfüllungserfolg} = \frac{\text{Zahl der Werbeerfüller}}{\text{Zahl der Werbegemeinten}}$$

In diesem Fall lautet das Ergebnis:

$$\text{Erfüllungserfolg} = \frac{20}{80} = \underline{0{,}25}$$

Die Kennzahl sagt aus, dass $^1/_4$ der Werbegemeinten den Werbezweck erfüllt hat.

Allgemein lässt sich also sagen, dass der (nicht wirtschaftliche) Werbeerfolg umso größer ist, je höher die ermittelte Kennzahl ist.

4.6.2 Verkaufsförderung

- Die Verkaufsförderung hat das Ziel, durch **Maßnahmen am Ort des Verkaufs (Point of Sale)** den Umsatz anzukurbeln.
- Die Aktionen sind **kurzfristig** und dienen der **Profilierung des Unternehmens**.

Als singuläres Instrument ist Verkaufsförderung für Gesundheitseinrichtungen kaum geeignet. Gesundheitseinrichtungen werden aus notwendigem Anlass aufgesucht und bieten nichts für „Schnäppchenjäger". Als Teil einer ganzheitlichen Aktion wie dem „Tag der offenen Tür" sind Maßnahmen der Verkaufsförderung zur Profilierung der Einrichtung allerdings sinnvoll.

4 Entwicklung eines Marketingkonzepts (Marketingmix)

4.6.3 Public Relations (Öffentlichkeitsarbeit)

(1) Begriff Public Relations

> Die **Public Relations** wirbt für den guten Ruf, das Ansehen eines Unternehmens oder einer Unternehmensgruppe in der Öffentlichkeit.

Mithilfe der Öffentlichkeitsarbeit soll z. B. gezeigt werden, dass ein Unternehmen besonders fortschrittlich, sozial oder ein guter Arbeitgeber ist oder dass es die Belange des Umweltschutzes und der Versorgung der Bevölkerung in besonderem Maße berücksichtigt.

Wie sich das Erscheinungsbild (das Image) eines Unternehmens in der Öffentlichkeit und bei der Belegschaft darstellt, hängt auch von dem vom Management geschaffenen **Unternehmensleitbild** ab. Hierunter versteht man die Einmaligkeit („Persönlichkeit") eines Unternehmens, die dieses in seiner Umwelt (z. B. bei seinen Kunden, Lieferern, Kapitalgebern, bei den Bürgern, den politischen Parteien usw.) und bei seinen Mitarbeitern unverwechselbar macht. Aus dem Unternehmensleitbild leitet sich die **Corporate Identity**[1] ab.

(2) Instrumente der Public-Relations-Politik

Instrumente der Public-Relations-Politik sind u. a. die Abhaltung von Pressekonferenzen, Tage der offenen Tür, Einrichtung von Sportstätten und Erholungsheimen, Spenden, Zeitungsanzeigen *(„Unsere Branche weist die Zukunft")* oder Rundfunk- und Fernsehspots *(„Es gibt viel zu tun, packen wir's an!")*. Eine gute Öffentlichkeitsarbeit bereitet den Boden für andere absatzpolitische Maßnahmen vor. So „kommt" z. B. die Werbung besser „an".

(3) Projekt „Tag der offenen Tür"

Gesundheitseinrichtungen unterliegen immer öfter sogenannten Rankings in Internetportalen. Zudem veröffentlichen mediale Gesundheitsratgeber Krankenhausempfehlungen und verteilen Schulnoten. Hinzu kommen Internetforen von Betroffenen und medizinischen Laien, die in den sozialen Medien ihre subjektive Meinung verbreiten. Das Image einer Gesundheitseinrichtung kann also von außen nachhaltig geprägt werden. Hier gilt es, mit Seriosität und Fakten das eigene Erscheinungsbild aktiv mitzugestalten.

Für Krankenhäuser hat sich das **Projekt „Tag der offenen Tür"** als wirksamer Magnet erwiesen, weite Bevölkerungskreise und damit potenzielle Kunden und Meinungsmultiplikatoren zu erreichen. Überzeugend wirkt, wer nicht nur doziert, sondern den Besuchern eigene Erfahrungen vermittelt. Kommunikation der Ärzte mit medizinisch informierten

Beispiele für Projektziele:
- Erhöhung des Bekanntheitsgrades der Klinik,
- Gestaltung und Verbesserung des Images,
- Aufbau von Vertrauen und Kompetenz,
- Kontaktatmosphäre mit leitenden Mitarbeitern,
- Vorstellung der Tätigkeitsschwerpunkte,
- Demonstration der technischen Leistungsfähigkeit.

und interessierten Bürgern ist sicherlich ein weiteres Schlüsselerlebnis der Meinungsbildung. Die Aktivitäten müssen im Rahmen des Gesamtereignisses gelingen und dürfen kein Zufallsergebnis sein. Erfolgversprechende Meilensteine zu einer öffentlichkeits-

---
[1] **Corporate Identity** ist das Erscheinungsbild eines Unternehmens in der Öffentlichkeit und bei seinem Personal. Je höher der Grad der Corporate Identity ist, desto mehr können sich die Belegschaftsmitglieder mit dem Unternehmen identifizieren.

wirksamen Veranstaltung sind planbar und zielführend. Die Krankenhausleitung sollte die Schwerpunkte der Öffentlichkeitsarbeit setzen und mögliche **Ziele beschreiben**.

Meilensteine zur Realisierung einer öffentlichkeitswirksamen Veranstaltung

- **Bildung einer Projektgruppe „Tag der offenen Tür"**
  - Krankenhausleitung bestellt die Projektleitung sowie die weiteren Projektteilnehmer.
  - Krankenhausleitung umreißt die Zielsetzung eines Öffnungstages und legt den Planungszeitraum fest (mindestens 3 Monate).
- **Projektplanung mit der Zusammenstellung von arbeitsteiligen Arbeitspaketen**
  - Im Kick-off-Meeting als erste Arbeitssitzung werden Regularien festgelegt (regelmäßige Treffen, Berichtswesen mit Materialsammlung).
  - Sammlung von zielführenden Vorschlägen und Bündelung zu themenzentrierten Arbeitspaketen.
  - Einbau eines Rahmenprogramms für Unterhaltung und Bereitstellung von Verpflegung.
  - Organisation des Umfeldes (Parkplätze, Notdienste, Steuerung der Besucherströme, Ruhezonen).
  - Federführende Übernahme von benannten Arbeitspaketen durch bestimmte Teammitglieder.
  - In regelmäßigen Treffen berichten Teammitglieder über die Fortschritte mit ihren Arbeitspaketen, ggf. werden Korrekturmaßnahmen eingeschlagen.
- **Projektkommunikation und Projektdurchführung**
  - Vorstellung der Planungsergebnisse und Entscheidung zur Durchführung.
  - Ablauf- und Zeitplan für jede einzelne Aktivität aufstellen mit Orts- und Zeitangaben, Personal und deren Aufgaben, erforderliche Sachmittel.
  - Kommunikations- und Werbeplan aufstellen.
  - Innerbetriebliche Kommunikation zur Information und mentalen Mobilisierung des gesamten Personals.
  - Persönliche Einladung an Personen des öffentlichen Interesses, insbesondere an lokale und regionale Medienvertreter.
  - Werbemaßnahmen, Kommunikationswege und -instrumente zur Einladung der Zielgruppen verbreiten.
  - Anlaufstelle aus Mitgliedern der Projektorganisation für Unvorhergesehenes am Öffnungstag.
- **Projektreflexion und Projektbeurteilung**
  - Abschlusssitzung des Projektteams unter Beteiligung der Krankenhausleitung: Publikumsrenner herausstellen und Verbesserungspotenziale für zukünftige Öffnungstage aufzeigen, Auswertung der medialen Berichterstattung.
  - Anerkennung und Dank intern übermitteln sowie an externe Mitwirkende.

Projektgruppen für Öffnungstage stehen anfangs vor der Frage, welche themenzentrierten Arbeitspakete erfolgversprechend geschnürt werden sollten. Anhaltspunkte geben die Tätigkeitsschwerpunkte und neueren Entwicklungen der Klinik. Weiterhin können aktuelle gesundheitspolitische Themen der Region aufgegriffen werden. Eine phantasiereiche Kombination von Information, Kommunikation und Aktion unter Einbeziehung von externen Partnern wie Rettungsdiensten, Krankenkassen und Sozialdiensten spricht ein breites Publikum an.

1 Entwicklung eines Marketingkonzepts (Marketingmix)

> **Beispiel:**
>
> ### Tag der offenen Tür und Gesundheitsmesse im Klinikum Osnabrück[1]
>
> Das Krankenhaus auf dem Finkenhügel lädt Sie zu einem besonderen Öffnungstag ein. Im Mittelpunkt steht ein **Gesundheitsparcours mit 43 Stationen,** auf dem die Besucher besondere Angebote, zahlreiche Stationen und Abteilungen des Krankenhauses der Maximalversorgung erkunden können.
>
> ■ **Auf dem beschilderten Rundgang stellen wir Ihnen vor:**
>
> Abteilungen wie die Urologie, die Senologie und die Palliativstation; das Herzkatheter-Labor und die Endoskopie, das Augenheilkunde-Zentrum Visual eins, das Zentrum für Neuromedizin und Geriatrie sowie das Perinatalzentrum; Operationssäle, Patientenzimmer, die angeschlossene Privatklinik und die Kinderkrippe Finkennest.
>
> ■ **Die Besucher können sich informieren über:**
>
> Laserchirurgie in der Urologie, Stoßwellentherapie gegen Nierensteine, die Brustkrebs-Prävention, Implantologie oder die Behandlung von Herzrhythmusstörungen und Rückenschmerzen, Therapiemöglichkeiten bei Übergewicht, Hilfsmittel für ältere Menschen und Schlüssellochchirurgie.
>
> ■ **Zum Mitmachen, Kennenlernen und Erfahren sind Sie aktiv dabei:**
>
> Beim größten begehbaren Darmmodell Europas und sogar einem begehbaren Herzmodell, selber mit einem Endoskop „operieren" oder Aging-Anzüge ausprobieren, Vitalwerte (Puls/Blutdruck, Blutzucker) und Lungenfunktionen kontrollieren, Mobilitätshilfen wie Rollstühle austesten oder Aktivitäts-Parcours nach Gelenkersatz durchlaufen, und ganz wichtig: Bewegungsspaß für Kinder!
>
> ■ **Leib und Seele unserer Patienten und Besucher sind uns wichtig:**
>
> Krankenhausseelsorge und der Sozialdienst stellen sich vor; weiterhin Selbsthilfegruppen (u. a. MS, Rheuma, Schmerzen, Pankreas, Stoma, Diabetes) und Hilfseinrichtungen wie die Krebsberatungsstelle, die Grünen Damen und der Diakonieverein. Von der Krankenhausküche können sich die Gäste bewirten lassen.
>
> ■ **Vorträge mit Aussprache zu Erkrankungen und Therapieverfahren:**
>
> In den Vorträgen von Chefärzten und Oberärzten geht es u. a. um das Schlaganfallsrisiko, Brust-/Darmkrebs, Inkontinenz, Nierenschwäche, Krebstherapien, sportmedizinische Betreuung im Spitzensport, Vorsorgevollmachten und Palliativmedizin.
>
> ■ **Die Gesundheitsmesse mit Kooperationspartnern läuft parallel in der Eingangshalle:**
>
> Ausführlich präsentieren und informieren wir Sie über einzelne Themen wie Entbindungen, Krankenhaushygiene, Wirbelsäulenerkrankungen und Gefäß-Bypässe. Sie können ein Wiederbelebungstraining absolvieren und einen Rettungswagen besichtigen.

Der Erfolg einer Veranstaltung darf keine Einmalaktion sein. Wiederholungen in regelmäßigen Abständen verstetigen den positiven Eindruck und setzen neue Akzente im Laufe der Klinikentwicklung.

---

1 Quelle: https://www.klinikum-os.de/klinikum-osnabrueck-stellt-sich-vor-tag-der-offenen-tuer-am-22-april/ (04.07.2018).

4.6.4 Neuere Formen der Kommunikationspolitik

(1) Sponsoring

Sponsoring basiert auf dem Prinzip des gegenseitigen Leistungsaustauschs. So stellt ein Unternehmen Fördermittel nur dann zur Verfügung, wenn es hierfür eine Gegenleistung vom Gesponserten (z. B. die Duldung von Werbemaßnahmen) erhält.

> Beim **Sponsoring** stellt der Sponsor dem Gesponserten Geld oder Sachmittel zur Verfügung. Dafür erhält er Gegenleistungen, die zur Erreichung der Marketingziele beitragen sollen.

Die wichtigsten **Sponsoringarten** sind:

Sportsponsoring	Der Sport bietet ein positiv besetztes Erlebnisumfeld mit Eigenschaften wie dynamisch, sympathisch und modern. Dieses Imageprofil möchte der Sponsor auf sein Unternehmen übertragen.
Kultur- und Kunstsponsoring	Es umfasst die Förderung von Bildender Kunst, Theater, Musik, Film und Literatur. Arten der Förderung können die Unterstützung einzelner Künstler, einer Ausstellung oder eines Konzerts bis hin zur Errichtung eines eigenen Museums sein.
Sozialsponsoring	Hier wird vor allem die gesellschaftliche Verantwortung eines Unternehmens in den Vordergrund gestellt. Ein Unternehmen kann z. B. direkte Zahlungen an Sozialorganisationen oder Ausbildungsstätten leisten, eine eigene Stiftung gründen oder eine Kampagne zur Unterstützung eines sozialen Projekts starten.
Ökosponsoring	Es konzentriert sich vor allem auf die Unterstützung von Umweltschutzorganisationen, die Ausschreibung von Umweltpreisen oder das Starten von Natur- und Artenschutzaktionen.

(2) Direktmarketing

> **Direktmarketing** umfasst alle Maßnahmen, die ein Unternehmen einsetzt, um mit dem Empfänger einen Kontakt herzustellen.

Wird mit dem Kunden direkt Kontakt aufgenommen, so spricht man von **Direktwerbung**. Zu den Formen der Direktwerbung zählen **Direct Mailing** (z. B. Zusendung einer Nachricht per Post, per Fax oder per E-Mail), das **Telefonmarketing** (z. B. der Kunde wird von einem Callcenter angerufen) oder die Zusendung einer **Kundenzeitschrift**.

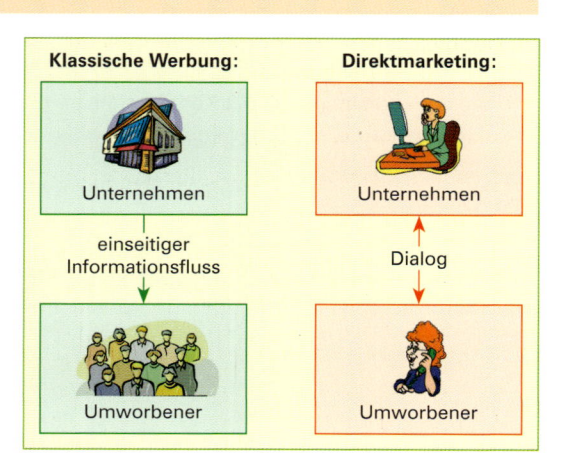

Klassische Werbung:
Unternehmen → einseitiger Informationsfluss → Umworbener

Direktmarketing:
Unternehmen ↔ Dialog ↔ Umworbener

Wird der Kunde beispielsweise über Anzeigen in Zeitschriften mit Antwortcoupons oder durch die Angabe einer Telefonnummer oder E-Mail-Adresse in einem Werbespot zur Kontaktaufnahme mit dem Unternehmen aufgefordert, so spricht man von einer **Direct-Response-Werbung.**

In beiden Fällen ist es das **Ziel des Unternehmens,** mit den Kunden in einen Dialog einzutreten, um eine **individuelle Beziehung** herzustellen.

(3) Eventmarketing

> Beim **Eventmarketing** werden Veranstaltungen (Events) zur erlebnisorientierten Darstellung des Unternehmens und seiner Produkte genutzt.

Eine zielgruppenspezifische Mixtur aus Show-, Musik-, Mode- und/oder Sportaktionen, dekoriert mit populären Persönlichkeiten als Publikumsmagnet, entfaltet eine aufnahmewillige Kommunikationsbasis. Das Ereignis soll aus dem üblichen Rahmen herausstechen. Die Reizüberflutung und Informationsüberlastung der Zielgruppe durch klassische Werbeformen wird spielerisch umgangen und in eine das Image fördernde Meinungsbildung gelenkt.

Wenn es darum geht, gefühlsbetonte und nachhaltige Eindrücke zu erzielen, ist das Marketing-Event mit seiner Konzeption aus Information, Emotion, Aktion und Motivation das Erfolgsmodell erlebnisorientierter Begegnungskommunikation. Eine mediale Berichterstattung, häufig in Anzeigeblättern, erhöht die Wirkung solcher Veranstaltungen.

(4) Internet als aktueller Kommunikationsweg

Durch das Internet haben sich die Märkte dynamisch verändert. Sie sind nicht mehr räumlich, sachlich oder zeitlich begrenzt, vielmehr in allen drei Aspekten weit ausgedehnt. Das schafft einen erheblichen Anpassungszwang hin zu einer **dialogorientierten Kommunikation.** Das sind alle Kommunikationswege, die einen direkten individuellen Kontakt ermöglichen.

Das Internet ermöglicht es dem Kunden, über die traditionellen Kommunikationskanäle hinaus, aktuelle Informationen über die Marktangebote zu beschaffen. Dieses veränderte Kundenverhalten zwingt die Unternehmen, ihre Marketingkonzepte und -instrumente an diese neu aufgestellte Zielgruppe anzupassen. Diese Zielgruppe – **Generation Internet** oder auch **Digital Natives** genannt –

- wuchs auf in der digitalen Welt,
- ist vertraut im Umgang mit interaktiven Medien,
- ist gut informiert,
- sucht in der Regel zunächst über Google,
- meint Wikipedia, wenn sie von einem Lexikon spricht, und nicht Brockhaus,
- liest die Onlineversion der Zeitung statt das Printmedium und
- ist über zahlreiche Informationskanäle zu erreichen.

Die vielzitierte Generation Internet hat ihre Interessenschwerpunkte sicherlich nicht im Themenspektrum Gesundheit und Pflege. Dafür können alle Altersgruppen einschließlich Senioren zunehmend als internetaffin und internetaktiv angesehen werden. Für einen Gesundheitsbetrieb müssen das **Internet** und damit die eigene **Homepage** eine Selbstverständlichkeit sein, um ihre Zielgruppen zu erreichen. Allerdings scheiden vollmundige Werbeauftritte wie in der Konsumgüterbranche wegen gesetzlicher Beschränkungen und aus wohlverstandenem Eigeninteresse aus. Die Zielgruppe der an Gesundheit und Pflege Interessierten fragt nicht nach Genuss oder ist gerade in Kauflaune. Die Besserung und Heilung eines leidvollen Zustandes steht im Mittelpunkt des Informationsinteresses.

> **Zentrale Fragen der Zielgruppe „Patient":**
> - Welches Krankenhaus ist für mich das richtige?
> - Wo werde ich in der fachlich gebotenen Qualität behandelt?

Die Qualität von ärztlichen Dienstleistungen kann im Gegensatz zur Qualität von Sachgütern nicht im Vorfeld geprüft werden. Die individuelle Dienstleistung entsteht nämlich in dem Augenblick, in dem sie direkt am Patienten vollzogen wird. Ein „Probierstück" eines immateriellen Gutes gibt es nicht. Die Dienstleistungsqualität kann vom Kunden (sprich Patienten) erst im Nachhinein bewertet werden. Im Vorfeld gibt es nur Anhaltspunkte, die die Kompetenz und das Qualitätsniveau des Krankenhauses belegen können. Hier muss eine Klinik-Homepage ansetzen, um die Erwartungshaltung der Zielgruppen zu erfüllen. Das sind natürlich die potenziellen Patienten und deren Angehörige sowie die beruflich interessierten Fachkreise, insbesondere die einweisenden Arztpraxen.

Eine **Klinik-Homepage**, die eine vom Krankenhaus **„gewünschte Marktwahrnehmung"**[1] vermitteln will, muss eine Reihe von Grundregeln zur Gestaltung und inhaltlichen Ausrichtung umsetzen:[2]

- **Aufbau und Gestaltung einer Klinik-Homepage**
    - Sind die Internetseiten aufgeräumt und übersichtlich?
    - Passt das Design zum Corporate Design der Einrichtung?
    - Hat die Website eine intuitive Navigation?
    - Ist die technische Gestaltung im Responsive Webdesign zur Reaktion auf verschiedene Endgeräte von Smartphones bis zu Panorama-Bildschirmen in der Klinik?
    - Funktionieren Links und E-Mail-Adressen?
    - Sind die Internetseiten barrierefrei, also auch für Menschen mit Behinderungen nutzbar?
    - Sind alle Informationen aktuell?

---

1 Papenhoff, M./Platzköster, C.: Marketing für Krankenhäuser und Reha-Kliniken, Heidelberg 2010, S. 29.
2 Vgl. ebenda, S. 114f.

■ Allgemeine Informationen

- Werden das Leitbild und die Geschichte der Einrichtung glaubhaft dargestellt?
- Wird auf Veranstaltungen und Aktuelles hingewiesen?
- Sind alle notwendigen Grundinformationen für Auskunft und Aufnahme vorhanden?
- Sind folgende Einzelheiten aufgeführt: Kontaktdaten, Telefonnummern, Anfahrtswege, Parkplatzmöglichkeiten, öffentliche Verkehrsmittel, Namen und Funktionen verantwortlicher Personen?

■ Informationen für einen Krankenhausaufenthalt und für Besucher/Angehörige

- Sind grundlegende Fragen von Patienten für die Aufnahme berücksichtigt, wie z. B. „Was muss ich mitbringen?" oder „Welche Unterlagen werden benötigt?"
- Werden Checklisten und Merkzettel zum Ausdrucken angeboten?
- Werden Sprech- und Besuchszeiten rasch auffindbar angegeben?
- Können sich Besucher rasch über Besuchsregeln informieren?
- Gibt es Informationen mit Preisangaben über Wahlleistungen, ggf. mit werblicher Abbildung?
- Gibt es einen leicht bedienbaren Downloadbereich, in dem die gängigen Informationen und Formulare heruntergeladen und ausgedruckt werden können?

■ Medizinische und pflegerische Informationen

- Werden die medizinischen Abteilungen mit den wesentlichen Leistungsmerkmalen dargestellt?
- Werden Behandlungen, Heilverfahren und besondere Therapieformen laienverständlich erläutert?
- Sind die Informationen sachlich richtig, sodass auch aufgeklärte Patienten keine Ungereimtheiten entdecken?
- Werden passwortgeschützte Informationen für die medizinischen Fachkreise getrennt von den Patienteninformationen angeboten?

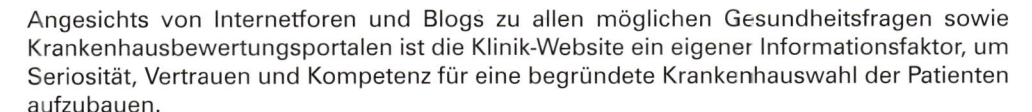

Angesichts von Internetforen und Blogs zu allen möglichen Gesundheitsfragen sowie Krankenhausbewertungsportalen ist die Klinik-Website ein eigener Informationsfaktor, um Seriosität, Vertrauen und Kompetenz für eine begründete Krankenhauswahl der Patienten aufzubauen.

Zusätzlich sollten Social-Media-Kanäle wie Facebook, Youtube und Instagram für das Marketing genutzt werden. Social-Media-Kanäle sind kostengünstig, lassen sich rasch und flexibel handhaben. Sie sind schwerpunktmäßig bei jungem Publikum sehr beliebt und vermitteln in dieser Zielgruppe einen hohen Bekanntheitsgrad.

Kompetenztraining

72 Die Kurpark-Therme AG in Bad Pyrmont, Zentrum für medizinische Prävention, Fitness und Wellness, ist als regionaler Gesundheitsdienstleister auf dem Markt. Allerdings ist die Popularität des Unternehmens nur mäßig und das breite Leistungsspektrum kaum bekannt. Das soll sich ändern. Daher plant der Vorstand eine Werbekampagne.

Aufgaben:

1. Schlagen Sie dem Vorstand begründet drei Werbemittel bzw. -medien vor, die geeignet sind, das neue Unternehmen erfolgreich auf dem Markt bekannt zu machen!
2. Die Werbung sollte bestimmten Grundsätzen genügen. Nennen Sie drei allgemeine Werbegrundsätze!
3. In der Diskussion über die durchzuführenden Werbemaßnahmen fallen auch die Begriffe Streukreis und Streugebiet. Erläutern Sie diese Begriffe!
4. Nach Meinung des Vorstandes soll vor allem Massenwerbung und Alleinwerbung betrieben werden. Nennen Sie noch weitere Arten der Werbung a) nach der Zahl der Umworbenen und b) nach der Anzahl der Werbenden!
5. Unterbreiten Sie einen Vorschlag, wie eine Werbeerfolgskontrolle durchgeführt werden könnte!
6. Zur Absatzförderung trägt auch die Öffentlichkeitsarbeit – also Maßnahmen der Public Relations – bei.
   Begründen Sie diese Aussage!
7. Begründen Sie, warum die Ermittlung und Nutzung von Kundendaten ein Wettbewerbsvorteil für ein Unternehmen ist!
8. Begründen Sie, warum die traditionellen Marketingkonzepte durch die neuesten Entwicklungen in der digitalen Welt des Internets wenig wirksam sind!

73 Kennen Sie den? „Bei riesigen Nebenwirkungen schlagen Sie den Arzt mit der Packungsbeilage oder tragen ihn zum Apotheker!" Weil der originale Satz bis zum Überdruss allen bekannt ist, ist er Gegenstand von Witzen geworden. Mal ehrlich: Kennen Sie den genauen Wortlaut?

Aufgaben:

1. Nennen Sie den exakten Wortlaut, der als Warnhinweis bei der Werbung für Arzneimittel verwendet werden muss!
2. Welche Zwecksetzungen sollen mit dem gesetzlichen Warnhinweis erreicht werden?

74 Werbliche Maßnahmen von niedergelassenen Ärzten unterliegen bestimmten Geboten und Verboten der Musterberufsordnung für Ärzte (MBO).

Aufgabe:

Erläutern Sie, wie die Werbung von Arztpraxen grundsätzlich gestaltet sein muss!

75 Das Beispiel „Tag der offenen Tür im Klinikum Osnabrück" (siehe S. 181) enthält eine Reihe von medizinischen Fachbegriffen, die im Allgemeinen kaum bekannt sind.

Aufgabe:

Recherchieren Sie die Bedeutung von folgenden medizinischen Fachbegriffen:

1. Geriatrie
2. Perinatalzentrum
3. Pankreas
4. Endoskopie
5. Stoma

4 Entwicklung eines Marketingkonzepts (Marketingmix)

76
1. Für ein Projekt „Tag der offenen Tür" in Ihrer Gesundheitseinrichtung stellen Sie ein themenzentriertes Arbeitspaket zusammen, das im Stil eines Eventmarketings die Elemente Information, Kommunikation und Aktion vermittelt. Sollten Sie kein Auszubildender oder Praktikant einer Gesundheitseinrichtung sein, nehmen Sie Anregungen aus dem Beispiel „Tag der offenen Tür im Klinikum Osnabrück".

2. Welche Ziele können mit einem „Tag der offenen Tür" angestrebt werden?
Zählen Sie mindestens vier Ziele auf!

77 Das Pflegeheim „Seniorenresidenz Rosenhof KG" genießt einen ausgezeichneten Ruf im heimischen Kreis Hameln-Pyrmont und im benachbarten westfälischen Lippe-Detmold. Daran anknüpfend plant die stationäre Pflegeeinrichtung eine erweiterte Produktpolitik. Ihre pflegerischen Leistungsfähigkeiten sollen als „Ambulanter Pflegedienst Rosenhof" an den Markt gehen.

1. Das Marktforschungsinstitut verschickt 320 Fragebögen an die Zielgruppe, versehen mit einem adressierten und frankierten Rückumschlag. Der Rücklauf ist mit 128 ausgefüllten Fragebögen erstaunlich hoch.
   Aufgabe:
   Berechnen Sie die Rücklaufquote!

2. Einen Auszug aus dem Fragebogen zur ambulanten Pflege zeigt die folgende Tabelle:

   Bewerten Sie die Wichtigkeit der folgenden Vorschläge:
   1. Würden Sie es begrüßen, wenn die Seniorenresidenz Rosenhof auch ambulante Pflege anbietet?
   2. Wie wichtig ist Ihnen die Berücksichtigung persönlicher Wünsche durch das Pflegepersonal?
   3. Würden Sie gern weitere Angebote in Anspruch nehmen wie die Begleitung beim Einkauf?

   Vergeben Sie zur Bewertung die Schulnoten von 1 (sehr wichtig) bis 6 (ganz unwichtig)!

   Die Auszählung der 128 Rücksendungen ergab folgende Ergebnisse:

Notenskala von 1 bis 6	1	2	3	4	5	6
1. Anzahl der Nennungen zu Frage 1	32	48	26	14	6	2
2. Anzahl der Nennungen zu Frage 2	66	52	10	0	0	0
3. Anzahl der Nennungen zu Frage 3	6	22	60	20	12	8
Summe der Nennungen für alle 3 Fragen je Note	104	122	96	34	18	10

   Aufgabe:
   Berechnen Sie die Durchschnittsnote für die 3 Fragestellungen!

3. Die Ergebnisse der Marktforschung sind für die Geschäftsleitung der Seniorenresidenz Rosenhof KG ermutigend, einen ambulanten Pflegedienst Rosenhof als zweites Standbein der Einrichtung zu realisieren. Für das ambitionierte Vorhaben entwickelt das Marktforschungsinstitut Sanitas Sozialforschung GmbH ein durchdachtes Marketingkonzept als Marketingmix.
   Aufgabe:
   Beschreiben Sie ganz allgemein, was man unter Marketingmix versteht!

4 Beschaffungsprozesse planen, steuern und kontrollieren

1 Begriff Beschaffung und die Ziele der Beschaffung (Materialwirtschaft)

(1) Begriff Beschaffung

> Die **Beschaffung** umfasst die Bereitstellung von Materialien, Dienstleistungen, Betriebsmitteln, Rechten sowie Informationen über den Beschaffungsmarkt für den Leistungsprozess eines Unternehmens.

Die Begriffe Beschaffung und Materialwirtschaft werden im Folgenden synonym (gleichartig) verwendet.

(2) Ausgewählte Ziele der Beschaffung

Ziele	Beispiele
Sicherung der Leistungserstellung	Die Materialien sind so zu beschaffen, dass jederzeit eine reibungslose Leistungserstellung gesichert ist.
Minimierung der Beschaffungskosten	■ Niedrige Einstandspreise; ■ günstige Lieferungs- und Zahlungsbedingungen; ■ Minimierung der Bestellkosten; ■ große Bestellmengen, um günstige Einkaufspreise und hohe Mengenrabatte zu erhalten.
Minimierung der Lagerhaltungskosten	■ Geringe Bestellmengen, dadurch niedrige Zinskosten für das in den Materialbeständen gebundene Kapital; ■ Senkung der Lagerpersonalkosten; ■ geringe Lagerrisiken durch kleine Lagerbestände; ■ Minimierung der Lagerraumkosten.
Hohe Beschaffungsflexibilität	Lagermengen so festlegen, dass die Beschaffung jederzeit an die Bedarfsanforderungen der Verwendungsstellen oder an eine Marktveränderung angepasst werden kann.
Umweltschutz	Verminderung von Abfallbelastungen durch den Bezug umweltschonender (abfallarmer) Materialien.
Qualitätssicherung	Nur Material beschaffen, das dem Qualitätsanspruch, der an das Produkt gestellt wird, entspricht.

1 Begriff Beschaffung und die Ziele der Beschaffung (Materialwirtschaft)

(3) Stufen der Beschaffungsprozesse

Gliedert man den Beschaffungsprozess stufenweise zunächst in **Planungsprozesse, Steuerungsprozesse** und **Controllingprozesse** und diese wiederum in ihre Teilprozesse, dann erhält man die abgebildete Übersicht. Mit deren Hilfe ist eine Zuordnung zwischen den einzelnen Teilprozessen und deren betriebswirtschaftlichen Inhalten möglich.

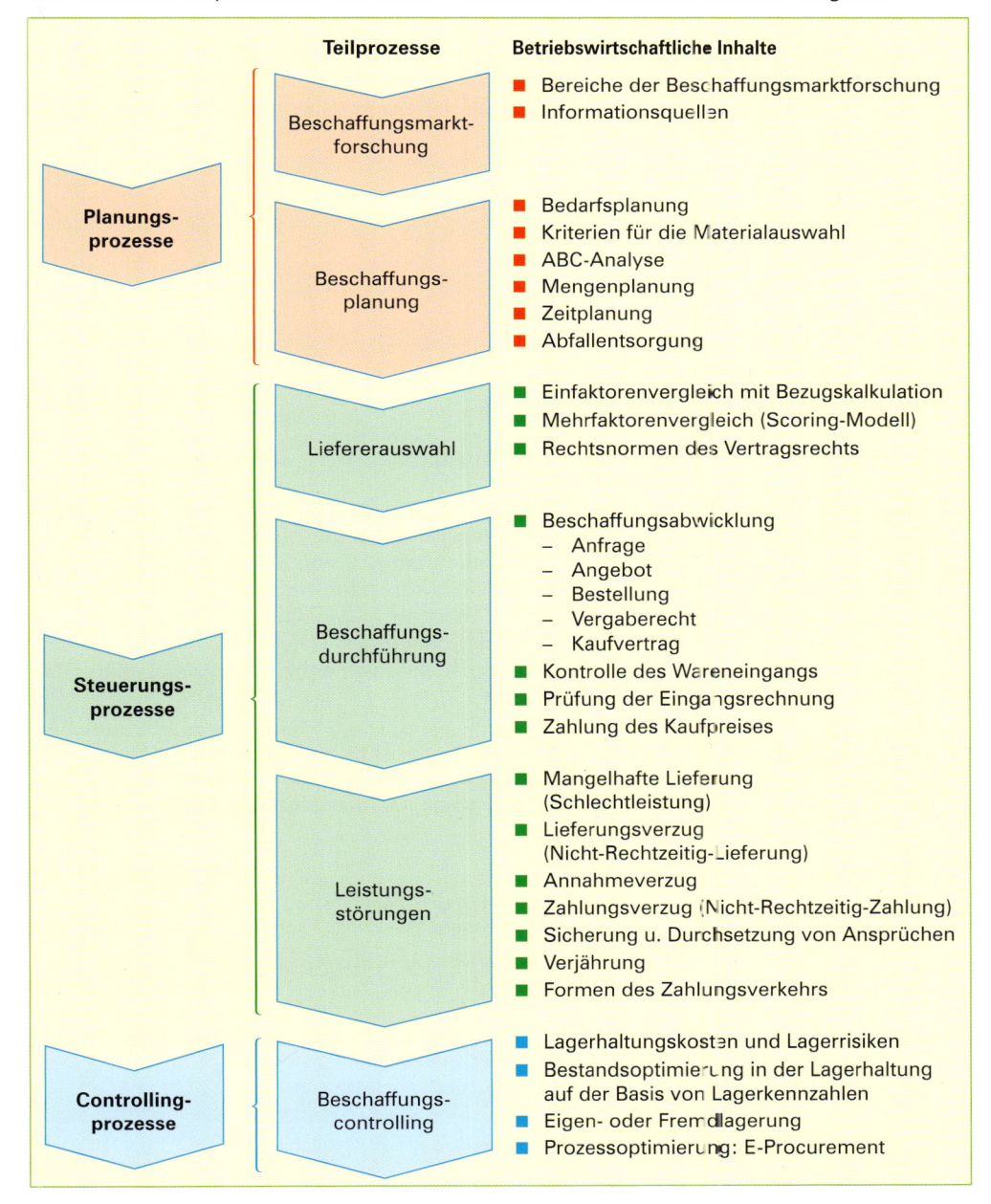

	Teilprozesse	Betriebswirtschaftliche Inhalte
Planungsprozesse	Beschaffungsmarktforschung	■ Bereiche der Beschaffungsmarktforschung ■ Informationsquellen
	Beschaffungsplanung	■ Bedarfsplanung ■ Kriterien für die Materialauswahl ■ ABC-Analyse ■ Mengenplanung ■ Zeitplanung ■ Abfallentsorgung
Steuerungsprozesse	Liefererauswahl	■ Einfaktorenvergleich mit Bezugskalkulation ■ Mehrfaktorenvergleich (Scoring-Modell) ■ Rechtsnormen des Vertragsrechts
	Beschaffungsdurchführung	■ Beschaffungsabwicklung – Anfrage – Angebot – Bestellung – Vergaberecht – Kaufvertrag ■ Kontrolle des Wareneingangs ■ Prüfung der Eingangsrechnung ■ Zahlung des Kaufpreises
	Leistungsstörungen	■ Mangelhafte Lieferung (Schlechtleistung) ■ Lieferungsverzug (Nicht-Rechtzeitig-Lieferung) ■ Annahmeverzug ■ Zahlungsverzug (Nicht-Rechtzeitig-Zahlung) ■ Sicherung u. Durchsetzung von Ansprüchen ■ Verjährung ■ Formen des Zahlungsverkehrs
Controllingprozesse	Beschaffungscontrolling	■ Lagerhaltungskosten und Lagerrisiken ■ Bestandsoptimierung in der Lagerhaltung auf der Basis von Lagerkennzahlen ■ Eigen- oder Fremdlagerung ■ Prozessoptimierung: E-Procurement

Beschaffungsprozesse planen, steuern und kontrollieren

(4) Zielkonflikte

Zwischen den einzelnen Zielen der Beschaffung bestehen i. d. R. **Zielkonflikte**. Man sagt auch, dass es sich um **konkurrierende Ziele** handelt. **Konkurrierende Ziele** können nicht gleichzeitig erreicht werden. Die Erreichung eines Ziels geht immer zulasten eines anderen Ziels.

Beispiele:

- Wird der Lagerbestand sehr niedrig gehalten, kann dies zulasten der Versorgungsbereitschaft gehen.
- Werden große Mengen eingekauft, sind die Bezugskosten niedrig, aber die Lagerhaltungskosten hoch.
- Werden geringe Mengen eingekauft, sind die Bestellkosten hoch, aber die Lagerhaltungskosten niedrig. Außerdem besteht die Gefahr, dass Fehlmengenkosten anfallen.
- Preisgünstige Einkäufe können dem Ziel, eine höchstmögliche Qualität einzukaufen, entgegenstehen.

Zielkonflikte können nur durch Kompromisse gelöst werden. Dabei sollte der Kompromiss eine bestmögliche (optimale) Lösung darstellen.

2 Beschaffungsmarktforschung

2.1 Begriff Beschaffungsmarktforschung

Sollen neue Materialien bzw. neue Dienstleistungen beschafft werden, muss man sich auf jeden Fall über die möglichen Bezugsquellen (Lieferer) informieren. Aber auch dann, wenn ein Unternehmen schon über längere Zeit hinweg bestimmte Lieferer hat, kann es sich lohnen, andere Lieferer ausfindig zu machen, deren Angebote einzuholen und diese Angebote mit denen der bisherigen Lieferer zu vergleichen. Aus Gewohnheit und/oder Bequemlichkeit immer beim gleichen Lieferer einzukaufen, kann teuer werden.

Beschaffungsmarktforschung ist die systematische Beschaffung von Informationen über die **Verhältnisse auf den Beschaffungsmärkten** des Unternehmens, die **anbietenden Lieferer**, die **Beschaffungskonkurrenten** und die **angebotenen Materialien** bzw. **Dienstleistungen**.

2.2 Bereiche der Beschaffungsmarktforschung

(1) Informationen über den Beschaffungsmarkt und die angebotenen Materialien

- **Beschaffungsmarkt**

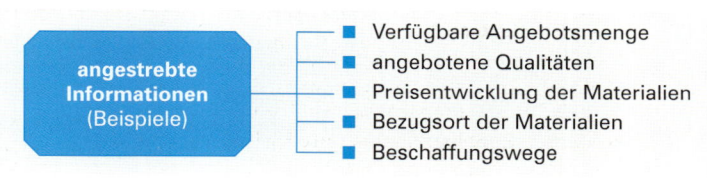

angestrebte Informationen (Beispiele)
- Verfügbare Angebotsmenge
- angebotene Qualitäten
- Preisentwicklung der Materialien
- Bezugsort der Materialien
- Beschaffungswege

2 Beschaffungsmarktforschung

■ **Beschaffungsmaterial**

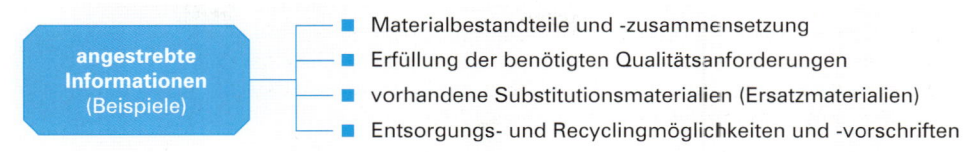

angestrebte Informationen (Beispiele)
- Materialbestandteile und -zusammensetzung
- Erfüllung der benötigten Qualitätsanforderungen
- vorhandene Substitutionsmaterialien (Ersatzmaterialien)
- Entsorgungs- und Recyclingmöglichkeiten und -vorschriften

(2) Informationen über Lieferer

■ **Überblick**

Besteht Bedarf nach bestimmten Materialien, muss sich der Einkäufer zunächst darüber klar werden, bei welchen Lieferern (sofern mehrere auf dem Markt sind) er anfragen möchte. Diese **Vorauswahl** trifft der Einkäufer nicht nur danach, welche Lieferer erfahrungsgemäß am **preisgünstigsten** sind. Vielmehr kommt es auch entscheidend darauf an, welche Lieferer bisher die **kürzesten Lieferfristen** und die besten **Qualitäten** anboten. Ein weiteres wichtiges Entscheidungskriterium sind darüber hinaus die Erfahrungen, die mit der **Zuverlässigkeit** der Lieferer gemacht wurden.

Bei der Liefererauswahl können **Checklisten** und **Punktebewertungstabellen** Entscheidungshilfen geben.

■ **Checklisten zur Liefererauswahl**

	Checkliste
Alter und Image des Unternehmens	■ Seit wann besteht das Unternehmen? ■ Welchen Ruf genießt das Unternehmen (z. B. Auskünfte der Auskunfteien, Eindrücke und Informationen unserer Außendienstmitarbeiter)? ■ Seit wann bestehen Geschäftsbeziehungen mit dem Unternehmen?
Konkurrenzverhältnisse	■ Wie viele Lieferer haben wir derzeit? ■ Wie viele zusätzliche Lieferer kommen derzeit in Betracht?
Leistungsfähigkeit und -bereitschaft, Aktualität und Kreativität	■ Entsprechen die Produktqualitäten – auch hinsichtlich ihrer Umweltfreundlichkeit – unseren Anforderungen? ■ Sind ausreichende Lieferkapazitäten vorhanden? ■ Kann der Lieferer auf Abruf liefern? ■ Entspricht das Personal unseren Anforderungen (Beratung, Lösungsvorschläge bei bestimmten Anwendungsproblemen)? ■ In welchem Umfang werden Kundendienstleistungen angeboten? ■ Werden vorhandene Produkte weiterentwickelt? ■ Werden neue Produkte entwickelt?
Pünktlichkeit und Zuverlässigkeit	■ Werden vereinbarte Lieferfristen eingehalten? ■ Werden die zugesagten Qualitäten eingehalten? ■ Welche Qualitätsgarantien werden übernommen?
Preise und Zahlungsziele	■ Wie hoch sind die Bezugspreise im Vergleich zu den Bezugspreisen anderer Lieferer? ■ Wie lange sind die Zahlungsziele? ■ Können günstigere Konditionen durch Verhandlungen erreicht werden (z. B. Sonderrabatte, Mengenrabatte)? ■ Werden Sonderangebote unterbreitet?

Beschaffungsprozesse planen, steuern und kontrollieren

Checkliste	
Einhalten von Sozialstandards	■ Dient das Leistungsangebot der Verbesserung der Situation von Beschäftigten und dem Schutz der Patienten? ■ Sind die Produkte, die aus einem Entwicklungsland bezogen werden, mit einem sozialen Gütesiegel ausgestattet?
Sonstige Beurteilungskriterien	■ Wo befinden sich Gerichtsstand und Leistungsort? ■ Gibt es Haftungsausschlüsse?

■ **Punktebewertungstabellen zur Liefererauswahl**

Die mithilfe der Checkliste geprüften Gesichtspunkte (Kriterien) können bewertet werden. Für die Summe aller Kriterien werden z. B. 100 Bewertungspunkte vergeben. Die Gesamtpunkte werden auf die einzelnen Kriterien verteilt. Wie die Punkte zu verteilen sind, hängt von der Bedeutung ab, die das Unternehmen den Bewertungskriterien beimisst.

Wird z. B. auf Leistungsfähigkeit, Leistungsbereitschaft, Kreativität und Aktualität der größte Wert gelegt, wird diesem Gesichtspunkt auch die höchste Punktzahl zugeteilt. Werden in zweiter Linie die Kriterien Pünktlichkeit und Zuverlässigkeit für wichtig gehalten, erhalten diese die zweithöchste Punktzahl.

Beispiel:[1]

Die aufgrund der Checkliste (S. 191 f.) ermittelten Bewertungspunkte werden in einer Punktebewertungstabelle (Entscheidungsbewertungstabelle) festgehalten. Der Lieferer mit der höchsten Punktzahl wird ausgewählt. In diesem Beispiel ist das der Lieferer Nr. 4715.

Punktebewertungstabelle						
Kriterien	Höchstpunktzahl	Lieferer-Nummern				
		4713	4714	4715	4716	4717
1. Alter und Image des Unternehmens	5	2	3	1	1	1
2. Konkurrenzverhältnisse	10	5	4	8	2	2
3. Leistungsfähigkeit und -bereitschaft, Aktualität und Kreativität	30	15	20	30	20	28
4. Pünktlichkeit und Zuverlässigkeit	25	25	25	22	15	15
5. Preise und Zahlungsziele	20	20	10	15	10	12
6. Sonstige Beurteilungskriterien	10	10	5	8	5	5
Summen	100	77	67	(84)	53	63

---

1 Ein ausführliches Beispiel finden Sie in 4.3, S. 212.

2.3 Informationsquellen

(1) Externe Informationsquellen

Ist man mit den bisherigen Lieferern nicht mehr zufrieden oder müssen bisher noch nicht bezogene Güter beschafft werden, weil Behandlungsprozesse geändert wurden, müssen die Bezugsquellen außerhalb des Betriebs (extern) ermittelt werden.

Bei den **externen Informationsquellen** kann man zwischen **primären** und **sekundären Informationsquellen** unterscheiden.

Informationsquellen	Beispiele
Primäre (direkte, unmittelbare) Informationsquellen Die zur Beschaffung erforderlichen Informationen werden direkt (unmittelbar) auf den Beschaffungsmärkten eingeholt.	■ Schriftliche Informationen, telefonische Anfragen und/oder persönliche Gespräche bei Lieferern und Kunden, ■ Besuche von Messen, Ausstellungen und Kongressen, ■ Betriebsbesichtigungen bei Lieferern, ■ Vertreterbesuche, ■ elektronische Marktplätze.
Sekundäre (indirekte, mittelbare) Informationsquellen Hier werden keine speziellen Erhebungen durchgeführt, sondern zu anderen Zwecken erfolgte Aufzeichnungen zur Beschaffung ausgewertet.	■ Statistiken (z. B. Umsatz- und Preisstatistiken der Verbände, des Statistischen Bundesamts, der Deutschen Bundesbank und Europäischen Zentralbank, der Ministerien, Statistiken über die Kostenstruktur/Materialanteile), ■ Adressbücher, Branchenhandbücher, Einkaufsführer (z. B. „Wer liefert was?", „ABC der deutschen Wirtschaft" usw.), „Gelbe Seiten" der Deutschen Telekom Medien GmbH, ■ Fachbücher und Fachzeitschriften, Verkaufskataloge, -prospekte, Markt- und Börsenberichte, Geschäftsberichte, Hauszeitschriften, Messekataloge, Tages- und Wirtschaftszeitungen, ■ Einschaltung ausländischer Handelskammern und deutscher Handelsmissionen im Ausland, ■ Internetseiten (z. B. http://www.gelbeseiten.de; http://www.werliefertwas.de).

Dateien von externen Bezugsquelleninformationen können vom Betrieb selbst angelegt werden. Sie können aber auch in vielen Ausführungen und Größen gekauft werden. Werden diese Informationen in eine Datenbank integriert, dann stehen deren unterstützende Funktionalitäten zur Datenfassung, Datenauswertung und -gruppierung zur Verfügung.

(2) Interne Informationsquellen

Wurden die zu beschaffenden Güter bereits früher schon einmal eingekauft, sind die Bezugsquellen bekannt. Die erforderlichen Informationen können im Betrieb selbst (intern) beschafft werden, sofern die organisatorischen Voraussetzungen vorliegen, z. B. die entsprechenden Tabellen in einer Datenbank angelegt wurden.

Dateien (Tabellen), die bei der internen Informationsbeschaffung benutzt werden:

Dateien mit internen Bezugsquelleninformationen	
Materialdatei	Sie enthält für jede Materialposition (Roh-, Hilfs-, Betriebsstoff, Einzelteil, Baugruppe, Enderzeugnis) ■ das identifizierende Element (Primärschlüssel), z. B. Teilenummer, ■ die klassifizierenden Elemente (z. B. Teileart, Beschaffungsart, ABC-Klasse), ■ die beschreibenden Elemente (z. B. Bezeichnung, Preis, Bestand).
Liefererdatei	Sie enthält alle Attribute (identifizierend, klassifizierend, beschreibend) über den Lieferer, z. B. Liefferernummer, Name, Straße, PLZ, Ort, Bonität.
Konditionendatei	In ihr werden die Lieferungs- und Zahlungsbedingungen (Konditionen) der Lieferer erfasst.
Bezugsquellendatei	Sie ist die elektronische Version des „Wer liefert was?", stellt also die Verbindung her zwischen der Materialtabelle und der Liefferertabelle.

Kompetenztraining

78 Die Geschäftsleitung der Königsberg-Klinik GmbH möchte den Lagerbestand an medizinischem Bedarfs- und Verbrauchsmaterial (z. B. Verbandmaterial, Atemschutzmasken, Handmessgeräte) möglichst niedrig halten. Die Stationsleiter und Leiter der Funktionsdienste wollen indessen möglichst weitreichende Lagerbestände.

Aufgaben:

1. Nennen Sie Ziele, die die Geschäftsleitung verfolgt!
2. Nennen Sie die Ziele, die die Stationsleiter und die Leiter der Funktionsdienste verfolgen!
3. Zwischen den Zielen der Geschäftsleitung und den Stationsleitern bzw. den Leitern der Funktionsdienste bestehen weitere Zielkonflikte.
   Erläutern Sie einen weiteren Zielkonflikt!

79 1. 1.1 Erläutern Sie das Ziel der Beschaffungsmarktforschung!
   1.2 Erläutern Sie drei Inhaltspunkte, die ein Bericht über den Beschaffungsmarkt enthalten sollte!
2. Die Geschäftsleitung der Königsberg-Klinik GmbH überlegt sich, wie die Liefferauswahl effektiver organisiert werden kann. Im Gespräch sind die Einführung von Checklisten und Punktebewertungstabellen.

   Aufgaben:
   2.1 Begründen Sie, warum eine Checkliste ein wesentliches Hilfsmittel bei der Liefferauswahl sein kann!
   2.2 Man unterscheidet zwischen internen und externen Bezugsquelleninformationen. Erklären Sie diese Begriffe und nennen Sie jeweils zwei Beispiele!
   2.3 Kritiker sagen, die Punktebewertungstabelle sei ein Instrument, begründete Entscheidungen scheinbar objektiv zu untermauern. Stellen Sie Ihre Meinung dar!

3. Die Seniorenresidenz Rosenhof KG aus Bad Pyrmont benötigt für besondere Pflegefälle insgesamt vier Niedrig-Pflegebetten mit elektrischer Liegehöhenverstellung und elektrisch verstellbarem Kopf- und Beinteil. Die Matratzengröße soll mindestens 190 x 80 sein und das zulässige Patientengewicht max. 150 kg. Die Investitionssumme soll zwischen 7 000,00 EUR und 10 000,00 EUR brutto liegen; Lieferzeit ca. 20 Werktage.

Aufgaben:

3.1 Ermitteln Sie durch Internetrecherche zwei Fachhändler, die Niedrig-Pflegebetten mit den geforderten Vorgaben anbieten!

3.2 Nennen Sie dem Einkauf jeweils die (Ihrem Schulort) nächstgelegenen Fachhändler mit den Kontaktdaten, damit Angebote eingeholt werden können!

3.3 Schlagen Sie dem Einkauf – unter Angabe der Kontaktdaten – noch ein Unternehmen vor, das gebrauchte Niedrig-Pflegebetten anbietet!

3 Beschaffungsplanung

3.1 Aufgaben der Beschaffungsplanung

Die Beschaffungsplanung muss zum einen ermitteln, welcher Bedarf an Produkten und Dienstleistungen für einen bestimmten Termin und eine bestimmte Periode benötigt wird, um ein festgelegtes Leistungs- und Versorgungsprogramm ausführen zu können (**Bedarfsplanung**). Zum anderen muss die Beschaffungsplanung festlegen, in welcher Form die Bereitstellung der Materialien erfolgen soll (**Materialbereitstellung auf Vorrat oder nach Bedarf**).

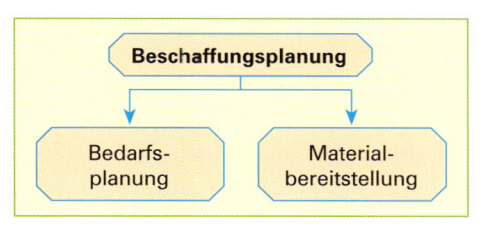

3.2 Bedarfsplanung

3.2.1 Begriff Bedarfsplanung

> Die **Bedarfsplanung** legt die für einen bestimmten Termin und eine bestimmte Periode zur Versorgung benötigten Materialien nach Art, Qualität, Menge und Zeitraum fest.

Als Erstes hat die Bedarfsplanung die **Kriterien zur Materialauswahl** festzulegen. Es schließt sich die **Mengenplanung** an, die bestimmt, welche Mengen von jedem Material beschafft werden. Die anschließende **Zeitplanung** setzt den Zeitpunkt fest, zu welchem die zu beschaffenden Materialien zur Verfügung stehen müssen. Für die Mengen- und Zeitplanung ist es dabei von Bedeutung, die Bedarfsarten nach ihrem **Wertanteil am Gesamtbeschaffungswert (Einfluss auf das Betriebsergebnis)** zu gliedern. Es werden drei Gruppen von Gütern unterschieden: A-Güter, B-Güter und C-Güter. Dieses Verfahren bezeichnet man als **ABC-Analyse**.

3.2.2 Kriterien für die Materialauswahl

Wichtige Kriterien, die es bei der Planung der Materialauswahl zu berücksichtigen gilt, sind

- die **Qualität**,
- die **Kosten**,
- die **Marktentwicklung** und
- der **Umweltschutz**.

(1) Qualität und Kosten

Die **Qualität der Endprodukte** wird, wenn man von den produktionstechnischen Einflüssen absieht, in hohem Maße von der **Qualität der eingesetzten Materialien** geprägt. Die geforderten Gebrauchseigenschaften der Endprodukte bestimmen daher die benötigte Qualität der Vormaterialien.

Aus **technischer Sicht** werden häufig die Materialien bevorzugt, die ein Mehrfaches der geforderten Sicherheit bieten. Daneben werden gerne Materialien beschafft, die in vielfältiger Weise eingesetzt werden können, unbegrenzt haltbar sind und zudem eine unproblematische Entsorgung der Abfallstoffe, Ausschussprodukte oder Altprodukte garantieren. Mit der Einbeziehung der Altproduktrücknahme(-verpflichtungen) in die Aufgaben der Abfallbewältigung hat dieses Gebiet große wirtschaftliche Bedeutung erlangt.

(2) Marktentwicklung

Die Marktentwicklung spielt bei der Beschaffungsplanung in zweifacher Weise eine Rolle. Zum einen wird ein Unternehmen seine **(Lager-)Sicherheitsbestände** erhöhen, wenn es **Versorgungsengpässe** (z. B. Naturkatastrophen, Krieg, Handelsbeschränkungen, steigende Nachfrage) erwartet. Die Höhe der Sicherheitsbestände hängt dabei von der Risikobereitschaft der Entscheidungsträger ab. Zum anderen kann es für das Unternehmen wirtschaftliche Vorteile bringen, die Bestände im Hinblick auf zu **erwartende Preissenkungen bzw. -erhöhungen** ab- oder aufzubauen.

(3) Umweltschutz

Aus ökologischer Sicht ist darauf zu achten, dass zum einen die bezogenen Materialien möglichst **umweltfreundlich** gewonnen werden und zum anderen ist sicherzustellen, dass durch die Kombination der Materialien im Rahmen der Verwendung **keine gesundheits- und umweltgefährdenden Substanzen** entstehen. Bereits bei der Auswahl der zu beschaffenden Materialien kann darauf hingewirkt werden, dass die unvermeidlich anfallenden Abfallstoffe entweder wieder verwertet werden können (z. B. Rücklaufmaterial, Verkauf nach einer Bearbeitung) oder aber einer umweltfreundlichen Entsorgung zugeführt werden können.

3.2.3 ABC-Analyse

(1) Begriff ABC-Analyse

> Die **ABC-Analyse** ist ein Verfahren zur Erkennung solcher Materialien, die aufgrund ihres **hohen wertmäßigen Anteils** am Gesamtbedarf von **besonderer Bedeutung** sind. Die aus der Analyse gewonnenen Informationen helfen dabei,
> - die Transparenz der Materialwirtschaft zu erhöhen,
> - sich auf wirtschaftlich bedeutende Materialien zu konzentrieren,
> - hohen Arbeitsaufwand bei Materialien untergeordneter Bedeutung (C-Güter) zu vermeiden und damit
> - die Effizienz (Wirtschaftlichkeit) der gesamten Materialwirtschaft zu steigern.

In vielen (größeren) Gesundheitsunternehmen wird meistens eine große Anzahl verschiedenartiger Gebrauchsgüter und Vorräte beschafft, die nur einen geringen Anteil (Prozentsatz) am gesamten Wert (Beschaffungswert) der eingekauften Materialien haben.

Die ABC-Analyse wurde entwickelt, um festzustellen, bei welchen eingekauften und/oder lagernden Materialien es wirtschaftlich sinnvoll ist, eine intensive Beschaffungsmarktforschung und Einkaufsverhandlungen, eine genaue Mengen- und Zeitdisposition sowie Überwachung der Lagerbestände durchzuführen. Diese Maßnahmen verursachen den Unternehmen viel Zeit und Kosten.

Beispiel (siehe S. 198):

Ein Gesundheitsbetrieb benötigt zehn verschiedene Materialarten. Statistisch erfasst werden die monatlichen Verbrauchsmengen in Stück und die Einstandspreise (Bezugspreise) je Stück.

Beschaffungsprozesse planen, steuern und kontrollieren

Tabelle 1:

Material-art	Verbrauchs-menge in Stück	Verbrauchs-menge in % des Gesamt-verbrauchs	Einstands-preis je Stück in EUR	Verbrauchs-wert in EUR	Verbrauchs-werte in % des gesamten Verbrauchs-wertes	Rang nach Verbrauchs-wert
T_1	4 500	13,24	25,00	112 500,00	15,85	2
T_2	700	2,06	145,00	101 500,00	14,30	3
T_3	2 700	7,94	15,00	40 500,00	5,71	7
T_4	600	1,76	300,00	180 000,00	25,36	1
T_5	450	1,32	150,00	67 500,00	9,51	6
T_6	3 000	8,82	25,00	75 000,00	10,57	5
T_7	8 200	24,12	2,00	16 400,00	2,31	8
T_8	1 000	2,94	95,00	95 000,00	13,38	4
T_9	7 150	21,03	1,00	7 150,00	1,01	10
T_{10}	5 700	16,76	2,50	14 250,00	2,01	9
	34 000	100,00[1]		709 800,00	100,00[1]	

Tabelle 2:

Rang nach Verbrauchswert	Materialart	Verbrauchsmenge in Stück	Verbrauchs-menge in Prozent des Gesamt-verbrauchs	Kumulierte Verbrauchs-menge in Prozent	Einstandspreis je Stück in EUR	Verbrauchs-wert in EUR	Verbrauchs-werte in Pro-zent des gesam-ten Verbrauchs-wertes	Kumulierter Verbrauchs-wert in Prozent	ABC-Klasse
①	①		②	③		④	⑤	⑥	⑦
1	T_4	600	1,76	1,76	300,00	180 000,00	25,36	25,36	A
2	T_1	4 500	13,24	15,00	25,00	112 500,00	15,85	41,21	A
3	T_2	700	2,06	17,06	145,00	101 500,00	14,30	55,51	A
4	T_8	1 000	2,94	20,00	95,00	95 000,00	13,38	68,89	A
5	T_6	3 000	8,82	28,82	25,00	75 000,00	10,57	79,46	B
6	T_5	450	1,32	30,15	150,00	67 500,00	9,51	88,97	B
7	T_3	2 700	7,94	38,09	15,00	40 500,00	5,71	94,68	B
8	T_7	8 200	24,12	62,21	2,00	16 400,00	2,31	96,99	C
9	T_{10}	5 700	16,76	78,97	2,50	14 250,00	2,01	98,99	C
10	T_9	7 150	21,03	100,00	1,00	7 150,00	1,01	100,00	C
		34 000	100,00[1]			709 800,00	100,00[1]		

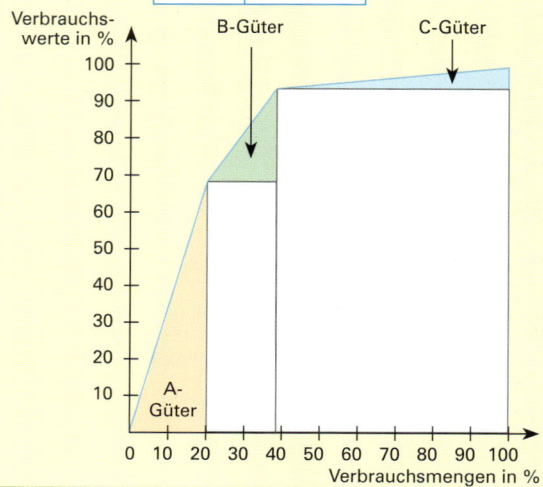

Auswertung:

A-Güter: 20 % des mengenmäßigen Materialverbrauchs haben einen Anteil von fast 70 % (genau: 68,9 %) am gesamten wertmäßigen Materialverbrauch (Beschaffungswert).

B-Güter: 18,1 % des mengenmäßigen Materialverbrauchs entsprechen einem Anteil von 25,8 % am gesamten wertmäßigen Materialverbrauch.

C-Güter: Die meisten Materialien (61,9 %) sind C-Güter. Auf sie entfällt nur ein Verbrauchswertanteil von 5,3 %.

---
[1] Bedingt durch die Beschränkung auf zwei Nachkommastellen können geringe Rundungsdifferenzen in der Summenzeile auftreten.

Erläuterungen zu den Arbeitsschritten für eine ABC-Analyse (Tabelle 2):

1. Materialien nach dem Rang ihres Verbrauchswertes ordnen.
2. Prozentanteil jedes Materials an der Gesamtverbrauchsmenge berechnen.
3. Errechnete Prozentanteile schrittweise aufaddieren (kumulieren).
4. Verbrauchswert berechnen.
5. Prozentanteil jedes Materials am Gesamtverbrauchswert berechnen.
6. Errechnete Prozentanteile schrittweise aufaddieren (kumulieren).
7. Nach den kumulierten Prozentanteilen Gruppen bilden.

(2) Bedeutung der ABC-Analyse

Die Auswertung der ABC-Analyse zeigt dem Unternehmen, bei welchen Gütern ein größerer Beschaffungsaufwand wirtschaftlich sinnvoll und größere Kostensenkungen (z. B. durch vereinbarte Rabatte bei größeren Bestellmengen, Einsatz billigerer Substitutionsgüter) erwartet werden können.

Die Festlegung der Schranken, mit deren Hilfe eine **Zuordnung zu den einzelnen Klassen** getroffen wird, liegt im **Ermessen der Unternehmen**. Erfahrungsgemäß liegt die Schranke für A-Güter bei den ersten 75–80 % der kumulierten Verbrauchswerte in Prozent, die C-Güter bei den letzten 5 % der kumulierten Verbrauchswerte in Prozent. Dazwischen liegen die B-Güter.

(3) Schlussfolgerungen aus der ABC-Analyse für die Materialwirtschaft

Die Tätigkeiten (Aktivitäten) in der Materialwirtschaft konzentrieren sich in erster Linie auf die A-Güter. Sie bestehen zwar aus wenigen Lagerpositionen, verkörpern aber den überwiegenden Teil des Verbrauchswertes. Daher führen bereits geringe prozentuale Verbesserungen zu Einsparungen in hohen absoluten Euro-Beträgen.

Die Aktivitäten können sich z. B. auf folgende **Maßnahmen** richten:

- Intensive Bemühungen um Preis- und Kostensenkungen.
- Bedarfsgesteuerte Materialdisposition.
- Möglichst geringer Lagerbestand in Verbindung mit Sondervereinbarungen über Lieferzeiten.
- Beschaffung in bedarfsnahen, auftragsspezifischen kleinen Losen (Liefermengen).
- Verzicht auf Wareneingangskontrolle im eigenen Haus und Verlagerung der Qualitätsprüfung zum Lieferanten unter Vorgabe von Qualitätsstandards.
- Überlegungen, ob durch materialtechnische oder konstruktionstechnische Änderungen Kostenvorteile erzielt werden können.
- Strenge Kontrolle der Bestände, des Verbrauchs und gegebenenfalls der Lagerverluste.

Bei den **B-Gütern** darf der Berechnungsaufwand für eine optimale Bestellung nicht so hoch sein. Hier kann es sinnvoll sein, optimale Bestellmengen und Lagermengen für ganze **Materialgruppen** zu berechnen und Fehler in Kauf zu nehmen.

Die **C-Güter** bestehen aus vielen Lagerpositionen, verkörpern aber nur einen geringen Verbrauchswert. Zu hohe Lagerbestände beeinflussen daher die Wirtschaftlichkeit des Materialwesens in geringerem Umfang. Sie können daher großzügiger und mit einfacheren Verfahren disponiert werden durch:

- verbrauchsorientierte Materialdisposition,
- vereinfachtes Bestellverfahren, z. B. Bestellrhythmusverfahren (siehe S. 205 f.),
- großzügigere Lagerhaltung,
- gelockerte Überwachung.

Kompetenztraining

80

1. Beschreiben Sie an einem Beispiel den Zusammenhang zwischen Qualität und Kosten im Rahmen der Materialauswahl!

2. Charakterisieren Sie A- und C-Materialien und erklären Sie jeweils ihre Bedeutung für die Beschaffung!

3. Ein Gesundheitsbetrieb ermittelt zur Durchführung einer ABC-Analyse für seine Artikelgruppen A01 bis A10 folgende Zahlenwerte:

Artikel-gruppe	Jahresbedarf in Stück	Preis je ME in EUR
A01	100	290,00
A02	9 000	1,60
A03	5 000	2,80
A04	5 000	1,50
A05	700	5,50
A06	700	7,10
A07	100	22,00
A08	18 000	0,05
A09	20 000	0,08
A10	32 500	0,07

3 Beschaffungsplanung

Aufgaben:

3.1 Führen Sie – gegebenenfalls mithilfe einer Tabellenkalkulation – eine ABC-Analyse entsprechend der Vorgabe von S. 198 durch!

ABC-Analyse, Tabelle 1

Artikel-gruppe	Jahres-bedarf in Stück	Preis je ME in EUR	Verbrauchs-menge in % des Gesamt-verbrauchs	Verbrauchs-wert in EUR	Verbrauchs-werte in % des gesamten Verbrauchs-wertes	Rang nach Verbrauchs-wert
A01	100	290,00				
A02	9 000	1,60				
A03	5 000	2,80				
A04	5 000	1,50				
A05	700	5,50				
A06	700	7,10				
A07	100	22,00				
A08	18 000	0,05				
A09	20 000	0,08				
A10	32 500	0,07				
Summe	91.100					

ABC-Analyse, Tabelle 2

Artikel-gruppe nach Rang	Jahres-bedarf in Stück	Preis je ME in EUR	Verbrauchs-menge in % des Gesamt-verbrauchs	Verbrauchs-wert in EUR	Verbrauchs-werte in % des gesamten Ver-brauchswertes	Kumu-lierter Wertanteil in %	Kumu-lierter Mengen-anteil in %
Summe							

3.2 Legen Sie fest, welche Artikelgruppen jeweils in die Klasse der A-, B- bzw. der C-Güter gehören und begründen Sie Ihre Entscheidung!

3.3 Setzen Sie die gewonnenen Erkenntnisse in eine aussagefähige Grafik um!

3.4 Nach Durchführung der ABC-Analyse ergeben sich für den Betrieb zwangsläufig Schlussfolgerungen im Bereich der Materialwirtschaft, die geeignet sind, einen Beitrag zur Kostensenkung zu erbringen. Nennen Sie – getrennt für die A- und die C-Güter – jeweils solche Maßnahmen!

3.2.4 Mengenplanung

(1) Überblick

Das Hauptproblem der Mengenplanung im Beschaffungsbereich liegt in der Festlegung der **kostengünstigsten (optimalen) Bestellmenge**. Dabei muss ein Ausgleich zwischen den **Lagerhaltungskosten** und den **auflagefixen Bestellkosten** gefunden werden.

(2) Ermittlung der optimalen Bestellmenge

■ **Fixe Bestellkosten**

Sie fallen bei jeder Bestellung an, gleichgültig wie groß die Menge bzw. wie hoch der Wert der bestellten Materialien ist.

Beispiele:

Kosten der Bearbeitung der Bedarfsmeldung, der Angebotseinholung, der Wareneingangsprüfung und der Rechnungsprüfung.

■ **Lagerhaltungskosten**

Zu den Lagerhaltungskosten zählen z. B. die Personalkosten für die im Lager beschäftigten Personen, die im Wert der gelagerten Güter gebundenen Zinsen und die Kosten des Lagerrisikos.

Die fixen (festen) **Lagerhaltungskosten** bleiben bei den folgenden Überlegungen außer Acht, weil sie unabhängig von der Größe des Lagerbestands anfallen. Hierzu gehören z. B. die Abschreibungskosten für die Lagerräume und Lagereinrichtungen.

Beispiel für die Ermittlung der optimalen Bestellmenge:

Die fixen Bestellkosten je Bestellung betragen 50,00 EUR. Der Einstandspreis je Stück beläuft sich auf 30,00 EUR und der Lagerhaltungskostensatz[1] auf 25 %. Der Jahresbedarf beträgt 3 600 Stück.

Außer Betracht bleibt, dass mit zunehmender Bestellgröße i. d. R. Mengenrabatte in Anspruch genommen werden können. Außerdem wird nicht berücksichtigt, dass bei größeren Bestellungen häufig Verpackungs- und Transportkosten eingespart werden können.

Aufgaben:

1. Ermitteln Sie rechnerisch die optimale Bestellmenge, indem Sie die Gesamtkosten für eine Bestellmenge von 50 bis 500 Stück in 50er-Schritten berechnen!
2. Stellen Sie die optimale Bestellmenge grafisch dar!

---

[1] Der **Lagerhaltungskostensatz** gibt an, wie groß die Lagerkosten sind gemessen am durchschnittlichen Lagerbestand, ausgedrückt in Prozent.

3 Beschaffungsplanung

Lösungen:

Zu 1.: Berechnung der optimalen Bestellmenge

Bestell-menge in Stück	Anzahl der Bestellungen	Fixe Bestellkosten in EUR	Durchschn. Lagerbestand in Stück	Durchschn. Lagerbestand in EUR	Lagerhaltungs-kosten in EUR	Gesamtkosten in EUR
50	72	3 600,00	25	750,00	187,50	3 787,50
100	36	1 800,00	50	1 500,00	375,00	2 175,00
150	24	1 200,00	75	2 250,00	562,50	1 762,50
200	18	900,00	100	3 000,00	750,00	1 650,00
250	14,4	720,00	125	3 750,00	937,50	1 657,50
300	12	600,00	150	4 500,00	1 125,00	1 725,00
350	10,29	514,29	175	5 250,00	1 312,50	1 826,79
400	9	450,00	200	6 000,00	1 500,00	1 950,00
450	8	400,00	225	6 750,00	1 687,50	2 087,50
500	7,2	360,00	250	7 500,00	1 875,00	2 235,00

Erläuterung:

Werden z. B. 50 Stück bestellt, muss der Bestellvorgang 72-mal wiederholt werden, um den Jahresbedarf von 3 600 Stück zu beschaffen. Die fixen Bestellkosten betragen dann 3 600,00 EUR und die Lagerhaltungskosten 187,50 EUR. Mit zunehmender Bestellmenge verringert sich die Anzahl der Bestellungen und damit sinken auch die fixen Bestellkosten, während im Gegenzug die Lagerhaltungskosten steigen. Da der Betrieb **beide Kostenarten** berücksichtigen muss, ist das Optimum erreicht, wenn die **Summe beider Kosten das Minimum erreicht** hat. Dieses Minimum liegt bei den vorgegebenen Mengenintervallen bei 200 Stück und 18 Bestellungen. Eine exakte Berechnung (mithilfe der Andler-Formel)[1] ermittelt eine optimale Bestellmenge von 219 Stück bei Gesamtkosten von 1 643,17 EUR.

Zu 2.: Grafische Darstellung der optimalen Bestellmenge

Trägt man an der x-Achse die jeweilige Bestellmenge und an der y-Achse die Kosten ab, erhält man folgendes Bild:

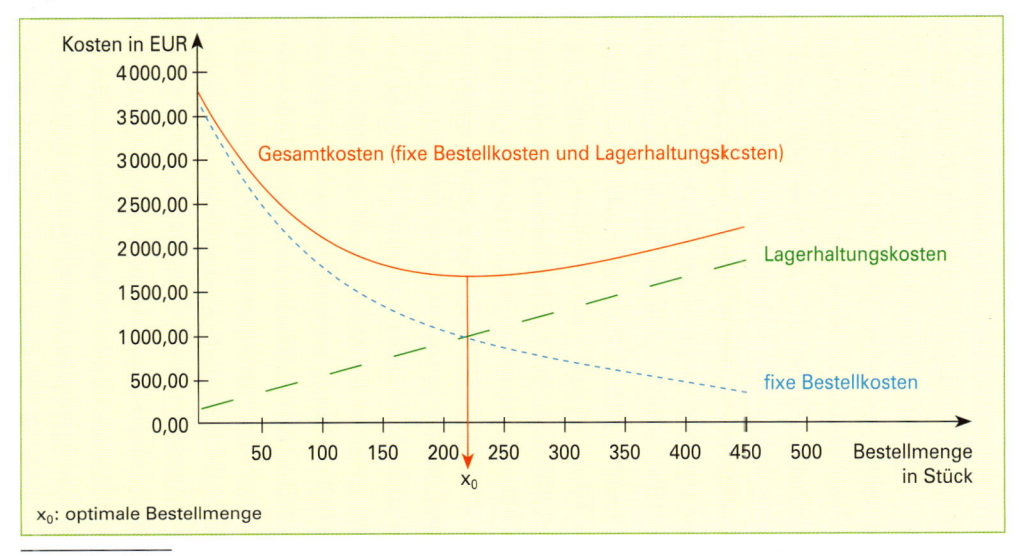

x_0: optimale Bestellmenge

---

1 Siehe S. 209.

> - Die **optimale Bestellmenge** ist die Beschaffungsmenge, bei der die **Gesamtkosten** (Summe aus fixen Bestellkosten und Lagerhaltungskosten) am **niedrigsten** sind.
> - Bei dieser Menge gleichen sich die **sinkenden fixen Bestellkosten** und die **steigenden Lagerhaltungskosten** aus.

Werden bei steigender Bestellgröße Liefererrabatte gewährt und/oder Transport- und Verpackungskosten gespart, vergrößert sich die optimale Bestellmenge. An der grundsätzlichen Aussage des Modells ändert sich nichts. Die Anwendung dieser Modellrechnung in der Praxis ist ungleich komplizierter, weil zahlreiche Bedingungen berücksichtigt werden müssen, die hier vernachlässigt wurden (z. B. unterschiedliche Zahlungs- und Lieferungsbedingungen bei verschiedenen Lieferern).

3.2.5 Zeitplanung

(1) Problemstellung

Aufgabe der Zeitplanung ist es, die Bestellzeitpunkte für die Materialien unter Berücksichtigung der Wiederbeschaffungszeit so zu bestimmen, dass keine unnötigen Lagerzeiten in Kauf genommen werden müssen.

(2) Bestellverfahren

Grundlegendes

> - Beim **Bestellpunktverfahren** wird mit jeder Entnahme geprüft, ob damit der **Meldebestand unterschritten** wurde. Ist dies der Fall, wird eine Nachbestellung ausgelöst.
> - Beim **Bestellrhythmusverfahren** erfolgt die Nachbestellung in **bestimmten Zeitintervallen**.

Bestellpunktverfahren

Aus Vereinfachungsgründen gehen wir im Folgenden davon aus, dass bei Erreichen des festgelegten Meldebestands jeweils die **Fehlmenge bis zum Höchstbestand** aufgefüllt wird. Außerdem wird unterstellt, dass ein **regelmäßiger Tagesverbrauch** vorliegt. Der Meldebestand muss so hoch angesetzt werden, dass bei normalen Materialverbrauch innerhalb der Wiederbeschaffungszeit der Mindestbestand (Sicherheitsbestand) nicht angegriffen wird.[1]

Beispiel:

Tagesbedarf: 4 kg Diätmargarine; Mindestbestand: 8 kg; Höchstbestand: 40 kg; Wiederbeschaffungszeit: 2 Tage; feste Bestellmenge: 32 kg; in der Wiederbeschaffungszeit werden (4 kg · 2 Tage) 8 kg verbraucht.

---

[1] Die Stärke des Bestellpunktverfahrens liegt darin, dass es auch bei unregelmäßigem Tagesverbrauch ein hohes Maß an Sicherheit vor Unterdeckung bietet. Dann allerdings kann der Meldebestand nicht mehr mit der starren Formel Meldebestand = Sicherheitsbestand + Tagesverbrauch · Wiederbeschaffungszeit ermittelt werden.

3 Beschaffungsplanung

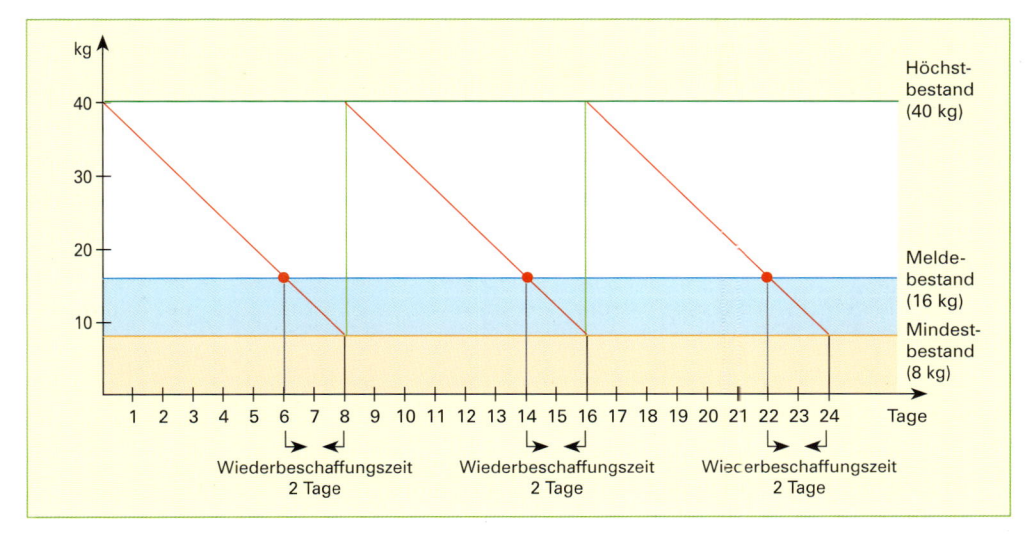

Erläuterungen:

- **Mindestbestand (Sicherheitsbestand):**[1] Er dient zur Abdeckung von Bestands-, Bedarfs- und Bestellunsicherheiten. Er steht nur für unvorhergesehene Ereignisse zur Verfügung und darf daher nicht zur laufenden Disposition[2] verwendet werden. Im Beispiel beträgt der festgelegte Mindestbestand 8 kg.

- **Meldebestand:**[1] Erreicht der Lagerbestand diese Bestandshöhe, dann ist eine neue Bestellung auszulösen. Im Beispiel beträgt der Meldebestand 16 kg (8 kg Mindestbestand + 4 kg · 2 Tage Wiederbeschaffungszeit).

- **Höchstbestand:** Er gibt an, welcher Bestand maximal eingelagert wird. Der Höchstbestand wird immer nach Eintreffen der bestellten Materialien erreicht. Im Beispiel beträgt der festgelegte Höchstbestand 40 kg.

- **Wiederbeschaffungszeit:** Summe der Zeitbedarfe für eigene Überlegungszeit (z. B. Liefererauswahl), Durchführung der Bestellung, Transportzeit, Lieferzeit, Zeit für Materialeingangskontrolle und Einlagerung.

- **Bestellzeitpunkt:** Zeitpunkt, zu welchem bestellt werden muss, um die Versorgung während der Lieferzeit sicherzustellen. Im Beispiel muss nach 6 Tagen bestellt werden, da zu diesem Zeitpunkt der Meldebestand von 16 kg erreicht wird.

- **Auffüllmenge:** Es handelt sich um die Menge, die bestellt werden muss, um das Lager bis zum Höchstbestand aufzufüllen. Die konstante Auffüllmenge beträgt 32 kg (40 kg – 8 kg).

Bestellrhythmusverfahren

Aus Vereinfachungsgründen gehen wir davon aus, dass aufgrund eines **Rahmenvertrags** zwischen Pflegeeinrichtung und Zulieferer die vereinbarten Lieferungen in einem **gleichen Zeitabstand** (Rhythmus) und mit einer **konstanten Liefermenge** erfolgen.

Beispiel:

Eine Pflegeeinrichtung vereinbart mit ihrem Zulieferer, dass in Abständen von jeweils 30 Tagen 200 kg Speisekartoffeln geliefert werden.

---

[1] Vgl. hierzu auch die Ausführungen auf S. 295 f.
[2] **Disposition:** freie Verwendung.

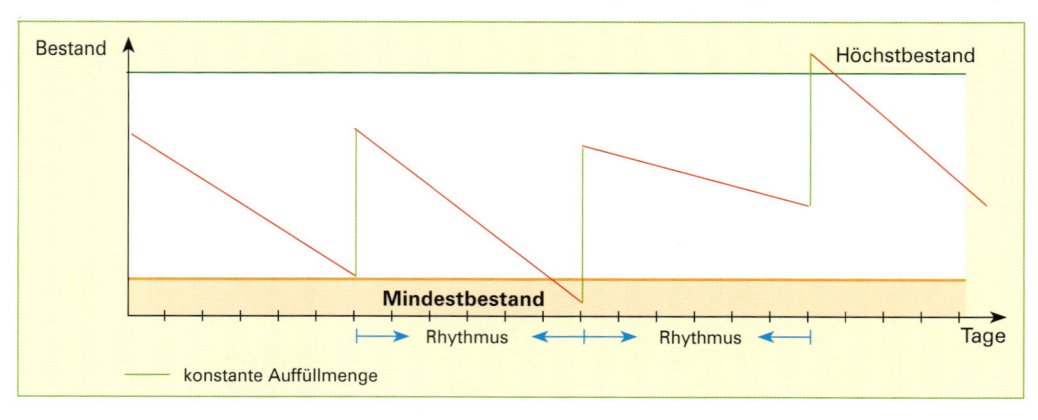

In der Praxis entfällt bei einem solchen Rahmenvertrag eine ständige Bestellwiederholung.

Vor- und Nachteile der Bestellverfahren

Bestellpunktverfahren	Bestellrhythmusverfahren
■ Es handelt sich um eine sehr sichere Strategie. Dadurch, dass mit jeder Entnahme geprüft wird, ob der Meldebestand erreicht ist, ist auch die Gefahr der Unterdeckung sehr gering. ■ Es ist geeignet für Güter, bei denen ein hoher Servicegrad verlangt wird. ■ Wird bis auf die Lagerobergrenze aufgefüllt, dann führt dies tendenziell zu hohen Beständen. ■ Der Kontrollaufwand ist relativ hoch. ■ Durch ständige Bestandskontrolle ist das Verfahren auch geeignet für Güter mit unregelmäßigem Bedarf.	■ Es wird nur in festen Zeitintervallen (Bestellrhythmus) nachbestellt. ■ Muss mit unregelmäßigem Bedarf gerechnet werden, dann besteht hier die große Gefahr der Unterdeckung. ■ Das Verfahren ist nur sinnvoll, wenn die Lagerabgangsraten relativ konstant sind. ■ Der Verwaltungsaufwand ist gering.

3.3 Abfallentsorgung in Gesundheitsbetrieben

(1) Abfallverzeichnis-Verordnung

In Einrichtungen des Gesundheitswesens fallen besondere Arten von Abfällen an, die sich von Hausmüll und Gewerbeabfällen stark unterscheiden. Diese Abfälle, die eine spezielle Vorgehensweise bei der Entsorgung erfordern, sind in der **Verordnung über das Europäische Abfallverzeichnis** (Abfallverzeichnis-Verordnung – **AVV**) aufgelistet. Darunter sind gefährliche Abfallarten, deren sechsstelliger Abfallschlüssel mit einem Sternchen (*) versehen sind. Gefährliche Abfälle stellen zusätzliche Anforderungen an die Entsorgung und Überwachung.

3 Beschaffungsplanung

> **Beispiel:**
>
> | | Anlage Abfallverzeichnis, Kapitel 18, Untergruppe 1801: **Abfälle aus der Geburtshilfe, Diagnose, Behandlung oder Vorbeugung von Krankheiten beim Menschen** |
> |---|---|
> | Abfall-schlüssel | Abfallbezeichnung |
> | 18 01 01 | spitze oder scharfe Gegenstände (außer 18 01 03) |
> | 18 01 02 | Körperteile und Organe, einschließlich Blutbeutel und Blutkonserven (außer 18 01 03) |
> | 18 01 03* | Abfälle, an deren Sammlung und Entsorgung aus infektionspräventiver Sicht besondere Anforderungen gestellt werden |
> | 18 01 04 | Abfälle, an deren Sammlung und Entsorgung aus infektionspräventiver Sicht keine besonderen Anforderungen gestellt werden (z. B. Wund- und Gipsverbände, Wäsche, Einwegkleidung, Windeln) |
> | 18 01 06* | Chemikalien, die aus gefährlichen Stoffen bestehen oder solche enthalten |
> | 18 01 07 | Chemikalien mit Ausnahme derjenigen, die unter 18 01 06 fallen |
> | 18 01 08* | zytotoxische und zytostatische Arzneimittel |
> | 18 01 09 | Arzneimittel mit Ausnahme derjenigen, die unter 18 01 08 fallen |
> | 18 01 10* | Amalgamabfälle aus der Zahnmedizin |

Die Handhabung von besonderen Abfällen des Gesundheitswesens erfordert eine spezielle Sachkenntnis. In Lehrgängen wird die umfangreiche Fachkunde für Abfallbeauftragte im Gesundheitswesen geschult. Krankenhäuser mit mehr als 2 Tonnen gefährlichen Abfällen pro Jahr haben einen fachkundigen Betriebsbeauftragten für Abfall zu bestellen (§ 2 Nr. 1c der Verordnung über Betriebsbeauftragte für Abfall – AbfBeauftrV). Darüber hinaus ist für alle Betriebe die **Vollzugshilfe zur Entsorgung von Abfällen aus Einrichtungen des Gesundheitsdienstes** eine unverzichtbare Unterstützung.

(2) LAGA-Vollzugshilfe

Die Bund/Länder-Arbeitsgemeinschaft Abfall (LAGA) hat die sogenannte LAGA-Vollzugshilfe aufgestellt. Sie gilt im Wesentlichen für folgende Einrichtungen:

- Krankenhäuser einschließlich Sonderkrankenhäuser,
- Dialysestationen und -zentren außerhalb von Krankenhäusern und Arztpraxen einschließlich der Dialyseplätze in Heimen und ähnlichen Einrichtungen,
- Vorsorge- und Rehabilitationseinrichtungen, Sanatorien und Kurheime,
- Pflege- und Krankenheime bzw. -stationen, einschließlich Gemeinde- und Krankenpflegestationen,
- Einrichtungen für das ambulante Operieren und die ambulante Behandlung,
- Arzt- und Zahnarztpraxen,
- Praxen der Heilpraktiker und physikalischen Therapie,
- Gesundheitsämter, Betriebsärzte und arbeitsmedizinische Dienste,
- Sozialstationen, Haus- und Familienpflegestationen.

4

Beschaffungsprozesse planen, steuern und kontrollieren

Die LAGA-Vollzugshilfe verfolgt als allgemeine Zwecksetzung:

> Die **Vermeidung und Bewirtschaftung von Abfällen** aus Einrichtungen des Gesundheitsdienstes richten sich nach den Regelungen des Kreislaufwirtschaftsgesetzes (KrWG) und haben so zu erfolgen, dass
> - die natürlichen Ressourcen geschont werden und
> - der Schutz von Mensch und Umwelt sichergestellt ist.

Aus der umfangreichen Mitteilung Nr. 18 der Bund/Länder-Arbeitsgemeinschaft Abfall (LAGA) stellen wir schwerpunktmäßig zwei Arbeitsanleitungen im Detail vor:

Beispiele:

Abfallschlüssel 18 01 01
spitze oder scharfe Gegenstände (außer 18 01 03*)

Abfälle von gebrauchten spitzen und scharfen medizinischen Instrumenten wie Kanülen, Skalpelle und Gegenstände mit ähnlichem Risiko für Schnitt- oder Stichverletzungen müssen in stich- und bruchfesten Einwegbehältnissen gesammelt, fest verschlossen, sicher vor unbefugtem Zugriff bereitgestellt, transportiert und entsorgt werden. Die sichere Umhüllung muss bis zur Übergabe in das Sammelbehältnis für zu entsorgende Abfälle gewährleistet sein (z. B. Presscontainer).

Abfallschlüssel 18 01 03*
Abfälle, an deren Sammlung und Entsorgung aus infektionspräventiver Sicht besondere Anforderungen gestellt werden

Alle Abfälle des AS 18 01 03* sind unmittelbar am Ort ihres Anfallens in reißfesten, feuchtigkeitsbeständigen und dichten Behältnissen (z. B. bauartgeprüfte Gefahrgutverpackung) zu sammeln und ohne Umfüllen oder Sortieren in geeigneten, sicher verschlossenen Behältnissen (ggf. Säcke in Kombination mit Rücklaufbehältern) zur zentralen Sammelstelle zu befördern. Die infektiösen Abfälle sind ohne vorheriges Verdichten oder Zerkleinern, in den für ihre Sammlung verwendeten Behältnissen, in einer zugelassenen Anlage zu verbrennen.

Beispiele:

Abfälle, die bei der Diagnose, Behandlung und Pflege von Patienten mit meldepflichtigen Infektionskrankheiten anfallen und mit erregerhaltigem Blut/Serum, Exkret oder Sekret kontaminiert sind oder Körperteile und Organe entsprechend erkrankter Patienten.

> - Es werden Handhabungs- und Entsorgungshinweise gegeben, die nicht nur die Anforderungen des Umweltschutzes berücksichtigen, sondern in besonderem Maße auch dem **Arbeitsschutz der Beschäftigten** sowie dem Infektionsschutz und der Hygiene dienen.
> - Umweltschutz, Arbeitsschutz und Hygiene werden von der LAGA-Vollzugshilfe als untrennbare Einheit gesehen.

Für weitere im Gesundheitsdienst anfallende Abfälle, die bereits an der Anfallstelle getrennt von Abfällen des Abfallschlüssels 18 01 04 erfasst werden und nicht mit Blut, Sekreten oder Exkreten kontaminiert sind und nicht aus der direkten Behandlung von Patienten stammen, bestehen keine hygienischen Bedenken. Altglas, Altpapier, Metalle und andere Materialien ohne schädliche Verunreinigungen können der stofflichen Verwertung zugeführt werden (vgl. LAGA-Vollzugshilfe, Punkt 2.2).

Kompetenztraining

81 Das Hauptproblem der Mengenplanung ist die Ermittlung der optimalen Bestellmenge.

Aufgaben:

1. Erläutern Sie, was unter der optimalen Bestellmenge zu verstehen ist!

2. Berechnen Sie mithilfe einer Tabelle (siehe S. 203) die optimale Bestellmenge aufgrund des Zahlenbeispiels von S. 202, wenn

    2.1 die fixen Bestellkosten sich auf 100,00 EUR verdoppeln und die übrigen Bedingungen gleich bleiben!

    2.2 der Lagerhaltungskostensatz auf 45 % steigt und die übrigen Bedingungen gleich bleiben!

3. Zeichnen Sie die entsprechenden Kostenkurven zu den Aufgaben 2.1 und 2.2!

4. Fassen Sie Ihre Erkenntnisse aus den Aufgaben 2. und 3. in Form von Regeln zusammen!

5. Mithilfe der **Andler-Formel** lässt sich der exakte Wert für die optimale Bestellmenge bestimmen. Die Andler-Formel lautet:

    $$Q_{opt} = \sqrt{\frac{200 \cdot F \cdot M}{P \cdot L}}$$

    Q_{opt}: Optimale Bestellmenge
    F: Fixe Bestellkosten
    M: Jahresbedarf
    P: Einstandspreis je Stück
    L: Lagerhaltungskostensatz in Prozent

    Überprüfen Sie die Richtigkeit Ihrer Ergebnisse!

6. Nennen Sie je drei Beispiele für fixe Bestellkosten und Lagerhaltungskosten!

7. Geben Sie Argumente an, welche die exakte Ermittlung der optimalen Bestellmenge in der Praxis erschweren!

82
1. Der Bedarf für das Materialteil B 312 beträgt 30 Stück je Kalendertag, die Wiederbeschaffungszeit 8 Tage und der Mindestbestand 80 Stück. Die optimale Bestellmenge beträgt 480 Stück. Am Abend des 4. März beträgt der Lagerbestand 440 Stück.

    Aufgaben:

    1.1 Planen Sie die Bestellzeitpunkte (Daten angeben) für den Monat März!

    1.2 Zeichnen Sie die Bestandsentwicklung in ein Diagramm ein (vgl. S. 205)!

2. Die Königsberg-Klinik GmbH verbraucht täglich 100 Einmal-Waschhandschuhe.

    Die Wiederbeschaffungszeit der Waschhandschuhe beträgt 5 Tage, der Mindestbestand 600 Stück. Der Höchstbestand, der auf Lager genommen werden kann, beträgt 2 000 Stück.

    Aufgaben:

    2.1 Berechnen Sie den Meldebestand!

    2.2 Fertigen Sie eine Grafik über einen Zeitraum von 30 Tagen an!

83 Die sortenreine Trennung von Siedlungsabfällen in privaten Haushalten mit dem Ziel des Recycling sollte eine Selbstverständlichkeit sein. Für die Handhabung und Entsorgung von Abfällen in Einrichtungen des Gesundheitsdienstes ist Recycling zwar wichtig, hat aber keine Vorrangstellung.

Aufgabe:

1. Erläutern Sie die Zielsetzung und die sachkundige Handhabung von Abfällen in Einrichtungen des Gesundheitsdienstes!

2. Wie sollte ein Krankenhaus alte Zeitungen und Zeitschriften aus Aufenthaltsräumen entsorgen?

4 Liefererauswahl

4.1 Grundsätzliches

Die Suche nach neuen Bezugsquellen und die Ermittlung potenzieller Lieferer haben für die Unternehmen einen hohen Stellenwert. Mit dieser Aufgabe beschäftigt sich die **Beschaffungsmarktforschung**. Hat diese einen möglichen Lieferer ermittelt, schließt sich die **Liefererbewertung** an.

Für die Liefererbewertung können

- **quantitative**, d. h. **messbare Kriterien** (z. B. Preis, Zahlungsbedingungen, Lieferbedingungen) und/oder
- **qualitative**, d. h. **nicht messbare Kriterien** (z. B. Qualität, Liefertreue, Image, technisches Know-how, Unterstützung bei Problemlösungen)

herangezogen werden. Als Instrumentarium zur Analyse der Kriterien kann der **Einfaktorenvergleich** oder der **Mehrfaktorenvergleich (Scoring-Modell)** dienen.

4.2 Einfaktorenvergleich mit Bezugskalkulation

Legt man nur einen einzigen Auswahlgesichtspunkt (ein Kriterium) zugrunde, dann kommt man sehr schnell zu einer Liefererauswahl. Solche Einfaktorenvergleiche sind z. B. möglich in Bezug auf den Preis, die Liefer- und Zahlungsbedingungen oder die Produktqualität.

> **Beispiel:**
>
> **Einfaktorenvergleich (Preisvergleich von Angeboten)**
>
> Die Seniorenresidenz Rosenhof KG erhält vier Angebote über den Bezug von 10 Knierollen. Die angebotenen Lagerungshilfen sind qualitätsmäßig vollkommen gleich. Die Lieferzeit beträgt in allen Fällen 4 Tage. Die Angebote lauten:
>
> **Angebot 1:**
> Listeneinkaufspreis 569,00 EUR
> Rabatt 6 %
> Skonto 2,5 %
> Bezugskosten 36,40 EUR
>
> **Angebot 2:**
> Listeneinkaufspreis 518,00 EUR
> Rabatt 8 %
> Skonto 2,0 %
> Bezugskosten 71,50 EUR
>
> **Angebot 3:**
> Listeneinkaufspreis 550,00 EUR
> Rabatt 9 %
> Skonto 3,0 %
> Bezugskosten 59,80 EUR
>
> **Angebot 4:**
> Listeneinkaufspreis 598,00 EUR
> Rabatt 7 %
> Skonto 0,0 %
> Bezugskosten 44,20 EUR
>
> **Aufgabe:**
> Berechnen Sie, welches Angebot den niedrigsten Bezugspreis bietet!

4 Lieferauswahl

Lösung:

	Angebot 1		Angebot 2		Angebot 3		Angebot 4	
	%	EUR	%	EUR	%	EUR	%	EUR
Listeneinkaufspreis − Rabatt	6	569,00 34,14	8	518,00 41,44	9	550,00 49,50	7	598,00 41,86
Zieleinkaufspreis − Skonto	2,5	534,86 13,37	2	476,56 9,53	3	500,50 15,02	0	556,14 0,00
Bareinkaufspreis + Bezugskosten		521,49 36,40		467,03 71,50		485,48 59,80		556,14 44,20
= Bezugspreis ohne USt		557,89		538,53		545,28		600,34
+ 19 % Umsatzsteuer		106,00		102,32		103,60		114,06
= Bezugspreis einschl. USt		663,89		640,85		648,88		714,40

Ergebnis: Den niedrigsten Bezugspreis für 10 Knierollen bietet das Angebot 2 mit 640,85 EUR.

Die gewerbliche Wirtschaft kalkuliert ihre Einkaufs- und Verkaufspreise in aller Regel ohne Umsatzsteuer, denn die Umsatzsteuer ist für die Unternehmen kein Aufwand bzw. kein Kostenfaktor. Sie ist ein durchlaufender Posten, der letztlich auf die privaten Endverbraucher überwälzt wird. Eine Ausnahme bildet der soziale Sektor der Gesundheitswirtschaft.

- **Steuerfrei** nach § 4 UStG sind **Heilbehandlungen im Bereich der Humanmedizin** (Nr. 14) und **Leistungen zur Betreuung und Pflege von hilfsbedürftigen Personen** (Nr. 16).
- Somit sind die **Kernleistungen** von Krankenhäusern und Pflegediensten **umsatzsteuerfrei.**
- Mit der Umsatzsteuerbefreiung **entfällt** allerdings das **Privileg des Vorsteuerabzugs.**

Die Umsatzsteuer auf Eingangsrechnungen, die den sozialen Versorgungsauftrag der Heilbehandlung und Pflege betreffen, ist für die Gesundheitseinrichtungen kein durchlaufender Posten, sondern ein Aufwand wie der Nettowert der Rechnungen. Im Rechnungswesen erfolgt eine gesonderte Buchung der „Vorsteuer" nicht. Die Entscheidung für eine Beschaffung muss daher unter dem Gesichtspunkt erfolgen, dass das Budget der Einrichtung mit dem Bruttobetrag der Eingangsrechnung (einschl. Umsatzsteuer) belastet wird.

4.3 Mehrfaktorenvergleich (Scoring-Modell)

Ist für die Auswahl des Lieferers nicht nur ein Kriterium entscheidend, dann entsteht sehr schnell eine komplexe Situation, da die Kriterien unter Umständen einander zuwider laufen, wie z. B. Qualität und Preis. Ein günstiger Preis ist zumeist mit geringerer Qualität verbunden und umgekehrt.

Ein Instrument, um einen Angebotsvergleich unter Berücksichtigung mehrerer Kriterien durchzuführen, ist das **Scoring-Modell**.[1] Den Mehrfaktorenvergleich bezeichnet man auch als **Nutzwertanalyse**. Dabei werden den Auswahlkriterien zunächst Gewichtungen zugeordnet (Spalte 2), die für alle Lieferer gleichermaßen gelten. Danach werden die Lieferer einzeln dahingehend analysiert, inwieweit sie die Auswahlkriterien erfüllen. Hierfür werden Punkte vergeben, z. B. 5: hohe Zielerfüllung, 0: keine Zielerfüllung (z. B. Spalte 3). Durch Multiplikation der Gewichtungen mit den einzelnen Punkten erhält man je Auswahlkriterium die gewichteten Punkte (z. B. Spalte 4). Ausgewählt wird jener Lieferer, dessen Summe der gewichteten Punkte maximal ist.

Die Verwendung des Scoring-Modells hat den Vorteil, dass neben rein **quantifizierbaren Größen** (z. B. Preis) auch die Einbeziehung von **qualitativen Kriterien** (z. B. Qualität, Liefertermine usw.) möglich ist.

Beispiel:

Zur Auswahl stehen die drei Lieferer Abel, Bebel und Cebel. Als Entscheidungsfaktoren spielen die Qualität, der Preis, die Liefertreue, der technische Kundendienst und die Unterstützung bei Problemlösungen eine Rolle. Die Gewichtungen für die Entscheidungsfaktoren sind der Spalte 2 zu entnehmen. Eine Beurteilung der Lieferer ergab jeweils die in den Spalten 3, 5 und 7 dargestellten Punkte.

Auswahl-Kriterien	Gewich-tung	Abel		Bebel		Cebel	
		Punkte Abel	Gewichtete Punkte Abel	Punkte Bebel	Gewichtete Punkte Bebel	Punkte Cebel	Gewichtete Punkte Cebel
(1)	(2)	(3)	(4) = (2) · (3)	(5)	(6) = (2) · (5)	(7)	(8) = (2) · (7)
Qualität	0,3	5	1,5	4	1,2	3	0,9
Preis	0,3	4	1,2	5	1,5	5	1,5
Liefertreue	0,1	3	0,3	4	0,4	5	0,5
Technischer Kundendienst	0,2	5	1,0	3	0,6	4	0,8
Unterstützung bei Problemlösungen	0,1	2	0,2	2	0,2	3	0,3
Summe der Punkte	**1,0**		**4,2**		**3,9**		**4,0**

Erläuterung (am Beispiel Abel):

Die zeilenweise Multiplikation der Gewichtungen mit den Punkten Abels für die einzelnen Kriterien ergibt jeweils die gewichteten Punkte. Deren Summe beträgt bei Abel 4,2. Bebel und Cebel erhielten je 3,9 bzw. 4,0 Punkte. Somit fällt die Entscheidung zugunsten von Abel.

Das Scoring-Modell, kann im Betrieb auch anderweitig verwendet werden (z. B. Standortbestimmung für eine neue Niederlassung, Mitarbeiterbeurteilung, Bewerberauswahl usw.).

---

1 **Scoring-Modell** kann übersetzt werden mit Punktebewertungsmodell.

Kompetenztraining

84 1. Erkundigen Sie sich bei Ihrem Ausbildungsbetrieb, ob es eine Checkliste zur Liefererauswahl gibt! Falls ja:

Aufgaben:

1.1 Nennen Sie die Kriterien!

1.2 Stellen Sie die Gewichtung der Kriterien dar!

2. Beschreiben Sie die Zielsetzung des Scoring-Konzepts an einem selbst gewählten Beispiel!

85 Vor der Kaufentscheidung ist es sinnvoll, einen Angebotsvergleich durchzuführen.

Aufgaben:

1. Erklären Sie die betriebswirtschaftliche Aufgabe des Angebotsvergleichs!

2. Begründen Sie, welche wichtigen Punkte der einzelnen Angebote ein Einkäufer zu vergleichen hat!

3. Nennen Sie drei Gründe, die vorliegen könnten, dass ein Unternehmen ein Angebot bei sonst gleichen Listeneinkaufspreisen mit 15 % Rabatt und 2 % Skonto einem Angebot mit 25 % Rabatt und 3 % Skonto vorzieht!

86 Auf die Anfrage eines Krankenhauses nach Blutdruckmessgeräten mit 2-Schlauch-Technologie und Klettenmanschette gehen Angebote von drei Medizinproduktehersteller ein. Unter den qualitativ gleichwertigen Messgeräten gleich zuverlässiger Verkäufer soll ein rechnerischer Angebotsvergleich vorgenommen werden. Ermitteln Sie das preisgünstigste Angebot!

	Angebot 1	Angebot 2	Angebot 3
Listeneinkaufspreis pro Stück	115,00 EUR	105,00 EUR	106,00 EUR
Rabatt	30 %	20 %	10 %
Beförderungskosten (insgesamt)	Expressversand 12,00 EUR	Zustellung 4,00 EUR	frei Haus
Verpackungskosten (insgesamt)	6,00 EUR	8,00 EUR	einschließlich Verpackung
Zahlungsbedingungen	2 % Skonto innerhalb 10 Tagen	3 % Skonto innerhalb 8 Tagen	zahlbar ohne Abzug innerhalb 10 Tagen

5 Zentrale Rechtsnormen des Vertragsrechts

5.1 Rechtsgeschäfte

Sollen im Rahmen einer Beschaffungsplanung vorteilhafte Bezugsquellen erschlossen werden, kommen mit der Kontaktierung der Lieferer zentrale Rechtsnormen ins Spiel, die es zu beachten gilt. Die handelnden Personen schließen im Rahmen ihrer Rechts- und Geschäftsfähigkeit sogenannte Rechtsgeschäfte ab. Wenn wir Rechtsgeschäfte abschließen wollen (z. B. einen Kauf tätigen), müssen wir unseren Willen äußern. Das geschieht durch **Willenserklärungen**.

- **Rechtsgeschäfte** kommen durch Willenserklärungen zustande.
- **Willenserklärungen** sind solche Äußerungen bzw. Handlungen einer Person, die mit der Absicht vorgenommen werden, eine **rechtliche Wirkung herbeizuführen**.
- Zu den Willenserklärungen zählen auch **mittelbare Handlungen** wie z. B. der Münzeinwurf in einen Automaten oder das Einsteigen in die Straßenbahn.

5.2 Rechtsfähigkeit

(1) Begriff Rechtsfähigkeit

Rechtsfähigkeit ist die Fähigkeit von Personen, Träger von Rechten und Pflichten sein zu können.

Rechtsfähig sind natürliche Personen (Menschen) und juristische Personen. Man nennt die **Personen auch Rechtssubjekte**.[1]

(2) Natürliche Personen

Natürliche Personen sind **alle Menschen**. Der Gesetzgeber verleiht ihnen **Rechtsfähigkeit**.

Die **Rechtsfähigkeit des Menschen** (der **natürlichen Personen**) beginnt mit der Vollendung der Geburt [§ 1 BGB] und **endet** mit dem Tod. **Jeder Mensch** ist rechtsfähig.

Beispiele:
- Das Recht des Erben, ein Erbe antreten zu dürfen.
- Das Recht des Käufers, Eigentum zu erwerben.
- Die Pflicht, Steuern zahlen zu müssen. (Das Baby, das ein Grundstück erbt, ist Steuerschuldner, z. B. in Bezug auf die Grundsteuer.)

(3) Juristische Personen[2]

Juristische Personen sind „künstliche" Personen, denen der Staat die Eigenschaft von Personen kraft Gesetzes verliehen hat. Sie sind damit rechtsfähig, d. h. Träger von Rechten und Pflichten.

Beispiele:
Gesellschaft mit beschränkter Haftung (GmbH); Aktiengesellschaft (AG); eingetragene Vereine; Industrie- und Handelskammern; öffentliche Rundfunkanstalten; Stiftungen.

---

1 Die „Gegenstände" des Rechtsverkehrs (z. B. Abschluss und Erfüllung von Verträgen) bezeichnet man als **Rechtsobjekte**. Hierzu gehören die **Sachen** als körperliche Gegenstände [§ 90 BGB] und die **Rechte** (z. B. Miet- und Pachtrechte, Patent- und Lizenzrechte).
2 **Juristisch**: rechtlich.

5.3 Geschäftsfähigkeit

(1) Begriff Geschäftsfähigkeit

Geschäftsfähigkeit ist die Fähigkeit von Personen, Willenserklärungen rechtswirksam abgeben, entgegennehmen (empfangen) und widerrufen zu können.

(2) Gesetzliche Regelungen zur Geschäftsfähigkeit

■ **Geschäftsunfähigkeit**

Kinder vor Vollendung des siebten Lebensjahres sind **geschäftsunfähig** [§ 104, Nr. 1 BGB]. Den Kindern sind Menschen, die sich in einem dauernden Zustand krankhafter Störung der Geistestätigkeit befinden, gleichgestellt [§ 104, Nr. 2 BGB].

Rechtsfolge:

Geschäftsunfähige können keine rechtswirksamen Willenserklärungen abgeben. Verträge mit Kindern und Geschäftsunfähigen sind **immer nichtig,** d. h. von vornherein ungültig.

Da Geschäftsunfähige keine Rechtsgeschäfte abschließen können, brauchen sie einen **Vertreter,** der für sie handeln kann. Bei Kindern sind dies in der Regel kraft Gesetzes die Eltern. Man bezeichnet die Eltern daher auch als **„gesetzliche Vertreter"**.

■ **Beschränkte Geschäftsfähigkeit**

Minderjährige, die zwar das siebte Lebensjahr, aber noch nicht das achtzehnte Lebensjahr vollendet haben, sind **beschränkt geschäftsfähig** [§ 106 BGB].

Rechtsgeschäfte mit einem beschränkt Geschäftsfähigen bedürfen der **Zustimmung des gesetzlichen Vertreters**.

- Diese Zustimmung kann **im Voraus** erteilt werden. Sie heißt dann **Einwilligung** [§§ 107; 183, S. 1 BGB].
- Sie kann aber auch **nachträglich** gegeben werden. Die nachträglich erfolgte Zustimmung heißt **Genehmigung** [§§ 108, 184 I BGB].

Rechtsfolge:

Solange die Genehmigung des gesetzlichen Vertreters fehlt, ist ein durch den beschränkt Geschäftsfähigen abgeschlossenes **Rechtsgeschäft schwebend unwirksam.** Dies bedeutet, dass z. B. ein Vertrag (noch) nicht gültig, wohl aber genehmigungsfähig ist. Wird die **Genehmigung verweigert**, ist der **Vertrag von Anfang an ungültig**. Wird sie erteilt, ist der Vertrag **von Anfang an wirksam** [§§ 108 I, 184 I BGB].

Keiner Zustimmung bedürfen folgende Rechtsgeschäfte:

- Geschäfte, die lediglich einen **rechtlichen Vorteil bringen** [§ 107 BGB].

- Geschäfte, die der beschränkt Geschäftsfähige mit **eigenen Mitteln** begleicht **(Taschengeldparagraf)** [§ 110 BGB]. Diese Regelung gilt **nicht** für Ratenkäufe und Handyverträge, da über zukünftiges Taschengeld nicht verfügt werden darf.[1]

- Geschäfte, die ein **Arbeitsverhältnis** betreffen, dem der gesetzliche Vertreter zugestimmt hat [§ 113 I, S. 1. BGB]. Ein **Ausbildungsverhältnis** ist **kein** Arbeitsverhältnis.

- Rechtsgeschäfte, die der **Betrieb eines selbstständigen Erwerbsgeschäfts** (z. B. Handelsgeschäfts) mit sich bringt. Voraussetzung ist, dass der gesetzliche Vertreter den beschränkt geschäftsfähigen Minderjährigen mit der erforderlichen Genehmigung des Familiengerichts zum selbstständigen Betrieb eines Erwerbsgeschäfts ermächtigt hat [§ 112 I, S. 1 BGB].

■ Unbeschränkte Geschäftsfähigkeit

Personen, die das achtzehnte Lebensjahr vollendet haben, sind **unbeschränkt geschäftsfähig** [§ 2 BGB]. Ausnahmen bestehen nur für Menschen, die sich in einem dauernden Zustand krankhafter Störung der Geistestätigkeit befinden.

Rechtsfolge:

Die unbeschränkte Geschäftsfähigkeit bedeutet, dass von dem Erklärenden (der natürlichen Person) jedes Rechtsgeschäft, soweit dies gesetzlich erlaubt ist, rechtsgültig abgeschlossen werden kann. Eine Zustimmung gesetzlicher Vertreter und/oder die Genehmigung eines Familiengerichts ist nicht (mehr) erforderlich.

---

[1] Die über einen längeren Zeitraum angesammelten **Ersparnisse** gelten im Sinne des Gesetzes nicht als Taschengeld.

5 Zentrale Rechtsnormen des Vertragsrechts

Kompetenztraining

87
1. Unterscheiden Sie die Begriffe Rechtsfähigkeit und Geschäftsfähigkeit!
2. Erklären Sie, welche Rechtsgeschäfte eine beschränkt geschäftsfähige Person ohne Einwilligung des gesetzlichen Vertreters abschließen darf! Bilden Sie hierzu jeweils ein Beispiel!
3. Begründen Sie, warum das BGB bei den Stufen der Geschäftsfähigkeit feste Altersgrenzen zugrunde legt! Nennen Sie die Altersgrenzen!
4. Erklären Sie, welche Rechtsfolgen eintreten, wenn geschäftsunfähige, beschränkt geschäftsfähige oder voll geschäftsfähige Personen Willenserklärungen abgeben!
5. Der 17-jährige Auszubildende Finn wohnt und arbeitet mit Zustimmung seiner Eltern in Stuttgart, während seine Eltern in Mannheim zu Hause sind.

    Aufgaben:
    5.1 Am Monatsende ist die Miete zu zahlen. Begründen Sie, ob Finn aus rechtlicher Sicht mit seiner Ausbildungsvergütung die Miete bezahlen darf!
    5.2 Finn möchte sich von seiner Vergütung einen Tablet-PC kaufen. Erläutern Sie die Rechtslage!
    5.3 Erklären Sie, ob Finn, falls er 750,00 EUR geschenkt bekommt, einen Tablet-PC kaufen kann!

88 Die 17-jährige Schülerin Lisa entnimmt ihrer Sparbüchse 400,00 EUR und kauft sich davon ein Notebook, welches sie auch gleich mitnimmt.

Aufgaben:

Stellen Sie die Rechtslage dar, wenn

1. keine Einwilligung der Eltern vorliegt,
2. eine Einwilligung der Eltern vorliegt,
3. die Eltern den Kauf nachträglich genehmigen!

89 Die „Klinik am Rosenhof GmbH" ist ein Fachkrankenhaus in Trägerschaft der Stadt Bad Pyrmont.

Mit welchem juristischen Vorgang erlangte die Klinik ihre eigenständige Handlungsfähigkeit unabhängig von der Stadtverwaltung?

90 Der Geschäftsführer der Königsberg-Klinik GmbH beabsichtigt, ein freies Nachbargrundstück für die Klinik zu erwerben, um dort Laborkapazitäten aufzubauen.

Erläutern und begründen Sie juristisch, wer den Kaufvertrag abschließt und anschließend als Eigentümer in das Grundbuch eingetragen wird!

5.4 Nichtigkeit und Anfechtbarkeit von Rechtsgeschäften

5.4.1 Nichtigkeit von Rechtsgeschäften

> **Rechtsgeschäfte**, die nach dem Gesetz **ungültig** sind, gelten als **von Anfang an** nichtig (ungültig).

Die folgenden **Mängel** führen dazu, dass Rechtsgeschäfte von Anfang an nichtig sind:

Arten der Mängel	Beispiele
Mangel in der Geschäftsfähigkeit	■ Rechtsgeschäfte von Geschäftsunfähigen [§ 105 I BGB]. ■ Rechtsgeschäfte beschränkt Geschäftsfähiger, sofern die Zustimmung vom gesetzlichen Vertreter verweigert wird. ■ Rechtsgeschäfte, die im Zustand der Bewusstlosigkeit oder vorübergehender Störung der Geistestätigkeit abgeschlossen werden. (Beispiel: Ein Betrunkener verkauft sein Auto.)
Verstoß gegen ein gesetzliches Verbot	Rauschgift- und Waffengeschäfte, Verkauf von Alkohol an 14-Jährige.
Verstoß gegen Formvorschriften	■ ein mündlich abgeschlossener Bürgschaftsvertrag unter Nichtkaufleuten; ■ Kauf eines Grundstücks ohne notarielle Beurkundung.
Mangel im rechtsgeschäftlichen Willen (Scheingeschäfte [§ 117 BGB]/ Scherzgeschäfte [§ 118 BGB])	■ Zum Schein abgegebene Willenserklärungen, die ein anderes Rechtsgeschäft verdecken sollen. (Beispiel: Grundstückskaufvertrag über 230 000,00 EUR, wobei mündlich ein Kaufpreis von 280 000,00 EUR vereinbart wird, um Grunderwerbsteuer zu sparen.)[1] ■ Offensichtlich nicht ernst gemeinte Willenserklärungen. (Beispiel: Das Angebot eines Witzbolds, seine Fahrkarte zum Mars für 5 000,00 EUR verkaufen zu wollen.)

5.4.2 Anfechtbarkeit von Rechtsgeschäften

> **Anfechtbare Rechtsgeschäfte** sind bis zu der erklärten Anfechtung **voll rechtswirksam** (gültig). Nach einer **rechtswirksamen** Anfechtung wird das Rechtsgeschäft jedoch **von Anfang an nichtig (ungültig)** [§ 142 I BGB].

Die Anfechtung eines Rechtsgeschäfts ist möglich

- bei **Irrtum**,
- bei **arglistiger Täuschung** und
- bei **widerrechtlicher Drohung**.

---

[1] Das **Scheingeschäft** (Kaufvertrag über 230 000,00 EUR) ist nichtig. Das gewollte Geschäft wäre gültig, wenn die Formerfordernisse gewahrt worden wären. Da in diesem Beispiel aber nur eine mündliche Absprache vorliegt, ist das gewollte Geschäft wegen Formmangels ebenfalls nichtig. Der Mangel wird aber durch eine nachfolgende Übereignung durch Einigung (Auflassung) und Grundbucheintragung [§§ 873 I; 925 BGB] des Grundstücks geheilt, sodass der Käufer 280 000,00 EUR zu zahlen hat [§ 311 b I, S. 2 BGB].

Kompetenztraining

91

1. Erklären Sie, worin sich Nichtigkeit und Anfechtbarkeit von Rechtsgeschäften, insbesondere hinsichtlich der Rechtsfolgen unterscheiden!

2. Im Vertragsrecht unterscheidet man zwischen Nichtigkeit und Anfechtbarkeit.

   Aufgaben:
   Notieren Sie, in welchem Fall Nichtigkeit vorliegt!
   2.1 Verstoß gegen eine gesetzliche Formvorschrift,
   2.2 Fehlen einer zugesicherten Eigenschaft,
   2.3 Irrtum,
   2.4 arglistige Täuschung,
   2.5 widerrechtliche Drohung.

3. Notieren Sie, in welchem der folgenden Fälle der Kaufvertrag zwischen einem Pflegeheim und einem Lieferer vom Lieferer angefochten werden kann!
   3.1 Der Hersteller der Ware kann den Lieferer nur verspätet beliefern.
   3.2 Der Hersteller erhöht die Preise gegenüber dem Lieferer.
   3.3 Der Lieferer stellt fest, dass der Preis im Angebot anstatt mit 510,00 EUR mit 150,00 EUR angegeben wurde.
   3.4 Der Lieferer erfährt, dass das Pflegeheim angeblich Zahlungsschwierigkeiten hat.
   3.5 Der Kaufvertrag wurde nur mündlich abgeschlossen.

4. Geben Sie für die folgenden Rechtsgeschäfte an, ob sie voll gültig, nichtig, anfechtbar oder schwebend unwirksam sind! Begründen Sie jeweils Ihre Lösung!
   4.1 In einem Angebot werden die Ziffern vertauscht, sodass der Stückpreis mit 58,00 EUR statt mit 85,00 EUR angegeben wird.
   4.2 Um seinem Freund die Aufnahme eines Kredits über 12 000,00 EUR zu ermöglichen, verbürgt sich der wohlhabende Prokurist Kellermann mündlich gegenüber einem Kreditinstitut.
   4.3 Die 16-jährige Schülerin Rebecca bestellt eine Zeitschrift im Abonnement. Monatlich sind 18,50 EUR zu zahlen.
   4.4 Ein Kaufmann kauft auf Anraten eines gut informierten Geschäftsfreunds Aktien, bei denen Kurserhöhungen mit Sicherheit zu erwarten seien. Schon am nächsten Tag fällt der Kurs dieser Aktien beträchtlich.
   4.5 Der 17-jährige Lehmann ist vor einem Jahr mit Zustimmung seiner Eltern ein Arbeitsverhältnis eingegangen. Jetzt kündigt er schriftlich seinem Arbeitgeber, ohne seine Eltern gefragt zu haben.

92 Sven Kern kommt in ein Spielwarengeschäft und erklärt, er wolle den Kaufvertrag anfechten, den ein Verkäufer mit seiner sechsjährigen Tochter Leonie abgeschlossen hat. Er begründet seine Erklärung damit, dass Leonie nicht seine Zustimmung gehabt habe.

Aufgabe:
Nehmen Sie zu seiner Erklärung Stellung!

5.5 Vertragsfreiheit, Beschränkungen und Formvorschriften

5.5.1 Vertragsfreiheit

> **Vertragsfreiheit** bedeutet, dass jeder prinzipiell die Freiheit hat zu entscheiden, ob und mit wem ein Vertragsabschluss vorgenommen und wie der Inhalt eines Vertrages ausgestaltet wird.

Die Rechtsordnung der Bundesrepublik Deutschland beruht auf dem **Grundsatz der Vertragsfreiheit**. Die Vertragsfreiheit ist im Grundgesetz durch die persönlichen Freiheitsrechte verfassungsrechtlich verbrieft [Art. 2 GG].

Die Vertragsfreiheit ist durch folgende **Merkmale** gekennzeichnet:

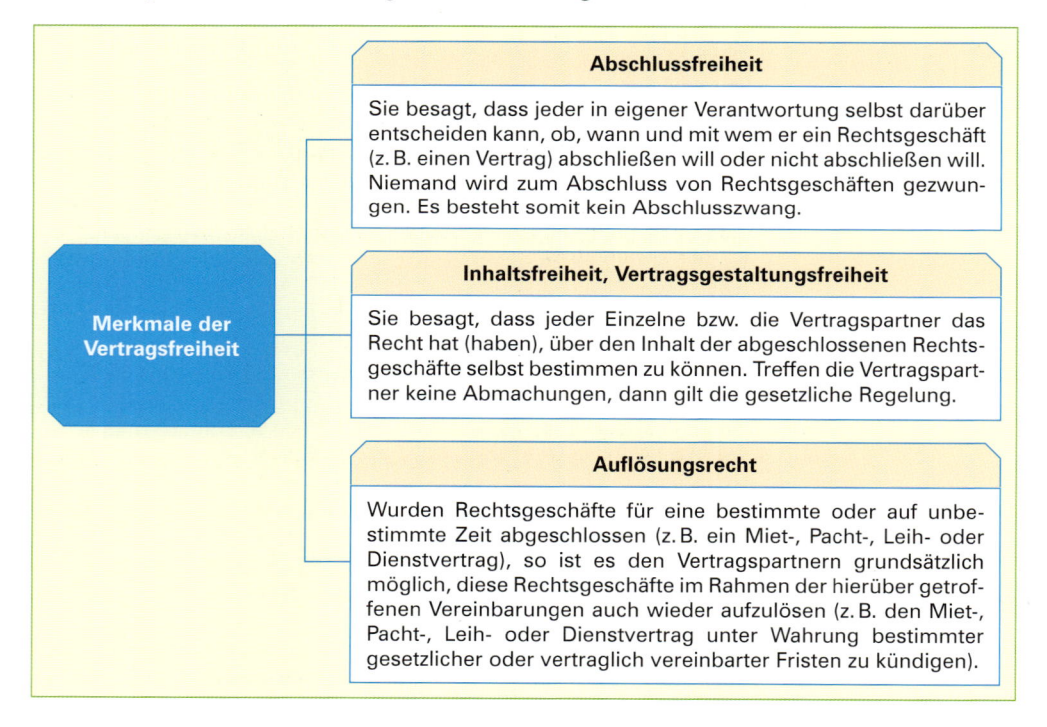

Merkmale der Vertragsfreiheit

Abschlussfreiheit

Sie besagt, dass jeder in eigener Verantwortung selbst darüber entscheiden kann, ob, wann und mit wem er in Rechtsgeschäft (z. B. einen Vertrag) abschließen will oder nicht abschließen will. Niemand wird zum Abschluss von Rechtsgeschäften gezwungen. Es besteht somit kein Abschlusszwang.

Inhaltsfreiheit, Vertragsgestaltungsfreiheit

Sie besagt, dass jeder Einzelne bzw. die Vertragspartner das Recht hat (haben), über den Inhalt der abgeschlossenen Rechtsgeschäfte selbst bestimmen zu können. Treffen die Vertragspartner keine Abmachungen, dann gilt die gesetzliche Regelung.

Auflösungsrecht

Wurden Rechtsgeschäfte für eine bestimmte oder auf unbestimmte Zeit abgeschlossen (z. B. ein Miet-, Pacht-, Leih- oder Dienstvertrag), so ist es den Vertragspartnern grundsätzlich möglich, diese Rechtsgeschäfte im Rahmen der hierüber getroffenen Vereinbarungen auch wieder aufzulösen (z. B. den Miet-, Pacht-, Leih- oder Dienstvertrag unter Wahrung bestimmter gesetzlicher oder vertraglich vereinbarter Fristen zu kündigen).

5.5.2 Beschränkung der Vertragsfreiheit

Die Rechtsordnung garantiert nicht nur Vertragsfreiheit. Sie schützt den einzelnen und die Gesellschaft auch vor den Gefahren des Missbrauchs der Vertragsfreiheit.

Unsere Rechtsordnung will die Ausbeutung und Knebelung der sozial und wirtschaftlich Schwächeren und bestimmte Rechtsgeschäfte verhindern. Sie enthält deshalb in vielen Gesetzen **zwingende Rechtsvorschriften,** die dem Gestaltungswillen der Vertragspartner entzogen sind und somit nicht durch Vereinbarungen abgeändert werden können.

5 Zentrale Rechtsnormen des Vertragsrechts

Beschränkungen der Vertragsfreiheit[1]	Beispiele
Zwingende Rechtsvorschriften des BGB	■ Geschäftsfähigkeit: Rechtsgeschäfte von beschränkt Geschäftsfähigen bedürfen der Zustimmung des gesetzlichen Vertreters ■ Formvorschriften:[2] Rechtsgeschäfte, die nicht in der vom Gesetz vorgeschriebenen Form erfolgt sind, sind grundsätzlich nichtig. ■ Rechtsgeschäfte, die ihrem Inhalt nach gegen ein gesetzliches Verbot verstoßen (z. B. Drogenhandel) sind von Anfang an nichtig. ■ …
Zwingende Rechtsnormen des Arbeits- und Sozialrechts	Zahlreiche Sondergesetze schränken die Vertragsfreiheit zum Schutz des sozial und wirtschaftlich schwächeren Arbeitnehmers ein. Hierzu zählen z. B. das ■ Kündigungsschutzgesetz ■ Jugendarbeitsschutzgesetz ■ Berufsbildungsgesetz ■ Mutterschutzgesetz ■ …
Zwingende Rechtsnormen des Wettbewerbsrechts	■ Das Gesetz gegen Wettbewerbsbeschränkungen (GWB) will verhindern, dass der Wettbewerb eingeschränkt wird, um eine Benachteiligung schwächerer Marktteilnehmer zu verhindern. ■ Das Gesetz gegen den unlauteren Wettbewerb verbietet z. B. irreführende geschäftliche Handlungen (z. B. unwahre Behauptungen über einen Mitbewerber) oder unzumutbare Belästigungen (z. B. Telefonanrufe ohne Einwilligung des Betroffenen). ■ …
Zwingende Rechtsnormen des Gewerberechts	■ Bestimmte Anlagen bedürfen einer behördlichen Genehmigung (z. B. Biogasanlagen, Betreiben von Spielhallen) ■ Bestimmte Anlagen sind überwachungspflichtig (z. B. Anlagen zum Abfüllen von Gasen, Aufzugsanlagen) ■ Bestimmte Berufe bedürfen einer Genehmigung (z. B. Approbation[3] für Ärzte, Apotheker) ■ …

5.5.3 Formvorschriften von Rechtsgeschäften

(1) Formfreiheit und Formzwang

■ **Formfreiheit**

Formfreiheit bedeutet, dass die Rechtsgeschäfte in jeder möglichen Form abgeschlossen werden können. Im Rahmen unserer geltenden Rechtsordnung besteht für die weitaus meisten Rechtsgeschäfte der Grundsatz der Formfreiheit.

Beispiele:

Die meisten Rechtsgeschäfte können mit beliebigen Mitteln, z. B. durch **Worte** (mündlich, fernmündlich, per Fax oder E-Mail), durch **schlüssige (konkludente) Handlungen** (Kopfnicken, Handheben, Einsteigen in ein Taxi usw.) und in bestimmten Fällen sogar durch **Schweigen** abgeschlossen werden.

---

1 Siehe hierzu auch die Ausführungen zur Nichtigkeit von Rechtsgeschäften.
2 Zu den Formvorschriften siehe S. 222 f.
3 **Approbation:** Billigung, Genehmigung.

■ **Formzwang**

Abweichend von dem Grundsatz der Formfreiheit gibt es bestimmte Gruppen von Rechtsgeschäften, für die das Gesetz bestimmte Formen vorschreibt **(gesetzliche Formen)**, oder für die zwischen den Vertragsparteien eine bestimmte Form vereinbart wurde (**vertragliche Formen** genannt). Dieser sogenannte Formzwang dient vor allem

- der **Beweissicherung,**
- dem **Schutz vor voreiligen Verpflichtungen** (z. B. des Schenkers und des Bürgen) und
- einer genauen **Abgrenzung zwischen unverbindlichen Vorverhandlungen und verbindlichen Aufzeichnungen** (z. B. beim Testament und Erbvertrag).

(2) Gesetzliche Formen

■ **Schriftform** [§ 126 BGB]

Die Schriftform verlangt, dass die Erklärung niedergeschrieben und vom Erklärenden **eigenhändig durch Namensunterschrift** oder mittels **notariell beglaubigtem Handzeichen unterzeichnet** wird [§ 126 I BGB]. Bei mehrseitigen Rechtsgeschäften (z. B. Verträgen) muss die Vertragsurkunde grundsätzlich von allen Vertragsparteien unterschrieben sein [§ 126 II BGB].

Mögliche Anwendungsbereiche:
- Bürgschaftserklärung [§ 766 BGB],
- Beendigung von Arbeitsverhältnissen durch Kündigung [§ 623 BGB] oder Aufhebungsvertrag [§ 623 BGB],
- Berufsausbildungsvertrag [§ 11 BBiG],
- Verbraucherdarlehensvertrag [§ 492 BGB].

■ **Elektronische Form** [§ 126 a BGB]

Die **gesetzliche Schriftform** kann grundsätzlich (soweit im Gesetz nichts Abweichendes bestimmt ist) durch die **elektronische Form ersetzt werden** [§ 126 III BGB]. Zur Rechtswirksamkeit muss der Aussteller der Erklärung seinen Namen hinzufügen und das elektronische Dokument mit einer qualifizierten elektronischen Signatur nach dem Signaturgesetz versehen werden [§ 126 a BGB].

Mögliche Anwendungsbereiche:
- Onlinebanking,
- Kreditkartennutzung,
- Pay-TV, Teleshopping,
- elektronische Ausweispapiere,
- automatische Empfangsbestätigung von Schriftstücken im Schriftverkehr mit Behörden.

■ **Textform** [§ 126 b BGB]

Ist durch Gesetz Textform vorgeschrieben, so muss eine lesbare Erklärung, in der die Person des Erklärenden genannt ist, auf einem dauerhaften Datenträger erfolgen. Ein dauerhafter Datenträger ist jedes Medium, das es dem Empfänger ermöglicht, eine auf dem Datenträger befindliche, an ihn persönlich gerichtete Erklärung so aufzubewahren oder zu speichern, dass sie ihm während eines für

Mögliche Anwendungsbereiche:
- Belehrung über das Widerrufsrecht beim Fernabsatzvertrag seitens des Unternehmens gegenüber dem Verbraucher [§ 356 I BGB].
- Garantieerklärungen [§ 443 BGB] beim Verbrauchsgüterkauf [§ 477 BGB].

ihren Zweck angemessenen Zeitraums unverändert wiederzugeben ist [§ 126 b BGB]. Geeignet hierfür sind z. B. eine E-Mail oder eine gegen Veränderungen gesicherte PDF-Datei.

■ Öffentliche Beglaubigung [§ 129 BGB]

Die öffentliche Beglaubigung ist eine Schriftform, bei der die **Echtheit der eigenhändigen Unterschrift des Erklärenden** von einem Notar beglaubigt wird [§ 129 I BGB]. Der Notar beglaubigt nur die Echtheit der Unterschrift, nicht jedoch den Inhalt der Urkunde. Die öffentliche Beglaubigung wird durch die notarielle Beurkundung der Erklärung ersetzt [§ 129 II BGB].

Mögliche Anwendungsbereiche:

Anmeldungen
- zum Handelsregister [§ 12 I HGB],
- zum Vereinsregister [§ 77 BGB] und
- zum Güterrechtsregister [§ 1560 BGB].

Beispiel für die Beglaubigung einer Unterschrift

> **Urkundenrolle Nummer: 333**
>
> Vorstehende, vor mir vollzogene (bzw. anerkannte) Unterschrift des Herrn Franz Müller, Kaufmann, wohnhaft in Karlsruhe, Benzstraße 57, geboren am 1. Januar 1972, beglaubige ich. Herr Müller wies sich durch seinen Personalausweis aus.
>
> Karlsruhe, den 5. März 20 . .
> (Ort und Datum)

■ Notarielle Beurkundung [§ 128 BGB]

Sie erfordert ein Protokoll, in welchem der Beurkundungsbeamte die vor ihm abgegebenen Erklärungen beurkundet [§ 128 BGB]. Die Willenserklärungen werden also in einer öffentlichen Urkunde aufgenommen. Der Notar beurkundet die **Unterschrift** und den **Inhalt der Erklärungen**.

Mögliche Anwendungsbereiche:

- Grundstückskaufverträge [§ 311 b I, S. 1 BGB],
- Schenkungsversprechen [§ 518 I, S. 1 BGB],
- Erbverzichtsverträge [§ 2348 BGB],
- Erbverträge [§ 2276, S. 1 BGB].

- Rechtsgeschäfte, die **nicht** in der vom **Gesetz vorgeschriebenen Form** erfolgt sind, sind grundsätzlich **nichtig** [§ 125, S. 1 BGB].
- Wird die in einem Rechtsgeschäft **vereinbarte Form nicht eingehalten,** hat dies **im Zweifel die Nichtigkeit** dieses Rechtsgeschäfts zur Folge [§ 125, S. 2 BGB].

Kompetenztraining

93
1. Erklären Sie den Begriff Vertragsfreiheit und deren Bedeutung!
2. Begründen Sie die Notwendigkeit einer Einschränkung der Vertragsfreiheit anhand von zwei Beispielen!
3. Begründen Sie, warum die Vorschriften des BGB zur Geschäftsfähigkeit eine Einschränkung der Vertragsfreiheit darstellen!
4. Erläutern Sie, warum die Abmachungen zwischen Käufer und Verkäufer grundsätzlich Vorrang vor den gesetzlichen Vorschriften haben!
5. Begründen Sie, warum in der Bundesrepublik Deutschland für die weitaus meisten Rechtsgeschäfte der Grundsatz der Formfreiheit gilt!

94
1. Erklären Sie anhand von Beispielen, in welcher Form Willenserklärungen abgegeben werden können!
2. Begründen Sie die Notwendigkeit gesetzlicher Formvorschriften!
3. Erklären Sie, welchen Zweck die Vertragsparteien verfolgen, wenn diese für die abzuschließenden Rechtsgeschäfte eine bestimmte Form vereinbaren!
4. Die Eheleute Hans und Irma Holzmann besitzen mehrere Grundstücke. Sie wollen ihrer Tochter Meike an deren 18. Geburtstag ein Grundstück übertragen.
   Aufgabe:
   Nennen Sie die Form, die für die Übertragung des Grundstücks erforderlich ist!
5. Karin Weber hat bis zum 31. März d. J. bei der Reha-Klinik AG gearbeitet. Ihr wurde versehentlich kein Arbeitszeugnis erteilt. Jetzt ruft sie in der Personalabteilung an und bittet darum, ihr möglichst sofort ein Arbeitszeugnis per E-Mail zu übermitteln.
   Aufgabe:
   Prüfen Sie, ob dieses Verfahren grundsätzlich für diesen Zweck einsetzbar ist! Lesen Sie hierzu § 630 BGB!
6. Erläutern Sie den Zweck, den das BGB verfolgt, wenn es bestimmt, dass Rechtsgeschäfte, die nicht in der vorgeschriebenen gesetzlichen Form erfolgt sind, grundsätzlich nichtig sind!

6 Durchführung des Beschaffungsprozesses

6.1 Grundsätzliches

Die Abwicklung von Beschaffungsprozessen gehört zu den Kernprozessen des Wirtschafts- und Verwaltungsdienstes einer Gesundheitseinrichtung. Im Normalfall verläuft der Beschaffungsprozess in folgenden Schritten:

① Anfrage ▶ ② Angebot ▶ ③ Bestellung ▶ ④ Bestellbestätigung ▶ ⑤ Kaufvertrag ▶ ⑥ Wareneingangsprüfung ▶ ⑦ Prüfung der Eingangsrechnung ▶ ⑧ Zahlung ▶ ⑨ Vertragsstörungen

6.2 Anfrage

(1) Begriff Anfrage

> Durch eine **Anfrage** des Käufers wird der Verkäufer in aller Regel zur **Abgabe** eines **verbindlichen Angebots** aufgefordert.

Der Käufer ist durch seine Anfrage **rechtlich nicht gebunden** (keine Willenserklärung). Er kann deshalb auch gleichzeitig bei mehreren möglichen Verkäufern anfragen.

(2) Inhalt der Anfrage

Arten	Erläuterungen
Allgemeine Anfragen (unbestimmt gehaltene Anfragen)	Hier wird der Anbieter unter allgemeiner Schilderung des Problems gebeten, z. B. die aus seiner Sicht geeignetsten Materialien und Qualitäten anzubieten. Allgemeine Anfragen sind besonders dann sinnvoll, wenn neue Sachgüter beschafft werden sollen, mit denen der Anfragende noch keine Erfahrung hat.
Bestimmte Anfragen	Sie beziehen sich auf ein bestimmtes Erzeugnis bzw. auf eine bestimmte Dienstleistung.

(3) Form der Anfrage

Für die Anfrage ist gesetzlich **keine bestimmte Form** vorgeschrieben. Ob diese mündlich, fernmündlich, schriftlich oder elektronisch (per Fax, E-Mail) erfolgt, hängt vor allem vom Umfang der Anfrage und der Art der angefragten Güter ab.

(4) Prüfung der Anfrage (Prüfung der Lieferfähigkeit und -bereitschaft)

Die Prüfung der Anfrage erfolgt in zweierlei Hinsicht. Zum einen prüft der Lieferer, ob das angefragte Produkt im Produktprogramm geführt wird und wenn ja, ob die Lieferung zu den angefragten Bedingungen erfolgen kann. Zum anderen prüft der Lieferer, ob die Bonität des Kunden gegeben ist. Nur bei einem positiven Prüfungsergebnis wird der Lieferer bereit sein, ein Angebot abzugeben.

Beispiel für eine Anfrage:

Bei der Königsberg-Klinik GmbH in Bad Pyrmont meldet die integrierte Unternehmenssoftware am 5. Juni 20.. einen Bedarf von 100 Behältern Flächendesinfektionsmitteln.

Die Einkaufsabteilung sendet daraufhin an mehrere Hersteller von Desinfektionsmitteln Anfragen, darunter auch den Brief an die Chemikalienfabrik Gebhardt & Söhne OHG, Urbanstraße 4, 73728 Esslingen. Der gewünschte Liefertermin ist der 22. Juni 20..

Königsberg-Klinik GmbH
Kreiskrankenhaus der Regelversorgung

Am Rosenhof 36
31812 Bad Pyrmont
IK-Nr. 26 02 3885 2

Fon: 05281 23456-0
Fax: 05281 23456-19

Königsberg-Klinik GmbH • Am Rosenhof 36 • 31812 Bad Pyrmont

Gebhardt & Söhne OHG
Chemikalienfabrik
Urbanstraße 4
73728 Esslingen

Ihr Zeichen:
Ihre Nachricht vom:
Unser Zeichen: hä-ta
Unsere Nachricht vom:

Name: Tabea Härer
Telefon: +49 (0)5281 23456-0
Fax: +49 (0)5281 23456-19
E-Mail: tabea.haerer@koenigsberg-klinik.de

Datum: 5. Juni 20..

Anfrage Nr. 81/03609

Sehr geehrte Damen und Herren,

für unsere Krankenhaushygiene benötigen wir ein zertifiziertes Desinfektionsmittel:

100 Behälter Flächendesinfektionsmittel, Packungsgröße 1 Liter,
alkoholfreie, gebrauchsfertige Lösung mit breitem Wirkungsspektrum und hoher Reinigungskraft, mit guter Materialverträglichkeit für Inventar und Fußböden.

Wir benötigen die Gesamtmenge spätestens am 22. Juni 20.., wenn Sie früher liefern können, nennen Sie uns bitte einen verbindlichen Termin. Wir werden dies bei unserer Entscheidung berücksichtigen.

Bitte senden Sie uns Ihr Angebot bis zum 12. Juni 20.. zu. Vielen Dank.

Mit freundlichen Grüßen

Königsberg-Klinik GmbH

ppa. *Tabea Härer*

Tabea Härer

Geschäftsführer
Dipl.-Kfm. Ralf Fänger
Amtsgericht Hameln HRB 123456
Steuernummer 22/202/01234
USt-ID-Nr. DE177766999

Bankverbindung:
Sparkasse Weserbergland
BIC: NOLADE21SWB
IBAN: DE38 2545 0110 0001 2345 67

In Trägerschaft des
Kreises Hameln-Pyrmont
Süntelstraße 9,
31785 Hameln

6.3 Angebot

6.3.1 Begriff Angebot

> Das **Angebot** ist eine bestimmte, verbindliche Willenserklärung des Verkäufers, die an eine **bestimmte Person** oder **Personengruppe** – **nicht an die Allgemeinheit** – gerichtet ist.

Inserate in Zeitungen, im Internet, Schaufensterauslagen, Verkaufsprospekte, Wurfsendungen, Plakate sowie das Aufstellen von Waren in Selbstbedienungsläden sind an die Allgemeinheit gerichtet, somit **nicht bestimmt**. Sie sind deshalb keine Angebote, sondern Aufforderungen an den möglichen Käufer, einen Auftrag zu erteilen.

Ausnahme: Wenn nach Sachlage nur ein Angebot an die Allgemeinheit möglich ist und der Anbieter mit **jedem**, der auf das Angebot eingeht, abschließen will, liegt ein Angebot vor.

Eine bestimmte **Form** ist für das Angebot **gesetzlich nicht vorgeschrieben**. Zur Vermeidung von Irrtümern ist jedoch die **Schriftform** angebracht und auch praxisüblich.

> **Beispiele:**
>
> **Angebote an die Allgemeinheit**
>
> Aufstellen eines Automaten, Angebote öffentlicher Verkehrsmittel. Mit dem Geldeinwurf in den Automaten, mit dem Lösen der Fahrkarte, Einsteigen in das Verkehrsmittel wird das Angebot angenommen.

6.3.2 Bindung an das Angebot

> Gibt ein Anbieter ein **Angebot ohne Einschränkung** ab, so ist er an dieses **Angebot gebunden**.

Bindungsfristen	Erläuterungen	Beispiele
Gesetzliche Bindungsfrist unter Anwesenden (auch fernmündlich)	Die Angebote müssen sofort, d. h. solange das Gespräch dauert, angenommen werden.	Verlässt z. B. ein Kunde einen Laden, weil er sich noch nicht zum Kauf der angebotenen Produkte entschließen kann und deshalb weitere Geschäfte aufsucht, muss er mit dem Verkauf der ihm angebotenen Ware an einen anderen Kunden rechnen.
Gesetzliche Bindungsfrist unter Abwesenden[1]	Die Bindungsfrist für den Anbieter besteht, solange er unter regelmäßigen Umständen mit dem Eingang der Antwort (Auftrag) rechnen kann. Dabei muss das Angebot mindestens mit dem gleich schnellen Nachrichtenmittel angenommen werden wie es abgegeben wurde.	Ein Angebot per E-Mail erfordert z. B. eine Annahme (Auftrag) auf gleich schnellem Weg. Ein Briefangebot im Expressdienst erfordert mindestens eine Annahme (Auftrag) durch den Expressdienst.

---

[1] Die Annahmefrist setzt sich zusammen aus der Zeit für die **Übermittlung** des Angebots, einer angemessenen **Überlegungs-** und **Bearbeitungszeit** beim Empfänger und der Zeit für die **Übermittlung der Antwort** an den Anbieter.

Bindungsfristen	Erläuterungen	Beispiele
Vertragliche Bindungsfrist	Die Annahme bei einem befristeten Angebot kann nur **innerhalb der gesetzten Frist** erfolgen. Der Auftrag muss dem Anbieter bis zur gesetzten Frist zugegangen sein.	Das vorliegende Angebot ist gültig bis zum 28. Juli 20..
Freiklauseln	Der Anbieter kann die Bindung an das Angebot durch Freiklauseln ausdrücklich ganz ausschließen oder einschränken.	■ Das vorliegende Angebot ist unverbindlich. ■ Zwischenverkauf vorbehalten.

Wird das Angebot vom Empfänger **abgelehnt, abgeändert** oder **nicht rechtzeitig** angenommen, so **erlischt die Bindung** an das Angebot. Ein abgeändertes Angebot bzw. eine verspätete Annahme des Angebots gilt als **neuer Antrag** [§ 150 BGB].

Die Bindung an ein Angebot entfällt auch, wenn der Anbieter sein Angebot **rechtzeitig widerruft**. Das ist möglich, da das Angebot erst mit Zugang beim Empfänger rechtswirksam wird. Der Widerruf muss jedoch vor, spätestens **zusammen mit dem Angebot** beim Empfänger eingehen [§ 130 I, S. 2 BGB].

6.3.3 Inhalt des Angebots

6.3.3.1 Art, Güte, Beschaffenheit und Menge der Produkte

Art der Produkte	Genaue Bezeichnung der Produkte wie z. B. Wasserspender Sirius A, Laptop 3000, Bürotisch Typ B1.
Güte der Produkte	■ **Qualitätsangabe.** Es sind Angaben zu machen in Bezug auf die **Haltbarkeit** (z. B. bei Lebensmitteln und Medikamenten), auf den **Geschmack** (z. B. Wein, Schokolade), auf die **äußere Form** (z. B. Möbel, Büromaschinen, Autos), auf die **Leistungsfähigkeit** (z. B. Herzschrittmacher), auf die Nutzungsdauer (z. B. technische Medizinprodukte), auf die **Belastungsfähigkeit** (z. B. Tragfähigkeit von Pflegebetten) usw. ■ **Umweltverträglichkeit.** Eine Prüfung der Umweltverträglichkeit ist erforderlich, denn durch die Verschärfung der Gesetze, die dem Schutz der Umwelt dienen, wurde die Haftung der Unternehmen ständig erhöht.
Beschaffenheit der Produkte	■ **Gattungswaren** sind Produkte, die nur der **Art nach bestimmt** sind (z. B. Mehl einer bestimmten Type, serienmäßig hergestellte Autos eines bestimmten Typs, Eier einer bestimmten Handelsklasse). Im Angebot müssen keine ausdrücklichen Regelungen hinsichtlich der Güte und Beschaffenheit getroffen werden, weil das Gesetz hier bestimmt, dass bei fehlender Vereinbarung **Produkte mittlerer Art und Güte** zu liefern sind. ■ Bei **Speziessachen** wird eine ganz genau bestimmte Sache geschuldet (z. B. **dieses** Ölgemälde, **das** Springpferd „Rex", **dieser** Modellmantel).
Menge der Produkte	In der Regel wird die Menge in handelsüblichen Maßeinheiten geschuldet (z. B. t Kohle, l Heizöl, Stück OP-Kittel, m³ Boden, kg Mehl usw.).

6.3.3.2 Preis der Produkte

Der Preis der Produkte muss **unbedingt** im Angebot angegeben und zum Vertragsabschluss **unverändert** angenommen werden. Mögliche **Preisstellungen** sind z. B.:

(1) Nettopreis

Beim Nettopreis sind keinerlei Preisabzüge mehr möglich. Der Anbieter hat knapp kalkuliert, d. h. mögliche Abzüge bereits vorweggenommen. Die Formulierung lautet z. B. „Zahlbar netto Kasse" oder „Zahlbar ohne jeden Abzug".

(2) Bruttopreis

Beim Bruttopreis lässt der Anbieter noch Preisabzüge zu, die allerdings an bestimmte Bedingungen geknüpft sind. Mögliche Abzüge sind:

■ **Rabatt**

Der Rabatt ist ein Preisnachlass. Er wird gewährt als

Mengenrabatt	Er wird bei Abnahme größerer Mengen gewährt. Steigt der Rabattsatz mit zunehmenden Abnahmemengen an, spricht man von „Staffelrabatt".
Personalrabatt	Er wird den Mitarbeitern des Unternehmens eingeräumt.
Treuerabatt	Er wird langjährigen Kunden gewährt.
Wiederverkäuferrabatt	Er wird solchen Kunden eingeräumt, die die Produkte weiterverkaufen oder -verarbeiten.
Naturalrabatt	Der Kunde erhält eine (unberechnete) Dreingabe oder Draufgabe. ■ **Dreingabe:** Es wird weniger berechnet als geliefert wurde (z. B. 10 Packungen bestellt, 10 Packungen geliefert, 8 Packungen berechnet). ■ **Draufgabe:** Es wird eine bestimmte Menge zusätzlich unentgeltlich geliefert (z. B. 10 Packungen bestellt, 12 Packungen geliefert, 10 Packungen berechnet).

■ **Bonus**

Bonus ist ein Preisnachlass, der **nachträglich** gewährt wird.

> **Beispiel:**
>
> Ein Medizinprodukte-Hersteller gewährt einem Krankenhaus einen Bonus von 5 %, wenn dieses im Jahr für mindestens 30 000,00 EUR bei ihm einkauft.
>
> Kauft das Krankenhaus z. B. für 35 000,00 EUR im Jahr ein, erhält es nachträglich einen Preisnachlass von 1 750,00 EUR.

6.3.3.3 Lieferungs- und Zahlungsbedingungen

(1) Lieferungsbedingungen

■ **Beförderungsaufwendungen**

> Ist im Angebot nichts anderes gesagt und wird das Angebot unverändert angenommen, so hat der **Käufer** grundsätzlich die **Beförderungsaufwendungen** (z. B. Frachten, Porti) **zu bezahlen**.

Warenschulden sind **gesetzlich im Zweifel**[1] **Holschulden** [§ 269 BGB].[2] Das bedeutet: Der Verkäufer kann im Angebot andere Regelungen vorschlagen.

Im Kaufvertrag sind z. B. folgende andere Regelungen denkbar:

Verkäufer	Vorlauf	Versand-station	Hauptlauf	Empfangs-station	Nachlauf	Käufer
①	②	③	④	⑤	⑥	⑦
Übergabe-kosten	Rollgeld Anfuhr	Verlade-kosten	Fracht	Entlade-kosten	Rollgeld Zustellung	Abnahme-kosten

Lieferung:		
ab Werk / ab Lager / ab Fabrik	Verkäufer ①	Käufer zahlt ② – ⑦
unfrei / ab hier / ab Bahnhof	Verkäufer ① – ②	Käufer ③ – ⑦
frei Waggon	Verkäufer ① – ③	Käufer ④ – ⑦
frachtfrei / frei dort / frei Bahnhof	Verkäufer ① – ④	Käufer ⑤ – ⑦
frei Haus / frei Lager	Verkäufer zahlt ① – ⑥	Käufer ⑦

■ **Verpackungsaufwendungen**

> Ist im Angebot nichts anderes gesagt und wird das Angebot unverändert angenommen, trägt der **Käufer** die **Aufwendungen** für die **Versandverpackung**.

Im Geschäftsleben sind nähere Vereinbarungen über die Frage, wer die Aufwendungen für die Verpackung tragen soll, zweckmäßig. In einem Angebot könnten sich z. B. folgende Angaben finden:

- „32,00 EUR je Verkaufspackung", d. h., die Verpackung wird nicht getrennt berechnet.

---

1 **Im Zweifel** bedeutet, dass die Regel nur dann gilt, wenn durch individuelle vertragliche Vereinbarungen nichts anderes bestimmt ist.
2 In der Geschäftspraxis sind die Warenschulden bei **zweiseitigen Handelskäufen** jedoch meistens **Schickschulden**. Beim zweiseitigen Handelskauf sind Käufer und Verkäufer jeweils Kaufleute.

- „Leihpackung! Bei Rücksendung erhalten Sie den berechneten Wert gutgeschrieben." Hier trägt der Verkäufer die gesamten Verpackungsaufwendungen.
- „Die Verpackungskosten gehen zulasten des Käufers".
- Eine andere handelsübliche Klausel ist „brutto für netto", abgekürzt „bfn" (z. B. auf Farbdosen), d. h., der Kunde zahlt das Verpackungsgewicht (Tara) wie das Inhaltsgewicht (Nettogewicht).

Lieferzeit

> Ist im Angebot die Lieferzeit nicht bestimmt, muss der **Verkäufer** auf Verlangen des **Käufers sofort liefern** [§ 271 I BGB].

Abweichend von der gesetzlichen Regelung kann der Verkäufer im Angebot **andere Regelungen** vorschlagen:

- Lieferung innerhalb eines **bestimmten Zeitraums** (z. B. Lieferung innerhalb von 10 Tagen).
- Lieferung zu einem **bestimmten Termin** (z. B. Lieferung bis Ende Mai).
- Lieferung zu einem **genau bestimmten Termin** (z. B. Lieferung am 30. April 20.. fix). Es handelt sich hier um einen Fixkauf.[1]

(2) Zahlungsbedingungen

Skonti

Skonti (Einzahl: Skonto) ist ein Preisnachlass, der dann gewährt wird, wenn der Schuldner innerhalb einer bestimmten Frist bezahlt.

Beispiel:
„3 % Skonto bei Zahlung innerhalb von 10 Tagen, 30 Tage netto ab Rechnungsdatum". (Zweck: Anreiz für den Kunden, früher zu zahlen, d. h. in diesem Fall am 10. anstatt am 30. Tag.)

Zahlungsfristen

> - Ist im Angebot der **Zahlungszeitpunkt nicht bestimmt**, muss der **Käufer sofort nach Übergabe der Ware** bezahlen [§ 271 I BGB].
> - Ist im Angebot nichts anderes vereinbart, muss der Käufer alle Aufwendungen tragen, die mit der Zahlung verbunden sind, denn **Geldschulden** sind **Schickschulden** [§ 270 BGB].

Der Anbietende kann bestimmte Zahlungsbedingungen vorschlagen, die von der gesetzlichen Regelung abweichen:

- **Teilweise oder vollständige Zahlung vor der Lieferung.** Die Zahlungsbedingungen können z. B. lauten: „Nur gegen Vorauskasse", „Nur gegen Vorauszahlung", „Anzahlung $1/3$ des Kaufpreises bei Auftragserteilung, $1/3$ bei Lieferung, $1/3$ drei Monate nach Erhalt der Ware".
- **Zahlung nach der Lieferung.** In diesem Fall erhält der Käufer ein **Zahlungsziel**. Die Klauseln im Angebot können z. B. lauten: „Zahlbar innerhalb 4 Wochen nach Rechnungsdatum", „Zahlbar innerhalb 8 Tagen nach Rechnungsdatum mit 2 % Skonto", „14 Tage Ziel".

---

1 Ein **Fixkauf** liegt dann vor, wenn mit der genauen Einhaltung bzw. Nichteinhaltung des vereinbarten Liefertermins das Geschäft steht oder fällt.

Beispiel für ein Angebot:

Die Chemikalienfabrik Gebhardt & Söhne OHG hat die Anfrage der Königsberg-Klinik GmbH (siehe S. 226) erhalten und macht am 11. Juni 20.. das folgende schriftliche Angebot.

Gebhardt & Söhne OHG
Chemikalienfabrik
Urbanstraße 4 – 73728 Esslingen

Gebhardt & Söhne OHG · Urbanstr. 4 · 73728 Esslingen

Königsberg-Klinik GmbH
Am Rosenhof 36
31812 Bad Pyrmont

Ihr Zeichen:	hä-ta
Ihre Nachricht von:	5. Juni 20..
Unser Zeichen:	g-wi
Unsere Nachricht vom:	
Name:	Willi Gebhardt
Telefon	0711 4980-33
Fax:	0711 4980-34
E-Mail:	willi.gebhardt@gebhardt.de
Datum:	11. Juni 20..

Angebot 97/188/01

Sehr geehrte Frau Härer,

vielen Dank für Ihre Anfrage. Wir bieten Ihnen an:

100 Behälter Flächendesinfektionsmittel „Mikrosept forte",
Packungsgröße 1 Liter, Wirksamkeit geprüft nach EU-Normen, zertifiziert und gelistet vom Verbund für Angewandte Hygiene e. V. (VAH-Liste), alkoholfreie, gebrauchsfertige Lösung mit breitem Wirkungsspektrum und hoher Reinigungskraft, mit guter Materialverträglichkeit für Inventar und Fußböden.

Preis je 1-Liter-Behälter   10,95 EUR
zuzgl. 19 % Umsatzsteuer

Die Lieferung erfolgt ab Werk Esslingen.
Unsere Verkaufsbedingungen finden Sie auf der Rückseite.

Was Sie besonders interessieren wird: Wir können kurzfristig liefern. Über Ihren Auftrag würden wir uns freuen.

Mit freundlichen Grüßen

Gebhardt & Söhne OHG
Chemikalienfabrik

ppa. W. Gebhardt

Willi Gebhardt

Geschäftsräume	Geschäftszeit	Volksbank Esslingen e. G.	Kreissparkasse Esslingen
Urbanstraße 4	07:00 Uhr–16:00 Uhr	IBAN DE73 6119 0110 0000 0987 65	IBAN DE03 6115 0020 0000 0457 68
73728 Esslingen		BIC GENODES1ESS	BIC ESSLDE66XXX
Sitz der Gesellschaft	Registergericht	STEUER-Nr. 25172008	
Esslingen	Esslingen HRA 554	FA: Esslingen	

6 Durchführung des Beschaffungsprozesses

6.3.3.4 Leistungsort und Gerichtsstand

In einem Angebot muss festgelegt werden, wo der Anbieter seine Leistung zu erbringen hat.

> Der **Leistungsort**[1] ist der Ort, an dem der Anbieter (Schuldner) seine Leistung zu erbringen hat.

Gleichzeitig wird in der Regel im Angebot festgelegt, welcher Gerichtsort (Gerichtsstand)[1] bei eventuellen Streitigkeiten zuständig sein soll.

6.4 Bestellung und Bestellbestätigung

(1) Begriff Bestellung

> Die **Bestellung**[2] ist eine **empfangsbedürftige Willenserklärung** des Käufers, bestimmte Güter (z. B. Erzeugnisse) zu den dort **angegebenen Bedingungen** zu kaufen.

Zu diesen Bedingungen gehören, wie beim Angebot z. B.

- Angaben über die Art, Güte, Beschaffenheit der Produkte,
- Bestellmenge,
- Preise mit Preiszu- und/oder -abschlägen,
- Zahlungsbedingungen usw.

Gesetzlich ist für die Erteilung einer Bestellung **keine bestimmte Form** vorgeschrieben. Um ein „Beweismittel" in der Hand zu haben und möglichen Irrtümern vorzubeugen, sollten vor allem mündliche und fernmündliche Bestellungen schriftlich wiederholt werden.

(2) Rechtliche Bindung an die Bestellung

Grundsatz	■ Der Kunde ist rechtlich an seine Bestellung gebunden. Diese Bindung tritt mit Zugang der Bestellung beim Verkäufer ein.
	■ Mit der unveränderten Bestellung aufgrund eines vorausgegangenen Angebots verpflichtet sich der Käufer, alle im Angebot enthaltenen Vertragsbedingungen einzuhalten.
Widerruf	Der Widerruf einer Bestellung muss vor, spätestens gleichzeitig mit der Bestellung beim Verkäufer eingehen.

---

[1] **Leistungsort** und **Gerichtsstand** werden auf S. 241 f. behandelt.
[2] Aus der **Sicht des Verkäufers** handelt es sich bei der Bestellung um einen **Auftrag**. Bestellung und Auftrag sind somit zwei verschiedene Begriffe für ein und denselben Vorgang – je nach Standpunkt des Betrachters.

(3) Bestellbestätigung

Häufig besteht zwischen Kunde und Lieferer eine längerfristige Geschäftsverbindung (Stammkunde bzw. Stammlieferer). Dann ist es nicht mehr üblich, für jeden Verkaufsvorgang die Prozessschritte „Anfrage" und „Angebot" zu durchlaufen. Das wäre für beide Vertragspartner mit erheblichem Zeitaufwand und Kosten verbunden. Vielmehr werden durch **Rahmenvereinbarungen** die Lieferungs- und Zahlungsbedingungen sowie die Qualitätsvorgaben für einen längeren Zeitraum festgelegt. Dies gilt auch – allerdings zumeist für kürzere Zeiträume – für die Preise.

Der Beschaffungsprozess beginnt in diesem Fall mit dem Eingang der Bestellung als erster Willenserklärung (Antrag). Die erforderliche 2. Willenserklärung (Annahme) erfolgt dann durch den Verkäufer, indem er an den Kunden eine **Bestellbestätigung** schickt. Liegen damit zwei übereinstimmende Willenserklärungen vor, ist der Kaufvertrag rechtswirksam abgeschlossen und beide Partner verfügen über einen schriftlichen Nachweis für den Fall, dass nachträglich eine Beweisführung erforderlich ist. Aus diesem Grund enthält die Bestellbestätigung detaillierte Angaben über Artikel, Preise, Mengen, Liefer- und Zahlungsbedingungen.

6.5 Vergaberecht im Einkauf für öffentliche Auftraggeber

(1) Vergabe öffentlicher Aufträge

Krankenhäuser und Pflegeheime, die öffentliche Auftraggeber sind, müssen die Regeln des europäischen Kartellrechts und der Verordnung über die Vergabe öffentlicher Aufträge **[Vergabeverordnung – VgV]** beim Abschluss von Liefer- und Dienstleistungsverträgen beachten. Unabhängig von der Rechtsform gelten alle Einrichtungen als öffentliche Auftraggeber, die von einer Gebietskörperschaft (Kommune, Landkreis, Bundesland, Bund) kontrolliert oder überwiegend finanziert werden [§ 98 GWB]. Dazu gehören auch die berufsgenossenschaftlichen Krankenhäuser.

> Beim **Vergabeverfahren** fordert der öffentliche Auftraggeber die Unternehmen öffentlich zur Abgabe von Angeboten auf [§ 119 GWB]. Die Bekanntgabe des EU-weiten Teilnahmewettbewerbs erfolgt über Internetportale. Jedes interessierte Unternehmen kann in einem vorgeschalteten Teilnahmewettbewerb seine besondere Eignung für die Ausschreibung in einem Teilnahmeantrag bekunden.

Mit dem Vergabeverfahren sollen diskriminierende Verhaltensweisen verhindert werden, die eine Verfälschung des wirtschaftlichen Wettbewerbs durch Preisabsprachen, Bestechung, Vorteilsnahme oder unfaire Begünstigung bezwecken. Alle sachfremden beschränkenden oder diskriminierenden Maßnahmen sind unzulässig. Mit dem Vergabeverfahren sollen Kosten gesenkt und ein fairer Wettbewerb stattfinden.

(2) Grundsätze der Vergabe [§ 97 GWB]

- Öffentliche Aufträge werden im Wettbewerb und im Wege transparenter Verfahren vergeben. Dabei werden die Grundsätze der **Wirtschaftlichkeit** und der **Verhältnismäßigkeit** gewahrt.
- Bei der Vergabe werden Aspekte der **Qualität** sowie **soziale und umweltbezogene Aspekte** berücksichtigt. Die Vergabe erfolgt nur an fachkundige, leistungsfähige und zuverlässige Unternehmen.
- **Mittelständische Unternehmen** sind bei der Vergabe öffentlicher Aufträge vornehmlich zu berücksichtigen.

■ Oberschwellenbereich

Um den Grundsatz der Verhältnismäßigkeit zu wahren, ist ein europaweites Vergabeverfahren nur oberhalb eines bestimmten Schwellenwertes erforderlich (Oberschwellenbereich). Die Europäische Kommission legte im Jahre 2020 den Schwellenwert für das europaweite **Auftragsvergabeverfahren auf 214 000,00 EUR für öffentliche Liefer- und Dienstleistungsaufträge** fest. Dieser Schwellenwert wird alle 2 Jahre angepasst. Im Oberschwellenbereich liegen meistens die Aufträge für medizinische Großgeräte wie Computertomographen. Höhere Schwellenwerte gelten für den Baubereich mit gesonderten Vorschriften.

Beispiel:[1]

Die EU-Kommission hat den Verdacht, dass die Beschaffungspraxis im deutschen Gesundheitsbereich teilweise unter unzureichender Beachtung des Vergaberechts erfolgt. Die EU-Kommission begründet ihren Verdacht u. a. mit der Zahl der europaweiten Ausschreibungen für die Beschaffung von Computertomographen, die weit hinter dem zurückgeblieben sei, was nach der Zahl der in deutschen Krankenhäusern vorhandenen Geräte zu erwarten gewesen wäre.

■ Unterschwellenbereich

Das Vergabe- und Zuteilungsverfahren für öffentliche Aufträge im Bereich unterhalb der EU-Schwellenwerte (Unterschwellenbereich) wird umfänglich und detailliert in der **Vergabe- und Vertragsverordnung für Leistungen** [VOL/A] geregelt. Die Allgemeinen Bestimmungen [Teil A, § 3 VI] legen fest, dass Leistungen bis zu einem voraussichtlichen **Auftragswert von 500,00 EUR (ohne Umsatzsteuer)** unter Berücksichtigung der Haushaltsgrundsätze der Wirtschaftlichkeit und Sparsamkeit auch ohne ein Vergabeverfahren beschafft werden dürfen **(Direktkauf)**. In naher Zukunft soll die Unterschwellenvergabeordnung [UVgO] des Bundes die VOL/A auf Landes- und Kommunalebene ersetzen. Hierzu können die Länder einen Anwendungsbefehl zum Inkrafttreten der UVgO geben. Vorherrschend ist jedoch, dass jedes Bundesland eigene Vergabeverordnungen erlassen hat.

---

[1] Quelle: https://www.bpg-muenster.de/aktuelle-informationen/aktuelle-meldungen (29.08.2018).

Kompetenztraining

95

1. Erklären Sie, aus welchen Gründen ein Käufer Anfragen stellt!
2. Begründen Sie, warum die Anfrage keine Willenserklärung ist!
3. Erläutern Sie, unter welchen Bedingungen Sie eine Anfrage schriftlich abfassen würden!
4. Erklären Sie, welche rechtlichen Voraussetzungen erfüllt sein müssen, damit ein Angebot eine Willenserklärung ist!
5. Erläutern Sie, was die rechtliche Bindung an ein Angebot bedeutet!
6. 6.1 Begründen Sie, warum gesetzliche Annahmefristen notwendig sind!
   6.2 Erklären Sie, bis zu welchem Zeitpunkt der Anbieter an sein Angebot unter Anwesenden bzw. Abwesenden und bei einer bestimmten Annahmefrist rechtlich gebunden ist!

96

1. Der Inhaber der Seniorenresidenz Rosenhof KG informiert sich auf der Düsseldorfer Messe „RehaCare International" über Entwicklungstendenzen auf dem Pflegesektor. Er führt mit mehreren Herstellern von Pflege- und Rehatechnik Einkaufsgespräche über innovative Sicherheits- und Überwachungssysteme für Heimbewohner mit besonderen Anforderungen an die pflegerische Versorgung. Dabei wird ihm ein günstiges Angebot unterbreitet.

   Aufgaben:
   1.1 Stellen Sie dar, wie lange der Hersteller an das mündliche Angebot gebunden ist!
   1.2 Nennen Sie vier wesentliche Bestandteile eines vollständigen schriftlichen Angebots!
   1.3 Nennen Sie zwei weitere Gründe, die für die Kaufentscheidung des Geschäftsinhabers von Bedeutung sind!
   1.4 Begründen Sie, bei welchen Gütern der Einkaufspreis der wichtigste Entscheidungsgrund bei der Beschaffung sein wird!

2. Erklären Sie die wirtschaftlichen und rechtlichen Merkmale der Bestellung!
3. Begründen Sie, warum der Kunde an seine Bestellung rechtlich gebunden ist!
4. Erläutern Sie mit den §§ des BGB, unter welchen Bedingungen die rechtliche Bindung des Bestellers an seine Bestellung entfällt!
5. Erläutern Sie die Rechtswirkungen, wenn eine Bestellung vom Angebot abweicht, der Empfänger das erhaltene Angebot ablehnt oder der Anbieter sein Angebot nach dessen Zugang beim Empfänger widerruft!

97

Unter qualitativ gleichwertigen Erzeugnissen gleich zuverlässiger Verkäufer soll ein rechnerischer Angebotsvergleich vorgenommen werden. Folgende Angebote liegen vor:

Lieferer Nr. 3102:	3 500,00 EUR frei Lager, 3 % Skonto;
Lieferer Nr. 3103:	3 360,00 EUR frachtfrei (ab Bahnhof des Käufers);
Lieferer Nr. 3108:	3 700,00 EUR ab Bahnhof des Verkäufers, $12^1/_2$ % Rabatt und 2 % Skonto.

Die Bahnfracht beträgt 200,00 EUR, die Kosten für die Anlieferung zum Bahnhof bzw. Zulieferung ab Bahnhof belaufen sich auf je 30,00 EUR.

6 Durchführung des Beschaffungsprozesses

Aufgaben:

1. Ermitteln Sie das günstigste Angebot!

   Es wird beim rechnerisch günstigsten Verkäufer bestellt. Da es sich um Gattungsware handelt, werden lediglich Vereinbarungen über die zu liefernden Mengen und Preise getroffen.

2. Stellen Sie dar, wer bei fehlenden vertraglichen Vereinbarungen die Verpackungsaufwendungen und wer die Beförderungsaufwendungen trägt! Begründen Sie Ihre Antworten mit dem Gesetz!

3. Geben Sie an, binnen welcher Frist nach dem BGB bei einem Kaufvertrag zu liefern und zu zahlen ist! Begründen Sie Ihre Antworten mit dem Gesetz!

4. Nennen Sie weitere Vereinbarungen, die in einem Kaufvertrag beispielsweise hinsichtlich der Verpackungs- und Beförderungsaufwendungen getroffen werden können!

98
1. Erläutern Sie, was unter einem Vergabeverfahren zu verstehen ist!
2. Begründen Sie den Zweck eines öffentlichen Vergabeverfahrens!
3. Geben Sie an, welche öffentlichen Lieferaufträge als Direktkauf vergeben werden dürfen!

99 Als Mitarbeiter im Einkaufsteam der Königsberg-Klinik GmbH in Bad Pyrmont sind Sie für die Bevorratung von Verbrauchsmaterialien zuständig. Für anzuschaffende CPE-Schutzkittel mit Daumenloch, Größe XL, Material Cast Polyethylen (CPE), zur einmaligen Verwendung, einzeln verpackt, zertifiziert nach DIN EN 14126, soll der beste Anbieter ermittelt werden.

Ihnen liegen folgende Angaben zum Vergleich vor:

	Angebot Medi GmbH	Angebot Vita GmbH
Preis je Packung (25 Stck) Lieferbedingungen	28,60 EUR frei Haus	29,90 EUR, Rabatt 10 % ab Lager
Bezugskosten	keine	2,80 EUR je Packung
Zahlungsbedingungen	2 % Skonto innerhalb 10 Tagen oder 30 Tage Zahlungsziel	netto Kasse
Lieferzeit	8 Tage	sofort nach Bestelleingang

Aufgaben:

1. Ermitteln Sie den Bezugspreis für jeden Anbieter!
2. Legen Sie Ihre Entscheidungsalternativen angesichts des rechnerischen Angebotsvergleichs dar!

7 Kaufvertrag

7.1 Abschluss des Kaufvertrags (Verpflichtungsgeschäft)

7.1.1 Begriff und Zustandekommen von Kaufverträgen

(1) Begriff Kaufvertrag

Das Kaufvertragsrecht unterscheidet grundsätzlich in **allgemeines Kaufvertragsrecht** [§§ 433ff. BGB] und in den **Verbrauchsgüterkauf** [§ 474ff. BGB]. Diese Unterscheidung wurde unter anderem deshalb notwendig, weil der Gesetzgeber die stark am Verbraucherschutz orientierten Regelungen nicht auf alle Kaufverträge (z. B. nicht auf den zweiseitigen Handelskauf) angewendet haben wollte.

> Ein **Kaufvertrag** kommt durch **inhaltlich übereinstimmende, rechtsgültige Willenserklärungen** von mindestens **zwei Personen** – Käufer und Verkäufer – und durch **rechtzeitigen Zugang** der zweiten Willenserklärung beim Erklärungsempfänger zustande.

Beide Willenserklärungen müssen in allen wesentlichen Vertragsbedingungen übereinstimmen [§ 154 I, S. 1 BGB].

(2) Verschiedene Möglichkeiten des Kaufvertragsabschlusses (Verpflichtungsgeschäft)

■ **Der Verkäufer unterbreitet ein verbindliches Angebot, der Käufer bestellt rechtzeitig und ohne Änderung.**

Der Kaufvertrag ist zustande gekommen, sobald der Verkäufer die Bestellung **rechtzeitig erhalten** hat.

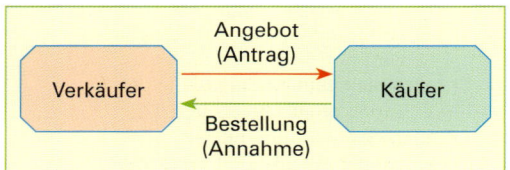

Verkäufer ← Angebot (Antrag) — Käufer
Verkäufer ← Bestellung (Annahme) — Käufer

■ **Der Käufer bestellt ohne vorhergehendes verbindliches Angebot des Verkäufers und der Verkäufer nimmt die Bestellung rechtzeitig und ohne Änderung an.**

Dies kann z. B. der Fall sein, wenn der Käufer den Verkäufer (seine Waren, Preise) aus früheren Lieferungen kennt und aufgrund gültiger Verkaufsprospekte mit Preislisten oder aufgrund eines freibleibenden (unverbindlichen) Angebots eine Bestellung erteilt.

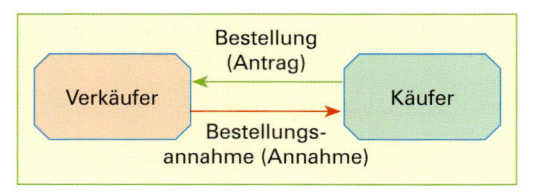

Verkäufer ← Bestellung (Antrag) — Käufer
Verkäufer → Bestellungsannahme (Annahme) — Käufer

Der Kaufvertrag ist zustande gekommen (geschlossen), sobald die Annahme der Bestellung **(Bestellungsannahme)** des Verkäufers dem Käufer rechtzeitig zugegangen ist.

- **Der Verkäufer unterbreitet ein verbindliches Angebot, der Käufer bestellt jedoch zu spät oder mit Abänderungen des Angebots, z. B. mit kürzerer Lieferzeit, höheren Mengen, niedrigeren Preisen.**

Der Kaufvertrag kommt erst zustande, wenn der Verkäufer die verspätete oder abgeänderte Bestellung des Käufers (neuer Antrag) angenommen hat, d. h. durch die Bestellungsannahme des Verkäufers und nach deren rechtzeitigem **Zugang** beim Käufer.

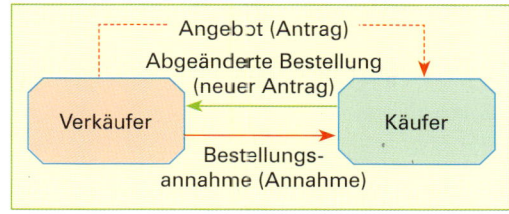

Die Bestellungsannahme ist deshalb erforderlich, weil die verspätete Annahme eines Antrags oder eine Annahme mit Erweiterungen, Einschränkungen oder sonstigen Änderungen als Ablehnung des Antrags gilt, verbunden mit einem neuen Antrag [§ 150 I, II BGB].

7.1.2 Rechte und Pflichten aus dem Kaufvertrag

Mit dem Abschluss des Kaufvertrags übernehmen Käufer und Verkäufer Rechte und Pflichten, die sie zu erfüllen haben. Der Abschluss des Kaufvertrags ist daher ein **Verpflichtungsgeschäft,** dem ein **Erfüllungsgeschäft** folgen muss.

Verpflichtungsgeschäft: Übernahme von Rechten und Pflichten	
Pflichten des Verkäufers (Rechte des Käufers) [§ 433 I BGB]	**Pflichten des Käufers (Rechte des Verkäufers)** [§ 433 II BGB]
■ Er muss die bestellte Sache mängelfrei und fristgemäß übergeben.[1] ■ Er muss das Eigentum an der Kaufsache auf den Käufer übertragen.	■ Er muss die bestellte Sache abnehmen. ■ Er muss die ordnungsgemäß gelieferte Sache vereinbarungsgemäß bezahlen.

⇩

Erfüllungsgeschäft: Erfüllung der eingegangenen Verpflichtungen

Das Verpflichtungsgeschäft erlischt, wenn die geschuldeten Leistungen nach den Vereinbarungen des Kaufvertrags gegenüber dem **Gläubiger erfüllt sind** [§ 362 I BGB].[2]

Dies ist der Fall, wenn die mängelfreie und fristgemäße Übergabe und Übereignung der Sache durch den Verkäufer sowie die Abnahme der Sache und die Kaufpreiszahlung durch den Käufer vereinbarungsgemäß erfolgt ist.

---

1 **Übergabe:** Verschaffung des unmittelbaren Besitzes nach § 854 I oder II BGB.
2 Bei **„Zug-um-Zug-Geschäften"** (z. B. Käufe im Ladengeschäft, bei denen Waren und Geld „Zug um Zug" übergeben werden) fallen Vertragsabschluss und Erfüllung des Vertrags zeitlich zusammen.
  Bei **Zielgeschäften** (Warenlieferung später oder Zahlung später) wird jedoch deutlich, dass hinter dem Kauf **zwei Rechtsgeschäfte** unterschiedlicher Art stehen, nämlich ein **Verpflichtungsgeschäft** und ein **Erfüllungsgeschäft**.

7.1.3 Einbeziehung allgemeiner Geschäftsbedingungen

(1) Zielsetzungen

Die Verkäufer (Unternehmer) sind unter Berufung auf den Grundsatz der Vertragsfreiheit bestrebt, durch **verbindliche allgemeine Geschäftsbedingungen** für sie günstigere vertragliche Vereinbarungen zu erzielen. Außerdem werden allgemeine Geschäftsbedingungen formuliert, um nicht immer wieder in jedem neuen Vertrag dieselben Dinge neu regeln zu müssen (z. B. Festlegung des Leistungsortes, der Zahlungsbedingungen).

(2) Begriff „Allgemeine Geschäftsbedingungen"

> **A**llgemeine **G**eschäfts**b**edingungen **(AGB)** sind alle für eine Vielzahl von Verträgen **vorformulierte Vertragsbedingungen, die eine** Vertragspartei (Verwender) der anderen Vertragspartei bei Abschluss eines Vertrags stellt [§ 305 I, S. 1 BGB].

Werden „Allgemeine Vertragsbedingungen" zwischen den Vertragsparteien im Einzelnen ausgehandelt, liegen keine AGB vor [§ 305 I, S. 3 BGB]. Solche **Individualvereinbarungen** gehen den AGB immer vor [§ 305 b BGB].

Beispiele:
In den allgemeinen Geschäftsbedingungen eines Unternehmens steht: „Liefertermine sind unverbindlich". Haben sich Käufer und Verkäufer auf den Liefertermin 15. Juli geeinigt, so gilt diese Vereinbarung.

(3) AGB und Verbraucherschutz

Ein „Trick" mancher Verwender allgemeiner Geschäftsbedingungen ist, diese möglichst klein in für Kunden unverständlicher juristischer Sprache in einer blassen Farbe auf die Rückseite der Angebote oder gar Auftragsbestätigungen bzw. Rechnungen zu drucken. Deswegen werden die AGB in der Umgangssprache auch als das „Kleingedruckte" bezeichnet. Solche Unterschiebungen sind nach dem BGB verboten. Allgemeine Geschäftsbedingungen werden vielmehr nur dann Vertragsbestandteil, wenn der Unternehmer beim Vertragsabschluss den Verbraucher **ausdrücklich** auf sie hinweist und der Verbraucher in zumutbarer Weise vom Inhalt der AGB Kenntnis nehmen kann und mit deren Geltung **einverstanden** ist [§ 305 II BGB].

7.2 Erfüllung des Kaufvertrags

7.2.1 Erfüllung des Kaufvertrags durch den Verkäufer

Die **Erfüllung** des **Kaufvertrags** durch den **Verkäufer** umfasst
- die **Lieferung** (**Besitzverschaffung** durch **Übergabe** der **Kaufsache** an den **Käufer**) und
- die **Eigentumsübertragung** an den Käufer [§ 433 I BGB].

7.2.1.1 Lieferung der Kaufsache

(1) Leistungszeit und Leistungsort

Leistungszeit	Ist eine Zeit für die Leistung weder bestimmt noch aus den Umständen zu entnehmen, so kann der Käufer die vertragliche Leistung **sofort verlangen,** der Verkäufer sie **sofort bewirken** [§ 271 I BGB].
Leistungsort	■ Leistungsort ist der Ort, an dem die **Warenschuld** des Verkäufers bzw. die **Geldschuld** des Käufers **erfüllt** wird. ■ Leistungsort ist nach der gesetzlichen Regelung der **Wohn- bzw. Geschäftssitz** des **Warenschuldners (Verkäufer)** bzw. des **Geldschuldners (Käufer)**. ■**Beispiel:** Hat der Verkäufer seine gewerbliche Niederlassung in Pforzheim und der Käufer seine Niederlassung in Biberach, so ist der gesetzliche Leistungsort für den Warenschuldner Pforzheim, der gesetzliche Leistungsort für den Geldschuldner Biberach.

(2) Bedeutung des Leistungsorts

■ **Für den Warenschuldner (Verkäufer)**

Warenschulden sind gesetzlich **im Zweifel Holschulden** [§ 269 BGB]. Wenn nichts anderes vereinbart ist, „reisen die Waren auf Gefahr und Kosten des Käufers".

Der **Käufer** trägt somit beim gesetzlichen Leistungsort mit der **Übergabe** der **Kaufsache** das **Transportrisiko** (Gefahr des zufälligen Untergangs oder der zufälligen Verschlechterung der Ware auf dem Weg vom Verkäufer zum Käufer) und die **Transportkosten** [§ 446 S. 1 BGB].

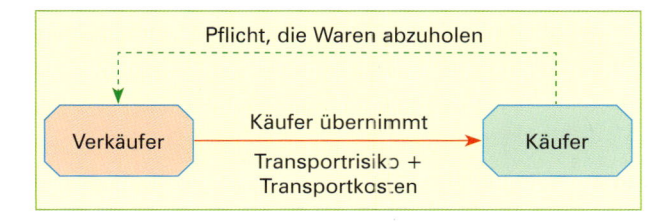

> **Hinweis:**
>
> Werden die Waren **mit dem unternehmenseigenen Fahrzeug transportiert,** dann befinden sich die Waren beim Transport noch in der Verfügungsgewalt des Verkäufers. Deswegen hat in diesem Fall der Verkäufer erst erfüllt, wenn die Waren dem Käufer übergeben worden sind.

Für den Geldschuldner (Käufer)

Der Geldschuldner hat den geschuldeten Zahlungsbetrag

- auf **seine Gefahr,**
- auf **seine Kosten** und
- **innerhalb der Zahlungsfrist**

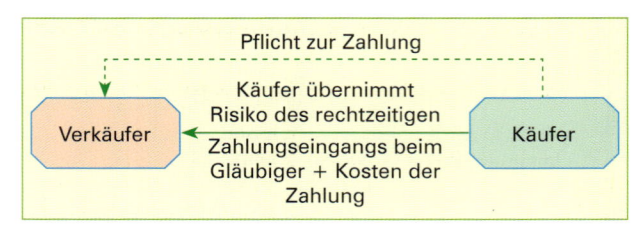

dem Gläubiger zu übermitteln. [§ 270 I, II BGB].[1] Geldschulden sind Schickschulden (siehe auch S. 231).

```
Pflicht zur Zahlung
Verkäufer ──→ Käufer übernimmt Risiko des rechtzeitigen Zahlungseingangs beim Gläubiger + Kosten der Zahlung ──→ Käufer
```

Für den Gerichtsstand

Für Streitigkeiten aus einem Vertragsverhältnis ist das Gericht des Ortes zuständig, an dem die streitige Verpflichtung zu erfüllen ist [§ 29 I ZPO],[2] also der Leistungsort.

> Der gesetzliche Leistungsort zieht den **gesetzlichen Gerichtsstand** nach sich.

Dies bedeutet, dass der **Käufer** den Verkäufer bei dem **Gericht** verklagen muss (z. B. auf Lieferung der Ware), das für den **Leistungsort des Verkäufers** zuständig ist. Will hingegen der **Verkäufer** den Käufer verklagen (z. B. auf Zahlung des Kaufpreises), so muss er die Klage bei dem **Gericht** einreichen, das für den **Leistungsort des Käufers** zuständig ist.

> **Hinweis:**
> Zum **Käuferschutz** sind vom Gesetz abweichende Vereinbarungen über den **Gerichtsstand** mit **Nichtkaufleuten unzulässig.** Vertragliche Vereinbarungen über den Gerichtsstand sind daher nur unter **Kaufleuten** möglich.

7.2.1.2 Eigentumsübertragung an den Käufer

(1) Besitz und dessen Übertragung

> **Besitz** ist die **tatsächliche Gewalt** über eine Sache [§ 854 BGB].

Der Besitz wird bei **beweglichen Sachen** durch **Übergabe**, bei **unbeweglichen Sachen** durch **Gebrauchsüberlassung** verschafft.

(2) Eigentum und dessen Übertragung

Begriff Eigentum

> **Eigentum** im Privatrecht [BGB] ist die **rechtliche Verfügungsgewalt** einer Person über Sachen [§ 903 BGB].

---

1 Nach einem Urteil des EuGH vom April 2008 ist eine Zahlung durch den Schuldner nur dann rechtzeitig erfolgt, wenn der Zahlungsbetrag innerhalb der Zahlungsfrist auch tatsächlich auf dem Konto des Gläubigers gutgeschrieben wurde **(modifizierte Bringschuld).** Dieses Urteil des EuGH bezieht sich allerdings nur auf den Geschäftsverkehr zwischen Unternehmen.

2 **ZPO**: Zivilprozessordnung.

Eigentumsübertragung an beweglichen Sachen

Ausgangssituation	Eigentumsübertragung durch	Beispiel
Ware ist noch beim Verkäufer (Eigentümer).	**Einigung** und **Übergabe** [§ 929, S. 1 BGB].	Emmy Reisacher, die Inhaberin des Kosmetikinstituts Beauty Moments, übergibt Frau Schnurr die gekaufte Bio-Gesichtscreme. Mit der Einigung und der Übergabe der Bio-Gesichtscreme ist Frau Schnurr Eigentümerin geworden.
Ware ist bereits beim Käufer.	**Einigung,** dass das Eigentum auf den Käufer übergehen soll [§ 929, S. 2 BGB].	Holger Schmidt hat sich von einem Fernsehfachgeschäft einen LED-Fernseher ins Wohnzimmer stellen lassen, um diesen auszuprobieren. Nach 8 Tagen teilt er dem Händler mit, dass er das Gerät erwerben möchte. Stimmt der Händler zu, wird Holger Schmidt Eigentümer des Geräts. (Der Eigentumsübergang hat nichts damit zu tun, ob Holger Schmidt das Gerät bereits bezahlt hat oder nicht!)

Eigentumsübertragung an unbeweglichen Sachen

Ausgangssituation	Eigentumsübertragung durch	Beispiel
Verkäufer verkauft ein Grundstück bzw. Gebäude.	**Einigung (Auflassung)** und **Eintragung des Eigentumsübergangs im Grundbuch** [§§ 925 I, 873 I BGB].	Die Einigung zwischen dem Eigentümer und dem Erwerber ist ein zweiseitiges Rechtsgeschäft mit dem Inhalt, dass das Eigentum vom bisherigen Eigentümer (Verkäufer) auf den Käufer übergehen soll. Da ein Grundstück nicht wie eine bewegliche Sache „übergeben" werden kann, tritt anstelle der körperlichen Übergabe die Eintragung ins Grundbuch. Jeder, der ein berechtigtes Interesse hat, kann daraus ersehen, wie die Eigentumsverhältnisse bei einem bestimmten Grundstück sind.

7.2.2 Erfüllung des Kaufvertrags durch den Käufer

Zur Erfüllung des Kaufvertrags hat der Käufer die Pflicht,

- die eingehende Ware zu prüfen und abzunehmen,
- die Eingangsrechnung mit seiner Bestellung abzugleichen und
- den Kaufpreis bei ordnungsgemäßer Lieferung zu zahlen.

(1) Warenabnahme[1]

Vertragsgemäß gelieferte Waren muss der Käufer **abnehmen**. Da immer die Möglichkeit besteht, dass die Ware beim Transport beschädigt wird, muss das Unternehmen die Sendung **im Beisein des Frachtführers**[2] anhand des **Lieferscheins** prüfen, um nicht das Recht zur Reklamation zu verlieren. Zu prüfen sind insbesondere:

- die Richtigkeit der Adresse und des Transportmittels,
- das Vorliegen einer entsprechenden Bestellung,
- die Verpackung auf äußerliche Beschädigungen,
- der Inhalt der Sendung (Stückzahl, Gewicht u. Ä.) mit den Zahlen auf den Warenbegleitpapieren (z. B. Lieferschein).

Beispiel: Lieferschein

Glasdesign Antonio AG, Am Seegraben, 01139 Dresden
DASBADSTUDIO GmbH
Dammstraße 10
24103 Kiel

GLASDESIGN
Antonio AG

Lieferschein Nr. 3011

Kundennummer:	Bestellung Nr.:	Bestelldatum:	Auftragsbestätigung:	Lieferdatum:
40100	20178	06.10.20..	10.10.20..	20.10.20..

Artikel-Nr.	Warenbezeichnung	Menge	Preis/Einheit
70 410 20	Duschglas Drehtür 115 x 90 x 200 cm	6	540,00
70 500 10	Spiegel mit polierter Platte 108 x 75 cm	8	61,60
70 508 11	Einbaukörper für Waschtisch	4	183,50
Versand	**Wir bestätigen die ordnungsgemäße Lieferung:**	**Name:**	
Lkw			

---

[1] Die Abnahme und Annahme des Kaufgegenstandes ist rechtlich scharf zu trennen.
Die **Abnahme** ist die tatsächliche Entgegennahme der Ware, wodurch der Käufer unmittelbar Besitz erlangt.
Die **Annahme** des Kaufgegenstandes ist hingegen eine Willenserklärung und bedeutet die Erklärung der vertragsmäßigen Erfüllung des Kaufvertrags. Auf die Annahme der Leistung durch den Käufer hat der Verkäufer keinen Anspruch.

[2] **Frachtführer** ist ein selbstständiger Kaufmann, der gewerbsmäßig die Beförderung von Gütern übernimmt (z. B. Deutsche Bahn AG, Deutsche Post AG, Binnen- und Seeschifffahrtsunternehmen, Luftverkehrsgesellschaften, Güterverkehrsunternehmen, die die Güter mit Kraftfahrzeugen befördern).

(2) Erfassung der Warendaten mithilfe von RFID

RFID (Radio Frequency Identification) ist eine Technik, die Waren berührungslos erkennt. Ist die Ware mit einem RFID-Chip ausgestattet, so kann der Lagerarbeiter mithilfe eines RFID-Lesegerätes automatisch und drahtlos über Radiofrequenzen die auf dem RFID-Chip gespeicherten Daten ermitteln.

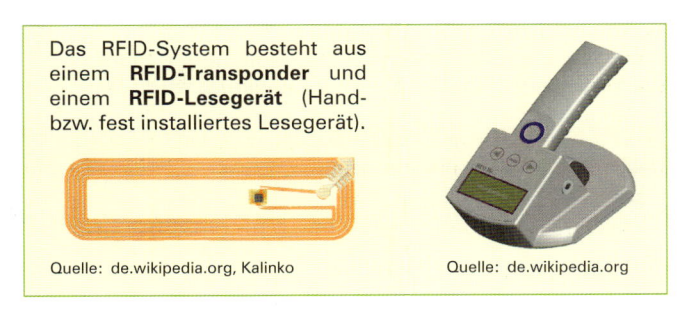

Das RFID-System besteht aus einem **RFID-Transponder** und einem **RFID-Lesegerät** (Hand- bzw. fest installiertes Lesegerät).

Quelle: de.wikipedia.org, Kalinko
Quelle: de.wikipedia.org

Die gespeicherten Daten können z. B. Informationen über Hersteller, Charge, Größe, Farbe, Qualität, Preis, Haltbarkeitsdatum u. Ä. liefern. Damit ist es beim Wareneingang möglich – ohne Entladen der Palette – alle Artikel stapelweise und berührungslos zu lesen. Diese Art der Erfassung bezeichnet man als Pulklesung.

(3) Äußere Prüfung (Kontrolle gegenüber Frachtführer)

Fehlt eine Ware oder besteht ein Verdacht auf Warenschäden durch den Transport, muss sich der Lagerverwalter dies vom Frachtführer schriftlich bestätigen lassen **(Tatbestandsaufnahme)** und eine **Schadensmeldung** an den Zulieferer (z. B. Spediteur) richten. Damit wird sichergestellt, dass z. B. fehlende Ware nachgeliefert werden muss bzw. dass später festgestellte Warenmängel, die aufgrund der Verpackungsbeschädigung aufgetreten sind, erfolgreich gerügt werden können.

Beispiel: Schadensprotokoll

DASBADSTUDIO GmbH

Schadensprotokoll

Wareneingang:
Lieferer:
GLASDESIGN ANTONIO AG
Am Seegraben
01139 Dresden

Fehlermeldung

Ware	Artikel-Nr.	gelieferte Anzahl	fehlerhafte Anzahl	Beanstandung
Duschglas Drehtür	7041020	5	1	1 Drehtür fehlt
Spiegel	7050010	8	1	Bruch
Einbaukörper	7050811	4	1	Kratzer

erstellt: *Barth*
geprüft: *Grube*
Unterschrift Frachtführer: *L. Mayer*
Datum: 20 10. 20 . .

Beschaffungsprozesse planen, steuern und kontrollieren

Wenn die Warenkontrolle in Anwesenheit des Frachtführers nicht abgeschlossen werden kann, sollte die Empfangsbestätigung mit dem Vermerk versehen werden, dass mit dieser Bestätigung nicht die vertragsgemäße Lieferung bescheinigt wird.

Beispiel:

„Vorbehaltlich der noch nicht abgeschlossenen Warenprüfung …"

Hinweis:

Ist von vornherein erkennbar, dass die Ware beschädigt oder unvollständig ist, so ist die **Abnahme zu verweigern** bzw. unter Vorbehalt zu stellen.[1]

(4) Innere (inhaltliche) Warenprüfung (Kontrolle gegenüber dem Lieferer)

Alle übergebenen Waren müssen vor ihrer endgültigen Einlagerung (z. B. Einsortieren in die Lagerregale) **unverzüglich** einer genauen Kontrolle unterzogen werden. Nur dadurch kann vermieden werden, dass mangelhafte Waren auf Lager genommen werden.

- Die **Warenkontrolle** erstreckt sich z. B. auf die Liefermenge, die Art, Güte, Beschaffenheit und Funktionsfähigkeit der Ware.
- **Unterlagen für die Warenkontrolle** sind Warenbegleitpapiere (z. B. Packzettel, Lieferscheine, Versandanzeigen, Frachtbriefe), Bestelldurchschriften und Auftragsbestätigungen, Rechnungen, Muster und Proben, besondere Prüfvorschriften, die vor allem bei den sogenannten „Stichproben" oft mit dem Verkäufer abgestimmt sind.
- Stellt der Lagerverwalter Mängel fest, so hat er diese der Einkaufsabteilung zu melden. Die Einkaufsabteilung nimmt daraufhin **Rücksprache mit dem Lieferer** bzw. erhebt eine **Mängelrüge**.
- **Warenabnahme** und **Warenprüfung** müssen im Geschäftsverkehr der Unternehmen in der Regel innerhalb von **30 Kalendertagen abgeschlossen** sein [§ 271a BGB].

(5) Lagerbuchhaltung

Ist die Ware mangelfrei, wird sie in das Lager aufgenommen und dort eingeordnet. Der Warenzugang wird anschließend von der Lagerbuchhaltung erfasst.

Die Lagerbuchhaltung erfasst zunächst alle Wareneingänge in einem **Wareneingangsbuch**, das im Rahmen des Warenwirtschaftssystems elektronisch geführt wird. Das Führen eines Wareneingangsbuchs schreibt sowohl das Handels- als auch das Steuerrecht vor.

---

[1] **Unter Vorbehalt stellen** bedeutet, dass der Käufer die Ware zwar abnimmt, gleichzeitig aber erklärt, dass er damit auf die Rechte aus der mangelhaften Lieferung nicht verzichtet.

7 Kaufvertrag

Wareneingangsbuch										
							Monat		Seite	
Lfd. Nr.	Liefertag	Name und Ort des Lieferers	Warenart	Rechnungsbetrag (einschl. Vorsteuer)	Warenwert (ohne Vorsteuer)	Nebenkosten: Verpackung, Fracht (ohne Vorsteuer)	Vorsteuer		Abzüge: Skonto, Nachlässe, Rücksendungen	Rechnung bezahlt
							lt. Rechnung	Berichtigung		EUR	am
1	2	3	4	5	6	7	8		9	10	

Außerdem legt die Lagerbuchhaltung für jede Warenart eine Lagerkarte (manuelle Lagerbuchhaltung) oder eine Eintragung in einer **Datei** (computergestütztes Warenwirtschaftssystem) an, die außer den allgemeinen Angaben (Artikel-Nr., Lager-Nr., Melde- und Höchstbestand) auch den Zugang, Abgang und Bestand erfasst.

(6) Prüfung der Eingangsrechnung

Eine eingehende Rechnung ist sorgfältig zu prüfen. Die Rechnungsprüfung bezieht sich in der Regel auf folgende Prüfungsvorschläge:

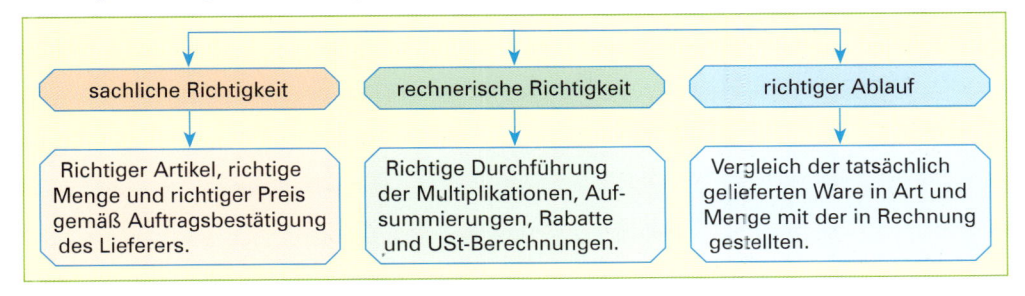

- **sachliche Richtigkeit** → Richtiger Artikel, richtige Menge und richtiger Preis gemäß Auftragsbestätigung des Lieferers.
- **rechnerische Richtigkeit** → Richtige Durchführung der Multiplikationen, Aufsummierungen, Rabatte und USt-Berechnungen.
- **richtiger Ablauf** → Vergleich der tatsächlich gelieferten Ware in Art und Menge mit der in Rechnung gestellten.

(7) Zertifizierung der Bestellabwicklung

Die Warenprüfung ist Teil des Qualitätsmanagements. In aller Regel wird sich das Qualitätsmanagement nicht damit begnügen, die Ware im eigenen Unternehmen zu überprüfen. Vielmehr wird es bestrebt sein, die Materialprüfung bereits beim Lieferer zu installieren. Dies geschieht gewöhnlich durch die **Zertifizierung der Bestellabwicklung**. Die grundlegende Norm hierfür ist die DIN EN ISO 9001:2015.

Das **Lieferantenaudit** kann bezogen sein auf die Überprüfung des bezogenen Fertigteils (**Produktaudit**), die Überprüfung bestimmter Arbeitsfolgen bzw. -verfahren (**Prozessaudit**) und/oder die Überprüfung des gesamten Qualitätsmanagements eines Lieferers (**Systemaudit**). Rechtliche Grundlage des Lieferantenaudits ist der Abschluss eines entsprechenden Vertrags mit dem Lieferer.

(8) Zahlung des Kaufpreises

Der Käufer ist verpflichtet, dem Verkäufer den vereinbarten Kaufpreis zu zahlen. Geldschulden sind gesetzlich im Zweifel Schickschulden, d.h., der Käufer übernimmt im Zweifel die Gefahr und die Kosten der Geldübertragung. Die Zahlungsart ist in der Regel dem Käufer überlassen.

Kompetenztraining

100
1. Erläutern Sie, unter welchen Bedingungen ein Kaufvertrag bereits mit der Bestellung zustande kommt!
2. Erklären Sie den Unterschied zwischen Verpflichtungsgeschäft und Erfüllungsgeschäft!
3. Erläutern Sie die Bedeutung des gesetzlichen Leistungsorts für den Warenschuldner!
4. Stellen Sie die Abweichungen beim gesetzlichen Leistungsort zwischen Waren- und Geldschulden dar!
5. Das Rehabilitationskrankenhaus Klinik am Rosenhof GmbH, Bad Pyrmont, bestellt aufgrund eines freibleibenden Angebots 4 Stationswagen mit Frischwäscheabteil beim Klinikgroßhandel Michael Teubner e. K. in Elmshorn.

   Aufgaben:

   5.1 Erläutern Sie, wie der Kaufvertrag zwischen den beiden Unternehmen zustande kommt!

   5.2 Notieren Sie die Pflichten, die die Klinik am Rosenhof GmbH aus diesem Kaufvertrag hat!

   5.3 Begründen Sie, wo sich der gesetzliche Leistungsort für die Lieferung der Stationswagen befindet!

6. Betrachten Sie die nachstehende Skizze! Begründen Sie, in welchen Fällen (6.1, 6.2) der Käufer den Kaufpreis für die auf dem Transport durch den Unfall vernichtete oder beschädigte Ware zahlen muss! Stellen Sie dar, ob der Verkäufer nochmals liefern muss,

   6.1 wenn über den Leistungsort keine Vereinbarung getroffen wurde!

   6.2 der vereinbarte Leistungsort Mainz ist!

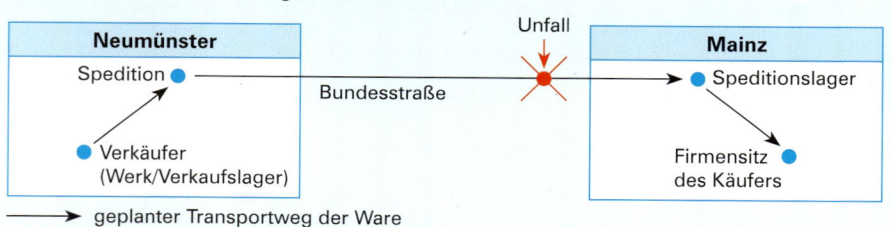

   6.3 Stellen Sie die Rechtslage dar, wenn der Käufer die Ware abholt und der Unfall auf der Wegstrecke zwischen dem Werk des Verkäufers und dem Firmensitz des Käufers passieren würde!

101
1. In den nachfolgenden Abbildungen sind symbolisch zwei verschiedene Möglichkeiten der Eigentumsübertragung durch Rechtsgeschäft dargestellt. Die Symbole bedeuten:

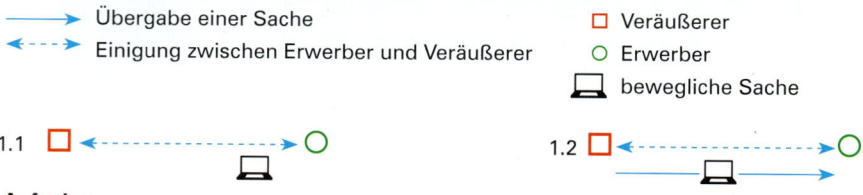

   — Übergabe einer Sache □ Veräußerer

   ◄--- Einigung zwischen Erwerber und Veräußerer ○ Erwerber

   💻 bewegliche Sache

   Aufgabe:

   Beschreiben Sie, welche rechtsgeschäftlichen Möglichkeiten der Eigentumsübertragung dargestellt werden!

2. Markus Schmidt hat sich ein Einfamilienhaus gebaut. Er nennt sich jetzt stolz „Hausbesitzer".
   Aufgabe:
   Erklären Sie, inwiefern dieser Ausdruck zutreffend ist, inwiefern nicht! Beschreiben Sie, wie Ihre Antwort lautet, wenn Markus Schmidt das Haus mietet!

3. Das Eigentum wird vom Gesetz grundsätzlich geschützt. Klären Sie, ob das auch für den Besitz zutrifft!

4. Begründen Sie, warum es bei einem Kaufvertrag zwei Gläubiger und zwei Schuldner gibt!

5. Recherchieren Sie die Rechtsbegriffe Abnahme und Annahme eines Kaufgegenstandes!

102
1. Beschreiben Sie die Vorgehensweise bei der Wareneingangskontrolle in zeitlicher Reihenfolge!

2. Nennen Sie drei mögliche Folgen, wenn die Wareneingangskontrolle gar nicht oder nur ungenau durchgeführt wird!

3. Bei der Lieferung von vier Stationswagen stellt der Lagerverwalter fest, dass die äußere Verpackung sehr stark beschädigt ist.
   Aufgabe:
   Beschreiben Sie, welche Maßnahmen der Lagerverwalter ergreifen sollte, wenn er die Ware abnimmt!

103 Prüfen Sie die nachfolgenden Unterlagen auf ihre Richtigkeit und berichtigen Sie sie gegebenenfalls!

MICHAEL TEUBNER

Klinik-Großhandel

Michael Teubner e.K. · Hamburger Str. 18 · 25335 Elmshorn

Klinik am Rosenhof GmbH
Parkstraße 22
31812 Bad Pyrmont

Name:	Hendrik Hahn
Bestell-Nr.:	68531
Auftrag-Nr.:	22001
Datum:	6. Februar 20..

Verkauf – Lieferschein Nr. 23003

Nr.	Bezeichnung	Menge	Einheit
221035	Stationswagen	4	Stück
221046	Wäschenetz 40 L	8	Stück

Sitz der Gesellschaft:
25335 Elmshorn
Telefon: 04121 7914-35
Telefax: 04121 7914-36
Eigentumsvorb. nach § 449 BGB

Michael Teubner e.K.
USt.-Id.-Nr.: DE123456789
info@michaelteubner.de
www.michaelteubner.de

Bankverbindung:
Sparkasse Elmshorn
IBAN: DE06 2215 0000 0048 1270 65
BIC: NOLADE21ELH

Beschaffungsprozesse planen, steuern und kontrollieren

MICHAEL TEUBNER

Klinik-Großhandel

Michael Teubner e.K. · Hamburger Str. 18 · 25335 Elmshorn

Klinik am Rosenhof GmbH
Parkstraße 22
31812 Bad Pyrmont

Name:	Hendrik Hahn
Bestell-Nr.:	68531
Auftrag-Nr.:	22001
Datum:	6. Februar 20..

Verkauf – Rechnung Nr. 23003

Aufgrund unserer Lieferung stellen wie Ihnen folgende Artikel in Rechnung:

Nr.	Beschreibung	Menge	Einheit	VK-Preis	Rabatt	MwSt.	Betrag
221035	Stationswagen	4	Stück	840,00	8 %	19 %	3 091,20
221046	Wäschenetz 40 L	4	Stück	29,80	5 %	19 %	113,24

Total EUR ohne MwSt.	3 204,44
19 % MwSt.	608,84
Total EUR inkl. MwSt.	3 813,28

Zahlungsbedingung:	14 Tage/3 % Skonto/60 Tage Ziel
Lieferbedingung:	frei Haus
Leistungsort:	für beide Teile Elmshorn
Gerichtsstand:	für beide Teile Elmshorn
Eigentumvorbehalt:	Die Ware bleibt bis zur endgültigen Bezahlung unser Eigentum.

Sitz der Gesellschaft:		Bankverbindung:
25335 Elmshorn	Michael Teubner e.K.	Sparkasse Elmshorn
Telefon: 04121 7914-35	USt.-Id.-Nr.: DE123456789	IBAN: DE06 2215 0000 0048 1270 65
Telefax: 04121 7914-36	info@michaelteubner.de	BIC: NOLADE21ELH
Eigentumsvorb. nach § 449 BGB	www.michaelteubner.de	

104

1. Erklären Sie den Unterschied zwischen einer sofortigen und einer unverzüglichen Warenkontrolle!

2. Bestimmen Sie die Frist, die bei der Warenkontrolle eingehalten werden muss, um spätere Rechte nicht zu verlieren!

3. Bei der Warenkontrolle wird festgestellt, dass die Verpackung eingerissen ist. Erläutern Sie, aus welchem Grund sich der Mitarbeiter diesen Transportschaden vom Frachtführer bestätigen lassen muss!

4. Beschreiben Sie kurz die Tätigkeiten, die im Rahmen der Warenabnahme und Warenprüfung erforderlich sind!

8 Leistungsstörungen beim Kaufvertrag

8.1 Leistungsstörungen im Überblick

Nicht alle Kaufverträge werden den getroffenen Vereinbarungen entsprechend erfüllt. Es kommt zu Leistungsstörungen.

> Zu einer **Leistungsstörung** kommt es, wenn der Schuldner die geschuldete Leistung nicht, nicht rechtzeitig oder nicht in der geschuldeten Weise erbringt.

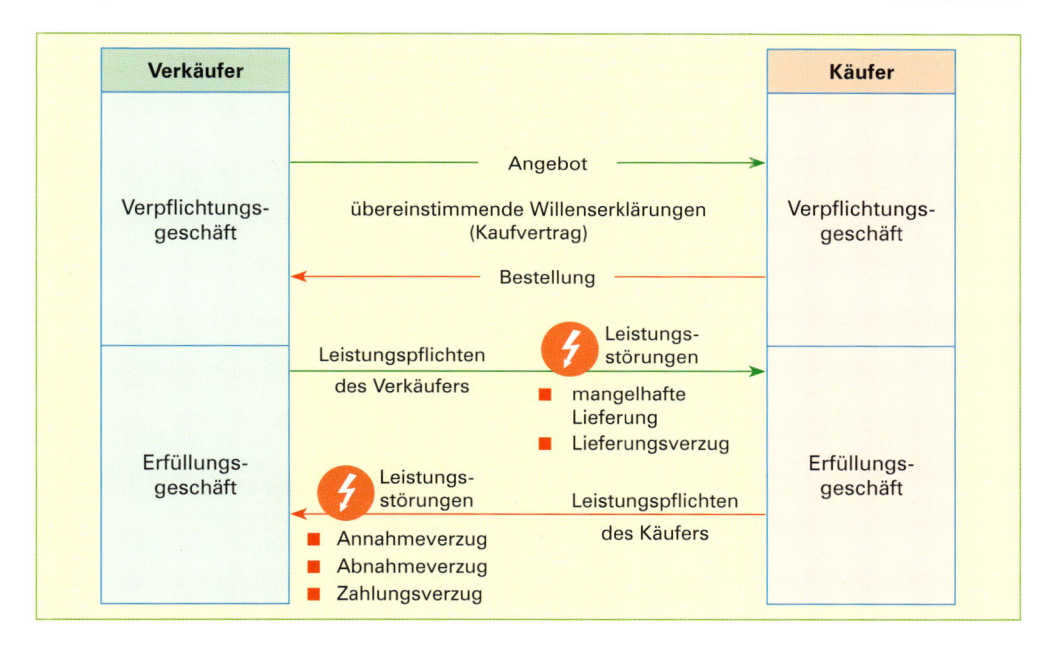

Verkäufer
- Verpflichtungsgeschäft
- Erfüllungsgeschäft

Käufer
- Verpflichtungsgeschäft
- Erfüllungsgeschäft

Angebot → / ← Bestellung
übereinstimmende Willenserklärungen (Kaufvertrag)

Leistungspflichten des Verkäufers → Leistungsstörungen:
- mangelhafte Lieferung
- Lieferungsverzug

Leistungspflichten des Käufers ← Leistungsstörungen:
- Annahmeverzug
- Abnahmeverzug
- Zahlungsverzug

8.2 Mangelhafte Lieferung (Schlechtleistung)

8.2.1 Begriff mangelhafte Lieferung

> Eine mangelhafte Lieferung liegt vor, wenn
> - eine im Kaufvertrag vereinbarte Sache (Leistung) vom Verkäufer an den Käufer **übergeben und übereignet** und
> - diese Sache **mit Mängeln behaftet** ist.
>
> Dies stellt eine Pflichtverletzung dar [§ 280 I BGB]. Es handelt sich um einen **Schuldnerverzug**.

8.2.2 Mängelarten

(1) Erkennbarkeit der Mängel

Mängelarten	Erläuterungen	Beispiele
Offene Mängel	Sind Mängel, die bei gewissenhafter Prüfung der Kaufsache sofort entdeckbar sind.	■ Brot ist schimmlig; ■ Spiegel hat einen Sprung.
Versteckte Mängel	Diese Mängel sind bei der Übergabe der Waren trotz gewissenhafter Prüfung zunächst nicht entdeckbar. Sie werden erst später, z. B. während ihres Gebrauchs oder ihrer Verarbeitung, erkennbar.	■ Regenmantel ist nicht wasserdicht; ■ Konserven sind verdorben; ■ fehlende Seiten in einem Buch.
Arglistig[1] verschwiegene Mängel	Es sind versteckte Mängel, die der Verkäufer dem Käufer absichtlich verschweigt.	Beim Pkw-Verkauf wird ein Unfall verschwiegen.

(2) Sachmängel

Mängelarten	Beispiele
Mangel in der Beschaffenheit	■ Im Kaufvertrag ist vereinbart, dass bei der Waschmaschine „Speedy-Professional" die volle Waschleistung in nur 40 Minuten gelingt, ohne dass das Waschergebnis beeinträchtigt wird. Die zugesicherten Leistungsmerkmale werden jedoch nicht erreicht. ■ Das E-Bike hat eine defekte Steuerungselektronik und liefert daher am Berg nicht die erforderliche Unterstützung. ■ Die Abstände der Regalbretter eines Ordnerschrankes sind kleiner als die Höhe eines DIN-A4-Ordners.
Mangel durch falsche Werbeversprechungen bzw. falsche Produktbeschreibung	Der Energieverbrauch eines Geschirrspülers wird als besonders niedrig beschrieben, obwohl er nur geringfügig unter dem durchschnittlichen Energieverbrauch von vergleichbaren Geschirrspülern liegt.
Fehlerhafte Montageanleitungen bzw. Montagemangel[2]	Kevin Huber kauft eine Küche und übernimmt die Aufstellung der Küche selbst. Aufgrund einer falschen Montageanleitung misslingt der Einbau der Dunstabzugshaube.
Falschlieferung (Aliud) oder Minderlieferung	■ Geliefert wurden Gurken in Dosen statt Bohnen in Dosen. ■ Geliefert wurden 20 Stück statt 200 Stück.

---

1 **Arglistig** handelt, wer wahre Tatsachen unterdrückt (der Verkäufer kennt z. B. den erheblichen Mangel der Kaufsache bereits bei Übergabe der Kaufsache an den Käufer) oder falsche Tatsachen „vorspiegelt" (der Verkäufer erklärt z. B. wahrheitswidrig, dass das verkaufte Auto für 100 km Fahrstrecke auch bei Höchstgeschwindigkeit höchstens 6,0 Liter Treibstoff verbraucht).

2 Man spricht hier auch von **IKEA-Klausel**, da in der Vergangenheit einige wenige Montageanleitungen schwer verständlich waren.

(3) Fristen für die Mängelrüge

Beim zweiseitigen Handelskauf muss der offene Mangel dem Verkäufer unverzüglich nach der Entdeckung bei der Wareneingangskontrolle angezeigt werden. Versteckte Mängel müssen unverzüglich nach ihrer Entdeckung, spätestens aber innerhalb der Frist für Sachmängelhaftung von 2 Jahren angezeigt werden.

	offene Mängel	versteckte Mängel
Zweiseitiger Handelskauf	unverzüglich	unverzüglich, nach Entdeckung, spätestens innerhalb von 2 Jahren

Hinweis:

Versäumt ein Unternehmen einen Mangel termingerecht zu rügen, verliert es alle Rechte aus der mangelhaften Lieferung gegenüber dem Lieferer.

8.2.3 Rechte des Käufers (Gewährleistungsrechte)

(1) Überblick

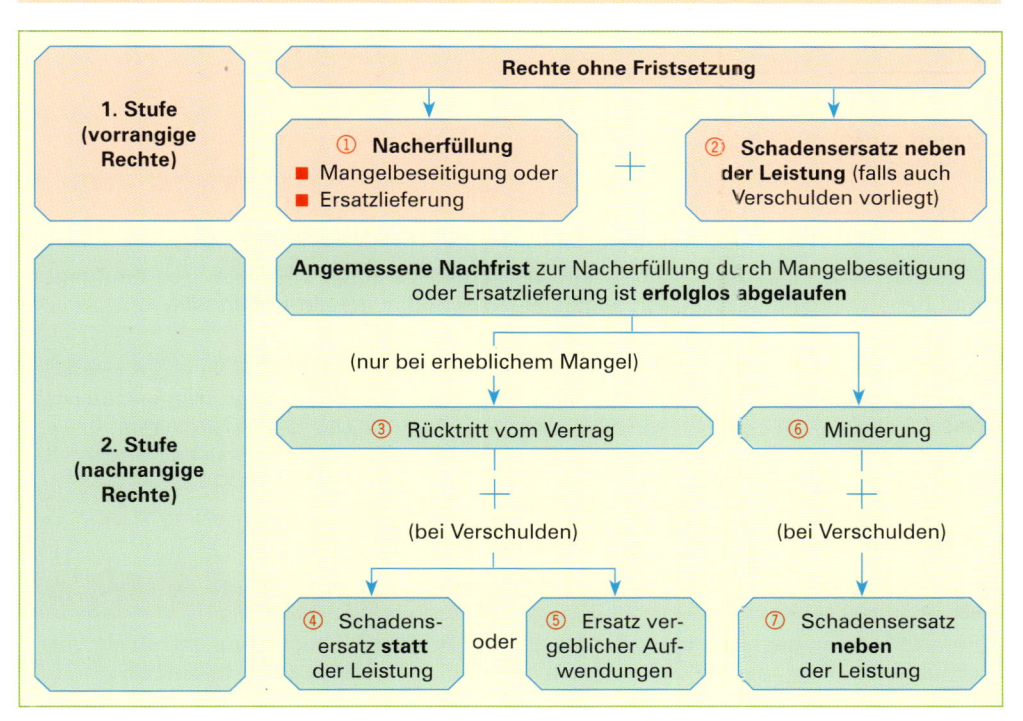

1. Stufe (vorrangige Rechte)

Rechte ohne Fristsetzung

① **Nacherfüllung**
- Mangelbeseitigung oder
- Ersatzlieferung

+

② **Schadensersatz neben der Leistung** (falls auch Verschulden vorliegt)

Angemessene Nachfrist zur Nacherfüllung durch Mangelbeseitigung oder Ersatzlieferung ist **erfolglos abgelaufen**

2. Stufe (nachrangige Rechte)

(nur bei erheblichem Mangel)

③ Rücktritt vom Vertrag

⑥ Minderung

+ (bei Verschulden)

+ (bei Verschulden)

④ Schadensersatz **statt** der Leistung

oder

⑤ Ersatz vergeblicher Aufwendungen

⑦ Schadensersatz **neben** der Leistung

(2) Rechte ohne Fristsetzung

① **Nacherfüllung** [§ 439 BGB]

Der Käufer kann, **unabhängig vom Verschulden** des Verkäufers, auf **Nacherfüllung** bestehen. Dabei kann der **Käufer** nach seiner **Wahl**

- die **Beseitigung des Mangels** oder
- die **Lieferung einer mangelfreien Sache (Ersatzlieferung)**

verlangen. Er hat hierfür dem Verkäufer eine **angemessene**[1] **Zeit** einzuräumen. Die Kosten der Nacherfüllung hat der Verkäufer zu tragen. Der Verkäufer kann allerdings die Leistung **verweigern,** wenn die vom Käufer gewählte Art der Nacherfüllung für ihn nur mit **unverhältnismäßigen Kosten** verbunden ist. Eine Nacherfüllung ist nur bei **Gattungswaren (Gattungskauf),** nicht aber bei **Speziessachen (Stückkauf)** möglich.

> ■Beispiel:
>
> Lina Meyer kauft eine Armbanduhr für 60,00 EUR. Nach einer Woche stellt sich heraus, dass das Glas innen mit Feuchtigkeit beschlägt. Lina Meyer verlangt die Reparatur. Der Verkäufer weigert sich und bietet als Alternative eine neue Uhr des gleichen Typs an.

Eine Nacherfüllung gilt als fehlgeschlagen, wenn der **zweite Nachbesserungsversuch erfolglos** war [§ 440, S. 2 BGB]. Die **Fristsetzung** zur Nacherfüllung ist **entbehrlich bei** ernsthafter und endgültiger **Leistungsverweigerung** durch den Schuldner [§ 281 II BGB].

② **Schadensersatz neben der Leistung** [§ 280 I BGB]

Neben dem Recht auf Nacherfüllung hat der Käufer **zusätzlich** noch einen **Anspruch auf Schadensersatz neben der Leistung.** Dabei gilt: Der **Verkäufer (Schuldner)** muss gegenüber dem **Käufer** beweisen, dass er die Pflichtverletzung nicht zu vertreten hat.

Schadensersatz neben der Leistung wird der Käufer verlangen, wenn er den **Kaufgegenstand behält** und einen zusätzlich angefallenen **Schaden ersetzt haben will.**

> ■Beispiel:
>
> Die Königberg-Klinik GmbH will einen neuen OP-Saal eröffnen. Bei der Inbetriebnahme wird übersehen, dass die Klimaanlage defekt ist. Die Anlage wird zwar unverzüglich repariert, dennoch kann der OP-Saal erst drei Tage später in Betrieb genommen werden. Dadurch entsteht ein Gewinnausfall von 1 400,00 EUR. Dieser Betrag kann als Schadensersatz neben der Leistung geltend gemacht werden.

> **Hinweis:**
>
> Für alle **Formen des Schadensersatzes** gilt: Der Anspruch hängt davon ab, ob ein **Verschulden vorliegt,** der Verkäufer (Gläubiger) den Mangel also zu vertreten hat.

---

[1] **Angemessen** besagt, dass die Frist so lange sein muss, dass der Schuldner die Leistung tatsächlich noch erbringen kann. Allerdings muss sie dem Schuldner nicht ermöglichen, mit der Leistungserbringung erst zu beginnen. Der Schuldner soll nur die Gelegenheit bekommen, die bereits in Angriff genommene Leistung zu beenden.

Ein **Verschulden ("Vertretenmüssen")** setzt voraus:

- **Pflichtverletzung**
  Sie kann darin bestehen, dass der Schuldner **überhaupt nicht leistet** (z. B. weil die Leistung unmöglich geworden ist), **zu spät leistet** oder **schlecht leistet**.

\+

- **Schuldhaftes Verhalten**
  (Vorsatz oder Fahrlässigkeit)
  - **Vorsätzlich** handelt, wer einen bestimmten Erfolg willentlich herbeiführt und sich dabei der Rechtswidrigkeit bewusst ist. Anders ausgedrückt: Wer vorsätzlich handelt, der **will** die Rechtsverletzung.
  - **Fahrlässig** handelt, wer die im Verkehr erforderliche Sorgfalt außer Acht lässt [§ 276 II BGB]. Da das Gesetz an dieser Stelle den Begriff „Fahrlässigkeit" nicht näher bestimmt, ist **jede** (!) Fahrlässigkeit gemeint – sowohl grobe als auch leichte.

(3) Rechte nach Ablauf einer angemessenen Frist zur Mangelbeseitigung (erfolglose Nacherfüllung)

③ **Rücktritt vom Kaufvertrag** [§§ 323–326 BGB]

- Durch den **Rücktritt vom Vertrag** wird der **Kaufvertrag rückgängig gemacht**.[1] Bereits gelieferte Ware ist zurückzuschicken, ein bereits gezahlter Kaufpreis ist zu erstatten.
- Das Rücktrittsrecht ist **nicht von einem Verschulden des Verkäufers** abhängig.

Beim Rücktritt muss der Käufer die erhaltene **Leistung zurückgeben** und den **Nutzen** aus der Leistung **ersetzen**.

Beispiel:
Ein Käufer, der einen mangelhaften Pkw erhalten und genutzt hat, muss zum einen den Pkw zurückgeben und zum anderen sich vom Verkäufer ein Nutzungsentgelt anrechnen lassen.

Der Rücktritt des Käufers ist **ausgeschlossen,** wenn der **Mangel unerheblich** ist.

Beispiel:
Befindet sich an einem neuen Pkw ein kleiner Kratzer unter der Motorhaube, ist kein Rücktritt möglich, weil die Schlechtleistung unerheblich ist.

Einen Rücktritt vom Kaufvertrag wird der Käufer z. B. dann verlangen, wenn

- er den Lieferer nicht für leistungsfähig hält,
- der Preis für die Ware in der Zwischenzeit gefallen ist,
- er die Ware nicht mehr benötigt.

④ **Schadensersatz statt der Leistung** [§§ 325; 280 I, II; 281 BGB]

Liegt ein Verschulden des Verkäufers vor, dann kann der Käufer **zusätzlich** zum Rücktritt Ersatz des ihm entstandenen Schadens verlangen.

Damit ist aber der Anspruch auf Erfüllung der Leistung ausgeschlossen.

---

[1] Als Folge des Rücktritts wird der ursprüngliche Kaufvertrag in ein neues Schuldverhältnis, ein sogenanntes **Rückabwicklungsschuldverhältnis** umgewandelt.

Einen Schadensersatz statt der Leistung wählt der Käufer, wenn er den gelieferten **Kaufgegenstand zurückgibt** und ihm ein **Schaden entstanden** ist. Abgedeckt wird sowohl der **eigentliche Mangelschaden** als auch ein sich anschließender eventueller **Mangelfolgeschaden**.

> **Beispiel:**
>
> Eine Rehabilitationseinrichtung kauft für ihre Kaffeeecke eine neue Espressomaschine. Diese ist jedoch fehlerhaft und erzeugt nicht den erforderlichen Druck. Nachdem die Nacherfüllung zweimal fehlgeschlagen ist und der Hersteller die Schuldvermutung nicht widerlegen kann, tritt die Rehabilitationseinrichtung vom Vertrag zurück und erwirbt bei einem anderen Verkäufer eine gleichartige Maschine **(Deckungskauf)**. Dabei entstehen Mehrkosten in Höhe von 180,00 EUR. Außerdem kann eine Woche lang kein Kaffee ausgeschenkt werden. Der dadurch entgangene Gewinn beträgt 250,00 EUR. Die gesamte Schadenssumme in Höhe von 430,00 EUR kann als Schadensersatz statt der Leistung geltend gemacht werden.

⑤ **Ersatz vergeblicher Aufwendungen** [§ 284 BGB]

Anstelle des Schadensersatzes statt der Leistung kann der Käufer auch Ersatz vergeblicher Aufwendungen verlangen. Vergebliche Aufwendungen sind solche, die im Vertrauen auf eine ordnungsgemäße Leistung erbracht wurden, die aber aufgrund der mangelhaften Leistung unnütz geworden sind.

⑥ **Minderung** [§ 441 BGB]

> - **Minderung** bedeutet, dass der ursprüngliche Kaufpreis um die Wertminderung, die der Mangel verursacht hat, gekürzt wird.
> - Der **Kaufvertrag bleibt bestehen.**

Minderung wird in der Regel verlangt, wenn die Ware nur kleinere Mängel aufweist, sodass der Käufer die Ware weiterverwenden (z. B. verarbeiten oder weiterveräußern) kann.

Das Recht auf Minderung gilt auch für **unerhebliche Mängel.**

> **Beispiel:**
>
> Eine Musikanlage, die von einer Seniorenresidenz für 300,00 EUR gekauft wurde, leistet nicht wie vertraglich vorgesehen 500 Watt, sondern nur 400 Watt. Da es nicht innerhalb einer gesetzten Frist zur Nacherfüllung durch den Lieferer kommt, verlangt die Seniorenresidenz Minderung. Eine Musikanlage mit einer Leistung von 400 Watt könnte es für 200,00 EUR erwerben. Der Seniorenresidenz steht ein Minderungsanspruch in Höhe von 100,00 EUR zu.

⑦ **Schadensersatz neben der Leistung**

Liegt ein Verschulden des Verkäufers vor, dann kann der Käufer neben der Minderung auch noch Schadensersatz neben der Leistung verlangen.

Sonderregelungen zu den Gewährleistungsrechten beim Verbrauchsgüterkauf

Der Verbrauchsgüterkauf ist durch **vier Merkmale** definiert:

- Es muss ein Kaufvertrag vorliegen.
- Der Verbraucher muss der Käufer sein.
- Der Unternehmer muss der Verkäufer sein.
- Der Kaufgegenstand muss eine bewegliche Sache sein.

■ Gefahrübergang

Beim Verbrauchsgüterkauf tritt der Gefahrübergang erst ein, wenn der Verbraucher die Kaufsache erhalten hat [§ 474 II, S. 2 BGB].

■ Beweislastumkehr

Beim Auftreten eines Sachmangels in den ersten sechs Monaten nach Gefahrübergang wird zugunsten des Verbrauchers gesetzlich vermutet, dass der Mangel bereits beim Gefahrübergang der Kaufsache vorhanden war.

> **Beispiel:**
>
> Bei einem im Juli erworbenen Dachfenster tritt im Oktober bei Regen Wasser ein. Es zeigt sich, dass sich Dichtungen im Rahmen großflächig ablösen. Hier spricht die Vermutung für eine von Anfang an fehlerhafte Qualität der Dichtungen bzw. ihrer Verklebung.

Bestreitet der Verkäufer, dass der Mangel bereits beim Gefahrübergang bestand, dann muss er dies dem Verbraucher beweisen. Die Beweislastumkehr kann durch „Allgemeine Geschäftsbedingungen" nicht ausgeschlossen werden.

■ Abweichende vertragliche Regelungen

Abweichende Regelungen zum Nachteil des Verbrauchers sind unwirksam [§ 475 I, II BGB].

8.2.4 Verjährungsfristen von Mängelansprüchen

Der Käufer muss seine Gewährleistungsansprüche innerhalb bestimmter Fristen geltend machen. Werden diese Fristen vom Käufer nicht beachtet, kann er seine Rechte, die sich aus der mangelhaften Lieferung ergeben, nicht mehr gerichtlich durchsetzen.

Verjährungsgegenstand	Verjährungsfrist	Beginn der Verjährung
Ansprüche auf Nacherfüllung, Schadensersatz, Ersatz vergeblicher Aufwendungen bei **offenen** und **versteckten Mängeln**.	2 Jahre (Regelfall)	Unmittelbar mit Lieferung der beweglichen Sache.
Mängelansprüche, bei denen der Verkäufer einen **Mangel arglistig verschwiegen** hat.	3 Jahre (regelmäßige Verjährungsfrist)	Mit Schluss des Jahres, in dem der Anspruch entstanden ist und der Gläubiger davon und vom konkreten Schuldner Kenntnis erlangt oder grob fahrlässig nicht erlangt hat.

8.2.5 Mangelhafte Lieferung im Überblick

- Eine **mangelhafte Lieferung** liegt vor, wenn die im Kaufvertrag vereinbarte Lieferung zum **Zeitpunkt der Übergabe** mit einem **Mangel** behaftet ist.
- Wir unterscheiden folgende **Sachmängel**:

  - Mängel in der **Beschaffenheit**
  - Mängel durch **falsche Werbeversprechungen/Produktbeschreibung**
  - Mängel in der **Montage bzw. Montageanleitung**
  - **Falschlieferung** oder **Minderlieferung**

- Bei der Lieferung mangelhafter Sachen hat der Käufer folgende **Gewährleistungsrechte**:

  I. Ohne Fristsetzung: Nacherfüllung

  - **Ersatzlieferung** (Ausnahme: z. B. unverhältnismäßige Kosten) und
  - **Schadensersatz neben der Leistung** (nur bei Verschulden)

  - **Mängelbeseitigung** (Ausnahme: z. B. unverhältnismäßige Kosten) und
  - **Schadensersatz neben der Leistung** (nur bei Verschulden)

  II. Nach Ablauf der gesetzten angemessenen Frist (erfolglose Nacherfüllung)

  - **Minderung** und eventuell **Schadensersatz neben der Leistung**
  - **Rücktritt** (Ausnahmen: Pflichtverletzung unerheblich bzw. überwiegend vom Käufer zu vertreten)
  - **Schadensersatz statt der Leistung** (nur bei Verschulden und erheblicher Pflichtverletzung)
  - **Ersatz vergeblicher Aufwendungen** (nur anstelle von Schadensersatz statt der Leistung)

- Bei einem **Verbrauchsgüterkauf** gelten zu den Gewährleistungspflichten **ergänzende Vorschriften zum Schutz des Verbrauchers** z. B. in Bezug auf
  - Gefahrübergang,
  - Beweislastumkehr,
  - abweichende vertragliche Regelungen.
- Der Käufer muss seine Gewährleistungsansprüche innerhalb bestimmter Fristen (im Regelfall 2 Jahre) geltend machen. Ansonsten unterliegen sie der **Verjährung**.

Kompetenztraining

105 Klären Sie folgende Begriffe:

1. Leistungsstörung
2. mangelhafte Lieferung
3. Pflichtverletzung
4. Vorsatz
5. Fahrlässigkeit
6. Sachmangel
7. Rücktritt vom Vertrag
8. Minderung

106 Die Kurpark-Therme AG in Bad Pyrmont, Zentrum für medizinische Prävention, Fitness und Wellness, hat beim Gerätehersteller Reha-Tec AG in Kirchheim vier motorgestützte Arm- und Beintrainer der Marke „Physio-Cycle" für 390,00 EUR je Stück zzgl. 19 % USt bestellt. Eine Bestellbestätigung wurde umgehend erteilt und die Trainingsgeräte unverzüglich geliefert.

Bei der Warenabnahme wurde festgestellt, dass bei zwei Geräten die Geschwindigkeitsregler nicht einstellbar sind und die Multifunktions-LCD-Anzeigen ständig „Error" signalisieren. Ein weiteres Trainingsgerät weist starke Lackschäden auf. Bei den Mängeln handelt es sich um Werksfehler. Es sind keine Transportschäden.

Aufgaben:

1. Nennen Sie die Frist, innerhalb welcher diese Mängel gerügt werden müssen!
2. Erläutern Sie, welche gesetzlichen Rechte die Kurpark-Therme AG geltend machen kann!
3. Erläutern Sie, warum der Gesetzgeber vorsieht, dass die Erfüllung durch den Schuldner (hier Reha-Tec AG) zunächst Vorrang hat gegenüber einem Anspruch des Gläubigers (hier Kurpark-Therme AG) auf Schadenersatz statt Leistung!
4. Prüfen Sie, welches Gericht örtlich für eine Klageerhebung zuständig wäre! Im Kaufvertrag war keine vertragliche Vereinbarung getroffen worden.
5. Die Kurpark-Therme AG macht auch einen Schadenersatzanspruch wegen entgangenen Gewinns geltend.
   Nehmen Sie dazu Stellung und begründen Sie Ihre Meinung!

107 Alexander Fuchs hat am 8. April 20.. im Baumarkt Baufix KG einen neuen Rasenmäher gekauft. Am 22. Mai 20.. brach beim Rasenmähen der Gashebel ab. Nun verlangt er von der Baufix KG einen neuen Rasenmäher.

Aufgaben:

1. Erklären Sie, warum der Rasenmäher wegen des Abbrechens des Gashebels einen Sachmangel hat!
2. Stellen Sie dar, wie die Baufix KG auf die Forderung von Alexander Fuchs nach einem neuen Rasenmäher reagieren kann!
3. Angenommen, die Baufix KG lehnt alle Gewährleistungsrechte von Alexander Fuchs ab. Sie verweist auf ihre allgemeinen Geschäftsbedingungen, in denen sich folgende Klausel befindet:

   > „Unsere Produkte unterliegen einer strengen Qualitätskontrolle. Rechte wegen Mängeln an unseren Produkten können nur gegenüber den Herstellern geltend gemacht werden."

   Zeigen Sie auf, ob die Baufix KG einen Anspruch von Alexander Fuchs auf Nachlieferung und/oder Schadensersatz ablehnen darf!

8.3 Lieferungsverzug (Nicht-Rechtzeitig-Lieferung)

8.3.1 Begriff Lieferungsverzug

- Ein **Lieferungsverzug** liegt vor, wenn der Verkäufer
  - **trotz Mahnung** (sofern sie erforderlich ist)
  - **nicht oder nicht rechtzeitig** leistet,
  - obwohl die **Leistung möglich** ist und
  - er die Nichtleistung oder die zu späte Leistung **verschuldet** hat.
- Der Lieferungsverzug ist ein **Schuldnerverzug**.

8.3.2 Voraussetzungen des Lieferungsverzugs

(1) Möglichkeit der Leistung

Beim Lieferungsverzug handelt es sich um eine **nur vorübergehende Leistungsstörung**. Die Nachholbarkeit ist also grundsätzlich noch möglich. Ist die Nachholbarkeit der Leistung **nicht mehr möglich**, dann liegt **kein Lieferungsverzug** vor, sondern eine **Unmöglichkeit der Leistung**. In diesem Fall ist der Anspruch auf Leistungserfüllung ausgeschlossen [§ 275 I BGB].

(2) Fälligkeit der Lieferung

Die **Fälligkeit einer Lieferung** ist der **Zeitpunkt,** von dem ab der Käufer eine **Lieferung** (z. B. die Übergabe und Übereignung der Kaufsache) **verlangen kann.** Ist keine Vereinbarung über einen Zeitpunkt getroffen worden, kann der Käufer die Lieferung sofort verlangen.

(3) Mahnung durch den Käufer

Eine Mahnung ist erforderlich, wenn der **Kalendertag** der Lieferung **nicht genau bestimmt** ist.

Beispiele:

Eine Bestellung zur „sofortigen Lieferung", „sobald als möglich", „ab 20. Juli 20..", „frühestens ab 10. Juni", „nach Zahlungseingang".

Ausnahmen: In folgenden Fällen ist keine Mahnung erforderlich	Beispiele
Als Liefertermin ist ein **bestimmter Kalendertag** festgelegt.	„Warenlieferung am 24. April 20..", „Lieferung Ende Mai 20.."
Die Lieferung lässt sich aufgrund eines vorausgegangenen Ereignisses **genau berechnen**.	„Die Lieferung der Kaufsache erfolgt innerhalb von vierzehn Kalendertagen nach Bestelldatum", „Lieferung im Juni", „Lieferung innerhalb 10 Tagen nach Abruf", „Lieferung zwischen dem 5. und 12. Juni".
Fixkauf[1] oder Zweckkauf, d. h. die **verspätete** Lieferung ergibt für den Käufer **keinen Sinn** mehr.	„Lieferung fix am 14. Juni 20..", „Lieferung fix zum Eröffnungstag am 31. Juli 20..".
Ernsthafte und endgültige Verweigerung der **geschuldeten Leistung** durch den Verkäufer (Selbstinverzugsetzung).	„Zu dem vereinbarten Preis werde ich die Ware keinesfalls liefern".

---

1 Ein **Fixkauf** liegt vor, wenn der Zweck des Kaufvertrags mit der Einhaltung eines bestimmten Termins steht oder fällt.

(4) Verschulden des Verkäufers

Ein Verschulden liegt vor, wenn der Verkäufer **vorsätzlich** oder **fahrlässig** gehandelt hat.

Ausnahme: Der Verkäufer hat solche Lieferungsverzögerungen **nicht zu vertreten**, die z. B. auf höhere Gewalt zurückzuführen sind (z. B. Unwetter, Hochwasser, Streik).

Beispiele:

- **Fall 1: Verschulden liegt vor**
  Der Verkäufer kann deshalb nicht termingerecht liefern, weil er sich nicht rechtzeitig bei seinem Lieferer mit den Waren, die er verkauft, eingedeckt hat.

- **Fall 2: Verschulden liegt nicht vor**
  Der Verkäufer kann nicht termingerecht liefern, weil ein Blitzschlag im Lager einen Brand verursacht hat. Dadurch wurde die versandfertige Ware zerstört. Die Neuproduktion nimmt eine Woche in Anspruch.

Hinweis:

Nach dem Eintritt des Lieferungsverzugs haftet der Verkäufer – unabhängig von einem Verschulden – für **Vorsatz**, für **Fahrlässigkeit** und für **Zufall**.

8.3.3 Rechte des Käufers beim Lieferungsverzug

(1) Überblick

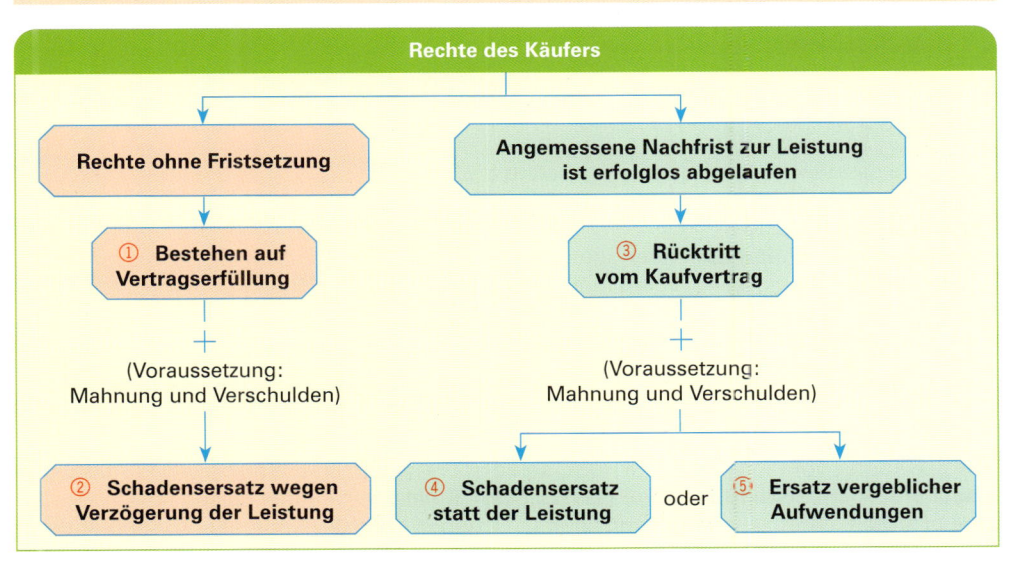

Rechte des Käufers

- **Rechte ohne Fristsetzung**
  - ① Bestehen auf Vertragserfüllung
    (Voraussetzung: Mahnung und Verschulden)
  - ② Schadensersatz wegen Verzögerung der Leistung

- **Angemessene Nachfrist zur Leistung ist erfolglos abgelaufen**
  - ③ Rücktritt vom Kaufvertrag
    (Voraussetzung: Mahnung und Verschulden)
  - ④ Schadensersatz statt der Leistung
  - oder
  - ⑤ Ersatz vergeblicher Aufwendungen

(2) Rechte, die der Käufer ohne Fristsetzung geltend machen kann

① Bestehen auf Vertragserfüllung

Da der Verkäufer seiner Lieferungspflicht aus dem Kaufvertrag noch nicht nachgekommen ist, hat der Käufer das Recht, weiterhin auf **Vertragserfüllung** zu bestehen.

Gründe des Käufers, keine weitergehenden Rechte geltend zu machen, sind z. B.

- langjährige gute Geschäftsbeziehungen mit dem Verkäufer,
- die Lieferungsverzögerung ist für den Käufer von untergeordneter Bedeutung,
- bei anderen Verkäufern bestehen längere Lieferfristen, höhere Preise und/oder ungünstigere Zahlungsbedingungen als beim säumigen Verkäufer.

② Schadensersatz wegen Verzögerung der Leistung

Besteht der Käufer auf Vertragserfüllung und möchte er gleichzeitig den durch die Verzögerung der Leistung verursachten Schaden ersetzt haben, so kann er **Schadensersatz wegen Verzögerung der Leistung (Verzugsschaden)** verlangen.

Gefordert werden können insbesondere

- der Ersatz **aller Mehraufwendungen**, die durch die Verzögerung angefallen sind, wie z. B. die **Kosten einer Ersatzbeschaffung** für die Dauer des Verzugs (z. B. Miete einer Ersatzmaschine) sowie
- ein **entgangener Gewinn** (z. B. infolge der verspäteten Lieferung einer Ware).

(3) Rechte, die der Käufer nach Ablauf einer angemessenen Nachfrist geltend machen kann

③ Rücktritt vom Kaufvertrag

Der Käufer kann vom Kaufvertrag zurücktreten, wenn die dem Verkäufer vorher gesetzte angemessene Nachfrist zur Lieferung erfolglos abgelaufen ist. Diese Fristsetzung ist z. B. entbehrlich, wenn der Verkäufer die Lieferung ernsthaft und endgültig verweigert oder beim Fixkauf. Ein Rücktritt ist nicht möglich, wenn die **Pflichtverletzung unerheblich** ist [§ 323 V, S. 2 BGB].

> **Beispiel:**
> Der Verkäufer liefert nicht innerhalb der ihm gesetzten angemessenen Nachfrist. Der Käufer tritt vom Kaufvertrag zurück, weil er die bestellte Sache inzwischen anderweitig zu einem günstigeren Preis kaufen kann.

④ Schadensersatz statt der Leistung

Tritt der Käufer vom Kaufvertrag zurück, so kann er bei Verschulden zusätzlich **Schadensersatz statt der Leistung** verlangen [§ 325 BGB]. Ersatzfähig sind in diesem Fall insbesondere die Mehrkosten eines **Deckungskaufs**.[1] Daneben kann der Käufer auch einen **entgangenen Gewinn** geltend machen. Verlangt der Käufer Schadensersatz statt der Leistung, hat er **keinen Anspruch** mehr auf die Lieferung.

---

[1] Ein **Deckungskauf** liegt vor, wenn sich der Käufer die fehlende Ware ersatzweise von einem anderen Lieferer beschaffen muss.

8 Leistungsstörungen beim Kaufvertrag

Bei der **Schadensberechnung** sind **drei Vorgehensweisen** zu unterscheiden:

Konkrete Schadensberechnung	Abstrakte Schadensberechnung	Konventionalstrafe[1]
Der Käufer kann den Preisunterschied zwischen dem Vertragspreis und dem Preis des Deckungskaufs verlangen.	Der Käufer kann Schadensersatz für den ihm durch den Lieferungsverzug „entgangenen" Gewinn geltend machen.	Eine Vertragsstrafe wird in der Regel vom Verkäufer bei einer Bank hinterlegt. Die Auszahlung an den Käufer wird fällig, sobald der Verkäufer in Verzug ist.

⑤ **Ersatz vergeblicher Aufwendungen**

Der Käufer kann anstelle des Schadensersatzes statt der Leistung auch Ersatz vergeblicher Aufwendungen verlangen. Die Aufwendungen müssen aber angemessen sein und nachgewiesen werden.

Kompetenztraining

108 Klären Sie folgende Begriffe:
1. Lieferungsverzug,
2. Fälligkeit der Leistung,
3. Fixgeschäft,
4. Schadensersatz wegen Verzögerung der Leistung!

109
1. Nennen Sie die Voraussetzungen für den Eintritt eines Lieferungsverzugs!
2. Angenommen, es ist keine Vereinbarung über einen Zeitpunkt zur Leistung getroffen. Stellen Sie dar, wann die Leistung dann fällig ist!
3. Erklären Sie den Begriff Mahnung!
4. Bilden Sie drei Beispiele für Vertragsformulierungen, die einer Mahnung bedürfen, damit Lieferungsverzug eintritt!
5. 5.1 Beschreiben Sie, in welchen Fällen keine Mahnung erforderlich ist!
   5.2 Bilden Sie hierzu jeweils ein Beispiel!
6. Entscheiden Sie bei folgenden Vertragsvereinbarungen über die Leistungszeit, ob der Verkäufer vom Käufer durch eine Mahnung in Verzug gesetzt werden muss:
   6.1 Heute in drei Monaten,
   6.2 Im Juli 20..,
   6.3 Im Laufe des März 20..,
   6.4 Am 28. Juli 20..,
   6.5 14 Tage nach Weihnachten 20..,
   6.6 8 Tage nach Abruf.
   6.7 sofort,
   6.8 20 Tage nach Erhalt der Auftragsbestätigung.

110 Notieren Sie die Voraussetzungen, die gegeben sein müssen, damit ein Gläubiger die folgenden Rechte geltend machen kann:
1. Bestehen auf Vertragserfüllung,
2. Bestehen auf Vertragserfüllung und Schadensersatz wegen Verzögerung der Leistung,
3. Rücktritt vom Vertrag,
4. Schadensersatz statt der Leistung,
5. Ersatz vergeblicher Aufwendungen.

---

[1] Bei Vertragsabschluss vereinbarte Geldsumme, die ein Vertragspartner erbringen muss, wenn er die vertraglich vereinbarte Leistung nicht zum festgelegten Zeitpunkt oder in der festgelegten Weise erfüllt hat.

Beschaffungsprozesse planen, steuern und kontrollieren

111 Damit ein Gläubiger vom Vertrag zurücktreten kann, muss er dem Schuldner zunächst eine Nachfrist setzen. Ist diese erfolglos abgelaufen, dann kann er vom Vertrag zurücktreten.

Aufgabe:
Stellen Sie dar, warum der Gesetzgeber vorgesehen hat, dass erst der erfolglose Fristablauf abgewartet werden muss!

112

„Ich weiß auch nicht, warum unser Verkäufer ..."
Über den Versuch eines Kunden, bestellte Möbel auch geliefert zu bekommen

Der Kunde, der an einem schönen Mittwochmorgen am 23. August ein Möbelhaus betritt, wendet sich an einen Verkäufer: „Guten Tag, ich hätte gerne die 4 Regalteile dort, diesen Schreibtisch, beides in Kirschbaum, und dazu noch einen solchen Bürostuhl." Zunächst irritiert über die Entschlussfreudigkeit des Kunden, greift der Verkäufer sofort zum Auftragsbuch, nimmt die Wünsche entgegen, rechnet den Gesamtpreis aus und weist den Kunden auf die übliche Anzahlung von 20 % hin. „Kein Thema", sagt der Kunde. Bis zu diesem Zeitpunkt also nahezu ein Bilderbuchfall. Dann versteigt sich der Verkäufer zu einer Äußerung, die sich im nachhinein als fatal[1] erweisen sollte: „Dieser Hersteller liefert nach meinen Erfahrungen sehr zügig, die Möbel sind in ungefähr drei Wochen da."

Am 19. September mahnt der Kunde das Möbelhaus an, um sich nach dem Verbleib seiner Möbel zu erkundigen, auf die er bereits seit einer Woche wartet. Die Antwort: „Der Hersteller hat uns die Lieferung der Möbel bis zum Ende dieser Woche, also bis zum 24. September versprochen. Wir liefern Ihnen dann unverzüglich am 27. September."

Nächster Anruf des Kunden am 28. September. Eine Schreckensnachricht: Die Möbel sollen jetzt erst in der 41. Woche ankommen, also Mitte Oktober, glatte 4 Wochen nach dem vorgesehenen Termin. Als der Kunde seinen Unmut darüber äußert, entgegnet ihm seine Gesprächspartnerin, sie „könne ja nichts dafür", wenn der Hersteller nicht pünktlich liefere. „Ich vermittle doch nur zwischen Ihnen und dem Hersteller." Der Käufer stellt klar: „Ich will die Möbel bis zum 5. Oktober haben!"

Am 5. Oktober sind die Möbel endlich beim Kunden eingetroffen. Beim Auspacken stellt der Kunde fest, dass die Möbel bis in das kleinste Teil nach Lego-Art zerlegt sind, kein Teil ist montiert. Zum Zusammenbau der Regale benötigt der Kunde vier Stunden.

Den Höhepunkt bildet jedoch der Schreibtisch: In den Holzplatten sind nicht einmal Löcher gebohrt! „Wie soll ich denn die Schrauben hineindrehen ohne Löcher?", stöhnt der Kunde. Entnervt wendet er sich seiner letzten Neuerwerbung zu. Endlich klappt alles. Der Bürostuhl ist äußerst bequem. Am nächsten Tag sitzt der Käufer auf seinem Stuhl und ruft wieder beim Möbelhaus an, um seinen Schreibtisch zu reklamieren. Plötzlich bricht die Rückenlehne ab und er stürzt schwer zu Boden und bricht sich beide Arme.

Quelle: In Anlehnung an Martin T. Roht, FAZ vom 28. November 2000. [1]

Aufgaben:

1. Beschreiben Sie mit Worten oder mithilfe einer Skizze, wie in vorliegendem Fall ein Kaufvertrag zustande kommt!
2. Der Kunde wartet auf seine Möbel.
   - 2.1 Nennen Sie das Datum, ab wann das Möbelhaus in Verzug ist!
   - 2.2 Nennen Sie die Rechte, die der Kunde zu diesem Zeitpunkt hat!
   - 2.3 Beschreiben Sie, was der Käufer mit seiner Fristsetzung am 28. September erreicht!
3. Beurteilen Sie die Aussage: „Ich vermittle doch nur zwischen Ihnen und dem Hersteller" aus rechtlicher Sicht!
4. Prüfen Sie rechtlich, ob der Kunde die Zeit zum Aufbau der Regale dem Möbelhaus in Rechnung stellen kann!
5. Bestimmen Sie den Sachmangel, um den es sich beim Fehlen von Montagebohrungen handelt!

---
1 **Fatal:** verhängnisvoll.

8.4 Vertragsstörungen bei der Übergabe der Kaufsache

8.4.1 Annahmeverzug

(1) Begriff und Voraussetzungen des Annahmeverzugs

Die Erfüllung einer Leistungspflicht wie z. B. die Übergabe der geschuldeten Sache an den Käufer durch den Verkäufer kann auch durch das Verhalten des Käufers verzögert werden. Die Verzögerung der Leistung kann z. B. dadurch eintreten, dass der Käufer (Gläubiger) die ihm vereinbarungsgemäß angebotene Leistung (z. B. eine Ware) nicht annimmt oder dass er die erforderliche Mitwirkung unterlässt, ohne die der Verkäufer (Schuldner) nicht leisten kann. In diesen beiden Fällen liegt ein sogenannter **Annahmeverzug** vor.

- **Annahmeverzug** liegt vor, wenn ein Gläubiger (z. B. ein Käufer) die ihm ordnungsgemäß angebotene Leistung nicht annimmt [§ 293 BGB].
- Der Annahmeverzug ist ein **Gläubigerverzug**.

Der Annahmeverzug setzt voraus, dass die **Leistung fällig** ist, **tatsächlich angeboten** wird [§ 294 BGB], der **Käufer** die angebotene **Leistung nicht annimmt** [§ 293 BGB], und der **Schuldner** zur **Leistung berechtigt** ist [§ 271 BGB, §§ 358 f. HGB]. Ein **Verschulden des Käufers** ist nicht **erforderlich**.

Der Annahmeverzug darf nicht mit dem Abnahmeverzug (vgl. S. 266) verwechselt werden.

(2) Rechte des Verkäufers

Der Verkäufer kann beim Annahmeverzug des Käufers eines der folgenden Rechte wählen:

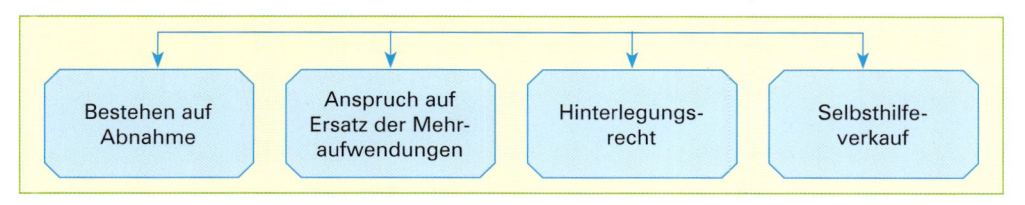

- Bestehen auf Abnahme
- Anspruch auf Ersatz der Mehraufwendungen
- Hinterlegungsrecht
- Selbsthilfeverkauf

■ **Bestehen auf Abnahme**

Hat der Käufer die Sache (Ware) nicht **angenommen**,[1] so hat der Verkäufer trotzdem noch eine Leistungspflicht. Der Verkäufer kann daher den Käufer auf **Abnahme der Sache verklagen**.[2] Dieses Recht wird der Verkäufer vor allem dann wahrnehmen, wenn er die Kaufsache zu einem für ihn günstigen Preis verkauft hat.

■ **Anspruch auf Ersatz der Mehraufwendungen**

Alle Kosten, die durch Einlagerung, freihändigen Verkauf oder öffentliche Versteigerung entstehen, hat der Käufer zu tragen [§ 304 BGB].

---
1 Eine Annahme kann rechtlich nicht erzwungen werden.
2 Der **Annahmeverzug (Gläubigerverzug)** darf nicht mit dem **Abnahmeverzug (Schuldnerverzug)** verwechselt werden. Nimmt der Käufer die ihm ordnungsgemäß (vereinbarungsgemäß) angebotene Leistung nicht ab (körperliche Hinwegnahme), so hat er seine **Abnahmepflicht** nach § 433 II BGB nicht erfüllt.

(3) Sonstige Wirkungen des Annahmeverzugs

Die **Haftung des Verkäufers** wird eingeschränkt. Sie erstreckt sich nur noch auf **grobe Fahrlässigkeit** und **Vorsatz** [§ 300 I BGB]. Für leichte Fahrlässigkeit und Schäden durch höhere Gewalt haftet der Schuldner (Verkäufer) nicht mehr.

Beim **Gattungskauf** trägt der Gläubiger (Käufer) bei Nichtannahme der ordnungsgemäß angebotenen Produkte die **Sachgefahr des zufälligen Untergangs** und der **zufälligen Verschlechterung der Produkte** [§ 300 II BGB].

Werden **verzinsliche Geldschulden nicht angenommen,** sind vom Tage des Annahmeverzugs keine Zinsen mehr zu bezahlen [§ 301 BGB].

8.4.2 Abnahmeverzug

(1) Begriff Abnahmeverzug

Nimmt ein **Käufer** die ihm ordnungsgemäß (vereinbarungsgemäß) **angebotene Leistung nicht ab** (körperliche Hinwegnahme), so hat er seine Abnahmepflicht nach § 433 II BGB nicht erfüllt.

> - Ein **Abnahmeverzug** liegt vor, wenn den Käufer ein **Verschulden** trifft und die **Mahnung** durch den Verkäufer auf Abnahme erfolglos war.
> - Der Abnahmeverzug ist ein **Schuldnerverzug.**

Bei kalendermäßig bestimmter oder bestimmbarer Leistungszeit oder wenn der Käufer z. B. die Abnahme ernsthaft und endgültig verweigert, bedarf es keiner Mahnung [§§ 242, 286 II BGB].

(2) Rechte des Verkäufers

Nach Eintritt des Abnahmeverzugs kann der Verkäufer den Käufer z. B. auf **Abnahme verklagen** und/oder **Ersatz des Verzugsschadens** (Verspätungsschadens) fordern [§§ 280 I, II; 286 BGB].

Der Verkäufer kann nur dann vom **Vertrag zurücktreten und/oder Schadensersatz statt der Leistung** verlangen, wenn die **Abnahme** der Leistung eine Hauptpflicht ist. Dies wäre z. B. der Fall beim Verkauf von Häusern auf Abbruch, beim Verkauf von Massengütern (z. B. Steine, Kies, Erze, Kohle) in größeren Mengen mit dem für den Käufer erkennbaren Zweck der Lagerräumung oder beim Verkauf von Abfallmaterialien. Außerdem muss die vom Verkäufer vorher zur Abnahme gesetzte angemessene Frist erfolglos abgelaufen sein. Die Fristsetzung ist entbehrlich, wenn der Käufer die Abnahme der Produkte ernsthaft und endgültig verweigert oder wenn Umstände vorliegen, die unter Abwägung der beiderseitigen Interessen den sofortigen Rücktritt rechtfertigen.

Kompetenztraining

113

1. Herr Schulz, alleinstehend, hat sich einen LCD-Fernseher gekauft, der am 15. März geliefert werden soll. Vom 10. März bis 31. März befand sich Herr Schulz im Krankenhaus. Der Verkäufer stand am 15. März vor verschlossener Tür.

   Aufgabe:
   Prüfen Sie, ob sich Herr Schulz in Annahmeverzug befindet!

2. Erklären Sie, warum beim Annahmeverzug ein Verschulden des Käufers nicht erforderlich ist!

3. Paul Bauer ist langjähriger Pilzlieferant der Lebensmittelfabrik Frisch GmbH. Schon vor Jahren wurde schriftlich zwischen Frisch und Bauer vereinbart, dass er jederzeit Frischpilze in jeder Menge bis zu 40 kg täglich abliefern könne, wobei sich die Preise nach den Großmarktpreisen des Ablieferungstags richten. Am 3. Oktober 20.. wollte Bauer 10 kg Pilze abliefern; vom Chef der Warenannahme der Lebensmittelfabrik erfuhr Bauer jedoch, dass man seine Pilze heute und morgen nicht brauchen könnte, da der Absatz in letzter Zeit stark zurückgegangen sei.

   Aufgaben:
   3.1 Prüfen Sie, ob sich die Lebensmittelfabrik Frisch GmbH in Annahmeverzug befindet!
   3.2 Klären Sie, was Paul Bauer unternehmen kann, um seinen Schaden möglichst klein zu halten!

8.5 Zahlungsverzug (Nicht-Rechtzeitig-Zahlung)

8.5.1 Begriff Zahlungsverzug

Ein **Zahlungsverzug**[1] liegt vor, wenn
- der **Gläubiger** seinen Teil des **Vertrags erfüllt** hat,
- der **Gläubiger** den fälligen Betrag **nicht oder nicht rechtzeitig** erhalten hat und
- der **Schuldner** den Zahlungsverzug **verschuldet**[2] hat.

Der Gläubiger muss **in der Regel** den Zahlungspflichtigen **nicht mahnen,** es sei denn der Zahlungszeitpunkt ist nicht genau bestimmt und nicht berechenbar (siehe S. 268f.).

Beim Zahlungsverzug handelt es sich um eine nur **vorübergehende Leistungsstörung.** Die Nachholbarkeit ist grundsätzlich immer möglich.[3]

---

1 Der Zahlungsverzug ist ein Schuldnerverzug.
2 Ein Verschulden wird bei Zahlungsverzug immer unterstellt.
3 Der Käufer kann **nicht** auf eine **unverschuldete Mittellosigkeit verweisen**: „Geld hat man zu haben", gegebenenfalls durch Aufnahme eines Darlehens.

Bei allen **Geschäften zwischen Unternehmen** dürfen nur Zahlungsfristen von maximal 60 Tagen[1] vertraglich vereinbart werden [§ 271a I BGB]. Die Zahlungsfrist beginnt zum Zeitpunkt

- des **Empfangs der Leistung** (z. B. der Waren) oder
- des **Rechnungszugangs** oder
- des in der Rechnung **genannten Zeitpunkts**.

8.5.2 Eintritt des Zahlungsverzugs

(1) Zahlungszeitpunkt nach dem Kalender genau bestimmt oder berechenbar

Ist der **Zahlungszeitpunkt** nach dem Kalender **genau bestimmt** oder lässt sich der Zahlungszeitpunkt **kalendermäßig genau berechnen,** so tritt der Zahlungsverzug **unmittelbar nach Überschreiten** des Zahlungstermins ein [§ 286 II BGB].[2]

Ein **Zahlungstermin** ist nur dann **genau bestimmt,** wenn er **vertraglich vereinbart** ist [§ 286 II BGB].

Eine Leistungszeit kann nicht durch eine einseitige Erklärung bestimmt werden. Durch den bloßen Aufdruck des Zahlungstermins durch den Verkäufer auf einer Rechnung kann somit der Zahlungstermin nicht festgelegt werden.

Beispiele:

- Im Vertrag wird ein **kalendermäßig genau bestimmter Zahlungszeitpunkt** vereinbart:
  - „Der Kaufpreis ist bis zum 15. Januar auf das vom Verkäufer genannte Konto zu überweisen." Der Käufer kommt mit Ablauf des 15. Januars in Verzug.
  - „Der Kaufpreis ist zahlbar im Mai 20.." Der Käufer kommt mit Ablauf des 31. Mai 20.. in Verzug.

- Im Vertrag wird ein **kalendermäßig genau berechenbarer Zahlungszeitpunkt** vereinbart:
  - „Der Kaufpreis ist innerhalb von 10 Kalendertagen nach Rechnungs**datum** zu leisten." Ist die Rechnung auf den 17. Juni datiert, ist der Käufer mit Ablauf des 27. Juni in Zahlungsverzug.
  - „Der Kaufpreis ist innerhalb von 8 Kalendertagen nach Mitteilung des Notars vom Vorliegen der Eintragungsvoraussetzungen auf das vom Verkäufer benannte Konto zu überweisen." Erhält der Käufer die Mitteilung des Notars am 1. Juli, so befindet sich der Käufer mit Ablauf des 9. Juli in Zahlungsverzug.

(2) Zahlungszeitpunkt nicht genau bestimmt und nicht berechenbar

Ist der Zahlungszeitpunkt weder genau bestimmt noch kalendermäßig berechenbar, dann kommt der Käufer in Zahlungsverzug, wenn er auf eine vom Verkäufer **nach der Fälligkeit erfolgte Mahnung** nicht zahlt [§ 286 I, S. 1 BGB].

Beispiele:

- „Zahlbar 14 Tage nach Rechnungs**erhalt**"
- „Zahlbar sofort"
- „Zahlbar ab 20. April 20.."

---

1 Im Einzelfall können längere Zahlungsfristen vereinbart werden, sofern sie **ausdrücklich getroffen** werden und den **Gläubiger nicht grob benachteiligen.**

2 Ist der Kunde ein Verbraucher [§ 13 BGB], so muss auf jeden Fall einmal gemahnt werden (Urteil BGH vom 25.10.2007, III ZR 91/07].

8 Leistungsstörungen beim Kaufvertrag

> **Hinweis:**
>
> - **Verzichtet der Verkäufer auf eine Mahnung oder verweigert der Käufer die Zahlung** ernsthaft und endgültig, so befindet sich der Käufer **spätestens 30 Tage nach Fälligkeit und Zugang einer Rechnung** in Zahlungsverzug [§ 286 III, S. 1 BGB].[1]
> - Der **Verkäufer kann** somit **wählen**, ob er z. B.
>   - nach Zugang einer Rechnung beim Käufer durch eine **rasche Mahnung nach Fälligkeit** schon **vor Ablauf von 30 Tagen** den Zahlungsverzug herbeiführen will oder ob er
>   - durch **bloßes Zuwarten** den Verzug **erst nach 30 Tagen** eintreten lässt.
> - Beim **Verbrauchsgüterkauf** gilt diese Regel nur, wenn in der **Rechnung besonders darauf hingewiesen** wurde. Fehlt dieser Hinweis, dann bedarf es einer **Mahnung**, damit Verzug eintritt.

Beispiel:

Die Kurpark-Therme AG erhält am 2. August 20.. von der AMID GmbH München eine Rechnung über gelieferte Trainingsgeräte. Bei Nichtzahlung ist die Kurpark-Therme AG **ohne Mahnung am 2. September 20..** in Zahlungsverzug.

Erhält die Kurpark-Therme AG am 17. August eine **Mahnung** der AMID GmbH München wegen Nichtzahlung, dann ist sie **ab dem 17. August** in Zahlungsverzug.

8.5.3 Rechtsfolgen (Rechte des Verkäufers)

(1) Überblick

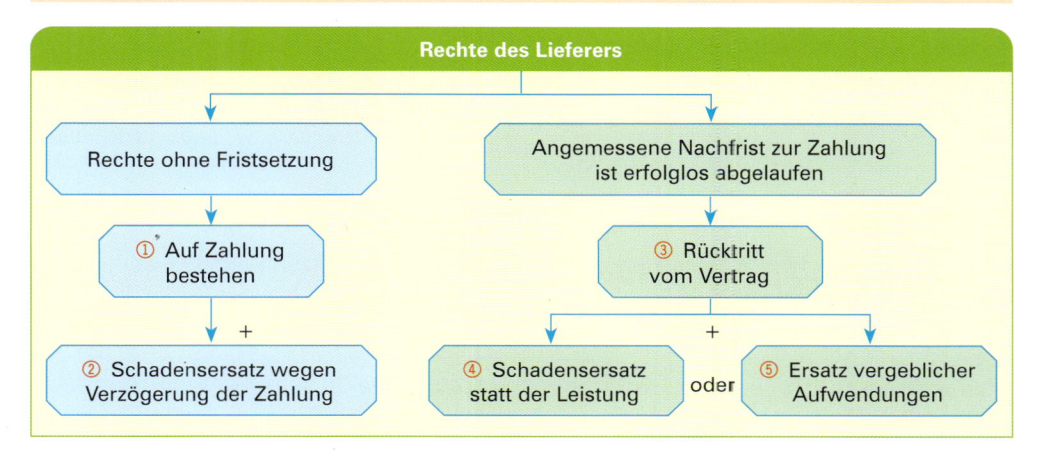

```
                        Rechte des Lieferers
                               │
                ┌──────────────┴──────────────┐
                ▼                             ▼
     Rechte ohne Fristsetzung      Angemessene Nachfrist zur Zahlung
                │                    ist erfolglos abgelaufen
                ▼                             │
          ① Auf Zahlung                       ▼
            bestehen                    ③ Rücktritt
                +                         vom Vertrag
                ▼                             +
     ② Schadensersatz wegen       ┌───────────┴───────────┐
     Verzögerung der Zahlung      ▼                       ▼
                             ④ Schadensersatz    oder  ⑤ Ersatz vergeblicher
                             statt der Leistung          Aufwendungen
```

---

[1] Die **30-Tage-Regelung** gilt nur für **Entgeltforderungen**.

(2) Rechte ohne Fristsetzung

① Auf Zahlung bestehen

Der Verkäufer besteht auf dem vereinbarten Kaufpreis. Zahlt der Käufer nach dem Zahlungstermin, stellt der Verkäufer keine weiteren Ansprüche.

② Schadensersatz wegen Verzögerung der Zahlung

Der Verkäufer ist berechtigt, vom Käufer einen angemessenen Ersatz **aller** durch den Zahlungsverzug bedingten Verzugsschäden zu verlangen. Der Verkäufer ist so zu stellen, wie er vermögensmäßig stehen würde, wenn der Käufer rechtzeitig gezahlt hätte [§ 249 I BGB].[3]

Beispiele für Verzugsschäden:
- Gesetzliche Verzugszinsen (beim Verbrauchsgüterkauf 5 %, unter Kaufleuten 9 % über dem Basiszinssatz).[1]
- Kosten des Inkassobüros,[2] Anwalts- und Gerichtskosten, Porto.

(3) Rechte nach erfolgloser angemessener Fristsetzung zur Zahlung

③ Rücktritt vom Kaufvertrag

Ist eine vom Verkäufer gesetzte angemessene Frist zur Zahlung erfolglos abgelaufen, kann der Verkäufer vom Vertrag zurücktreten [§ 323 I BGB]. Beim Rücktritt sind alle bereits erbrachten Leistungen zurückzuerstatten, beispielsweise die gelieferte Ware durch den Käufer oder eine erhaltene Zahlung durch den Verkäufer.

Ein Rücktritt ist **nicht möglich,** wenn der **Schaden unerheblich** ist [§ 323 V, S. 2 BGB].

④ Schadensersatz statt der Leistung

Dies kann der Verkäufer zusätzlich zum Rücktritt vom Vertrag verlangen. Voraussetzung ist, dass den Käufer ein Verschulden trifft. Der Anspruch auf Zahlung ist damit ausgeschlossen.

Beispiel:
Ein Käufer zahlt nicht. Der Verkäufer nimmt die Ware zurück und verkauft sie anderweitig, jedoch zu einem niedrigeren Preis. Den Preisunterschied, die Rücknahmekosten und gegebenenfalls weitere entstandene Verzugskosten (z. B. Verzugszinsen) hat der Käufer zu tragen.

⑤ Ersatz vergeblicher Aufwendungen

Anstelle des Schadensersatzes statt der Leistung kann der Verkäufer auch Ersatz vergeblicher Aufwendungen verlangen.

---

1 Der **Basiszinssatz** wird von der Europäischen Zentralbank bestimmt.
2 **Inkasso:** Einzug von Geldforderungen.
3 Grundsätzlich kann der Gläubiger jedoch bei jedem Verzugsschaden eine Verzugspauschale von 40,00 EUR beanspruchen [§ 288 V BGB].

Kompetenztraining

114
1. Nennen Sie die Voraussetzungen, die geprüft werden müssen, um zu beurteilen, ob ein Zahlungsverzug vorliegt oder nicht!
2. Geben Sie Vertragsformulierungen an, die einer Mahnung bedürfen, damit der Zahlungsverzug eintritt!
3. Nennen Sie die Bedingungen unter welchen eine Mahnung entbehrlich ist!
4. Erläutern Sie die 30-Tage-Regel!
5. Geben Sie für die folgenden Fälle an, wann das Entgelt spätestens zu zahlen ist, wenn Zahlungsverzug vermieden werden soll!

Nr.	Vereinbarte Zahlungsbedingung
5.1	Zahlbar innerhalb von 10 Tagen ab Rechnungsdatum unter Abzug von 3 % Skonto, Ziel 30 Tage ab Rechnungsdatum (zweiseitiger Handelskauf)
5.2	Ziel 20 Tage ab Rechnungsdatum (zweiseitiger Handelskauf)
5.3	Sofort (zweiseitiger Handelskauf)
5.4	Sofort (einseitiger Handelskauf, kein Hinweis auf „30-Tage-Regel")
5.5	Keine Zahlungsbedingungen vereinbart (zweiseitiger Handelskauf)
5.6	Keine Zahlungsbedingungen vereinbart (einseitiger Handelskauf, mit Hinweis auf „30-Tage-Regel")
5.7	Keine Zahlungsbedingungen vereinbart (einseitiger Handelskauf, Hinweis auf „30-Tage-Regel" fehlt)

115 Die Seniorenresidenz Rosenhof KG erhält am 2. Juni 20.. vom Autohaus Gruber OHG eine Rechnung über 44 000,00 EUR zuzüglich 19 % USt. Als Zahlungsbedingungen wurden vereinbart: Zahlung innerhalb von 10 Tagen ab Rechnungsdatum mit 2 % Skonto oder 30 Tage netto Kasse. Rechnungsdatum ist der 1. Juni 20..

Aufgaben:

Erläutern Sie, ob die Seniorenresidenz Rosenhof KG in Zahlungsverzug ist, wenn sie
1. den Rechnungsbetrag abzüglich 2 % Skonto am 12. Juni 20.. überweist,
2. den Rechnungsbetrag ohne Skonto am 15. Juli 20.. bezahlt hat!

116 Privatmann Schneider kauft sich einen Pkw vom Autohaus Gruber OHG. Er leistet eine Anzahlung, der Rest von 25 000,00 EUR ist fällig und bereits angemahnt zum 10. November. Der Restbetrag trifft beim Autohaus jedoch erst am 10. Januar ein. Das Autohaus hat in der Zwischenzeit bei seiner Bank einen Kontokorrentkredit zu 10 % Zins über dem Basiszinssatz in Anspruch genommen.

Aufgaben:

1. Klären Sie rechtlich, ob das Autohaus Gruber OHG die Erstattung der Zinsen verlangen kann!
2. Erläutern Sie die Rechtslage, wenn beide Personen Kaufleute und dieser Kauf für beide ein Handelsgeschäft gewesen wäre!

9 Sicherung und Durchsetzung von Ansprüchen

9.1 Überwachung des Zahlungseingangs

Eine sorgfältige Rechnungserstellung ist gegenüber dem Kunden ein Beleg für die Sorgfalt der gesamten Auftragsabwicklung. Auch kleine Fehler in der Rechnung können einen Kunden dazu ermuntern, den gesamten Rechnungsbetrag zurückzuhalten.

Der Zahlungseingang kann beschleunigt werden, indem bei der Rechnungsstellung in erster Linie auf Anreize zur raschen Zahlung (z. B. Gewährung eines Skontos) und weniger auf langfristige Zahlungsziele geachtet wird. Das Beifügen von weitgehend ausgefüllten Überweisungsträgern und die Benennung eines Ansprechpartners (mit Telefonnummer) für Rückfragen unterstützen dieses wichtige Ziel.

Eine sorgfältige Kontrolle des Zahlungseingangs sichert dem Unternehmen die eigene Liquidität.[1] Andernfalls müsste es die Liquidität dadurch sicherstellen, dass es Bankkredite aufnimmt und hierfür teure Zinsen bezahlt. Eine integrierte Unternehmenssoftware[2] unterstützt die Buchführung darin, einen exakten Überblick darüber zu haben, zu welchem Datum mit den einzelnen Zahlungseingängen zu rechnen ist. Säumigen Kunden kann daher pünktlich eine Mahnung erteilt werden. Entschlossenes und nachdrückliches Handeln an dieser Stelle beeinflusst das Zahlungsverhalten der Kunden im positiven Sinne. Darüber hinaus verbessert der Nachweis eines geordneten Forderungs- und Mahnwesens langfristig die Kreditbedingungen bei der eigenen Bank.

9.2 Eigentumsvorbehalt

(1) Begriff Eigentumsvorbehalt[3]

Will der Käufer sofort in den Besitz der Kaufsache kommen, aber erst zu einem späteren Zeitpunkt bezahlen, so können Verkäufer und Käufer vereinbaren, dass der Verkäufer bis zur Zahlung des Kaufpreises Eigentümer der Kaufsache bleibt [§ 449 I BGB].

> - Der **Eigentumsvorbehalt** ist eine zusätzliche Vereinbarung beim Abschluss eines Kaufvertrags, wonach der **Käufer** mit der Übergabe der Kaufsache zunächst nur **unmittelbarer Besitzer, nicht aber Eigentümer** werden soll.
> - Ein Eigentumsvorbehalt kann nur beim Kauf **beweglicher Sachen** vereinbart werden.

---

1 **Liquidität** ist die Fähigkeit eines Unternehmens, jederzeit die Zahlungsverpflichtungen fristgerecht erfüllen zu können.
2 Durch die Speicherung aller Daten zu einem Kundenauftrag schließt eine solche Software die Bearbeitungsmöglichkeit des gesamten Geschäftsprozesses ein.
3 Ein Eigentumsvorbehalt kann nur beim Kauf beweglicher Sachen und beim Werkvertrag, nicht jedoch beim Grundstückskauf [§ 925 II BGB], bei Forderungen und sonstigen Rechten vereinbart werden.

9 Sicherung und Durchsetzung von Ansprüchen

Die Einigung über den Eigentumsübergang ist zwar erfolgt, der Käufer erwirbt jedoch durch die sogenannte **aufschiebend bedingte Einigung** [§§ 929, 158 I BGB] nur ein Recht auf Erlangung des vollständigen Eigentums an der Kaufsache. Die Vereinbarung des Eigentumsvorbehalts bedarf keiner bestimmten Form.

Beispiel:

Formulierung des Eigentumsvorbehalts:

„Die Ware bleibt bis zur restlosen Bezahlung aller Forderungen aus laufenden Rechnungen unser Eigentum. Ein Weiterverkauf ist bis zur restlosen Bezahlung der Ware nicht zulässig."

(2) Zweck des Eigentumsvorbehalts

Der Eigentumsvorbehalt sichert den Anspruch des Verkäufers auf Zahlung des Kaufpreises durch den Käufer **(Mittel der Kreditsicherung)**. Der Eigentumsvorbehalt gibt dem Verkäufer einen **Rückforderungsanspruch** (Herausgabeanspruch auf das „Vorbehaltseigentum"), wenn der Käufer nicht zahlt und der Verkäufer vom Kaufvertrag zurückgetreten ist.[1]

(3) Ende des Eigentumsvorbehalts

Der Eigentumsvorbehalt erlischt z. B., wenn die Ware

- vom Käufer bezahlt wird,
- verarbeitet oder umgebildet wird [§ 950 BGB],
- mit einem Grundstück als wesentlicher Bestandteil fest verbunden wird [§ 946 BGB],
- an einen gutgläubigen Dritten veräußert wird [§ 932 BGB],
- zerstört wird, oder wenn
- der Verkäufer vom Kaufvertrag zurücktritt und die Kaufsache zurückverlangt.

9.3 Kaufmännisches (außergerichtliches) Mahnverfahren

Mit jedem Zielverkauf ist für den Verkäufer trotz aller Kreditsicherungsmaßnahmen ein Zahlungsrisiko (Kreditrisiko) verbunden. Der Verkäufer hat dem Käufer die Kaufsache bereits übergeben, ohne vom Käufer den Kaufpreis „Zug-um-Zug" zu erhalten. Um Zahlungsverzögerungen und Zahlungsausfällen vorzubeugen, ist die laufende Überwachung der Forderungen notwendig.

Es gibt keine gesetzlich vorgeschriebene Form der kaufmännischen (außergerichtlichen) Mahnung. Die meisten Mahnungen erfolgen jedoch aus Gründen der Beweissicherheit in **schriftlicher Form**.

---

[1] Voraussetzung für den Rücktritt des Verkäufers ist, dass der Käufer eine angemessene Frist zur Leistung setzt und diese Frist erfolglos abgelaufen ist.

In der Praxis erfolgen die kaufmännischen Mahnungen im Allgemeinen in folgenden Stufen:

Zahlungs-erinnerung	Sie ist eine höfliche Erinnerung an die fällige Zahlung (meistens mit einer **Rechnungskopie** oder einem **Kontoauszug**), die häufig mit einem neuen Angebot verbunden wird.
Erste Mahnung	In ihr wird ausdrücklich auf die Fälligkeit der Schuld (Zahlung) hingewiesen und eine **neue Zahlungsfrist** gesetzt. Wie bei der Zahlungserinnerung können die entsprechenden Zahlungsformulare beigelegt werden.
Zweite Mahnung	In dieser Mahnung wird dem Schuldner unter Hinweis auf die ihm entstehenden zusätzlichen Kosten **angedroht**, die überfällige Zahlung durch eine **Postnachnahme**[1] oder ein **Inkassoinstitut** einziehen zu lassen, falls die Zahlung nicht innerhalb der nächsten Tage eingeht.
Dritte Mahnung	Ist die Zahlung auch aufgrund der zweiten Mahnung noch nicht erfolgt, hat der Schuldner die Postnachnahme nicht eingelöst oder die Zahlung an das Inkassoinstitut verweigert, so erfolgt eine letzte **verschärfte Mahnung** mit letzter Fristsetzung. In dieser wird eine **Klage auf Zahlung** oder ein **gerichtlicher Mahnbescheid** angedroht.

9.4 Gerichtliches Mahnverfahren

Wenn das außergerichtliche Mahnverfahren nicht zum Ziel geführt hat, wenn der Schuldner also nicht zahlt, kann der Gläubiger – in § 688 I ZPO Antragsteller genannt – den Erlass eines Mahnbescheids beantragen. Durch den Mahnbescheid wird der Schuldner, der als Antragsgegner bezeichnet wird, zur Zahlung aufgefordert. Der Zweck des Mahnbescheids ist, den Klageweg (Prozess) zu vermeiden.

Der Inhalt des **Mahnantrags** [§ 690 ZPO] und der Inhalt des Mahnbescheids [§ 692 ZPO] sind gesetzlich festgelegt.

Der **Antrag auf Erlass eines Mahnbescheids** ist i. d. R. bei dem Amtsgericht zu stellen, in dessen Bezirk der Antragsteller seinen allgemeinen Gerichtsstand hat [§ 689 ZPO]. Der allgemeine Gerichtsstand einer natürlichen Person wird durch ihren Wohnsitz bestimmt. Bei Unternehmen und sonstigen Personenvereinigungen (z. B. Gesellschaften des bürgerlichen Rechts) befindet sich der allgemeine Gerichtsstand beim Amtsgericht ihres Sitzes.

Hat der Antragsteller keinen inländischen allgemeinen Gerichtsstand, ist das Amtsgericht Berlin (Wedding) zuständig.

Das Mahnverfahren wird durch **zentrale Mahngerichte** in automatisierter (elektronischer) Form unter Verantwortung eines Rechtspflegers durchgeführt [§ 20 Nr. 1 RpflG[2]]. Die zentralen Mahngerichte wurden von den Bundesländern bzw. Ländergruppen eingerichtet (z. B. Baden-Württemberg: Amtsgericht Stuttgart, Niedersachsen: Amtsgericht Uelzen, Berlin und Brandenburg: Amtsgericht Berlin (Wedding), Rheinland-Pfalz und Saarland: Amtsgericht Mayen).

---

[1] Bei der Zahlung mit **Postnachnahme** händigt die Deutsche Post AG Briefe und Paketsendungen erst aus, wenn der Empfänger den Nachnahmebetrag an den Zusteller bar bezahlt hat.

[2] **RpflG**: Rechtspflegergesetz.

Auf den Mahnbescheid kann der Antragsgegner wie folgt reagieren:

1. **Er zahlt** den Rechnungsbetrag einschließlich Verzugszinsen, Mahnkosten und Gerichtskosten an den Antragsteller. Das Mahnverfahren ist beendet.

2. **Er erhebt schriftlich Widerspruch** innerhalb von zwei Wochen seit Zustellung des Mahnbescheids. Da die Widerspruchsfrist keine Ausschlussfrist ist, kann über diese Frist hinaus noch so lange gegen den Mahnbescheid widersprochen werden, wie noch kein Vollstreckungsbescheid verfügt ist. Die Folge des rechtzeitigen Widerspruchs ist – auf Antrag einer der beiden Parteien – der Übergang in das streitige Verfahren (Gerichtsverhandlung, Prozess) [§§ 692 I Nr. 3 und 694 ZPO].

3. **Er unternimmt nichts.** Nach Ablauf der Widerspruchsfrist kann der Antragsteller beim Mahngericht den Antrag stellen, den Mahnbescheid für **vorläufig vollstreckbar** zu erklären.[1] Dies geschieht mittels des Vollstreckungsbescheids.[2] Ist kein Widerspruch erhoben worden und wird der Antrag auf Erlass eines Vollstreckungsbescheids nicht binnen **sechs Monaten** seit Zustellung des Mahnbescheids gestellt, verliert der Mahnbescheid seine Wirkung [§§ 699, 701 ZPO].

Kompetenztraining

117 1. Erläutern Sie die Gründe, warum die Unternehmen auf eine pünktliche Bezahlung ihrer Ausgangsrechnungen angewiesen sind!

2. Erklären Sie den Zweck des Eigentumsvorbehalts!

3. Begründen Sie, warum ein Eigentumsvorbehalt nur durch eine Vereinbarung zwischen dem Verkäufer und Käufer und nicht allein durch die Willenserklärung des Verkäufers, nur unter Eigentumsvorbehalt zu liefern, rechtswirksam werden kann!

4. Nennen Sie Gründe, bei deren Vorliegen der Eigentumsvorbehalt erlischt!

118 1. Beschreiben Sie die Stufen des kaufmännischen (außergerichtlichen) Mahnverfahrens!

2. Erklären Sie mögliche Vor- und Nachteile des Forderungseinzugs durch Postnachnahme oder Inkassoinstitute aus der Sicht des Geldgläubigers!

3. Die Meister & Co. KG in Solingen lieferte am 24. Februar 20.. an die Rotthal Ex- und Importgesellschaft GmbH in Hamburg Klinikbetten im Wert von 40 000,00 EUR. Laut Lieferungs- und Zahlungsbedingungen sind die Betten 4 Wochen nach Rechnungseingang zu bezahlen. Erfüllungsort und Gerichtsstand ist Solingen. Die Rechnung wurde am 24. Februar 20.. abgesandt und ging am 26. Februar 20.. bei der Rotthal Ex- und Importgesellschaft GmbH ein. Die Lieferung wurde ordnungsgemäß ausgeführt und ohne Beanstandungen von der Rotthal Ex- und Importgesellschaft GmbH an- und abgenommen.

Am 30. März 20.. hat die Rotthal Ex- und Importgesellschaft GmbH die Rechnung noch nicht beglichen. Die Mahnabteilung der Meister & Co. KG schickte daher am 2. April 20.., am 10. April 20.. und am 20. April 20.. je eine Mahnung, die alle ergebnislos blieben.

Aufgaben:

3.1 Erklären Sie, warum dreimal gemahnt wurde!

3.2 Prüfen Sie, ob eine Mahnung überhaupt notwendig ist, um die Rotthal Ex- und Importgesellschaft GmbH in Verzug zu setzen!

---

[1] Vorläufig vollstreckbar ist der Mahnbescheid bzw. der Vollstreckungsbescheid deshalb, weil sich der Antragsgegner noch durch das **Rechtsmittel** des **Widerspruchs** bzw. **Einspruchs** gegen die Vollstreckung wehren kann.

[2] Unter **Vollstreckung** ist hier die Pfändung in das Vermögen des Antragsgegners (Schuldners) zu verstehen.

9.5 Verjährung

9.5.1 Gegenstand und Zweck der Verjährung

> - Die **Verjährung** legt den **Ablauf** der **Frist** fest, innerhalb der ein **Anspruch** erfolgreich gerichtlich geltend gemacht werden kann.
> - Ein **Anspruch** ist das Recht, von einem anderen ein **Tun** oder ein **Unterlassen** zu verlangen.

Die Verjährung bedeutet jedoch nicht, dass der Anspruch nach vollendeter Verjährung erloschen ist. Dem Schuldner wird nach Ablauf der Verjährungsfrist gesetzlich lediglich das Recht eingeräumt, sich nach seinem freien Ermessen auf die vollendete Verjährung zu berufen und die Leistung zu verweigern. Er hat das Recht zur **„Einrede der Verjährung"**.[1] Erfüllt ein Schuldner also einen bereits verjährten Anspruch, kann er die Leistung nicht mehr erfolgreich zurückfordern.

> **Beispiel:**
> In Unkenntnis der bereits eingetretenen Verjährung des Zahlungsanspruchs seines Verkäufers zahlt der Käufer den Kaufpreis. Der Käufer kann die Zahlung nicht nach den Grundsätzen der ungerechtfertigten Bereicherung vom Verkäufer zurückfordern.

Zweck der **Verjährung** ist es, vor allem die **Rechts- und Beweissicherheit** des **Rechtsverkehrs** zu erhöhen.

9.5.2 Verjährungsfristen

Für die Verjährung gilt grundsätzlich die Regelfrist von 3 Jahren. Daneben gibt es noch eine Reihe von Sonderregelungen.

(1) Regelmäßige Verjährungsfristen

3 Jahre [§ 195 BGB]	
Geltung	- Wiederkehrende Leistungen (Miete, Pacht, Zinsen) - Rechtsgeschäfte zwischen Kaufleuten bzw. Privatleuten - Ansprüche aus unerlaubten Handlungen (z. B. Körperverletzung) - Forderungen aufgrund arglistig verschwiegener Mängel - …
Fristbeginn	Mit Schluss des Jahres, in dem der Anspruch entstanden ist [§ 199 BGB].

---

[1] Der Richter muss die Verjährung von Amts wegen nicht berücksichtigen.

9 Sicherung und Durchsetzung von Ansprüchen

Beispiel:

Das Autohaus Velter GmbH verkauft an die Seniorenresidenz Rosenhof KG mit Vertrag vom 15. Februar 2019 einen zwei Jahre alten Kombiwagen. Zu welchem Zeitpunkt verjähren die Ansprüche auf Zahlung des Kaufpreises und Lieferung des Fahrzeugs?

Die Ansprüche sind am 15. Februar 2019 entstanden. Das Autohaus Velter GmbH und die Seniorenresidenz Rosenhof KG haben jeweils Kenntnis von den den Anspruch begründenden Umständen und der Person des Schuldners erlangt. Die Verjährung beginnt daher gemäß § 199 I BGB am 31. Dezember 2019. Für das Rechtsgeschäft kommt die dreijährige regelmäßige Verjährungsfrist in Betracht. Die Ansprüche verjähren mit Ablauf des 31. Dezember 2022.

(2) Besondere Verjährungsfristen (Beispiele)

	2 Jahre [§ 438 I, Nr. 3 BGB]	5 Jahre [§ 438 I, Nr. 2 BGB]	30 Jahre [§§ 197, 199 II, III BGB]
Geltung	Sachmängelhaftung aus Kauf- und Werkverträgen	Sachmängelhaftung aus Kauf von Baumaterial und Bauwerken	■ Rechtskräftige Urteile ■ Forderungen aus Insolvenz ■ Vollstreckungsbescheide ■ Schadensersatzansprüche aus Verletzungen des Lebens oder des Körpers
Fristbeginn	Ablieferung der Kaufsache bzw. Abnahme des Werkes [§ 634a I, Nr. 1 BGB]	Ablieferung der Kaufsache bzw. Übergabe des Bauwerkes [§ 634a I, Nr. 2 BGB]	Mit dem Datum der Fälligkeit des Anspruchs bzw. Rechtskraft der Entscheidung [§ 200 BGB]

9.6 Insolvenz eines Unternehmens

Zahlungsverzögerungen in Verbindung mit Mahnverfahren sind in aller Regel Anzeichen für eine konkrete Insolvenzgefahr des Schuldners. Als **Insolvenz** bezeichnet man vorübergehende Zahlungsschwierigkeiten oder die dauernde Zahlungsunfähigkeit eines Schuldners.

Auf Antrag des Schuldners oder eines Gläubigers führt diese prekäre Situation eines Unternehmens zu einem gerichtlichen Verfahren, dem Insolvenzverfahren. Vorrangiges Ziel eines Insolvenzverfahrens ist es, den Erhalt des angeschlagenen Unternehmens mit einem Sanierungskonzept zu sichern. Ist dagegen der Fortbestand des Unternehmens wegen Überschuldung nicht möglich, wird das restliche Vermögen des Schuldners verwertet und der Erlös gemäß einem Insolvenzplan auf die Gläubiger verteilt [§ 1 InsO].

Kompetenztraining

119 1. 1.1 Erklären Sie den Begriff Verjährung!
   1.2 Begründen Sie die Notwendigkeit (den Zweck) und den Gegenstand der Verjährung!

2. Erläutern Sie, warum die regelmäßige Verjährungsfrist erst mit Ablauf des Jahres, in dem eine Forderung fällig wurde, beginnt!

3. Der Klinik-Großhandel Michael Teubner e. K. lieferte der Königsberg-Klinik GmbH mit Rechnung vom 20. April 2021 Hygiene- und Pflegebedarf, Rechnungsbetrag 12 300,00 EUR.

   Aufgaben:
   3.1 Nennen Sie das Verjährungsdatum!
   3.2 Stellen Sie die Folgen dar, die die Verjährung für den Gläubiger hat!

120 Lesen Sie zunächst den folgenden Text:

> **Was ist in der Krankenhauslandschaft passiert?**
>
> Seit Jahren steckt ein Teil der Krankenhäuser in Deutschland in wirtschaftlichen Schwierigkeiten. Diese Krise ist messbar. Deutschlandweit waren es bis zu 16 % der Kliniken, die akut von der Insolvenz bedroht sind.
>
> Kliniken, die unter finanziellem Druck stehen, versuchen sich zu helfen, indem sie Kosten senken. Das kann z. B. die Schließung von Standorten oder Abteilungen sein, die engere Zusammenarbeit mit anderen Krankenhäusern bis hin zu Fusionen. Wenn das alles nichts mehr hilft, kommt es zu Schließungen oder Insolvenzverfahren.
>
> Zu den Kliniken, die akut von der Insolvenz bedroht sind, gehören vor allem kleinere, wenig spezialisierte Krankenhäuser mit weniger als 200 Betten in vorwiegend ländlichen Regionen. Spezialisiert heißt, die Krankenhäuser haben sich auf spezielle Behandlungen konzentriert, mit denen sich Geld verdienen lässt. So lassen sich auch andere Abteilungen aufrechterhalten, in denen weniger verdient wird wie Innere Medizin, Geburtsstation und Chirurgie. Beispiele für lukrative Spezialisierungen sind die Schmerztherapie, die Kardiologie, die Handchirurgie oder die Spezialisierung auf Hüft- und Knieimplantate.

Quelle: https://www.swr.de/swraktuell/rheinland-pfalz/krankenhaueser-rp-100.html (17. 11. 2020)

Aufgaben:

1. Erläutern Sie den Begriff Insolvenz!

2. Wie könnte das Sanierungskonzept für ein Krankenhaus in Insolvenz ausgestaltet sein?
   Unterbreiten Sie mehrere Vorschläge zur Verbesserung der finanziellen Lage!

3. Beschreiben Sie 3 mögliche Nachteile, die mit Sparmaßnahmen für Klinikpersonal und Patienten verbunden sein könnten!

4. Ein mittelständischer Klinikkonzern mit mehreren Standorten fusioniert im Zuge seines Insolvenzverfahrens jeweils mit lokalen Kliniken. Erläutern Sie den Fusionsvorgang!

10 Unternehmenstypische Formen des Zahlungsverkehrs

10.1 Überblick über die Geld- und Zahlungsarten

(1) Geldarten

Im Zahlungsverkehr unterscheidet man drei Geldarten:

Bargeld	Hierzu zählen **Banknoten** und **Münzen**. Die Eurobanknoten sowie die Euromünzen sind die **gesetzlichen Zahlungsmittel** der Bundesrepublik Deutschland.
Buchgeld (Giralgeld)	Es entsteht durch **Bareinzahlung** der Kunden auf **Girokonten**[1] und durch **Kreditgewährung der Kreditinstitute**. Vernichtet wird es durch Barabhebung und Kredittilgung durch die Bankkunden.
Elektronisches Geld	■ Es handelt sich um Werteinheiten in Form einer **Forderung gegen die ausgebende Stelle**, die auf **elektronischen Datenträgern** gespeichert sind (z. B. Geldkarte, ausgegeben von einer Bank). ■ **Kein elektronisches Geld** liegt vor, wenn die Werteinheiten lediglich **Voraussetzungen für bestimmte Sach- und Dienstleistungen** darstellen (z. B. Telefonkarten).

(2) Zahlungsarten

Im Folgenden beschränken wir uns auf die **bargeldlose Zahlung**. Sie erfolgt ausschließlich mit **Buchgeld** und ist nur möglich, wenn sowohl der Zahler als auch der Zahlungsempfänger ein **Konto** haben.

10.2 Bargeldlose Zahlung

10.2.1 Girokonto

Voraussetzung für die Teilnahme am bargeldlosen Zahlungsverkehr ist die Eröffnung eines **Girokontos**. Mit der Eröffnung des Girokontos wird ein **Girovertrag** begründet.

> ■ Der **Girovertrag** verpflichtet das Kreditinstitut, für den Kunden ein **Girokonto einzurichten, eingehende Zahlungen** auf dem Girokonto **gutzuschreiben** und abgeschlossene **Überweisungsverträge** zulasten des Girokontos **abzuwickeln**.
> ■ Das Kreditinstitut ist verpflichtet, **Angaben zur Person** des Überweisenden und zum **Verwendungszweck** dem Zahlungsempfänger mitzuteilen.

Auf dem **Girokonto** werden die Forderungen und Verbindlichkeiten der Banken gegenüber dem Kunden einander gegenübergestellt.

- **Forderungen der Bank** (Verbindlichkeiten des Kunden) werden im Soll,
- **Verbindlichkeiten der Bank** (Guthaben des Kunden) werden im Haben gebucht.[2]

---

[1] Das Wort „**Giro**" kommt von „Kreis", „Ring". Gelder, die auf Girokonten liegen, kann man nämlich von Konto zu Konto überweisen, weil die Kreditinstitute gewissermaßen „ringförmig" miteinander in Verbindung stehen.

[2] Auf dem Kontoauszug weist die Bank statt des Begriffs „Soll" häufig nur ein Minuszeichen und statt des Begriffs „Haben" ein Pluszeichen aus.

Der Kontoinhaber kann über die auf dem Girokonto gebuchten Gelder bzw. über einen eingeräumten Kredit täglich und uneingeschränkt verfügen.

Soll	Aufbau des Girokontos	Haben
Forderungen der Bank		Verbindlichkeiten der Bank
(Verbindlichkeiten des Kontoinhabers)		(Guthaben des Kontoinhabers)

10.2.2 SEPA-Zahlungen

10.2.2.1 SEPA-Überweisung

Der einheitliche Euro-Zahlungsverkehrsraum SEPA (SEPA – **S**ingle **E**uro **P**ayments **A**rea) zielt darauf ab, dass bargeldlose Zahlungen der zugehörigen 34 Staaten[1] einfach, sicher und effizient abgewickelt werden können.

(1) Begriff und Beispiel

- Bei einer **Überweisung** wird **mittels Buchgeld** bezahlt.
- **Auftraggeber** und damit Einreicher der Überweisung ist der **Zahlungspflichtige**.
- Der Geldbetrag wird vom Girokonto des Zahlungspflichtigen abgebucht und auf **einem Konto** (z. B. Girokonto) **des Zahlungsempfängers** gutgeschrieben.

Beispiel:

Die Königsberg-Klinik GmbH bezahlt am 17.06.20.. die Rechnung Nr. 54872 vom 04.06.20.. über 3 570,00 EUR per Überweisung.
Kontoverbindung:
Sparkasse Weserbergland
IBAN: DE38 2545 0110 0001 2345 67
BIC: NOLADE21SWB

Zahlungsempfänger:
Klinik-Großhandel Michael Teubner e. K.
Kontoverbindung:
Sparkasse Elmshorn
IBAN: DE06 2215 0000 0048 1270 65
BIC: NOLADE21ELH

- **IBAN** – **I**nternational **B**ank **A**ccount **N**umber = Internationale Bankkontonummer

Sie dient der eindeutigen Identifikation eines Kontos, enthält vier Bausteine und darf nur von der kontoführenden Stelle berechnet und ausgegeben werden.

Beispiel:

Konto-Nr.:   1234567
Kreditinstitut: Sparkasse Weserbergland
Bankleitzahl: 254 501 10

Länderkennzeichen	Prüfziffer 2-stellig	Bankleitzahl 8-stellig	Kontonummer 10-stellig (ggf. führende Nullen)
DE	38	25450110	0001234567

---

[1] Der Geltungsbereich der SEPA umfasst die 30 Länder des Europäischen Wirtschaftsraums (EWR) sowie die Schweiz, San Marino, Großbritannien und Monaco.

Erläuterungen:

- **DE** als Länderkennzeichen steht für Deutschland.
- Die 2-stellige **Prüfziffer** wird bei der Erstermittlung der IBAN berechnet und an Position 3 und 4 der IBAN integriert. Verschreibt sich ein Verwender bei dieser IBAN, dann wird dieser Fehler aufgedeckt: Der Zahlungsdienstleister, der den Kundenauftrag entgegennimmt, ist verpflichtet, die angegebene IBAN auf Richtigkeit zu prüfen. Die Absicherung durch eine Prüfziffer fördert die reibungslose und automatisierte Abwicklung des Zahlungsverkehrs.
- Es folgt die bisherige **Bankleitzahl**.
- Die **Kontonummer** wird gegebenenfalls mit führenden Nullen auf 10 Stellen aufgefüllt.

BIC – <u>B</u>ank <u>I</u>dentifier <u>C</u>ode

Der BIC, auch SWIFT-Code genannt, identifiziert ein Kreditinstitut im grenzüberschreitenden Zahlungsverkehr. Die Angabe des BICs ist im SEPA-Raum für **Euro-Zahlungen** im Regelfall nicht mehr erforderlich.

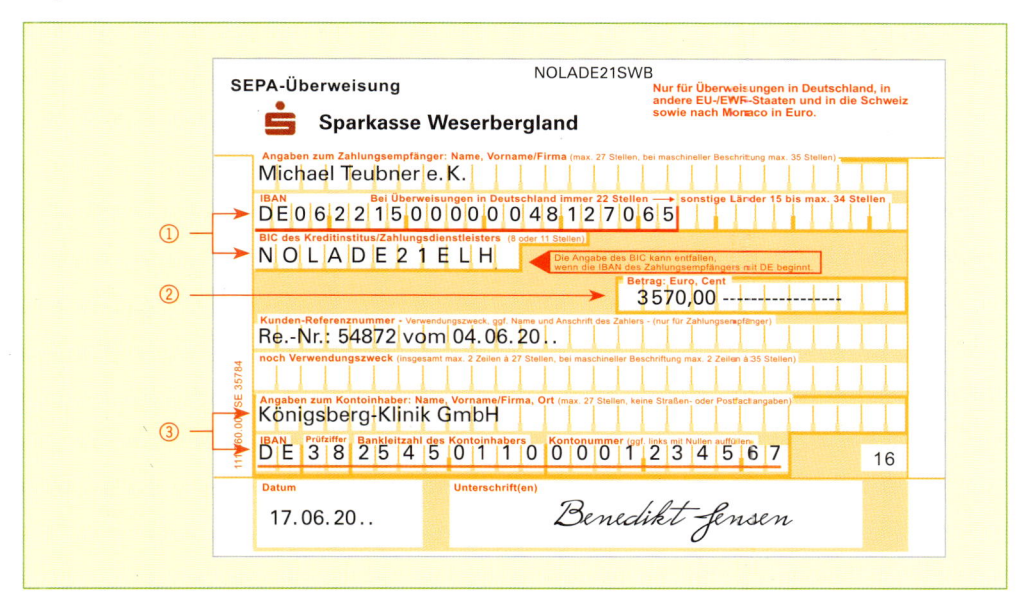

Erläuterungen zum Überweisungsbeleg:

① Zur eindeutigen Identifikation des Zahlungsempfängers muss bei der SEPA-Überweisung die IBAN angegeben werden. Die Angabe des BICs ist nur bei Zahlungen in die Länder Monaco, Schweiz und San Marino sowie bei Zahlungen außerhalb der SEPA-Länder erforderlich.

② Die SEPA-Überweisung kann nur für Euro-Zahlungen genutzt werden.

③ Angaben zum Kontoinhaber und dessen IBAN.

(2) Ablauf des Zahlungsvorgangs

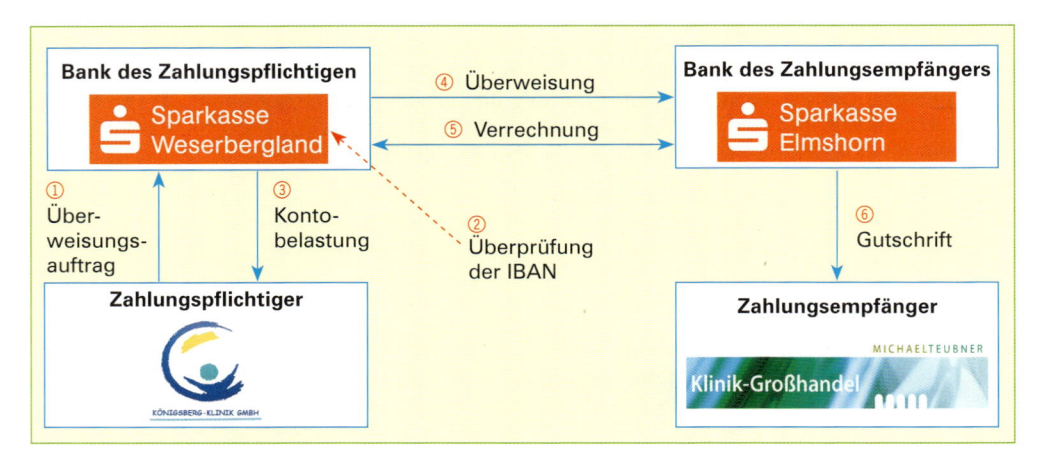

Bank des Zahlungspflichtigen — Sparkasse Weserbergland
④ Überweisung →
⑤ Verrechnung ↔
Bank des Zahlungsempfängers — Sparkasse Elmshorn

① Überweisungsauftrag
③ Kontobelastung
② Überprüfung der IBAN
⑥ Gutschrift

Zahlungspflichtiger (Königsberg-Klinik GmbH)
Zahlungsempfänger (Michael Teubner Klinik-Großhandel)

(3) SEPA-Dauerauftrag

Der SEPA-Dauerauftrag ist ein Sonderfall der SEPA-Überweisung. Hier erteilt

- der **Zahlungspflichtige seiner Bank** einen
- einmaligen **Auftrag**,
- bis **auf Widerruf**
- von **seinem Konto**
- einen **feststehenden Betrag**
- zu **bestimmten Terminen** (z. B. jeweils zum 1. eines Monats)
- auf das angegebene **Konto des Zahlungsempfängers**

zu überweisen.

Beispiel:

Die Seniorenresidenz Rosenhof KG, Bad Pyrmont, lässt die Miete für die Heimgebäude jeweils zum 5. eines Monats vom Geschäftskonto abbuchen und auf das Konto des Vermieters überweisen.

10.2.2.2 SEPA-Basis-Lastschriftverfahren (SEPA Core Direct Debit Scheme)

(1) Begriff

- Eine **SEPA-Lastschrift** ist ein **Zahlungsvorgang zulasten des Kontos des Zahlungspflichtigen** bei dessen Kreditinstitut, bei dem die **Höhe des jeweiligen Zahlungsbetrages** und der **Fälligkeitstermin** vom **Zahlungsempfänger** angegeben werden.
- **Auftraggeber** und damit Einreicher der Lastschrift ist der **Zahlungsempfänger**.

Das Lastschriftverfahren ist geeignet, wenn Beträge abgebucht werden sollen, die im Zeitablauf **in wechselnder Höhe** und/oder zu **unregelmäßigen Zeitpunkten** anfallen.

10 Unternehmenstypische Formen des Zahlungsverkehrs

Sowohl **Privatpersonen als auch Firmen**[1] sind als **Zahlungspflichtiger** und als **Zahlungsempfänger** zugelassen.

- Der Zahlungspflichtige hat einen **Erstattungsanspruch** innerhalb von **8 Wochen** nach Belastung – ohne Angabe von Gründen.
- Erfolgt die Belastung **ohne gültiges SEPA-Mandat**, beträgt der Erstattungsanspruch bis zu **13 Monate** nach der Belastung.

(2) Ablauf der SEPA-Basislastschrift

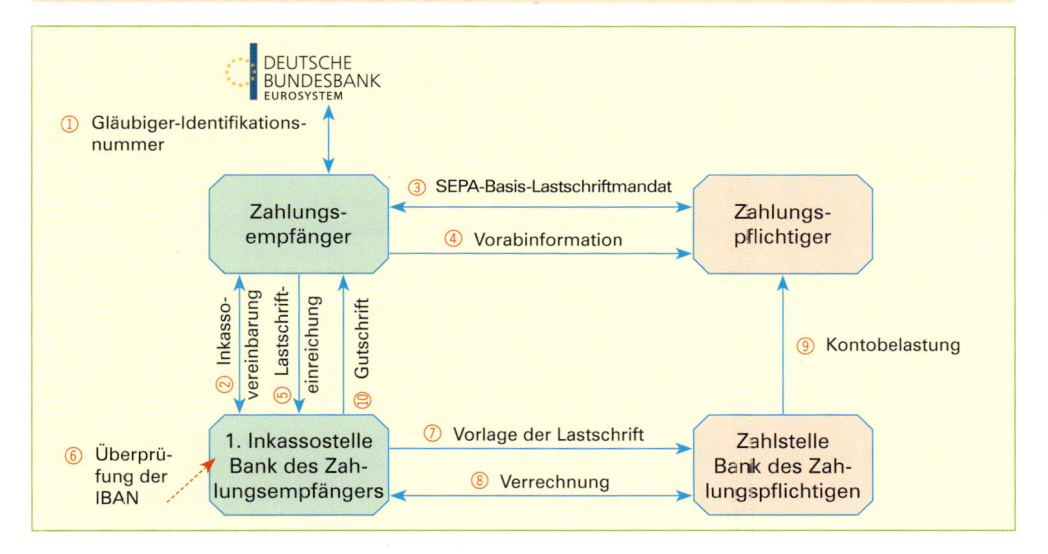

Erläuterungen:

① Der **Zahlungsempfänger** benötigt eine **Gläubiger-Identifikationsnummer** (kurz: Gläubiger-ID).
- Sie dient der eindeutigen Identifikation eines Lastschrifteinreichers und ist unabhängig von seiner Bankverbindung.
- Sie kann ausschließlich über das Internet bei der Deutschen Bundesbank beantragt werden.
- Sie ist im SEPA-Lastschriftmandat und in allen SEPA-Lastschriften anzugeben.

② Der **Zahlungsempfänger und seine Bank** schließen eine **Inkassovereinbarung** über den Einzug von Forderungen durch SEPA-Basislastschriften bzw. SEPA-Firmenlastschriften. Dies ist eine einmalige Vereinbarung zwischen dem Zahlungsempfänger und seiner Bank. Die Gläubiger-ID muss hierbei vorgelegt werden.

③ **Zahlungsempfänger und Zahlungspflichtiger** vereinbaren ein **SEPA-Basis-Lastschriftmandat**.[2]
Bevor der Zahlungsempfänger SEPA-Lastschriften einreicht, muss er vom Zahlungspflichtigen ein SEPA-Basislastschriftmandat einholen. Es enthält die
- Ermächtigung des Zahlungsempfängers, Zahlungen vom Konto des Zahlungspflichtigen mittels SEPA-Basislastschriften einzuziehen,
- Weisung an sein Kreditinstitut, die Lastschriften einzulösen.

---

1 Beim **SEPA-Firmen-Lastschriftverfahren** gelten strengere Vorschriften. U. a. **verzichtet** der Zahlungspflichtige **auf** seinen **Erstattungsanspruch**. Diesen Verzicht erklärt er im Text des SEPA-Firmenmandats. **Verbraucher** sind beim SEPA-Firmen-Lastschriftverfahren als Zahlungspflichtige nicht zugelassen.

2 **Mandat**, lat. mandare: beauftragen, hier: Ermächtigung des Zahlungsempfängers durch den Zahlungspflichtigen, von seinem Konto Zahlungen durch Lastschrift einzuziehen.

④ Der **Zahlungsempfänger** hat dem Zahlungspflichtigen mindestens **14 Tage vor der Fälligkeit der ersten Zahlung** mittels SEPA-Basislastschrift den Lastschrifteinzug anzukündigen (z. B. im Text der Rechnung), damit dieser die erforderliche Deckung bereitstellen kann.

⑤ Der **Zahlungsempfänger reicht die Lastschrift bei seiner Bank** (1. Inkassostelle) **ein (zwingend: elektronisch).**

⑥ Die **Bank des Zahlungsempfängers** als erste Inkassostelle **überprüft die formale Korrektheit** (IBAN, Pflichtfelder) der eingereichten Datensätze.

⑦ **Vorlage bei Zahlstelle** (Bank des Zahlungspflichtigen).

⑧ **Zahlungsverrechnung der Banken** untereinander.

⑨ **Belastung auf dem Konto des Zahlungspflichtigen.**

⑩ **Gutschrift auf dem Konto des Zahlungsempfängers.**

Die Schritte ⑧ bis ⑩ finden im Regelfall am Fälligkeitstag statt.

Beispiel eines SEPA-Basis-Lastschriftmandats:

Klinik-Großhandel Michael Teubner e. K.
Hamburger Str. 18, 25335 Elmshorn

Gläubiger-Identifikationsnummer: DE85KMT00000305087

SEPA-Basis-Lastschriftmandat

Mandatsreferenz 982736

- Ich ermächtige/Wir ermächtigen den Zahlungsempfänger (Name siehe oben), Zahlungen von meinem/unserem Konto mittels Lastschrift einzuziehen.
- Ich weise/Wir weisen zugleich mein/unser Kreditinstitut an, die vom Zahlungsempfänger (Name siehe oben) auf mein/unser Konto gezogenen Lastschriften einzulösen.
- Hinweis: Ich kann/Wir können innerhalb von acht Wochen beginnend mit dem Belastungsdatum die Erstattung des belasteten Betrages verlangen. Es gelten dabei die mit meinem/unserem Kreditinstitut vereinbarten Bedingungen.

Zahlungsart: ☐ Einmalige Zahlung ☒ Wiederkehrende Zahlung

Vorname und Name (Kontoinhaber)
Königsberg-Klinik GmbH

Straße und Hausnummer
Am Rosenhof 36

Postleitzahl und Ort
31812   Bad Pyrmont

IBAN
D E 3 8 2 5 4 5 0 1 1 0 0 0 0 1 2 3 4 5 6 7

BIC
N O L A D E 2 1 S W B

Ort und Datum
Bad Pyrmont   03. 10. 20..

i. V. Benedikt Jensen
Unterschrift

Außer durch die **Gläubiger-ID** wird jedes Mandat durch eine eindeutige **Mandatsreferenz** identifiziert. Letztere ermöglicht es dem Zahlungspflichtigen, bei der Belastungsbuchung zu prüfen, ob ein SEPA-Lastschriftmandat besteht.

Hinweis:

- Die Bank prüft die formale Korrektheit der im Lastschriftauftrag enthaltenen Daten. Fehlerhafte Lastschriftaufträge werden zurückgewiesen. Nach dieser Prüfung befinden sich **nur fehlerfreie Daten im Prozessablauf,** sodass dieser **vollautomatisch abgewickelt** werden kann.
- Die **Verantwortung für die Richtigkeit der Daten** liegt somit außerhalb des Bankensystems und ausschließlich **beim Auftraggeber** (bei der SEPA-Überweisung = Zahlungspflichtiger, bei der SEPA-Lastschrift = Zahlungsempfänger).

10.2.3 Zahlung mit der Girocard

(1) Begriff Girocard[1]

Girocards werden von Banken ausgegeben. Sie sind mit einer Geheimzahl (**Personal Identification Number: PIN**) ausgestattet. Jeder Karte ist ein **Girokonto zugeordnet,** das bei einer Zahlung sofort belastet wird.

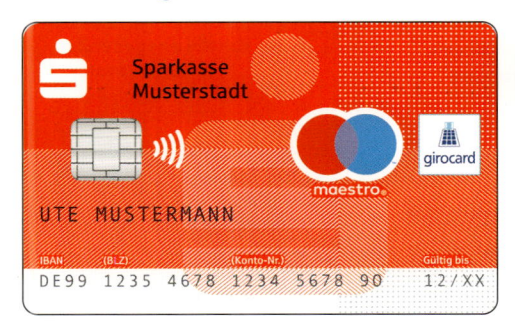

(2) Girocard-Zahlung

Girocard-Zahlung ist eine bargeld- und beleglose Zahlungsart, bei der die Zahlung an einer automatisierten Ladenkasse unter Verwendung einer Girocard direkt am Verkaufsort **(Point of Sale: POS[2])** vorgenommen wird.

Die elektronischen Zahlungen mithilfe der maschinell lesbaren Karten sind möglich, weil die Einzelhandelsgeschäfte, Kaufhäuser und Tankstellen in Verbindung mit den Banken elektronische Kassen (Girocard-Terminals) eingerichtet haben. Werden die Karten bei der Zahlung vertragsgemäß verwendet, garantieren die Banken die Einlösung der Kartenzahlung. Die Girocard-Zahlung kann online oder offline abgewickelt werden.

---

1 Die **Girocard** bezeichnet man auch als **Debitkarte**. Debit (engl.): Schulden, Belastung (des Kontos).
2 **Point of Sale (POS)**: „Punkt des Verkaufs"; Verkaufsort.

10.2.4 Kreditkarte (Pay-later-Karte[1])

Die Kreditkarte ist ein Ausweis. Legt der Inhaber diesen vor, dann erhält er Waren oder Dienstleistungen, ohne diese sofort bezahlen zu müssen.

Die nachfolgende Grafik zeigt den Ablauf des **Kreditkartenverfahrens**.

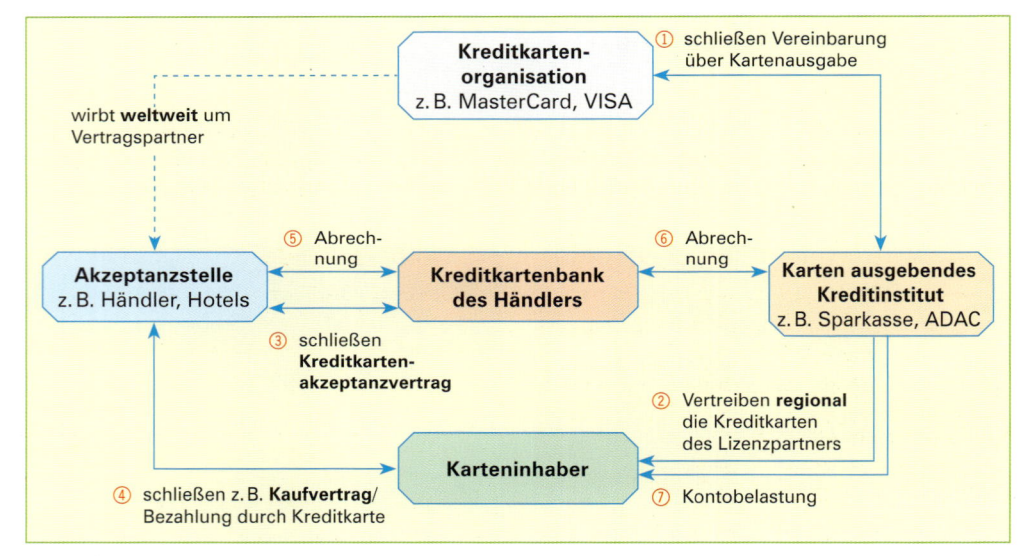

Erläuterungen:

① Das Karten ausgebende Kreditinstitut schließt eine Vereinbarung mit einer **Kreditkartenorganisation** zum Vertrieb von deren Karten.

② Wer eine Kreditkarte erwerben will, besorgt sich diese z. B. über seine Hausbank. Für die Kreditkarte ist eine jährliche Gebühr zu bezahlen.

③ Die Kreditkartenorganisationen schließen selbst keine Verträge mit Händlern ab. Deshalb benötigt ein Händler einen Kreditkartenakzeptanzvertrag (vergleichbar einem Kreditvertrag) mit einer Kreditkartenbank. Da es sich um einen kreditähnlichen Vertrag handelt, prüft die Kreditkartenbank sorgfältig das Geschäftsmodell des Händlers.

④ Mit der Karte kann der **Inhaber** bei allen Unternehmen **(Akzeptanzstelle)**, die Vertragspartner dieser Kartenorganisation sind, Rechnungen bis zu einem bestimmten Verfügungsrahmen bargeldlos begleichen. Der Karteninhaber unterzeichnet einen Belastungsbeleg, auf welchen der Zahlungsempfänger (z. B. Händler) die Daten der Kreditkarte zuzüglich des Rechnungsbetrages übernommen hat. Ein Duplikat (Zweitausfertigung) behält der Karteninhaber zur Kontrolle.

⑤ Das Original legt der Händler bei seiner Kreditkartenbank vor. Diese überweist den Rechnungsbetrag unter Abzug eines Disagios (Abschlags) in Höhe von 2–4 % vom Rechnungsbetrag.

---

1 **Pay later** (engl.): bezahle später. Charakteristisch für diese Karten ist, dass die bargeldlosen Zahlungen gesammelt und i. d. R. einmal monatlich dem Konto des Karteninhabers belastet werden. In dieser Zeitspanne verfügt der Karteninhaber über einen Kredit.

⑥ Mit dem Karten ausgebenden Kreditinstitut rechnet die Kreditkartenbank des Händlers im Normalfall monatlich ab. Per Lastschrift werden die angefallenen Beträge beim Kreditinstitut des Karteninhabers eingezogen.

⑦ Mit seinem Kontoauszug erhält der Karteninhaber eine detaillierte Aufstellung der Rechnungsbeträge.

Wird eine Karte gestohlen, haftet der Karteninhaber bis zur Sperrung mit einer Haftungssumme von zumeist 50,00 EUR. Verletzt der Karteninhaber jedoch seine Sorgfaltspflicht (kam z. B. die unbeaufsichtigte Karte abhanden oder wurden PIN und Karte gemeinsam verwahrt), dann erhöhen sich die Haftungsgrenzen für den Inhaber deutlich.

Einen Verlust muss der Kunde unverzüglich unter der Telefonnummer **0049 116 116** melden. Unterlässt er dies, so muss er sich ebenfalls mangelnde Sorgfalt zuschreiben lassen. Auch dies hat Konsequenzen für die Höhe der Haftungsgrenze.

10.2.5 Onlinebanking

Beim Onlinebanking (Homebanking) erhält der Kunde Zugang zum Rechner der Bank über deren Internetseite. Damit kann eine Vielzahl von Bankgeschäften frei von den Öffnungszeiten der Bank oder Sparkasse vom Wohnsitz des Kunden aus erledigt werden, z. B.

- Überweisungsaufträge erteilen,
- Überblick über die Kontostände gewinnen,
- künftige Zahlungsverpflichtungen im Auge haben (Daueraufträge, Terminüberweisungen),
- Wertpapierkäufe und -verkäufe durchführen,
- Handy aufladen,
- Daueraufträge erteilen, ändern oder widerrufen.

Der nebenstehende Bildschirmausschnitt zeigt, wie die Überweisung der Königsberg-Klinik GmbH an den Klinik-Großhandel Michael Teubner e.K. als SEPA-Überweisung im Onlinebanking durchzuführen ist.

Um Zugang zum Bankrechner zu erhalten, benötigt der Kunde – nachdem er die Internetseite der Bank aufgerufen hat – seine Kontonummer und seine persönliche Identifikationsnummer (PIN). Will er eine Aktion durchführen, die Auswirkungen auf seinen Kontostand hat, muss er diese Aktion autorisieren. Dies geschieht durch die **Eingabe einer TAN (T**ransaktions**n**ummer**).** Ein kleines Gerät, der TAN-Generator, liest eine verschlüsselte Information vom Bildschirm, verlangt vom Benutzer die Bestätigung der Kontonummer des Empfängers und des Betrages und erzeugt dann die einzugebende, aktuelle TAN für diesen einen Auftrag. Sie ist gewissermaßen die „elektronische Unterschrift" des Kontoinhabers. Ein alternatives Verfahren ist die Übermittlung der TAN per SMS auf das Mobiltelefon des Bankkunden.

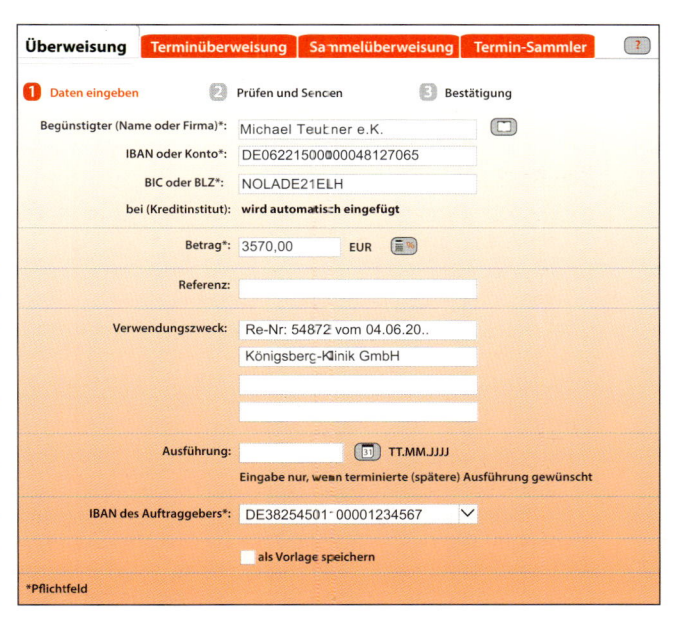

10.3 Bevorzugte Zahlungsformen beim E-Commerce[1]

Zahlungsformen	Erläuterungen
Vorauskasse	Nach Eingang des Überweisungsbetrags versendet der Anbieter die vom Kunden im Internet oder per E-Mail bestellte Ware bzw. erbringt die Dienstleistung.
Kauf auf Rechnung	Beim Kauf auf Rechnung ist der Rechnungsbetrag erst **nach** Erhalt der Ware vom Käufer zu begleichen (z. B. durch eine Überweisung).
Nachnahme	Die vom Anbieter als Nachnahmesendung z. B. mit der Post versandte Ware wird erst dann ausgehändigt, wenn die Barzahlung an die Zustellkraft erfolgt ist.
Lastschrift	Hier übermittelt der Kunde bei seiner Bestellung dem Anbieter elektronisch eine einmalige Ermächtigung zum Einzug des Kaufpreises.
Kauf mit Kreditkarte	Hier gibt der Zahler dem Anbieter seinen Namen, seine Kreditkartennummer und das Verfalldatum der Kreditkarte an. Die Unterschrift des Zahlers ist nicht erforderlich. Für den Käufer besteht das Risiko, dass der Anbieter z. B. unberechtigte Zahlungen veranlasst. Außerdem können Kreditkartendaten von „Hackern" ausgespäht (entziffert) und anschließend missbräuchlich verwendet werden. Der Nutzer kann bereits im Vorfeld sein Risiko verringern, indem er z. B. nur **SSL** (**S**ecure **S**ocket **L**ayer)-verschlüsselte Verbindungen wählt. Sie sind daran zu erkennen, dass die Internetadresse mit **https**:// beginnt (statt mit **http**://) und am angezeigten Schloss-Symbol. SSL **verschlüsselt die Kreditkartendaten** bei dem Transport durch das Internet und stellt einen sicheren Übertragungsweg zwischen Zahlungspflichtigem (Sender) und Zahlungsempfänger dar. Das SSL-Verfahren wird heute von den meisten Onlineshops angeboten.
Giropay	Die Kunden, die bei einem Unternehmen kaufen, das dem Internetbezahlsystem „Giropay" angeschlossen ist, werden nach dem Kaufabschluss mit einem Klick auf die **Online-Banking-Seite ihrer Hausbank** geleitet. Dort steht eine ausgefüllte Überweisung zur Genehmigung (Autorisierung) durch eine Transaktionsnummer (TAN) bereit. Der Kunde erhält die Bestätigung, dass die Überweisung vorgenommen wurde und das Unternehmen erhält elektronisch eine Zahlungsgarantie. Das Internet-Bezahlsystem „Giropay" wird von den Sparkassen, Volks- und Raiffeisenbanken sowie der Postbank angeboten.
PayPal	Bei PayPal-Zahlungen überweist der Käufer von seinem Bankkonto den entsprechenden Betrag auf das PayPal-Konto. Nach Eingang des Betrags auf dem PayPal-Konto wird dieses sofort automatisch dem PayPal-Konto des Verkäufers gutgeschrieben.
Karten mit Geldkartenfunktion	Für die Zahlung von Kleinstbeträgen (Micropayments) sind Karten mit einer Geldkartenfunktion (z. B. Bankkarten und andere **Smart-Cards**, die mit einem Geldbetrag aufgeladen werden können) besonders geeignet.

---

[1] **E-Commerce** (electronic commerce, engl.): elektronischer Handel.

10.4 Vorteile von Bankdienstleistungen

Die bargeldlose Zahlung bringt für die Kunden und für die Banken Vorteile.

Vorteile für den Kunden	Vorteile für die Banken
■ Erleichterung der Zahlung: Zahlung ohne großen Aufwand mit einem Formular; ■ Zahlung kann terminiert werden, Terminüberwachung übernimmt die Bank; ■ billiger als Barzahlung; ■ keine Aufbewahrung und Sicherung von Bargeld.	■ Kreditquelle: Da die Einlagen der Kunden nicht alle zur gleichen Zeit abgehoben werden, kann ein Teil der Giroeinlagen für Kredite verwendet werden; ■ Ertragsquelle (Zinsen, Gebühren); ■ Informationsquelle über Zahlungsverhalten (Seriosität) des Bankkunden.

Kompetenztraining

121

1. Unterscheiden Sie den SEPA-Dauerauftrag vom SEPA-Lastschriftverfahren und bilden Sie zu jeder Zahlungsart drei Beispiele!

2. Nennen Sie den gemeinsamen Vorteil, den die Zahlungen mit SEPA-Dauerauftrag und SEPA-Lastschriftverfahren für den Zahlenden haben!

3. Begründen Sie, ob sich ein Girokonto auch für einen Schüler, der nicht viel Geld zur Verfügung hat, lohnt!

4. 4.1 Sie sind Kassierer des Fußballvereins SC Lippetal e.V. und möchten die Mitglieder dazu auffordern, dem Verein ein SEPA-Lastschriftmandat für den Einzug des Vereinsbeitrags zu erteilen. Als Mandatsreferenz soll die Mitgliedsnummer verwendet werden.
   Aufgabe:
   Schreiben Sie den Begleitbrief an die Mitglieder!

   4.2 Entwerfen Sie das Formular für das SEPA-Lastschriftmandat, das (mittels Serienbrief) mit den vorgedruckten Empfängerdaten an die Mitglieder verschickt werden soll!
   Gehen Sie von folgenden Musterdaten aus:

Zahlungsempfänger	SC Lippetal e. V. Diestedder Straße 52 59510 Lippetal
Gläubiger-ID des Vereins:	DE73 SCL0 0000 8274 91
Name des Mitglieds:	Marie Bergmüller
Ihre Mitgliedsnummer:	001762
Straße und Hausnummer:	Niggenkamp 15
Ort	59510 Lippetal

5. Sabine hat verschiedene Zahlungen zu leisten. Sie ist Mitglied in einem Musikverein und muss monatlich 20,00 EUR überweisen. Außerdem bezieht sie unregelmäßig CDs von einem Versandhaus und erhält stets Mahnungen, da sie die pünktliche Überweisung vergisst.

   Aufgabe:
   Unterbreiten Sie Vorschläge, auf welche Weise diese Zahlungen vorgenommen werden könnten und erläutern Sie Ihre Vorschläge!

Beschaffungsprozesse planen, steuern und kontrollieren

122
1. Notieren Sie die Vorteile, die die Abwicklung der Bankgeschäfte durch Homebanking (Onlinebanking) bietet!

2. 2.1 Beschreiben Sie, welchem Zweck die Kreditkarte dient!
   2.2 Stellen Sie dar, wie der Kreditkarteninhaber beispielsweise seine Hotelrechnung bezahlt!

3. Sarah Bach führt die Buchhaltung für die Seniorenresidenz Rosenhof KG. Sarah Bach überlegt sich, wie sich die nachfolgenden monatlichen Zahlungen rationeller und einfacher durchführen lassen:
   3.1 Mitarbeitergehälter,
   3.2 Rechnung der Tankstelle,
   3.3 Pacht für die angemieteten Parkplätze,
   3.4 Pauschale für den Sicherheitsdienst.

   Aufgabe:
   Erläutern Sie, welche Zahlungsweisen sich für die jeweiligen Fälle anbieten!

4. Erklären Sie die Unterrichtungs- und Anzeigepflichten des Karteninhabers (Kontoinhabers) beim Verlust oder bei einer missbräuchlichen Verfügung mit seiner Girocard!

123 Susanne Nigbur, Ruhrallee 28, 45128 Essen, Kundin der Sparkasse Essen, möchte am Montag, dem 05.04.20.. an Herrn Sven Sörensen, Kopenhagen, Dänemark, 750,00 EUR als Anzahlung für die Miete eines Ferienhauses überweisen.

Dazu legt sie nachstehende Buchungsbestätigung (Auszug) vor:

> Sven Sörensen
> Taarbakvej 6
>
> DK-2100 Kobenhavn   28.03.20..
> Tlf. 702010120
>
> Sehr geehrte Frau Nigbur,
>
> bitte überweisen Sie die Anzahlung in Höhe von 750,00 EUR für den in der Zeit vom 20.07. bis 03.08.20.. gemieteten Bungalow auf das unten angeführte Konto.
>
> Danske Bank Kobenhavn
> Amagertopvej 24,1
> Kobenhavn
> IBAN: DK50 0040 0440 1162 43
> BIC: DABADKKKXXX

Aufgaben:

1. Beschaffen Sie sich ein SEPA-Überweisungsformular und füllen Sie den Überweisungsauftrag für die Kundin Susanne Nigbur aus!
   Die IBAN der Kundin lautet: DE71 3605 0105 0000 1987 26.

2. Informieren Sie die Kundin über die Bedeutung und den Aufbau der IBAN!

3. Erklären Sie der Kundin, warum die Kreditwirtschaft die International Bank Account Number (IBAN) eingeführt hat!

11 Controlling von Beschaffungsprozessen und Lagerhaltungskosten

11.1 Begriff und Funktionen des Lagers

> Ein **Lager** ist ein Raum oder eine Fläche zum Aufbewahren von Sachgütern. Die Sachgüter werden mengen- und/oder wertmäßig erfasst.

Die Sachgüter werden im Wesentlichen aus vier Gründen gelagert:

Funktionen[1] des Lagers	Erläuterungen
Sicherungsfunktion	Die einzelnen Bedarfsstellen einer Einrichtung müssen jederzeit über die notwendigen Güter verfügen, wenn die Versorgung störungsfrei ablaufen soll. Aus diesem Grund wird meistens ein Sicherheitsbestand (eiserner Bestand) gehalten.
Zeitüberbrückungsfunktion/Mengenausgleichsfunktion	■ Witterungseinflüsse (z. B. verspätete Ernten), Liefererausfälle, Transportschwierigkeiten, politische Entscheidungen (z. B. Ausfuhrstopps) können die Versorgung gefährden. Ein Materiallager sichert die Funktionsfähigkeit der Einrichtung. ■ Ein plötzlicher Nachfrageanstieg der Verwendungs- und Verbrauchsstellen kann eine sichere Versorgungsfähigkeit beeinträchtigen. Das Lager gleicht die mengenmäßigen Schwankungen der Materialanforderungen aus.
Spekulationsfunktion	Durch Großeinkäufe (z. B. durch das Ausnutzen von Mengenrabatten, Transportkostenvergünstigungen und Verbilligungen bei den Verpackungskosten) sowie durch Gelegenheitskäufe können die Einrichtungen ihre Beschaffungskosten senken.

11.2 Arten des Lagers

(1) Lagerarten nach der räumlichen Gestaltung

■ **Offene Lager**

Wirtschaftliche Güter, die in ihrer Qualität durch Witterungseinflüsse nicht leiden, werden in kostengünstigen offenen, d. h. nicht überdachten Lagern untergebracht (z. B. Sand, Steine, Röhren, Ziegel usw.).

■ **Geschlossene Lager**

Die weitaus meisten Güter müssen in geschlossenen (umbauten) Lagern eingelagert werden, um sie vor Witterungseinflüssen (Kälte, Wärme, Feuchtigkeit) sowie Diebstahl zu schützen. Bei vielen Gütern sind **Speziallagerräume** (z. B. Kühlräume, Öltanks, Silos) oder besonders sichere Lagerstätten (z. B. für Betäubungsmittel) erforderlich. **Getrennte Lagerräume** können aus Zweckmäßigkeitsgründen (leichterer Zugriff) oder aus Gründen, die in der Natur der Güter liegen, notwendig sein (z. B. Trennung von Lebensmitteln mit Geruchsbildung wie Käse von sonstigen Lebensmitteln, Trennung von Chemikalien von Lebensmitteln).

---
1 **Funktionen:** hier Aufgaben.

(2) Lagerarten nach dem Lagerort (Lagerstandort)

■ Zentrale Lager

Hier werden alle im Betrieb benötigten Güter in einem Gesamtlager untergebracht. Vom Zentrallager werden alle Aufgaben der Lagerwirtschaft übernommen.

Vorteile	Nachteile
■ Geringer Grundstücks- und Gebäudebedarf ■ wirtschaftliche Lagerung infolge hoher Lagermengen ■ geringe Lagerraumkosten ■ reduzierte Personalkosten infolge eines konzentrierten EDV-Einsatzes ■ einfachere, weil automatisierte Einlagerung und Auslagerung ■ geringere Bestände durch Zusammenfassung von Sicherheitsbeständen ■ kurze Auslieferzeiten	■ Längere Transportwege ■ hohe Kosten bei schlechter Kapazitätsauslastung ■ schlechte Kontakte zu den Bedarfsträgern ■ Schwerfälligkeit bei sich häufig ändernden Bedingungen

■ Dezentrale Lager

Hier werden Lager an mehreren Standorten unterhalten. Dies schließt nicht aus, dass dennoch ein zentrales Lager geführt wird, von dem aus die Nebenlager bei Bedarf beliefert werden.

Vorteile	Nachteile
■ Kurze Wege ■ benötigte Waren bzw. Werkstoffe sind schnell verfügbar ■ bessere warenspezifische Lagerung möglich (Kühlung, Beheizung)	■ Hohe Raum- und Verwaltungskosten ■ hoher Personaleinsatz

11.3 Lagerorganisation in Einrichtungen des Gesundheitswesens

Lagergut aus den Bereichen Lebensmittel, Wäsche und pflegerisches Material findet sich gleichermaßen in den meisten Einrichtungen des Gesundheitswesens. Müssen darüber hinaus Medizinprodukte, Arzneimittel und Sterilgut gelagert werden, sind das typische Güter eines Krankenhauses. Als **Verwendungs- und Verbrauchsstellen (Bedarfsstellen)** mit sehr unterschiedlichen Bedarfen sind im Krankenhaus zu versorgen:

- die Bettenstationen,
- die OP-Bereiche,
- die Funktionsabteilungen und
- die Wirtschafts- und Verwaltungsdienste.

11 Controlling von Beschaffungsprozessen und Lagerhaltungskosten

> Die Lagerlogistik hat den Güter- und Informationsfluss so zu gestalten, dass die **richtigen Materialien** in der **erforderlichen Qualität, rechtzeitig** mit der **richtigen Menge** der **anfordernden Bedarfsstelle** zur Verfügung gestellt werden.

Die Bereitstellung von Materialien für die ärztliche und pflegerische Versorgung von Patienten hat die höchste Priorität. Treten in diesem Bereich Fehlmengen auf (d.h., die anfordernde Bedarfsstelle kann nicht beliefert werden), so ist u.U. die Gesundheit von Patienten gefährdet.

> Elementarer Zweck einer Lagerhaltung im Krankenhaus ist es, eine **sichere und zuverlässige Patientenversorgung** zu gewährleisten, und zwar **zu jeder Zeit**!

Um die optimale Lösung für die Organisation der Lagerhaltung zu finden, sind die Örtlichkeiten eines Krankenhauses von Bedeutung. Ein **Zentrallager** ist die gängige Praxis, wenn das Krankenhaus in einem einzigen Baukomplex untergebracht ist. Die Belieferung erfolgt dann vom Zentrallager zunächst an ein **Bedarfsstellenlager (Handlager)** einer jeden Organisationseinheit (z.B. Handlager Station Innere Medizin, Handlager Labor). Die Organisationseinheiten versorgen sich dann unmittelbar aus diesen Handlagern, die exakt auf ihren Verbrauch zugeschnitten sind.

Sehr große Krankenhäuser und Krankenhäuser, die sich in historisch gewachsener Pavillonbauweise entwickelt haben oder gar mehrere Standorte haben, unterhalten oft mehrere **dezentrale Lager** je Baukomplex. Das schließt allerdings nicht aus, dass für bestimmte Artikelgruppen auch ein Zentrallager unterhalten wird. Für Artikelgruppen, die von vielen Bedarfsstellen benötigt werden, bietet sich die zentrale Lagerhaltung an. Eine weitere Überlegung betrifft die Transportstrecken zwischen Lager und Bedarfsstellen und die damit zusammenhängenden Zugriffszeiten für den Materialfluss. Es ist die Zeit von Bedeutung, die zwischen der Anforderung einer Bedarfsstelle für einen Artikel und dem Eintreffen dieses Artikels auf der Bedarfsstelle vergeht. Dezentrale Lager in örtlicher Nähe zur Bedarfsstelle sind dabei im Vorteil. Die nachfolgende Grafik verdeutlicht den Materialfluss in einem System verschiedener Lagertypen.[1]

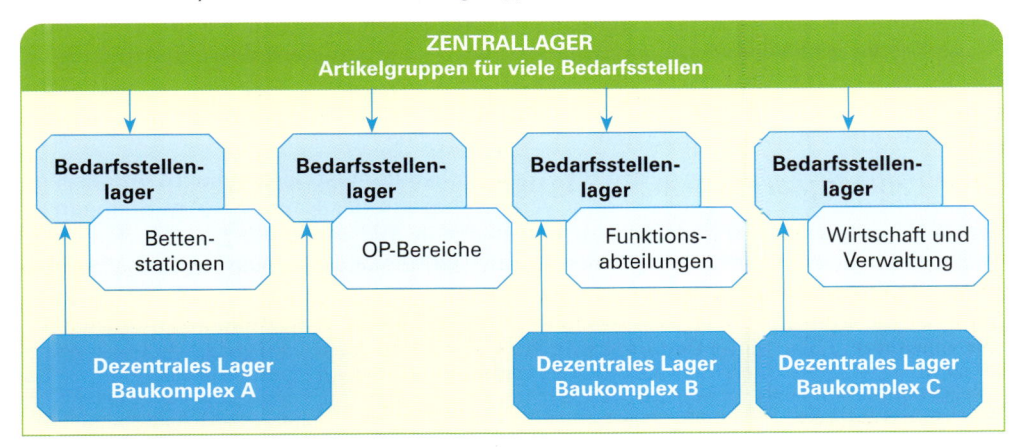

Abb.: Beispiel für eine Kombination zweistufiger Lagersysteme, bestehend aus Zentrallager, dezentralen Lagern und Bedarfsstellenlagern/Handlagern für ein Krankenhaus in Pavillonbauweise

[1] Vgl. Fleßa, Steffen: Grundzüge der Krankenhausbetriebslehre, Bd. 2, 2. Auflage, München 2014, S. 188.

11.4 Bestandsoptimierung in der Lagerhaltung

11.4.1 Arten der Lagerhaltungskosten

(1) Personalkosten

Für das im Lager arbeitende Personal entstehen Personalkosten. Diese setzen sich aus den Löhnen und Gehältern, den gesetzlichen Sozialkosten (Arbeitgeberanteil an der Sozialversicherung) und den freiwilligen Sozialleistungen des Arbeitgebers (z. B. Essenskostenzuschüsse, Fahrtkostenzuschüsse, betriebliche Altersversicherung) zusammen.

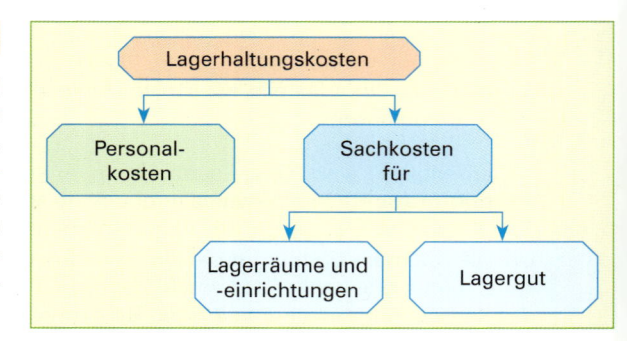

(2) Sachkosten

■ **Raumkosten**

Während für die Benutzung fremder Lagerräume Miete zu bezahlen ist, entstehen durch die Lagerung in eigenen Räumen eine ganze Reihe von sachlichen Kosten. Zunächst müssen **Abschreibungen** für den Wertverlust, dem die Gebäude im Zeitablauf und durch Nutzung unterliegen, berücksichtigt werden. Hinzu treten die Kosten für die **Verzinsung** des in den Räumlichkeiten investierten Kapitals. Zur Erhaltung der Lagerräume fallen **Reparaturkosten** an. Schließlich sind noch die anteiligen **Steuerkosten** (Grundsteuer) und **Versicherungskosten** zu berücksichtigen.

■ **Kosten der Lagereinrichtung**

Ebenso wie für die Baulichkeiten fallen auch bei den Lagereinrichtungen (z. B. Regale, Fördereinrichtungen, Büroausstattung) **Abschreibungskosten, Zinskosten, Reparaturkosten, Steuerkosten** und **Versicherungskosten** an. Hinzu kommen die **Energiekosten** (z. B. für Belüftung, Heizung, Kühlung, Beleuchtung).

■ **Risiko- und Versicherungskosten**

Die Lagerung von Gebrauchsgütern und Verbrauchsgütern ist risikobehaftet. Abgesehen vom Schwund, Verderb, Diebstahl oder Veralten besteht das Hauptrisiko im Spannungsverhältnis von unsicherer Bedarfserwartung einerseits und dem Zwang andererseits, eine Entscheidung über die Art und Höhe der Lagerbestände treffen zu müssen. Auch die Preisrisiken gehören zu diesem Bereich.

Versicherbare Risiken	Einige Risiken wie Diebstahl, Einbruchdiebstahl, Veruntreuung sowie Wasser- und Feuerschäden lassen sich versichern **(spezielle Risiken)**.
Nicht versicherbare Risiken	Mengenverluste durch Schwund, Verderb (Fäulnis) und Qualitätseinbußen (z. B. Geschmacks- und Geruchseinbußen) sind nicht versicherbar. Auch Preisrisiken sowie Risiken, die durch Änderung der Arbeitstechniken entstehen, können nicht versichert werden **(allgemeines Unternehmerrisiko)**.

11 Controlling von Beschaffungsprozessen und Lagerhaltungskosten

Für Lagerrisiko und Lagerdauer gilt: Je kürzer die Lagerdauer ist, desto niedriger sind die Wagniskosten für die Lagerbestände. Auch aus dieser Sicht wird die Wirtschaftlichkeit des Lagers durch eine Verkürzung der Lagerdauer erhöht. Aus dieser Tatsache leitet sich auch die zunehmende Bedeutung für das sogenannte Just-in-time-Verfahren ab.

11.4.2 Festlegung von Mindest- und Meldebeständen

(1) Mindestbestand

In den meisten Gesundheitseinrichtungen werden für versorgungswichtige Güter Mindestbestände festgelegt, die ohne Genehmigung des Leiters der Materialwirtschaft, oft sogar ohne Zustimmung der Unternehmensleitung, nicht unterschritten werden dürfen.

> Die **Mindestbestände (Sicherheitsbestand),** auch **eiserne Bestände** genannt, sind so hoch zu bemessen, dass sie auch bei vorübergehenden Beschaffungsschwierigkeiten eine reibungslose Betriebsfortführung und Patientenversorgung garantieren.

Die Mindestbestände sollten umso größer sein, je größer das Risiko von Beschaffungsstockungen für die Versorgung ist. Sie müssen für jedes Material gesondert festgestellt werden. Ändern sich die Beschaffungskonditionen (insbesondere der Lieferfristen) und die Bedarfsmengen, ist auch die Höhe der Mindestbestände an die neuen Bedingungen anzupassen.

(2) Meldebestand

> Der **Meldebestand** ist jene Lagermenge, bei deren Erreichung beim „Bestellpunktverfahren" dem Einkauf Meldung (Bedarfsmeldung) zur Neuanschaffung (Auffüllung der Läger) zu machen ist. Der Meldebestand bestimmt somit den Zeitpunkt der Bestellung.

Der Meldebestand muss so hoch sein, dass das Auffüllen des Lagers vor Erreichung des Mindestbestands möglich ist. Der Meldebestand liegt um die Bedarfsmenge während der Wiederbeschaffungszeit über dem Mindestbestand.

Der Meldebestand wird wie folgt berechnet:

> Meldebestand = Tagesverbrauch · Wiederbeschaffungszeit + Mindestbestand

Bei der Bestimmung der Wiederbeschaffungszeit sind

- die Lieferfrist,
- die Transportzeit,
- die gesamte Bearbeitungszeit der Bedarfsmeldung (z. B. Angebotseinholung, Angebotsprüfung, Verhandlungen, Schreiben der Bestellungen) sowie
- die Laufzeit der Bestellungen zum Lieferer

zu berücksichtigen (zu addieren).

Beispiel:

100 Stück Verbrauch täglich, 6 Tage Wiederbeschaffungszeit insgesamt, 600 Stück Mindestbestand

Meldebestand: $100 \cdot 6 + 600 = \underline{1\,200\text{ Stück}}$

11.4.3 Berechnung von Lagerkennzahlen

Wirtschaftliches Arbeiten in der Lagerwirtschaft ist die Bereitstellung der benötigten Güter mit dem geringsten Aufwand an Material, Arbeitskraft und Zeit. Lagerkennzahlen sind dabei Merkmale für das Streben nach kostengünstiger Lagerhaltung. Solche Kennzahlen können für den gesamten Vorratsbestand, für einzelne Artikelgruppen oder für jeden einzelnen Artikel aufgestellt werden.

(1) Durchschnittlicher Lagerbestand

Der durchschnittliche Lagerbestand bildet die Grundlage für die Bestimmung der Lagerumschlagshäufigkeit und der durchschnittlichen Lagerdauer. Der durchschnittliche Lagerbestand kann z. B. als arithmetisches Mittel (Durchschnitt) aus dem **Jahresanfangsbestand** und dem **Jahresschlussbestand** berechnet werden.

Beispiel 1:

Anfangsbestand am 1. Januar: 720 Packungen Universalbinden
Endbestand lt. Inventur am 31. Dezember: 680 Packungen Universalbinden

$$\text{Durchschnittlicher Lagerbestand} = \frac{\text{Anfangsbestand am 01.01.} + \text{Endbestand am 31.12.}}{2}$$

$$= \frac{720 + 680}{2} = \underline{700 \text{ Packungen Universalbinden}}$$

Eine höhere Genauigkeit ergibt sich durch die Verwendung der **Monatsendbestände,** weil durch die häufigeren Beobachtungspunkte die Bestandsschwankungen innerhalb des Jahresverlaufes besser berücksichtigt werden.

$$\text{Durchschnittlicher Lagerbestand} = \frac{\text{Anfangsbestand am 01.01.} + \text{12 Monatsendbestände}}{13}$$

Multipliziert man den durchschnittlichen Lagerbestand mit den jeweilgen Einstandspreisen, erhält man den **durchschnittlichen Lagerbestandswert**.

Beispiel 2:

Beträgt der Einstandspreis je Stück 8,50 EUR, dann ermittelt sich der durchschnittliche Lagerbestandswert zu obigem Beispiel 1 wie folgt:

Durchschnittlicher Lagerbestandswert = Durchschnittlicher Lagerbestand · Einstandspreis

$$= 700 \cdot 8{,}50 = \underline{5\,950{,}00 \text{ EUR}}$$

> Der **durchschnittliche Lagerbestand** gibt an, welche Menge oder welcher Wert (bewertet zu Einstandspreisen) von einem Lagergut durchschnittlich auf Lager ist. In dieser Höhe ist ständig Kapital des Unternehmens gebunden.

(2) Lagerumschlagshäufigkeit

Sie gibt an, wie oft die Menge oder der Wert des durchschnittlichen Lagerbestandes innerhalb einer Periode (i. d. R. ein Jahr) umgeschlagen wurde.

$$\text{Lagerumschlagshäufigkeit} = \frac{\text{Lagerabgang in Mengeneinheiten}}{\text{durchschnittlicher Lagerbestand in Mengeneinheiten}}$$

oder

$$\text{Lagerumschlagshäufigkeit} = \frac{\text{Lagerabgang bewertet zu Einstandspreisen (Wareneinsatz)}}{\text{durchschnittlicher Lagerbestand bewertet zu Einstandspreisen}}$$

Beispiel 3:

Beträgt der Lagerabgang zu Einstandspreisen 74 375,00 EUR und der durchschnittliche Lagerwert (siehe Beispiel 2) 5 950,00 EUR, dann ergibt sich folgende Lagerumschlagshäufigkeit:

$$\text{Lagerumschlagshäufigkeit} = \frac{74\,375}{5\,950} = \underline{12,5}$$

Ergebnis:

Die Zahl 12,5 besagt, dass der durchschnittliche Lagerbestand 12,5-mal innerhalb der Rechnungsperiode umgeschlagen wurde.[1]

Die Lagerumschlagshäufigkeit schwankt je nach Branche, Warenart und Organisationsstand der Lagerwirtschaft in einem Unternehmen.

> Die **Lagerumschlagshäufigkeit** sagt dem Unternehmer, wie oft der **durchschnittliche Lagerbestand** in einer Rechnungsperiode umgeschlagen wurde.

(3) Durchschnittliche Lagerdauer

Sie gibt an, wie lange der durchschnittliche Lagerbestand auf Lager geblieben ist. Angestrebt ist ein möglichst geringer Wert, weil er Einfluss hat auf das im Lager gebundene Kapital und die hieraus zu zahlenden Lagerzinsen, auf das Risiko des Schwundes, des Verderbs, des Diebstahls und der technischen bzw. wirtschaftlichen Alterung.

$$\text{Durchschnittliche Lagerdauer in Tagen} = \frac{360}{\text{Lagerumschlagshäufigkeit}}$$

Beispiel 4:

Aus der im Beispiel 3 berechneten Lagerumschlagshäufigkeit von 12,5 errechnet sich eine durchschnittliche Lagerdauer wie folgt:

$$\text{Durchschnittliche Lagerdauer} = \frac{360 \text{ Tage}}{12,5} = \underline{28,8 \text{ Tage}}$$

---

[1] Dies darf nicht gleichgesetzt werden mit der Häufigkeit des Auffüllens des Lagers. **Beispiel:** Monatlich wird das Lager mit 10 Stück aufgefüllt, die im Laufe des Monats abgehen. Dann beträgt der durchschnittliche Lagerbestand = 5, der Lagerabgang = 120 Stück. Hieraus ergibt sich eine Lagerumschlagshäufigkeit von 120 : 5 = 24, das Lager hingegen wurde 12-mal gefüllt.

Ergebnis:

Das Lagergut liegt durchschnittlich 28,8 Tage auf Lager.

> Aus der **durchschnittlichen Lagerdauer** erkennt die Geschäftsleitung, wie lange die Vorräte im Durchschnitt im Lager waren.

Lagerumschlagshäufigkeit und durchschnittliche Lagerdauer stehen in **umgekehrtem Verhältnis** zueinander. Je höher die Lagerumschlagshäufigkeit, desto kürzer die durchschnittliche Lagerdauer und umgekehrt.

(4) Lagerzinssatz

Der Lagerzinssatz gibt an, wie viel Prozent Zinsen für das in den Lagervorräten investierte Kapital pro Umschlag, also während der durchschnittlichen Lagerdauer, einkalkuliert werden müssen. Je kürzer die durchschnittliche Lagerdauer und damit je höher die Umschlagshäufigkeit, desto geringer ist der Lagerzinssatz.

$$\text{Lagerzinssatz} = \frac{\text{Marktzinssatz} \cdot \text{durchschnittliche Lagerdauer}}{360}$$

Beispiel 5:

Die durchschnittliche Lagerdauer von 28,8 Tagen (siehe Beispiel 4) ergibt bei einem Marktzinssatz von 9 % folgenden Lagerzinssatz:

$$\text{Lagerzinssatz} = \frac{9 \cdot 28,8}{360} = \underline{0,72\,\%}$$

11.5 Risiken einer fehlerhaften Lagerplanung

Zu **hohe Lagerbestände** binden Kapital und verursachen Kosten. Ein zu großes Lager bringt außerdem die Gefahr mit sich, dass infolge technischer Änderungen und/oder verbesserter Materialien das Lagergut veraltet.

Zu **niedrige Lagerbestände** können zu Betriebsstörungen und Versorgungsengpässen führen. Besonders nachteilig wirken sich zu niedrige Lagervorräte aus, wenn hierdurch die Versorgung von Patienten bzw. Heimbewohnern gefährdet wird.

11.6 Eigen- oder Fremdlagerung

Reichen die eigenen Lagerräume nicht aus oder ist ein An- oder Umbau einer Lagereinrichtung zu kostspielig, wird die Lagerhaltung auf fremde Betriebe oder besondere Dienstleister (z. B. Logistikunternehmen) übertragen. Um entscheiden zu können, ob die **Eigen-** oder die **Fremdlagerung** kostengünstiger ist, bedarf es einer **Kostenvergleichsrechnung**.

11 Controlling von Beschaffungsprozessen und Lagerhaltungskosten

▪Beispiel:

Angenommen, die fixen Lagerhaltungskosten[1] belaufen sich bei Eigenlagerung auf monatlich 30 000,00 EUR, die variablen Lagerhaltungskosten[2] auf 40,00 EUR je m² Lagerfläche und Monat. Bei Fremdlagerung sind hingegen 100,00 EUR je m² Lagerfläche pro Monat zu zahlen.

Aufgaben:
1. Ermitteln Sie die kritische Lagerfläche in m², bei der die Kosten für die Eigen- und Fremdlagerung gleich hoch sind!
2. Stellen Sie den Zusammenhang grafisch dar!

Lösungen:

Zu 1.: Kosten der Eigenlagerung = Kosten der Fremdlagerung

$$30\,000 + x \cdot 40 = x \cdot 100$$
$$30\,000 = x \cdot 60$$
$$x = 30\,000 : 60$$
$$x = \underline{500 \text{ m}^2}$$

Probe:

$$30\,000{,}00 \text{ EUR} + 500 \text{ m}^2 \cdot 40{,}00 \text{ EUR} = 500 \text{ m}^2 \cdot 100{,}00 \text{ EUR}$$
$$50\,000{,}00 \text{ EUR} = 50\,000{,}00 \text{ EUR}$$

Ergebnis:

Die kritische Lagerfläche beträgt 500 m². Wird weniger gelagert, ist die Fremdlagerung vorteilhafter, andernfalls die Eigenlagerung.

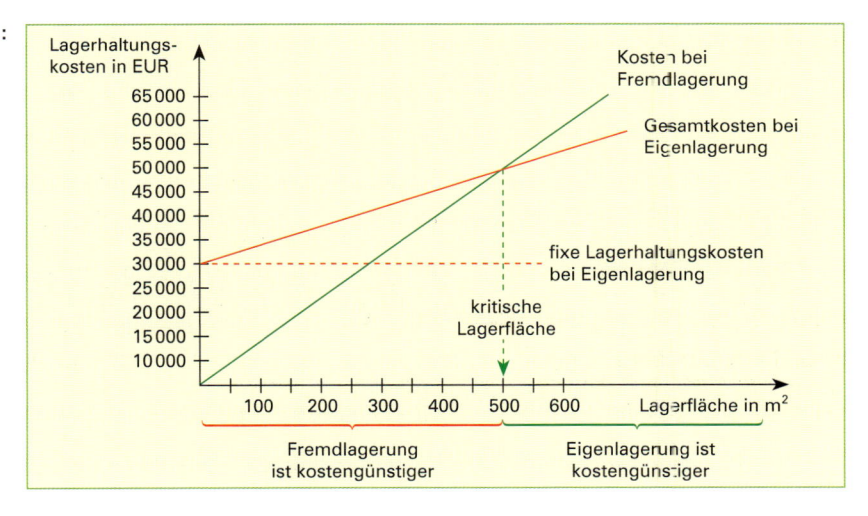

Zu 2.:

[Grafik: Lagerhaltungskosten in EUR (y-Achse) von 10 000 bis 65 000, Lagerfläche in m² (x-Achse) von 100 bis 600. Schnittpunkt bei 500 m² / 50 000 EUR (kritische Lagerfläche). Kosten bei Fremdlagerung (grün), Gesamtkosten bei Eigenlagerung (orange), fixe Lagerhaltungskosten bei Eigenlagerung (gestrichelt bei 30 000). Bis 500 m²: Fremdlagerung ist kostengünstiger; ab 500 m²: Eigenlagerung ist kostengünstiger.]

---

1 **Fixe (feste) Lagerhaltungskosten** sind solche, die unabhängig von der eingelagerten Gütermenge in gleichbleibender Höhe von Periode zu Periode (z. B. von Monat zu Monat) anfallen. Hierzu zählen z. B. Raumkosten (Abschreibungen, Zinsen für das in die Lagerräume und Einrichtungen investierte Kapital, Personalkosten für das ständig im Lager angestellte Personal).

2 **Variable (veränderliche) Lagerhaltungskosten** sind solche, die sich mit der eingelagerten Gütermenge in ihrer absoluten Höhe verändern. Zu den variablen Lagerhaltungskosten rechnen vor allem die Zinsen für das in den zu lagernden Gütern investierte Kapital, die Risikoprämie und die durch steigende Lagerbestände zunehmenden Versicherungs- und Verwaltungskosten.

11.7 Optimierung der Beschaffungsprozesse durch E-Procurement

(1) Ausgangspunkt: Einsparpotenzial in der Beschaffung

Die Einkaufsorganisation von Krankenhäusern verursacht vermeidbare Kosten, soweit die herkömmliche papierbasierte Methode mit Mehrfachanfragen, Angebotsprüfungen, Bestellungen, Lieferschein- und Rechnungsprüfung die gängige Praxis ist. Automatisierte Lieferketten über vernetzte IT-Systeme bieten dagegen ein enormes Einsparpotenzial.

Bei den meisten Krankenhäusern sind vielschichtige Beschaffungswege mit rund 500 Lieferanten die Regel, allerdings in einer Spannweite von unter 100 bis über 1 000 Lieferanten. Dabei werden im Schnitt über 20 000 verschiedene Artikel geordert und mit zehntausenden Bestellungen, Lieferscheinen und Rechnungen abgewickelt. Eine umfängliche Überprüfung und Verschlankung der Artikelliste sowie eine Straffung der Lieferantenbeziehungen sind geeignete Optimierungsmaßnahmen. Einkaufsgemeinschaften zur Erzielung von Mengenrabatten bei der Beschaffung sind bereits weit verbreitet. Einkaufsgemeinschaften, die über den reinen Einkauf hinausgehen, sind es jedoch nicht.[1]

> **Beispiel:**
>
> Vor der Digitalisierung erfolgte die Materiallogistik über Hitlisten, Zweckform-Bestellzettel, unleserliche Schmierzettel, Prospektausschnitte, Zuruf, Telefon usw. Folge waren keine standardisierten Bestandsanforderungen, Fehlbestellungen bzw. Falschlieferungen, Bestellung nach „Gefühl", hohe Zahlen von Bestellungen, Wareneingängen und Rechnungen. Man bemängelte insgesamt einen hohen Zeitaufwand für den Beschaffungsprozess nach dieser „Methodik".[1]

(2) E-Procurement-Systeme

Die gegenwärtigen Rahmenbedingungen – Nachfrageschwankungen, kurze Produktlebenszyklen, rasche Änderungen der technologischen und medizinischen Entwicklung, Kostendruck des DRG-Systems – führen dazu, dass das Risiko für das im Lager gebundene Kapital groß ist. Die Zusammenarbeit zwischen Kunden und Lieferanten, die bisher arbeitsaufwendig den Gesetzen von Angebot und Nachfrage gehorchte, kann durch ein elektronisches Beschaffungssystem, dem E-Procurement, zu einer stabilen Versorgungskette weiterentwickelt werden.

> **E-Procurement** ist ein digital vernetztes Beschaffungswesen zwischen Einkäufern und Lieferanten, in dem alle Informationen entlang der Beschaffungskette standardisiert sind und alle Belege und ergänzenden Informationen über ein E-Procurement-System elektronisch ausgetauscht werden.

Das erfordert eine durchgängige Prozessstandardisierung der Abläufe vom hauseigenen ERP-System[2] des Krankenhauses über eine E-Procurement-Plattform zu den angeschlossenen Lieferanten.

---

1 Vgl. Straub, Rainer: Digital ist optimal; in: MTDialog 7/2017, S. 69.
2 **ERP**: Enterprise Resource Planning; integrierte Unternehmenssoftware.

11 Controlling von Beschaffungsprozessen und Lagerhaltungskosten

E-Procurement-System im Krankenhaus[1]

Krankenhaus | E-Procurement-System + Lieferer

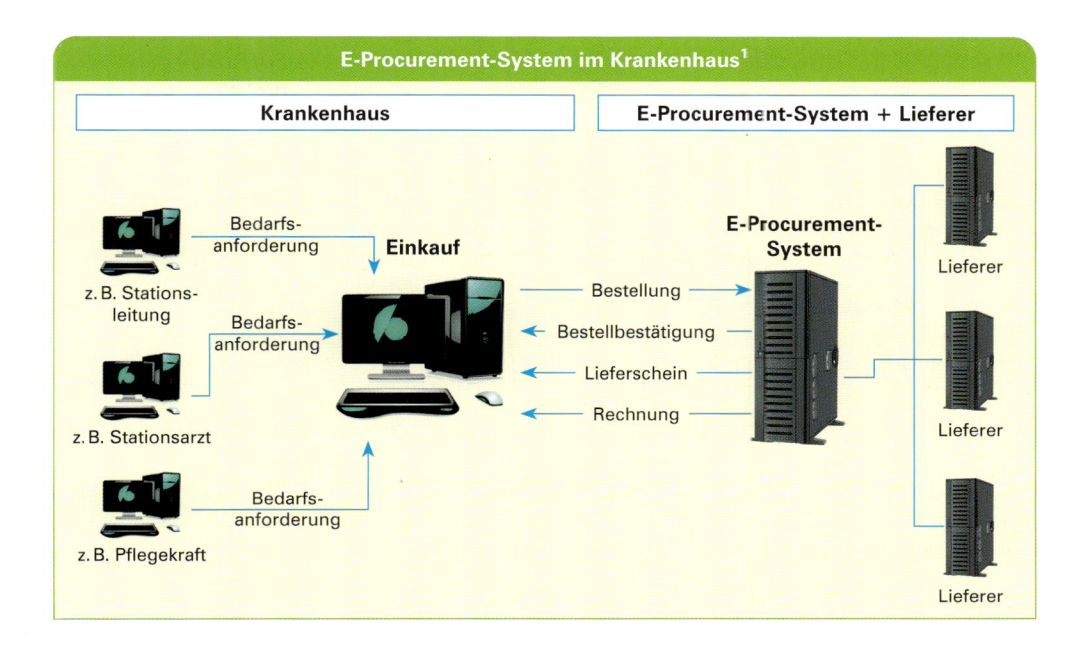

- z. B. Stationsleitung — Bedarfsanforderung
- z. B. Stationsarzt — Bedarfsanforderung
- z. B. Pflegekraft — Bedarfsanforderung

Einkauf ↔ E-Procurement-System ↔ Lieferer
- Bestellung
- Bestellbestätigung
- Lieferschein
- Rechnung

(3) Szenario für die Einrichtung von E-Procurement im Krankenhaus-Einkauf

Wie soll E-Procurement im Krankenhaus-Einkauf ablaufen?[2]

① E-Procurement unterstützt die wesentlichen Prozesse des Einkaufs entlang der ganzen Beschaffungskette. Diese Prozesse reichen von der Bestellung über den Avis von Lieferungen und Lieferscheinen bis zur Rechnung und deren Begleichung.

② E-Procurement-Lösungen im Krankenhaus automatisieren zunächst die Versendung der Bestellungen. Diese sollen möglichst direkt aus dem ERP-System angestoßen werden und auf elektronischem Weg beim Lieferanten ankommen.

③ Der Lieferant wiederum muss die Möglichkeit haben, eine Auftragsbestätigung auf dem gleichen Weg zurückzuschicken, sodass sie für die Einkaufsabteilung bereits im ERP-System vorerfasst ist.

④ Die Auftragsbestätigung wird idealerweise automatisch mit der Bestellung abgeglichen. Mit diesem Vorgehen lassen sich Bestellungen und Auftragsbestätigungen schnell und unkompliziert mit einem Minimum an manuellen Tätigkeiten bearbeiten.

⑤ Elektronische Lieferscheine und eine Anbindung an das Materialwirtschaftssystem der Klinik unterstützen den Wareneingang.

⑥ Das E-Procurement-System prüft automatisch die elektronisch eingehenden Eingangsrechnungen hinsichtlich der gespeicherten Artikel und der Preise sowie der Vereinbarungen eventueller Rahmenabkommen und fakturiert sie. Der Einsatz von E-Procurement-Lösungen beschleunigt damit diesen Arbeitsablauf im Einkauf wesentlich.

---

1 In Anlehnung an: http://www.clinicpartner-eg.eu/leistungen/e-procurement/e-procurement.html (23.07.2018).
2 Vgl. Lünendonk, Thomas: Mehr Effizienz im Einkauf von Krankenhäusern und Kliniken, Kaufbeuren 2015, S. 14.

(4) Vorteile integrierter IT-Systeme

Integrierte IT-Systeme ermöglichen eine verlässliche Liefertreue mit hoher Versorgungsqualität. Weiterhin lassen sich Einsparungen von Prozesskosten z. B. auf folgende Weise realisieren:

- Daten werden nicht mehr gedruckt, in Papierform verschickt und erneut eingetippt (Medienbruch). Dies spart Kosten und Zeit und vermeidet Tippfehler.
- Durch die Onlineverbindung und direkten Zugriff auf die Datenbestände stehen Informationen unmittelbar zur Verfügung. Entscheidungen können sofort gefällt werden (z. B. Wahl eines alternativen Lieferers oder Produktes).
- Statistische Auswertungen in vielfältiger Richtung sind möglich (ABC-Analyse der Lieferer) und schaffen die Basis für Vertragsverhandlungen.

Aus dieser äußerst offenen Marktplatzsituation ergeben sich sowohl für den Kunden als auch für den Lieferanten deutliche Vorteile.

Vorteile für den Kunden	Vorteile für den Lieferanten
■ Rasche Preisfindung.	■ Er sieht seine Verhandlungsposition, da er die anonymisierten Angebote der Mitbewerber lesen kann.

- Verringerung der Papierflut,
- weniger manuelle Eingaben und damit weniger Übertragungsfehler,
- keine Systembrüche (unterschiedliche Software beim Anbieter und Nachfrager),
- Wegfall der Postlaufzeiten,
- erhebliche Verkürzung der Prozesse auf beiden Seiten.

E-Procurement erschließt über die reine Bestellung und Abwicklung hinaus Wertschöpfungspotenziale im Krankenhauseinkauf. Denn in den E-Procurement-Datenbanken sind letztlich alle notwendigen Informationen über die eingekauften Artikel sofort und vollständig einsehbar – z. B. für Preisverhandlungen. Mit diesem aktuellen Überblick über die Bestände und über den Umsatz mit den Lieferanten analysieren Einkaufsabteilungen ihre Bestellvolumina und nutzen Verhandlungsmöglichkeiten über Rahmenverträge mit den Lieferanten.

11 Controlling von Beschaffungsprozessen und Lagerhaltungskosten

Kompetenztraining

124 1. Nennen und erläutern Sie die Aufgaben bzw. Funktionen einer Lagerhaltung!

2. Nennen und erläutern Sie die Aufgaben der Lagerlogistik speziell für Einrichtungen des Gesundheitswesens!

125 1. Eine Erweiterung des Leistungsprogramms bedeutet häufig gleichzeitig eine Erweiterung des Lagerraums.

Aufgaben:

1.1 Nennen Sie zwei zusätzliche Kosten, die dabei auftreten!

1.2 Für die Lagerkosten gilt stets: „Je kürzer die Lagerdauer, desto geringer die Kosten."
Nennen Sie zwei Maßnahmen, durch die eine Verkürzung der durchschnittlichen Lagerdauer erreicht werden kann!

1.3 Berechnen Sie den durchschnittlichen Lagerbestand, die Lagerumschlagshäufigkeit, die durchschnittliche Lagerdauer, den Lagerzinssatz (landesüblicher Zinsfuß 9 %) nach den folgenden Angaben:

Anfangsbestand an Lagermaterial am 1. Januar 20..	150 000,00 EUR
Zugänge an Lagermaterial	700 000,00 EUR
Schlussbestand an Lagermaterial am 31. Dezember 20..	250 000,00 EUR

1.4 Begründen Sie, wie sich eine Erhöhung der Lagerumschlagshäufigkeit auf die Lagerkosten und das Lagerrisiko auswirkt!

2. Der Jahresanfangsbestand von Vorräten des Wirtschafts- und Verwaltungsbedarfs beträgt 59 000,00 EUR, der Jahresschlussbestand 67 000,00 EUR und der Lagerabgang zu Einstandspreisen 630 000,00 EUR.

Aufgaben:

2.1 Berechnen Sie

2.1.1 den durchschnittlichen Lagerbestand,

2.1.2 die Lagerumschlagshäufigkeit und

2.1.3 die durchschnittliche Lagerdauer!

2.2 Unterbreiten Sie Vorschläge, wie die durchschnittliche Lagerdauer verkürzt werden kann!

3. Die Lagerzinsen sind von der Lagerdauer des eingelagerten Guts abhängig.

Aufgabe:

Beweisen Sie diese Aussage anhand folgender Zahlen, indem Sie die Lagerzinsen bei einer Lagerdauer von 14, 16, 18 und 20 Tagen berechnen! Zugrunde gelegter Zinsfuß 10 %; Wert des durchschnittlichen Lagerbestands 400 000,00 EUR.

126 1. Im Hinblick auf die Wettbewerbssituation sollen die Kosten und die Risiken der Lagerhaltung untersucht werden.

1.1 Nennen Sie fünf Kostenarten, die durch die Lagerhaltung verursacht werden!

1.2 Erläutern Sie drei Risiken, die mit der Lagerhaltung verbunden sind!

2. Lagerkosten und Lagerrisiko stehen in engem Zusammenhang mit den Lagermesszahlen. Die Lagerbuchhaltung liefert für das Lager Pflege- und Hygienematerial folgende Informationen:

Anfangsbestand am 1. Januar	120 000,00 EUR
12 Monatsschlussbestände insgesamt	1 180 000,00 EUR

Berechnen Sie den durchschnittlichen Lagerbestand!

3. Bei den Hautpflege-Produkten werden folgende Zahlen angegeben:

Anfangsbestand am 1. Januar	800,00 EUR
Zugänge 1. Januar bis 31. Dezember	9 600,00 EUR
Schlussbestand am 31. Dezember	2 400,00 EUR

   Berechnen Sie die Lagerumschlagshäufigkeit und die durchschnittliche Lagerdauer!

4. Begründen Sie, wie sich eine Erhöhung der Lagerumschlagshäufigkeit auf die Lagerkosten und das Lagerrisiko auswirkt!

127 In der Einkaufs- und Vorrätelogistik der Königsberg-Klinik GmbH will man das Problem einer fehlerhaften Lagerwirtschaft mit zu hohen oder zu niedrigen Lagerbeständen organisatorisch in den Griff bekommen. Es soll sichergestellt werden, dass immer eine optimale Menge an benötigten Materialien zur Verfügung steht.

Speziell für den Medizinbedarf soll ein Beschaffungsplan in Form eines Flussdiagramms (Flowchart) erstellt werden. Die zentralen Verfahrensschritte des Bestellvorgangs sind nebenstehend dargestellt.

Aufgabe:

Entscheiden Sie, welche Tätigkeit folgerichtig in das letzte dargestellte Kästchen gehört!

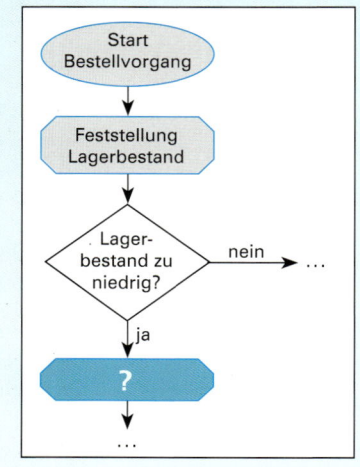

128 1. Zählen Sie fünf Vorteile des E-Procurements im Vergleich zur papierbasierten Beschaffung auf!

2. Beschreiben Sie, wie ein E-Procurement-System aufgebaut ist!

3. Nennen und beschreiben Sie in Form einer Funktionskette die Tätigkeiten eines störungsfreien Beschaffungsprozesses – beginnend mit der Bedarfsmeldung bis zur Zahlungsabwicklung!

129 Im Klinik-Großhandel Michael Teubner e. K. wird überlegt, ob sich ein Regionallager im Raum Rostock rentiert oder nicht. Für die Einlagerung ist ein Bestand von 2 000 Einheiten erforderlich. Die fixen Lagerhaltungskosten belaufen sich auf 4 000,00 EUR je Monat, die variablen Lagerhaltungskosten betragen 2,00 EUR je Einheit. Die Kosten der Fremdlagerung betragen 3,60 EUR je Einheit.

Aufgaben:

1. Begründen Sie rechnerisch, wie sich Michael Teubner entscheiden wird!

2. Berechnen Sie, bei welcher Stückzahl die kritische Lagermenge liegt und erklären Sie deren Aussagekraft!

5 Dienstleistungen anbieten und dokumentieren

1 Dienstleistungsangebote von zugelassenen Krankenhäusern

1.1 Allgemeine Krankenhausleistungen

Gesetzlich Versicherte und Privatversicherte im Basistarif haben einen Anspruch auf vollstationäre Behandlung in zugelassenen Krankenhäusern, wenn das Behandlungsziel auf andere Weise nicht erreicht werden kann [§ 39 I SGB V].

Zugelassene Krankenhäuser sind [§ 108 SGB V]:

- landesrechtlich anerkannte Hochschulkliniken,
- Plankrankenhäuser eines Landeskrankenhausplans,
- Krankenhäuser mit einem Versorgungsvertrag der gesetzlichen Krankenkassen.

Die allgemeinen Krankenhausleistungen (Regelleistungen) umfassen im Rahmen des Versorgungsauftrags des Krankenhauses alle Leistungen, die nach Art und Schwere der Krankheit für die medizinische Versorgung der Versicherten notwendig sind [§ 39 SGB V]. Die Regelleistungen werden zeitlich unbegrenzt erbracht, solange es medizinisch erforderlich ist.

Zu den **allgemeinen Krankenhausleistungen** zählen insbesondere

- medizinische Behandlung durch die diensthabenden Ärzte,
- Krankenpflege,
- Versorgung mit Arznei-, Heil- und Hilfsmitteln,
- Unterkunft und Verpflegung regelmäßig im Mehrbettzimmer sowie
- im Einzelfall erforderliche Leistungen zur Frührehabilitation.

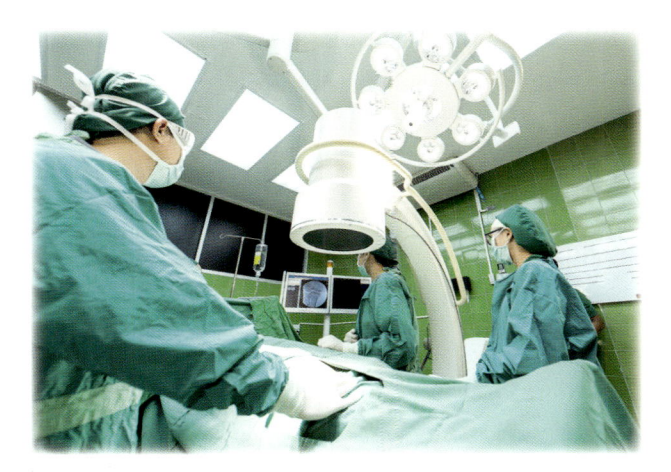

Beim Übergang in die Versorgung nach der Krankenhausbehandlung haben die Versicherten einen Anspruch auf Unterstützung **(Entlassmanagement)**.

Versicherte, die das achtzehnte Lebensjahr vollendet haben, zahlen innerhalb eines Kalenderjahres für längstens 28 Tage einen Betrag von 10,00 EUR je Kalendertag an das Krankenhaus **(Zuzahlung)**. Der Aufnahme- und der Entlassungstag ist ebenfalls mit je 10,00 EUR zuzahlungspflichtig. Die bereits geleistete Zuzahlung im selben Kalenderjahr für eine stationäre Rehabilitation ist darauf anzurechnen.

1.2 Wahlleistungen im Krankenhaus

Über das medizinisch notwendige Maß hinaus dürfen Krankenhäuser neben den allgemeinen Krankenhausleistungen **gesondert berechenbare Wahlleistungen** anbieten, auf die der Patient keinen Leistungsanspruch gegenüber seiner gesetzlichen Krankenkasse hat. Allerdings dürfen Wahlleistungen die allgemeinen Krankenhausleistungen nicht beeinträchtigen [§ 17 SGB V]. Wahlleistungen müssen vor der Erbringung schriftlich vereinbart werden und der Patient ist über die Inhalte im Einzelnen und über die Entgelte zu unterrichten. Alle Wahlleistungen müssen nämlich vom Patienten bezahlt werden. Für das Krankenhaus sind Wahlleistungen eine zusätzliche Einnahmequelle.

Wahlleistungen lassen sich in drei Fachgruppen einteilen: Unterkunft und Verpflegung, ärztliche Wahlleistungen und medizinische Wahlleistungen.

(1) Wahlleistungen Unterkunft und Verpflegung

Der Patient kann zwischen der Unterbringung im 1-Bett-Zimmer oder im 2-Bett-Zimmer wählen. Das 2-Bett-Zimmer ist nur dann eine Wahlleistung, wenn es im betreffenden Krankenhaus nicht zur Regelleistung gehört. Der Zimmerzuschlag beinhaltet in aller Regel eine Reihe von zusätzlichen Annehmlichkeiten bei der Zimmerausstattung sowie bei Service und Verpflegung. Die Mitaufnahme einer Begleitperson im Zimmer ist in machen Krankenhäusern auch ohne eine medizinische Notwendigkeit möglich.

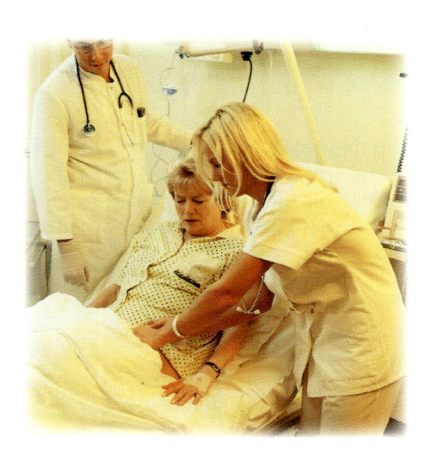

(2) Ärztliche Wahlleistungen

Für die wahlärztliche Behandlung durch die leitenden Krankenhausärzte **(Chefarztbehandlung)** schließt der Patient mit dem Krankenhaus und mit den Chefärzten einen schriftlichen Behandlungsvertrag ab. Diese Vereinbarungen erstrecken sich auf alle an der Behandlung beteiligten Chefärzte einschließlich der beauftragten Leistungen von Ärzten außerhalb des Krankenhauses. Die Chefärzte dürfen sich in der Regel nur von ihren ständigen ärztlichen Vertretern, in der Regel vom Oberarzt im gleichen Fachgebiet, vertreten lassen. Der Vertreter wird im Behandlungsvertrag namentlich benannt.

Die Chefärzte im Krankenhaus und die beauftragten Ärzte liquidieren nach der Gebührenordnung für Ärzte (GOÄ). Der Patient erhält also für seine ärztlichen Wahlleistungen von jedem beteiligten Arzt eine eigene Abrechnung. Privat versicherte Patienten haben meistens die Möglichkeit, dass die Chefarztbehandlung von der privaten Krankenkasse erstattet wird.

(3) Medizinische Wahlleistungen

Medizinische Behandlungen, für die es keine medizinische Indikation gibt, fallen nicht unter den Leistungskatalog der gesetzlichen Krankenversicherung. Anlässlich einer stationären Behandlung können erweiterte medizinische Wahlleistungen erbracht werden, die für die Versorgung des akuten Behandlungsfalles nicht notwendig sind. Alternative Behandlungsmethoden, denen die Anerkennung als allgemeine Krankenhausleistung fehlt, können unter ärztlicher Aufsicht als Wahlleistung eingesetzt werden. Alle diese Behandlungen müssen schriftlich vereinbart werden, verbunden mit einer Kostenübernahme durch die Patienten.

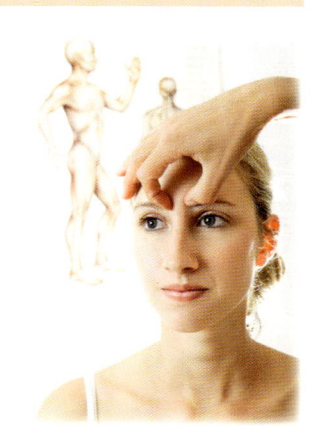

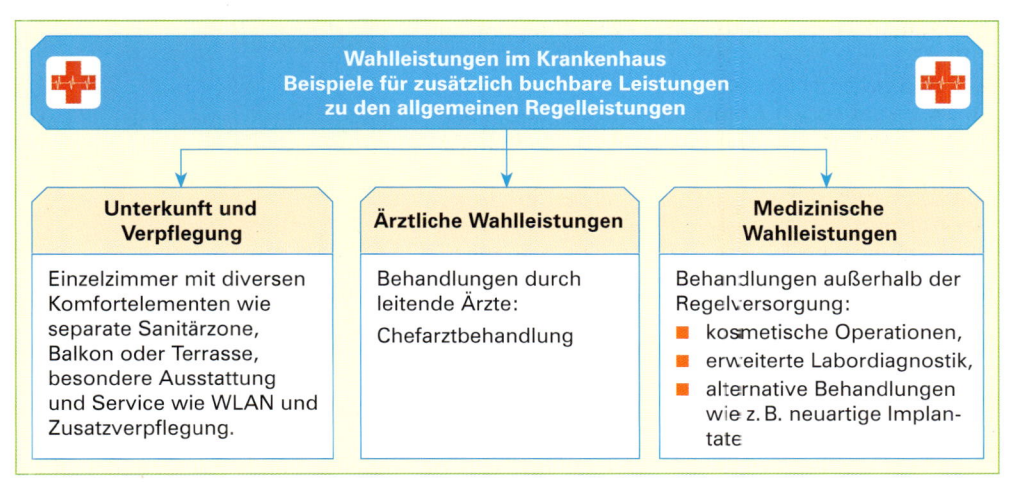

Wahlleistungen im Krankenhaus
Beispiele für zusätzlich buchbare Leistungen zu den allgemeinen Regelleistungen

Unterkunft und Verpflegung	Ärztliche Wahlleistungen	Medizinische Wahlleistungen
Einzelzimmer mit diversen Komfortelementen wie separate Sanitärzone, Balkon oder Terrasse, besondere Ausstattung und Service wie WLAN und Zusatzverpflegung.	Behandlungen durch leitende Ärzte: Chefarztbehandlung	Behandlungen außerhalb der Regelversorgung: ■ kosmetische Operationen, ■ erweiterte Labordiagnostik, ■ alternative Behandlungen wie z. B. neuartige Implantate

Kompetenztraining

130

1. Grenzen Sie die allgemeinen Krankenhausleistungen von den Wahlleistungen im Krankenhaus ab!
2. Nennen Sie die Fachgruppen der Wahlleistungen im Krankenhaus mit jeweils einem Beispiel!
3. Ermitteln Sie die Zuzahlung eines gesetzlich versicherten Patienten, der vom 5. bis einschließlich 11. August vollstationär im Krankenhaus behandelt wurde!
   Anzurechnende Zuzahlungen liegen nicht vor.

2 Abschluss von Behandlungsverträgen

2.1 Form und Inhalt von Behandlungsverträgen

Behandlungsverträge zwischen niedergelassenen Ärzten und Patienten kommen im Normalfall mündlich und durch schlüssiges Handeln zustande. Patienten ist häufig gar nicht bewusst, dass sie mit der Terminvereinbarung beim Arzt oder der Vorlage und Akzeptierung der Versichertenkarte an der Rezeption der Praxis einen **Behandlungsvertrag** mit gegenseitigen Rechten und Pflichten abschließen [§ 630 a BGB]. Die telefonische Beratung durch den Arzt und die Zusage eines häuslichen Krankenbesuchs sind ebenfalls Vertragsabschlüsse durch schlüssiges, **konkludentes Handeln**.

> Es gilt: Wenn auf einen **Antrag** zur Schließung eines Vertrags eine erkennbare **Annahme** mit **übereinstimmenden Willenserklärungen** erfolgt, ist ein Vertrag geschlossen. Eine bestimmte Form ist in aller Regel nicht vorgeschrieben.

Auch die ärztliche Behandlung eines Bewusstlosen stellt als „Geschäftsführung ohne Auftrag" ein Vertragsverhältnis dar, das der Arzt pflichtgemäß ausfüllen muss (§ 680 BGB Geschäftsführung zur Gefahrenabwehr).

Grundsätzlich kann auch im Krankenhaus ein Behandlungsvertrag in mündlicher Form oder durch einvernehmliches Handeln wirksam geschlossen werden. Aus Gründen der Rechtssicherheit und Vollständigkeit ist jedoch ein **Formularvertrag** obligatorisch, in dem alle Vertragsbedingungen bereits vorformuliert sind.

Mit der Unterzeichnung des **Behandlungsvertrags** [§ 630 a BGB] werden die wechselseitigen Rechte und Pflichten von Patient und Behandelndem festgelegt:

- Der **Behandelnde** verpflichtet sich zur Leistung der medizinischen Behandlung.
- Der **Patient** verpflichtet sich zur Zahlung der vereinbarten Vergütung, soweit nicht ein Kostenträger wie i. d. R. die Krankenkasse dafür eintritt.
- Kennzeichnendes Merkmal eines Vertrags zur Krankenhausbehandlung ist das **zweiseitig verpflichtende Rechtsgeschäft,** das zwischen Patient und Krankenhaus abgeschlossen wird.

Mit der allgemein gehaltenen Formulierung „Behandelnder" als Vertragspartner des Patienten gelten die Vorschriften zum Behandlungsvertrag nicht nur für Ärzte und Zahnärzte, sondern analog für alle Heilberufe, die **medizinische Behandlungen** vornehmen. Dazu zählen klinische Psychologen, Psycho- und Physiotherapeuten, Hebammen und Heilpraktiker.

> Der Behandelnde schuldet nicht einen bestimmten Heilungserfolg, sondern seine **Behandlungsdienste** nach allgemein anerkannten fachlichen Standards vorzunehmen [§ 630 a II BGB].

2 Abschluss von Behandlungsverträgen

Beispiel für einen Behandlungsvertrag im Krankenhaus:

Clara Krämer leidet unter häufigen Rachenentzündungen mit eitrig belegten Gaumenmandeln. Der behandelnde Hausarzt rät zur Entfernung der Tonsillen, um Folgeschäden zu vermeiden. Eine Indikation zur Tonsillektomie (Entfernung der Gaumenmandeln) sei gegeben. Auf Wunsch von Frau Krämer stellt der Hausarzt eine **Einweisung** in die Königsberg-Klinik in Bad Pyrmont aus. Über die Patientenverwaltung des Krankenhauses wird Frau Krämer der Aufnahme- und Operationstermin mitgeteilt. Im Rahmen der OP-Vorbereitung werden einige Tage vorher die notwendigen Untersuchungen als vorstationäre Behandlung durchgeführt. Obligatorische Maßnahmen sind eine Blutentnahme und ein EKG. Weitere Untersuchungen ergeben sich aus der individuellen Behandlungsplanung. Dazu geben die zuständigen Krankenhausärzte verständliche Aufklärungen zur Operation und zur Narkose. Im Rahmen der Aufnahmegespräche wird der Patientin Clara Krämer der formularmäßige Behandlungsvertrag erläutert und zur Unterzeichnung vorgelegt.

Königsberg-Klinik GmbH
Kreiskrankenhaus der Regelversorgung

Am Rosenhof 36
31812 Bad Pyrmont
IK-Nr. 26 02 3885 2
Fon: 05281 23456-0
Fax: 05281 23456-19

Behandlungsvertrag
zwischen

Krämer, Clara _24. August 1994_
Name, Vorname der Patientin — Geburtsdatum der Patientin

und der
Königsberg-Klinik GmbH, Am Rosenhof 36, 31812 Bad Pyrmont

für eine vorstationäre, vollstationäre bzw. teilstationäre und ggf. nachstationäre Behandlung zu den in den Allgemeinen Vertragsbedingungen (AVB) der Klinik und dem jeweils geltenden DRG-Entgelttarif festgelegten Bedingungen.

Die Allgemeinen Vertragsbedingungen (AVB), der DRG-Entgelttarif und die Informationen zur Datenverarbeitung können bei der Patientenaufnahme und auf jeder Station eingesehen werden. Die aufgeführten Vertragsbestandteile habe ich zur Kenntnis genommen und erkenne sie an. Die beiliegende Zahlungsaufforderung für die Eigenbeteiligung des stationären Aufenthaltes habe ich ebenfalls zur Kenntnis genommen.

Hinweis: Falls kein gesetzlicher Krankenversicherungsschutz besteht oder Wahlleistungen außerhalb des gesetzlichen Krankenversicherungsschutzes in Anspruch genommen werden, besteht aufgrund der gesetzlichen Vorschriften keine Leistungspflicht eines Kostenträgers nach dem Sozialgesetzbuch (z.B. Krankenkasse). Für diese Behandlungsfälle ist die Patientin verpflichtet, die Entgelte für die Krankenhausleistungen als Selbstzahler zu leisten.

Bad Pyrmont, 28.07.20.. _Clara Krämer_
Ort, Datum — Unterschrift Patientin oder gesetzlicher Vertreter

Bad Pyrmont, 28.07.20.. _Felix Schreiber_
Ort, Datum — Unterschrift Krankenhaus-Bevollmächtigter

Sprechen Sie die Mitarbeiter der Patientenverwaltung bei Fragen zum Behandlungsvertrag und zur Abrechnung gerne an. Wir sind für Sie da!

2.2 Formen von stationären Behandlungsverträgen

Bei Behandlungsverträgen zur stationären Aufnahme in ein Krankenhaus unterscheidet man drei Formen.

(1) Totaler Krankenhausaufnahmevertrag

Dies ist die übliche Vertragsform für eine stationäre Krankenhausbehandlung. Der Krankenhausträger verpflichtet sich, sämtliche ärztlichen und pflegerischen Leistungen zu erbringen sowie die Versorgung und Unterbringung des Patienten zu bewirken. Entspricht die Behandlung dem Leistungskatalog der Sozialversicherung, hat der Kassenpatient außer der gesetzlichen Zuzahlung keine Vergütungspflicht. Die Krankenhausrechnung richtet sich allein an die gesetzliche Krankenkasse.

(2) Totaler Krankenhausaufnahmevertrag mit Arztzusatzvertrag

Dies ist eine Vertragsform, bei der über den gesetzlichen Leistungskatalog der Sozialversicherung hinaus weitergehende Wahlleistungen mit einem Wahlarzt (z. B. Chefarztbehandlung) vereinbart werden. Das Krankenhaus ist zur vollumfänglichen Leistung verpflichtet und rechnet mit der gesetzlichen Krankenkasse ab.

Für die Wahlleistung schließt der Patient mit dem liquidationsberechtigten Wahlarzt einen zusätzlichen Vertrag ab. Für Wahlleistungen im Krankenhaus schließen Patienten üblicherweise private Krankenversicherungen ab.

(3) Gespaltene Arzt-Krankenhausaufnahmevertrag

Dies ist die übliche Vertragsform für Belegbetten im Krankenhaus. Der Belegarzt verfügt als freiberuflich tätiger Arzt durch einen Vertrag mit dem Krankenhaus über Belegbetten und die Nutzung von Krankenhauseinrichtungen gegen Entgelt. Für die Aufnahme in das Krankenhaus schließt der Privatpatient mit dem Belegarzt einen Behandlungsvertrag für ärztliche Leistungen ab.

Mit dem Krankenhaus wird ein weiterer Vertrag für Pflege und Versorgung geschlossen. Das Krankenhaus berechnet in diesem Fall die um ärztliche Leistungen gekürzte DRG-Fallpauschale bei Versorgung durch Belegabteilungen. Der Belegarzt rechnet mit dem Privatpatienten nach der Gebührenordnung für Ärzte (GOÄ) ab.

2.3 Vorschriften für die medizinische Behandlung

Im Rahmen des Dienstvertragsrechts [§§ 611 ff. BGB] ist der Behandlungsvertrag ein Untertitel.

> **Besondere Vorschriften für die medizinische Behandlung [§ 630b BGB]**
> dienen der Sicherheit der Patienten und der berufsrechtlichen Arbeitsweise der Behandelnden

1. **Mitwirkung der Vertragsparteien** [§ 630c BGB]
   Vom Patienten wird kompliantes Verhalten als konsequentes Befolgen der ärztlichen Ratschläge erwartet, insbesondere bei chronischen Krankheiten.

2. **Informations- und Aufklärungspflichten des Behandelnden** [§§ 630c und 630e BGB]
   - Dem Patienten in verständlicher Weise die wesentlichen Umstände zu Beginn der Behandlung erläutern: Diagnose, voraussichtliche gesundheitliche Entwicklung, Therapie.
   - Den Patienten über wesentliche Umstände von Diagnose und Therapie, zu erwartende Folgen und Risiken, Eignung und Erfolgsaussichten aufklären und auf Alternativen hinweisen.
   - Den Patienten vor Beginn der Behandlung über voraussichtliche Kosten schriftlich informieren, falls die Übernahme der Behandlungskosten durch Versicherungen oder Beihilfen nicht gewährleistet ist.
   - Die Aufklärung muss für den Patienten verständlich sein und so rechtzeitig erfolgen, dass er seine Entscheidung wohlüberlegt treffen kann.
   - Die Aufklärung ist entbehrlich, wenn der Patient ausdrücklich verzichtet hat oder die Maßnahme aufgrund besonderer Umstände unaufschiebbar ist.

3. **Einwilligung des Patienten** [§ 630d BGB]
   Vor der Durchführung einer medizinischen Maßnahme, insbesondere bei körperlichen Eingriffen, ist die Einwilligung des Patienten einzuholen.

4. **Dokumentation der Behandlung** [§ 630f BGB]
   Der Behandelnde ist verpflichtet, die Behandlung in einer Patientenakte zu dokumentieren, insbesondere Anamnese, Diagnosen, Untersuchungen und Befunde, Therapien und Eingriffe, Einwilligungen und Aufklärungen, Arztbriefe.

5. **Einsichtnahme in die Patientenakte** [§ 630g BGB]
   Dem Patienten ist die unverzügliche Einsicht in die vollständige persönliche Patientenakte zu gewähren. Der Patient kann Kopien gegen Kostenerstattung verlangen.

Der Behandlungsvertrag endet regelmäßig mit der Vertragserfüllung, also dem Ende der Behandlung. Eine vorzeitige **Beendigung des Behandlungsvertrages** durch Kündigung ist fristlos und ohne Angabe von Gründen zulässig [§ 627 I BGB]. Allerdings soll der gesetzlich versicherte Patient innerhalb eines laufenden Quartals nur aus wichtigem Grund den Arzt wechseln [§ 76 III SGB V].

2.4 Haftung im Krankenhaus

Das rechtliche Grundverhältnis zwischen Arzt bzw. Krankenhaus einerseits und dem Patienten andererseits ist ein Dienstvertrag gemäß §§ 611 und 630a BGB. Demzufolge schuldet der Arzt eine Behandlung nach allgemein anerkannten fachlichen Standards. Die Garantie für einen Heilerfolg gibt es nicht. Das Ereignis eines Gesundheitsschadens ist daher keineswegs der eindeutige Beweis für einen ärztlichen Behandlungsfehler. Die Unwägbarkeiten der menschlichen Physiologie und nicht vermeidbare Eingriffsrisiken bleiben ein Gefahrenpotenzial, das niemand ausschließen kann.

Ein **Haftungsfall** liegt erst dann vor,

- wenn vorsätzlich oder fahrlässig die erforderliche Sorgfalt außer Acht gelassen wird oder
- wenn das medizinische Personal vermeidbares, pflichtwidriges Verhalten gezeigt hat.

> **Haftung** bedeutet, dass der Verursacher eines Schadens die Konsequenzen seines Fehlverhaltens tragen muss, soweit er schuldhaft gehandelt hat.

Gegenstand eines Haftungsfalles kann zweierlei sein:

- Eine Schadenersatzpflicht wird in einem zivilrechtlichen Verfahren festgestellt.
- Eine Straftat liegt vor, wenn der Arzt eine Person rechtswidrig verletzt hat.

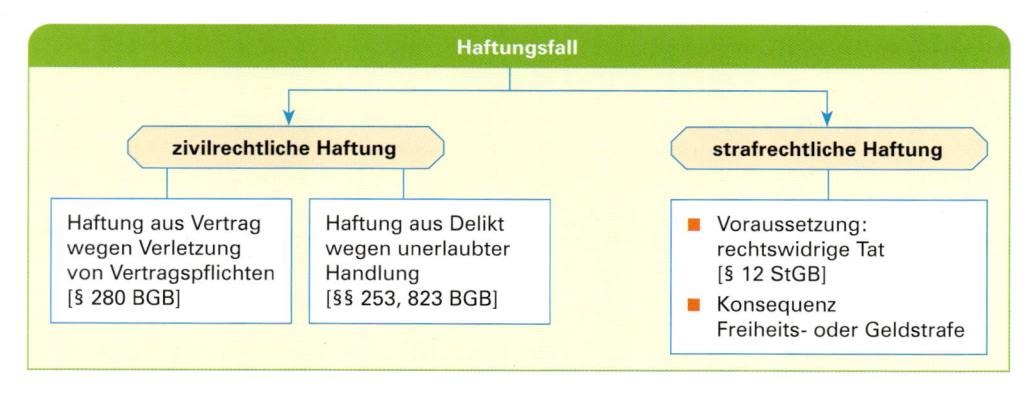

```
                         Haftungsfall
                    /                  \
         zivilrechtliche Haftung     strafrechtliche Haftung
          /              \
Haftung aus Vertrag   Haftung aus Delikt      ■ Voraussetzung:
wegen Verletzung      wegen unerlaubter          rechtswidrige Tat
von Vertragspflichten Handlung                   [§ 12 StGB]
[§ 280 BGB]           [§§ 253, 823 BGB]       ■ Konsequenz
                                                 Freiheits- oder Geldstrafe
```

Der Arzt bzw. das Krankenhaus haften nach zivilrechtlichen Grundsätzen aus Vertrag und aus Delikt.

Beispiel für einen Haftungsfall im Krankenhaus:

Patient Holger Weber lässt sich nach jahrelangen Kniebeschwerden ins Kreiskrankenhaus einweisen. Nach einer vorstationären Magnetresonanztomographie (MRT) und der Auswertung radiologischer und allgemeinärztlicher Aufzeichnungen stellt die orthopädische Abteilung des Krankenhauses eine OP-Indikation. Die Aufklärung des Patienten über die geplante Operation führt ein Facharzt für Orthopädie. Daraufhin stimmt Patient Holger Weber einer Operation im Sinne der Indikation zu.

Einen Tag nach der Operation kommt es unerwartet zu Komplikationen, die eine Revisions-OP erforderlich machen. Die zweite Operation durch denselben Operateur bringt keine Änderung. Daraufhin wird der Patient in eine Spezialklinik verlegt. Die zweite Revisions-OP führt zu einer Besserung. Es bleibt jedoch ein gesundheitlicher Dauerschaden. Über seine Krankenhausodyssee lässt Holger Weber ein ärztliches Gutachten für eine Beweisführung in einem Zivilprozess anfertigen.

Ein Gericht stellt auf Antrag des klagenden Patienten rechtskräftig fest, dass sowohl die OP-Indikation als auch die Patientenaufklärung fehlerhaft gewesen seien. Weiterhin wurden die beiden Operationen im Kreiskrankenhaus nicht mit der erforderlichen Sorgfalt durchgeführt. Aufgrund eines gesundheitlichen Dauerschadens spricht das Gericht dem Patienten Holger Weber einen Schadenersatz wegen materieller Schäden und ein Schmerzensgeld wegen immaterieller Schäden zu. Anspruchsgrundlage für die Haftungsverantwortung ist ein totaler Krankenhausaufnahmevertrag zwischen Patient und Kreiskrankenhaus.

Der Krankenhausträger als Vertragspartner muss sich bei dieser Rechtslage die ärztlichen Fehlhandlungen zurechnen lassen und Wiedergutmachung leisten, beispielsweise für materielle Schäden bei Erwerbsminderung. Für den Fall von Arztzusatzverträgen ergeben sich weitere Verpflichtungen der liquidationsberechtigten Ärzte.

Für das Schmerzensgeld aus unerlaubter Handlung haften typischerweise die ärztlichen und pflegerischen Mitarbeiter, die dieses Delikt begangen haben. Im vorliegenden Fall wird dem Kreiskrankenhaus jedoch ein organisatorisches Kontrollversagen nachgewiesen, welches das fahrlässige Verhalten des Operateurs erst ermöglichte. Somit verantwortet das Kreiskrankenhaus auch den immateriellen Schaden.

Vertragliche Haftung für materielle Schäden und deliktische Haftung für immaterielle Schäden bestehen nebeneinander und können beide zu Wiedergutmachungsleistungen führen. Ein klagender Patient muss seine Haftungsansprüche allerdings in einem zivilrechtlichen Verfahren nachweisen.

Folgende Vorgänge führen zur **Haftung aus Vertrag wegen Verletzung von Vertragspflichten**:

- Diagnose- und Therapiefehler,
- Verletzungen der Sorgfaltspflicht,
- Aufklärungsfehler,
- vorsätzliche Verletzung.

Folgende Vorgänge führen zur **Haftung aus Delikt wegen unerlaubter Handlung**:

- schuldhafte Behandlungsfehler als rechtswidrige Tat oder eigenmächtige Heilbehandlung.
- Bei Organisationsverschulden des Krankenhauses werden pflichtwidrige Handlungen des ärztlichen und pflegerischen Dienstes dem Krankenhausträger zugerechnet (z. B. fehlende oder mangelnde Aufsicht).

Einen möglichen Tatbestand der Körperverletzung wird die zuständige Staatsanwaltschaft ggf. in einem getrennten Ermittlungsverfahren prüfen. Anwendung findet hier das öffentliche Strafrecht mit einer Beweisführung von Amts wegen und einer Androhung von Geld- oder Freiheitsstrafe.

2.5 Aufbewahrung und Entsorgung von medizinischen Dokumenten

Die **Aufbewahrungsfrist** für die Patientenakte einschließlich der Röntgenbilder beträgt 10 Jahre nach Abschluss der Behandlung, soweit nicht andere Aufbewahrungsfristen gelten [§ 630f III BGB]:

- 1 Jahr Aufbewahrungsfrist für Überweisungsscheine und Durchschriften von Arbeitsunfähigkeitsbescheinigungen,
- 3 Jahre Aufbewahrungsfrist für Aufzeichnungen über Betäubungsmittel [§ 17 BtMG],
- 30 Jahre Aufbewahrungsfrist für Aufzeichnungen über Strahlen- und Röntgenbehandlungen mit radioaktiven Stoffen oder ionisierenden Strahlen [§ 42 I StrlSchV].

Die Deutsche Krankenhausgesellschaft empfiehlt generell eine Aufbewahrung von Krankenunterlagen für 30 Jahre auch ohne gesetzliche Aufbewahrungsfrist. Der Grund liegt in der Beweissicherung im Zuge von Haftungsprozessen wegen möglicher Behandlungsfehler. Denn für **Schadenersatzansprüche** wegen Verletzung der Gesundheit gilt eine Verjährungsfrist von 30 Jahren [§ 199 II BGB].

Sind gesetzliche Aufbewahrungsfristen bzw. aus Vorsicht weitergehende Aufbewahrungszeiten verstrichen, sollten alte Akten zur **Entsorgung** aussortiert werden. So vermeidet man unnötige Archivkosten. Die Auswahl eines externen Entsorgungsdienstleisters muss sehr gewissenhaft erfolgen, denn der beauftragende Gesundheitsbetrieb bleibt für den Datenschutz seines sensiblen Entsorgungsmaterials weiterhin verantwortlich. Daher kommen für die Vernichtung von geheimen Patientendaten in Form von Akten und Datenträgern nur **zertifizierte Entsorgungsfachbetriebe** infrage. Diese bieten die Gewähr für die Einhaltung des Datenschutzes und die unwiederbringliche Datenvernichtung. Für den Gesundheitsbetrieb als Auftraggeber wird ein transparenter Sicherheitsprozess mittels einer nachvollziehbaren Dokumentation geschaffen [Art. 28 DSGVO].

2 Abschluss von Behandlungsverträgen

Kompetenztraining

131 Bei einer stationären Krankenhausbehandlung ist der formelle Abschluss eines Behandlungsvertrages obligatorisch.

Aufgabe:
Zeigen Sie die wesentlichen Grundzüge eines Krankenhaus-Behandlungsvertrages auf!

132 Nach umfangreichen Untersuchungen durch einen Facharzt für Innere Medizin erhält Patient Heiner Schulte die schockierende Diagnose Darmkrebs. Es folgt eine tiefe Verunsicherung, ob die vorgeschlagene Therapie die richtige sei. Daher möchte Heiner Schulte eine Zweitmeinung einholen, scheut jedoch die Wiederholung der Untersuchungsprozeduren.

Aufgabe:
Erläutern Sie, was der Patient tun sollte!

133 Unterscheiden Sie bei der Haftung im Krankenhaus die beiden Formen der zivilrechtlichen Haftung!

Halten Sie Ihre Ergebnisse übersichtlich in einer Tabelle fest!

1. Welche Formen der zivilrechtlichen Haftung unterscheidet man im Krankenhaus?
2. Nennen Sie jeweils zwei Beispiele der zivilrechtlichen Haftungsformen!
3. Wer ist Anspruchsgegner der jeweiligen Haftungsform?
4. Welche Wiedergutmachungsleistungen kann ein Patient erstreiten?

134 Die Aktenschränke mit archivierten Patientenakten einer Arztpraxis sind randvoll. Nun soll Abhilfe durch Entsorgung entbehrlicher Patientenakten geschaffen werden.

Aufgaben:
1. Welche Patientenakten sind entbehrlich und können entsorgt werden?
2. Welche Vorkehrungen sind für eine sachgerechte Entsorgung zu treffen?

3 Schutz personenbezogener Daten

3.1 Zweckbindung personenbezogener Daten

Personenbezogene Daten beziehen sich auf natürliche Personen und lassen Rückschlüsse auf deren Identität zu. Werden erstmals personenbezogene Daten für eigene Zwecke gespeichert, werden die Betroffenen darüber umfassend informiert [Art. 13 DSGVO].

> Das Erheben, Speichern, Verändern oder Übermitteln **personenbezogener Daten** oder ihre Nutzung für eigene Geschäftszwecke ist zulässig, soweit sie im Rahmen der **Zweckbestimmung** eines Vertragsverhältnisses oder vertragsähnlichen Vertrauensverhältnisses **erforderlich** sind. Die Auswahl personenbezogener Daten ist am Ziel der **Datenminimierung** auszurichten [Art. 5 I DSGVO].

Beispiel:

Die Patientin Clara Krämer hat mit der Königsberg-Klinik GmbH einen schriftlichen Behandlungsvertrag für einen stationären Krankenhausaufenthalt abgeschlossen. Dabei hat die Patientin versichert, dass sie die „Informationen zur Datenverarbeitung" zur Kenntnis genommen hat und anerkennt. Ohne Widerspruch gegen die Datenverarbeitungsbedingungen wird somit die Nutzung persönlicher Daten zum Bestandteil des Behandlungsvertrages.

Das Merkblatt zur Datenverarbeitung hat folgenden Wortlaut:

Königsberg-Klinik GmbH
Kreiskrankenhaus der Regelversorgung

Am Rosenhof 36
31812 Bad Pyrmont
IK-Nr. 26 02 3885 2
Fon: 05281 23456-0
Fax: 05281 23456-19

Informationen zur Datenverarbeitung

Sehr geehrte Patientin, sehr geehrter Patient,

wir nutzen im Krankenhaus die vielfältigen Möglichkeiten der elektronischen Datenverarbeitung, die für die medizinischen und pflegerischen Arbeitsabläufe und für Abrechnungszwecke unverzichtbar sind. Im Rahmen des Behandlungsvertrages mit Ihnen werden Daten zu Ihrer Person und zum sozialen Status sowie notwendige Daten für die Behandlung und die Leistungsabrechnung erfasst, gespeichert und verarbeitet. Zur Dokumentation Ihrer Behandlung sind wir gesetzlich verpflichtet (§ 630f BGB). Dabei nehmen wir den Schutz Ihrer persönlichen Daten sehr ernst.

Verantwortlich für die Erhebung, Speicherung und Verarbeitung Ihrer personenbezogenen Daten ist gemäß Art. 4 VII DSGVO die Direktorin Wirtschafts- und Verwaltungsdienst der Königsberg-Klinik GmbH, Frau Greta Koch,
Tel. 05281 123456,
E-Mail: koch@koenigsberg-klinik.de

Datenschutzbeauftragte der Königsberg-Klinik GmbH ist die Referatsleiterin Qualitätsmanagement und Controlling, Frau Hanna Heuer,
Tel.: 05281 654321,
E-Mail: heuer@koenigsberg-klinik.de

Die Nutzung Ihrer persönlichen Daten erfolgt ausschließlich im Rahmen der vertraglichen Zweckbestimmung unter Beachtung der datenschutzrechtlichen Vorschriften. Die Daten können zum Zwecke administrativer Aufgaben (z. B. medizinische Schreibarbeiten, Leistungsabrechnung, Archivierung der Patientenakte) und für medizinische Dienstleistungen (z. B. Labor- und pathologische Untersuchungen) an Dritte übermittelt werden.

Unter Beachtung der Datensparsamkeit werden im Regelfall folgende
Daten gemäß § 301 SGB V erfasst:

1. Angaben zur Person wie Familienname und Vorname, Geburtsdatum, Geschlecht, Anschrift;
2. Krankenversichertennummer und Versichertenstatus;
3. Tag, Uhrzeit und Grund der Aufnahme sowie die Einweisungsdiagnose, die Aufnahmediagnose, bei einer Änderung der Aufnahmediagnose die nachfolgenden Diagnosen, die voraussichtliche Dauer der Krankenhausbehandlung sowie, falls diese überschritten wird, auf Verlangen der Krankenkasse die medizinische Begründung;
4. Datum und Art der im Krankenhaus durchgeführten Operationen und sonstigen Prozeduren;
5. Tag, Uhrzeit und Grund der Entlassung oder Verlegung sowie die für die Krankenhausbehandlung maßgebliche Hauptdiagnose und die Nebendiagnosen;
6. Aussagen zur Arbeitsfähigkeit und Vorschläge zur erforderlichen weiteren Behandlung mit Angabe geeigneter Einrichtungen;
7. die berechneten Entgelte.

Alle bei der Datenverarbeitung beschäftigten Personen sind dem Datengeheimnis verpflichtet, das auch nach Beendigung ihrer Tätigkeit fortbesteht (§ 53 BDSG).

Die Speicherung Ihrer personenbezogenen Daten geschieht nur so lange, wie dies für die Durchführung der Behandlung erforderlich ist. Aufgrund rechtlicher Vorgaben sind wir dazu verpflichtet, diese Daten mindestens 10 Jahre nach Abschluss der Behandlung aufzubewahren (§ 630f BGB). Längere Aufbewahrungspflichten von 30 Jahren ergeben sich bei Röntgenaufzeichnungen gemäß § 28 III Röntgenverordnung.

Die Verarbeitung Ihrer personenbezogenen Daten ist für Zwecke der Gesundheitsvorsorge, für die medizinische Diagnostik, die Versorgung oder Behandlung im Gesundheitsbereich oder aufgrund eines Vertrags mit einem Angehörigen eines Gesundheitsberufs gesetzlich erforderlich (§ 22 BDSG) und bedarf Ihrer Einwilligung nicht.

Ihre Rechte im Hinblick auf den Datenschutz sind das Recht auf Auskunft über die Sie betreffenden personenbezogenen Daten (Art. 15 DSGVO) und das Recht auf Berichtigung unrichtiger Daten (Art. 16 DSGVO). Wenn bestimmte Gründe vorliegen, steht Ihnen das Recht auf Löschung von Daten, das Recht auf Einschränkung der Datenverarbeitung, das Recht auf Datenübertragbarkeit sowie das Recht auf Widerspruch gegen die Verarbeitung zu (Art. 17–21 DSGVO).

Ein Beschwerderecht haben Sie bei der Datenschutz-Aufsichtsbehörde, wenn Sie der Ansicht sind, dass die Verarbeitung Ihrer personenbezogenen Daten nicht rechtmäßig erfolgt:

Landesbeauftragte für den Datenschutz in Niedersachsen
Prinzenstraße 5, 30159 Hannover,
Tel.: 0511 1204500,
E-Mail: poststelle@lfd.niedersachsen.de

Königsberg-Klinik GmbH
Die Direktorin Wirtschafts- und Verwaltungsdienst

Die Königsberg-Klinik GmbH erfüllt mit den „Informationen zur Datenverarbeitung" ihre Pflicht zur Transparenz gemäß Art. 5 DSGVO.

Personenbezogene Daten sind

- zu **berichtigen,** wenn sie falsch oder unvollständig sind [Art. 16 DSGVO],
- unter bestimmten Voraussetzungen zu **löschen,** wenn die Speicherung unzulässig ist oder wenn die Daten im Rahmen der Zweckbestimmung nicht mehr erforderlich sind [Art. 17 DSGVO],
- in der Verarbeitung **einzuschränken,** wenn die Richtigkeit der Daten streitig ist [Art. 18 DSGVO].

3.2 Datenschutz und Datensicherheit für besondere Kategorien personenbezogener Daten

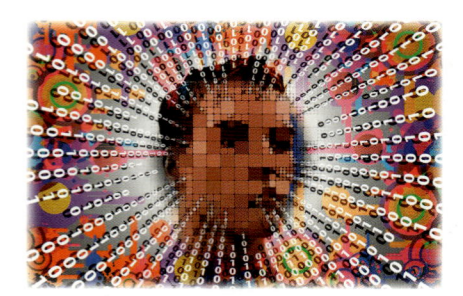

Bei der automatisierten Datenverarbeitung personenbezogener Daten ist die innerbetriebliche Organisation so zu gestalten, dass die Sicherheit der Verarbeitung gewährleistet ist. Das gilt insbesondere, wenn es sich um die **Verarbeitung besonderer Kategorien personenbezogener Daten** handelt. Dazu gehören die Daten aus dem Gesundheits- und Sozialbereich [§ 22 BDSG]. Es sind geeignete Garantien für die Rechtsgüter der betroffenen Personen vorzusehen.

Anforderungen an die Sicherheit lt. § 64 BDSG	Erforderliche Vorkehrungen für ein angemessenes Schutzniveau bei der Verarbeitung personenbezogener Daten	Beispielhafte Maßnahmen
1. Zugangskontrolle	Verwehrung des Zugangs zu Datenverarbeitungsanlagen mit personenbezogenen Daten für Unbefugte	- räumlich gesicherte Abtrennung der DV-Anlagen, - Alarmanlagen
2. Datenträgerkontrolle	Verhinderung des unbefugten Lesens, Kopierens, Veränderns oder Löschens von Datenträgern	Verschlüsselung von mobilen Datenträgern
3. Speicherkontrolle	Verhinderung der unbefugten Eingabe von personenbezogenen Daten sowie der unbefugten Kenntnisnahme, Veränderung und Löschung von gespeicherten Daten	- Eingabeprotokollierung, - Benutzeridentifikation
4. Benutzerkontrolle	Verhinderung der Nutzung der Datenverarbeitungssysteme durch Unbefugte	- Benutzeridentifikation mit Passwort, - Firewall gegen Netzangriffe
5. Zugriffskontrolle	Gewährleistung, dass Benutzungsberechtigte ausschließlich auf ihre zugriffsberechtigten Daten zugreifen können	- Kennwort für Berechtigte, - gesicherte Schnittstellen

3 Schutz personenbezogener Daten

Anforderungen an die Sicherheit lt. § 64 BDSG	Erforderliche Vorkehrungen für ein angemessenes Schutzniveau bei der Verarbeitung personenbezogener Daten	Beispielhafte Maßnahmen
6. Übertragungskontrolle	Gewährleistung, dass bei einer Datenübertragung festgestellt werden kann, an welche Stellen eine Übertragung stattgefunden hat oder vorgesehen ist	■ Protokollierung, ■ Standleitung, ■ verschlüsselte Netzwerkverbindung (VPN-Gateway)
7. Eingabekontrolle	Gewährleistung, dass nachträglich überprüft werden kann, welche Daten zu welcher Zeit und von wem eingegeben oder verändert worden sind	Protokollierung
8. Transportkontrolle	Gewährleistung, dass bei der Datenübermittlung sowie beim Transport von Datenträgern die Vertraulichkeit und Integrität der Daten geschützt sind	Dienstanweisung mit Kontrollmaßnahmen
9. Wiederherstellbarkeit	Gewährleistung, dass eingesetzte Systeme im Störungsfall wiederhergestellt werden können	Back-up auf externem Datenträger anlegen
10. Zuverlässigkeit	Gewährleistung, dass alle Funktionen des Systems zur Verfügung stehen und Fehlfunktionen gemeldet werden	Schwachstellenanalyse
11. Datenintegrität	Gewährleistung, dass gespeicherte Daten nicht durch Fehlfunktionen des Systems beschädigt werden	■ Managementsystem für die Informationssicherheit, ■ Datenschutzbeauftragter
12. Auftragskontrolle	Gewährleistung, dass im Auftrag verarbeitete Daten nur entsprechend den Weisungen des Auftraggebers verarbeitet werden können	Dienstanweisung mit Kontrollmaßnahmen
13. Verfügbarkeitskontrolle	Gewährleistung, dass personenbezogene Daten gegen Zerstörung oder Verlust geschützt sind (**Datensicherheit**)	■ Sicherungskopien, ■ Brand- und Diebstahlschutz, ■ Notstromversorgung
14. Gebot der Datentrennung	Gewährleistung, dass zu unterschiedlichen Zwecken erhobene Daten getrennt verarbeitet werden können	getrennte Ordnerstrukturen oder getrennte Datenbanken

Unter Berücksichtigung des Stands der Technik sind die Maßnahmen zur Erfüllung dieser Anforderungen nur im verhältnismäßigen Umfang zur Schwere des Risikos erforderlich. Von den Beteiligten an den Verarbeitungsvorgängen wird eine hohe Sensibilisierung für die anvertrauten Sozialdaten erwartet [§ 48 BDSG]. Die mit der Datenverarbeitung befassten Personen sind auf das **Datengeheimnis** zu verpflichten, das auch nach Beendigung ihrer Tätigkeit fortbesteht [§ 53 BDSG].

In Betrieben, die personenbezogene Daten automatisch verarbeiten und damit regelmäßig mindestens zehn Arbeitnehmer ständig beschäftigen, müssen **Datenschutzbeauftragte** bestellt werden [§ 38 BDSG]. Die Datenschutzbeauftragten haben die Aufgabe, in Angelegenheiten des Datenschutzes zu beraten und die Ausführung der Datenschutz-Grundverordnung sowie anderer Vorschriften über den Datenschutz sicherzustellen [Art. 39 DSGVO].

3.3 Übermittlung und Nutzung von Patientendaten zur Leistungsabrechnung

Einer Gesundheitseinrichtung ist es nur im Rahmen der Zweckbestimmung des Behandlungsvertrages erlaubt, personenbezogene Daten zu erheben, zu speichern und zu verarbeiten [§ 22 BDSG]. Das sind primär notwendige Daten für eine angemessene medizinische Behandlung. Beispielsweise liefert ein Laborbefund dem Arzt die benötigten Diagnosedaten. Gleichzeitig verursacht dieser Laborbefund Kosten, die in die Abrechnung des Behandlungsfalles einfließen können und ganz allgemein im Rechnungswesen verarbeitet werden.

> Unter den Geboten der Datentrennung und der Weitergabekontrolle ist die **Übermittlung von Patientendaten an andere Stellen,** auch innerhalb der Einrichtung, nur in dem Maße zulässig, wie es für die jeweilige Aufgabenerfüllung erforderlich ist (Zugriffskontrolle).

Durch Datenverschlüsselung, gesicherte Schnittstellen, Dienstanweisungen u. Ä. ist das Patientengeheimnis zu wahren. Der abschließenden Leistungsabrechnung eines Behandlungsfalles dürfen also unter dem Gebot der Datensparsamkeit und des Datenschutzes nur die Daten zur Verfügung stehen, die in die Rechnungsstellung einfließen. Die kaufmännische Verwaltung hat auch diese gefilterten Daten so sensibel und schützenswert zu handhaben wie originäre medizinische Befunde.

Kompetenztraining

135 Bei der Erfassung von personenbezogenen Patientendaten sind Grundsätze des Datenschutzes zu beachten.

Aufgabe:
Nennen Sie die Prinzipien der Datenerfassung!

136 Bei der Speicherung und Verarbeitung von personenbezogenen Daten sind die Persönlichkeitsrechte der betroffenen Personen zu beachten.

Aufgaben:
1. Welches Recht hat eine betroffene Person gegenüber dem Verantwortlichen einer Einrichtung oder anderen Stellen, die personenbezogene Daten verarbeiten?
2. Welches Recht hat eine betroffene Person bei fehlerhafter Speicherung von persönlichen Daten?
3. Welches Recht hat eine betroffene Person bei unzulässiger Datenspeicherung?
4. Welches Recht hat eine betroffene Person, wenn sie die Richtigkeit der Daten bestreitet?

137 Bei den Arbeitsprozessen zur Erhebung, Verarbeitung und Nutzung von personenbezogenen Daten sind Vorkehrungen zum Datenschutz zu treffen.

Aufgabe:
Nennen Sie mindestens sieben Anforderungen des Bundesdatenschutzgesetzes (BDSG) zum geschützten Umgang mit personenbezogenen Daten und erläutern Sie, welche Gewährleistungen bzw. Vorkehrungen damit verbunden sind!

138 Die Königsberg-Klinik GmbH hat pflichtgemäß einen Mitarbeiter aus dem Referat Qualitätsmanagement und Controlling zum Datenschutzbeauftragten ernannt.

Aufgabe:
Stellen Sie fest, welcher gesetzliche Rahmen für diese Stelle vorliegt!

4 Ärztliche Schweigepflicht

4.1 Rechtsgrundlagen der ärztlichen Schweigepflicht

Die ärztliche Schweigepflicht ergibt sich aus mehreren rechtlichen Grundlagen wie z. B. dem Datengeheimnis lt. § 53 BDSG oder den Berufsordnungen der Landesärztekammern. Besonders deutlich wird die Wahrung der ärztlichen Schweigepflicht als hohes Gut im Vertrauensverhältnis von Arzt und Patient im Strafgesetzbuch hervorgehoben.

> **§ 203 StGB: Verletzung von Privatgeheimnissen**
>
> (1) Wer unbefugt ein fremdes Geheimnis, namentlich ein zum persönlichen Lebensbereich gehörendes Geheimnis oder ein Betriebs- oder Geschäftsgeheimnis, offenbart, das ihm als Arzt, Zahnarzt, Tierarzt, Apotheker oder Angehörigen eines anderen Heilberufs, der für die Berufsausübung oder die Führung der Berufsbezeichnung eine staatlich geregelte Ausbildung erfordert, anvertraut worden oder sonst bekanntgeworden ist, wird mit Freiheitsstrafe bis zu einem Jahr oder mit Geldstrafe bestraft.
>
> (2) [...]
>
> (3) Den Genannten stehen ihre berufsmäßig tätigen Gehilfen und die Personen gleich, die bei ihnen zur Vorbereitung auf den Beruf tätig sind.

4.2 Berufsrechtlicher Personenkreis mit Schweigepflicht

Der strafrechtlichen Schweigepflicht unterliegen nicht nur **Mediziner**, sondern **weitere staatlich anerkannte Heilberufe** wie z. B. Gesundheits- und Krankenpfleger, Hebammen sowie medizinisch-technische Assistenten. Als **berufsmäßig tätige Gehilfen** mit Schweigepflicht gelten Medizinische Fachangestellte, Gesundheits- und Krankenpfleger sowie Schreibkräfte für medizinische Kommunikation. Ein weiterer Personenkreis sind **Angestellte mit administrativen Aufgaben im unmittelbaren ärztlichen Umfeld** bei der Erfassung von Patientendaten und der Leistungsabrechnung in medizinischen Versorgungszentren und Krankenhäusern.

4.3 Inhalt und Reichweite der ärztlichen Schweigepflicht

Die ärztliche Schweigepflicht bezieht sich auf sämtliche persönlichen und medizinischen Angaben sowie auf zufällige Erfahrungsbereiche bei der ärztlichen Berufsausübung. Dazu gehören beispielsweise:

- persönliche Daten des Patienten,
- sämtliche Informationen und Unterlagen zum Gesundheitszustand des Patienten,
- die Tatsache, dass eine Person überhaupt Patient eines Arztes ist oder war,
- sämtliche Angaben zum persönlichen Umfeld des Patienten, seien sie beruflicher, finanzieller oder familiärer Art,
- jegliche Äußerungen oder Meinungen des Patienten oder Umstände, die dem Arzt während seiner Berufsausübung bekannt werden.

Die personelle **Reichweite der Schweigepflicht** ist eng zu ziehen. Die Verschwiegenheit gilt auch gegenüber engen Familienangehörigen des Patienten (Ehepartner, Kinder), wenn keine Entbindung vorliegt. Im Falle von minderjährigen Patienten ist eine ärztliche Schweigepflicht gegenüber den Sorgeberechtigten geboten, wenn der Minderjährige die erforderliche Einsichts- und Entscheidungsreife besitzt, seine Gesundheitssituation verantwortlich einzuschätzen. Dies kann in einem Alter ab 15 Jahren unter Würdigung des Einzelfalles angenommen werden.[1]

Bei **Verstößen gegen die Schweigepflicht** und bei unbefugter Offenbarung personenbezogener Daten drohen dem Schuldigen

- **strafrechtliche** Konsequenzen der Strafverfolgungsbehörden wegen Verletzung von Privatgeheimnissen nach § 203 StGB (Geldstrafe, Freiheitsstrafe),
- **zivilrechtliche** Konsequenzen vonseiten des Patienten wegen Verletzung des allgemeinen Persönlichkeitsrechts nach § 823 BGB (Schadensersatz),
- **arbeitsrechtliche** Konsequenzen des Arbeitgebers wegen Verstoß gegen die Dienstverpflichtung zum Datengeheimnis (Abmahnung, Kündigung).

4.4 Offenbarungsrechte und Offenbarungspflichten zur ärztlichen Schweigepflicht

Die Einhaltung der ärztlichen Schweigepflicht ist der Regelfall. Die Offenbarung von Patientengeheimnissen als Ausnahme ist nur zulässig, wenn rechtmäßige Offenbarungsgründe vorliegen.

(1) Offenbarungsbefugnis im Sinne des Patienten

- Entbindung von der Schweigepflicht; Dokumentation zur Beweissicherung ist ratsam.
- Mutmaßliche Einwilligung des Patienten, z. B. Offenbarung gegenüber Konsiliarärzten[2] oder Offenbarung gegenüber Angehörigen eines bewusstlosen Patienten.

(2) Rechtfertigender Notstand zur Offenbarung

Die Abwendung einer Gefahr für Leben und Gesundheit von Menschen ist ein höherwertiges Rechtsgut als die Verschwiegenheitspflicht [§ 34 StGB]. Nicht rechtswidrig handelt daher jemand bei Offenbarung z. B. von

- Kindesmissbrauch und Kindesmisshandlung,
- Fremdgefährdung im Straßenverkehr bei Alkohol- und Drogenkranken oder Epileptikern,
- Vorbereitung oder Aufklärung eines besonders schweren Verbrechens.

---

1 Landesärztekammer Baden-Württemberg, Merkblatt zur ärztlichen Schweigepflicht, Stand: Oktober 2009.
2 Zur Beratung hinzugezogene Ärzte.

(3) Gesetzliche Offenbarungspflichten

Vorwiegend im Bereich der Sozialgesetzbücher, aber auch in weiteren Rechtsvorschriften werden dem Arzt und den Krankenhäusern gesetzliche Übermittlungspflichten von Patientendaten auferlegt:

- Übermittlung von Patientendaten einschließlich Diagnose gemäß §§ 294 ff. SGB V an die Kassenärztliche Vereinigung und die gesetzliche Krankenkasse zur allgemeinen Aufgabenerfüllung und zum Zweck der Abrechnung,
- spezielle Anfragen für eine gutachtliche Stellungnahme des Medizinischen Dienstes der Krankenversicherung gemäß § 275 SGB V,
- Übermittlung von Patientendaten gemäß §§ 201 ff. SGB VII an die zuständige Berufsgenossenschaft als Kostenträger bei Arbeitsunfällen und Berufskrankheiten,
- Anzeige einer Geburt an den Standesbeamten mit Namen und Staatsangehörigkeit der Eltern gemäß Personenstandsgesetz [§§ 19 ff. PStG],
- Informationen bei Kindeswohlgefährdung an das zuständige Jugendamt gemäß Gesetz zur Kooperation und Information im Kinderschutz [§ 4 KKG],
- Substitutionsbehandlung eines Drogensüchtigen gemäß Betäubungsmittel-Verschreibungsverordnung [§ 5a BtMVV] an das Bundesinstitut für Arzneimittel und Medizinprodukte,
- Übermittlung von Patientendaten bei meldepflichtigen Krankheiten, insbesondere Geschlechtskrankheiten, gemäß Infektionsschutzgesetz [§ 8 IfSG] an die zuständige Gesundheitsbehörde,
- Überwachungsdaten von beruflich strahlenexponierten Personen beim Umgang mit radioaktiven Stoffen und ionisierenden Strahlen an die zuständige Behörde gemäß Strahlenschutzverordnung [§ 42 StrlSchV],
- Mitteilungen an die zuständige Behörde gemäß Röntgenverordnung [§§ 17a, 28 RöV].

Krankenhäuser sind gegenüber zuständigen Behörden über ihre Patientendatei auskunftspflichtig, wenn ein rechtfertigender Grund zur Abwehr von Gefahren, Ermittlung von Straftätern oder dem Auffinden von Vermissten vorliegt.

Kompetenztraining

139 Tina Mälzer verlässt frohen Mutes die Praxis ihres Hausarztes, weil der Arzt eine wesentliche Besserung ihres Gesundheitszustandes diagnostizieren konnte. Kurze Zeit später kommt sie völlig aufgelöst zurück und berichtet vom Diebstahl einer Geldbörse einschließlich Kreditkarte aus ihrer Jackentasche. Die Jacke hing während der Behandlung unbeaufsichtigt im Wartezimmer. Nun verlangt sie von der Mitarbeiterin in der Patientenannahme die Namen aller Personen, die sich während der fraglichen Zeit des Diebstahls im Wartezimmer aufhielten. Nur so habe die Polizei eine Chance, diese abscheuliche Straftat aufzuklären.

Aufgabe:
Geben Sie an und begründen Sie, welche Auskunft Frau Mälzer pflichtgemäß erhalten wird!

140 Die Eltern der 17-jährigen Leah Müller, die an Magersucht und Bulimie leidet, besuchen ihre Tochter auf der psychosomatischen Jugendstation des städtischen Klinikums. Selbstverständlich sind die Eltern sehr bekümmert und wollen sich anschließend beim behandelnden Psychologen nach den Gesundungsaussichten ihres Kindes erkundigen.

Aufgabe:
Erklären Sie, wie der behandelnde Psychologe in dieser Situation angemessen antworten sollte!

141 Die Auszubildende zur Medizinischen Fachangestellten, Tanja Schreiner, hat aus dem Gefühl der Hilfsbereitschaft heraus dem besorgten Arbeitgeber eines Patienten telefonisch einige Diagnosedaten mitgeteilt.

Aufgabe:
Betrachten Sie das Verhalten von Tanja Schreiner kritisch!

142 Die Wahrung von Patientengeheimnissen ist eine grundsätzliche Pflicht von Angehörigen staatlich anerkannter Heilberufe. Ein Grundsatz lässt jedoch Ausnahmen zu.

Aufgabe:
Zeigen Sie die rechtmäßigen Offenbarungsgründe auf!

5 Datentransfer mit Kranken-, Renten-, Unfall- und Pflegeversicherung

5.1 Pflichten der Erbringer von Gesundheitsleistungen

Die an der vertragsärztlichen Versorgung teilnehmenden Ärzte von gesetzlich Versicherten und die übrigen Leistungserbringer sind verpflichtet, den gesetzlichen Krankenkassen, den Kassenärztlichen Vereinigungen oder den beauftragten Abrechnungsstellen die notwendigen Angaben zur Erfüllung ihrer Aufgaben zu machen [§ 294 SGB V]. Zu den übrigen Leistungserbringern zählen Apotheken, Krankenhäuser, Hebammen, Optiker und Sanitätshäuser.

Die Leistungserbringer unterliegen der gesetzlichen **Offenbarungspflicht von Patientendaten**, begrenzt als strenge Zweckbindung für Abrechnung, Wirtschaftlichkeitskontrolle und Qualitätssicherung [§§ 296 ff. SGB V]. Für den Datentransfer von privat versicherten Patienten haben die Leistungserbringer eine Einverständniserklärung einzuholen, um nicht die ärztliche Schweigepflicht und/oder datenschutzrechtliche Bestimmungen zu verletzen.

Mit der Offenbarungspflicht einher geht der Anspruch eines jeden Bürgers auf Wahrung des Sozialgeheimnisses [§ 35 SGB I].

> Jeder hat Anspruch darauf, dass seine Sozialdaten von den Leistungsträgern der Sozialversicherung und ihren Servicestellen nicht unbefugt erhoben, verarbeitet oder genutzt werden. Die Beschäftigten der Stellen haben das **Sozialgeheimnis** zu wahren, das auch nach Beendigung ihrer Tätigkeit fortbesteht.

5.2 Datenübermittlung ärztlicher Leistungen

Die an der vertragsärztlichen Versorgung teilnehmenden Ärzte und Zahnärzte sind verpflichtet, ihre Abrechnungsunterlagen an die Kassenärztlichen Vereinigungen beziehungsweise Kassenzahnärztlichen Vereinigungen zu übermitteln. Nach Berechnung der Gebührenpositionen werden die Datensätze je Versicherten zur Abrechnung an die zuständige Krankenkasse weitergeleitet.

Folgende zweckbezogene Daten werden von den Ärzten und Zahnärzten maschinenlesbar aufgezeichnet und übermittelt [§ 295 SGB V]:

- im Abschnitt der Arbeitsunfähigkeitsbescheinigung, den die Krankenkasse erhält, die Diagnosen. Die Diagnosen werden nach ICD-10-GM verschlüsselt,
- in den Abrechnungsunterlagen die erbrachten Leistungen mit Datum und ggf. Uhrzeit, bei ärztlicher Behandlung mit Diagnosen, bei zahnärztlicher Behandlung mit Zahnbezug und Befunden,
- die Arztnummer,
- die persönlichen Angaben von der elektronischen Gesundheitskarte des Patienten.

5.3 Datenaustauch zwischen Krankenhaus und Krankenkasse

Für die medizinisch notwendige Behandlung eines gesetzlich versicherten Patienten in einem zugelassenen Krankenhaus ist die zuständige Krankenkasse zur Zahlung der Krankenhausvergütung verpflichtet [§§ 108 und 109 SGB V]. Zur Realisierung eines konkreten Zahlungsanspruchs hat das Krankenhaus detailliert aufgeführte, patienten- und behandlungsrelevante Angaben der Krankenkasse zu machen [§ 301 I SGB V]:

> **Übermittlung von Behandlungs- und Abrechnungsdaten vom Krankenhaus an die Krankenkasse** bei Inanspruchnahme einer Krankenhausleistung

1. Die persönlichen Angaben aus der elektronischen Gesundheitskarte des Patienten sowie das krankenhausinterne Kennzeichen des Versicherten,
2. das Institutionskennzeichen der Krankenkasse und des Krankenhauses,
3. den Tag, die Uhrzeit und den Grund der Aufnahme sowie die Einweisungsdiagnose, die Aufnahmediagnose, bei einer Änderung der Aufnahmediagnose die nachfolgenden Diagnosen, die voraussichtliche Dauer der Krankenhausbehandlung sowie, falls diese überschritten wird, auf Verlangen der Krankenkasse die medizinische Begründung, bei Kleinkindern bis zu einem Jahr das Aufnahmegewicht,
4. bei ärztlicher Verordnung von Krankenhausbehandlung die Arztnummer des einweisenden Arztes, bei Verlegung das Institutionskennzeichen des veranlassenden Krankenhauses, bei Notfallaufnahme die die Aufnahme veranlassende Stelle,
5. die Bezeichnung der aufnehmenden Fachabteilung, bei Verlegung die der weiterbehandelnden Fachabteilungen,
6. Datum und Art der im oder vom jeweiligen Krankenhaus durchgeführten Operationen und sonstigen Prozeduren,
7. den Tag, die Uhrzeit und den Grund der Entlassung oder der Verlegung, bei externer Verlegung das Institutionskennzeichen der aufnehmenden Institution, bei Entlassung oder Verlegung die für die **Krankenhausbehandlung maßgebliche Hauptdiagnose und die Nebendiagnosen,**
8. Aussagen zur Arbeitsfähigkeit und Vorschläge zur erforderlichen weiteren Behandlung für Zwecke des Übergangsmanagements in geeignete Einrichtungen der Rehabilitation oder Pflege,
9. die nach den §§ 115a und 115b SGB V für vor- und nachstationäre Behandlung und für ambulantes Operieren sowie nach dem Krankenhausentgeltgesetz und der Bundespflegesatzverordnung **berechneten Entgelte.**

Die Abrechnungsdaten der Krankenhäuser für stationäre Behandlungsfälle und ambulante Leistungen werden auf elektronischem Wege mit den gesetzlichen Krankenkassen über normierte Datensätze ausgetauscht. Hierzu vereinbarten der GKV-Spitzenverband und die Deutsche Krankenhausgesellschaft nach § 301 III SGB V das Nähere über Form und Inhalt der Abrechnungsunterlagen. Die Vereinbarung zur Datenübermittlung sieht einen regen Austausch von Datensätzen mit detaillierten Inhalten vor. Für die technische und organisatorische Form der Datenübermittlung werden einheitliche und datenschutzrechtlich sichere Normen und Verfahren vorgeschrieben.

Satzart	Übermittlung von Krankenhaus an Krankenkasse Inhalt des Datensatzes – Kurzfassung	Übermittlungsfristen
Aufnahmesatz	Mit dem Aufnahmesatz gibt das Krankenhaus der Krankenkasse die Aufnahme eines Versicherten bekannt.	spätestens 3 Arbeitstage nach Aufnahme
Verlängerungs-anzeige	Der Krankenkasse wird eine Verlängerung der Krankenhausbehandlung angezeigt. Es sind die behandelnde Fachabteilung und die Aufnahmediagnose oder eine in der Zwischenzeit ggf. festgestellte Nachfolgediagnose anzugeben.	i. d. R. vor Ablauf der vorausgegangenen Kostenübernahme
Medizinische Begründung	Die medizinische Begründung ist vom Krankenhaus auf Verlangen der Krankenkasse zu übermitteln, falls die voraussichtliche Dauer der Behandlung überschritten wird.	unverzüglich
Rechnungssatz	Mit dem Rechnungssatz stellt das Krankenhaus der Krankenkasse die Entgelte in Rechnung, ggf. mit Zwischenrechnungen. Die von einem Patienten zu leistende Zuzahlung ist vollständig im Rechnungsbetrag zu berücksichtigen.	in der Regel einmal pro Kalenderwoche
Entlassungs-anzeige	Das Krankenhaus meldet der Krankenkasse die Entlassung oder externe Verlegung des Versicherten oder den Wechsel von voll- und teilstationärer Behandlung.	innerhalb von 3 Arbeitstagen, spätestens mit der Schlussrechnung

Satzart	Übermittlung von Krankenkasse an Krankenhaus Inhalt des Datensatzes – Kurzfassung	Übermittlungsfristen
Kosten-übernahmesatz	Die Krankenkasse teilt dem Krankenhaus die Kostenübernahme, die Bestätigung des Versichertenverhältnisses oder ggf. ihre Ablehnung mit.	spätestens 3 Arbeitstage nach Aufnahme- bzw. Verlängerungsanzeige
Anforderungs-satz medizinische Begründung	Der Anforderungssatz medizinische Begründung kann von der Krankenkasse an das Krankenhaus übermittelt werden, wenn die voraussichtliche Dauer der Krankenhausbehandlung überschritten wird.	unverzüglich
Zahlungssatz	Mit dem Zahlungssatz teilt die Krankenkasse dem Krankenhaus mit, ob der in Rechnung gestellte Abrechnungsbetrag zur Zahlung angewiesen ist, ob noch eine Prüfung erfolgt oder aus welchem Grund die Rechnung abgelehnt wird.	in der Regel einmal pro Kalenderwoche (innerhalb der Zahlungsfrist)

Die detaillierten Datensätze sollen der Krankenkasse ermöglichen, die **Korrektheit der Abrechnung** nachzuvollziehen und die **Wirtschaftlichkeit der Leistung** einzuschätzen. Hat die Krankenkasse Zweifel an der Höhe der Entgeltforderung, kann sie ein mehrstufiges **Prüfverfahren** unter Einbeziehung des Medizinischen Dienstes der Krankenversicherung (MDK) einleiten.

5.4 Datenaustausch bei Vorsorge- und Rehabilitationsleistungen

In gleicher Weise wie die Krankenhäuser sind auch Vorsorge- und Rehabilitationseinrichtungen, die einen gesetzlichen Versorgungsauftrag erfüllen [§ 111 SGB V], zum Datenaustausch mit den gesetzlichen Krankenkassen verpflichtet [§ 301 IV SGB V].

Übermittlung von Behandlungs- und Abrechnungsdaten von der Rehabilitationseinrichtung an die Krankenkasse

1. Die persönlichen Angaben aus der elektronischen Gesundheitskarte des Patienten sowie das einrichtungsinterne Kennzeichen des Versicherten,
2. das Institutionskennzeichen der Vorsorge- oder Rehabilitationseinrichtung und der Krankenkasse,
3. - den Tag der Aufnahme,
   - die Einweisungsdiagnose, die Aufnahmediagnose,
   - die voraussichtliche Dauer der Behandlung sowie, falls diese überschritten wird,
   - auf Verlangen der Krankenkasse die medizinische Begründung,
4. bei ärztlicher Verordnung von Vorsorge- oder Rehabilitationsmaßnahmen die Arztnummer des einweisenden Arztes,
5. den Tag, die Uhrzeit und den Grund der Entlassung oder der externen Verlegung sowie die Entlassungs- oder Verlegungsdiagnose; bei externer Verlegung das Institutionskennzeichen der aufnehmenden Institution,
6. Angaben über die durchgeführten Vorsorge- und Rehabilitationsmaßnahmen sowie Vorschläge für die Art der weiteren Behandlung mit Angabe geeigneter Einrichtungen,
7. die berechneten Entgelte.

Die gesetzlichen Krankenversicherungen (GKV) und die Deutsche Rentenversicherung (DRV) sind die hauptsächlichen Kostenträger von Rehabilitationsmaßnahmen. GKV und DRV haben in Zusammenarbeit mit den Leistungserbringerverbänden für Rehabilitations-Einrichtungen grundsätzliche Festlegungen zur Abwicklung eines automatisierten Datenaustausches vereinbart **(Datenübermittlungs-Rahmenvereinbarung)**. Ambulante Einrichtungen können freiwillig ihre Teilnahme am Datenträgeraustausch (DTA) erklären.

Das Datenaustauschverfahren umfasst 15 normierte **Geschäftsvorfälle** in maschinenlesbarer Form.

Dienstleistungen anbieten und dokumentieren

Liste der Geschäftsvorfälle

- **Datentransfer der gesetzlichen Krankenkasse (GKV) an die Rehabilitationseinrichtung**
  - Bewilligung der Rehabilitationsmaßnahme
  - Antwort zum Antrag auf Verlängerung des Reha-Aufenthalts
- **Datentransfer der gesetzlichen Rentenversicherung (DRV) an die Rehabilitationseinrichtung**
  - Bewilligung der Rehabilitationsmaßnahme
  - Absage durch den Kostenträger
  - Antwort zum Antrag auf Verlängerung des Aufenthalts
  - Antwort zum Antrag auf Verlängerung der Kostenzusage
- **Datentransfer der Rehabilitationseinrichtung an die gesetzliche Krankenkasse (GKV) bzw. an die gesetzliche Rentenversicherung (DRV)**
  - Absage durch die Einrichtung (nur DRV)
  - Aufnahme
  - Antrag auf Verlängerung des Aufenthalts
  - Antrag auf Verlängerung der Kostenzusage (nur DRV)
  - Anzeige einer Verlängerung (nur DRV)
  - Unterbrechung (nur DRV)
  - Entlassungsmeldung
  - Entlassungsbericht (nur DRV)
  - Rechnung

Für die Übermittlung der Geschäftsvorfälle sind Erledigungstermine gesetzt. Eine unverzügliche Verarbeitung der eingehenden Daten wird erwartet.

5.5 Datenübermittlung in der gesetzlichen Unfallversicherung

Die Unfallversicherungsträger, Berufsgenossenschaften und öffentlich-rechtliche Unfallkassen dürfen **Sozialdaten** erheben und speichern, soweit dies zur Erfüllung ihrer gesetzlich vorgeschriebenen oder zugelassenen Aufgaben erforderlich ist [§ 199 SGB VII]. Selbstverständlich sind sie an die Wahrung des Sozialgeheimnisses gebunden.

Ärzte und Psychologische Psychotherapeuten, die an einer **unfallmedizinischen oder Berufskrankheiten-Behandlung** nach § 34 SGB VII beteiligt sind, erheben, speichern und übermitteln an die Unfallversicherungsträger zweckgebundene Daten über die Behandlung und den Zustand des Versicherten sowie andere personenbezogene Daten. Der Versicherte kann vom Unfallversicherungsträger verlangen, über die von den Ärzten und den Psychotherapeuten übermittelten Daten unterrichtet zu werden [§ 201 SGB VII].

Bei der Feststellung des Versicherungsfalls kann der Unfallversicherungsträger Auskünfte über Erkrankungen und frühere Erkrankungen des Versicherten auch von anderen ärztlichen Stellen einholen, die nicht an der konkreten Heilbehandlung beteiligt sind. Es müssen sich allerdings hinreichende Anhaltspunkte für einen Zusammenhang mit dem Berufsunfall oder der Berufskrankheit vorliegen [§ 203 I SGB VII]. Haben Ärzte oder Zahnärzte den begründeten Verdacht, dass bei Versicherten eine **Berufskrankheit** besteht, haben sie dies dem Unfallversicherungsträger oder einer zuständigen Stelle unverzüglich anzuzeigen [§ 202 SGB VII].

Die Berufsgenossenschaften und Unfallkassen der Deutschen Gesetzlichen Unfallversicherung (DGUV) bieten für das Berichts- und Abrechnungssystem mit Arztpraxen, Krankenhäusern und Krankenkassen einen zentralen elektronischen Übermittlungsweg an. Dies geschieht mit dem **Verfahren des Datenaustausches mit Leistungserbringern in der gesetzlichen Unfallversicherung,** kurz: DALE-UV. Beim DALE-UV-Verfahren werden die Arztberichte und obligatorischen Meldungen in einem maschinenlesbaren Datenformat übertragen. Dabei bieten die elektronischen Formulare der speziellen DALE-Software die Gewähr für eine genormte, sichere und rechtskonforme Geschäftsabwicklung.

Mittels der DALE-Software werden die Sozialdaten verschlüsselt über einen sicheren Übertragungsweg (z. B. KV-Connect der Kassenärztlichen Vereinigung) an die zentrale Datenannahme- und Verteilstelle (UNI-DAV) übermittelt. Von dort erfolgt die Weiterleitung an den zuständigen Unfallversicherungsträger. Die UNI-DAV erstellt und versendet automatisch Kopien an die Krankenversicherung und den weiterbehandelnden Arzt. Die meisten gesetzlichen Krankenkassen sind an das DALE-UV-System angebunden, sodass in naher Zukunft die Kommunikation per Papier in diesem Bereich eingestellt werden soll.

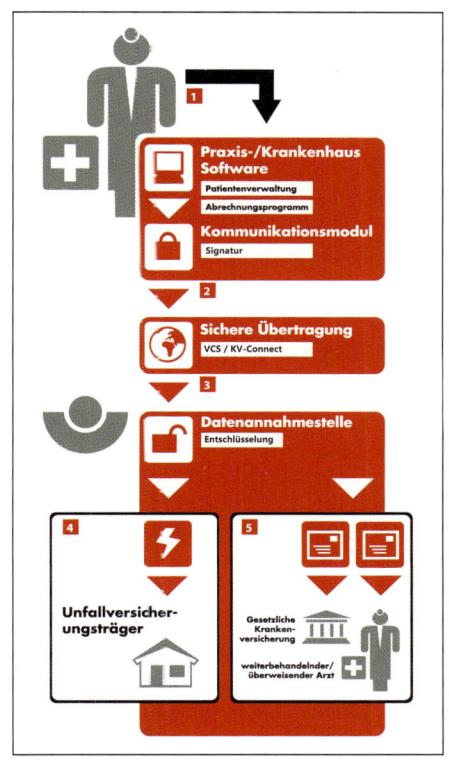

Quelle: Deutsche Gesetzliche Unfallversicherung (DGUV), Flyer DALE-UV Information, St. Augustin o. J., S. 4

5.6 Datenübermittlung an die Pflegeversicherung

Die Leistungserbringer in der Pflegeversorgung sind berechtigt und verpflichtet, die für die Erfüllung der Aufgaben der Pflegekassen erforderlichen Angaben aufzuzeichnen und den Pflegekassen oder den Datenannahmestellen der Pflegekassen zu übermitteln [§ 104 SGB XI]. Zu den Leistungserbringern zählen ambulante Pflegedienste, Pflegeheime und Sanitätshäuser für Pflegehilfsmittel.

Die zweckgebundene **Datenübermittlung** dient den Pflegekassen für folgende Fälle:

- Überprüfung der Notwendigkeit von Pflegehilfsmitteln,
- Abschluss und Durchführung von Versorgungsverträgen, Pflegesatzvereinbarungen, Vergütungsvereinbarungen sowie Verträgen zur integrierten Versorgung,
- Prüfverfahren zur Wirtschaftlichkeit oder Qualität der Leistungen im Einzelfall,
- **Abrechnung pflegerischer Leistungen.**

In den Abrechnungsunterlagen sind die erbrachten Leistungen nach Art, Menge und Preis einschließlich des Tages und der Zeit der Leistungserbringung in maschinenlesbarer Form aufzuzeichnen. Das Nähere über Form und Inhalt der Abrechnungsunterlagen sowie Einzelheiten des Datenträgeraustausches werden vom Spitzenverband Bund der Pflegekassen als „Einvernehmliche Festlegung" mit den Verbänden der Leistungserbringer abgestimmt [§ 105 SGB XI].

Der Medizinische Dienst der Krankenversicherung (MDK) darf ebenfalls personenbezogene Daten für Zwecke der Pflegeversicherung erheben, verarbeiten und nutzen, soweit dies für die Prüfungen, Beratungen und gutachtlichen Stellungnahmen erforderlich ist [§ 97 SGB XI]. Eine Kernaufgabe des MDK ist die Prüfung der Pflegebedürftigkeit von Antragstellern und deren Einstufung in einen Pflegegrad [§ 18 SGB XI].

6 Wohn- und Betreuungsvertrag im Pflegeheim

(1) Ausgangspunkt: einen Pflegefall organisieren

Nach einer akuten Krankenhausbehandlung ist die Rückkehr des Patienten in das gewohnte Leben nicht immer garantiert. Angesichts einer bevorstehenden Entlassung kann die Perspektive plötzlich heißen: Pflegebedürftigkeit! Wenn die notwendige Pflege eines behinderten Menschen im häuslichen Umfeld nicht geleistet werden kann, ist der Schritt in ein Pflegeheim unumgänglich. Es gilt also, den Pflegefall zu organisieren, damit der Pflegebedürftige die benötigten Leistungen zu bezahlbaren Kosten erhält.

Viele Haushalte fühlen sich angesichts der bürokratischen Umstände und der umfangreichen Schriftstücke überfordert, die das Vertragsverhältnis mit einem Pflegeheim regeln soll. Deshalb hat der Gesetzgeber verbindliche Standards zum Schutze der Heimbewohner erlassen.

- Für die Aufnahme in ein Pflegeheim schließt der Pflegebedürftige oder sein gesetzlicher Vertreter einen Vertrag mit einem Pflegeheimbetreiber ab, in dem sich der Unternehmer zur **Überlassung von Wohnraum und zur Erbringung von Pflege- und Betreuungsleistungen** verpflichtet.
- Die Rahmenbedingungen für einen derartigen **Heimvertrag** sind im Wohn- und Betreuungsvertragsgesetz (WBVG) bundeseinheitlich festgeschrieben.

(2) Verbraucherschutzregeln im Wohn- und Betreuungsvertragsgesetz [WBVG]

Mit den Verbraucherschutzregeln des Wohn- und Betreuungsvertragsgesetzes [WBVG] werden Pflegebedürftige und ihre Angehörigen in ihrem Anliegen gestärkt und vor unangemessener Benachteiligung geschützt. Vieles, was im Heimvertrag zwischen Einrichtung und Bewohner geregelt steht, ist bereits im Gesetz vorgesehen. Davon kann der Heimunternehmer rechtswirksam nicht abweichen.

Zu den wichtigen Vorschriften des Wohn- und Betreuungsvertragsgesetzes [WBVG] gehören:

- Anspruch der Verbraucher auf vorvertragliche Informationen über Leistungen und Entgelte in leicht verständlicher Sprache, und zwar rechtzeitig vor Vertragsabschluss [§ 3 WBVG];
- schriftlicher Abschluss des Vertrages auf unbestimmte Zeit; Möglichkeit der Befristung nur im Interesse der Verbraucher [§ 4 WBVG];
- hohe Anforderungen an die Leistungsbeschreibung: genaue Aufführung der einzelnen Leistungen und ihrer Inhalte, die der Unternehmer zu erbringen hat [§ 6 WBVG];
- angemessene Entgeltzahlung; Zulässigkeit einer Erhöhung nur unter bestimmten Voraussetzungen [§ 6 WBVG];
- Pflicht zur Vertragsanpassung durch den Unternehmer bei Änderung des Pflege- oder Betreuungsbedarfs [§ 8 WBVG];
- ordentliches und außerordentliches Kündigungsrecht der Verbraucher, nur eingeschränktes Kündigungsrecht des Unternehmers [§§ 11 f. WBVG];
- Unwirksamkeit von Vereinbarungen, die nachteilig für die Verbraucher von den gesetzlichen Regelungen abweichen [§ 16 WBVG].

(3) Inhalte eines Heimvertrags

Der nebenstehende Muster-Heimvertrag gibt anhand seiner Paragrafen einen Überblick zum Regelungsbedarf einer vollstationären Pflege. Kernpunkte sind dabei der Leistungskatalog und die Entgelte, die detailliert definiert werden sollten. Schließlich müssen nicht aufgeführte Leistungen als Sonderleistungen extra bezahlt werden.

Muster-Heimvertrag

Namen und Anschriften der vertragschließenden Partner

- § 1 Vertragsbeginn und Vertragsdauer
- § 2 Leistungen des Wohnens
- § 3 Leistungen der Verpflegung
- § 4 Leistungen der hauswirtschaftlichen Versorgung
- § 5 Leistungen der Haustechnik und Verwaltung
- § 6 Leistungen der sozialen Betreuung
- § 7 Leistungen der Pflege
- § 8 Leistungen der medizinischen Behandlungspflege
- § 9 Hilfsmittelversorgung
- § 10 Therapeutische Leistungen
- § 11 Sonstige Leistungen gegen Entgelt
- § 12 Vertragsanpassung bei Änderung des Pflegebedarfs
- § 13 Bemessung und Entwicklung der Heimentgelte
- § 14 Fälligkeit und Zahlung der Heimentgelte
- § 15 Vorübergehende Abwesenheit des Bewohners
- § 16 Kündigung durch den Bewohner
- § 17 Kündigung durch das Heim
- § 18 Haftung und Versicherung
- § 19 Informations- und Beschwerderecht
- § 20 Übernahme und Betreten des Wohnbereichs
- § 21 eingebrachter Hausstand
- § 22 Nachlass und Räumung bei Auszug oder Tod
- § 23 Datenschutz und Schweigepflicht
- § 24 Sondervereinbarungen
- § 25 Schlussbestimmungen

Anlagenverzeichnis

Kompetenztraining

143 Jeder Bürger hat einen Anspruch auf Wahrung des Sozialgeheimnisses.

Aufgaben:

1. Stellen Sie dar, in welchem Zusammenhang das Sozialgeheimnis seine Bedeutung erlangt!
2. Wie werden Datenschutz und Datensicherheit sowie Effizienz in der Abwicklung beim Datenaustausch von Gesundheitseinrichtungen mit den zuständigen Abrechnungsstellen erreicht?

144 Das Krankenhaus hat seine Forderungen an die gesetzliche Krankenkasse zur Zahlung einer Krankenhausvergütung mit umfangreichen Datensätzen zu begründen.

Aufgabe:

Zählen Sie die Abfolge von Datensätzen auf, die das Krankenhaus an die Krankenkasse bei planmäßigem Verlauf der Behandlung übermittelt!

145 Eine gesetzliche Krankenkasse bezweifelt die medizinische Notwendigkeit bestimmter Krankenhausleistungen für einen Kassenpatienten. Die Krankenkasse sieht das Maß des Notwendigen überschritten. Mit dem Zahlungssatz teilt die Krankenkasse dem Krankenhaus mit, aus welchem Grunde bestimmte Positionen der Rechnung abgelehnt werden.

Aufgabe:

Wie können derartige Streitpunkte ausgeräumt werden?

146
1. Das Wohn- und Betreuungsvertragsgesetz [WBVG] bezeichnet sich in seinem Anwendungsbereich als Verbraucherschutzgesetz.

   Aufgabe:

   Erläutern Sie das Anliegen des Verbraucherschutzes, das diesem Gesetz zugrunde liegt!

2. Herr Schäfer hat lange gezaudert, in ein Pflegeheim umzuziehen. Jetzt steht sein Entschluss jedoch fest und die Seniorenresidenz Rosenhof KG in Bad Pyrmont ist seine erste Wahl. Überzeugt haben ihn die freundliche Beratung in der Einrichtung und die Begehung der ansprechenden Wohnanlage in naturnaher Umgebung des Königsbergs. Die Pflegedienstleiterin der Seniorenresidenz Rosenhof KG unterbreitet Herrn Schäfer den Vorschlag, schon in vier Wochen in einen Wohnbereich seiner Wahl im Hause Friedensthal einzuziehen. Im Informationsgespräch stimmt Herr Schäfer diesem Einzugstermin zu.

   Bei der Verabschiedung gibt die Pflegedienstleiterin Herrn Schäfer mit auf den Weg, dass die notwendigen Formalitäten per Post zugeschickt werden. Schon zwei Tage später erhält Herr Schäfer eine Versandtasche mit folgenden schriftlichen Unterlagen.

   ■ Ein Anschreiben, in dem die Pflegedienstleiterin darum bittet, innerhalb von zwei Wochen den Heimvertrag unterzeichnet zurückzuschicken oder zur Unterzeichnung nochmals im Pflegeheim zu erscheinen mit der Möglichkeit, letzte Fragen abzuklären.

- Eine Informationsbroschüre, die den Heimvertrag verständlich erläutert. Dazu gehört:
  - Die Wohnanlage und der persönliche Wohnbereich werden mit Bebilderung vorgestellt.
  - Die Leistungen der Einrichtung werden übersichtlich gegliedert und in allen Einzelheiten aufgeführt.
  - Die Entgelte der einzelnen Leistungen und die Zahlungsmodalitäten werden erläutert.
  - Die Zuzahlungen des Bewohners werden betraglich beziffert.
  - Die Haltung von Haustieren wird untersagt.
  - Alle weiteren Vertragsbestandteile werden umgangssprachlich erläutert.
- Der Heimvertrag als rechtskonformes Schriftstück ist die letzte Unterlage.

Herr Schäfer fühlt sich gut und vollständig beraten, unterzeichnet den Heimvertrag und schickt die Unterlage innerhalb der erbetenen Frist von zwei Wochen an die Seniorenresidenz zurück.

Aufgaben:

2.1 Untersuchen Sie den Ablauf der Fallschilderung Satz für Satz und ermitteln Sie, wo sich vorvertragliche, vertragliche und gesetzliche Tatbestände wiederfinden!

2.2 Entscheiden Sie, ob ein Heimvertrag geschlossen wurde!

6 Geschäftsprozesse erfolgsorientiert steuern

1 Prozessorientierte Organisation

1.1 Optimierung der Arbeitsabläufe durch die Bildung von Geschäftsprozessen

Beim Konzept der Geschäftsprozesse ist die Gesundheitseinrichtung bestrebt, die anfallenden Aufgaben in **zusammenhängende Folgen von Tätigkeiten (Geschäftsprozesse)** einzubinden (z. B. Behandlung, Pflege, Personaleinstellung, Mahnwesen, Zahlungsabwicklung).

Geschäftsprozesse werden nur für solche betrieblichen Abläufe beschrieben (modelliert), die sich in einer **gewissen Regelmäßigkeit wiederholen** (z. B. Bewerbungsverfahren für neue Mitarbeiter, Leistungen der Pflege). Für einmalig durchzuführende Projekte (z. B. Erstellen eines neuen Bettenhauses), wird kein modellhafter Prozessablauf beschrieben.

Ein weiteres Kriterium von Geschäftsprozessen ist, dass durch den Einsatz von betrieblichen Leistungsfaktoren (z. B. Mitarbeiter, Funktionen der Software) die Outputleistungen einen höheren Wert aufweisen als die Inputleistungen, d. h. eine **Wertschöpfung** (ein **Wertzuwachs**) entstanden ist. Die Wertschöpfung verursacht Kosten (z. B. Verbrauch von Material, Arbeitsstunden, Betriebsmitteln). Die aufgewendeten Kosten sind jedoch nur dann sinnvoll eingesetzt, wenn der erstellte Wert dem **Klienten einen Nutzen** bringt, d. h. er bereit ist, hierfür einen Preis zu zahlen. Der **Klient** ist somit der **entscheidende Bezugspunkt** für Geschäftsprozesse: Er **löst den Geschäftsprozess** aus, er bestimmt **Art und Umfang des Wertschöpfungsprozesses.**

> **Merkmale von Geschäftsprozessen**
> - Zusammenhängende Folge von Tätigkeiten.
> - Betrieblicher Ablauf wiederholt sich in gewisser Regelmäßigkeit.
> - Wertzuwachs beim Output gegenüber dem Input.
> - Geschäftsprozess bringt dem Klienten einen Nutzen.

> ❗
> - Geschäftsprozesse bestehen aus einer **zusammenhängenden, abgeschlossenen Folge von Tätigkeiten,** die zur **Erfüllung einer betrieblichen Aufgabe** notwendig sind und den **Klienten einen Nutzen liefern.**
> - Geschäftsprozesse werden nur für sich **wiederholende betriebliche Abläufe** beschrieben (modelliert).

1.2 Nutzenorientierter Wertschöpfungsprozess

Der **Wert eines Produktes** bzw. **einer Dienstleistung** ergibt sich dadurch, dass die **verbrauchten Werte,** (z. B. Material, Arbeitsleistung, Apparaturen und Geräte) durch die **Kostenrechnung erfasst und addiert** werden. Die Kosten werden den Umsatzerlösen gegenübergestellt. Es ist **Aufgabe des Rechnungswesens,** alle Vorgänge in diesem Prozess und damit die Wertschöpfung selbst zahlenmäßig aufzuzeichnen.

1 Prozessorientierte Organisation

Eine Wertschöpfung liegt vor, wenn die durch den Arbeitsprozess erbrachte Gesamtleistung des Unternehmens höher ist als die bezogenen Leistungen (Vorleistungen). Die Wertschöpfung ist **der** Indikator für die wirtschaftliche Leistungsfähigkeit (Performance) eines Unternehmens. Sie zeigt an, wie wirksam ein Unternehmen Wünsche, Erwartungen, Interessen und Bedürfnisse seiner Klienten bedienen kann.

> **Wertschöpfung** ist die **Differenz** zwischen den von einem Unternehmen **abgegebenen Leistungen (Outputleistungen)** und den von anderen Unternehmen **übernommenen Vorleistungen (Inputleistungen)**.
>
> Wertschöpfung = Gesamtleistung − Vorleistungen

Daraus folgt: Alle betrieblichen Maßnahmen, die den Wert des Produktes bzw. der Dienstleistung aus Sicht des Klienten erhöhen, gilt es zu steigern, und alle betrieblichen Aktivitäten, die keinen Wert aus Sicht des Klienten haben, aber Kosten verursachen, sind zu vermeiden. Nur wenn der Klientenwunsch erfüllt wird, erzielt der Betrieb einen Preis, der die Kosten übersteigt, d. h. einen Gewinn.

In der Regel ist es **Ziel** des kostenorientierten Wertschöpfungsprozesses, eine maximale Wertschöpfung (einen maximalen Mehrwert) zu erzielen. Ein Mittel, die Wertschöpfung zu steigern, ist die Modellierung von Geschäftsprozessen für betriebliche Abläufe.

1.3 Arten von Geschäftsprozessen

(1) Kernprozesse

> - **Kernprozesse** sind jene Geschäftsprozesse, die **direkt** zur **Wertschöpfung** beitragen. Sie erbringen zum einen die **Hauptleistung** des Unternehmens und liefern zum anderen den **Hauptnutzen für die Klienten** (Patienten, Pflegebedürftige).
> - Kernprozesse machen die **Kernkompetenz (den Wettbewerbsvorteil) eines Unternehmens** aus und besitzen daher eine hohe strategische Bedeutung.
> - Wir unterscheiden in Gesundheitseinrichtungen **drei Kernprozesse**:
>   - den **Aufnahmeprozess**,
>   - den **Leistungserstellungsprozess** und
>   - den **Entlassungsprozess**.

Im Einzelnen sind die Kernprozesse durch folgende **Merkmale** gekennzeichnet:

- Kernprozesse tragen direkt zur **Wertschöpfung** des Unternehmens bei,
- Kernprozesse bringen dem Klienten einen wahrnehmbaren Nutzen, für den dieser zu zahlen bereit ist **(Klientennutzen)**,
- Kernprozesse liefern eine Problemlösung (z. B. Produkt, Dienstleistung),
- Kernprozesse sind langfristig ausgelegt und leiten sich aus der entwickelten Unternehmensphilosophie ab **(unternehmensstrategisch bedeutsam)** und
- Kernprozesse besitzen einen nach klaren Maßstäben (z. B. Qualität, Kosten, Geschwindigkeit) definierten Output **(Ergebnisorientierung)**.

(2) Unterstützungsprozesse und Managementprozesse

Prozessformen	Erläuterungen	Beispiele
Unterstützungs-prozesse	■ Unterstützungsprozesse leisten eine **Wertschöpfung für die Kernprozesse**. Ohne sie wäre deren Ausführung nicht möglich. ■ Empfänger der Unterstützungsprozesse sind **interne** Kunden (z. B. einzelne Abteilungen oder alle Mitarbeiter).	■ Investitionen und Finanzierungen vornehmen, ■ Geschäftsbuchführung, Kostenrechnung führen, ■ Personal verwalten (Mitarbeiter beschaffen, Mitarbeiter entlohnen, fort- und weiterbilden, Personal betreuen), ■ Gebäudemanagement durchführen.
Management-prozesse	Managementprozesse sind **übergeordnet** und haben die Aufgabe, das **Unternehmen zu führen** und die **Kern- und Unterstützungprozesse zu steuern**.	■ Unternehmensstrategie entwickeln, ■ Unternehmensziele bestimmen, ■ Marktpolitische Ziele ableiten, ■ Wettbewerbsstrategie wählen, ■ Risikomanagement.

Management- und Unterstützungsprozesse sind **eher universell** und **unabhängig von der Branche** des jeweiligen Unternehmens, da in allen Unternehmen geplant, gesteuert und organisatorisch unterstützt werden muss.

1.4 Ansatzpunkte zur Optimierung von Geschäftsprozessen[1]

> **Zeit**, **Kosten** und **Qualität** sind die wesentlichen Größen, die über die **Leistungsfähigkeit eines Prozesses** entscheiden.

(1) Kriterium Zeit

Die Durchlaufzeit eines Prozesses wird bestimmt durch die Komponenten

- Bearbeitungszeit,
- Transportzeit (Zeit für die Weitergabe),
- Wartezeit.

Das Verhältnis zwischen Bearbeitungszeit zu Transport- und Wartezeit sagt etwas über die Prozessgüte aus. Dieses Verhältnis liegt häufig in der ungünstigen Größenordnung von 1 : 30.

Eine Prozessoptimierung in Bezug auf Zeit bedeutet in erster Linie, dass die Bemühungen sich nicht auf die Verringerung der Bearbeitungszeit, sondern auf die Verringerung der Transport- und der Wartezeiten konzentriert.

---

[1] Vgl. http://www.freidinger.de/Skript/Bericht/Gesch%E4ftsprozesse%20optimieren.pdf [09.09.2014] und Gaitanides, Scholz, Vrohlings, Raster, Prozessmanagement – Konzepte, Umsetzungen und Erfahrungen des Reengineering, München 1994.

(2) Kriterium Qualität

Schlechte Qualität bedeutet, dass die Erwartung des Klienten enttäuscht wird. Und Fehler kosten Geld. Schlechtes Image verbreitet sich in der Öffentlichkeit. Potenzielle Klienten tauchen als Nachfrager gar nicht erst auf. Die Durchlaufzeit des Prozesses erhöht sich und damit auch die Prozesskosten.

Eine Prozessoptimierung in Bezug auf Qualität zielt darauf ab, aufgetretene Fehler zu vermeiden.

(3) Kriterium Kosten

Ziel ist es, die nicht-wertschöpfungsintensiven Tätigkeiten, die gleichwohl Kosten verursachen, aus dem Prozessablauf zu entfernen oder wenigstens zu verringern.

Ursache hierfür ist häufig, dass in traditionellen, hierarchischen Strukturen ein hohes Maß an Spezialisierung besteht. Der Prozessdurchlauf berührt daher zu viele Stellen.

2 Geschäftsprozesse im Krankenhaus

2.1 Bezugspunkte für Geschäftsprozesse im Krankenhaus

Die „Kunden" einer Gesundheitseinrichtung nehmen in aller Regel nicht aufgrund einer freiwilligen Entscheidung die nutzenstiftenden Dienstleistungen in Anspruch. So ist die Wahlfreiheit eines Krankenhauspatienten sehr eingeschränkt bzw. gar nicht gegeben. Entscheidender Bezugspunkt für die Geschäftsprozesse im Krankenhaus ist daher kein individuell formulierter Kundenwunsch, sondern die gesetzlich garantierte Versorgungssicherheit der Bevölkerung [§ 70 I SGB V].

- Die Leistungserbringer des Gesundheitswesens haben eine bedarfsgerechte und gleichmäßige, dem allgemein anerkannten Stand der medizinischen Erkenntnisse entsprechende Versorgung der Versicherten zu gewährleisten.
- Die Versorgung der Versicherten muss ausreichend und zweckmäßig sein, darf das Maß des Notwendigen nicht überschreiten und muss in der fachlich gebotenen Qualität sowie wirtschaftlich erbracht werden.

Die Zweckmäßigkeit des Mitteleinsatzes gebietet, dass das Primärziel einer Verbesserung des Gesundheitszustandes der Patienten mit möglichst geringen Kosten erreicht wird, allerdings unter Wahrung von Humanität und einer fachlich gebotenen Qualität der Krankenbehandlung. Ein erprobtes Mittel der Wertschöpfungssteigerung ist die Modellierung von Geschäftsprozessen für regelmäßige Abläufe.

2.2 Wertschöpfung im Krankenhaus

Das Krankenhaus ist bestrebt, die anfallenden Aufgaben in **zusammenhängende, regelmäßig wiederkehrende und Nutzen stiftende Folgen von Tätigkeiten (Geschäftsprozesse)** einzubinden. Das geschieht wie in allen Wirtschaftsbetrieben durch den Einsatz und die Kombination der betrieblichen Leistungsfaktoren, den Elementarfaktoren Betriebsmittel, Sachgüter und ausführende Arbeit mit dem dispositiven Faktor der leitenden Arbeit.

Die medizinischen und pflegerischen Leistungen können als **Primär-Input** bezeichnet werden in Abgrenzung zu den vorbereitenden Maßnahmen der Betriebsbereitschaft, dem **Sekundär-Input**. Angestrebter **Output** des Krankenhausbetriebsprozesses ist eine **Statusveränderung des Patienten** von krank nach gesund bzw. gebessert.

Der **Einsatz der Leistungsfaktoren** (z. B. Mitarbeiter, Operationssaal, Labormaterial) verursacht Kosten, die nur dann einen Sinn haben, wenn eine Wertschöpfung für den Kunden – sprich Patienten – entstanden ist. Sofern es gelingt, den **Aufnahmestatus A** des Patienten (krank) in einen **Entlassungsstatus E** (gesund oder gebessert) zu verändern,[1] ist der Geschäftsprozess erfolgreich verlaufen. Die Zusammenhänge werden in der nebenstehenden Abbildung noch einmal verdeutlicht.

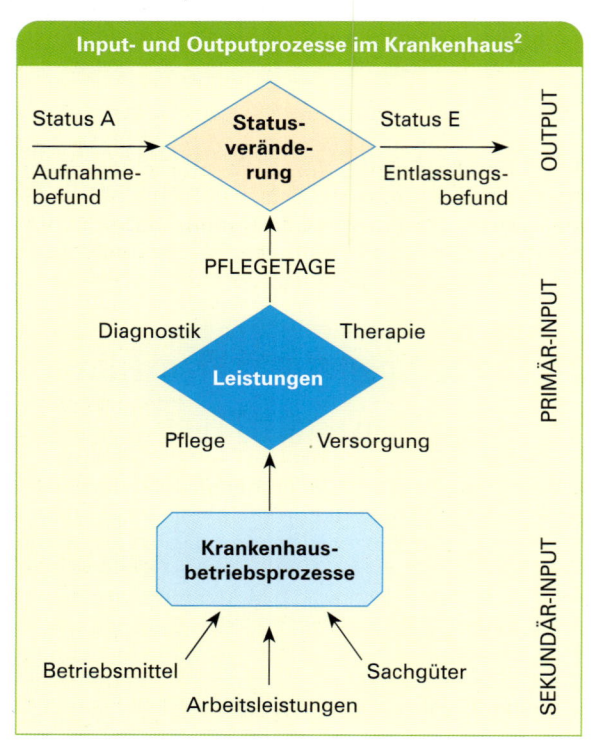

Input- und Outputprozesse im Krankenhaus[2]

2.3 Kern- und Unterstützungsprozesse im Krankenhaus

Das Krankenhaus bietet seine Gesundheitsleistungen für die Versorgung der Bevölkerung an. Mit der Aufnahme eines Patienten und der gleichzeitigen Aufnahmedokumentation entsteht ein **Informationsstrom,** der vom Patienten und dessen Versorgungsbedarf über den eigenen Betriebsablauf bis zu den Lieferanten und Kostenträgern reicht.

Der Versorgungsbedarf des Patienten setzt einen **Leistungsstrom** in Gang, der im Regelfall mit der Aufnahmeprozedur beginnt. Es folgen die **medizinischen Kernprozesse** der Anam-

---

1 Vgl. Eichhorn, S.: Krankenhausbetriebslehre, Band 1, 3. Auflage, Stuttgart 1975, S. 12.
2 Quelle: Eichhorn, S.: Krankenhausbetriebslehre, Band 1, 3. Auflage, Stuttgart 1975, S. 16.

nese,[1] Diagnose und Therapie, begleitet von der Krankenpflege und der Versorgung mit Verpflegung, Unterkunft und medizinischen Hilfsmitteln. Die Entlassungsprozedur schließt den Leistungsstrom ab.

Im Vorlauf der Betriebsbereitschaft und im Verlauf der Dienstleistungsprozesse setzt unterstützend ein **Materialstrom** ein. Es werden Verbrauchsmaterialien und Versorgungsgüter benötigt, die das Krankenhaus einkaufen und lagern bzw. bereitstellen muss. Hierzu gehören medizinische Verbrauchsgüter und medizinische Hilfsmittel, Arzneien, Verpflegung und die Infrastrukturversorgung mit Heizung, Energie, Wasser und Hygienemitteln. Nicht verwertbare Rest- und Abfallmaterialien sind schließlich zu entsorgen.

Durch die Leistungsabrechnung mit selbst zahlenden Patienten und den Kostenträgern der gesetzlichen Sozialversicherung (Krankenkassen, Berufsgenossenschaften, öffentliche Unfallverbände) über die erbrachten Dienstleistungen und die Versorgung mit Medikamenten und medizinischen Hilfsmitteln erhält das Krankenhaus im Gegenzug einen **Geldstrom** in Form von Einnahmen. Dieser Strom an Zahlungsmitteln wird benötigt, um die ausgabewirksamen Kosten für die Leistungserstellung (z. B. Gehälter und Honorare, Materialverbrauch, Energie, Kreditzinsen) und die Anlagegüter zu finanzieren.

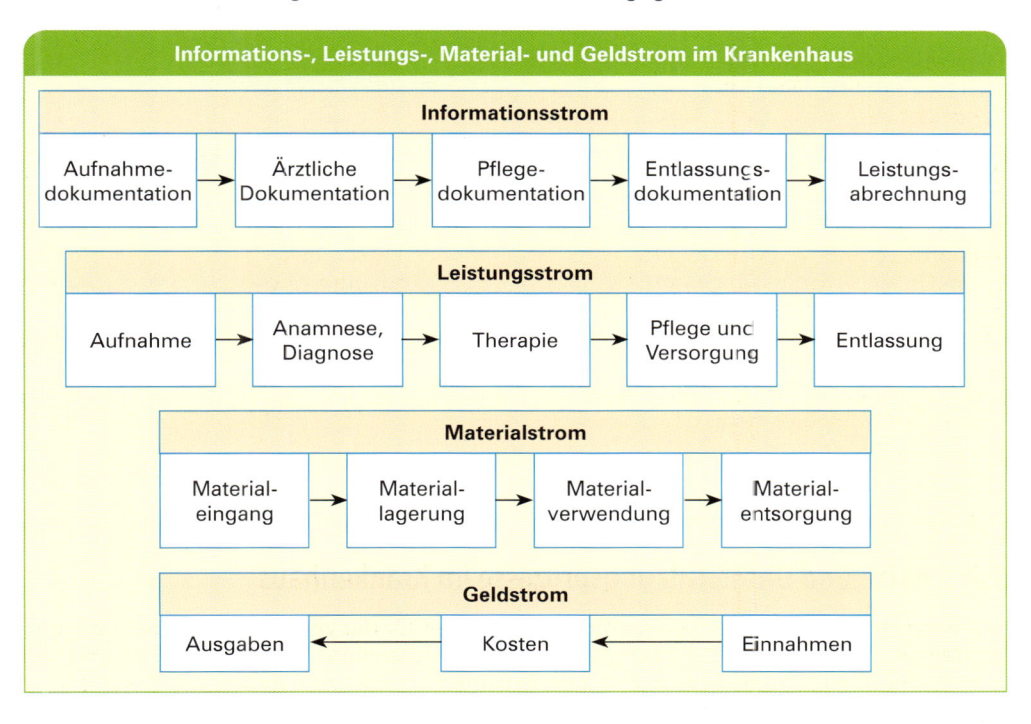

Informations-, Leistungs-, Material- und Geldstrom im Krankenhaus

Informationsstrom

Aufnahmedokumentation → Ärztliche Dokumentation → Pflegedokumentation → Entlassungsdokumentation → Leistungsabrechnung

Leistungsstrom

Aufnahme → Anamnese, Diagnose → Therapie → Pflege und Versorgung → Entlassung

Materialstrom

Materialeingang → Materiallagerung → Materialverwendung → Materialentsorgung

Geldstrom

Ausgaben ← Kosten ← Einnahmen

---

[1] **Anamnese** ist die Krankengeschichte eines Patienten mittels Befragung durch den Arzt.

2.4 Prozessorientierte Organisationsform im Krankenhaus

Der Prozess des Patientendurchlaufs im Krankenhaus von der Aufnahme bis zur Entlassung soll unter Vermeidung unnötiger Wartezeiten zu sozial tragbaren Kosten gestaltet werden. Dabei ist das Ziel eines qualitativ hochwertigen Behandlungsergebnisses zu gewährleisten. Gleichzeitig sollen die Rahmenbedingungen eine Patienten-, Angehörigen- und Mitarbeiterzufriedenheit fördern. In der Optimierung eines derartigen Patientendurchlaufs besteht der Erfolg eines Krankenhauses.

Eine prozessorientierte Betriebsorganisation bildet die Voraussetzung für eine reibungslose Zusammenarbeit verschiedener Berufsdisziplinen und Abteilungen. Dabei stehen die direkt wertschöpfenden Kernprozesse, die zu abrechnungsfähigen Leistungen führen, im Mittelpunkt des Interesses. Um die wertschöpfenden Behandlungsprozesse bezüglich Zeit, Qualität und Kosten zu optimieren, werden **Klinische Behandlungspfade** modelliert, die die bestmöglichen Arbeitsabläufe festschreiben.

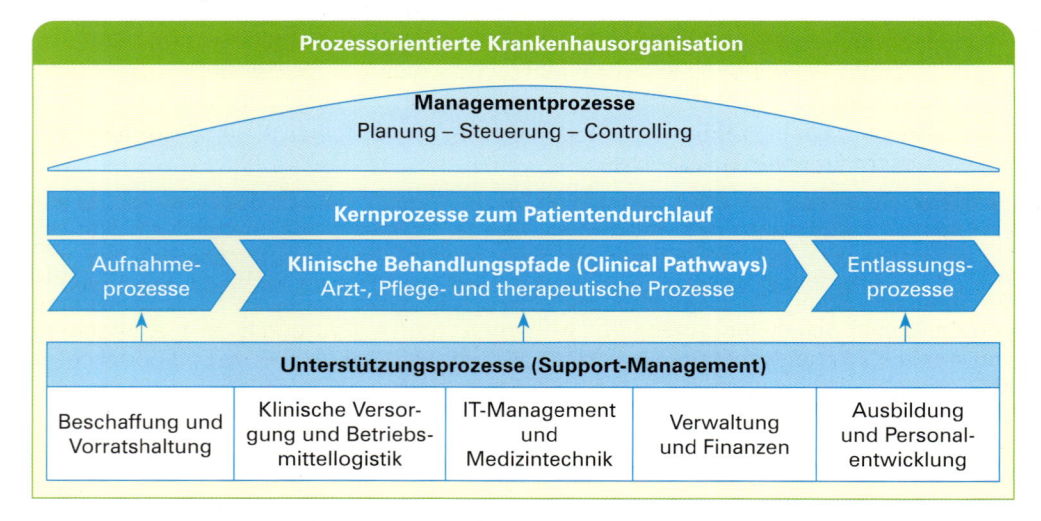

Prozessorientierte Krankenhausorganisation

Managementprozesse
Planung – Steuerung – Controlling

Kernprozesse zum Patientendurchlauf

| Aufnahme-prozesse | Klinische Behandlungspfade (Clinical Pathways) Arzt-, Pflege- und therapeutische Prozesse | Entlassungs-prozesse |

Unterstützungsprozesse (Support-Management)

| Beschaffung und Vorratshaltung | Klinische Versorgung und Betriebsmittellogistik | IT-Management und Medizintechnik | Verwaltung und Finanzen | Ausbildung und Personalentwicklung |

Durch die **prozessorientierte Organisation** ergeben sich insbesondere folgende **Vorteile**:

- Eine teamorientierte Arbeitsorganisation der Prozessverantwortlichen unterstützt **kurze Kommunikationswege**.
- Die Denkrichtung der Mitarbeiter orientiert sich nicht mehr an den Bereichsinteressen, sondern stellt den **reibungslosen Patientendurchlauf** in den Vordergrund.
- Die Gestaltung der Prozesse ist ausgerichtet auf die **Bedürfnisse** des Gesundheitsmarktes.
- Die Mitarbeiter tragen ein höheres Maß an Verantwortung und entwickeln daher ein **ausgeprägteres Kostenbewusstsein**.
- Flachere Hierarchien.

2.5 Modellierung Klinischer Behandlungspfade

Die Stationsprozesse stehen in vielerlei Hinsicht im Mittelpunkt der Krankenhausabläufe. Sie binden einerseits den Großteil der Personalkapazitäten und der Sachmittelressourcen, aber andererseits führen sie auch zu direkt abrechenbaren Leistungen mit dem Anspruch auf Erlöse. Der Anreiz zu Optimierungsmöglichkeiten mit starken Effizienzsteigerungen ist im Kerngeschäft also besonders hoch.

Durch die **Standardisierung von Kernprozessen** wird ein unnötiger Verbrauch von Arbeitskraft und Betriebsmitteln vermieden und damit die Produktivität der Einsatzmittel erhöht. Als erprobtes Instrument setzen Klinische Behandlungspfade die Standards für Behandlungsprozesse.

- Ein **Klinischer Behandlungspfad** ist eine berufsgruppenübergreifende Regelung für die beste Durchführung von **regelmäßig anfallenden stationären Behandlungen** unter **Festlegung von Zuständigkeit und Verantwortung**.
- Die gesamte stationäre Behandlung wird mit **festgelegter Qualität** und unter Berücksichtigung der **notwendigen Arbeitsmittel** in **exakten Arbeitsschritten** festgeschrieben.
- Bei eindeutiger Indikation und wissenschaftlich abgesicherter Vorgehensweise soll das **beste Ergebnis** erzielt werden.

Die Klinischen Pfade bedürfen einer kontinuierlichen Entwicklung und sind nie endgültig. Die Erstellung und laufende Anpassung von Behandlungspfaden in berufsübergreifenden Teams kann sinnvollerweise in den Phasen des PDCA-Zyklus[1] erfolgen: Plan = Pfadskizze, Do = Pfaderstellung, Check = Pfadüberprüfung, Act = Pfadanpassung. Die Entstehung von Klinischen Behandlungspfaden über mehrere Stufen wird durch die Identifizierung von immer konkreter werdenden Arbeitspaketen erreicht. Das detaillierte Endprodukt wird üblicherweise mithilfe spezieller Software digital erstellt.

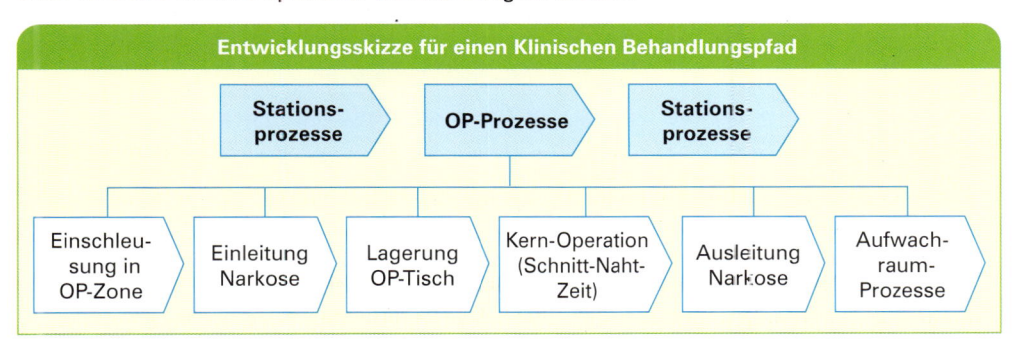

Entwicklungsskizze für einen Klinischen Behandlungspfad

Stationsprozesse → OP-Prozesse → Stationsprozesse

- Einschleusung in OP-Zone
- Einleitung Narkose
- Lagerung OP-Tisch
- Kern-Operation (Schnitt-Naht-Zeit)
- Ausleitung Narkose
- Aufwachraum-Prozesse

---

[1] Eine ausführliche Darstellung des PDCA-Zyklus erfolgt im Rahmen des Qualitätsmanagements.

2.6 Ziele und Vorzüge von Klinischen Behandlungspfaden

Es ist allgemein anerkannt, dass klinische Pfade bei Wiederholung durch eingespielte OP-Teams dank eines optimierten Vorgehens zu besseren Ergebnissen führen als traditionelle Behandlungen ohne verbindlich geplante Arbeitsschritte. Die Vorzüge sind vielfältiger Art:[1]

- **Medizinische Versorgungsqualität**
  Verbesserung durch definierte Qualitäts- und Behandlungsziele
- **Patientenorientierung**
  Erfüllung von Patientenerwartungen durch umfassende Information und Aufklärung
- **Mitarbeiterorientierung**
  Steigerung der Mitarbeiterorientierung, weil jeder weiß, was, wann und wie zu tun ist
- **Wirtschaftliche Aspekte**
  - Sparsamer Umgang mit Personaleinsatz und Sachmitteln
  - Vermeidung von Gefahren und unnötigen Leistungen durch Versuch und Irrtum
  - Transparenz der Abläufe und damit Berechenbarkeit des Prozesses
  - Verkürzung der Verweildauer

Kompetenztraining

147 1. Beschreiben Sie den zweistufigen Krankenhausbetriebsprozess als Sekundär- und Primär-Input!

2. Welchen Erfolg strebt der Krankenhausbetriebsprozess an?

3. Welche Forderung stellt der § 70 SGB V zur Kostendämpfung im Gesundheitswesen auf?

148 Wann spricht man bei betrieblichen Tätigkeiten von Geschäftsprozessen?

149 Entscheiden Sie, ob es sich bei den nachfolgenden Positionen um Geschäftsprozesse handelt! Begründen Sie Ihre Entscheidung!

1. Überprüfung einer Vorrätebeschaffung (Wareneingangsprüfung)
2. Gründung einer Außenstelle
3. Abwicklung der monatlichen Lohn- und Gehaltsabrechnungen
4. Inventur im Vorrätelager
5. Praxisanleitung der Auszubildenden
6. Schadensfeststellung nach einem Unwetter
7. Einstellung eines Mitarbeiters für die Medizintechnik
8. Qualitätssicherung in der stationären Versorgung

---

1 Vgl. Universitätsklinikum Würzburg (Hrsg.): Vorlesungsreihe Gesundheitsökonomie, Klinische Behandlungspfade (Handout), Würzburg 2009, S. 13 ff.

2 Geschäftsprozesse im Krankenhaus

150
1. Beschreiben Sie die Kernaussage der Geschäftsprozess-Konzeption!
2. Stellen Sie dar, welche Zielsetzungen die Geschäftsprozess-Konzeption verfolgt!
3. Legen Sie dar, welchen Nutzen eine Gesundheitseinrichtung von der Geschäftsprozessorientierung erwarten kann!
4. Unterscheiden Sie zwischen Kern-, Management- und Unterstützungsprozessen und bilden Sie hierzu jeweils ein Beispiel!
5. Begründen Sie, weshalb Kernprozesse eher branchenbezogen, Management- und Unterstützungsprozesse dagegen branchenunabhängig sind!

151
1. Welcher Strom von Dienstleistungsprozessen – verbunden mit parallelem Informationsstrom – setzt mit der Aufnahme eines Patienten ein?
2. Welcher Gegenstrom folgt auf die Entlassungsprozedur?

152 Ordnen Sie folgende Ereignisse den Teilabschnitten von Strömen zu!

Notieren Sie die Ergebnisse in Ihren Unterlagen.

Nr.	Ereignis	Teilabschnitt und Strom
1.	Patient wird aufgenommen.	
2.	Pharmagroßhandel beliefert die Krankenhausapotheke.	
3.	Patient bezahlt seinen Eigenanteil.	
4.	Pflegepersonal übermittelt eine Bedarfsanforderung an das Materiallager.	
5.	Krankenstation benachrichtigt die aufnehmende Pflegeeinrichtung eines pflegebedürftigen Patienten.	
6.	Arzt versorgt eine Fleischwunde.	
7.	Verwaltung schreibt eine Rechnung an die AOK.	
8.	Verwaltung bezahlt die Rechnung eines Pharmagroßhandels.	

153 Bringen Sie die folgenden Arbeitsschritte beim organisatorischen Ablauf der Leistungsabwicklung in die richtige Reihenfolge, indem Sie die Ziffern der Leistungsabschnitte in die Kästchen vor den Arbeitsschritten eintragen!

Leistungsstrom mit Leistungsabschnitten

① Aufnahme → ② Diagnose → ③ Therapie → ④ Pflege und Versorgung → ⑤ Entlassung

Geschäftsprozesse erfolgsorientiert steuern

Arbeitsschritte der Leistungsabwicklung
☐ Operation und physiotherapeutische Maßnahmen
☐ Abschlussgespräch und Rechnungsstellung
☐ Aufnahmeuntersuchung
☐ Erfassung der Personalien und Versicherungsdaten
☐ Verbandwechsel und Zuteilung von Schonkost

154 Erkundigen Sie sich in Ihrem Betrieb darüber, wie der Informationsstrom gestaltet ist, beginnend mit der Patientenaufnahme bis zur Patientenentlassung. Informieren Sie sich insbesondere über folgende Fragen:

1. Auf welche Weise werden die Informationen erfasst, gespeichert und weitergegeben – papiermäßig, telefonisch, digital?
2. Welche Stellen sind mit der Datenerfassung des Informationsstroms befasst?

155 Nennen Sie Vorteile, die sich aus einer prozessorientierten Organisation im Krankenhaus ergeben!

156 Die stationären Behandlungsprozesse in Krankenhäusern werden häufig anhand von Klinischen Behandlungspfaden (Clinical Pathways) abgearbeitet.
Geben Sie an, warum Klinische Behandlungspfade modelliert werden!

157 Klinische Behandlungspfade (Clinical Pathways) sind spezielle Geschäftsprozesse in Krankenhäusern. Für welche Prozesse werden Klinische Behandlungspfade konzipiert?

158 Die Verbesserung der medizinischen Versorgungsqualität ist ein häufiges Argument für die Vorzüge von Klinischen Behandlungspfaden. Gleichwohl dürften die wirtschaftlichen Aspekte eine ebenso wichtige Bedeutung haben. Geben Sie drei wirtschaftliche Vorzüge von Klinischen Behandlungspfaden an!

159 Die Ökonomisierung der Gesundheitspolitik fordert Kritiker heraus. Dazu gehört der Direktor des Instituts für Ethik und Geschichte der Medizin an der Universität Freiburg, Professor Giovanni Maio:

> „Die moderne Medizin unterliegt falschen Anreizen. Man muss Ärzte auch durch die Bezahlung darin bestärken, eher in eine Beziehungsmedizin zu investieren. Es muss sich für die Ärzte lohnen, weil man nur durch die Beziehungsmedizin dem Patienten einen guten Rat geben kann – den Rat, lieber nicht zu operieren, konservativ vorzugehen oder auch gar nichts zu machen. (…) Die Politik, die wir jetzt haben, ist grundsätzlich auf dem Holzweg, weil sie nicht begriffen hat, dass eine durchökonomisierte Medizin, wie wir sie erleben, nur Aktionismus befördert und keine Besonnenheit. Sie ermöglicht keine zwischenmenschliche Medizin, sondern im Grunde eine formalistisch korrekte, aber unpersönlich bleibende **Durchschleusungsmedizin**."

Quelle: Neue Osnabrücker Zeitung, Der Körper wird wie eine Aktie behandelt, 10.03.2018, S. 26

Aufgabe:
Berichten Sie in Kleingruppen über Ihre möglichen Erfahrungen oder Kenntnisse mit einem ökonomisierten Patientendurchlauf und einem Verlust von zwischenmenschlicher Medizin. Plakatieren Sie Ihre Ergebnisse und Meinungen.
Tauschen Sie Ihre Ergebnisse und Meinungen mit anderen Kleingruppen Ihres Lehrgangs aus!

3 Qualitätsmanagement

3.1 Begriffe Qualität und Qualitätsmanagement[1]

- **Qualitätsmanagement** ist die systematische und kontinuierliche Durchführung von Aktivitäten, mit denen eine anhaltende Qualitätsförderung in der Gesundheitsversorgung erreicht werden soll.
- Qualitätsmanagement bedeutet konkret, dass **Organisation, Arbeits- und Behandlungsabläufe festgelegt und** zusammen mit den Ergebnissen **regelmäßig überprüft** werden.

Qualitätsmanagement hat die Aufgabe, Fehler zu vermeiden und im Rahmen eines kontinuierlichen Verbesserungsprozesses ein stetig höheres Qualitätsniveau zu erreichen. **Qualitätsmanagement und medizinisches Risikomanagement sind Führungsaufgaben** und werden von der Führungsebene verantwortet. Dabei haben leitende Mitarbeiter eine Vorbildfunktion.

Gleichzeitig soll die Ausrichtung der Abläufe an fachlichen Standards, gesetzlichen und vertraglichen Grundlagen in der jeweiligen Einrichtung unterstützt werden. Gegebenenfalls werden dann Strukturen und Prozesse angepasst und verbessert.

Der Begriff **Qualität** kann aus Sicht der Leistungserbringer in der Gesundheitsversorgung oder aus Sicht der Leistungsempfänger (Patienten, Pflegebedürftige) verstanden werden.

- Aus Sicht der **Leistungserbringer** in der Gesundheitsversorgung gibt die Qualität an, in welchem Maße die Eigenschaften einer Leistung (Dienstleistung oder Produkt) **die festgelegten Anforderungen erfüllt** (Prozessqualität).
- Aus Sicht der **Leistungsempfänger** (Patienten, Pflegebedürftige) ist Qualität dann gegeben, wenn eine Leistung **alle vom Klienten gewünschten Eigenschaften besitzt** (Ergebnisqualität).

3.2 Zentrale Qualitätsdimensionen

Eine qualitätsorientierte Krankenversorgung bezieht die zentralen Dimensionen der Struktur-, Prozess- und Ergebnisqualität ein.[2]

Die **Strukturqualität** umfasst die strukturellen Voraussetzungen einer medizinischen Behandlung. Sie beschreibt günstige Rahmenbedingungen für eine gute Versorgungsqualität. Darunter fallen im Einzelnen

- die personelle Ausstattung (z. B. Mindestbesetzungen, Personalschlüssel, Fachkraftquoten, Qualifikationsniveau),
- die baulich-technische Ausstattung (medizin-technische Apparaturen und Geräte, Vorgaben zur räumlichen Ausgestaltung von Organisationseinheiten),
- Mengenvorgaben (Mindestmengen, Betten, Intensivbetten etc.) sowie
- organisatorische Anforderungen (z. B. Anforderungen an das Qualitätsmanagementsystem).

---

1 Vgl. Gemeinsamer Bundesausschuss (G-BA): Qualitätsmanagement-Richtlinie/QM-RL, Düsseldorf 2015, S. 4.
2 Vgl. Deutsches Krankenhausinstitut (DKI): Qualität als Entscheidungskriterium in der Krankenhausplanung, Düsseldorf 2015, S. 53 ff.

Die **Prozessqualität** bezieht sich auf die Maßnahmen, die im Laufe der Behandlung ergriffen werden. Eine hohe Behandlungsqualität liegt dann vor, wenn die Behandlung nach überprüfbaren Kriterien erfolgt, die dem Stand der wissenschaftlichen Erkenntnisse entspricht. Dementsprechend fallen unter die Prozessqualität

- die medizinische Behandlung (Diagnostik und Therapie),
- die pflegerische Versorgung (Pflegeplanung, Pflegeprozess, Pflegestandards),
- die Versorgung durch andere Gesundheitsfachberufe sowie
- eine patientenorientierte Ablauforganisation in der Gesundheitseinrichtung.

Zusammenfassend besteht die Prozessqualität in der sachgemäßen Anwendung fachlichen Wissens und Könnens auf den individuellen Behandlungsfall.

Die **Ergebnisqualität** beschreibt das Resultat des Behandlungsprozesses, in erster Linie mit Blick auf den Gesundheitszustand des Patienten (Mortalität, Morbidität, Komplikationen etc.) oder die Lebensqualität (z. B. Mobilität, Autonomie). Eine fundierte Überprüfung der Ergebnisqualität kann über unterschiedliche Kennzahlen erfolgen wie z. B. die kurzfristige Wiedereinlieferung in ein Krankenhaus mit derselben Diagnose oder über die Auswertung von Patientenbefragungen. Aus der Sicht der Patienten ist für die Versorgungsqualität letztlich die Ergebnisqualität entscheidend.

3.3 Instrumente und Methoden des Qualitätsmanagements

3.3.1 Einrichtung eines Qualitätszirkels

Zur Erstellung und Aufrechterhaltung von Qualitätsstandards sowie der Überprüfung der Qualität ist es ratsam, neben einem Beauftragten für das Qualitätsmanagement auch einen **Qualitätszirkel** einzurichten. **Qualitätszirkel sind innerbetriebliche Arbeitsgruppen mit Mitarbeitern unterschiedlicher Abteilungen und Berufsgruppen.** Die Zusammensetzung der Mitglieder wird häufig auch als **Steuergruppe** bezeichnet. In regelmäßigen Abständen können die Teilnehmer ihre Erfahrungen, Ideen und Informationen austauschen.

Merkmale eines Qualitätszirkels

- Der Qualitätszirkel besteht aus einem festen Teilnehmerkreis verschiedener Berufsgruppen.
- Die Mitglieder treffen sich regelmäßig zu festgelegten Zeiten.
- Alle Vereinbarungen werden protokolliert.
- Die Leitung erfolgt durch den Beauftragten des Qualitätsmanagements.

Zunächst hat der Qualitätszirkel das Ziel, die **Schwachstellen einer Einrichtung aufzudecken** (Ist-Analyse). Anschließend müssen **Maßnahmen** erarbeitet werden, um diese Schwachstellen abzubauen. Dazu sollten **Arbeitspläne** erstellt werden, um die **Umsetzung der Maßnahmen** zu steuern und zu kontrollieren. Im letzten Schritt erfolgt eine **Überprüfung** des Ergebnisses. Dieser Prozess wird im Rahmen eines **kontinuierlichen Verbesserungsprozesses (KVP)** fortlaufend wiederholt.

3.3.2 Prozesse im PDCA-Zyklus steuern

Qualitätsmanagement ist ein fortlaufender Prozess und von der Leitung an konkreten Qualitätszielen zur Struktur-, Prozess- und Ergebnisqualität auszurichten. Diese Ziele sollen durch ein schrittweises Vorgehen mit systematischer Planung, Umsetzung, Überprüfung und gegebenenfalls Verbesserung erreicht werden, was dem Prinzip des sogenannten PDCA-Zyklus entspricht.

Der **PDCA-Zyklus** ist ein Kreislaufverfahren im Rahmen der Einführung von Qualitätsregeln. Das Verfahren findet z. B. Anwendung bei der Umsetzung und Kontrolle von Maßnahmen zur Qualitätssicherung und wird je nach Prozess in regelmäßigen Abständen wiederholt. Im Wesentlichen geht es um die **Planung, Steuerung und Kontrolle von Prozessen**. Das Kürzel PDCA steht für vier Ablaufschritte, die sich in der Wortgebung wiederfinden:

Plan → Do → Check → Act.

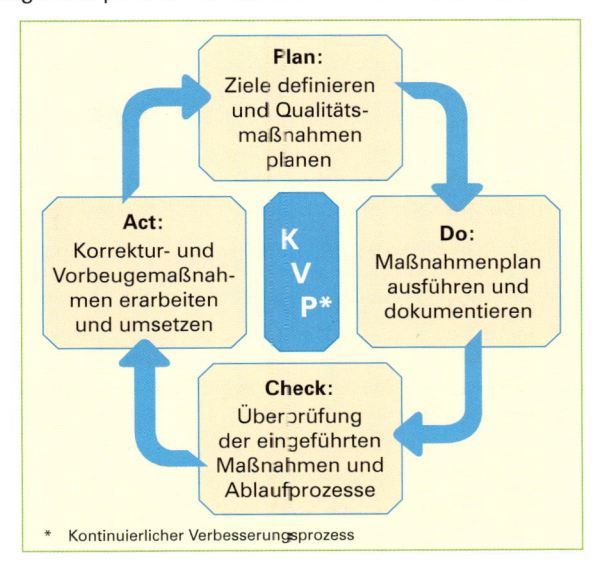

Plan: Ziele definieren und Qualitätsmaßnahmen planen

Do: Maßnahmenplan ausführen und dokumentieren

Check: Überprüfung der eingeführten Maßnahmen und Ablaufprozesse

Act: Korrektur- und Vorbeugemaßnahmen erarbeiten und umsetzen

KVP*

* Kontinuierlicher Verbesserungsprozess

Erläuterungen:

Plan: Im 1. Schritt wird der **Ist-Zustand zu ermittelt**. Ausgehend von dieser Ist-Analyse werden **Qualitätsmaßnahmen geplant**. Ziel ist es, den zuvor definierten **Soll-Zustand** anhand von Messgrößen und mit benannten Verantwortlichkeiten innerhalb eines bestimmten Zeitrahmens zu erreichen.

Do: Im 2. Schritt werden die **geplanten Qualitätsmaßnahmen umgesetzt** und dokumentiert. Dazu gehören die Festlegung von Ablaufprozessen sowie Investitionen in die Strukturqualität.

Check: Im 3. Schritt werden die **Ergebnisse der durchgeführten Qualitätsmaßnahmen** gemessen und analysiert. Dabei wird festgestellt, ob der beabsichtigte Qualitätszuwachs erreicht wurde.

Act: Im 4. Schritt werden die **Maßnahmen überarbeitet und optimiert**. Dies gilt besonders dann, wenn der Soll-Zustand nicht erreicht wurde oder die **Zielformulierung sich an neue Situationen anpassen muss**. Der letzte Schritt in diesem Zyklus geht in den ersten Schritt des nächsten Durchgangs zur ständigen Verbesserung des Qualitätsmanagementsystems über.

Beispiel:

Die Hygienezustand auf der Station „HNO" erscheint risikobehaftet.

Plan: Nach Aufnahme des Ist-Zustandes wird ein neuer Hygieneplan erstellt.
Do: Nach den neuen Vorgaben werden die Räumlichkeiten desinfiziert.
Check: Die Leiterin des Teams „Hygienemanagement" und Mitarbeiter überprüfen die neuen Hygienemaßnahmen auf ihre Wirksamkeit.
Act: Nach erfolgreicher Überprüfung werden neue Leitlinien definiert. Alle Mitarbeiter erhalten eine Arbeitsunterweisung.

3.4 Einrichtungsinternes Qualitätsmanagement für Gesundheitsbetriebe

3.4.1 Gesetzliche Grundlage

Die an der gesetzlichen Krankenversorgung teilnehmenden Leistungserbringer sind verpflichtet, ein einrichtungsinternes Qualitätsmanagement einzuführen und weiterzuentwickeln [§ 135a SGB V]. Zu den Leistungserbringern zählen Vertragsärzte, zugelassene Krankenhäuser und Einrichtungen mit Versorgungsvertrag.

Die grundsätzlichen Anforderungen an ein einrichtungsinternes Qualitätsmanagement, wozu auch wesentliche Maßnahmen zur Verbesserung der Patientensicherheit gehören, bestimmt der **Gemeinsame Bundesausschuss (G-BA)**.[1] Der G-BA ist das oberste Gremium der Selbstverwaltung in der gesetzlichen Krankenversicherung. Die **G-BA-Richtlinie** beschreibt die grundsätzlichen Anforderungen für eine erfolgreiche Einführung und Umsetzung von Qualitätsmanagement. Das dient dem Qualitätsanspruch der Versicherten bzw. Patienten im Sinne von § 135a SGB V:

- Die Leistungserbringer sind zur Sicherung und Weiterentwicklung der Qualität der von ihnen erbrachten Leistungen verpflichtet.
- Die Leistungen müssen dem jeweiligen Stand der wissenschaftlichen Erkenntnisse entsprechen und in der **fachlich gebotenen Qualität** erbracht werden.
- Die Leistungserbringer sind verpflichtet, sich an einrichtungsübergreifenden Maßnahmen der Qualitätssicherung zu beteiligen, die insbesondere zum Ziel haben, die **Ergebnisqualität** zu verbessern.

3.4.2 Ziele des einrichtungsinternen Qualitätsmanagements

Einrichtungsinternes Qualitätsmanagement dient der kontinuierlichen Sicherung und Verbesserung der Patientenversorgung sowie der Organisationsentwicklung. **Primäre Ziele sind eine patientenorientierte Prozessoptimierung sowie die Patientenzufriedenheit als Mittelpunkt.** Zusätzlich soll Qualitätsmanagement dazu beitragen, die Zufriedenheit aller am Prozess Beteiligten zu erhöhen. Qualitätsmanagement muss für die Einrichtung, ihre Leitung und alle Mitarbeiter sowie für die Patienten effektiv sein und eine Sicherheitskultur fördern.

Die Festlegung von Qualitätszielen für das einrichtungsinterne Qualitätsmanagement sollte sich an den folgenden Grundelementen orientieren:

- Patientenorientierung einschließlich Patientensicherheit,
- Mitarbeiterorientierung einschließlich Mitarbeitersicherheit,
- Prozessorientierung,
- Kommunikation und Kooperation,
- Informationssicherheit und Datenschutz,
- Verantwortung und Führung.

---

[1] Vgl. Gemeinsamer Bundesausschuss (G-BA): Qualitätsmanagement-Richtlinie/QM-RL, Düsseldorf 2015.

3.4.3 Verpflichtende Bestandteile eines einrichtungsinternen Qualitätsmanagements

Die nachfolgenden **Methoden und Instrumente sind etablierte und praxisbezogene Bestandteile des Qualitätsmanagements.** Auf die Anwendung einer aufgelisteten Methode und/oder eines aufgelisteten Instruments kann grundsätzlich nicht verzichtet werden. Die Liste lässt allerdings die Möglichkeit offen, weitere Qualitätsmanagement-Methoden und -Instrumente einzusetzen.

Verpflichtende Bestandteile eines Qualitätsmanagements – Kurzbeschreibung
gemäß § 4 der Qualitätsmanagement-Richtlinie/QM-RL
des Gemeinsamen Bundesausschusses (G-BA)

1. **Messen und Bewerten von Qualitätszielen**
   Wesentliche Zielvorgaben zur Verbesserung der Patientenversorgung oder der Einrichtungsorganisation werden definiert, deren Erreichungsgrad erfasst, regelmäßig ausgewertet und gegebenenfalls Konsequenzen abgeleitet.

2. **Erhebung des Ist-Zustandes und Selbstbewertung**
   Regelmäßige Erhebungen des Ist-Zustandes und Selbstbewertungen dienen der Festlegung und Überprüfung von konkreten Zielen und Inhalten des einrichtungsinternen Qualitätsmanagements.

3. **Regelung von Verantwortlichkeiten und Zuständigkeiten**
   Die Organisationsstruktur, Verantwortlichkeiten, Zuständigkeiten und Entscheidungskompetenzen werden schriftlich, beispielsweise durch eine Tabelle, eine Grafik oder ein Organigramm, festgelegt.

4. **Prozess- bzw. Ablaufbeschreibungen**
   Die wesentlichen Prozesse der Patientenversorgung und der Einrichtungsorganisation werden einrichtungsspezifisch identifiziert, geregelt und beispielsweise in Form von Tabellen, Flussdiagrammen oder Verfahrensanweisungen dargestellt. Die Prozess- bzw. Ablaufbeschreibungen stehen den Mitarbeitern zur Verfügung und werden in festzulegenden Abständen überprüft und bei Bedarf angepasst.

5. **Schnittstellenmanagement**
   Ein systematisches Management an den Schnittstellen der Versorgung umfasst gezielte Kommunikation und abgestimmte Zusammenarbeit aller Beteiligten. Für eine sichere und patientenorientierte Versorgung sollen besonders die Übergänge entlang der gesamten Versorgungskette so gestaltet werden, dass alle erforderlichen Informationen zeitnah zur Verfügung stehen und eine koordinierte Versorgung gewährleistet ist.

6. **Checklisten**
   In Checklisten werden Einzelaspekte eines Prozesses systematisiert, um deren verlässliche Umsetzung zu gewährleisten. Dies ist bei sicherheitsrelevanten Prozessen von besonderer Bedeutung. Das konsequente Anwenden von Checklisten, z. B. zur Vermeidung von Verwechslungen, unterstützt somit reibungslose Abläufe und ist ein bedeutsames Element einer Sicherheitskultur. Bei operativen Eingriffen, die unter Beteiligung von zwei oder mehr Ärzten oder die unter Sedierung erfolgen, werden OP-Checklisten eingesetzt.

7. **Teambesprechungen**
   Es werden regelmäßig strukturierte Besprechungen mit den Mitarbeitern bzw. Teams durchgeführt, um aktuelle Themen und Probleme anzusprechen.

8. **Fortbildungs- und Schulungsmaßnahmen**
   Alle Mitarbeiter sollen regelmäßig an Fortbildungen mit unmittelbarem Bezug zur eigenen Tätigkeit teilnehmen.

9. **Patientenbefragungen**
   Die Einrichtung führt regelmäßig Patientenbefragungen durch und wertet diese aus. Deren Ergebnisse geben der Leitung und den Mitarbeitern eine Rückmeldung über die Patientenzufriedenheit und die Qualität der Versorgung aus Patientensicht sowie ggf. Anhaltspunkte für Verbesserungsmaßnahmen.
10. **Mitarbeiterbefragungen**
    Es werden regelmäßig möglichst anonyme Mitarbeiterbefragungen durchgeführt. Zweck der Befragung ist es, Veränderungsmaßnahmen – mit dem Ziel der Weiterentwicklung – abzuleiten.
11. **Beschwerdemanagement**
    Die Einrichtung betreibt ein patientenorientiertes Beschwerdemanagement mit geregelter Bearbeitung der Beschwerden. Dazu gehört die Information der Patienten über die persönliche oder anonyme Beschwerdemöglichkeit vor Ort. Die Rückmeldungen werden analysiert, bewertet und ggf. Veränderungsmaßnahmen daraus abgeleitet. Sofern möglich, erhalten die Beschwerdeführenden eine Rückmeldung über die ggf. eingeleiteten Maßnahmen.
12. **Patienteninformation und -aufklärung**
    Zur Patienteninformation gehören Informations- und Aufklärungsmaßnahmen, die dazu beitragen, dass Patienten besser im Behandlungsverlauf mitwirken und gezielt zur Erhöhung ihrer eigenen Sicherheit beitragen können. Für den gezielten Einsatz im individuellen Arzt-Patient-Kontakt wird eine Zusammenstellung zuverlässiger, verständlicher Patienteninformationen sowie von Angeboten von Selbsthilfeorganisationen und Beratungsstellen gepflegt.
13. **Risikomanagement**
    Risikomanagement dient der Vermeidung und Verhütung von Fehlern und unerwünschten Ereignissen und somit der Entwicklung einer Sicherheitskultur. Dabei werden unter Berücksichtigung der Patienten- und Mitarbeiterperspektive alle Risiken in der Versorgung identifiziert und analysiert sowie Informationen aus anderen Qualitätsmanagement-Instrumenten, insbesondere die Meldungen aus Fehlermeldesystemen genutzt.
14. **Fehlermanagement und Fehlermeldesysteme**
    Der systematische Umgang mit Fehlern („Fehlermanagement") ist Teil des Risikomanagements. Zum Fehlermanagement gehört das Erkennen und Nutzen von Fehlern und unerwünschten Ereignissen zur Einleitung von Verbesserungsprozessen in der Praxis. Die Meldungen sollen freiwillig, anonym und sanktionsfrei durch die Mitarbeiter erfolgen.

Qualitätsmanagement hat die einrichtungsspezifischen und aktuellen Gegebenheiten einzubeziehen. Dabei können die Einrichtungen bei der Einführung und Umsetzung ihres Qualitätsmanagement-Systems auf vorhandene Qualitätsmanagement-Verfahren bzw. -Modelle zurückgreifen.

3.4.4 Patientenorientiertes Beschwerdemanagement

Krankenhäuser mit Versorgungsvertrag sind dazu verpflichtet, ein patientenorientiertes Beschwerdemanagement einzurichten [§ 135a II SGB V]. Die Qualitätsmanagement-Richtlinie/QM-RL des Gemeinsamen Bundesausschusses (G-BA) macht dazu im 11. Punkt nähere Gestaltungsvorgaben. Das geschieht im Zusammenhang mit der für den Patienten entscheidenden **Verbesserung der Ergebnisqualität**. Allein hieran wird deutlich, dass Patientenbeschwerden im Sinne der Qualitätssicherung systematisch ausgewertet und genutzt werden sollten. Auch ohne gesetzliche Verpflichtung ist eine Gesundheitseinrichtung gut beraten, ein Beschwerdemanagement zu unterhalten.

Patientenbeschwerden lösen in aller Regel Emotionen auf beiden Seiten aus, seitens des Beschwerdeführers und seitens des Beschwerdeempfängers. Ist das Krankenhauspersonal geneigt, Beschwerden als lästiges Ärgernis abzuwerten oder nutzt es die Chance, die nicht erfüllte Erwartungshaltung des Patienten in eine positive Entwicklungsrichtung zu lenken?

3 Qualitätsmanagement

Um zu einer positiven Fehlerkultur im Krankenhaus zu kommen, ist ein nachhaltiges **Beschwerdemanagement-Konzept** einzurichten. Praxiserprobte Ablaufschritte[1] zur Beschwerderegulierung sind unbedingte Elemente einer erfolgversprechenden Vorgehensweise.

Ablaufschritte eines Beschwerdemanagement-Konzepts

1. Beschwerdestimulation

Es ist davon auszugehen, dass die Mehrheit von Beschwerdeanlässen nicht offen gegenüber dem Krankenhaus geäußert wird. Daher sind Kommunikationshindernisse abzubauen:
- Motivation und Information der Patienten für eine erwünschte Rückmeldung
- verschiedene Kommunikationswege anbieten (persönlich, schriftlich, digital, anonym, zentrale Beschwerdestelle)
- sachdienliche Beschwerdeformulare anbieten (Abbau von Emotionen)
- Motivation und Schulung des Personals

2. Beschwerdeannahme

- dezentrale Annahmemöglichkeiten in Patientennähe
- zentrale Erfassung der Beschwerdeinformationen an einer Stelle
- Zuordnung des Beschwerdeinhalts in ein Kategorienschema (z. B. Verpflegung, Verhalten des Personals, pflegerische bzw. medizinische Versorgung)

3. Beschwerdebearbeitung

- Verantwortlichkeiten festlegen
- Bearbeitungsabläufe durch Arbeitsanweisungen standardisieren
- Überwachung von Bearbeitungsterminen

4. Beschwerdereaktion

- grundsätzliches Verhalten gegenüber den Beschwerdeführern
- Kommunikation mit den Beschwerdeführern während der Bearbeitung
- differenzierte Entscheidungen zu den Falllösungen

5. Beschwerdeauswertung und Beschwerdemanagement-Controlling

- Häufigkeitsverteilung der Beschwerden
- Anlässe und Ursachen von Beschwerden
- Rangfolge als Wichtigkeit von Beschwerden
- Wirtschaftlichkeitscontrolling des Beschwerdemanagement-Systems

6. Beschwerdeinformationsnutzung

- Umsetzung von Erkenntnissen in wirksame Korrektur- und Vorbeugemaßnahmen, um Wiederholfehler zu vermeiden
- Gestaltung einer lernenden Organisation mit dem Ziel der Patientenzufriedenheit

---

[1] Vgl. Stauss, B. und Seidel, W.: Beschwerdemanagement, München 2002, S. 82.

Im Zuge der Beschwerderegulierung fällt ein zusätzlicher Kommunikationsaufwand für die Abklärung der Fälle an, u. U. mit emotionalen Belastungen für Beschwerdeführer, betroffene Mitarbeiter und die Beschwerdebearbeiter. Daher ist es wichtig, **im wiederkehrenden Prozess** eine positive Fehlerkultur zu leben. Im Geiste einer einrichtungsinternen Verbesserungskultur wird das Ziel einer stetigen **Patientenzufriedenheit** angestrebt.

3.5 Qualitätsmanagement-Modelle in der Gesundheitswirtschaft

Wer in einem Unternehmen ein Qualitätsmanagementsystem nach modellhaften Anforderungen eingeführt hat, kann in einem nächsten Schritt die Überprüfung (auch **Audit** genannt) durch eine Zertifizierungsstelle beantragen.

- **Zertifizierung** ist ein Überprüfungs- und Bestätigungsverfahren durch ein unparteiisches, kompetentes Institut.
- Die Zertifizierung zeigt, dass sich ein entsprechend bezeichnetes Erzeugnis, Verfahren oder eine Dienstleistung in **Übereinstimmung mit einer bestimmten Norm** befindet.
- **Qualitätsmanagement-Regelwerke** mit genormten Anforderungen speziell für die Gesundheitswirtschaft sind das KTQ-Regelwerk, das proCumCert-Verfahren und die Norm DIN EN 15224.

Zertifizierungen von renommierten Qualitätsmanagement-Instituten haben für die Gesundheitseinrichtungen eine hohe Bedeutung, da die erteilten **Zertifikate** ein wichtiges **Qualitätsmerkmal** darstellen. Sie sind der Beweis dafür, dass die Qualitätsanforderungen eingehalten werden.

3.5.1 KTQ-Regelwerk für Qualitätsmanagement und Patientensicherheit

(1) Überblick

KTQ steht für **„Kooperation für Transparenz und Qualität im Gesundheitswesen"**. Das von der KTQ-GmbH zunächst für Krankenhäuser entwickelte Verfahren (KTQ-Verfahren) wurde schrittweise für viele andere Einrichtungen im Gesundheitswesen weiterentwickelt. Dazu gehören Pflegeeinrichtungen, niedergelassene Ärzte, medizinische Versorgungszentren, Rehabilitationseinrichtungen und Rettungsdienste.

Für den jeweiligen Sektor hat das KTQ-Regelwerk spezifische Verfahren, die auf sektorspezifische Anforderungen zugeschnitten sind. Das KTQ-Regelwerk wird kontinuierlich überarbeitet. Die aktuelle Version ist auf die Anforderungen der Qualitätsmanagement-Richtlinie/QM-RL des Gemeinsamen Bundesausschuss (G-BA) ausgerichtet und erfüllt damit die gesetzlichen Bestimmungen.

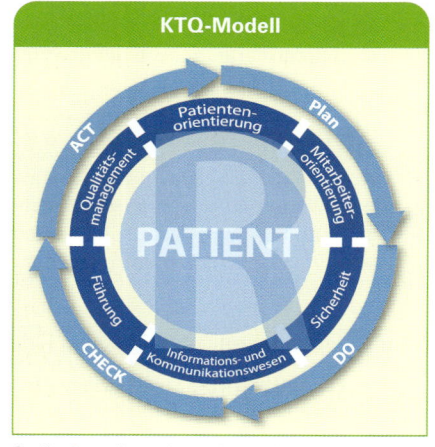

Quelle: https://www.ktq.de/Das-KTQ-Verfahren.9.0.html (01. 10. 2018)

(2) KTQ-Zertifizierung im Bereich Krankenhaus[1]

Mit einem KTQ-Zertifizierungsverfahren wird prozessorientiert die Qualität der gesamten Leistung eines Krankenhauses von der Vorbereitung des stationären Aufenthaltes eines Patienten bis zu den Entlassungsmodalitäten bewertet und zertifiziert. Die Systematik des Verfahrens orientiert sich am **Patienten als Mittelpunkt.** Grundsätzliches Merkmal des KTQ-Qualitätsmanagements ist die Aufschlüsselung des Gesundheitswesens in **sechs Kategorien bzw. Themenbereiche.** Auf der Grundlage dieses KTQ-Katalogs werden sämtliche Prozesse in Einrichtungen des Gesundheitswesens abgebildet.

Patientenorientierung	Themenschwerpunkt im KTQ-Katalog ist der Patient. Besonders sicherheitsrelevante Bestandteile der Kategorie Patientenorientierung sind die strukturierte Erstversorgung der Patienten, eine adäquate Information und Aufklärung, eine den Leitlinien der medizinischen Fachgesellschaften entsprechende Behandlung und eine professionelle Planung der Entlassung.
Mitarbeiterorientierung	Die Behandlungs- und Versorgungsqualität im Gesundheitswesen hängt wesentlich von den Mitarbeitern, ihrer Qualifikation und Motivation ab. Deshalb werden die Einarbeitung sowie Fort- und Weiterbildung ebenso geprüft wie der Umgang mit Mitarbeiterideen und -beschwerden.
Sicherheit und Risikomanagement	Diese Kategorie beinhaltet u.a. die Überprüfung von Notfallmanagement, Hygiene, Arbeits- und Brandschutz als unabdingbare Voraussetzung für eine Zertifizierung.
Informations- und Kommunikationswesen	Sicherheit im Gesundheitswesen erfordert eine reibungslose Kommunikation zwischen allen Beteiligten. Das KTQ-Verfahren prüft deshalb die Informationswege und den Umgang mit Daten. Der Datenschutz ist ein zentraler Aspekt. Erwartet wird ein guter und sicherer Informationsfluss.
Unternehmensführung	In dieser Kategorie geht es neben Unternehmenskultur, Strategie und Zielplanung vor allem um das Risikomanagement. In der Praxis bewährte Methoden inkl. der Umsetzung der Empfehlungen des Aktionsbündnisses Patientensicherheit werden bewertet. Auch hier handelt es sich um ein Kernkriterium: Das Krankenhaus muss ein umfangreiches und praxistaugliches Risikomanagement-System nachweisen.
Qualitätsmanagement	Das Qualitätsmanagement soll die Prozesse im Krankenhaus laufend systematisch prüfen und optimieren. Dazu eignen sich beispielsweise Patienten- und Mitarbeiterbefragungen und die Auswertung sonstiger qualitätsrelevanter Daten. Eine zertifizierte Einrichtung hat nicht nur eine gute Behandlungs- und Versorgungsqualität nachzuweisen, sondern auch die Bereitschaft, sich stetig zu verbessern.

Das **Bewertungsmodell** sieht vor, dass jede der sechs **Kategorien** in weitere **Subkategorien** unterteilt wird. Jede Subkategorie umfasst wiederum mehrere **Kriterien**. In der Summe werden anhand von mehr als 800 Kriterien möglichst viele unterschiedliche Aspekte überprüft und beurteilt. Die Überprüfung und Bewertung der Kriterien erfolgen nach dem **PDCA-Zyklus.** Je nach Erfüllung der Vorgaben werden die Punkte vergeben. Um das KTQ-Zertifikat zu erhalten, müssen auf der Ebene der **Kategorien mindestens 55 % der Punkte je Kategorie** erreicht werden.

---

[1] Quelle: KTQ-GmbH, Info-Flyer „Das KTQ-Modell für Patientensicherheit und Risikomanagement"
PDF-Download: https://www.ktq.de/index.php?id=38

(3) Zertifizierung nach dem KTQ-Zertifizierungsverfahren

Das KTQ-Zertifizierungsverfahren erfolgt schrittweise. Als erste Maßnahme führt die Einrichtung eine **Selbstbewertung** durch, indem alle Bereiche nach den Anforderungen des KTQ-Kataloges überprüft werden. Um möglichst genaue Ergebnisse zu bekommen, sollen **Mitarbeiter aller Hierarchieebenen und Fachabteilungen an der Überprüfung teilnehmen.** Nach der Inspektion sämtlicher Bereiche wird ein **KTQ-Selbstbewertungsbericht (Erstbewertung)** angefertigt. In dieser Phase sind keine externen Berater oder Stellen beteiligt. Falls eine Zertifizierung vorgenommen werden soll, wird anschließend eine anerkannte **KTQ-Zertifizierungsstelle** ausgewählt und mit dieser ein Vertrag über die Visitation mit dem **Ziel der Zertifizierung** abgeschlossen.

KTQ- Zertifizierungsverfahren im Überblick

- **1. Schritt:** Selbstbewertung der Einrichtung
- **2. Schritt:** Auftrag zur Fremdbewertung bei einer KTQ-Zertifizierungsstelle
- **3. Schritt:** Bewertung durch ein KTQ-Auditorenteam (Visitation)
- **4. Schritt:** Empfehlung der Zertifizierungsstelle an die KTQ-GmbH
- **5. Schritt:** Entscheidung der KTQ-GmbH über die Ausstellung eines Qualitätszertifikats
- **6. Schritt:** Veröffentlichung des KTQ-Qualitätsberichts durch die Einrichtung

Die grundlegende **Bestandsaufnahme (Visitation)** wird vor Ort durchgeführt und dauert in der Regel mehrere Tage. Die Auswahl der Visitatoren orientiert sich an dem zu zertifizierenden Bereich. Mithilfe aller **benötigen Unterlagen** (Selbstbewertungsbericht, Organigramm, Stellenbeschreibungen etc.) prüfen die Visitatoren die Einrichtung und erstellen anschließend ein **KTQ-Zertifizierungsbericht** und ein KTQ-Qualitätsbericht. Die **Berichte** enthalten mögliche **Stärken bzw. Verbesserungspotenziale** und werden an die Einrichtung weitergeleitet. Gleichzeitig sind sie die Grundlage für eine Zertifizierung.

Nach Zustellung der Berichte entscheidet die **KTQ-GmbH** über die **Zertifizierung der Einrichtung**. Entscheidend ist die **Empfehlung der Zertifizierungsstelle**. Das Zertifikat ist für **drei Jahre gültig,** sodass die Einrichtung in dieser Zeit damit werben kann. Der KTQ-Qualitätsbericht beinhaltet eine Beschreibung der zertifizierten Einrichtung sowie eine Leistungsdarstellung der Kriterien des KTQ-Kataloges. Falls **keine erneute Prüfung** vor Ablauf der drei Jahre durchgeführt wird, **erlischt das Zertifikat.**

3.5.2 Regelwerk von proCum Cert für den konfessionellen Gesundheitsbereich

Die **proCum Cert GmbH** ist eine **konfessionelle Zertifizierungsgesellschaft**. Träger dieser Gesellschaft sind der Katholische Krankenhausverband (KKVD) und der evangelische Krankenhausverband (DEKV) mit ihren jeweiligen Wohlfahrtsverbänden (Caritas und Diakonie) und dem kirchlich orientierten Versicherungsdienst Ecclesia GmbH. **Ziel ist die Sicherung und Weiterentwicklung der Qualität** in Krankenhäusern und sozialen Einrichtungen mit konfessioneller Trägerschaft. Aber auch andere wertegebundene Träger können die Dienste der proCum Cert GmbH in Anspruch nehmen.

proCum Cert hat einen eigenen Anforderungskatalog „pCC inkl. KTQ für das Qualitätsmanagement in Krankenhäusern" entwickelt. Der **pCC-Anforderungskatalog** übernimmt das KTQ-Regelwerk mit seinen sechs grundlegenden Kategorien vollständig und ergänzt die medizinisch-prozessuale Sichtweise um drei wertegebende Kategorien.

> Kategorien mit christlichen Wertvorstellungen im pCC-Anforderungskatalog:
> **Seelsorge im kirchlichen Krankenhaus, Verantwortung gegenüber der Gesellschaft, Trägerverantwortung.**

Wertegebundene Gesundheitseinrichtungen können auf diese Weise die gesetzlichen Qualitätsanforderungen mit dem KTQ-Verfahren erfüllen und gleichzeitig ihr prägendes Werteprofil (gemeinnützig, kirchlich, allgemein christlich) nach innen und außen deutlich stärken. Neben dem Schwerpunkt KTQ begutachtet proCum Cert nach weiteren standardisierten Managementsystemen wie z. B. den DIN EN ISO 9001-basierten Regelwerken.

3.5.3 Internationaler Standard für Qualitätsmanagement: DIN EN ISO 9001

Die Norm DIN EN ISO 9001:2015 verkörpert ein Qualitätsmanagementsystem mit deutscher, europäischer und internationaler Gültigkeit. An der Schreibweise sind der Geltungsbereich, die regionale Verwendung und das Jahr der Veröffentlichung zu erkennen:

- **DIN** Deutsches Institut für Normung (bundesweite Anerkennung)
- **EN** Europäische Norm (europaweite Anerkennung)
- **ISO** International Organization for Standardization (weltweite Anerkennung)

Die Ausgestaltung der DIN EN ISO 9001:2015 ist allgemein und branchenunabhängig gehalten, dabei stark produktorientiert und weniger auf Dienstleistungen ausgerichtet. Die Normenreihe stellt die **Prozessorientierung** in den Vordergrund und beinhaltet das **Risikomanagement** als integralen Baustein. Das heißt konkret, die Wechselbeziehungen und gegenseitigen Abhängigkeiten von Tätigkeiten und dazugehörigen Ressourcen sollen effizient organisiert werden unter Erkennung von Zusammenhängen und Abschätzung von Folgewirkungen.

Das Normensystem bietet dem Unternehmen die Gestaltungsfreiheit, sich an den eigenen Unternehmens- und Qualitätszielen, den unternehmensindividuellen Prozessen sowie an den Bedürfnissen und Erwartungen der internen und externen Kunden zu orientieren. Dazu sind **fünf Qualitätsmanagement-Anforderungen** aufgestellt, die als Leitlinien für ein nachhaltiges Handeln des Managements dienen.

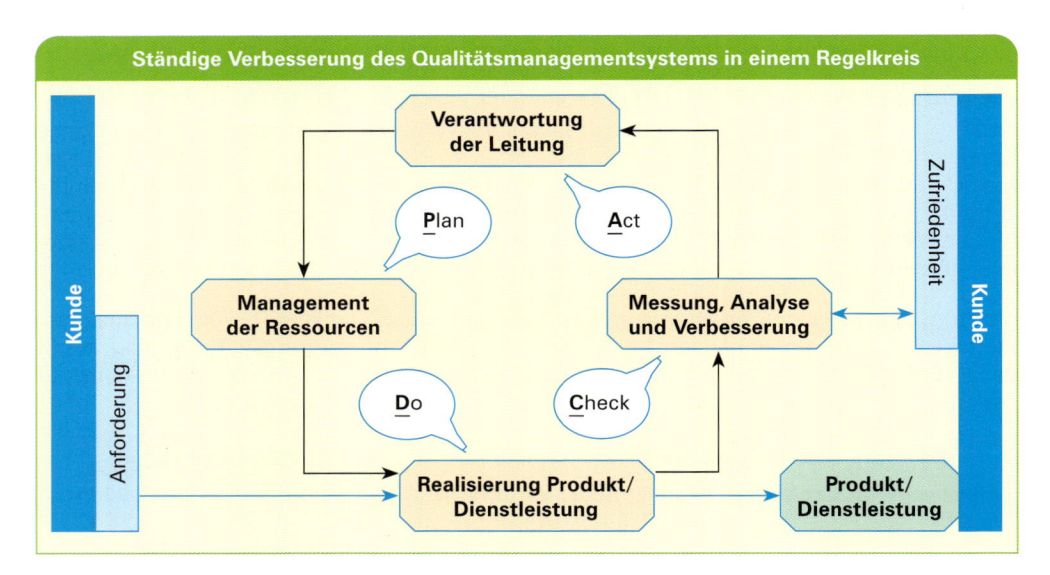

Ständige Verbesserung des Qualitätsmanagementsystems in einem Regelkreis

- Kunde → Anforderung
- Verantwortung der Leitung
- Plan / Act / Do / Check
- Management der Ressourcen
- Messung, Analyse und Verbesserung
- Realisierung Produkt/Dienstleistung → Produkt/Dienstleistung → Kunde (Zufriedenheit)

Ein im Qualitätsmanagementsystem integrierter Regelkreis sorgt für eine ständige Weiterentwicklung im Sinne eines PDCA-Zyklus.

3.5.4 Europäische Norm DIN EN 15224 für Qualitätsmanagement im Gesundheitswesen

Die europäische Norm DIN EN 15224:2017 „Dienstleistungen in der Gesundheitsversorgung" ist ein branchenspezifisches Qualitätsmanagementsystem. Es ist eine Weiterentwicklung der DIN EN ISO 9001:2015 und schließt diese mit ein. Die eigenständige Norm DIN EN 15224 ergänzt den allgemeinen ISO-Standard um Interpretationen, Anwendungsbeispiele und **elf grundsätzliche Anforderungen**[1] für das Gesundheitswesen.

1. **Angemessene Versorgung:**
   Der Patient wird entsprechend seines gesundheitlichen Zustands mit keinen/geringfügigen Komplikationen oder Nebenwirkungen behandelt. Eine angemessene Versorgung bedeutet eine effektive und effiziente Behandlung, die ausgeführten diagnostischen und therapeutischen Leistungen sollten das Erforderliche erreichen.

2. **Verfügbarkeit:**
   Dienstleistungen der Gesundheitsversorgung sind für den Patienten erreichbar und möglich.

3. **Kontinuität der Versorgung:**
   Es besteht eine nahtlose Kette von Dienstleistungen der Gesundheitsversorgung für den Patienten.

4. **Effektivität/Wirksamkeit:**
   Tätigkeiten der Gesundheitsversorgung sorgen in angemessener Zeit für ein angestrebtes positives Ergebnis, d. h. nachhaltiges Erreichen des Therapieziels.

---

[1] Deutsche Akkreditierungsstelle GmbH: Spezielle Anforderungen nach DIN EN ISO/IEC 17021-1 zur Akkreditierung von Zertifizierungsstellen, Berlin 2018, S. 3f.

5. **Effizienz:**
   Das für den Patienten erwartete Ergebnis wird unter Einsatz eines Minimums an Ressourcen erzielt.
6. **Gleichheit:**
   Die Versorgung von Patienten mit identischen Bedarfslagen darf nicht unterschiedlich erfolgen.
7. **Evidenzbasierte Versorgung:**
   Untersuchungen und Behandlungen beruhen auf wissenschaftlich fundierten Tatsachen und/oder Erfahrungen auf der Basis von Wissen/bester Praxis.
8. **Auf den Patienten ausgerichtete Versorgung:**
   Tätigkeiten der Gesundheitsversorgung sind auf den Bedarf des Patienten ausgerichtet und werden stets mit dem Einverständnis des Patienten sowie mit Blick auf die somatische und psychische Unversehrtheit ausgeführt.
9. **Einbeziehung des Patienten:**
   Der Patient wird in Kenntnis gesetzt und grundsätzlich an allen Behandlungen und Entscheidungen aktiv beteiligt.
10. **Patientensicherheit:**
    Allen beim Patienten vermeidbaren Schäden wird vorgebeugt.
11. **Rechtzeitigkeit:**
    Der Patient ist in der Lage, die Dienstleistungen der Gesundheitsversorgung unverzüglich, d. h. ohne unnötige Wartezeiten, zu erhalten.

Die klinischen Prozesse müssen so gestaltet sein, dass die elf Qualitätsanforderungen der Norm erfüllt werden. Die Betrachtungsweise des Begriffs „klinische Prozesse" ist umfänglich und bezieht sämtliche Formen des Zusammenwirkens von Ärzten und anderen Gesundheitsberufen mit Patienten und deren Angehörigen ein. Besondere Schwerpunkte legt die DIN EN 15224 auf die Themen Patientensicherheit und Risikomanagement.

Die europäische Norm DIN EN 15224:2017 basiert auf der internationalen Norm DIN EN ISO 9001:2015. Daher kann nach einem erfolgreichen Audit auf der Basis DIN EN 15224:2017 auch ein DIN EN ISO 9001:2015-Zertifikat ausgestellt werden.[1] Mit der Zertifizierung hat die Gesundheitseinrichtung ihre Fähigkeit nachgewiesen, die gesetzlichen Vorschriften, die Richtlinien des Gemeinsamen Bundesausschusses und die beruflichen Standards auf gleichbleibend hohem Niveau zu erfüllen.

3.6 Pflegequalität in zugelassenen Pflegeeinrichtungen

Die Träger von zugelassenen Pflegeeinrichtungen mit einem Versorgungsvertrag der gesetzlichen Pflegekassen sind für die Qualität der Leistungen ihrer Einrichtungen grundsätzlich selbst verantwortlich. Sie sind zu Maßnahmen der Qualitätssicherung und des Qualitätsmanagements verpflichtet und haben bei Qualitätsprüfungen durch den Medizinischen Dienst der Krankenversicherungen (MDK) mitzuwirken [§ 112 SGB XI].

Maßstäbe für die Beurteilung der Leistungsfähigkeit einer Pflegeeinrichtung und die Qualität ihrer Leistungen sind die individuell vereinbarten Leistungs- und Qualitätsmerkmale in der Pflegesatzvereinbarung des Pflegeheims [§ 84 V SGB XI] und die verbindlichen Anfor-

---

1 Deutsche Akkreditierungsstelle GmbH: Spezielle Anforderungen nach DIN EN ISO/IEC 17021-1 zur Akkreditierung von Zertifizierungsstellen, Berlin 2018, S. 4.

derungen in den Pflege-Transparenzvereinbarungen [PTV]. In den PTV haben der Spitzenverband Bund der Pflegekassen und weitere Vertragspartner die Maßstäbe und Grundsätze für die Qualität und Qualitätsdarstellung in der ambulanten und stationären Pflege sowie für die Entwicklung eines einrichtungsinternen Qualitätsmanagements dargelegt.

In der **Pflege-Transparenzvereinbarung stationär [PTV-S]** wird aufgezeigt, wie die Pflegequalität von stationären Pflegeeinrichtungen in fünf Qualitätsbereichen nach insgesamt 77 Bewertungskriterien geprüft wird.

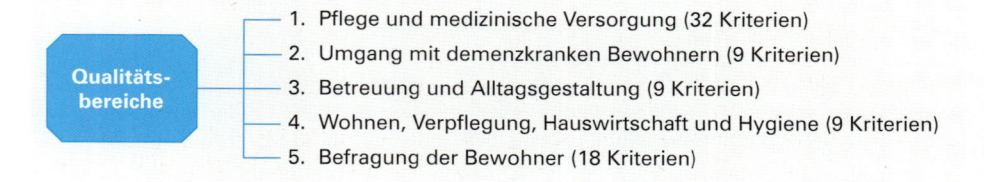

Qualitätsbereiche
1. Pflege und medizinische Versorgung (32 Kriterien)
2. Umgang mit demenzkranken Bewohnern (9 Kriterien)
3. Betreuung und Alltagsgestaltung (9 Kriterien)
4. Wohnen, Verpflegung, Hauswirtschaft und Hygiene (9 Kriterien)
5. Befragung der Bewohner (18 Kriterien)

Jedes einzelne Kriterium erhält eine Einzelbewertung anhand einer Skala von 0 bis 10. Die Skalenwerte werden zu einer Note verdichtet und letztlich eine Gesamtnote ermittelt (sog. **Pflege-TÜV**).

Beispiel für Prüfungsthemen:

Qualitätsbereich 4 mit den Bewertungskriterien 51 bis 59

Qualitätsbereich 4: Wohnen, Verpflegung, Hauswirtschaft und Hygiene	
51	Ist die Gestaltung der Bewohnerzimmer z. B. mit eigenen Möbeln, persönlichen Gegenständen und Erinnerungsstücken sowie die Entscheidung über ihre Platzierung möglich?
52	Wirken die Bewohner an der Gestaltung der Gemeinschaftsräume mit?
53	Ist der Gesamteindruck der stationären Pflegeeinrichtung im Hinblick auf Sauberkeit, Ordnung und Geruch gut?
54	Kann der Zeitpunkt des Essens im Rahmen bestimmter Zeitkorridore frei gewählt werden?
55	Wird bei Bedarf Diätkost angeboten?
56	Ist die Darbietung von Speisen und Getränken an den individuellen Fähigkeiten der Bewohner orientiert?
57	Wird der Speiseplan in gut lesbarer Form eines Wochenplanes bekannt gegeben?
58	Orientieren die Portionsgrößen sich an den individuellen Wünschen der Bewohner?
59	Werden die Mahlzeiten in für die Bewohner angenehmen Räumlichkeiten und ruhiger Atmosphäre angeboten?

Prüfungen in stationären Pflegeeinrichtungen werden grundsätzlich unangemeldet durchgeführt [§ 114a SGB XI]. In der zu prüfenden stationären Pflegeeinrichtung werden aus den Pflegegraden 1 und 2 insgesamt zwei Bewohner, aus dem Pflegegrad 3 zwei Bewohner, aus dem Pflegegrad 4 drei Bewohner und aus dem Pflegegrad 5 zwei Bewohner zufällig ausgewählt und in die Prüfung einbezogen [§ 2 TPV-S]. Die Gutachter des MDK kontrollieren aber nicht nur, sondern weisen die Einrichtungen auch gezielt auf Probleme hin und machen Verbesserungs- und Lösungsvorschläge [§ 114 a I SGB XI].

Die verdichteten Prüfberichte zu den erbrachten Leistungen und deren Qualität werden formularmäßig einheitlich in verständlicher und vergleichbarer Darstellung im Internet veröffentlicht [§ 115 1a SGB XI]. Die stationären Pflegeeinrichtungen hängen das sie betreffende Prüfergebnis an gut sichtbarer Stelle im Heim aus.

3.7 Benchmarking

(1) Grundlegendes

Der Ansatz des Benchmarkings vergleicht die eigene Leistungsfähigkeit in Bezug auf Produkte, Prozesse, strategisches Vorgehen usw. mit den aus Kundensicht **besten Unternehmen (Best-practice-Unternehmen)**. Für die Abbildung des Best-practice-Unternehmens setzt man vielfach Kennzahlen ein. Der Vergleich der Kennzahlen offenbart den Abstand zum Best-practice-Unternehmen, die sogenannte „Leistungslücke". Benchmarking bedeutet im Management, einen Referenzpunkt zur Selbsteinschätzung zu finden.

- **Benchmarking** ist ein Planungsinstrument, das dazu dient, das **eigene Unternehmen** mit dem **besten Mitbewerber** (Best-practice-Unternehmen) zu vergleichen.
- Bei der Gegenüberstellung mit dem Best-practice-Unternehmen vergleicht man z. B. **Produkte, Dienstleistungen, Produktionsverfahren, Prozesse** und **Methoden**.
- Für den Vergleich setzt man vielfach **Kennzahlen** ein.

Benchmarking ist ein **kontinuierlicher Prozess**. Es gilt, ständig die Besten der Besten zu finden und in zwischenbetriebliche Vergleiche einzubinden. Benchmarking ist somit kein einmalig durchzuführendes Projekt. **Ziel des Benchmarkings** ist es, von den „Klassenbesten" zu lernen und deren Leistungen für das eigene Unternehmen nutzbar zu machen, um so selbst zum besten Unternehmen aufzusteigen. Durch die ständigen und systematischen Vergleiche soll im Unternehmen eine dauerhaft kreative Unruhe geschaffen werden, die große Sprünge im Leistungsniveau auslöst.

(2) Benchmarking-Prozess

Mit der Methode des Betriebsvergleichs haben Krankenhäuser die Möglichkeit, aus dem Abgleich mit Betriebsabläufen anderer Krankenhäuser aufhellende Erkenntnisse abzuleiten. Es können Bereiche identifiziert werden, die im Vergleich relativ gut oder sogar besser abschneiden. Der Fokus liegt allerdings darauf, Verbesserungspotenziale aufzuspüren. Bessere Praktiken in anderen Häusern sollen als Orientierungspunkte (Benchmarks) für Qualitätsverbesserungen im eigenen Haus genutzt werden.

Der typische Verlauf eines Benchmarking-Projekts[1] vollzieht sich mit fünf Schritten in den drei Phasen

1. Analyse ⟶ 2. Strategie ⟶ 3. Realisierung

---

[1] Vgl. Töpfer, Albrecht: Erfolgreiches Changemanagement im Krankenhaus, Berlin 2006, S. 522.

Benchmarking-Prozess			
	Schritte	**Schrittfolge**	**Beispiele**
Analyse	1.1	Analyseobjekt mit hohem Verbesserungspotenzial festlegen (Leistungslücke der eigenen Einrichtung)	■ Patientenaufnahme
	1.2	Identifizierung des Benchmarking-Partners (Best-Practice-Krankenhaus)	■ Krankenhaus mit kürzester Aufnahmezeit in wenigen Arbeitsschritten
	1.3	Analyse und Bewertung der Leistungslücke in direktem Vergleich mit dem Benchmarking-Partner (Benchmarks setzen)	■ Art und Inhalt des Aufnahmeprozesses „durchleuchten"
Strategie	2.	Erarbeitung von Verbesserungsmaßnahmen (Strategie mit großem Potenzial)	Optimierung des Aufnahmeprozesses
Realisierung	3.	Umsetzung und Ergebniskontrollen der Maßnahmen (Realisierung)	neue Standards im Aufnahmeprozess

Nach dem Prinzip „von den Besten lernen" soll das Ziel „Klassenbester" sein. Dies ist allerdings kein Selbstzweck, sondern dient einer verbesserten Patientenzufriedenheit.

(3) Benchmarking für Krankenhäuser und weitere Versorgungseinrichtungen

Zugelassene Krankenhäuser und Einrichtungen, mit denen ein Versorgungsvertrag für die gesetzlichen Krankenkassen besteht, sind verpflichtet, sich an **einrichtungsübergreifenden Maßnahmen der Qualitätssicherung** (Benchmarking) zu beteiligen. Damit wird insbesondere das Ziel verfolgt, die Ergebnisqualität zu verbessern [§ 135a SGB V]. Grundlage für das gesetzlich vorgesehene Krankenhaus-Benchmarking sind Daten aus dem einrichtungsinternen Qualitätsmanagement und den obligatorischen Meldungen an die Krankenkassen. Da die Daten aus Routinedokumentationen stammen, entsprechen sie dem Grundsatz der Datensparsamkeit und müssen i. d. R. nicht zusätzlich erhoben werden.

Um die medizinischen und pflegerischen Leistungen der Krankenhäuser vergleichbar zu machen, sind geeignete Qualitätsindikatoren zur Messung und Bewertung der Qualität erforderlich. Die Festlegung von etablierten Verfahren zur Datenerfassung und die Einführung geeigneter Indikatoren zur Auswertung und Darstellung verantwortet der Gemeinsame Bundesausschuss [§ 136a SGB V]. Für diese Zwecke des Qualitätsmanagements und des Vergleichs von Leistungsmerkmalen der Krankenhäuser und anderer Versorgungseinrichtungen hat der Gemeinsame Bundesausschuss (G-BA) ein fachlich unabhängiges, wissenschaftliches Institut gegründet [§ 137a SGB V]. Es ist das IQTIG-Institut für Qualitätssicherung und Transparenz im Gesundheitswesen in Berlin.

Die **Ergebnisse aus vergleichenden Qualitätsstudien** werden auf der unabhängigen Website www.weisse-liste.de in laienverständlicher Sprache veröffentlicht. Mit einer Fülle von Kriterien wird bei Versorgungskrankenhäusern die Einhaltung medizinischer Standards bewertet.

Für das Ergebnis eines Qualitätsindikators werden zulässige Referenzbereiche festgelegt. Innerhalb dieser Schwankungsbreite gelten die ermittelten Ergebniswerte als unauffällig. Der untersuchte Behandlungsprozess erreicht also mehr oder minder das erwartete Qualitätsniveau. Gibt es allerdings „Ausreißer", werden die Verantwortlichen des Krankenhauses über die Auffälligkeiten informiert. Im Rahmen eines „Strukturierten Dialogs" wird geklärt, ob es sich um Dokumentationsfehler handelt, begründete Einzelmaßnahmen oder tatsächlich um Qualitätsdefizite. Neben der Festlegung von Referenzbereichen werden in Abhängigkeit vom Untersuchungsgegenstand auch Mindestmengen definiert oder die Erfüllung vorgegebener Kriterien wird abgefragt.

Beispiele aus der gesetzlichen Qualitätssicherung:[1]

- **Ev. Bathildiskrankenhaus gGmbH,** 31812 Bad Pyrmont
  Weiterempfehlung durch Patienten: 76 %, Durchschnitt 81 %
  Patientensicherheit und Hygiene: 50 von 55 Kriterien erfüllt
- **Sana Klinikum Hameln-Pyrmont GmbH,** 31785 Hameln
  Weiterempfehlung durch Patienten: 67 %, Durchschnitt 81 %
  Patientensicherheit und Hygiene: 49 von 55 Kriterien erfüllt

Die Ergebnisse zur Weiterempfehlung stammen aus der Versichertenbefragung der AOKs, der BARMER und der KKH.

Kompetenztraining

160 Ordnen Sie den folgenden Aussagen die zentralen Qualitätsdimensionen von Struktur-, Prozess- und Ergebnisqualität zu!

Aussagen:

1. Die Königsberg-Klinik GmbH schafft drei neue Dialysegeräte an, um die alten auszutauschen.
2. Die Anzahl von Behandlungsfehlern konnte in den letzten 5 Jahren um 3,5 % reduziert werden.
3. Die Personalabteilung hat für das Krankenpflegepersonal ein Personalentwicklungskonzept erstellt. Damit soll die Fachkompetenz gefördert werden.
4. Patienten beurteilen das Aufnahmeverfahren (Datenaufnahme, Voruntersuchung, Bettenzuweisung) überwiegend positiv.
5. Bei der Patientenbefragung nach dem Behandlungserfolg gab es im letzten Jahr eine leicht positive Tendenz.
6. Um die Verweildauer im Krankenhaus zu reduzieren, sollen Ablaufprozesse neu gebündelt und strukturiert werden.

---

1 Quelle: www.weiße-liste.de (10.04.2021).

161
1. Treffen Sie mindestens 3 Aussagen über Prozesse im Qualitätsmanagement!
2. Ein Qualitätsmanagement-System wird umfangreich dokumentiert.
   Aufgabe:
   Bezeichnen Sie das QM-Dokument, das die zentrale Dokumentation des Systems darstellt!
3. Die Seniorenresidenz Rosenhof KG in Bad Pyrmont hat ein betriebsinternes Qualitätsmanagementsystem etabliert und einen Qualitätsmanagementbeauftragten eingesetzt. Als nächsten Schritt strebt die Heimleitung eine Zertifizierung an.
   Aufgabe:
   Erklären Sie, was man unter einer Zertifizierung versteht!

162
1. Um Qualitätsziele optimal zu erreichen, werden für alle Bereiche einer Einrichtung spezielle Arbeits- und Projektgruppen gebildet.
   Aufgabe:
   Beschreiben Sie, wie die Zusammensetzung dieser Arbeits- und Projektgruppen Erfolg versprechend gebildet sein sollten!
2. Qualitätszirkel haben das Ziel, Schwachstellen aufzudecken und Verbesserungen umzusetzen.
   Aufgabe:
   Skizzieren Sie die Arbeitsweise eines Qualitätszirkels für diese Aufgabenstellung!
3. Fehler im Ablauf von Krankenhausprozessen können schwerwiegende Folgen haben.
   Aufgabe:
   Geben Sie an, was ein Fehlermanagement für ein Krankenhaus leisten soll!

163
1. Alle zugelassenen Krankenhäuser und stationären Vorsorge- und Rehabilitationseinrichtungen sind verpflichtet, ein internes Qualitätsmanagement-System einzuführen.
   Aufgabe:
   Benennen Sie mindestens 3 Vorteile, die ein Qualitätsmanagementsystem für eine Einrichtung leisten kann!
2. Im Rahmen der Ist-Analyse wird das Instrument „Patientenbefragung" eingesetzt.
   Aufgabe:
   Beschreiben Sie, welche Vorteile die „Patientenbefragung" liefern kann!
3. In der KTQ-Kategorie „Mitarbeiterorientierung" wird der Umgang mit Konflikten thematisiert.
   Aufgabe:
   Erläutern Sie, auf welche durchaus positiven Aspekte beim Umgang mit Konflikten hingearbeitet werden sollte!

164
1. Die folgenden, alphabetisch aufgelisteten Tätigkeiten sind Bestandteile von Arbeitsabläufen: ausführen, kontrollieren, planen, verbessern.
   Aufgabe:
   Bringen Sie die Tätigkeiten in eine korrekte Reihenfolge im Hinblick auf die Durchführung von Arbeitsabläufen im Qualitätsmanagement!
2. Im Verlauf eines kontinuierlichen Verbesserungsprozesses werden Prozesse und Abläufe mit dem Ziel einer Optimierung verändert.
   Aufgabe:
   Beschreiben Sie die Vorgehensweise gemäß dem PDCA-Zyklus.

3 Qualitätsmanagement

165 1. Im vergangenen Quartal haben sich die Beschwerden von Patienten auf zwei bestimmten Stationen auffällig gehäuft. Mittels einer Erhebung des Ist-Zustandes und einer anschließenden Ist-Analyse sollen die Ursachen der Beschwerden geklärt werden.

Aufgaben:

1.1 Klären Sie ab, welchen Stellenwert eine Erhebung des Ist-Zustandes im Qualitätsmanagement hat!

1.2 Klären Sie ab, welchen Stellenwert eine auswertende Ist-Analyse im Qualitätsmanagement hat!

2. Die Ablaufschritte im Rahmen eines Beschwerdemanagements sind ein kontinuierlicher Verbesserungsprozess, der immer wieder durchlaufen wird.

Aufgabe:

Skizzieren Sie das Beschwerdemanagement-Konzept komprimiert als PDCA-Zyklus!

166 1. Formulieren Sie die wesentlichen Merkmale der folgenden Qualitätsmanagement-Modelle!

1.1 DIN EN 15224:2017

1.2 KTQ

1.3 proCumCert

2. Geben Sie an, welche Elemente eines Qualitätsmanagements die Leistungserbringer mit Versorgungsvertrag der gesetzlichen Krankenkassen gemäß § 135a SGB V verpflichtend einrichten müssen!

3. Beim KTQ- und proCum Cert-Verfahren nimmt die Gesundheitseinrichtung zunächst eine Selbstbewertung vor und anschließend erfolgt eine Fremdbewertung durch externe Gutachter.

Aufgabe:

Welche Gründe sprechen für eine vorherige Selbstbewertung?

167 Umgangssprachlich ist bei der Überprüfung der Pflegequalität vor stationären Pflegeeinrichtungen die Rede vom Pflege-TÜV. Zeigen Sie die Anhaltspunkte für diese Bezeichnung auf!

7 Personalwirtschaftliche Aufgaben wahrnehmen

1 Begriff und Ziele der Personalwirtschaft[1]

(1) Begriff Personalwirtschaft

> Die **Personalwirtschaft** umfasst die Summe aller Aufgaben, die sich mit der Arbeit von Personen in einem Unternehmen befassen.

(2) Ziele der Personalwirtschaft

Für die Personalwirtschaft ergeben sich zwei Hauptziele, nämlich ein ökonomisches und ein soziales Ziel.

Ökonomisches Ziel	Soziales Ziel
Mitarbeiter so auswählen, fortbilden und einsetzen, dass die Existenz des Unternehmens gesichert ist.	Mitarbeiter wirtschaftlich und sozial bestmöglichst absichern (z. B. sicherer Arbeitsplatz, beruflicher Aufstieg, gutes Arbeitsklima).

Die Ziele der Personalwirtschaft sind **nicht immer konfliktfrei.** So kommen hohe Arbeitsentgelte und umfassende Sozialleistungen sicher den Erwartungen der Belegschaftsmitglieder entgegen, beeinträchtigen aber unter Umständen die finanziellen Ziele der Kostendeckung oder der Gewinnerreichung.

2 Überblick über den Geschäftsprozess der Personalwirtschaft

Der Geschäftsprozess „Personalwirtschaftliche Aufgaben wahrnehmen" unterstützt Geschäftsprozesse wie den Leistungserstellungs-, Marketing- oder Beschaffungsprozess, die direkt zur Wertschöpfung des Unternehmens beitragen. Gliedert man den Personalprozess in Teilprozesse auf, so können diesen die jeweiligen betriebswirtschaftlichen Inhalte zugeordnet werden.

---

1 Die Ausführungen des Kapitels Personalwirtschaft lehnen sich an die folgende Literatur an:
Bröckermann, Reiner: Personalwirtschaft, Lehr- und Übungsbuch für Human Resource Management, 4. Aufl., Stuttgart 2007.
Stopp, Udo: Betriebliche Personalwirtschaft, Zeitgemäße Personalwirtschaft – Notwendigkeit für jedes Unternehmen, 27. Aufl., Renningen 2006.

2 Überblick über den Geschäftsprozess der Personalwirtschaft

Prozesse	Teilprozesse	Betriebswirtschaftliche Inhalte
Planungsprozesse	Personalbedarfsplanung	■ Personalanalyse ■ Quantitative Personalbedarfsplanung ■ Qualitative Personalbedarfsplanung

	Personalbeschaffungsplanung	■ Aufgaben der Personalbeschaffungsplanung
		■ Personalbeschaffungswege
		  – intern
		  – extern

Steuerungsprozesse	Personalbeschaffung	■ Personal auswählen ■ Stellenanzeigen ■ Personalauswahl durchführen ■ Arbeitsvertrag ■ Betriebliche Vollmachten
	Personaleinsatzplanung/ Personaleinsatz	■ Personaleinsatzplanung ■ Flexible Arbeitszeiten
	Personalführung und Personalqualifizierung	■ Führungsstile/Führungsmethoden ■ Mitarbeitergespräch ■ Maßnahmen zur Personalentwicklung
	Personalbeurteilung	■ Summarische Beurteilung ■ Analytische Beurteilung ■ Datenschutz
	Personalentlohnung	■ Arbeitswertstudien ■ Entlohnungssysteme ■ Entgeltabrechnung/Entgeltbuchungen[1]
	Personalfreisetzung	■ Notwendigkeit von Personalfreisetzungen ■ Beendigung von Arbeitsverhältnissen ■ Kündigungsschutz ■ Kündigungsschutzklage ■ Zeugnis ausstellen
Controllingprozesse[2]	Personalcontrolling	■ Personalkennzahlen ■ Personalinformationssystem ■ Personalstatistik

---

1 Auf die Entgeltabrechnung und die Entgeltbuchungen wird im Band „Rechnungswesen für Gesundheitsberufe" eingegangen. Vgl. hierzu Merkurbuch 0089, Teil 3, Kapitel 3.
2 Aufgrund des Rahmenlehrplans wird auf die Darstellung der Controllingprozesse nicht näher eingegangen.

3 Personalbedarfsplanung

Planung und Durchführung der Personalbeschaffung			Verwaltung der Beschäftigten				Personal-controlling
Personal-bedarf planen	Personal-beschaffung planen	Personal beschaffen	Personal einsetzen	Personal qualifizieren und beurteilen	Personal entlohnen	Personal freisetzen	Personal steuern

3.1 Personalanalyse

Ein Unternehmen braucht Mitarbeiter in ausreichender Zahl sowie mit passender Qualifikation und Erfahrung. Nur so kann das Unternehmen wirtschaftlich erfolgreich sein. Die Personalabteilung hat dabei die Aufgabe, die aktuell und zukünftig benötigten Mitarbeiter zur Verfügung zu stellen. Um einen Fachkräfteengpass langfristig zu vermeiden, muss die Personalabteilung die Altersstruktur und die Qualifikationen ihrer Mitarbeiter kennen. Auf diese Weise kann sie rechtzeitig Maßnahmen wie Neueinstellungen, Versetzungen oder Fortbildungsmaßnahmen ergreifen.

Beispiel:

Personalwirtschaftliche Kennzahlen der Kurpark-Therme AG			
	Januar 20…		
	männlich	weiblich	gesamt
Alle Beschäftigungsverhältnisse	18	32	50
davon älter als 60 Jahre	2	8	10
davon leitende Mitarbeiter	4	2	6
davon Auszubildende	1	2	3
davon schwerbehinderte Menschen	1	2	3
davon Beschäftigte mit Migrationshintergrund	3	4	7

Analyse der Daten:

- Die Kurpark-Therme AG beschäftigt 36 % Männer und 64 % Frauen.
  Maßnahme: Der Frauenanteil in leitenden Funktionen sollte angeglichen werden.
- In den nächsten Jahren gehen 20 % der Mitarbeiter aufgrund ihres Alters in Ruhestand, da sie älter als 60 Jahre sind.
  Maßnahme: Kurz- und mittelfristig muss dieser Abgang an Mitarbeitern durch Neueinstellungen gedeckt werden – vorausgesetzt, die Auftragslage bleibt gleich.
- Die Quote der Auszubildenden liegt bei 6 %. (Mit Übernahme der Auszubildenden kann der Abgang der älteren Mitarbeiter nicht gedeckt werden.)
  Maßnahme: Auf dem Arbeitsmarkt gibt es immer weniger Fachkräfte. Durch eine Erhöhung der Ausbildungsquote bildet die Kurpark-Therme AG in Zukunft mehr eigene Fachkräfte aus und bindet gleichzeitig geeignete Mitarbeiter langfristig an das Unternehmen.

3 Personalbedarfsplanung

- Der Anteil an schwerbehinderten Mitarbeitern beträgt 6 %.

  Hinweis: Laut § 71 Sozialgesetzbuch IX sind Unternehmen mit mehr als 20 Beschäftigten dazu verpflichtet, auf wenigstens fünf Prozent der Arbeitsplätze Schwerbehinderte zu beschäftigen.

  In Deutschland sind ca. 10 % der Menschen schwerbehindert. Mehr als die Hälfte der Menschen mit Schwerbehinderungen haben nach Angaben der Bundesagentur für Arbeit eine abgeschlossene Berufsausbildung. Elf Prozent der Studierenden haben nach Angaben des Deutschen Studentenwerks Behinderungen oder chronische Krankheiten.[1]

  Maßnahme: Die Einstellung von mehr schwerbehinderten Menschen sichert den Bedarf an motivierten und qualifizierten Mitarbeitern mit besonderen Fähigkeiten.

- Der Anteil der Beschäftigten mit Migrationshintergrund beträgt 14 %. Die vielfältigen, teilweise muttersprachlichen Fremdsprachenkenntnisse und der Einblick in unterschiedliche Kulturen können für die Kundenbetreuung eingesetzt werden.

  Durch die Einbindung der **Migranten** in die Arbeitswelt wird deren Eingliederung in die Gesellschaft **(Inklusion)**[2] gefördert. Zudem tragen die Menschen mit Migrationshintergrund dazu bei, die Wirtschaft zu stärken und die Sozialsysteme abzusichern.

  Maßnahme: Kenntnisse von Mitarbeitern mit Migrationshintergrund im Betrieb gezielt einsetzen.

3.2 Personalbedarf und Personalbedarfsplanung

(1) Begriffe

- Der **Personalbedarf** ist die Anzahl der Personen, die zur Erfüllung der Aufgaben in einem Unternehmen notwendig sind.
- Die **Personalbedarfsplanung** ermittelt die Anzahl und die Qualifikation der Mitarbeiter, die das Unternehmen in absehbarer Zeit benötigt.

Der Personalbedarf muss geplant werden:

nach der **Quantität** (quantitative Personalbedarfsplanung)	Wie viel Mitarbeiter werden benötigt?
nach der **Qualität** (qualitative Personalbedarfsplanung)	Welche Qualifikationen[3] müssen die benötigten Mitarbeiter besitzen?
nach der **Zeit**[4] (zeitliche Personalbedarfsplanung)	Zu welchem Zeitpunkt werden die Mitarbeiter benötigt?
nach dem **Ort**[4] (örtliche Personalbedarfsplanung)	An welchen Arbeitsplätzen werden die Mitarbeiter benötigt?

---

1 Quelle: https://www.studentenwerke.de/de/content/studieren-mit-behinderungen-zahlen-und-fakten [04.07.2018].

2 **Inklusion** (lat.): Einschluss, Einbeziehung. Die Inklusion besagt, dass alle Menschen – ob Migrant oder mit Behinderung – das Recht haben, selbstbestimmt am gesellschaftlichen Leben teilzunehmen.

3 In diesem Zusammenhang ist unter **Qualifikation** die Eignung eines Mitarbeiters für eine bestimmte Tätigkeit bzw. Stelle zu verstehen. Man unterscheidet zwischen formaler und faktischer Qualifikation. Die formale Qualifikation wird einem Mitarbeiter z. B. durch Schul- und/oder Studienabschlüsse (z. B. Zeugnisse, Diplome) zugesprochen. Die faktische Qualifikation entspricht dem tatsächlichen gegenwärtig vorhandenen Können und Wollen.

4 Auf die Behandlung der zeitlichen und örtlichen Personalbedarfsplanung wird im Folgenden nicht eingegangen.

(2) Arten des Personalbedarfs

Nach dem **Grund für die Einstellung neuer Mitarbeiter** unterscheidet man folgende Arten des Personalbedarfs:

Ersatzbedarf	Überbrückungsbedarf	Neubedarf
Hier werden **bereits vorhandene Stellen**, die durch Personalabgänge frei werden, wiederbesetzt.	Er entsteht bei: ■ **Spitzenbelastungen** (z. B. bei Krankenhäusern in Wintersportorten); ■ **befristeten Personalausfällen** (z. B. Mutterschutzfrist, Elternzeit, Urlaub, Fortbildung).	Hier werden **zusätzliche Stellen** geschaffen (z. B. Gründung einer neuen Außenstelle, Ausweitung des Leistungsprogramms).

3.3 Quantitative Personalbedarfsplanung

Zur **Ermittlung des Personalbedarfs** für eine zukünftige Periode wird in der betrieblichen Praxis folgendes Schema angewandt:

> künftiger Personalbestand lt. Plan (Soll-Personalbestand)
> − aktueller Personalbestand (Ist-Personalbestand)
> = Personalbedarf, brutto
> + zu ersetzende Abgänge, z. B. Kündigungen durch Arbeitnehmer, Mutterschutz, Elternzeit, Todesfälle, Renteneintritt, Versetzungen
> − feststehende Zugänge, z. B. Übernahme Auszubildende, Rückkehr aus Mutterschutz, Elternzeit oder Fortbildungen
> = Personalbedarf, netto

Die zu erwartenden Veränderungen im Personalbestand sind nur zu einem geringen Teil relativ genau erfassbar (z. B. Pensionierungen, Versetzungen), zum weit größeren Teil jedoch sind die Veränderungen nur anhand von Erfahrungswerten abzuschätzen (z. B. Kündigungen, Entlassungen, Todesfälle, Invalidität).

3.4 Qualitative Personalbedarfsplanung

Jede Stelle erfordert bestimmte Qualifikationen vom Stelleninhaber. Die verlangten Qualifikationen können aus den jeweiligen **Stellenbeschreibungen** bzw. **Anforderungsprofilen** entnommen werden. Die Stellenbeschreibung hat die Einordnung einer Stelle in die Verwaltungsstruktur eines Unternehmens sowie die Aufgaben einer Stelle deutlich zu machen.

4 Personalbeschaffungsplanung

Festlegung von Anforderungen an eine Stelle:

Anforderungen	Beispiele
Qualifikation	■ Für das Prüfen auf Einhaltung von vorgegebenen Qualitätsbedingungen kann es genügen, den Mitarbeiter anzulernen. ■ Büroangestellte, die den Schriftverkehr nach Angaben vorwiegend selbstständig erledigen, benötigen in der Regel einen Ausbildungsberuf (z. B. Kaufmann/Kauffrau im Gesundheitswesen).
Berufserfahrung	Der Ausbilder, der mit der Durchführung der Ausbildung für die Auszubildenden beauftragt ist, benötigt neben Fachkenntnissen auch viel Berufserfahrung.
Hohes Fachwissen	Der Leiter der betrieblichen Fort- und Weiterbildung sollte über ein hohes Fachwissen mit pädagogischer Erfahrung verfügen.
Leitung und Geschäftsführung	Der Leiter sollte einen fachgerechten Hochschulabschluss und Managementerfahrung aufweisen.

4 Personalbeschaffungsplanung

Planung und Durchführung der Personalbeschaffung			Verwaltung der Beschäftigten				Personal-controlling
Personal-bedarf planen	**Personal-beschaffung planen**	Personal beschaffen	Personal einsetzen	Personal qualifizieren und beurteilen	Personal entlohnen	Personal freisetzen	Personal steuern

4.1 Aufgaben der Personalbeschaffungsplanung

> Die **Planung** der **Personalbeschaffung** hat die Aufgabe, alle Maßnahmen festzulegen, die notwendig sind, um freie Stellen zeitlich unbefristet oder doch zumindest für einige Zeit neu zu besetzen.

Hauptproblem der Personalbeschaffungsplanung ist die Frage, ob die offenen Stellen **betriebsintern** besetzt werden sollen (Versetzung bzw. Beförderung von bisherigen Mitarbeitern) oder ob die benötigten Mitarbeiter **extern**, d. h. über den Arbeitsmarkt, zu beschaffen sind.

4.2 Personalbeschaffungswege

4.2.1 Interne Personalbeschaffung

Die interne Personalbeschaffung erfolgt durch eine innerbetriebliche **Stellenausschreibung**. Die Stellenausschreibung kann den Mitarbeitern über das Schwarze Brett, das Intranet, eine Hausmitteilung oder die direkte Mitarbeiteransprache bekannt gemacht werden.

Nach § 93 BetrVG hat der Betriebsrat das Recht zu verlangen, dass Arbeitsplätze, die besetzt werden sollen, vor ihrer Besetzung innerhalb des Betriebs ausgeschrieben werden.

Innerbetriebliche Stellenausschreibung
In der Abteilung *Einkauf* ist ab *1. Juli* folgende Stelle zu besetzen:
Stellenbezeichnung *Terminsachbearbeiter/-in*
Stellennummer *15*
Aufgaben *Liefertermüberwachung, Mahnungen schreiben*
Entgeltgruppe *7*
Qualifikationen *Gute Englischkenntnisse, MS-Office-Kenntnisse*
Bewerbungsunterlagen bis *15. Februar*
Datum *28. Januar*   Unterschrift *Heine*

4.2.2 Externe Personalbeschaffung

Ist eine innerbetriebliche Personalbeschaffung nicht möglich (weil z. B. kein Bewerber den geforderten Qualifikationen entspricht) oder nicht gewollt (weil z. B. „frischer Wind" in das Unternehmen kommen soll), so erfolgt eine externe Personalbeschaffung. Es gibt folgende externe Beschaffungswege:

- **Agenturen für Arbeit** als Einrichtungen der Bundesagentur für Arbeit. Sie haben u. a. die Aufgabe, berufliche Ausbildungsstellen und Arbeitsplätze zu vermitteln.
- **Private Arbeitsvermittlungen.**
- **Arbeitsverleihunternehmen.** Hier wird ein kurz- oder mittelfristiger Personalbedarf durch das Leasen von Arbeitskräften gedeckt. Beim Personalleasing überlässt das Verleihunternehmen dem Betrieb gegen Entgelt Arbeitskräfte (die **Leih- oder Zeitarbeitnehmer**). Zwischen dem Verleihunternehmen und dem **Betrieb** wird ein **Arbeitnehmerüberlassungsvertrag** abgeschlossen. **Arbeitgeber** ist das **Verleihunternehmen**. Es bezahlt demnach auch die Leiharbeitskräfte. Während der Laufzeit des Arbeitnehmerüberlassungsvertrags ist der Geschäftsführer des Unternehmens gegenüber der Leiharbeitskraft weisungsbefugt.
- **Stellenanzeigen** in Zeitungen, Zeitschriften und Internet.
- **Personalberater.** Sie sind externe Berater, die im Auftrag des Unternehmens vor allem hoch qualifiziertes Personal vermitteln und i. d. R. bereits eine Vorauswahl unter den Bewerbern treffen.

4 Personalbeschaffungsplanung

Kompetenztraining

168 Die moderne Personalwirtschaft hat sowohl ökonomische als auch soziale Zielsetzungen.

Aufgaben:
1. Erläutern Sie diese beiden Zielsetzungen!
2. Begründen Sie anhand eigener Beispiele mögliche Zielkonflikte bei der Verfolgung der von Ihnen genannten Ziele!
3. Stellen Sie dar, auf welchen Faktoren die steigende Bedeutung betrieblicher Personalwirtschaft beruht!
4. Nennen Sie das Ziel, das die betriebliche Personalbedarfsplanung verfolgt!
5. Beschreiben Sie die Hauptaufgaben betrieblicher Personalbedarfsplanung!
6. Unterscheiden Sie zwischen quantitativem und qualitativem Personalbedarf!
7. Der Klinikgroßhandel Michael Teubner e. K. legt für die Abteilung Lagerhaltung und Logistik die Personalbedarfsplanung für das kommende Jahr fest. Der Abteilungsleiter geht von folgenden Daten aus:
   – Im nächsten Jahr sollen 20 Vollzeitkräfte eingesetzt werden. Derzeit umfasst die Abteilung 15 Vollzeitkräfte.
   – Eine Mitarbeiterin geht im folgenden Jahr in Elternzeit; ein Mitarbeiter geht in den Altersruhestand, 2 Mitarbeitern wird gekündigt.
   – 2 Mitarbeiterinnen kehren als Vollzeitkräfte aus der Elternzeit zurück; es werden als Aushilfskräfte 4 Mitarbeiter auf 450,00-EUR-Basis eingestellt, was als eine Vollzeitstelle gerechnet wird.

   Aufgaben:
   7.1 Ermitteln Sie die Anzahl der Vollzeitkräfte, die im kommenden Jahr zusätzlich eingestellt werden müssen!
   7.2 Erläutern Sie, welche innerbetrieblichen und außerbetrieblichen Einflüsse der Abteilungsleiter bei der Erstellung des Personalbedarfsplans in seine Überlegungen mit einbeziehen muss!

169 1. Die Kurpark-Therme AG sucht zum 1. Juli weitere Arbeitskräfte.
   Aufgabe:
   Stellen Sie dar, welche Personalbeschaffungswege infrage kommen!

2. Analysieren Sie den aktuellen Personalbestand Ihres eigenen Unternehmens nach folgendem Schema:

	männlich	weiblich	gesamt
Gesamtbeschäftigtenzahl			
Vollzeitarbeitnehmer			
Teilzeitarbeitnehmer			
Befristet beschäftigte Arbeitnehmer			
Unbefristet beschäftigte Arbeitnehmer			
Kürzer als 5 Jahre im Betrieb			
Länger als 5 Jahre im Betrieb			
Beschäftigte mit Migrationshintergrund			
Schwerbehinderte Arbeitnehmer			
Leitende Mitarbeiter			

5 Personalbeschaffung

Planung und Durchführung der Personalbeschaffung			Verwaltung der Beschäftigten				Personal-controlling
Personal-bedarf planen	Personal-beschaffung planen	**Personal beschaffen**	Personal einsetzen	Personal qua-lifizieren und beurteilen	Personal entlohnen	Personal freisetzen	Personal steuern

5.1 Ablauf des Auswahl- und Einstellungsverfahrens

(1) Ziel der Personalauswahl

Die **Personalauswahl** hat zum Ziel, die für die zu besetzende Position am besten geeignete Person zu ermitteln. Dazu muss man die Eignung aller Bewerber für die freie Position feststellen.

Geordnet nach ihrer Bedeutung in der Praxis gibt es bei der Neueinstellung von Mitarbeitern folgende Einstellungskriterien: die Ergebnisse des Einstellungsgesprächs (Interviews), Praxiszeugnisse, Ausbildungszeugnisse, Auswertung des Lebenslaufs, Schulzeugnisse, Ergebnisse von Arbeitstests bzw. -proben, Gutachten und Referenzen[1] und die Analyse psychologischer Tests bzw. Eignungsuntersuchungen.

(2) Ablauf des Personalauswahlverfahrens

Das **Personalauswahlverfahren** geht in der Regel in folgenden **Stufen** vor sich:

Planung
- Bedarf für eine Stelle feststellen,
- Stellenbeschreibung erstellen,
- Personalbeschaffungsweg festlegen,
- Stellenanzeige formulieren und veröffentlichen

↓

Vorauswahl
- anhand der Bewerbungsunterlagen (Bewerbungsschreiben, Lebenslauf, Zeugnisse),
- anhand der eingeholten Zusatzinformationen (Referenzen),
- anhand des Vorstellungsgesprächs

↓

Auswahlentscheidung

aus einem kleinen Kreis der Bewerber aufgrund von zuvor festgelegten Einstellungskriterien

↓

Einstellung

nach Anhörung des Betriebsrats wird der Arbeitsvertrag abgeschlossen

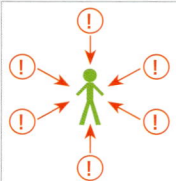

---

1 **Referenzen**: Empfehlungen, Auskünfte von Personen. **Referenz**: Jemand, der eine Auskunft oder eine Empfehlung geben kann.

(3) Rechtliche Bedingungen der Personalauswahl

■ Sorgfaltspflicht des Arbeitgebers bei Bewerbungsunterlagen

Dem Arbeitgeber obliegt hinsichtlich der eingereichten Bewerbungsunterlagen eine besondere Sorgfaltspflicht. Insbesondere muss der Arbeitgeber die Bewerbungsunterlagen sicher aufbewahren, er darf die Unterlagen nicht beliebigen Betriebsangehörigen und schon gar nicht betriebsfremden Personen zugänglich machen. Außerdem darf er die Bewerbungsunterlagen an kein anderes Unternehmen weiterleiten.

Nach Ablehnung der Bewerbung hat der Arbeitgeber die Bewerbungsunterlagen unverzüglich zurückzusenden. Verletzt der Arbeitgeber eine der angeführten Pflichten, so ist er dem Bewerber zum Schadensersatz verpflichtet.

■ Mitwirkung des Betriebsrats bei Einstellungen [§§ 99–101 BetrVG]

In Betrieben mit i. d. R. mehr als zwanzig wahlberechtigten Arbeitnehmern hat der Arbeitgeber den Betriebsrat z. B. vor jeder Einstellung, Eingruppierung, Umgruppierung und Versetzung zu unterrichten, ihm die erforderlichen Bewerbungsunterlagen vorzulegen, Auskunft über die Person der Beteiligten zu geben und die Zustimmung des Betriebsrats einzuholen. Der Betriebsrat kann die Zustimmung unter bestimmten Umständen verweigern.

- Verstoß gegen eine rechtliche Vorschrift,
- Verstoß gegen eine Auswahlrichtlinie,
- Befürchtung einer Störung des Betriebsfriedens,
- Unterlaufen einer innerbetrieblichen Stellenausschreibung oder
- Nachteile für betroffene Arbeitskräfte.

Gründe, die Zustimmung zu verweigern

Schweigt der Betriebsrat, gilt dies als Zustimmung. Die Ablehnung muss innerhalb einer Woche nach der Unterrichtung durch den Arbeitgeber unter Angabe von Gründen schriftlich erfolgen. Der Arbeitgeber hat dann die Möglichkeit, sich die fehlende Zustimmung durch das Arbeitsgericht ersetzen zu lassen. Das Arbeitsgericht muss prüfen, ob die vom Betriebsrat angegebenen Tatbestände zutreffen.

Der Arbeitgeber kann, wenn dies aus sachlichen Gründen dringend erforderlich ist, eine vorläufige Einstellung vornehmen, bevor sich der Betriebsrat geäußert, oder wenn er die Zustimmung verweigert hat. Der Arbeitnehmer muss über die Sach- und Rechtslage dieser Einstellung informiert werden [§ 100 I BetrVG].

Vor ihrer Einstellung müssen sich Bewerber erforderlichenfalls einer ärztlichen Untersuchung unterziehen. Ergeben sich keine gesundheitlichen Bedenken, können die Arbeitsverträge abgeschlossen werden.

5.2 Stellenanzeigen

Mitarbeiter werden hauptsächlich über Stellenanzeigen gesucht. Diese können in regionalen oder überregionalen Tageszeitungen, beim Stelleninformationssystem der Agentur für Arbeit, in Fachzeitschriften oder Online-Stellenbörsen veröffentlicht werden.

Der Aufbau einer Stellenanzeige muss klar gegliedert sein und alle für die Bewerber wichtige Daten enthalten. Sie sollte Aussagen über folgende Punkte enthalten:

■ den Betrieb (Name des Betriebs, Adresse, Betriebsform)	„Wir sind …"	
■ die angebotene Stelle (Aufgabenbeschreibung, Aufstiegsmöglichkeiten)	„Wir suchen …"	
■ die geforderten Qualifikationen (Ausbildung, besondere Qualifikationen, Berufserfahrung)	„Wir erwarten …"	„5-W-Regel"
■ die Leistung des Betriebs (Hinweis auf Lohn- und Gehaltshöhe, Sozialleistungen)	„Wir bieten …"	
■ die Bewerbungsunterlagen (Lebenslauf, Zeugnisse, Referenzen)	„Wir bitten um …"	

Bei der Formulierung der Stellenanzeige muss darauf geachtet werden, **nicht gegen das Allgemeine Gleichbehandlungsgesetz [AGG] zu verstoßen**. Ziel des Gesetzes ist, Benachteiligungen aus Gründen der Rasse oder wegen der ethnischen Herkunft, des Geschlechts, der Religion oder Weltanschauung, einer Behinderung, des Alters oder der sexuellen Identität zu verhindern oder zu beseitigen [§ 1 AGG]. Abgewiesene Bewerber können bei einem Verstoß gegen das AGG wegen Diskriminierung (Benachteiligung) vor Gericht klagen.

> **Beispiel für eine Formulierung, die gegen das AGG verstößt:**
>
> „Zur Verstärkung unseres Teams suchen wir eine junge dynamische Kauffrau im Gesundheitswesen, die maximal 25 Jahre alt ist."
>
> Es wird gezielt nur nach einer Frau gesucht (Diskriminierung der Männer), die ein Höchstalter von 25 Jahren haben soll (Diskriminierung von Personen, die älter als 25 Jahre sind).

Die Formulierungen sollten klar und präzise sein, sodass sich interessierte Bewerber eine konkrete Vorstellung von den Anforderungen machen können. Ungenaue Standardfloskeln wie „flexible, belastbare Mitarbeiter/-innen" können abschreckend wirken.

Beispiel für eine Stellenanzeige:

Das Sanitätshaus ELOHA-med GmbH ist ein zukunftsorientiertes Unternehmen, das sich auf die kompetente und leistungsstarke Belieferung im Marktsegment Gesundheitshandwerk, Mobilität und Pflege spezialisiert hat. Als innovatives Unternehmen legen wir Wert auf eine positive Unternehmenskultur und setzen auf Selbstständigkeit und Eigenverantwortung bei unseren Mitarbeiterinnen und Mitarbeitern.

Zur Verstärkung unserer **Einkaufsabteilung**
suchen wir zum 1. Juli 20..
eine/einen
**Kauffrau/Kaufmann im Gesundheitswesen
(m/w/d)**

Zu Ihren Aufgaben zählen:
- die Überwachung der vereinbarten Liefertermine aller Wareneinkäufe
- dafür zu sorgen, dass von uns erteilte Bestellungen auch termingerecht erfüllt werden
- das Versenden von Liefermahnungen

Ihr Profil:
- eine erfolgreich abgeschlossene kaufmännische Berufsausbildung
- mehrere Jahre Berufserfahrung in vergleichbarer Position
- Kenntnisse in Englisch in Wort und Schrift
- selbstständiges und zuverlässiges Arbeiten
- MS-Office-Kenntnisse (Word, Excel)
- freundliche und gute Umgangsformen, Dienstleistungsorientierung

Wir bieten:
- einen sicheren Vollzeit-Arbeitsplatz mit 38,5 Std.-Woche
- eine übertarifliche Entgeltzahlung
- eine gute Arbeitsatmosphäre in einem netten Team

Bitte senden Sie uns Ihre vollständigen, aussagefähigen Bewerbungsunterlagen bis zum 15. Februar 20.. per E-Mail an: *personal@eloha-hamburg.de*. Wir freuen uns auf Sie!

Für Fragen steht Ihnen Frau Julia Heine auch gerne telefonisch zur Verfügung unter 040 84010-15.

ELOHA-med GmbH · Oldesloer Str. 160 · 22457 Hamburg

5.3 Durchführung der Personalauswahl

5.3.1 Sortieren der Bewerbungsunterlagen

(1) Überblick über die Bestandteile einer Bewerbung

Die Bewerbung umfasst:

- das eigentliche **Bewerbungsschreiben**,
- den **Lebenslauf**,
- die **Zeugnisse** und **andere Referenzen**,
- ggf. ein **Lichtbild**.

(2) Bewerbungsschreiben

Das Bewerbungsschreiben enthält mindestens folgende Inhalte:

- Name, Anschrift und Telefonnummer des Bewerbers,
- Anlass der Bewerbung,
- Hinweise auf Fähigkeiten und Fertigkeiten,
- Hinweise auf Schulbesuche und -abschlüsse, sofern nicht im Lebenslauf enthalten,
- Hinweise auf Anlagen (Lebenslauf, Zeugnisabschriften),
- Angabe von Referenzen,
- Bitte um Berücksichtigung der Bewerbung.

(3) Lebenslauf

Der Lebenslauf kann inhaltlich in 5 Abschnitte aufgegliedert werden: persönliche Daten, schulische Ausbildung, Praktika, spezielle Kenntnisse und Fertigkeiten und Sonstiges.

Persönliche Daten	Vor- und Familienname, Geburtsdatum, Geburtsort. Mögliche Ergänzung: Religionszugehörigkeit, Staatsbürgerschaft.
Schulische Ausbildung	Die schulische Ausbildung ist in **Bildungsabschnitte** aufzugliedern: Grundschule, weiterführende Schulen, Abschluss. (Die Zeitliste hat keine Lücken bzw. diese werden erklärt, z. B. zusätzliche Schuljahre.)
Praktika	Alle Praktika und deren Dauer sowie alle Sprachkurse werden aufgeführt.
Spezielle Kenntnisse und Fertigkeiten	Sie vermitteln Ihre speziellen Kenntnisse und Fertigkeiten selbstbewusst, aber ohne Überheblichkeit.
Sonstige Qualifikationen	Sie stellen dar, was sonst noch für Sie spricht (Qualifikationen, soziales Engagement, spezielle Interessen, sportliche Aktivitäten). Die aufgeführten Punkte klingen nicht angeberisch.

Der Lebenslauf wird heute in der Regel mithilfe eines Textverarbeitungsprogramms in tabellarischer Form abgefasst und vorgelegt. Handschriftlich wird der Lebenslauf nur auf besonderen Wunsch abgefasst.

■ Zeugnisse und andere Referenzen

Der dritte wichtige Bestandteil einer Bewerbungsmappe sind Zeugnisse und andere Bescheinigungen. Hierzu gehören

- die beglaubigten Kopien der letzten beiden **Schulzeugnisse,**
- Bescheinigungen über **absolvierte Kurse** (z. B. Sprach- und EDV-Kurse),
- Bescheinigungen über **Betriebspraktika** u. Ä.

■ Lichtbild

Für den Bewerber ist es **keine Pflicht,** seiner Bewerbung ein **Foto beizulegen.** Viele Unternehmen (insbesondere kleinere und mittelgroße) möchten sich jedoch gerne „ein Bild machen" von dem Bewerber. Daher begrüßen sie es, wenn der Bewerbung ein Foto beiliegt. Wird ein Foto mitgeschickt, sollte es ein professionell aufgenommenes Bewerbungsfoto sein (kein Privat- oder Automatenfoto).

5.3.2 Personalauswahl mittels Vorstellungsgespräch

Das Vorstellungsgespräch dient zum einen dazu, die Informationen aus den Bewerbungsunterlagen zu überprüfen, und zum anderen soll ein persönlicher Eindruck vom Bewerber gewonnen werden. Die Einladung zu einem Vorstellungsgespräch kann schriftlich, per E-Mail oder telefonisch erfolgen und sollte dem Bewerber mindestens eine Woche vor dem geplanten Gesprächstermin zukommen. Der Bewerber sollte den im Einzelgespräch genannten Termin für das Vorstellungsgespräch bestätigen bzw. bei Notwendigkeit um einen Ersatztermin bitten.

Das Gespräch sollte von einem Mitarbeiter der Personalabteilung sorgfältig vorbereitet werden. So sollte z. B. festgelegt werden

- die Gesprächsteilnehmer,
- Fragen zu Lücken und Unklarheiten in den Bewerbungsunterlagen,
- Fragen nach der besonderen Eignung für die ausgeschriebene Stelle,
- Fragen zu Freizeit, Familie, Hobbys,
- Wissen über das Unternehmen,
- Fragen zum aktuellen Tagesgeschehen, zum Allgemeinwissen,
- zu den Zukunftsplänen des Bewerbers.

→ **Vorbereitung des Vorstellungsgesprächs**

Beispiele für Fragen an den Bewerber:

- „Warum haben Sie sich gerade bei unserem Unternehmen beworben?"
- „Was gefällt Ihnen besonders an dieser Stelle bzw. an diesem Ausbildungsberuf?"
- „Wo sehen Sie Ihre Stärken und Ihre Schwächen?"
- „Welche Hobbys betreiben Sie?"
- „Wie stellen Sie sich Ihre Arbeit bzw. Ihre Ausbildung vor?"
- „Warum sollten wir gerade Sie den übrigen Mitbewerbern vorziehen?"

Nicht beantworten muss der Bewerber Fragen, die gegen das Recht auf Schutz der Persönlichkeit verstoßen:

- **Familienplanung** und **Schwangerschaft,**
- **Vorstrafen,** außer sie sind berufsrelevant (Bewerbung als Kassierer, Buchhalter, Sicherheitsbeauftragter),
- **Krankheiten,** sofern die Krankheit die Berufsausübung nicht erschwert oder unmöglich macht (ansteckende Krankheiten, Bandscheibenleiden),
- **Partei-, Kirchen- oder Gewerkschaftszugehörigkeit,** außer man bewirbt sich bei sogenannten „Tendenzbetrieben"[1] (z. B. Landesverband einer Partei, katholischer Kindergarten),
- **finanziellen Verhältnissen,** es sei denn, es wird eine Führungsposition oder eine besondere Vertrauensstellung angestrebt.

Der Bewerber hat jedoch darauf zu achten, dass er arbeitsrechtlich zulässige Fragen wahrheitsgemäß und vollständig beantwortet. Zudem ist der Bewerber verpflichtet, dem potenziellen (möglichen) Arbeitgeber alle Sachverhalte mitzuteilen, die der angestrebten Tätigkeit entgegenstehen (z. B. Krankheit, Kur). Diese Verpflichtung gilt auch dann, wenn der Bewerber im Bewerbungsgespräch nicht danach gefragt wird. Kommt der Bewerber der Offenlegungspflicht nicht nach, so kann der Arbeitgeber einen abgeschlossenen Arbeitsvertrag anfechten.

5.3.3 Aufbereitung der Vorstellungsgespräche

An das Vorstellungsgespräch schließt sich dessen Aufbereitung an. Dabei hilft das Ausfüllen eines **Beobachtungsbogens** während des Vorstellungsgesprächs (siehe Beispiel S. 382). Eine weitere Möglichkeit, das Ergebnis des Vorstellungsgesprächs zu dokumentieren, ist die Erstellung eines **Eignungsprofils** (siehe Folgeseite) des Bewerbers. Es spielt in der Praxis eine wesentliche Rolle bei der Entscheidung über die Stellenbesetzung.

---

1 **Tendenzbetriebe** sind Betriebe, die z. B. politischen, gewerkschaftlichen, konfessionellen, karitativen oder künstlerischen Zielsetzungen dienen [§ 81 BetrVG].

5 Personalbeschaffung

Beispiel für die Erstellung eines Eignungsprofils:[1]

Zu beachten ist, dass die Auswertung eines Vorstellungsgesprächs einer Reihe von subjektiven Einflüssen unterliegt. Die Aussagekraft von Vorstellungsgesprächen ist daher wissenschaftlich umstritten.

Eignungsprofil						
Stelle	Personalentwicklungsreferent/-in					
Bewerber/-in	Susi Schmitz					
Qualifikationen						
Ausbildung	wirtschafts-/sozialwissenschaftliches Studium	Master in Business Administration				
Fortbildung	Ausbildereignung	vorhanden				
Berufserfahrung	2 Jahre im Personalwesen	nur Praktika im Personalwesen				
		– –	–	±	+	++
Fachliche	Planung und Organisation: *keine Kenntnisse*					
	Personalführung: *Studienleistung; sehr gut*					
	Arbeitspsychologie: *Studienleistung: gut*					
	Betriebssoziologie: *Studienleistung: gut*					
	Arbeitsrecht: *Studienleistung: gut*					
Personale	Schöpferische Fähigkeit: *Form der Bewerbung*					
	Selbstmanagement: *Hobby Bergführerin*					
Fachlich-methodische	Analytische Fähigkeiten: *Zeugnisse, Anschreiben*					
	Beurteilungsvermögen: *Zeugnisse, Anschreiben*					
Sozial-kommunikative	Problemlösungsfähigkeit: *Anschreiben*					
	Sprachgewandtheit: *Anschreiben*					
	Beziehungsmanagement: *Anschreiben*					
	Teamfähigkeit: *Praktikumszeugnis*					
Aktivitätsbezogene	Entscheidungsfähigkeit: *Anschreiben*					
	Beharrlichkeit: *Hobby Bergführerin*					
Kompetenzen						

Das **Assessment-Center** stellt eine weitere Möglichkeit dar, unterschiedliche Eigenschaften und Fähigkeiten von Bewerbern zu ermitteln. Ein Assessment-Center dauert im Regelfall ein bis drei Tage. Die Bewerber werden von betriebsinternen Mitarbeitern oder Beobachtern externer Beratungsfirmen bei verschiedensten Arbeits- und Verhaltensaufgaben beobachtet und bewertet. Die gestellten Aufgaben müssen von den Bewerbern in Gruppen- und Einzelarbeit gelöst werden.

---

1 Quelle: Bröckermann, Reiner: Personalwirtschaft, 4. Aufl., Stuttgart 2007, S. 114.

5.3.4 Treffen der Personalauswahl

(1) Entscheidungsträger

Im Anschluss an die Analyse aller Bewerbungsergebnisse fällt die Entscheidung, wer für die Besetzung der Stelle infrage kommt. An der Entscheidung beteiligt sind in der Regel

- ein Mitglied der Personalabteilung,
- künftige Vorgesetzte,
- ein Mitglied des Betriebsrats (bei Arbeitnehmern),
- eventuell externe Fachleute (z. B. Personalberater).

Bei der Besetzung wichtiger Positionen ist es möglich, dass sich der Inhaber bzw. der Geschäftsführer die letzte Entscheidung vorbehält.

In der Praxis ist es häufig so, dass kein Bewerber alle Anforderungen der Stelle voll erfüllt. Zu guter Letzt werden deshalb neben den konkret erfassbaren Kriterien zusätzlich noch nicht messbare Aspekte berücksichtigt. Schließlich haben die Entscheidungsträger natürlich ein recht genaues Bild des zukünftigen Belegschaftsmitglieds vor Augen. Neben der fachlichen Qualifikation ist oftmals die Frage ebenso wichtig, ob der Bewerber in das Unternehmen bzw. die Abteilung passt. Für diesen Fall wird der **Gesamteindruck** des Bewerbers, der unter Umständen recht **subjektiv** sein kann, zur Urteilsfindung herangezogen.

(2) Allgemeines Gleichbehandlungsgesetz [AGG]

- **Begriff Diskriminierung**

Das AGG schützt Arbeitnehmer, Auszubildende, Bewerber für ein Beschäftigungsverhältnis sowie ehemalige Beschäftigte vor Diskriminierung [§ 6 AGG].

> - **Diskriminierung** ist die **Benachteiligung** eines Menschen aufgrund von Merkmalen, die er selbst nicht beeinflussen kann.
> - **Merkmale der Diskriminierung** sind nach § 1 AGG
>   - Geschlecht,
>   - ethnische[1] Herkunft,
>   - Alter,
>   - Behinderung,
>   - Religion und Weltanschauung,
>   - sexuelle Identität.

- **Benachteiligungsverbot**

Beschäftigte dürfen nicht wegen eines in § 1 AGG genannten Grundes eine weniger günstige Behandlung erfahren, als eine andere Person in vergleichbaren Situationen erfährt. Vom **Benachteiligungsverbot umfasst** sind nach § 3 AGG z. B.

unmittelbare Benachteiligung	**Beispiel:** Ein Bewerber wird mit Hinweis auf sein Alter abgelehnt.
Belästigung	**Beispiel:** Beschäftigte werden eingeschüchtert, beleidigt, bedroht, gemobbt.
sexuelle Belästigung	**Beispiel:** Eine Arbeitnehmerin wird mit Bemerkungen sexuellen Inhalts belästigt.

---

[1] **Ethnisch:** einer sprachlich und kulturell einheitlichen Volksgruppe angehörend.

Benachteiligungen sind jedoch zulässig, wenn sie nach §§ 8–10 AGG gerechtfertigt sind.

Beispiel:
Festlegung eines Mindestalters bei der Besetzung besonders qualifizierter Positionen.

■ **Pflichten des Arbeitgebers**

Der Arbeitgeber muss z. B.

- Maßnahmen zum Schutz vor Benachteiligungen treffen,
- ihm bekannte Benachteiligungen unterbinden,
- verhindern, dass seine Beschäftigten von Dritten diskriminiert werden,
- Regelungen des AGG in seinem Betrieb bekannt machen.

■ **Rechte der Arbeitnehmer**

Das AGG räumt den Arbeitnehmern bei Diskriminierungen ein **Beschwerderecht** [§ 13 AGG], ein **Leistungsverweigerungsrecht** [§ 14 AGG] sowie einen **Entschädigungs- und Schadensersatzanspruch** [§ 15 AGG] ein.

(3) Zusage an den Bewerber

Ist die Entscheidung gefallen und hat der Betriebsrat zugestimmt, erhält der betreffende Bewerber eine **Zusage**. Es schließt sich dann die **Ausfertigung des Arbeitsvertrags** an. Oftmals wird vom Bewerber zuvor noch eine **ärztliche Eignungsuntersuchung** gefordert.

Kompetenztraining

170 1. Birte Holzmüller, Kauffrau im Gesundheitswesen, wohnhaft in Konrad-Adenauer-Platz 8, 53225 Bonn, möchte sich bei der Klinikbedarf MedCare GmbH als Sachbearbeiterin im Rechnungswesen bewerben.

Aufgaben:

1.1 Führen Sie drei Kriterien an, die bei der Personalauswahl berücksichtigt werden sollten!

1.2 Nennen Sie vier Unterlagen, die Birte Holzmüller einer erfolgreichen Bewerbung beizufügen hat!

2. Lena Schmid bewirbt sich um die Stelle als Sachbearbeiterin im Einkauf beim Sanitätshaus ELOHA-med GmbH in Hamburg. Zuständig für die Personaleinstellung ist Angelika Berner. Zum Aufgabenbereich zählen die Betreuung der Lieferer, die Disposition und Ermittlung der Bedarfe, Erstellen und Versenden von Anfragen, Aufbereitung der Angebote und Angebotsvergleiche, Verhandeln und Nachverhandeln mit Lieferern über Mengen, Termine und Preise innerhalb eines vorgegebenen Rahmens, Erstellen und Versenden von Bestellungen, Abgleich der Auftragsbestätigungen mit den Bestellungen, Überwachung der vereinbarten Liefertermine.

Das Sanitätshaus ELOHA-med GmbH bietet einen sicheren Vollzeit-Arbeitsplatz mit 38,5 Stunden-Woche, gute Aufstiegsmöglichkeiten bei entsprechender Leistung, betriebliche Altersvorsorge, teamorientiertes Arbeiten und eine langfristige Zusammenarbeit. Die Vergütung erfolgt nach Entgeltgruppe 7 des Entgeltrahmentarifvertrags (ERA-TV) in Hamburg. Gewünscht wird eine erfolgreich abgeschlossene Ausbildung zum Kaufmann/zur Kauffrau im Gesundheitswesen, zwei bis drei Jahre Berufserfahrung in vergleichbarer

Position, Kenntnisse in Englisch in Wort und Schrift, selbstständiges und verantwortungsbewusstes Arbeiten, MS-Office-Kenntnisse (WORD, EXCEL), Verhandlungsstärke, freundliche und gute Umgangsformen.

Aufgaben:
2.1 Bereiten Sie das Bewerbungsgespräch als Rollenspiel vor! Erstellen Sie die beiden Rollenkarten mit den wichtigsten Argumenten und Fragen in Gruppenarbeit!
2.2 Während zwei Gruppenmitglieder die beiden Rollen spielen, bildet der Rest der Klasse zwei neue Gruppen und füllt den folgenden Beobachtungsbogen – getrennt nach den beiden Rollen – aus!

Beobachtungsbogen für		
Gesprächseröffnung		
schafft eine angenehme Atmosphäre	ja ☐	nein ☐
bietet Gegenüber Platz an	ja ☐	nein ☐
Blickkontakt wird ermöglicht	ja ☐	nein ☐
nennt das Ziel des Gesprächs	ja ☐	nein ☐
strukturiert das Gespräch	ja ☐	nein ☐
Gesprächsverlauf		
verliert sein Ziel nicht aus den Augen	ja ☐	nein ☐
lässt den anderen zu Wort kommen	ja ☐	nein ☐
stellt offene Fragen	ja ☐	nein ☐
stellt geschlossene Fragen	ja ☐	nein ☐
hört gut zu	ja ☐	nein ☐
fasst Gesprächsergebnisse zusammen	ja ☐	nein ☐
Sprache/Körpersprache		
klar und verständlich	ja ☐	nein ☐
gut formuliert	ja ☐	nein ☐
angemessene Gestik	ja ☐	nein ☐
freundliche Mimik	ja ☐	nein ☐
wirkt nervös	ja ☐	nein ☐
Sonstige Beobachtungen		
....		

171 Ordnen Sie die folgenden Ablaufschritte eines Personaleinstellungsverfahrens in die richtige Reihenfolge, indem Sie die Schritte von 1. bis 7. sortieren!
- Stellenausschreibung mit Anforderungsprofil erstellen
- Bewerberprüfung mittels Assessment-Center und Vorstellungsgespräch
- Sichtung und vorläufige Analyse der eingegangenen Bewerbungsschreiben
- Auswahlentscheidung endgültig treffen
- Entscheidung über interne oder externe Personalbeschaffungswege
- Zusammenführung der Unterlagen in eine Personalakte
- Einstellungsgespräch über die inhaltliche Ausgestaltung des Arbeitsvertrags führen

5 Personalbeschaffung

172 1. Interpretieren Sie den nachfolgenden Profilabgleich (vgl. hierzu S. 379)!

Eignungsprofil							
Stelle	Personalentwicklungsreferent/in						
Bewerber/-in	*Susi Schmitz*						
Qualifikationen							
Ausbildung	wirtschafts-/sozialwissenschaftliches Studium	*Master in Business Administration*					
Fortbildung	Ausbildereignung	*vorhanden*					
Berufserfahrung	2 Jahre im Personalwesen	*nur Praktika im Personalwesen*					
		– –	–	±	+	++	
Fachliche	Planung und Organisation						
	Personalführung						
	Arbeitspsychologie						
	Betriebssoziologie						
	Arbeitsrecht						
Personale	Schöpferische Fähigkeit						
	Selbstmanagement						
Fachlich-methodische	Analytische Fähigkeiten						
	Beurteilungsvermögen						
Sozial-kommunikative	Problemlösungsfähigkeit						
	Sprachgewandtheit						
	Beziehungsmanagement						
	Teamfähigkeit						
Aktivitätsbezogene	Entscheidungsfähigkeit						
	Beharrlichkeit						
Kompetenzen							

Quelle: Bröckermann, Reiner: Personalwirtschaft, 4. Aufl., Stuttgart 2007, S. 154.

Legende:

——— durchgezogene Linie: Eignungsprofil

-------- gestrichelte Linie: Anforderungsprofil

2. Entscheiden Sie, ob die folgenden Fragen vom Bewerber in einem Vorstellungsgespräch beantwortet werden müssen! Begründen Sie Ihre Entscheidung!

2.1. Kevin Eller bewirbt sich um eine Stelle in der Buchhaltung bei einem Pflegedienst. Er wird danach gefragt, ob er wegen Unterschlagung oder Diebstahl vorbestraft ist.

2.2 Alina Gut bewirbt sich als Industriekauffrau bei der Merkle Medizinprodukte GmbH. Sie wird gefragt, ob sie Mitglied einer Gewerkschaft ist.

2.3 Der 18-jährige Leon Gesell bewirbt sich um eine Stelle als Koch. Er wird danach gefragt, über welche Fachkenntnisse er verfügt.

2.4 Eva Bartels bewirbt sich um eine Ausbildungsstelle als Kauffrau im Gesundheitswesen. Sie soll Auskunft darüber geben, ob sie schwanger ist.

2.5 Daniel Heine – bisher Sachbearbeiter in der Marketingabteilung – bewirbt sich um die frei werdende Stelle als Abteilungsleiter. Er wird gefragt, ob er einer Glaubensgemeinschaft angehört.

2.6 Sara Merz bewirbt sich um die Stelle einer Buchhalterin. Sie wird gefragt, an welchen Fortbildungskursen sie teilgenommen hat.

3. Aufgrund des starken Unternehmenswachstums muss das Hußmann Sanitätshaus e. K. die meisten Stellen mit externen Bewerbern besetzen.

Aufgabe:
Beschreiben Sie den möglichen Personalbeschaffungsvorgang!

5.4 Personaleinstellung

5.4.1 Begriff und Inhalt eines Arbeitsvertrags

(1) Begriff Arbeitsvertrag

- Ein **Arbeitsvertrag** liegt vor, wenn ein Arbeitnehmer in einem **Betrieb angestellt** ist, um nach **Weisungen des Arbeitgebers Leistungen gegen Entgelt** zu erbringen.
- Der Arbeitsvertrag kann **befristet** oder **unbefristet** sein.

Die Besonderheit des Arbeitsvertrags besteht darin, dass ein Arbeitnehmer **abhängige Arbeit** zu verrichten hat. Der Arbeitsvertrag ist eine **Sonderform des Dienstvertrags**.[1]

Nach dem Nachweisgesetz [NachwG] ist der Arbeitgeber verpflichtet, **spätestens einen Monat** nach dem vereinbarten Beginn des Arbeitsverhältnisses die **wesentlichen Vertragsbedingungen** schriftlich niederzulegen, die Niederschrift zu unterzeichnen und dem Arbeitnehmer auszuhändigen.

In dieser Niederschrift sind vor allem folgende Bedingungen aufzunehmen [§ 2 I NachwG]:

- Arbeitsvertragsparteien,
- Beginn des Arbeitsverhältnisses,
- bei befristeten Arbeitsverhältnissen die vorhersehbare Dauer des Arbeitsverhältnisses,
- Arbeitsort bzw. Arbeitsorte (z. B. bei Montagearbeiten),
- Bezeichnung oder allgemeine Beschreibung der vom Arbeitnehmer zu leistenden Tätigkeiten,
- Arbeitsentgelte (einschließlich Zuschläge, Prämien, Sonderzahlungen),
- vereinbarte Arbeitszeit,
- jährlicher Erholungsurlaub,
- Kündigungsfristen sowie
- Hinweise auf die auf das Arbeitsverhältnis anzuwendenden Tarifverträge, Betriebs- oder Dienstvereinbarungen.

---

1 Beim **Dienstvertrag** verpflichtet sich ein Vertragspartner zur Leistung der versprochenen Dienste, der andere Vertragspartner zur Zahlung der vereinbarten Vergütung. Es besteht lediglich die Verpflichtung zum „Tätigwerden", nicht jedoch ein bestimmter Erfolg.

Bei einer länger als einen Monat dauernden Auslandstätigkeit muss die Niederschrift weitere Angaben wie z. B. die Dauer der im Ausland auszuübenden Tätigkeiten und die vereinbarten Rückkehrbedingungen des Arbeitnehmers enthalten.

(2) Inhalt des Arbeitsvertrags

Arbeitgeber und Mitarbeiter sind grundsätzlich frei in ihrer inhaltlichen Ausgestaltung des Arbeitsvertrags. Wesentliche Inhalte des Arbeitsvertrags können sein:

Vertragsinhalte	Erläuterungen
Vertragsparteien	■ Arbeitgeber: Firma, Rechtsform, Sitz des Unternehmens. ■ Arbeitnehmer: Vor- und Zuname, Anschrift.
Vertragsbeginn	Genaues Datum für Beginn des Arbeitsverhältnisses.
Arbeitsort	In Unternehmen mit mehreren Standorten ist eine Vereinbarung über den Arbeitsort festzuhalten.
Probezeit	Zwischen Arbeitgeber und Arbeitnehmer kann eine Probezeit vereinbart werden. Diese darf nicht länger als sechs Monate andauern. Während dieser Probezeit kann das Arbeitsverhältnis mit einer Frist von zwei Wochen gekündigt werden [§ 622 III BGB].
Tätigkeitsbezeichnung/ -beschreibung	Möglichst genaue Bezeichnung, z. B. Einkäufer. Schlecht sind vage Bezeichnungen wie z. B. Kaufmann oder Mitarbeiter. Ergänzt werden muss die Tätigkeitsbezeichnung mit den damit verbundenen Vollmachten.
Dauer	Notwendig bei befristeten Arbeitsverhältnissen.
Arbeitszeit	■ Die regelmäßige Arbeitszeit ergibt sich aus dem Tarifvertrag, ersatzweise aus dem Arbeitszeitgesetz. ■ Abweichend hiervon kann die Arbeitszeit auch individuell vereinbart werden.
Urlaub	Mindestanspruch lt. Bundesurlaubsgesetz sind 24 Werktage pro Jahr, nach einer Wartezeit von 6 Monaten.
Arbeitsentgelt	Angaben über die Entgeltform, Höhe, Steigerung. Fälligkeit und Auszahlungsweise. Sozialleistungen wie Beiträge zur Vermögensbildung, Altersversorgung, Geschäftswagen u. Ä. sind ebenfalls festzuhalten.
Arbeitsverhinderung	Hier werden die Folgen einer unverschuldeten Arbeitsverhinderung und die Nachweispflicht bei Erkrankungen geregelt.
Kündigungsfrist	Sie kann frei vereinbart werden, sofern die gesetzlichen Kündigungsfristen [§ 622 BGB] bzw. weitere Vorschriften des Tarifvertrags beachtet werden.

Die Inhalte des Arbeitsvertrags müssen sich an dem für die Branche gültigen **Tarifvertrag** ausrichten. Die im Tarifvertrag getroffenen Vereinbarungen dürfen im Arbeitsvertrag nicht verschlechtert, wohl aber verbessert werden. Gleiches gilt für die zwischen dem Arbeitgeber und dem Betriebsrat getroffene **Betriebsvereinbarung**. Zudem darf der Inhalt des Arbeitsvertrags nicht den **Regelungen des Arbeits- und Sozialrechts** widersprechen.

Beispiel für einen unbefristeten Arbeitsvertrag:

Zwischen der Firma *Sanitätshaus Pelz GmbH, Bismarckplatz 10, 31135 Hildesheim* im Folgenden Arbeitgeber
und Herrn *Sven Schulz, Tannenweg 12, 31137 Hildesheim* im Folgenden Arbeitnehmer
wird nachfolgender – **Arbeitsvertrag** – vereinbart:

§ 1 Beginn des Arbeitsverhältnisses/Tätigkeit

Der Arbeitnehmer wird ab *01. 07. 20..* als *Sachbearbeiter im Einkauf* eingestellt.

§ 2 Befristung/Beendigung des Arbeitsverhältnisses

Das Arbeitsverhältnis ist unbefristet.

Als Probezeit werden *3 Monate* vereinbart. Während dieser Zeit kann das Arbeitsverhältnis unter Einhaltung einer Frist von zwei Wochen gekündigt werden.

§ 3 Arbeitszeit

Die regelmäßige Arbeitszeit richtet sich nach der betriebsüblichen Zeit. Sie beträgt derzeit *38,5* Stunden in der Woche ohne die Berücksichtigung von Pausen.

Es gilt die Gleitzeitvereinbarung vom 01. 03. 20.. mit einer vereinbarten Kernarbeitszeit von *09:00 Uhr* bis *11:30 Uhr* und von *14:00 Uhr* bis *15:30 Uhr*.

Der Arbeitnehmer erklärt sich bereit, im Falle betrieblicher Notwendigkeit bis zu *2* Überstunden pro Woche zu leisten.

§ 4 Vergütung

Der Arbeitnehmer erhält eine monatliche Bruttovergütung von *2 865,50 EUR*. Die Vergütung ist jeweils am Monatsende fällig und wird auf das Konto des Arbeitnehmers bei der *Volksbank Hildesheim, BIC GENODEF1HIH, IBAN DE79 2599 0011 0005 2896 42* angewiesen.

§ 5 Urlaub

Der Arbeitnehmer hat Anspruch auf *30* Arbeitstage Urlaub. Die Lage des Urlaubs ist mit dem Arbeitgeber abzustimmen.

§ 6 Arbeitsverhinderung

Im Falle einer krankheitsbedingten oder aus sonstigen Gründen veranlassten Arbeitsverhinderung hat der Arbeitnehmer den Arbeitgeber unverzüglich zu informieren. Bei Arbeitsunfähigkeit infolge Erkrankung ist dem Arbeitgeber innerhalb von drei Tagen ab Beginn der Arbeitsunfähigkeit eine ärztliche Bescheinigung über die Dauer der voraussichtlichen Arbeitsunfähigkeit vorzulegen.

§ 7 Verschwiegenheitspflicht

Der Arbeitnehmer wird über alle betrieblichen Angelegenheiten, die ihm im Rahmen oder aus Anlass seiner Tätigkeit beim Arbeitgeber bekannt geworden sind, auch nach seinem Ausscheiden Stillschweigen bewahren.

§ 8 Nebenbeschäftigung

Während der Dauer der Beschäftigung ist jede entgeltliche oder unentgeltliche Tätigkeit, die die Arbeitsleistung des Arbeitnehmers beeinträchtigen könnte, untersagt. Der Arbeitnehmer verpflichtet sich, vor jeder Aufnahme einer Nebenbeschäftigung den Arbeitgeber zu informieren.

§ 9 Ausschlussklausel/Zeugnis

Ansprüche aus dem Arbeitsverhältnis müssen von beiden Vertragsteilen spätestens innerhalb eines Monats nach Beendigung schriftlich geltend gemacht werden. Andernfalls sind sie verwirkt.

Bei Beendigung des Arbeitsvertrags erhält der Arbeitnehmer ein Zeugnis, aus dem sich Art und Dauer der Beschäftigung sowie, falls gewünscht, eine Beurteilung von Führung und Leistung ergeben.

Hildesheim, den 8. Mai 20..   *Hildesheim, den 8. Mai 20..*
(Ort, Datum)   (Ort, Datum)

i. A. Kellermann   *Sven Schulz*
(Arbeitgeber)   (Arbeitnehmer)

(3) Rechte und Pflichten aus dem Arbeitsvertrag

Pflichten des Arbeitgebers (Rechte des Arbeitnehmers)	Pflichten des Arbeitnehmers (Rechte des Arbeitgebers)
■ **Zahlung der vereinbarten Vergütung.** ■ **Fürsorgepflicht:** Arbeitsbedingungen sind so zu gestalten, dass sie der Gesundheit der Beschäftigten nicht schaden. Der kaufmännische Angestellte ist zur Sozialversicherung anzumelden, die Beiträge dafür sind einzubehalten und an den Sozialversicherungsträger abzuführen. ■ **Informations- und Anhörungspflicht:** Der Angestellte hat z. B. das Recht, Einsicht in die Personalakte zu nehmen, sich bei ungerechter Behandlung zu beschweren, Verbesserungsvorschläge zu unterbreiten und Auskunft über die Zusammensetzung des Gehalts zu verlangen. ■ **Pflicht zur Ausstellung eines Zeugnisses:** Bei Beendigung des Arbeitsverhältnisses ist ein schriftliches Zeugnis auszustellen. Auf Verlangen des Angestellten muss ein qualifiziertes Zeugnis erteilt werden. ■ **Pflicht zur Urlaubsgewährung und Zahlung von Urlaubsentgelt:** Der Urlaub beträgt jährlich mindestens 24 Werktage. ■ **Entgeltfortzahlung an gesetzlichen Feiertagen** und im **unverschuldeten Krankheitsfall** bis zu sechs Wochen.	■ **Dienstleistungspflicht:** Die im Arbeitsvertrag übernommenen Arbeitsaufgaben sind ordnungsgemäß durchzuführen. ■ **Pflicht zur Verschwiegenheit.** ■ **Pflicht zur Einhaltung des gesetzlichen Wettbewerbsverbots:** Ohne Einwilligung des Arbeitgebers darf der Angestellte kein eigenes Handelsgewerbe betreiben und/oder im Geschäftszweig des Arbeitgebers Geschäfte auf eigene oder fremde Rechnung machen. ■ **Pflicht den Anordnungen des Arbeitgebers Folge zu leisten.** ■ **Haftpflicht** bei grob fahrlässig oder vorsätzlich verursachten Schäden. ■ **Pflicht zur unverzüglichen Anzeige der Arbeitsunfähigkeit** (dauert die Arbeitsunfähigkeit länger als drei Kalendertage, muss ein ärztliches Attest vorgelegt werden). Die Arbeitgeber können bereits ab dem ersten Tag der Arbeitsunfähigkeit eine ärztliche Bescheinigung verlangen.

(4) Befristeter Arbeitsvertrag

■ **Begriff befristeter Arbeitsvertrag**

> Ein **befristeter Arbeitsvertrag** ist ein **auf Zeit** oder mit einem **bestimmten Zweck** geschlossenes Arbeitsverhältnis.

Befristete Arbeitsverträge bedürfen der Schriftform [§ 14 IV TzBfG]. Sie müssen den Grund für die Befristung enthalten. Dieser kann **zeitbezogen** (z. B. Laufzeit 6 Monate) oder **zweckbezogen** (z. B. Abschluss eines Projekts) sein.

■ **Zulässigkeit der Befristung**

Die **Befristung eines Arbeitsvertrags** ist **zulässig,** wenn sie durch einen **sachlichen Grund gerechtfertigt** ist. Ein sachlicher Grund liegt z. B. vor, wenn

- der betriebliche Bedarf an Arbeitsleistung nur vorübergehend besteht,
- der Arbeitnehmer zur Vertretung eines anderen Arbeitnehmers beschäftigt wird oder
- die Befristung zur Erprobung erfolgt.

Liegt **kein sachlicher Grund** für die kalendermäßige Befristung eines Arbeitsvertrags vor, so ist die Befristung **bis zur Dauer von 2 Jahren** zulässig.

■ Diskriminierungsverbot

Für befristet beschäftigte Arbeitnehmer gilt ein Diskriminierungsverbot, d. h., sie dürfen nicht ohne sachlichen Grund schlechter gestellt werden als ihre unbefristet beschäftigten Kollegen. Das besagt, dass der befristet beschäftigte Arbeitnehmer in der Regel Anspruch auf ein Arbeitsengelt hat, das dem entspricht, was der unbefristet beschäftigte Arbeitnehmer für den gleichen Zeitraum erhalten würde.

■ Ende des befristeten Arbeitsvertrags

- Ein **kalendermäßig befristeter Arbeitsvertrag** endet mit **Ablauf der vereinbarten Zeit**.
- Ein **zweckbefristeter Arbeitsvertrag** endet mit **Erreichen des Zwecks**, frühestens jedoch 2 Wochen nach Zugang der schriftlichen Unterrichtung des Arbeitnehmers durch den Arbeitgeber über den Zeitpunkt der Zweckerreichung.

(5) Gesetzlicher Mindestlohn und Pflegemindestlohn

In Deutschland gilt nach dem Mindestlohngesetz [MiLoG] ein **gesetzlicher Mindestlohn**. Er beträgt brutto 9,50 EUR je Zeitstunde und steigt bis 1. Juni 2022 auf 10,45 EUR. Der gesetzliche Mindestlohn darf weder im Einzelarbeitsvertrag (Individualarbeitsvertrag) noch im Tarifvertrag (Kollektivarbeitsvertrag) unterschritten werden.

Über dem gesetzlichen Mindestlohn liegt der **Pflegemindestlohn**. Er ist in der Pflegearbeitsverdingungsverordnung[1] geregelt, regional differenziert nach Ost und West sowie zeitlich gestaffelt für die Jahre 2021 und 2022. Die Spanne reicht von 11,50 EUR brutto je Stunde ab 1. April 2021 für ungelernte Pflegekräfte in den östlichen Bundesländern bis zu 15,40 EUR brutto je Stunde ab 1. April 2022 für Pflegefachkräfte. Ab dem Jahr 2022 entfällt die regionale Differenzierung nach Ost und West. Die Mindestlöhne gelten für alle ambulanten und stationären Pflegebetriebe, nicht jedoch für Privathaushalte als Arbeitgeber.

Der persönliche Geltungsbereich betrifft die Beschäftigten mit pflegerischen und betreuenden Tätigkeiten. Beschäftigte, die typischerweise keine pflegerischen Tätigkeiten ausüben (z. B. Verwaltung, Haustechnik, Hauswirtschaft, Gebäudereinigung, Wäscherei) werden nicht vom Pflegemindestlohn erfasst. Mit dem über dem gesetzlichen Mindestlohn liegenden Pflegemindestlohn unterstreicht die Bundesregierung die Bedeutung der Pflege als wichtige gesamtgesellschaftliche Aufgabe.

---

[1] Vierte Verordnung über zwingende Arbeitsbedingungen für die Pflegebranche [Vierte Pflegearbeitsbedingungenverordnung – 4. PflegeArbbV].

5.4.2 Anmeldung der Mitarbeiter beim Sozialversicherungsträger und beim Finanzamt

Arbeitgeber, die einen neuen Mitarbeiter einstellen, sind verpflichtet, die **Anmeldung zur Sozialversicherung** vorzunehmen. Außerdem müssen die abzuführenden **Sozialabgaben der Arbeitnehmer** für die Kranken-, Pflege-, Renten- und Arbeitslosenversicherung berechnet und überwiesen werden. Dafür benötigt die Personalabteilung die Sozialversicherungsnummer und die Mitgliedsbescheinigung der Krankenkasse des Mitarbeiters. Die Krankenkasse ist dabei die zentrale Melde- und Verteilerstelle für alle Sozialversicherungsbeiträge.

Mithilfe der **Steueridentifikationsnummer** wird der Mitarbeiter beim zuständigen Finanzamt angemeldet, an das die Lohnsteuer abgeführt werden muss.

5.4.3 Anlegen von Personalakten

Voraussetzung für eine zielgenaue Planung des Personalbestands und eines optimalen Einsatzes der Mitarbeiter ist die genaue Erfassung und Aufbereitung der Personaldaten. Alle Unterlagen, die für die Person und das Arbeitsverhältnis des Mitarbeiters von Bedeutung sind, werden in einer Personalakte gesammelt und aufbewahrt. Eine Ausnahme bilden lediglich die Entlohnungsunterlagen, die in der Gehalts- und Lohnabrechnung aufzubewahren sind (Grundsatz ordnungsmäßiger Buchführung). Gesetzlich ist der Arbeitgeber zur Führung von Personalakten nicht verpflichtet.

Die Personalakte wird von der Personalverwaltung in der Regel in verschiedene Sachgebiete gegliedert. Folgende Gliederung könnte z. B. gewählt werden:

Arten der Gliederung	Beispiele
Angaben zur Person	Personalien, Schul- und Arbeitszeugnisse, ärztliches Zeugnis, evtl. polizeiliches Führungszeugnis, persönliche Veränderungen, z. B. Heirat, Kinder.
Vertragliche Vereinbarungen	Arbeitsvertrag, zusätzliche Vereinbarungen zum Arbeitsvertrag, z. B. Konkurrenzklausel, Änderung der Bezüge oder der Tätigkeiten.
Tätigkeit	Versetzung, Beförderungen, Abordnungen, Verwarnungen, Abmahnungen, Beurteilungen, Fortbildungen.
Bezüge	Grund- und Zusatzentgelt, Vorschüsse, Arbeitgeberdarlehen, Lohnsteuer, Sozialversicherung.
Abwesenheiten	Urlaub, Krankheitsnachweise.
Schriftverkehr	Mit der Agentur für Arbeit, den Sozialversicherungsträgern.

Neben der Personalakte empfiehlt sich die Einrichtung einer Personaldatei, die die wesentlichen persönlichen Daten sowie alle statistischen Informationen über den Mitarbeiter erfasst.

Der Arbeitnehmer hat das **Recht**, die über ihn geführten **Akten einzusehen** [§ 83 I BetrVG]. Auf Unterlagen, die der Vorbereitung einer Beurteilung oder Unternehmensentscheidung dienen, und Unterlagen, die Aussagen über andere Mitarbeiter enthalten (z. B. Gehaltsgegenüberstellungen), besteht kein Anspruch auf Einsicht.

Kompetenztraining

173 1. Die Kauffrau im Gesundheitswesen Ella Möller stellt sich beim Personalchef der Klinik am Rosenhof GmbH vor. Dieser sagt ihr, dass sie am 15. des folgenden Monats ihre Arbeit als Sachbearbeiterin im Rechnungswesen beginnen könne. Ella Möller sagt zu. Schriftlich wird nichts vereinbart.

Aufgabe:

Erläutern Sie die Rechtslage!

2. Nennen Sie zwei Rechte, die sich aus dem Arbeitsvertrag für den Arbeitnehmer ergeben!

3. Erläutern Sie, welche Bedeutung der Lohn- und Gehaltstarifvertrag beim Abschluss eines Arbeitsvertrags hat!

174 1. Nach erfolgreicher Beendigung der Ausbildung wird ein Arbeitsvertrag geschlossen. Die Entgeltzahlung erfolgt nach **Tarifvertrag**. Außerdem wird eine **Betriebsvereinbarung** ausgehändigt.

Aufgaben:

1.1 Erläutern Sie die **fett** gedruckten Begriffe!

1.2 Beschreiben Sie je zwei Pflichten des Arbeitnehmers und des Arbeitgebers, die sich aus einem Arbeitsvertrag ergeben!

1.3 Nennen Sie die Vertragspartner beim
  1.3.1 Arbeitsvertrag,
  1.3.2 Tarifvertrag!

2. 2.1 Erläutern Sie die Voraussetzungen für einen befristeten Arbeitsvertrag!

  2.2 Nennen Sie drei Fälle, in denen die Befristung des Arbeitsvertrags gesetzlich zulässig ist (lesen Sie hierzu § 14 I TzBfG)!

  2.3 Erklären Sie, warum der Gesetzgeber für befristet beschäftigte Arbeitnehmer ein Diskriminierungsverbot festgelegt hat!

  2.4 Geben Sie den Zeitpunkt an, an dem ein befristeter Arbeitsvertrag endet!

175 Die Kramer GmbH möchte ihr Angebot erweitern und sucht daher neue Mitarbeiter. Die Kramer GmbH ist Mitglied im Arbeitgeberverband.

Aufgaben:

1. Notieren Sie, in welchem Gesetz bzw. Vertrag sich die Kramer GmbH über die Höhe der Gehälter der neuen Mitarbeiter informieren kann!
  1.1 Im entsprechenden Manteltarifvertrag ihres Tarifgebiets.
  1.2 Im Handelsgesetzbuch [HGB].
  1.3 Im Bürgerlichen Gesetzbuch [BGB].
  1.4 Im entsprechenden Lohn- und Gehaltstarifvertrag ihres Tarifgebiets.

2. Erläutern Sie, welche Bedeutung der Lohn- und Gehaltstarifvertrag beim Abschluss eines Arbeitsvertrags hat!

3. Erläutern Sie den Pflegemindestlohn im Verhältnis zum gesetzlichen Mindestlohn! Arbeiten Sie dabei schwerpunktmäßig die Unterschiede der beiden Rechtsvorschriften heraus!

5.5 Betriebliche Vollmachten

5.5.1 Delegation und Vollmacht

Obwohl der Geschäftsleitung das Recht zusteht, alle Entscheidungen, die in einem Unternehmen anfallen, selbst zu treffen, delegiert sie aus Gründen der Arbeitsüberlastung und/oder aus Gründen der Zweckmäßigkeit Aufgaben und Zuständigkeiten an Mitarbeiter.

> Die **Delegation** regelt das Abgeben von Aufgaben und Zuständigkeiten an nachgeordnete Abteilungen und Stellen.

Damit der Mitarbeiter berechtigt ist, die ihm übertragene Aufgabe für das Unternehmen erfüllen zu können, benötigt er eine Vollmacht.

> Eine **betriebliche Vollmacht (Vertretungsvollmacht)** ist das Recht, **im Namen und für Rechnung des Unternehmens** (Arbeitgebers) **verbindlich Willenserklärungen** abzugeben.

Die betriebliche Vollmacht bedarf **keiner bestimmten Form**. Sie kann in einer Stellenbeschreibung festgelegt sein oder mündlich erteilt werden. Sie wirkt sich nur auf das Unternehmen und seine Mitarbeiter aus und ist daher lediglich im **Innenverhältnis wirksam**.

5.5.2 Gesetzlich geregelte Vollmachten

Die Vollmacht, Rechtsgeschäfte, insbesondere Verträge mit Außenstehenden, abzuschließen, also Waren zu kaufen und zu verkaufen, Arbeitsverträge einzugehen, Kündigungen auszusprechen, Geschäftsräume zu mieten, betreffen das **Außenverhältnis**.

Das Gesetz [HGB] regelt zwei Formen der Vollmacht:

- die **Prokura** und
- die **Handlungsvollmacht**.

5.5.2.1 Prokura

(1) Umfang der Prokura

Wenn es für die Organisation des Unternehmens notwendig ist, dass auch bei Abwesenheit des Unternehmers volle Handlungsfähigkeit in außergewöhnlichen Situationen besteht, wird einem Mitarbeiter Prokura erteilt.

> Die **Prokura** ermächtigt zu allen Arten von **gerichtlichen und außergerichtlichen Geschäften** und Rechtshandlungen, die der Betrieb **irgendeines Handelsgewerbes** mit sich bringt [§ 49 HGB].

(2) Erteilung der Prokura

Die Prokura muss vom Unternehmer bzw. Geschäftsführer, Vorstand oder seinem gesetzlichen Vertreter **ausdrücklich** erteilt und in das **Handelsregister eingetragen** werden.

(3) Einschränkungen der Prokura

Prokuristen sind z. B. folgende gesetzliche Einschränkungen auferlegt: Sie dürfen für den Vollmachtgeber

- keine Grundstücke belasten,
- keine Grundstücke verkaufen,[1]
- keine Prokura erteilen,
- keine Gesellschafter aufnehmen,
- keine Bilanz und keine Steuererklärungen unterschreiben,
- keinen Eid für das Unternehmen leisten,
- die Firma nicht ändern oder löschen lassen,
- keine Eintragungen ins Handelsregister anmelden sowie
- keine Geschäfte vornehmen, die darauf abgestellt sind, den Betrieb einzustellen (z. B. Verkauf des Unternehmens, Insolvenzantrag stellen).

(4) Unterschrift des Prokuristen

Der Prokurist unterschreibt mit dem Zusatz **„ppa."** (**p**er **p**ro**c**ur**a**).

5.5.2.2 Handlungsvollmacht

(1) Umfang und Erteilung der Handlungsvollmacht

Für Abteilungsleiter oder Gruppenleiter ist es erforderlich, alle gewöhnlichen Rechtsgeschäfte in üblichem Umfang selbstständig durchführen zu können. Sie erhalten meist eine **allgemeine Handlungsvollmacht** [§ 54 HGB], die an keine bestimmte Form gebunden ist, also auch stillschweigend erfolgen kann. Sie wird nicht ins Handelsregister eingetragen.

> Die **allgemeine Handlungsvollmacht** erstreckt sich auf alle Geschäfte und Rechtshandlungen, die der Betrieb eines **bestimmten Handelsgewerbes gewöhnlich** mit sich bringt [§ 54 HGB].

(2) Einschränkungen der Handlungsvollmacht

Personen mit allgemeiner Handlungsvollmacht sind alle Rechtsgeschäfte verboten, die auch den Prokuristen verboten sind. Weitere Einschränkungen sind z. B.

- keine Grundstücke kaufen,
- keine Prozesse für das Unternehmen führen,
- keine Darlehen aufnehmen,
- keine allgemeine Handlungsvollmacht erteilen und übertragen sowie
- keine Bürgschaften eingehen,

es sei denn, der Handlungsbevollmächtigte erhält für die Vornahme derartiger Rechtsgeschäfte eine **besondere Vollmacht (Spezialvollmacht)**.

---

[1] Grundstücke können Prokuristen im Rahmen ihrer Vollmacht ohne Weiteres kaufen. Zur Veräußerung und Belastung von Grundstücken sind sie jedoch nur ermächtigt, wenn ihnen diese Befugnis vom Geschäftsinhaber besonders erteilt ist [§ 49 II HGB].

(3) Arten der Handlungsvollmacht

Arten der Handlungsvollmacht	Erläuterungen	Beispiele
Einzelvollmacht (Spezialvollmacht)	Sie liegt vor, wenn eine Person zur Vornahme eines **einzelnen (einmaligen) Rechtsgeschäfts** bevollmächtigt wird. Die Einzelvollmacht erlischt unmittelbar nach der Vornahme des einzelnen Rechtsgeschäfts.	■ Eine Angestellte erhält die Vollmacht, ein Grundstück zu veräußern. ■ Eine Auszubildende erhält den Auftrag, Briefmarken zu kaufen.
Artvollmacht	Sie berechtigt zur Vornahme einer bestimmten immer **wiederkehrenden Art von Rechtsgeschäften**. Artbevollmächtigte können somit Rechtsgeschäfte gleicher Art im Namen und für Rechnung des Kaufmanns rechtswirksam dauerhaft abschließen.	Zu den Artbevollmächtigten gehören Einkäufer, Verkäufer, Kassierer, Buchhalter (Unterschreiben von Überweisungen, Lastschriften usw.) und Reisende.

(4) Unterschrift des Handlungsbevollmächtigten

Inhaber der allgemeinen Handlungsvollmacht bzw. einer Einzel- und Artvollmacht unterschreiben mit dem Zusatz „**i. V.**" (**i**n **V**ollmacht) oder „**i. A.**" (**i**m **A**uftrag).

5.5.3 Zusammenhang zwischen Vollmachten und Organisationsaufbau

Der Umfang der Vollmachten steht in direktem Zusammenhang mit dem organisatorischen Aufbau des Unternehmens.

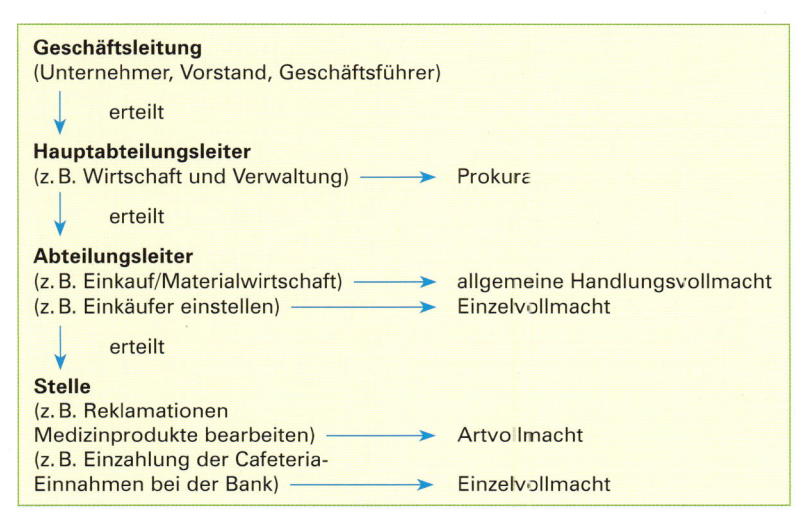

Geschäftsleitung
(Unternehmer, Vorstand, Geschäftsführer)
↓ erteilt
Hauptabteilungsleiter
(z. B. Wirtschaft und Verwaltung) ⟶ Prokura
↓ erteilt
Abteilungsleiter
(z. B. Einkauf/Materialwirtschaft) ⟶ allgemeine Handlungsvollmacht
(z. B. Einkäufer einstellen) ⟶ Einzelvollmacht
↓ erteilt
Stelle
(z. B. Reklamationen
Medizinprodukte bearbeiten) ⟶ Artvollmacht
(z. B. Einzahlung der Cafeteria-
Einnahmen bei der Bank) ⟶ Einzelvollmacht

Kompetenztraining

176

1. Laut Stellenbeschreibung darf der Prokurist Hanno Heger Kredite nur in Absprache mit dem Geschäftsführer aufnehmen. In Abwesenheit des Chefs beantragt der Prokurist bei der Volksbank die Erhöhung des Kontokorrentkredits um 50 000,00 EUR, die auch genehmigt wird. Hanno Heger nimmt die 50 000,00 EUR sofort in Anspruch, um einen neuen Personentransporter zu kaufen. Mit dem Chef ist diese Maßnahme nicht abgesprochen.

    Aufgaben:
    1.1 Prüfen Sie aus rechtlicher Sicht, ob das Unternehmen an den vom Prokuristen geschlossenen Kreditvertrag mit der Volksbank gebunden ist!
    1.2 Erläutern Sie, welche rechtlich begründeten Einwände der Unternehmer gegen das Verhalten des Prokuristen vorbringen kann!
    1.3 Stellen Sie dar, welche Konsequenzen der Unternehmer ziehen kann!

2. Der Geschäftsführer des Sanitätshauses Fritz Krause GmbH will seiner Angestellten Monika Heuer und seinem Angestellten Leander Schmitt Prokura erteilen.

    Aufgaben:
    2.1 Fritz Krause entschließt sich, Monika Heuer Prokura zu erteilen. Nennen Sie zwei Rechtshandlungen, die Monika Heuer aufgrund gesetzlicher Regelungen nicht vornehmen darf!
    2.2 Bei der Erteilung der Prokura vereinbart der Unternehmer mit Monika Heuer, dass sie zum Abschluss von Geschäften über 30 000,00 EUR nicht berechtigt ist.
    Erläutern Sie, welche Bedeutung eine solche Vereinbarung im Innenverhältnis sowie im Außenverhältnis hat!
    2.3 Der Angestellte Thorben Ehrler unterschreibt mit dem Zusatz „i. A.", die Angestellte Rosi Berg mit dem Zusatz „i. V.".
    Erläutern Sie, auf welche unterschiedlichen Arten von Vollmachten die Zusätze hinweisen könnten!

3. Nennen Sie die Vollmachten, die in folgenden Fällen angesprochen sind!
    3.1 Der Leiter des Rechnungswesens soll für das Unternehmen die Verhandlungen über den Erwerb eines Grundstücks führen und zum Abschluss bringen.
    3.2 Frau Schneider, die seit Jahren die Abteilung Marketing leitet, soll eine Vollmacht erhalten, die sie berechtigt, alle Geschäfts- und Rechtshandlungen vorzunehmen, die in diesem Unternehmen gewöhnlich vorkommen.
    3.3 Für die Verwaltung soll ein Auszubildender eingestellt werden.
    3.4 Dr. Melanie Müller und Stefan Schäfer sind ermächtigt, die Klinik am Rosenhof GmbH gemeinsam in allen Arten von gerichtlichen und außergerichtlichen Geschäften und Rechtshandlungen, die der Betrieb eines Handelsgewerbes mit sich bringt, zu vertreten.

6 Personaleinsatz

Planung und Durchführung der Personalbeschaffung			Verwaltung der Beschäftigten				Personal-controlling
Personal-bedarf planen	Personal-beschaffung planen	Personal beschaffen	**Personal einsetzen**	Personal qualifizieren und beurteilen	Personal entlohnen	Personal freisetzen	Personal steuern

6.1 Personaleinsatzplan

(1) Begriff Personaleinsatzplanung

Die Personaleinsatzplanung hat die Aufgabe, die verfügbaren Mitarbeiter so einzusetzen, dass für alle anfallenden Aufgaben im Unternehmen jeweils genügend qualifiziertes Personal zur Verfügung steht.

Bei der Anpassung der Mitarbeiterzahl hat die Personaleinsatzplanung die Arbeitszeit, die vorhersehbaren Fehlzeiten (z. B. Urlaub, Freizeitausgleich, Berufsschultage der Auszubildenden, Beschäftigungsverbot während des Mutterschutzes, Krankheit, Fortbildung) sowie die Qualifikation der Mitarbeiter zu berücksichtigen.

> Durch die **Personaleinsatzplanung** wird der **Personalbestand** und die **Personalqualifikation** dem jeweiligen Arbeitsanfall angepasst.

Umgesetzt wird die Personaleinsatzplanung durch den **Personaleinsatzplan**.

(2) Aufbau des Personaleinsatzplans

Durch den Personaleinsatzplan wird festgelegt, an welchem Tag und zu welchen Arbeitszeiten die einzelnen Mitarbeiter eingesetzt werden. Der Personaleinsatzplan enthält folgende Angaben:

- die **Namen** der Mitarbeiter,
- die **Wochentage** des Einsatzes,
- die **Wochenarbeitszeit** der einzelnen Mitarbeiter,
- die vorhersehbaren **Fehlzeiten**.

(3) Erfassung der Arbeits- und Abwesenheitszeit durch den Arbeitgeber

Der Arbeitgeber ist verpflichtet, die über die werktägliche Arbeitszeit von 8 Stunden hinausgehende Arbeitszeit aufzuzeichnen und ein Verzeichnis der Arbeitnehmer zu führen, die in eine Verlängerung der Arbeitszeit eingewilligt haben.

Üblicherweise wird die tatsächlich geleistete Arbeitszeit der Mitarbeiter aber vonseiten des Arbeitgebers durch ein Zeiterfassungssystem (z. B. einfache Stempeluhr, Zeiterfassung am PC, Zutrittskontrolle des Unternehmens mit gleichzeitiger Zeiterfassung, mobile Zeiterfassung) erfasst.

Personalwirtschaftliche Aufgaben wahrnehmen

Beispiel:

Einfache Erfassungsmöglichkeit von Arbeits- und Abwesenheitszeiten

Arbeitszeit- und Abwesenheitszeiten Januar 20..

Name	Di 1	Mi 2	Do 3	Fr 4	Sa 5	So 6	Mo 7	Di 8	Mi 9	Do 10	Fr 11	Sa 12	So 13	Mo 14	Di 15	Mi 16	Do 17	Fr 18	Sa 19	So 20	Mo 21	Di 22	Mi 23	Do 24	Fr 25	Sa 26	So 27	Mo 28	Di 29	Mi 30	Do 31
Bast, Arno	U	U	U	U				U	U																						
Beier, Pia																															
Blank, Ella	A	A	A	A																			D								
Bremer, Lutz	A	A	A	A										K	K																
Burg, Lea					F	F	F																								
Punkte																															

Urlaub   Krankheit[1]   Fortbildung   Dienstreise   Arbeitsunfall

6.2 Flexible Arbeitszeiten

(1) Begriff Flexibilisierung der Arbeitszeit

> Die **Flexibilisierung**[2] **der Arbeitszeit** ist eine Entkopplung der Arbeitszeiten der Mitarbeiter von der Betriebszeit.

(2) Überblick über Arbeitszeitmodelle

Flexibilisierung der Tagesarbeitszeit	<ul><li>**Gleitarbeitszeit** mit festen Kernstunden.</li><li>**Vertrauensarbeitszeit.** Die Mitarbeiter legen ihre Arbeitszeit (teilweise auch den Arbeitsort) eigenverantwortlich fest, um Aufgaben zu erfüllen und gegebene Ziele zu erreichen. Dieses Modell eignet sich besonders für Arbeiten im Projektbereich.</li><li>**Staffelarbeitszeit.** Den Mitarbeitern werden mehrere festgelegte Normalarbeitszeiten zur Wahl angeboten, z. B. entweder 09:00 Uhr bis 18:00 Uhr oder 10:00 Uhr bis 19:00 Uhr.</li><li>**Teilzeitarbeit** gibt es in verschiedenen Arten, z. B. als Halbtagsarbeit.</li><li>**Jobsharing** ist ein Arbeitszeitmodell, bei dem sich Mitarbeiter innerhalb einer vorgegebenen Arbeitszeit ihre individuelle Arbeitszeit in vom Arbeitgeber vorgegebenen Grenzen selbst einteilen.</li><li>**Individuelle Arbeitszeitverkürzung** oder **-verlängerung** mit oder ohne Lohnausgleich.</li></ul>

---

1 Geplante Operation.
2 **Flexibel:** beweglich, anpassungsfähig.

Flexibilisierung der Wochenarbeitszeit	■ **Teilzeitarbeit** (z. B. 3 oder 4 Tage je Woche). ■ **Rollierendes[1] Arbeitszeitsystem.** Die Arbeitnehmer haben z. B. einen rollierenden freien Tag pro Arbeitswoche. Der freie Tag verschiebt sich wöchentlich entweder vorwärts oder rückwärts. ■ **Sonntags- und Feiertagsarbeit** mit Ruhetagen.
Flexibilisierung der Jahresarbeitszeit	■ **Sonderurlaub für Wochen oder Monate.** Diese sogenannten Sabbaticals[2] sind i. d. R. unbezahlte Urlaube. ■ **Saisonarbeit.** Diese kommt z. B. in Gärtnereien vor. ■ **Festlegung einer Gesamtjahresarbeitszeit mit variabler Verteilung auf Tage, Wochen und Monate.** Der Mitarbeiter hat ein „Arbeitszeitkonto", das nach Bedarf des Unternehmens oder nach den Bedürfnissen des Mitarbeiters mit wechselnden Tages-, Wochen- und/oder Monatsstunden „abgearbeitet" werden kann. ■ **Jährlicher Ausgleich der Mehrarbeit durch Verlängerung des Erholungsurlaubs.**
Flexibilisierung der Lebensarbeitszeit	■ **Frühverrentung.** ■ **Gleitender Übergang in den Ruhestand** durch eine ein- oder mehrstufige Verkürzung der Arbeitszeit (Teilzeitarbeit).
Schichtarbeit	Bei der Schichtarbeit wird die betriebliche Arbeitszeit auf Schichten aufgeteilt. Die einzelnen Schichten überlappen sich geringfügig, damit die Mitarbeiter Übergabegespräche führen können. Bei einem teilkontinuierlichen[3] Schichtbetrieb gibt es ■ das Zwei-Schichtsystem (z. B. Früh- und Spätschicht) und ■ das Drei-Schichtsystem (z. B. Früh-, Spät- und Nachtschicht). Für einen vollkontinuierlichen[4] Schichtbetrieb ist ein Vier- oder Fünf-Schichtsystem notwendig, damit die Mitarbeiter nicht mehr als 8 Stunden am Tag arbeiten.

6.3 Dienstplangestaltung bei durchlaufenden Betriebszeiten

(1) Ausgangslage

In der Verwaltung einer Gesundheitseinrichtung wird es betriebsbedingt möglich sein, montags bis donnerstags von 07:30 Uhr bis 16:00 Uhr zu arbeiten und am Freitag bereits um 15:00 Uhr Feierabend zu machen. Starre Arbeitszeiten sind allerdings für Beschäftigte mit einem direkten Gesundheitsdienst am Menschen häufig nicht möglich.

Die Betriebszeiten von vielen Gesundheitseinrichtungen gehen über die zulässige Arbeitszeit von Arbeitnehmern wesentlich hinaus. Krankenhäuser, Rettungsdienste und vollstationäre Pflegeheime haben sogar durchlaufende Betriebszeiten. Der gesellschaftliche Auftrag zur gesundheitlichen Versorgung der Bevölkerung erfordert einen Dienstplan rund um die Uhr, an Wochenenden wie auch an hohen Feiertagen. In diesen Fällen kann der Personaleinsatz nur über Schichtdienste geregelt werden.

1 **Rollieren:** nach bestimmten Zeitabständen regelmäßig wiederkehren.
2 **Sabbaticals** (engl.) kommt von Sabbat (hebr., gr., lat.) dem jüdischen Ruhetag (Samstag).
3 Es wird von Montag bis Freitag gearbeitet.
4 Es wird die ganze Woche, also auch am Wochenende und an Feiertagen, gearbeitet.

(2) Grundmodelle von Schichtdienstplänen

Wir unterscheiden drei **Grundmodelle von Schichtdiensten:**

Vollkontinuierlicher Wechselschichtdienst	Schichtdienst mit rotierenden Zeiten (Früh-, Spät-, Nachtdienst) und rollierend über alle sieben Wochentage.
Teilkontinuierlicher Wechselschichtdienst in verschiedenen Varianten	Schichtdienst mit rotierenden Zeiten unter Auslassung von belastenden Schichten von unterschiedlicher Ausprägung (Wegfall der Nachtschicht und/oder Wegfall der Wochenendschichten oder nur der Sonntagsschichten).
Permanenter Schichtdienst	Dienst in einer bestimmten Schicht ohne zeitliche Rotation wie z. B. nur Nachtschichten i. d. R. von Teilzeitkräften oder nur Frühschichten.

Beispiel:

Vollkontinuierlicher Wechselschichtdienst als Grundmodell

Woche	Mo	Di	Mi	Do	Fr	Sa	So
1	Früh	Früh	Spät	Spät	Nacht	Nacht	Frei
2	Frei	Früh	Früh	Spät	Spät	Nacht	Nacht
3	Frei	Frei	Frei	Früh	Früh	Spät	Spät
4	Nacht	Nacht	Frei	Frei	Früh	Früh	Spät

Die Berufstätigkeit zu ungewöhnlichen Zeiten, insbesondere nachts, ist für die Betroffenen mit besonderen Belastungen verbunden. Gesundheitliche Beschwerden und ein erhöhtes Unfallrisiko sind mögliche Folgen. Das soziale Leben in Familie und weiterem Umfeld leidet unter der Schichtarbeit. Die Freizeit kann häufig nicht gemeinsam verbracht werden. Das gilt für Abende wie auch für Wochenenden, die mit Schichtdienst belegt sind. Andererseits hat der Berufstätige mit Schichtdienst häufig dann seine freie Zeit, wenn andere üblicherweise Arbeits- oder Schulzeit haben.

(3) Optimierung von Schichtdienstplänen

Ein praxistauglicher Dienstplan hat ein weites Spannungsfeld für eine sozialverträgliche Arbeitszeitgestaltung ständig neu auszuloten. Zu den folgenden Einflussfaktoren gilt es, eine bestmögliche Balance zu entwickeln und für alle Betroffenen eine faire und akzeptable Lösung zu finden:

- Versorgungssicherheit und Versorgungsqualität in der Behandlung und Betreuung,
- Einhaltung aller gesetzlichen und tariflichen Arbeitszeitvorschriften,

- geeignete personelle Zusammensetzung beruflicher Qualifikationen in einem Team,
- Bedürfnisse und Interessen der Beschäftigten,
- Einbeziehung arbeitsmedizinischer Empfehlungen,
- betriebswirtschaftliche Budgetvorgaben zur Kostenkontrolle.

Eine organisierte Arbeitsstrukturierung lässt in der Regel zu, dass bestimmte Aufgaben auf eine Schicht konzentriert werden. Das schafft zeitliche Freiräume, um in anderen Schichten, insbesondere in den Nacht- und Wochenendschichten, die personelle Besetzung auszudünnen. Für den einzelnen Schichtdienstleistenden reduziert sich damit die Häufigkeit von besonders belastenden Schichtzeiten.

(4) Unregelmäßige Wechselschichtsysteme

Man spricht von **unregelmäßigen Wechselschichtsystemen,** wenn die Personalstärke über die drei Schichten Früh-, Spät- und Nachtschicht hinweg und am Wochenende unterschiedlich ausfällt. Zusätzlich können zur Anpassung an die Bedürfnisse von Mitarbeitern und den Anforderungen eines effizienten Betriebsablaufs starre Zeitfenster der drei Schichten aufgebrochen und die Beschäftigten zeitüberlappend in gestaffelten Dienstzeiten mit unterschiedlichen Anfangs- und Endzeiten eingesetzt werden.

Beispiel:

Unregelmäßiges Wechselschichtsystem mit gestaffelten Schichtzeiten

Neue Arbeitszeiten HNO mit Sollbesetzung	
1. Frühdienst	06:00 bis 14:15 Uhr (2 Pflegekräfte)
2. Frühdienst	07:00 bis 15:15 Uhr (2 Pflegekräfte)
1. Spätdienst	11:40 bis 19:50 Uhr (2 Pflegekräfte)
2. Spätdienst	12:50 bis 21:00 Uhr (2 Pflegekräfte)
Nachschicht	20:45 bis 06:15 Uhr (1 Pflegekraft)

Quelle: Alfried Krupp Krankenhaus Essen, 1999.

Quelle: Bundesanstalt für Arbeitsschutz und Arbeitsmedizin (Hg.): Gestaltung der Arbeitszeit im Krankenhaus, 5. Auflage, Dortmund 2007, S. 33.

Bei dem obigen Beispiel aus der HNO-Station eines Krankenhauses ergibt sich die höchste Besetzungsstärke von 12:50 Uhr bis 14:15 Uhr mit acht Pflegekräften. Damit wird dem temporär hohen Arbeitsanfall zur Ausgabe der Mittagsmahlzeit Rechnung getragen. Weiterhin dürfte diese Zeit auch für Pausenregelungen genutzt werden, sodass nicht alle acht Pflegekräfte gleichzeitig im Einsatz sind.

(5) Besondere Dienstarten

Neben den Schichtdiensten in der Kranken- und Pflegeversorgung sind **besondere Dienstarten** beim Personaleinsatz im gesundheitsnahen Bereich zu organisieren:

Bereitschaftsdienst (Vordergrunddienst)	Diese Dienstart ist für einen erfahrungsgemäß geringen Arbeitsanfall vorgesehen. Der Diensthabende muss in der Lage sein, bei Bedarf seine Arbeitstätigkeit sofort aufzunehmen. Das erfordert in der Regel eine Anwesenheit in der Einrichtung (z. B. Arzt in der Unfallstelle eines Krankenhauses).
Rufbereitschaft (Hintergrunddienst)	Diese Dienstart ist für Tätigkeiten in Ausnahmefällen vorgesehen. Der Diensthabende muss zum Arbeitseinsatz zügig abrufbar sein. Eine Anwesenheitspflicht in der Einrichtung ist nicht unbedingt erforderlich (z. B. Chefarzt zur Notfallunterstützung von diensthabenden Ärzten im Nachtdienst).

(6) Kompliziertheit der Dienstplanung

Ein einfaches Grundmuster von Personaleinsatzplänen lässt sich in Gesundheitsbetrieben nicht einrichten. Praktisch arbeitet jede Einrichtung betriebsindividuell an Dienstplanlösungen mit möglichst hoher Akzeptanz. Trotzdem sind Schichtdienstpläne immer wieder ein Gesprächsthema zwischen Mitarbeitern, Mitarbeitervertretung und Geschäftsführung. Aus Gründen der Mitarbeitermotivation, von arbeitsrechtlichen Vorgaben und aus arbeitsmedizinischen Gründen wird darauf geachtet, dass kein Mitarbeiter vom vollkontinuierlichen Wechselschichtdienst in der Regelform betroffen ist.

Der Personaleinsatzplan in Gesundheitseinrichtungen mit durchlaufenden Betriebszeiten ist ein komplexer Baukasten, bei dem eine Zetteldokumentation leicht die Übersicht verliert. In größeren Häusern kann der Dienstplan sinnvoll nur mit Unterstützung spezieller Dienstplansoftware geleistet werden. Die Kompliziertheit der Dienstplanung erfordert ein IT-gestütztes Management. Darin einbezogen ist regelmäßig ein robustes Ausfallszenario für die Fälle, dass Mitarbeiter kurzfristig nicht dienstbereit sind.

6.4 Teilzeitbeschäftigung

Teilzeitbeschäftigt ist ein Arbeitnehmer, dessen regelmäßige Wochenarbeitszeit kürzer ist als die eines vergleichbaren vollzeitbeschäftigten Arbeitnehmers [§ 2 TzBfG[1]].

Jeder Arbeitnehmer kann verlangen, dass seine vertragliche Arbeitszeit verringert wird, sofern sein Arbeitsverhältnis länger als 6 Monate bestanden hat. Der Arbeitnehmer hat dabei zunächst die freie Wahl, um wie viel er seine Arbeitszeit verringern und wie er die verbleibende Arbeitszeit verteilen will. Dieser **Anspruch auf Teilzeitarbeit** besteht jedoch nur, **soweit betriebliche Gründe nicht entgegenstehen** (z. B. wesentliche Beeinträchtigung der Organisation, der Arbeitsabläufe oder der Sicherheit des Unternehmens sowie bei Verursachung unverhältnismäßiger Kosten). **Gänzlich ausgeschlossen** bleiben Betriebe, die in der Regel **nicht mehr als 15 Arbeitnehmer** beschäftigen.

Teilzeitbeschäftigte dürfen nicht schlechter gestellt werden als Vollzeitbeschäftigte (**Diskriminierungsverbot** [§ 4 TzBfG]).

Der Entschluss eines Arbeitnehmers, seine Arbeitszeit zu verringern, wird dadurch unterstützt, dass ihm ein **Rückkehrrecht von Teilzeit in Vollzeit** zusteht. Dies gilt, sofern das Unternehmen, in dem er beschäftigt ist, mehr als 45 Arbeitnehmer beschäftigt.

- Arbeitnehmer haben einen **Rechtsanspruch, ihre Arbeitszeit für einen bestimmten Zeitraum zu reduzieren,** um dann wieder zu ihrer **ursprünglichen Arbeitszeit zurückzukehren.**
- Den Rechtsanspruch auf eine bestimmte Teilzeit bezeichnet man als **Brückenteilzeit.**

Kompetenztraining

177
1. Erkundigen Sie sich in Ihrem Ausbildungsbetrieb über die bestehenden Arbeitszeitmodelle und berichten Sie nach Zustimmung Ihres Vorgesetzten in Ihrer Klasse darüber!
2. Untersuchen Sie die auf S. 396 f. genannten Arbeitszeitmodelle im Hinblick auf ihre Eignung, zusätzliche Arbeitsplätze zu schaffen!
3. Beschreiben Sie anhand der Flexibilisierung der Jahresarbeitszeit jeweils zwei Vor- und Nachteile der Arbeitszeitflexibilisierung!
4. Beschreiben Sie den Diensteinsatz eines Beschäftigten bei einem vollkontinuierlichen Wechselschichteinsatz!
5. Erläutern Sie die Einbußen an Lebensqualität, die für Beschäftigte bei einem vollkontinuierlichen Wechselschichteinsatz verbunden sind!
6. Nennen Sie mindestens vier Gesichtspunkte (Einflussfaktoren), die eine Krankenhausleitung bei der Erstellung von Schichtdienstplänen zu bedenken hat!

---

1 **TzBfG:** Gesetz über Teilzeitarbeit und befristete Arbeitsverträge (Teilzeit- und Befristungsgesetz).

7 Personalqualifizierung

Planung und Durchführung der Personalbeschaffung			Verwaltung der Beschäftigten					Personal-controlling
Personal-bedarf planen	Personal-beschaffung planen	Personal beschaffen	Personal einsetzen	**Personal qualifizieren und beurteilen**	Personal entlohnen	Personal freisetzen		Personal steuern

7.1 Personalführung

Bei der Personalführung ist zwischen den Begriffen Leitung und Führung zu unterscheiden.

Leitung	Leitung (headship) beruht auf der höheren Stellung innerhalb der Unternehmensorganisation und drückt ein Auftraggeber- und Auftragnehmerverhältnis aus. Die Personen stehen dabei in einem Über- bzw. Unterordnungsverhältnis. Es handelt sich um eine Arbeitsbeziehung, bei der der Führende seine Interessen wahrnimmt.
Führung	Führung (leadership) bedeutet, dass der Führende von anderen (den potenziell Geführten) anerkannt wird. Er überzeugt, schafft Einsicht und freiwillige Gefolgschaft.

7.1.1 Grundsätze der Personalführung

Aus dem Anspruch, Mitarbeiter zu motivieren, lassen sich bestimmte Grundsätze der Personalführung ableiten. Beispiele sind:

Anerkennung geben

Leistung, insbesondere Mehrleistung und/oder umsichtiges Verhalten sollen die Vorgesetzten anerkennen und nicht immer als selbstverständlich hinnehmen. (In der Praxis stehen Lob und Tadel im Verhältnis 1 : 40!)

Entscheidungsräume belassen

Die Vorgesetzten müssen ihren unterstellten Mitarbeitern etwas zutrauen, ihnen Entscheidungsspielräume lassen und sie ausreichend über Sinn und Zweck der Arbeitsaufgabe informieren.

Ermutigen statt Tadeln

Es ist besser, einen Mitarbeiter zu ermutigen, wenn er einmal einen Fehler macht, als ihn zu tadeln.

Verständnis zeigen

Vorgesetzte sollten ein gewisses Verständnis für die beruflichen und privaten Belange ihrer Mitarbeiter aufbringen, Beschwerden anhören und auf jeden Fall eine ungleiche und ungerechte Behandlung vermeiden.

Kritik vor anderen Personen vermeiden

Kritik, vor allem in Gegenwart von Fremden und Kollegen, ist unbedingt zu vermeiden. Laufende Kritik, Tadel und Rügen vor anderen sind ein Hauptgrund der Kündigungen durch die Mitarbeiter.

Abweichende Meinung anhören

Begründete abweichende Meinungen der Mitarbeiter sollten angehört werden! Die Vorgesetzten können nicht immer alles wissen. Sie sollten deswegen auch nicht alles besser wissen wollen.

7.1.2 Führungsstile und Führungsmethoden

(1) Führungsstile

Grundsätzlich lassen sich zwei Formen von Führungsstilen unterscheiden:

Autoritärer Führungsstil	Die Vorgesetzten treffen ihre Entscheidungen allein, ohne Begründung und häufig willkürlich. Sie erwarten von ihren Untergebenen Gehorsam.
Kooperativer Führungsstil	Die Vorgesetzten beziehen ihre Mitarbeiter in den Entscheidungsprozess mit ein. Sie erwarten sachliche Unterstützung bei der Verwirklichung der gemeinsam gesetzten Ziele.

(2) Führungsmethoden

Bei den Führungsmethoden (auch Führungsprinzipien oder Führungstechniken genannt) geht es darum, wie das Delegationsproblem gelöst werden kann. Unter **Delegation** ist das Abgeben von Aufgaben und Zuständigkeiten an nachgeordnete Abteilungen und Stellen zu verstehen.

Führen nach dem Ausnahmeprinzip (Management by Exception)	Hier beschränkt die Geschäftsleitung ihre Entscheidungen auf **außergewöhnliche Fälle,** d. h., sie greift in den Kompetenzbereich (Zuständigkeitsbereich) eines Mitarbeiters nur dann ein, wenn Abweichungen von den angestrebten Zielen eintreten und/oder in besonderen Situationen wichtige Entscheidungen getroffen werden müssen.
Führen durch Delegation von Verantwortung (Management by Delegation)	Dieses Prinzip besagt, dass **klar abgegrenzte Aufgabenbereiche** mit entsprechender Verantwortung und Kompetenz auf **nachgeordnete Mitarbeiter** übertragen werden, damit die übergeordneten Führungsstellen von Routinearbeiten (immer wiederkehrende Arbeiten) entlastet werden und andererseits schnelle Entscheidungen getroffen werden können.
Führen durch Zielvereinbarung (Management by Objectives)	Hier erarbeiten die Geschäftsleitung und die ihr nachgeordneten Führungskräfte gemeinsam bestimmte Ziele, die der jeweilige Mitarbeiter in seinem Arbeitsbereich realisieren soll. Der Aufgaben- und Verantwortungsbereich des Mitarbeiters wird somit nach dem **erwarteten Ergebnis** festgelegt. Der **Grad der Zielerfüllung** ist Grundlage der Leistungsbewertung des Mitarbeiters.

7.1.3 Mitarbeitergespräche

7.1.3.1 Arten von Mitarbeitergesprächen

Mitarbeitergespräche finden zwischen Vorgesetzten und Mitarbeitern statt. Sie haben z. B. die Aufgabe, Mitarbeiter zu motivieren, Unterlagen für Personalbeurteilungen bereitzustellen, Maßnahmen zur Personalentwicklung vorzubereiten oder zur Lösung betrieblicher Probleme beizutragen.

Überblick über die Formen der Mitarbeitergespräche[1]	
Führungsgespräch	Dieses Gespräch ist Teil des kooperativen Führungsstils. Es wird regelmäßig geführt, um die Zusammenarbeit zwischen der vorgesetzten Person und dem Mitarbeiter zu fördern.
Beurteilungsgespräch	Es ist Bestandteil der Personalbeurteilung und kann auf zweierlei Weise durchgeführt werden: ■ Dem Mitarbeiter wird das Ergebnis der Beurteilung eröffnet. ■ In einem Gespräch wird die Selbsteinschätzung des zu beurteilenden Mitarbeiters mit den Ansichten der beurteilenden Person verglichen, bevor eine (u. U. gemeinsame) Festlegung des Ergebnisses erfolgt.
Beratungs- und Fördergespräch	Es kann auf Veranlassung der Mitarbeiter oder auf Veranlassung der vorgesetzten Personen durchgeführt werden. Im ersten Fall geht es i. d. R. um die Beratung der Mitarbeiter. Im zweiten Fall steht die Förderung der Qualifikationen und der beruflichen Karriere (Laufbahn) des Mitarbeiters im Vordergrund (mitarbeiterorientierte Karriereplanung).
Zielsetzungsgespräch	Dieses Gespräch ist Teil des Management by Objectives. Zum einen besteht es aus der Vorgabe oder Vereinbarung von überprüfbaren Zielen für eine bestimmte Arbeitsaufgabe. Zum anderen werden nach Erfüllung der Aufgabe der Grad der Zielerfüllung und die möglichen Abweichungen besprochen.
Problemlösungsgespräch	Ein Problemlösungsgespräch zwischen leitenden und ausführenden Personen dient der Behandlung eines betrieblichen Problems, das die ausführende Person nicht allein lösen will oder kann (z. B. Kulanzregelungen, Hinausschieben oder Vorziehen von Aufträgen).
Entgeltgespräch	Entgeltgespräche können von der vorgesetzten Person oder vom Mitarbeiter ausgehen. Im ersten Fall wird mit dem Mitarbeiter z. B. eine außertarifliche Lohn- bzw. Gehaltsänderung vereinbart. Im zweiten Fall ersucht der Mitarbeiter um eine aus seiner Sicht begründete Entgelterhöhung.

7.1.3.2 Grundlagen für eine erfolgreiche Gesprächsführung

(1) Elemente des Kommunikationsprozesses (eines Gesprächs)

Wenn wir sprechen oder Zeichen von uns geben, stellen wir zu unserem Kommunikationspartner eine Verbindung her. Wir wollen ihm etwas mitteilen. Der Sprecher ist der **Sender**, der Hörer ist der **Empfänger** der Botschaft. Wenn es sich um ein Gespräch handelt, so gibt der Empfänger eine Rückmeldung an den Sender, wie er diese Botschaft verstanden hat.

---

[1] In der betrieblichen Wirklichkeit überschneiden sich die einzelnen Formen des Mitarbeitergesprächs.

7 Personalqualifizierung

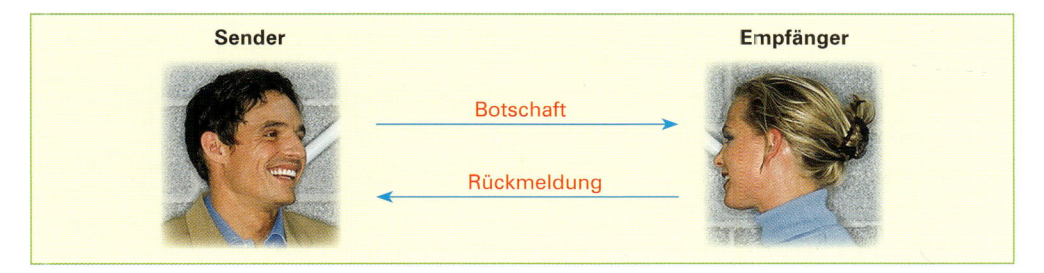

Sender	Botschaft →	Empfänger
	← Rückmeldung	

Dadurch wird der Zuhörer zum Sender und der ursprüngliche Sender zum Empfänger. Im **Wechselspiel** eines Gespräches ist jeder Teilnehmer sowohl Sender als auch Empfänger.

> **Kommunikation** ist der **Austausch von Informationen** mithilfe sprachlicher und/oder nicht-sprachlicher Mittel.

(2) Kommunikationssituation einschätzen

Zunächst kommt es bei der Gesprächsführung darauf an, die Gesprächssituation richtig einzuschätzen. Dazu dienen **aktives Zuhören** und **Fragen**.

Ein Grundbedürfnis des Menschen liegt darin, verstanden und akzeptiert zu werden. Dieses Gefühl müssen wir auch unserem Gesprächspartner vermitteln. Niemand möchte „gegen eine Wand" reden. Wir benötigen von dem anderen eine Rückmeldung, eine Bestätigung, Rückfrage oder konstruktive Kritik zu dem, was wir ihm mitteilen.

Dazu ist gutes Zuhören notwendig. Es ist eine aktive Tätigkeit. Wir konzentrieren uns voll auf das, was der andere zu sagen hat; wir sind „ganz Ohr" und „lesen auch zwischen den Zeilen", um zu verstehen: „Was will der andere? – Was will er wirklich?" Vielleicht braucht der Gesprächspartner eine Beratung, um seine Bedürfnisse näher beschreiben zu können.

Wenn wir die Botschaft verstanden haben, geben wir dies durch Mimik, Gestik und Körperhaltung (z. B. durch behutsames Kopfnicken) zu verstehen. Auch verbale Rückäußerungen stellen eine gute Beziehung zu dem Sprecher her, z. B. durch Formulierungen wie „Das finde ich verständlich!".

Je nach Situation werden Wertungen nicht direkt abgegeben, sondern es wird in erster Linie vermittelt, dass wir verstehen und aufmerksam zuhören. Aber auch **Zustimmung** kann signalisiert werden, wenn wir sicher sind, dass wir die Ansicht des Sprechers teilen, z. B. durch zustimmendes Kopfnicken oder entsprechende verbale Äußerungen wie „Ja, genau!". Bei Rückfragen nehmen wir die Sprechpausen des Sprechers wahr, um Fragen zu stellen oder um zusammenzufassen, wie wir die Äußerung verstanden haben.

7.1.4 Regelung von Konflikten

(1) Begriff Konflikt

Wichtige Merkmale eines Konflikts sind:

- Es bestehen entgegengesetzte oder unvereinbare Interessen.
- Die Beteiligten fühlen sich von den jeweils anderen beim Verfolgen ihrer Ziele behindert.
- Die Situation wird von den Beteiligten unterschiedlich wahrgenommen.
- Eine Lösung des Sachverhalts scheint nur möglich zu sein, wenn der andere sich ändert.

> **Konflikte** sind Spannungen zwischen Personen, die dadurch entstehen, dass bei den Beteiligten unterschiedliche Bedürfnisse und Interessen vorliegen.

(2) Arten und Ursachen von Konflikten

Konfliktarten	Ursachen	Beispiele
Ein **Zielkonflikt** ist dann gegeben, wenn zwei oder mehrere abhängige Parteien (z. B. Personen, Abteilungen) gegensätzliche Absichten und Ziele verfolgen.	■ mangelnde Absprache ■ mangelnde Zusammenarbeit	Der Krankenhaus-Einkauf verfolgt das Ziel, möglichst viele Gebrauchs- und Verbrauchsgüter kostengünstig als Just-in-time-Belieferung zu ordern. Allerdings sehen die Bedarfsstellen dadurch ihre Versorgungssicherheit gefährdet.
Bei **Beurteilungskonflikten** streiten zwei Parteien über den Weg, auf dem ein gemeinsames Ziel erreicht werden soll.	■ mangelnde Information ■ unterschiedliche Einstellungen	Eine Unternehmensberatung stellt ein neues Organisationskonzept vor. Vertreter der Geschäftsleitung und der Belegschaft haben eine unterschiedliche Meinung über dessen Umsetzbarkeit.
Ein **Verteilungskonflikt** tritt auf, wenn die Zuteilung der Mittel (Ressourcen) ungleichmäßig erfolgt.	■ ungerechte Verteilung ■ mangelnde Mittel	Die Abteilung Patientenverwaltung ist verstimmt, weil die erneuerte IT-Ausstattung der Personalabteilung wesentlich wirkungsvoller und arbeitserleichternd funktioniert im Vergleich zur Informationstechnologie der Patientenverwaltung.
Beziehungskonflikte sind Konflikte zwischen Personen und Gruppen. Sie ergeben sich häufig aufgrund von Verstimmungen, Abneigung, Werteeinstellungen.	■ vorausgegangene Konflikte ■ Antipathien	Herr Friedrich mag den Abteilungsleiter nicht, weil dieser häufig Zusagen macht, die er später nicht einhalten kann.

(3) Regeln zur Bewältigung von Konflikten

- Berücksichtigung von berechtigten Interessen durch alle Beteiligten
- Anerkennung unterschiedlicher Interessen.
- Missverständnisse sofort ansprechen und aufklären.
- Formulieren von Zielvereinbarungen.
- Gemeinsames Erarbeiten von Problemlösungen.
- Aufstellen von Benimmregeln auf der Basis gegenseitiger Wertschätzung.
- Bei entsprechenden Konflikten rechtzeitig die Ursachen suchen und gemeinsame Lösungen anstreben.
- Bei Dauerkonflikten Hilfe von außenstehenden Beratern einholen.

Kompetenztraining

178
1. Erklären Sie, was unter Personalführung zu verstehen ist!
2. Nennen Sie die Hauptaufgabe der betrieblichen Personalführung!
3. Beschreiben Sie die beiden Hauptfaktoren der betrieblichen Personalführung, die von der Führungskraft beachtet werden sollen!
4. Begründen Sie an einem Beispiel, warum in einem wirtschaftlichen Unternehmen Führung notwendig ist!
5. Nennen Sie vier Grundsätze der Personalführung und beurteilen Sie aus Ihrer Sicht, wie sich ihre Einhaltung bzw. Nichteinhaltung auf das Arbeitsverhalten der Arbeitskräfte auswirkt!

179 Ella Kraft, die Personalleiterin der Klinik am Rosenhof in Bad Pyrmont, verlangt von den Führungskräften aller Ebenen, die Mitarbeiter besser zu motivieren. Führungsstil und Führungstechnik seien zu überprüfen und gegebenenfalls zu ändern. Der Krankenstand sei immer noch hoch und die Fehlerquote müsse gesenkt werden. Außerdem lasse das Betriebsklima in einigen Abteilungen und therapeutischen Einrichtungen zu wünschen übrig. Das bestehende und schriftlich niedergelegte Unternehmensleitbild solle allen Arbeitskräften vor allem in Personalgesprächen nähergebracht werden. Die betriebliche Personalentwicklung müsse ausgebaut werden, um die Qualifikationen der Arbeitskräfte zu verbessern und den künftigen qualitativen Personalbedarf möglichst betriebsintern decken zu können.

Aufgaben:
1. Begründen Sie, welcher Führungsstil Ihrer Ansicht nach vorwiegend angestrebt werden sollte!
2. Informieren Sie sich im Internet über weitere Führungsstile und beschreiben Sie diese! Nennen Sie je einen Vor- und einen Nachteil dieser Führungsstile!
3. Erläutern Sie zwei Formen des Personalgesprächs!

180 Formulieren Sie in Gruppenarbeit eine Konfliktsituation aus Ihrem Berufsalltag, die in ähnlicher Form wahrscheinlich jeder einmal erfahren hat.

Stellen Sie in einem Rollenspiel eine Lösung dieses Konflikts nach. Beachten Sie in diesem Zusammenhang die Regeln zur Bewältigung von Konflikten!

7.2 Personalentwicklung

7.2.1 Begriff und Ziele der Personalentwicklung

(1) Begriff Personalentwicklung

Ein wichtiges Schlagwort unserer Zeit lautet **„lebenslanges Lernen"**. Untersuchungen haben gezeigt, dass das Wissen, das man sich in der Berufsausbildung angeeignet hat, nach circa fünf Jahren nur noch zur Hälfte aktuell ist **(Halbwertzeit der beruflichen Bildung)**. Die Mitarbeiter und die Unternehmen sind deshalb gezwungen, durch Maßnahmen der Personalentwicklung den Erfordernissen des Marktes Rechnung zu tragen.

> Die **Personalentwicklung** (Talentmanagement) umfasst alle Maßnahmen, die den Mitarbeitern die Qualifikation vermitteln, die zur optimalen Verrichtung der betrieblichen Aufgaben erforderlich sind.

(2) Ziele der Personalentwicklung

Aus der Sicht des Unternehmens	Aus der Sicht der Mitarbeiter
■ Weiterentwicklung der Qualifikationen der Mitarbeiter, um den erforderlichen Personalbestand zu sichern. ■ Entwicklung von Nachwuchskräften. ■ Entwicklung von Spezialisten für bestimmte Bereiche. ■ Unabhängigkeit von externen (außerbetrieblichen) Arbeitsmärkten. ■ Erhöhung der Arbeitszufriedenheit und damit höhere Arbeitsleistung. ■ Erhaltung und Verbesserung der Wettbewerbsfähigkeit.	■ Weiterentwicklung der eigenen Qualifikation. ■ Verbesserung der Chancen zur Selbstverwirklichung am Arbeitsplatz. ■ Schaffung von Voraussetzungen zum beruflichen Aufstieg. ■ Minderung des Risikos des Arbeitsplatzverlusts oder der Entgeltminderung. ■ Erhöhung der eigenen Mobilität (fachlich, örtlich und im Betrieb). ■ Erhöhung des Ansehens (Prestiges) und des Entgelts.

7.2.2 Maßnahmen zur Personalentwicklung

In der nachfolgenden Tabelle werden Beispiele zur Personalentwicklung angeführt.

Berufsausbildung	In Deutschland erfolgt die Berufsausbildung im sogenannten dualen System (Unternehmen und Berufsschule). Mit der Berufsausbildung sichern sich die Unternehmen den Zukunftsbedarf an qualifizierten, kompetenten Fachkräften.

Anlernausbildung	Anlernen ist eine Maßnahme, durch die jene Qualifikationen vermittelt werden, die für die Ausübung einer praktischen Tätigkeit im Unternehmen notwendig sind. Anlernen ist häufig auf einen kurzen Zeitraum beschränkt und wird in der Regel für relativ anspruchslose Aufgabengebiete angeboten.
Training on the Job	Es handelt sich um Mitarbeiterqualifizierungsmaßnahmen am Arbeitsplatz. Ein Mitarbeiter erweitert seine Qualifikationen bezüglich seiner Arbeitsaufgabe mithilfe eines „Trainers". Der Mitarbeiter vollzieht gleichzeitig eine Lern- und eine Arbeitsleistung. Die Umsetzung der Lernleistung erfolgt in der täglichen Arbeit.
Training off the Job	Die Vermittlung der Qualifikation erfolgt außerhalb des Arbeitsplatzes, z. B. durch einen Lehrgang, ein Zusatzstudium.
E-Learning	■ Das E-Learning oder Computer-Based-Training setzt auf Software. Diese eröffnet individuelle Lernmöglichkeiten, unterstützt durch mediale Anreize. ■ E-Learning kann offline (Lehrgänge auf CD-RCM oder DVD) oder online (über das Intranet durch Zugriff auf den Server des Tutors) erfolgen. Das Lernprogramm wertet in der Regel das Lernverhalten des Lernenden aus, hält während der Stofferarbeitung alle Daten fest und schlägt jeweils Möglichkeiten zur Fortsetzung des Lernweges vor.
Umschulung	■ Die berufliche Umschulung soll nach dem Berufsbildungsgesetz zu einer anderen beruflichen Tätigkeit befähigen. Umschulung kommt z. B. infrage nach einer Rehabilitation aufgrund einer Krankheit oder wenn Berufe aus technischen oder ökonomischen Gründen nicht mehr gefragt sind. ■ Umschulungen werden auch bei Beschäftigungsabbau angeboten. Für diesen Zweck gründen die Betriebe Auffang-, Beschäftigungs- oder Transfergesellschaften, die von der Bundesagentur für Arbeit finanziell unterstützt werden.

7.2.3 Personalförderung

Die **Personalförderung** umfasst alle Maßnahmen, die auf die **beruflichen, persönlichen** und **sozialen Interessen, Neigungen** und **Erfordernissen** von Beschäftigten ausgerichtet sind.

In der nachfolgenden Tabelle werden Beispiele zur Personalförderung angeführt.

Praktikum	■ In den letzten Klassen der schulischen Ausbildung oder im Rahmen eines Studiengangs sind häufig Praktika vorgesehen. Durch ein Praktikum sollen praktische Erfahrungen zur Vorbereitung auf einen späteren Beruf erworben werden. ■ Ein Praktikum ist nur sinnvoll, wenn es den Vorgaben der Schule bzw. der Studienordnung entspricht und das Unternehmen das Praktikum aktiv begleitet.

Traineeprogramm	■ Durch das Traineeprogramm sollen vor allem Hochschulabsolventen systematisch mit dem gesamtbetrieblichen Geschehen, der Organisationsstruktur und den konkreten Arbeitsanforderungen im Unternehmen vertraut gemacht werden. ■ Die Trainees durchlaufen dabei planmäßig mehrere Ausbildungsstationen (Lernorte), in denen sie teilweise auch praktisch mitarbeiten.
Coaching	■ Darunter versteht man ein Gesprächs-, Betreuungs-, Beratungs- und Entwicklungsangebot in beruflichen und persönlichen Fragen für Mitarbeiter. Dadurch will man dem Mitarbeiter (Coachee) helfen, sein individuelles Potenzial zu entwickeln. ■ Coaching wird z. B. eingesetzt als Laufbahnplanung, bei veränderten Arbeitsaufgaben, bei Versetzungen, zur Behebung von Leistungsdefiziten, privaten Problemen. ■ Coaching kann extern vergeben oder von einer innerbetrieblichen Führungskraft (einem Coach) durchgeführt werden.
Outdoor Training	Hier erleben die Mitarbeiter sich und andere in einem ungewohnten Umfeld, in der freien Natur, bei ungewohnten Aufgaben (z. B. Seilschaft zum Bergsteigen bilden, Floß bauen und eine Floßfahrt unternehmen) und gewinnen so neue Einsichten über die eigene Person, das eigene Verhalten und über die Zusammenarbeit mit Kollegen.
Mentoring	Eine Führungskraft (Mentor) übernimmt die „Patenschaft" für einen am Anfang des Berufslebens stehenden Mitarbeiter und begleitet diesen beim Erwerb von Qualifikationen und bei der Integration in die Belegschaft.

7.2.4 Fort- und Weiterbildung

(1) Begriffe Fort- und Weiterbildung

Fortbildung dient dazu, die berufliche Qualifikation den veränderten Anforderungen anzupassen **(Anpassungsfortbildung)** oder die vorhandenen Qualifikationen in diesem Beruf zu erweitern bzw. zu vertiefen mit dem Ziel eines beruflichen Aufstiegs **(Aufstiegsfortbildung)**. Zumeist ist damit auch eine ergänzende Bezeichnung für den Beruf verbunden (Techniker, Meister).

Die **Weiterbildung** ist breiter angelegt und führt häufig über den beruflichen Umkreis hinaus. Als Ergebnisnachweis wird in der Regel ein Zertifikat ausgestellt, das dem Lebenslauf beigefügt werden kann.

- **Berufliche Fortbildung**[1] sind alle Maßnahmen, die dem Einzelnen die Möglichkeit bieten, seine in der Ausbildung erworbenen beruflichen Kenntnisse und Fertigkeiten zu erhalten und zu erweitern.
- **Berufliche Weiterbildung**[1] dient dazu, aufbauend auf der Ausbildung neue Qualifikationen zu erwerben.

---

1 Die Begriffstrennung ist zunehmend theoretisch, da es in der Praxis immer stärker zu einer Verschmelzung von Fort- und Weiterbildung kommt.

7 Personalqualifizierung

Die Arbeitswelt wird sich in den kommenden Jahren spürbar wandeln. Digitalisierung und Künstliche Intelligenz sind nur zwei Stichwörter, die in diesem Zusammenhang eine wichtige Rolle spielen. Das bedeutet auch, dass sich die Anforderungen an die Mitarbeiter in den Unternehmen spürbar verändern werden. Viele Beschäftigte nutzen die Möglichkeiten, sich weiterzubilden, um ihr Wissen zu erweitern und auf den neuesten Stand zu bringen. Nach einer Umfrage des Deutschen Industrie- und Handelskammertages (DIHK) stehen bei den Motiven auch das berufliche Fortkommen und ein höheres Einkommen ganz weit oben. So gaben mehr als zwei Drittel der Befragten an, dass sie sich weiterbilden, um auf der Karriereleiter aufzusteigen. Etwa jeder zweite (46 %) sieht auch die Chance auf ein höheres Gehalt. Viele geben auch an, dass sie die Aussicht, etwas Neues zu lernen und die beruflichen Kenntnisse zu erweitern, zur Weiterbildung motiviert. Etwa jeder neunte Befragte sah darin auch eine Chance, seinen Arbeitsplatz sicherer zu machen.

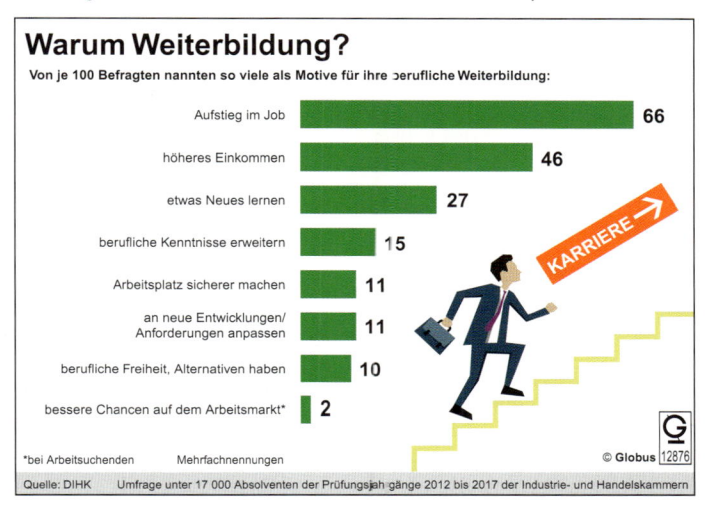

Warum Weiterbildung?
Von je 100 Befragten nannten so viele als Motive für ihre berufliche Weiterbildung:

- Aufstieg im Job: 66
- höheres Einkommen: 46
- etwas Neues lernen: 27
- berufliche Kenntnisse erweitern: 15
- Arbeitsplatz sicherer machen: 11
- an neue Entwicklungen/Anforderungen anpassen: 11
- berufliche Freiheit, Alternativen haben: 10
- bessere Chancen auf dem Arbeitsmarkt*: 2

*bei Arbeitsuchenden   Mehrfachnennungen
Quelle: DIHK   Umfrage unter 17 000 Absolventen der Prüfungsjahrgänge 2012 bis 2017 der Industrie- und Handelskammern
© Globus 12876

Beispiel:
- Ein kaufmännischer Sachbearbeiter bildet sich fort zum Betriebswirt.
- Belegt der Sachbearbeiter hingegen einen Kurs der Industrie- und Handelskammer in Mitarbeiterführung oder in der Kunst des „Nein"-Sagens, dann ist er weitergebildet, aber nicht fortgebildet.

(2) Maßnahmen zur Fort- und Weiterbildung

Es gibt zahlreiche Fort- und Weiterbildungsangebote. Diese unterscheiden sich in der Qualität, der Dauer und der Form. Ein Unternehmen kann

- eine **interne Fortbildung** durchführen mit eigenen dafür qualifizierten Mitarbeitern oder externen Referenten,[1]
- die für eine Fortbildung vorgesehenen Mitarbeiter zu einer **externen Fortbildung** schicken.

Eine Fort- und Weiterbildung kann auch in der Form des E-Learnings erfolgen. Elektronisch unterstütztes Lernen bietet eine große Bandbreite und reicht vom virtuellen Online-Klassenzimmer (Webinar[2]) bis zur Lernapp auf dem Smartphone. Sind die technischen Voraussetzungen erfüllt, kann die Fort- und Weiterbildung von jedem beliebigen Ort aus erfolgen.

---

[1] Interne Fort- und Weiterbildungen durch externe Referenten werden beispielsweise von der IHK angeboten.

[2] **Webinar:** Seminar, das im World Wide Web gehalten wird. Über VoIP (Voice over Internet Protocol) ermöglicht es eine beidseitige Kommunikation zwischen Referent und Teilnehmern.

	Interne Fort- und Weiterbildung	Externe Fort- und Weiterbildung
Vorteile	■ Themen sind auf das eigene Unternehmen und dessen Mitarbeiter ausgerichtet. ■ Die innerbetriebliche Kommunikation wird gefördert. ■ Sehr intensives, zielgerichtetes Lernen. ■ Es kann auch auf sensible betriebsinterne Themen eingegangen werden. ■ Bei vielen Teilnehmern kostengünstig, da Referenten unabhängig von der Teilnehmerzahl bezahlt werden. ■ Das Unternehmen legt Zeit und Ort fest (Unabhängigkeit).	■ Erfahrungsaustausch mit den Teilnehmern anderer Unternehmen oder den Referenten. Dadurch erhält der Mitarbeiter neue Ideen und Anregungen für das eigene Unternehmen. ■ Die tägliche Arbeitsroutine wird durch eine andere Umgebung unterbrochen. ■ Überschaubare Kosten pro Teilnehmer. ■ Bei wenigen teilnehmenden Mitarbeitern ist eine externe Veranstaltung oft kostengünstiger als eine interne.
Nachteile	■ Erfahrungen und Problemlösungen von Teilnehmern anderer Unternehmen fehlen. ■ Viele Mitarbeiter sind gleichzeitig bei der Fort- oder Weiterbildung.	■ Die externen Seminare sind meistens eher allgemein gehalten. ■ Die Themen treffen nicht vollständig auf das eigene Unternehmen zu. ■ Die Qualität externer Veranstaltungen ist sehr unterschiedlich. ■ Der Zeit- und Kostenaufwand für die An- und Abreise ist hoch.

Kompetenztraining

181

1. Definieren Sie den Begriff Personalentwicklung!

2. Stellen Sie die generelle Zielsetzung dar, die die Personalentwicklung verfolgt!

3. Erläutern Sie, worin sich Fortbildung von Ausbildung unterscheidet!

4. Erläutern Sie den Begriff Umschulung und bilden Sie hierzu ein Beispiel!

5. Erläutern Sie, was man unter der Personalentwicklung on-the-job versteht!

6. Erläutern Sie den Begriff Personalentwicklung off-the-job anhand eines Beispiels!

7. Nennen Sie Anlässe, die zu Personalentwicklungsmaßnahmen führen können!

8. Erläutern Sie jeweils einen Grund, warum Maßnahmen zur Personalentwicklung sowohl für das Unternehmen als auch für die einzelnen Mitarbeiter wichtig sind!

9. Recherchieren Sie im Internet nach Fort- und Weiterbildung in der Form des E-Learnings! Notieren Sie die Vor- und Nachteile dieser Form in einer Tabelle!

8 Betriebliches Entgelt

Zur Berechnung des Bruttolohns unterscheidet man verschiedene Grundformen der Entlohnung:

Zeitlohn	Leistungslohn		Beteiligungslohn
Tag-, Wochen-, Monatslohn, Monatsgehalt, Jahresgehalt	Akkordlohn	Prämienlohn	■ Leistungsbeteiligung ■ Ertrags-/Umsatzbeteiligung ■ Gewinnbeteiligung

8.1 Zeitlohn

Die Entgeltformen bei Zeitlohn sind das Gehalt und der Lohn.

- Beim **Gehalt** wird das monatliche Entgelt unabhängig von der Anzahl der Tage im Monat und der erbrachten Leistung in gleichbleibender Höhe bezahlt.

  Beispiel:
  Der Kaufmann im Gesundheitswesen Paul Fischer erhält bei der Seniorenresidenz Rosenhof KG ein Monatsgehalt von 2 460,00 EUR.

- Beim **Lohn** wird das monatliche Entgelt in Abhängigkeit zur Arbeitsleistung (geleistete Arbeitsstunden) gezahlt.

  $$\text{Lohnsumme} = \text{geleistete Arbeitsstunden} \cdot \text{Stundenlohnsatz}$$

  Beispiel:
  Die Aushilfsbürokraft Moni Landmann hat im Monat Februar 90 Stunden in der Königsberg-Klinik GmbH gearbeitet. Der Stundenlohn beträgt 10,50 EUR. Die Lohnsumme für der Monat Februar beträgt somit 945,00 EUR.

Vorteile	Nachteile
■ Einfache Berechnung des Bruttoverdienstes. ■ Kein Zeitdruck. ■ Auf Qualität kann Rücksicht genommen werden. ■ Keine geistige und körperliche Überforderung. ■ Festes Einkommen.	■ Betrieb trägt das Risiko des Arbeitswillens und der Geschicklichkeit des Mitarbeiters. ■ Arbeitsüberwachung und verstärkte Mengen- und Qualitätskontrollen sind erforderlich. ■ Kein finanzieller Anreiz für die Mitarbeiter, die Leistung zu steigern. ■ Führt bei Mitarbeitern mit überdurchschnittlicher Leistung zu Unzufriedenheit.

8.2 Leistungslohn

8.2.1 Akkordlohn

Beim Akkordlohn erfolgt die Entlohnung ausschließlich nach der vollbrachten Leistung der Mitarbeiter, die messbar und überprüfbar sein muss. Akkordlohn wird hauptsächlich in der Produktion gezahlt, denn hier treffen die Voraussetzungen für eine Akkordentlohnung am ehesten zu:

- Der **Arbeitsumfang** muss genau festgelegt sein (z. B. Geräte montieren).
- Die **Arbeitsabläufe** müssen sich wiederholen, d. h., die zu fertigende Stückzahl darf nicht zu klein sein.
- Die **Arbeitsgeschwindigkeit** muss ganz oder zumindest teilweise vom Mitarbeiter beeinflusst werden können (z. B. Bodenflächen reinigen).
- Die **Normalleistung** muss exakt ermittelt sein.

■ Vor- und Nachteile des Akkords

Vorteile	Nachteile
- Finanzieller Anreiz zur Mehrleistung. - Mehrleistung wird entlohnt. - Leichtere Kalkulation, da konstante Lohnstückkosten. - Mehrleistung verbessert die Auslastung der Maschinen.	- Risiko der geistigen und körperlichen Überanstrengung. - Höheres Risiko durch Arbeitsunfälle. - Schwankendes Einkommen des Mitarbeiters. - Schwierigere Lohnberechnung. - Eventuell Minderung der Qualität der Leistung.

8.2.2 Prämienlohn

Bei der Prämienentlohnung wird zu einem vereinbarten Grundlohn noch eine Zulage, die **Prämie,** gewährt. Dabei ist zu unterscheiden, ob die Prämie für **qualitative** (gütemäßige) **Arbeitsleistungen** und/oder **quantitative** (mengenmäßige) **Arbeitsleistungen** gezahlt wird.

■ Prämienlohn für qualitative Arbeitsleistungen (Arbeitsgüte)

Güteprämien	Nutzungsprämien	Terminprämien
Sie werden z. B. bei Verringerung des Ausschusses gewährt.	Sie werden für gute Maschinenausnutzung gezahlt.	Sie werden bei eiligen Aufträgen gezahlt, falls die Termine eingehalten oder unterschritten werden.

8 Betriebliches Entgelt

■ Prämienlohn für quantitative Arbeitsleistungen (Arbeitsmenge)

Ziel dieser Prämienzahlung ist, die mengenmäßige Arbeitsleistung zu erhöhen.

Vorteile	Nachteile
■ Finanzieller Anreiz zur Mehrleistung, ■ Mehrleistung wird entlohnt, ■ Einsparung von Kosten, ■ reine Mehrleistung ohne Rücksicht auf die Qualität wird vermieden.	■ Streitigkeiten unter den Mitarbeitern (Gegenseitige Konkurrenz), ■ aufwendige Prämienberechnung, ■ Arbeitsklima kann belastet werden bei schlecht nachvollziehbaren Bemessungsgrundlagen.

8.3 Beteiligungslohn

(1) Ziele und Motive einer Erfolgsbeteiligung der Mitarbeiter

Betriebe haben die Möglichkeit, ihre Mitarbeiter am erwirtschafteten Erfolg zu beteiligen. Mit der Gewährung einer Erfolgsbeteiligung verfolgt der Arbeitgeber verschiedene Ziele. So möchte er z. B.

```
  tariflicher Arbeitslohn
+ freiwillige betriebliche Sozialleistungen
+ Erfolgsanteil
─────────────────────────────────────────
= Gesamtvergütung
```

- die Leistung der Mitarbeiter belohnen,
- die Motivation der Mitarbeiter steigern,
- eine Qualitätsverbesserung erzielen,
- eine Produktivitätssteigerung erreichen,
- die Fluktuation[1] senken,
- die Identifikation der Mitarbeiter mit dem Betrieb stärken,
- das Image des Betriebs steigern.

(2) Formen der Erfolgsbeteiligung

Als Grundlage für eine betriebliche Erfolgsbeteiligung der Mitarbeiter kann

- die erbrachte Leistung,
- der erwirtschaftete Ertrag oder
- der erzielte Gewinn herangezogen werden.

Vorteile	Nachteile
■ Mitarbeiter sind am Unternehmenserfolg interessiert, ■ Bindung der Mitarbeiter an den Betrieb, ■ Leistungsanreize bestehen.	■ Unterschiede in der Leistung der Mitarbeiter werden kaum beachtet, ■ Aktienbeteiligung kann an Wert verlieren, ■ Gewinn (als Berechnungsgrundlage) ist vom Mitarbeiter nicht immer nachvollziehbar bzw. beeinflussbar.

---

1 **Fluktuation:** Schwankung, Wechsel.

Kompetenztraining

182 Die Reinigungskräfte des Rehabilitationskrankenhauses Klinik am Rosenhof GmbH werden bisher im Stundenlohn bezahlt. Zur Kosteneinsparung wird angeregt, die turnusmäßige Unterhaltsreinigung der Bodenflächen in der Eingangshalle, in den Fluren und Aufenthaltsräumen ohne besondere hygienische Anforderungen auf ein Akkordsystem umzustellen. Den Reinigungskräften werden Reinigungsrichtwerte in m² vorgegeben, die pro Stunde zu erledigen sind. Die neuen Erfahrungen sollen dazu dienen, eventuell die gesamte Unterhaltsreinigung auf Akkordentlohnung umzustellen.

Aufgaben:

1. Beschreiben Sie Vor- und Nachteile der beiden genannten Lohnformen für die Arbeitnehmer und für die Arbeitgeber!
2. Entscheiden Sie begründet unter besonderer Berücksichtigung der Krankenhaushygiene, welche Lohnform für die Klinik am besten geeignet ist.
3. Erklären Sie, was unter Prämienlohn zu verstehen ist!
4. Erläutern Sie, welche Ziele ein Unternehmen mit der Erfolgsbeteiligung für die Mitarbeiter erreichen will!

9 Freisetzung von Personal

Planung und Durchführung der Personalbeschaffung			Verwaltung der Beschäftigten					Personal-controlling
Personal-bedarf planen	Personal-beschaffung planen	Personal beschaffen	Personal einsetzen	Personal qualifizieren und beurteilen	Personal entlohnen	**Personal freisetzen**		Personal steuern

9.1 Notwendigkeit von Personalfreisetzungen

(1) Gründe für Personalfreisetzungen

In einem Betrieb kann es notwendig werden, den Mitarbeiterbestand zu verringern. Die Freisetzung kann in der **Person**[1] oder dem **Verhalten des Mitarbeiters**[1] begründet sein oder auf **dringenden betrieblichen Erfordernissen** beruhen. Geschieht die Auflösung eines Beschäftigungsverhältnisses im Rahmen des täglichen Betriebsablaufs, spricht man von Trennung. Die Beendigung von Beschäftigungsverhältnissen in Krisensituationen bezeichnet man als **Personalabbau**.

Die wichtigsten **Gründe für einen Personalabbau aus betrieblichen Erfordernissen** sind:

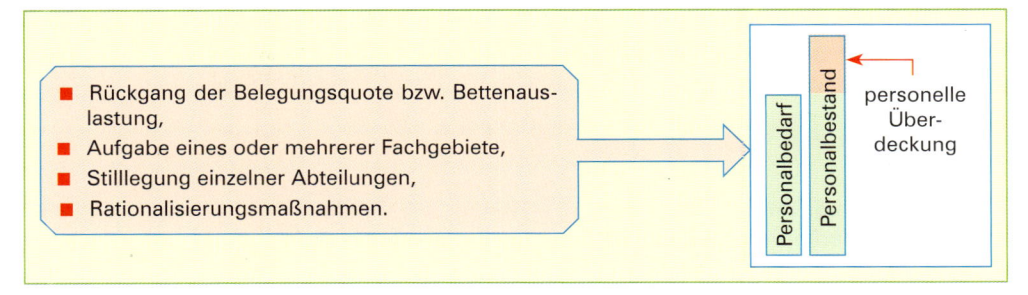

- Rückgang der Belegungsquote bzw. Bettenauslastung,
- Aufgabe eines oder mehrerer Fachgebiete,
- Stilllegung einzelner Abteilungen,
- Rationalisierungsmaßnahmen.

→ Personalbedarf / Personalbestand → personelle Überdeckung

Ein Arbeitsverhältnis kann beendet werden durch

- Vertragsablauf,
- Aufhebungsvertrag,
- Kündigung.

(2) Maßnahmen zur Vermeidung von Personalfreisetzungen

Zunächst wird die Geschäftsleitung versuchen, die Kündigung von Beschäftigungsverhältnissen zu vermeiden. Möglichkeiten sind:

- **Versetzung** zu anderen Standorten.
- **Abbau von Überstunden.**

---

1 Vgl. hierzu die Ausführungen auf S. 422.

- **Teilung von Arbeitsplätzen,** d. h., zwei oder mehr Mitarbeiter, die bisher vollzeitbeschäftigt waren, teilen sich einen Arbeitsplatz **(Jobsharing).**
- **Teilzeitarbeit,** z. B. Halbtagsarbeit.
- **Gleitender Übergang in den Ruhestand** durch ein- oder mehrstufige Verkürzung der Arbeitszeit.
- **Einführung von Kurzarbeit** (vorübergehende Herabsetzung der üblichen betrieblichen Arbeitszeit).
- **Ausnutzung der Fluktuation,** indem freiwerdende Stellen (z. B. durch Kündigungen von Arbeitskräften, Pensionierungen, Tod) nicht mehr besetzt werden.
- **Vorzeitige Verrentung.**
- **Abschluss von Aufhebungsverträgen** (vertragliche Beendigung von Arbeitsverhältnissen, die i. d. R. mit der Zahlung von Abfindungen verbunden sind).

9.2 Vertragsablauf und Aufhebungsvertrag

(1) Vertragsablauf

Ist der Arbeitsvertrag zeitlich befristet oder auf die Erfüllung einer bestimmten Aufgabe ausgerichtet, so endet der Arbeitsvertrag mit Ablauf der vereinbarten Frist bzw. mit Erfüllung des Auftrags.

Beispiele:
- Eine ehemalige Buchhalterin erhält einen Arbeitsvertrag für drei Monate, um eine erkrankte Mitarbeiterin zu ersetzen.
- Für die Zeit einer Umbaumaßnahme werden zwei Aushilfskräfte eingestellt.

(2) Aufhebungsvertrag[1]

Der **Aufhebungsvertrag** ist ein **Vertrag zwischen Arbeitnehmer** und **Arbeitgeber,** der das **Arbeitsverhältnis** zu einem **bestimmten Zeitpunkt** beendet.

Der entscheidende Unterschied zur Kündigung ist, dass das Arbeitsverhältnis im **gegenseitigen Einvernehmen** beendet wird. Arbeitgeber und Arbeitnehmer können den Inhalt des Aufhebungsvertrags selbst bestimmen. Die Einhaltung von Aufhebungsfristen ist nicht erforderlich. Die Schutzvorschriften des Kündigungsschutzgesetzes usw. finden keine Anwendung.

Beispiel:
Dem Abteilungsleiter für den Bereich Einkauf, dem mangelnder Leistungswille vorgeworfen wird, wird ein Aufhebungsvertrag mit einer Abfindung von zwei Monatsgehältern angeboten, um eine Kündigung zu vermeiden. Der Mitarbeiter stimmt zu, das Unternehmen am Monatsende zu verlassen.

Arbeitgeber und Arbeitnehmer können mit dem Aufhebungsvertrag ihren Trennungswunsch ohne Risiko eines Arbeitsrechtsstreits erfüllen. Um die Zustimmung des Arbeitnehmers zu erhalten, zahlt der Arbeitgeber oftmals eine **Abfindung.**

---

1 Man spricht auch von **Auflösungsvertrag.**

9.3 Kündigung

9.3.1 Begriff Kündigung

Das Arbeitsverhältnis ist normalerweise ein Dauervertrag, der mit der Kündigung endet [§ 620 II BGB].

> - Die **Kündigung** ist eine **einseitige empfangsbedürftige Willenserklärung** des Arbeitgebers oder Arbeitnehmers, mit der der Arbeitsvertrag beendet werden soll. Die Kündigung muss **keine Begründung** enthalten, solange kein Kündigungsschutz besteht.[1]
> - Die Kündigung muss immer **schriftlich** erfolgen [§ 623 BGB].
> - Die Kündigung ist **zugegangen**, wenn sie so in den **Machtbereich des Empfängers gelangt**, dass dieser unter gewöhnlichen Verhältnissen die Möglichkeit zur Kenntnisnahme hat.

9.3.2 Arten der Kündigung

(1) Gesetzliche Kündigung (ordentliche Kündigung)

- **Grundkündigungsfrist**

Das Arbeitsverhältnis eines Arbeitnehmers kann vom Arbeitgeber und vom Arbeitnehmer mit einer Frist von **vier Wochen** zum **Fünfzehnten** oder zum **Ende eines Kalendermonats** gekündigt werden [§ 622 I BGB].

- **Verlängerte Kündigungsfristen für die Arbeitgeber**

Bei längerer Betriebszugehörigkeit gelten für eine Kündigung durch den **Arbeitgeber** verlängerte gesetzliche Kündigungsfristen [§ 622 II BGB].

Betriebszugehörigkeit	Kündigungsfristen zum Monatsende
ab 2 Jahre	1 Monat
ab 5 Jahre	2 Monate
ab 8 Jahre	3 Monate
ab 10 Jahre	4 Monate
ab 12 Jahre	5 Monate
ab 15 Jahre	6 Monate
ab 20 Jahre	7 Monate

> **Beispiel:**
> Die Mühlenbach-AG beschließt eine Reihe von Kündigungen. Den Betroffenen gehen die Kündigungen am 15. April zu:
> (1) Carla Monti, 22 Jahre, seit 1½ Jahren im Betrieb;
> (2) Emil Huber, 30 Jahre, seit 5 Jahren im Betrieb und
> (3) Hanna Schmidt, 42 Jahre, seit 17 Jahren im Betrieb.
>
> **Aufgabe:**
> Erläutern Sie, ab welchem Zeitpunkt diese Kündigungen rechtswirksam sind!

---

[1] Der Betriebsrat ist vor jeder Kündigung durch den Arbeitgeber unter Angabe der Kündigungsgründe zu hören [§ 102 BetrVG]. Ohne Anhörung des Betriebsrats ist die Kündigung unwirksam.

Lösung:

(1) Carla Monti: Es gilt die Grundkündigungsfrist. Die Kündigung wird am 15. Mai rechtswirksam.

(2) Emil Huber: Da er seit 5 Jahren im Betrieb beschäftigt ist, gilt eine verlängerte Kündigungsfrist von 2 Monaten zum Monatsende. Die Kündigung ist frühestens zum 30. Juni rechtswirksam.

(3) Hanna Schmidt: Sie ist seit 17 Jahren im Betrieb beschäftigt. Für sie gilt daher eine Kündigungsfrist von 6 Monaten zum Monatsende. Es kann ihr also frühestens zum 31. Oktober rechtswirksam gekündigt werden.

(2) Vertragliche Kündigung

Die zwischen Mitarbeitern und Arbeitgebern vereinbarten Kündigungsfristen dürfen grundsätzlich **länger,** aber **nicht kürzer** als die gesetzlichen Kündigungsfristen sein.

(3) Fristlose Kündigung (außerordentliche Kündigung)

Das Arbeitsverhältnis kann von jeder Vertragspartei ohne Einhaltung einer Kündigungsfrist gelöst werden, wenn ein wichtiger Grund vorliegt [§ 626 BGB]. Wenn der Betriebsrat nicht vor der Kündigung unterrichtet wird, ist diese **unwirksam.**

Beispiele:
- Verstöße gegen die Schweigepflicht;
- Diebstahl;
- grobe Beleidigungen;
- Tätlichkeiten;
- Mobbing (soziale Isolierung von Kollegen durch üble Nachrede, Missachtung und Unterstellungen);
- ungerechtfertigte Arbeitsverweigerung.

(4) Abmahnung

Die Arbeitnehmer haben das Recht, **vor einer Kündigung** durch den Arbeitgeber eine **Abmahnung** zu erhalten.

Mit der rechtswirksamen – gesetzlich nicht geregelten – Abmahnung muss ein konkreter Vorfall oder ein bestimmtes Fehlverhalten des Mitarbeiters (z. B. fehlende unverzügliche Krankmeldung, unpünktlicher Arbeitsbeginn) missbilligt und der Mitarbeiter aufgefordert werden, dieses Fehlverhalten künftig zu unterlassen. Weiterhin müssen bei weiteren Verfehlungen der gleichen Art Rechtsfolgen (z. B. die Kündigung des Arbeitsverhältnisses) angedroht werden.

Die Abmahnung hat eine Hinweis- und Warnfunktion. Entbehrlich ist eine Abmahnung bei gravierenden Vertragsverletzungen (z. B. Diebstahl, Unterschlagung), die auch ein Grund zu einer fristlosen Kündigung sind. Auf eine Abmahnung kann dann verzichtet werden, wenn sie wenig Erfolg versprechend ist. Dies gilt insbesondere dann, wenn erkennbar ist, dass der Mitarbeiter nicht gewillt ist, seinen Arbeitsvertrag zu erfüllen.

Allgemeiner Kündigungsschutz
- Sozial gerechtfertigt → Abmahnung → Kündigungsfrist
- Wichtiger Grund
- → Anhörung des Betriebsrats
- → Bei Zustimmung: Entlassungsabwicklung

9 Freisetzung von Personal

Beispiel für eine Abmahnung:

ELOHA-med GmbH · Oldesloer Str. 160 · 22457 Hamburg
Frau
Karin Becker
Schumannstraße 34
22083 Hamburg

ELOHA-med
Sanitätshaus
in Hamburg

Name: Elly Fleiner
Telefon: +49 (0)40 84010-15
Telefax: −49 (0)40 84010-15
E-Mail: fleiner@eloha-hamburg.de

Datum: 15. 06. 20..

Abmahnung

Sehr geehrte Frau Becker,

wir sehen uns gezwungen, Sie aus folgendem Grund abzumahnen:

Sie sind am 23. April 20.. nicht zur Arbeit erschienen. Sie haben Ihr Fernbleiben weder im Voraus noch am 23. April 20.. bei der Personalabteilung oder Ihrem Vorgesetzten Herrn Haufe angekündigt bzw. gemeldet.

Aufgrund Ihres unentschuldigten Fehlens mussten die Mitarbeiter Heinz Haufe und Ebru Özmal in der Lagerlogistik Überstunden leisten, um den Auftrag für den Kunden Weka GmbH fristgemäß erledigen zu können.

Durch Ihr Verhalten haben Sie gegen Ihre arbeitsvertraglichen Pflichten verstoßen, den Arbeitgeber umgehend zu informieren und dem Arbeitsplatz nur mit dessen Zustimmung fernzubleiben. Ihr Verhalten wird missbilligt und ausdrücklich abgemahnt. Wir fordern Sie auf, künftig Ihre arbeitsvertragliche Pflicht zur Erbringung Ihrer Arbeitsleistung zu erfüllen und eventuelle Verhinderungen unverzüglich anzuzeigen.

Sollten Sie dieser Forderung nicht Folge leisten, müssen Sie mit arbeitsrechtlichen Konsequenzen bis hin zur Kündigung rechnen.

Diese Abmahnung wird zur Personalakte genommen. Sie haben das Recht, zu dieser Abmahnung Stellung zu nehmen. Ihre Stellungnahme wird ebenfalls zur Personalakte genommen werden.

Mit freundlichen Grüßen

ELOHA-med GmbH
Personalabteilung

i. A. *Elly Fleiner*

Elly Fleiner

Empfangsbestätigung:

Ich habe die Abmahnung am 18. 06. 20.. erhalten und zur Kenntnis genommen.

Karin Becker
Unterschrift des Arbeitnehmers

ELOHA-med GmbH
Geschäftsführung: Kai Meiners

Amtsgericht Hamburg: HRB 40577
USt-ID Nummer: DE 155 487 003

Bankverbindung: Deutsche Bank Hamburg
IBAN: DE 93 2007 0000 0000 2853 56   BIC: DEUTDEHHXXX

9.3.3 Kündigungsschutz

(1) Allgemeiner Kündigungsschutz

Der allgemeine Kündigungsschutz schützt Arbeitnehmer vor **sozial ungerechtfertigter** Kündigung, wenn das Arbeitsverhältnis im gleichen Unternehmen ohne Unterbrechung länger als sechs Monate bestanden hat und das Unternehmen in der Regel mehr als zehn Arbeitskräfte (Auszubildende nicht mitgerechnet) beschäftigt.

Eine **sozial ungerechtfertigte Kündigung** ist **rechtsunwirksam**. Bei notwendigen Entlassungen müssen z. B. die Dauer der Betriebszugehörigkeit, das Lebensalter und die Unterhaltspflichten der Arbeitnehmer berücksichtigt werden [§ 1 III KSchG].

> **Beispiel:**
> Einem einzelnen Mitarbeiter in der Patientenverwaltung eines Krankenhauses mit 2 000 Mitarbeitern wird mit der Begründung gekündigt, es läge Arbeitsmangel vor.

Sozial gerechtfertigt ist eine Kündigung z. B. in folgenden Fällen [§ 1 II KSchG]:

Kündigungsgründe	Beispiele
Der Kündigungsgrund liegt in der **Person** des Arbeitnehmers.	Eine Buchhalterin ist nicht in der Lage, sich auf ein neues Softwareprogramm umzustellen. – Ein Mitarbeiter leidet unter einer schweren Krankheit, sodass er seine Arbeit auf Dauer nicht mehr ausführen kann.
Der Kündigungsgrund liegt im **Verhalten** des Arbeitnehmers.	Ein Mitarbeiter im Pflegedienst verkürzt eigenmächtig die Pflegepläne. – Eine Kassiererin unterschlägt mehrere tausend Euro.
Die Kündigung ist durch **dringende betriebliche Erfordernisse** bedingt.	Personalabbau aufgrund von erforderlichen Rationalisierungsmaßnahmen. – Entlassungen aufgrund von nachhaltigem Auftragsmangel.

Der Personalabbau muss sozial gerecht verteilt werden. Die soziale Auswahl der zuerst zu entlassenden Beschäftigten darf z. B. nicht auf die Abteilung beschränkt werden, in der Personal eingespart werden soll.

(2) Besonderer Kündigungsschutz

Einen besonderen Kündigungsschutz genießen:

Auszubildende	Ihnen kann nach Ablauf der Probezeit während der Berufsausbildung nur aus einem wichtigen Grund gekündigt werden.
Betriebsratsmitglieder, Jugend- und Auszubildendenvertreter	Ihre Kündigung ist während ihrer Zugehörigkeit zum Betriebsrat bzw. zur Jugend- und Auszubildendenvertretung in der Regel unzulässig.
Frauen	Während der Schwangerschaft und bis zum Ablauf von vier Monaten nach der Entbindung besteht Kündigungsschutz.
Schwerbehinderte Menschen	Ihnen kann durch den **Arbeitgeber** ohne vorherige Zustimmung des Integrationsamtes nicht gekündigt werden. Die Kündigungsfrist beträgt mindestens vier Wochen.
Arbeitnehmer mit Elternzeit	Der Arbeitgeber darf das Arbeitsverhältnis ab 8 Wochen vor Beginn der Elternzeit und während der Elternzeit nicht kündigen.

9.3.4 Kündigungsschutzklage

Gegen die Entlassung kann sich der Mitarbeiter innerhalb von **drei Wochen**[1] nach Zugang der Kündigung mit einer Kündigungsschutzklage zur Wehr setzen.

Für die Dauer des Verfahrens muss der Entlassene bei unveränderten Arbeitsbedingungen **weiterbeschäftigt** werden, bis der Rechtsstreit zu einem rechtskräftigen Abschluss gekommen ist. Voraussetzung ist jedoch, dass neben dem Entlassenen auch der Betriebsrat frist- und ordnungsgemäß der Entlassung widersprochen hat [§ 102 V BetrVG]. Das Arbeitsgericht kann den Arbeitgeber von der Weiterbeschäftigung auf Antrag entbinden.

Das Urteil durch das Arbeitsgericht kann zu folgenden Situationen führen:

- Die Entlassung ist **gerechtfertigt**. Die **Klage wird abgewiesen**.
- Die Entlassung ist **nicht gerechtfertigt**. Das **Arbeitsverhältnis wird fortgesetzt**. Ist eine Fortführung des Arbeitsverhältnisses nicht sinnvoll, kann das Arbeitsgericht das **Arbeitsverhältnis auflösen** und eine **Abfindung** ansetzen.

Gegen das Urteil des Arbeitsgerichts kann der Kläger beim Landesarbeitsgericht **Berufung** einlegen.

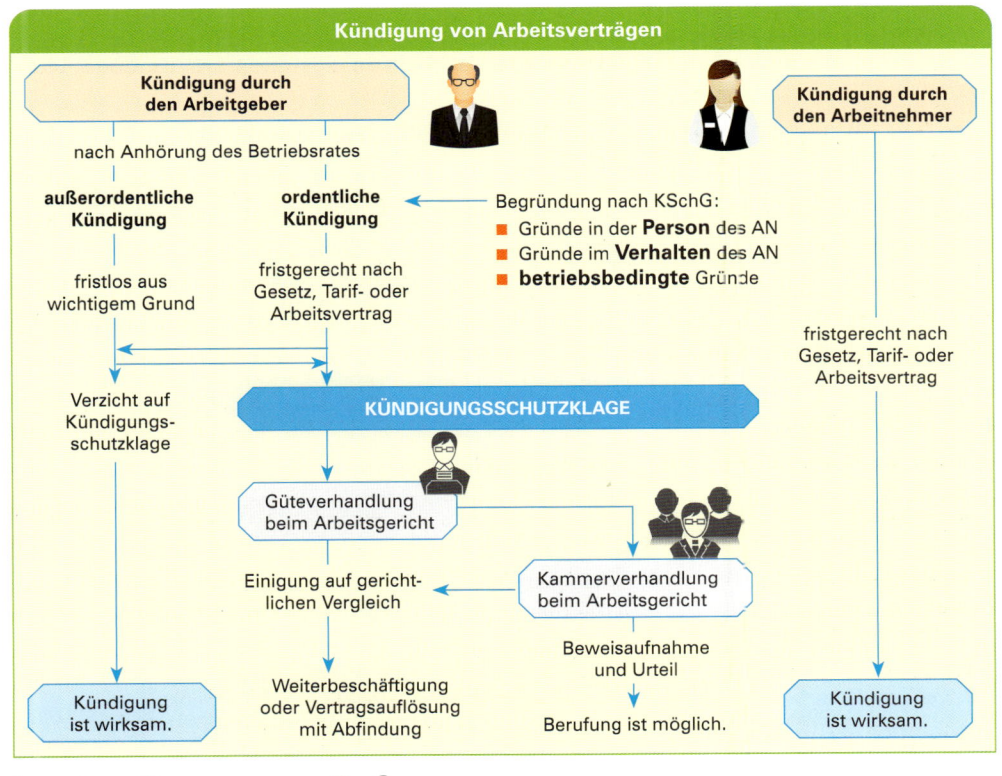

Kündigung von Arbeitsverträgen

Kündigung durch den Arbeitgeber (nach Anhörung des Betriebsrates)
- **außerordentliche Kündigung**: fristlos aus wichtigem Grund
- **ordentliche Kündigung**: fristgerecht nach Gesetz, Tarif- oder Arbeitsvertrag

Begründung nach KSchG:
- Gründe in der **Person** des AN
- Gründe im **Verhalten** des AN
- **betriebsbedingte** Gründe

Kündigung durch den Arbeitnehmer: fristgerecht nach Gesetz, Tarif- oder Arbeitsvertrag

Verzicht auf Kündigungsschutzklage → Kündigung ist wirksam.

KÜNDIGUNGSSCHUTZKLAGE → Güteverhandlung beim Arbeitsgericht
- Einigung auf gerichtlichen Vergleich → Weiterbeschäftigung oder Vertragsauflösung mit Abfindung
- Kammerverhandlung beim Arbeitsgericht → Beweisaufnahme und Urteil → Berufung ist möglich.

Kündigung durch den Arbeitnehmer → Kündigung ist wirksam.

Legende: Berufsrichter | Berufsrichter mit 2 ehrenamtlichen Richtern

---

[1] Versäumt der Mitarbeiter die Dreiwochenfrist, so wird auch eine sozial ungerechtfertigte bzw. unwirksame Entlassung wirksam.

9.4 Zeugnisausstellung

Jedem ausscheidenden Mitarbeiter ist ein schriftliches **Zeugnis** auszustellen. Die Zeugniserteilung in elektronischer Form ist ausgeschlossen. Das Zeugnis muss in ordentlicher Form (mit Briefkopf des Unternehmens, frei von Flecken usw.) abgefasst sein und die Unterschrift des Arbeitgebers enthalten.

(1) Einfaches Zeugnis

Das einfache Zeugnis enthält Angaben

- zur Person (ohne Bewertung),
- zur Dauer der Beschäftigung und
- zur Art der Beschäftigung (die einzelnen Tätigkeitsbereiche des Arbeitnehmers).

(2) Qualifiziertes Zeugnis

> Auf **Verlangen des Arbeitnehmers** hat der Arbeitgeber Angaben zu **Führung und Leistung** mit in das Arbeitszeugnis aufzunehmen, also ein **qualifiziertes Arbeitszeugnis** zu erstellen.

Das qualifizierte Zeugnis enthält Angaben

- zur Person (ohne Bewertung),
- zur Dauer der Beschäftigung,
- zur Art der Beschäftigung (die einzelnen Tätigkeitsbereiche des Arbeitnehmers) und
- zu **Führung und Leistung**.

Ein Arbeitszeugnis darf **nichts Schädigendes** über den Mitarbeiter enthalten. Andererseits müssen auch nachteilige Eigenschaften (z. B. Untreue des Buchhalters) aufgeführt sein, um **nicht schadenersatzpflichtig** gegenüber späteren Arbeitgebern zu werden.

Der **Aufbau** eines qualifizierten Arbeitszeugnisses sieht wie folgt aus:

■ **Überschrift:**		„Arbeitszeugnis" oder „Ausbildungszeugnis" oder „Zeugnis"
■ **Einleitung:**		– Personalien des Arbeitnehmers (Name, Vorname, Beruf, Titel)
		– Beschäftigungsdauer
■ **Aufgabenbeschreibung**:		– Tätigkeitsbeschreibung
		– Verantwortungsbereich
		– hierarchische Funktion, Vollmachten, …
■ **Leistungsbeurteilung**:		
	– Arbeitsbereitschaft:	Motivation, Einsatzfreude, Initiative
	– Arbeitsbefähigung:	Denk- und Urteilsvermögen, Auffassungsgabe, Problemlösefähigkeiten, Belastbarkeit, Flexibilität, …
	– Arbeitsweise:	Zuverlässigkeit, Genauigkeit, Sorgfalt, Arbeitseinteilung, …

> - Arbeitserfolg: Qualität, Quantität, Zielerreichung
> - Zusammenfassung: Gesamtbewertung der Leistung
> - leitende Angestellte: Führungsfähigkeiten und Führungserfolg
> - besondere Erfolge: herausragende Erfolge sollten getrennt erwähnt werden
> - **Verhaltensbeurteilung:** Sozialverhalten gegenüber Vorgesetzten, Mitarbeitern und Kunden
> - **Schlussabsatz:**
>   - Dankes-/Bedauernsformel
>   - Zukunftswünsche
>   - Ausstellungsort, -datum
>   - Unterschrift

Ist das Arbeitszeugnis ohne einen Schlusssatz und ohne Zukunftswünsche formuliert, gilt dies als Abwertung!

In Form einer bewusst gewählten Formulierungssprache hat sich in den Arbeitszeugnissen eine Art **Zeugniscode** durchgesetzt. Erst durch die Entschlüsselung dieses Codes kann eine Aussage über die dahinter stehende Beurteilung getroffen werden.

Formulierung im Zeugnis	Klartext (Bedeutung)	Notenstufe
a) Sie/er hat die ihr/ihm übertragenen Arbeiten... b) Sie/er hat unseren Erwartungen...		
a) ... stets zu unserer vollsten Zufriedenheit erledigt. b) ... in jeder Hinsicht und in allerbester Weise entsprochen.	sehr gute Leistungen	sehr gut (1)
a) ... zu unserer vollen Zufriedenheit erledigt. b) ... in jeder Hinsicht und in bester Weise entsprochen.	gute Leistungen	gut (2)
a) ... stets zu unserer Zufriedenheit erledigt. b) ... in jeder Hinsicht entsprochen.	befriedigende Leistungen	befriedigend (3)
a) ... zur Zufriedenheit erledigt. b) ... entsprochen.	ausreichende Leistungen	ausreichend (4)
a) ... im Großen und Ganzen zu unserer Zufriedenheit erledigt. b) ... im Großen und Ganzen entsprochen.	mangelhafte Leistungen	mangelhaft (5)
Sie/er hat sich bemüht ...	ungenügende Leistungen	ungenügend (6)

9.5 Abwicklung der Entlassung

Nachdem die Entlassung rechtskräftig ist, muss die Personalabteilung für den scheidenden Mitarbeiter die **Arbeitspapiere** erstellen. Hierzu zählen z. B.

- eine Urlaubsbescheinigung,
- die letzte Entgeltabrechnung,
- die Lohnsteuerbescheinigung,
- der Sozialversicherungsnachweis,
- eine Arbeitsbescheinigung bzw. ein qualifiziertes Zeugnis.

Bevor die Unterlagen an den Mitarbeiter ausgehändigt werden, muss die Abteilung, in der der Mitarbeiter beschäftigt war, der Personalabteilung mitteilen, dass das dem Mitarbeiter überlassene Firmeneigentum von ihm ordnungsgemäß zurückgegeben wurde.

Kompetenztraining

183 Die Klinikbedarf Kniebis KG hat seit längerer Zeit ein anhaltendes Absatztief und ist derzeit personell überbesetzt. Sie überlegt Personal abzubauen.

Aufgaben:

1. Erklären Sie, was unter Personalfreisetzung zu verstehen ist!

2. Dem Mitarbeiter André Schön wurde fristgemäß zum 30. September gekündigt. André Schön hält die Kündigung für sozial ungerechtfertigt.
   2.1 Erläutern Sie, wann eine Kündigung als sozial ungerechtfertigt bezeichnet wird!
   2.2 Recherchieren Sie, an welches Gericht sich André Schön wenden kann, wenn die Kündigung vom Arbeitgeber nicht zurückgenommen wird!

3. Dem zwanzigjährigen Kevin Bär, der seit einem Jahr bei der Klinikbedarf Kniebis KG beschäftigt ist, wird zum 31. Dezember gekündigt. Es ist davon auszugehen, dass die Kündigung sozial gerechtfertigt ist.
   3.1 Ermitteln Sie den Tag, an dem der Arbeitgeber spätestens kündigen muss!
   3.2 Erläutern Sie, warum die Kündigung begründet werden muss!
   3.3 Stellen Sie dar, was Kevin Bär gegen die Kündigung unternehmen könnte!
   3.4 Nennen Sie zwei Gründe für eine fristlose Entlassung eines Mitarbeiters!
   3.5 Kevin Bär erhielt rechtzeitig eine Abmahnung. Erklären Sie, was hierunter zu verstehen ist!
   3.6 Bilden Sie einen Fall, bei dem eine Abmahnung entbehrlich ist!

184 1. Die Umsatzerwartungen der Klinikbedarf Kniebis KG haben sich nicht erfüllt. Die Kniebis KG muss sich betriebsbedingt von zwei Mitarbeitern trennen. Sie werden beauftragt zu klären, ob in den folgenden Fällen eine Kündigung durch das Unternehmen rechtswirksam erfolgen kann und welche Fristen zu beachten sind!

9 Freisetzung von Personal

Aufgaben:

1.1 Auszubildender Ingo ist im zweiten Ausbildungsjahr zum Kaufmann im Gesundheitswesen.

1.2 Eva Möhrle ist seit einem Jahr im Unternehmen. Sie hat eine ärztliche Bescheinigung über eine Schwangerschaft vorgelegt.

1.3 Jens Holder, 34 Jahre, alleinstehend, ist seit 10 Jahren im Unternehmen.

1.4 Charlotte Groß, 32 Jahre, verheiratet, keine Kinder, ist seit einem Jahr im Unternehmen.

1.5 Das Unternehmen will auch Kira Hübner, 28 Jahre, alleinerziehend, 2 Kinder, seit 2 Jahren im Unternehmen, kündigen.

2. Die Mitarbeiterin Franziska Müller (28 Jahre; 5 Jahre im Unternehmen) will zum 30. Juni kündigen.

Aufgaben:

2.1 Ermitteln Sie ihre Kündigungsfrist!

2.2 Geben Sie das Datum an, an dem die Kündigung dem Arbeitgeber spätestens vorliegen muss!

2.3 Franziska Müller kündigt am 30. Mai. Geben Sie an, wann ihr letzter Arbeitstag ist!

2.4 Dem Mitarbeiter Fabian Specht wurde fristgemäß zum 30. September gekündigt. Fabian Specht hält die Kündigung für sozial ungerechtfertigt.
Nennen Sie die Gründe, bei denen eine Kündigung als sozial ungerechtfertigt bezeichnet wird!

3. Manuel Krimmer, 35 Jahre alt, seit 10 Jahren als Laborant beschäftigt, nimmt sich viele Freiheiten heraus. Wiederholt hat er schon vor dem Ende der regulären Arbeitszeit (18:00 Uhr) seinen Arbeitsplatz ohne Rücksprache mit dem Vorgesetzten vorzeitig verlassen. So wieder am Freitag letzter Woche (19. Mai 20..), wo er bereits um 16:30 Uhr nicht mehr auffindbar war. Frauke Stark, die Personalleiterin, bat ihn im Rahmen eines Gesprächs, das am Montag, 22. Mai 20.. stattfand, um eine Erklärung. Manuel Krimmer hatte für sein Verhalten aber keine annehmbare Begründung. Nach Rücksprache mit dem Chefarzt und dem Betriebsrat entschied sich Frauke Stark, Manuel Krimmer eine Abmahnung zu erteilen.

Aufgabe:

Formulieren Sie eine Abmahnung für Frauke Stark!

185

1. Nennen Sie die Inhalte eines einfachen Arbeitszeugnisses!

2. Stellen Sie dar, was die Leistungs- und Verhaltensbeurteilung beim qualifizierten Arbeitszeugnis umfasst!

8 Wechselseitige Beziehungen der Wirtschaftssubjekte in der Volkswirtschaft

1 Wirtschaftssubjekte im Wirtschaftskreislauf

1.1 Einfacher Wirtschaftskreislauf

Für unsere einführenden Überlegungen „bauen" wir das Modell einer Volkswirtschaft, in der es **keinen Staat** und **keine Außenhandelsbeziehungen** gibt. Aber auch jetzt ist diese Volkswirtschaft noch viel zu kompliziert, um sie in Worten oder zeichnerisch darstellen zu können. Wir fassen deshalb sämtliche Unternehmen zum **Sektor**[1] **„Unternehmen"** und sämtliche privaten Haushalte zum **Sektor „private Haushalte"** zusammen.

Das **Zusammenwirken der Sektoren „Unternehmen" und „privater Haushalt"** lässt sich dann wie folgt darstellen:

1. Die **privaten Haushalte** stellen den Unternehmen ihre **Arbeitskraft, Boden** oder auch **Kapital** zur Verfügung. Da Arbeit und Boden zur Erzeugung von Gütern notwendig sind, spricht man auch von **Produktionsfaktoren**[2] oder kurz von **„Faktoren"**. Der Markt, auf dem Produktionsfaktoren angeboten und nachgefragt werden, heißt **Faktormarkt**.

   In der **Volkswirtschaftslehre** werden die Produktionsfaktoren **Natur** (z. B. Boden), **Arbeit, Kapital** (produzierte Produktionsmittel wie z. B. Maschinen, Fabrikhallen, Beförderungsmittel, immaterielle[3] Anlagen wie z. B. EDV-Software, Datenbanken und Urheberrechte) und **Bildung** (z. B. technisches und wirtschaftliches Wissen) unterschieden.

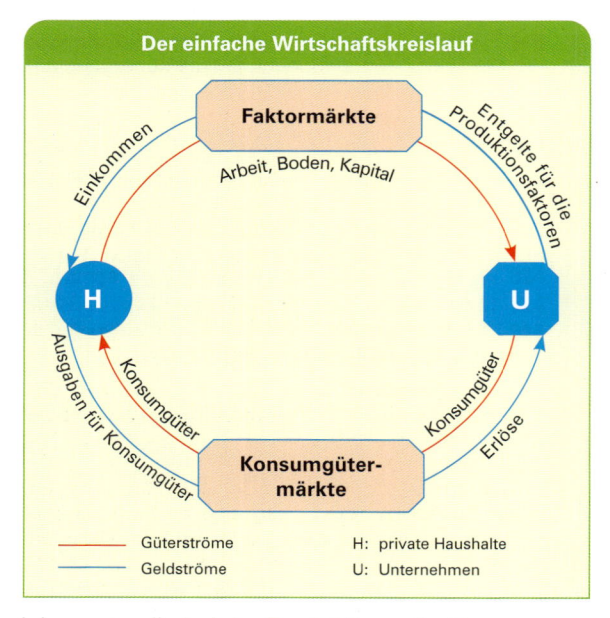

   Die Produktionsfaktoren sind die Grundelemente, die bei der Produktion mitwirken.

2. Für die geleistete Arbeit und die den Unternehmen zur Verfügung gestellten sonstigen Produktionsfaktoren erhalten die privaten Haushalte **Einkommen** in Form von Löhnen, Gehältern, Gewinnen, Mieten, Zinsen oder Pachten. Dem **realen Strom** bzw. **Güterstrom** (auch Arbeitsleistungen sind im wirtschaftlichen Sinne Güter) steht ein **monetärer Strom** bzw. **Geldstrom** (Einkommensstrom) gegenüber.

---

1 **Sektor:** Ausschnitt; hier: die Zusammenfassung gleichartiger wirtschaftlicher Einheiten, also von Wirtschaftssubjekten.
2 **Faktor** (lat.): Mitbewirker.
3 **Materiell:** stofflich. Im Gegensatz hierzu bedeutet „immateriell" nicht stofflich.

1 Wirtschaftssubjekte im Wirtschaftskreislauf

3. Die privaten Haushalte, so nehmen wir zunächst an, geben ihr gesamtes Einkommen wieder aus, indem sie bei den Unternehmen **Sachgüter** oder **immaterielle Güter** (Dienstleistungen, Rechte) kaufen und bezahlen.
4. Die von den Unternehmen an die privaten Haushalte verkauften Güter sind Konsumgüter. Der Markt, auf dem Konsumgüter angeboten und nachgefragt werden, heißt **Konsumgütermarkt**. Dem **Konsumgüterstrom** steht ein **Geldstrom** an die Unternehmen gegenüber. Der in Geld gemessene Wert der an die privaten Haushalte verkauften Güter stellt für die Unternehmen **Erlöse** (Umsatz) dar.

1.2 Erweiterter Wirtschaftskreislauf

Das einfache Modell zeigt eine Wirtschaft, in der die privaten Haushalte ihr gesamtes Einkommen je Zeitabschnitt (Periode, z. B. ein Jahr) verbrauchen. Eine Wirtschaft aber, die alles verbraucht, was sie erzeugt, kann nicht wachsen; sie ist **stationär**. Soll eine Wirtschaft wachsen, d. h. mehr als bisher produzieren, müssen ihre Produktionsanlagen erweitert bzw. neue Produktionsanlagen geschaffen werden.

> Eine **wachsende** Wirtschaft, also eine Wirtschaft, die von Jahr zu Jahr mehr erzeugt, bezeichnet man als **evolutorische**[1] (sich entwickelnde) Wirtschaft.

Wird das Modell des „einfachen Wirtschaftskreislaufs" um den **Sektor „Banken"** (Kreditinstitute) erweitert und wird der **Sektor Unternehmen** in die **Investitionsgüterindustrie** und in die **Konsumgüterindustrie** (einschließlich Handel) aufgeteilt, treten zu den bisher genannten gesamtwirtschaftlichen Strömen folgende hinzu:

1. Die privaten Haushalte **sparen (S)** einen Teil ihrer Einkommen und führen die gesparten Mittel den Banken (Kreditinstituten) zu.

    Fast jeder zweite Bürger in Deutschland spart. Das ergab eine aktuelle Umfrage, die der Verband der Privaten Bausparkassen in Auftrag gegeben hat. Demnach zählen 46,7 % der Bundesbürger zu den Sparern. Wichtigstes Sparziel ist es, fürs Alter und für Konsumzwecke – also eine größere Anschaffung wie beispielsweise ein neues Auto – Geld auf die Seite zu legen. 55 bzw. 54 % der Sparer nennen diese Motive. Für 42 % der Sparer spielt der Wunsch, den Traum von den eigenen vier Wänden eines Tages Wirklichkeit werden zu lassen, ebenfalls eine wichtige Rolle. Angesichts der Minizinsen für Spareinlagen ist mittlerweile das Girokonto die beliebteste Form der Geldanlage (40 %), gefolgt vom Sparbuch (37 %). – Die Umfrage fand in der ersten März-Hälfte 2020 statt, also vor Beginn der großen Coronakrise. Wegen der schweren wirtschaftlichen Folgen (Kurzarbeitergeld etc.) dürften sich die Sparmotive in der aktuellen Situation geändert haben.

So sparen die Bundesbürger

Wofür?
- Altersvorsorge: 55 %
- Konsum: 54
- Wohneigentum: 42
- Kapitalanlage: 31
- Notgroschen: 6
- Ausbildung der Kinder: 2

Wie?
- Girokonto: 40 %
- Sparbuch: 37
- Renten- u. Kapital-Lebensversicherung: 28
- Bausparvertrag: 27
- Immobilien: 25
- Tagesgeld u. ä.: 22
- Investmentfonds: 21
- Riester-Rente: 21
- Aktien: 16
- festverzinsliche Wertpapiere: 5

Befragung von 2006 Bundesbürgern im März 2020
Mehrfachnennungen
Quelle: Verband d. Privaten Bausparkassen, Kantar
© Globus 13943

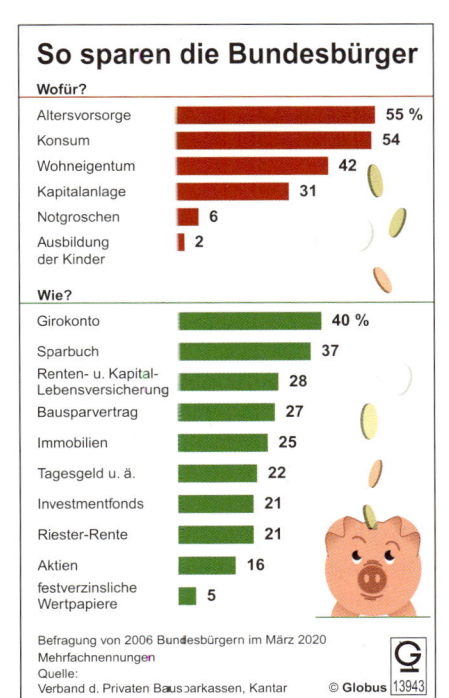

---
[1] **Evolution** (lat.): Entwicklung.

2. Die Banken stellen die Mittel den Unternehmen zur Verfügung, die ihre Produktionsanlagen erweitern und/oder ihre Vorräte aufstocken, also **investieren (I)**.

3. Die Investitionsgüterindustrie verkauft die von ihr hergestellten **Investitionsgüter** an die Konsumgüterindustrie. Die Verkaufserlöse aus diesen Lieferungen fließen der Investitionsgüterindustrie zu (**Investitionsgütermärkte**).

In der nebenstehenden Abbildung wurden die Güterströme nicht eingezeichnet, um die Übersichtlichkeit zu wahren. Im Übrigen stellen auch die Dienstleistungen der **Kreditinstitute** „Güter" im wirtschaftlichen Sinne dar (z. B. Verwaltung der eingelegten Gelder, Kreditgewährung). Der Ausgleich von Kreditangebot und Kreditnachfrage vollzieht sich auf den **Finanzmärkten**.

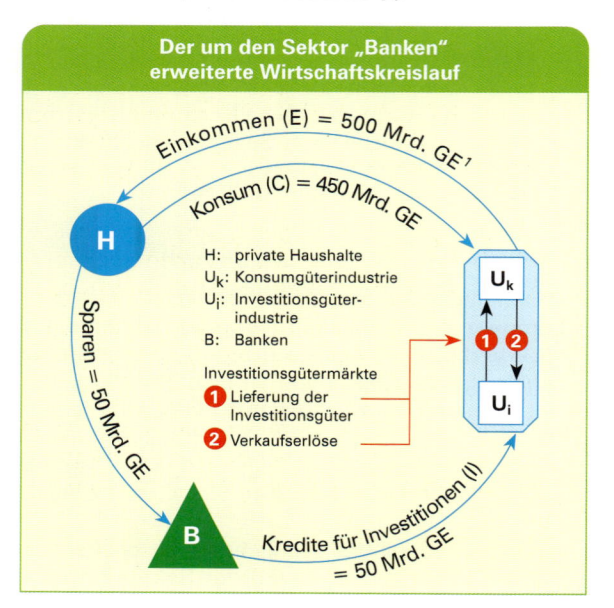

Der um den Sektor „Banken" erweiterte Wirtschaftskreislauf

Einkommen (E) = 500 Mrd. GE[1]
Konsum (C) = 450 Mrd. GE
Sparen = 50 Mrd. GE
Kredite für Investitionen (I) = 50 Mrd. GE

H: private Haushalte
U_k: Konsumgüterindustrie
U_i: Investitionsgüterindustrie
B: Banken

Investitionsgütermärkte
❶ Lieferung der Investitionsgüter
❷ Verkaufserlöse

1.3 Vollständiger Wirtschaftskreislauf

- Eine Volkswirtschaft ohne **Staat** ist nicht denkbar. Dem Staat fällt unter anderem die Aufgabe zu, mit wirtschafts- und gesellschaftspolitischen Maßnahmen den **Wirtschaftsablauf** zu **steuern**. In der Bundesrepublik Deutschland fließen durch den staatlichen Sektor[2] **knapp 50 %** des Bruttoinlandsprodukts, also des Gesamtwerts aller erzeugten Güter.[3]

- Eine moderne Wirtschaft ohne **außenwirtschaftliche Beziehungen** (geschlossene Volkswirtschaft) ist ebenfalls kaum vorstellbar. Unterschiedliche **Rohstoffvorkommen**, unterschiedliches **technisches Wissen** und die **Ansprüche** der Bevölkerung zwingen dazu, Güter einzuführen (zu importieren) und auszuführen (zu exportieren). Der binnenwirtschaftliche Wirtschaftskreislauf wird also um den **außenwirtschaftlichen** Kreislauf **erweitert** (offene Volkswirtschaft).

Zu den bereits bekannten Kreislaufströmen treten nunmehr noch folgende Geldströme (auf die Darstellung entsprechender Güterströme wird verzichtet) hinzu:

1. Ein Teil der Einkommen der privaten Haushalte und Unternehmen wird vom **Staat** (den **öffentlichen Haushalten**) in Form von **Steuern** und anderen gesetzlichen **Abgaben** (z. B. Sozialversicherungsbeiträge) einbehalten.

---

[1] GE: Geldeinheiten (z. B. €, US-$, £, Rubel).

[2] Zum Sektor „Staat" gehören vor allem der Bund, die Länder, die Kreise, die Gemeinden und die Sozialversicherungsträger.

[3] Das **Bruttoinlandsprodukt** ist der in Geld gemessene Wert der Gesamterzeugung einer Volkswirtschaft einschließlich des durch die Produktion verursachten Wertverlusts der Produktionsanlagen (Abschreibungen).

1 Wirtschaftssubjekte im Wirtschaftskreislauf

2. Die Staatseinnahmen werden wieder ausgegeben. Sie fließen zum Teil den privaten Haushalten in Form von **Gehältern** und **Löhnen** für die Staatsbediensteten zu. Aus sozialen Gründen ohne wirtschaftliche Gegenleistung werden den privaten Haushalten staatliche Transferleistungen u. a. in Form von Kindergeld, Renten, Entgeltersatzleistungen, Ausbildungsförderung und Wohngeld gezahlt.

   Ein weiterer Teil wird für die Vergabe von **Staatsaufträgen** an die Unternehmen verwendet, die dadurch **Umsatzerlöse** erzielen. Für besonders förderungswürdige Zwecke erhalten die Unternehmen (oft auch Private) Geldbeträge, die nicht mehr zurückgezahlt werden müssen **(Subventionen)**.

3. Die Unternehmen verkaufen Dienstleistungen und Sachgüter an das **Ausland (Export)**. Hierfür erhalten sie Geldeinnahmen oder Forderungen. Ihre Umsatzerlöse nehmen zu. Eine Wirtschaft mit **Außenhandelsbeziehungen** heißt **„offene Wirtschaft"**.

4. Umgekehrt kaufen die Unternehmen Dienstleistungen und Sachgüter von ausländischen Unternehmen und/oder Staatsbetrieben **(Import)**. Ein entsprechender Geldstrom fließt ins Ausland.

5. Teile der Einkommen der privaten Haushalte sowie der Gewinne der Unternehmen werden gespart und bei den Banken angelegt. Diese gewähren den privaten Haushalten Konsumkredite und den Unternehmen Investitionskredite.

Der vollständige Wirtschaftskreislauf

St: Staat (öffentliche Haushalte)
H: private Haushalte
U: Unternehmen
A: Ausland
B: Banken

Wechselseitige Beziehungen der Wirtschaftssubjekte in der Volkswirtschaft

Zu den **Auswirkungen auf die monetären und realen Ströme** im erweiterten Wirtschaftskreislauf sind in nachfolgender Tabelle Beispiele aufgeführt.

Beziehung zwischen	Geldkreislauf	Güterkreislauf
Haushalt und Staat	■ Der Auszubildende Carsten Clever bezahlt von seinem Weihnachtsgeld die Kfz-Steuer. ■ Familie Müller erhält Kindergeld.	■ Hans Schmidt arbeitet als Lehrer an einer staatlichen Schule. ■ Die Stadt Maulbronn baut eine neue Spielstraße.
Haushalt und Banken	■ Der vermögende Daniel Duck erhält eine Zinsgutschrift für sein Sparguthaben. ■ Der Angestellte Ralf Schupp zahlt an seine Bank Kontoführungsgebühren.	■ Der Immobilienbesitzer Hans Becker vermietet sein Geschäftshaus an die Sparkasse Schwaben. ■ Die Volksbank Konstanz verkauft einem Münzsammler eine Goldmünze.
Haushalt und Ausland	■ Dem in Luxemburg arbeitenden Egon Kling wird sein Gehalt an die Sparkasse Mannheim überwiesen. ■ Die preisbewusste Tanja Spar bezahlt ihren in Italien gekauften Kleinwagen.	■ Der Spekulant Bodo Bostellani legt einen Teil seines Vermögens in den USA an. ■ Ein kalifornischer Winzer versendet eine Kiste Wein an einen deutschen Weinliebhaber.
Unternehmen und Staat	■ Die Hinkelstein AG überweist ihre Körperschaftsteuer an das zuständige Finanzamt. ■ Der Staat tätigt Subventionszahlungen an deutsche Unternehmen.	■ Die Hochbau GmbH erstellt ein neues Berufsschulgebäude im Auftrag eines Landkreises. ■ Die städtische Müllabfuhr entsorgt den Müll der Ballast GmbH.
Unternehmen und Banken	■ Die Computer GmbH erhält eine Gutschrift für gelieferte Hardware. ■ Die Stuttgarter Bank eG belastet die Fritz Verzug AG mit Sollzinsen.	■ Die Paper GmbH beliefert die örtliche Sparkasse mit Büromaterial. ■ Die Volksbank Wangen eG verkauft der „Second-Hand KG" ausrangierte Büromöbel.
Unternehmen und Ausland	■ Die Maschinenbau AG erhält eine Dividendenzahlung auf ausländische Aktien. ■ Die Mannheimer Möbel Import GmbH überweist eine Rechnung an einen italienischen Zulieferer.	■ Die Konstanzer Wassertechnik OHG entsendet einen Ingenieur in den Sudan. ■ Ein deutsches Maschinenbauunternehmen mietet ein Betriebsgebäude in Portugal.

1 Wirtschaftssubjekte im Wirtschaftskreislauf

Kompetenztraining

186
1. Erläutern Sie anhand eigener Beispiele, wie ein einzelner wirtschaftlicher Betrieb in einem wechselseitigen Bezug zu anderen Wirtschaftseinheiten (z. B. anderen Unternehmen, privaten Haushalten, dem Staat) steht!

2. Erklären Sie die Notwendigkeit der Modellbildung in der Volkswirtschaftslehre!

3. Zeichnen Sie einen einfachen Geldkreislauf, wenn Sie annehmen, dass die privaten Haushalte nicht sparen und für Konsumgüter von Periode zu Periode 1 000 Mrd. GE ausgeben!

4. Erklären Sie die Begriffe monetärer Strom und realer Strom!

5. Erklären Sie die Begriffe Güter- und Faktormarkt!

6. Erweitern Sie den einfachen Geldkreislauf aus Aufgabe 3, indem Sie unterstellen, dass die Haushalte 20 % ihres Einkommens sparen und bei den Banken anlegen. Weiterhin wird angenommen, dass das Sparen der Unternehmen ihrer Kreditaufnahme bei den Banken entspricht, um ihre Investitionen zu finanzieren.

187 Die Beziehungen der Wirtschaftssubjekte werden modellhaft als Wirtschaftskreislauf dargestellt. Dieser Wirtschaftskreislauf zeigt die Güter- und Geldströme zwischen den beteiligten Wirtschaftssubjekten. Der Geldkreislauf einer offenen Volkswirtschaft mit staatlicher Aktivität weist folgende Werte aus (Angaben in Mrd. EUR):

Einkommen der privaten Haushalte vom Staat	700
Einkommen der privaten Haushalte von den Unternehmen	1 700
Ersparnisse der privaten Haushalte	240
Einnahmen des Staates von privaten Haushalten	850
Einnahmen des Staates von den Unternehmen	650
Exporte der Unternehmen	500

Aufgaben:

1. Erläutern Sie, worin sich die offene von der geschlossenen Volkswirtschaft unterscheidet!

2. Berechnen Sie die Konsumausgaben der privaten Haushalte!

3. Ermitteln Sie die von den Unternehmen in Anspruch genommenen Kredite!

188
1. Nennen Sie drei Formen von Einkommen, die den privaten Haushalten von den Unternehmen zufließen!

2. Nennen Sie vier Formen von Einnahmen des Staates von privaten Haushalten und von Unternehmen!

3. Geben Sie an, zwischen welchen Wirtschaftssubjekten soziale Transferleistungen gezahlt werden!
   Bilden Sie dafür zwei Beispiele!

4. Geben Sie an, welche Sektoren den geschlossenen Wirtschaftskreislauf bilden!

2 Bruttoinlandsprodukt als Maß für die wirtschaftliche Leistung

2.1 Begriff Wirtschaftswachstum

> Unter **Wirtschaftswachstum** versteht man die Zunahme der produzierten Menge an Gütern und Dienstleistungen einer Volkswirtschaft innerhalb einer bestimmten Periode (gewöhnlich für ein Jahr).[1]

Wenn die Menge der zur Verfügung stehenden Güter und Dienstleistungen zunimmt, so bedeutet Wirtschaftswachstum zugleich eine **Steigerung des Wohlstandes** einer Volkswirtschaft.

Erhöht (verringert) sich das Bruttoinlandsprodukt innerhalb einer Periode im Vergleich zur Vorperiode, so spricht man von positivem (negativem) Wirtschaftswachstum, bleibt es hingegen gleich, bezeichnet man diesen Zustand als „Nullwachstum".

Grundsätzlich lassen sich **zwei Arten** von **Wirtschaftswachstum** unterscheiden:

Arten	Erläuterungen
Quantitatives Wachstum	Ist die **rein mengenmäßige Erhöhung** des Bruttoinlandsprodukts.
Qualitatives Wachstum	Ist die **Verbesserung der Umwelt- und Lebensbedingungen**. Das qualitative Wachstum findet seinen Ausdruck z. B. in der Entwicklung **sparsamer und umweltschonender** Produktionsverfahren, größerer Freizeit oder qualifizierteren Ausbildungen.

Das Wachstum einer Volkswirtschaft wird durch den **Bestand und die Auslastung der Produktionsfaktoren** bestimmt. Daraus lässt sich das gesamtwirtschaftliche Produktionspotenzial[2] ermitteln. Wird dieses Potenzial nicht voll ausgenutzt, so wird auf mögliches Wachstum verzichtet.

2.2 Begriff Bruttoinlandsprodukt (BIP)

Die wirtschaftliche Leistung einer Volkswirtschaft und deren Veränderung (Wirtschaftswachstum) wird von Statistischen Ämtern gemessen und in der Größe **Bruttoinlandsprodukt** (BIP) ausgedrückt.

> Das **Bruttoinlandsprodukt (BIP)** misst die Produktion von Waren und Dienstleistungen in einem **bestimmten Gebiet** (Inland, Arbeitsort) für einen **bestimmten Zeitraum**, meist ein Jahr, **unabhängig** davon, ob diejenigen, von denen die Produktionsfaktoren bereitgestellt werden (Erwerbstätige, Kapitaleigner), ihren ständigen Wohnsitz in diesem Gebiet haben oder nicht.

Das **Bruttoinlandsprodukt** (BIP) spiegelt die wirtschaftliche Gesamtleistung eines Landes wider. Die Arbeit des kleinen Handwerksbetriebs ist darin ebenso enthalten wie die Produktion des großen Industriekonzerns; die Leistungen des Transportgewerbes, des

---

[1] Das Wirtschaftswachstum wird anhand des Bruttoinlandsprodukts (BIP) gemessen.
[2] **Produktionspotenzial**: Produktionsleistung, die in einer Volkswirtschaft bei in einer Periode (gewöhnlich ein Jahr) erbracht werden kann.

2 Bruttoinlandsprodukt als Maß für die wirtschaftliche Leistung

Dienstleistungssektors, des Handels, der Banken und Versicherungen sowie der Landwirtschaft ebenso wie die des Staates, der Kirchen, der Gewerkschaften und anderer Organisationen. Ins BIP fließen zudem auch Schätzungen für die Bereiche Schwarzarbeit, Prostitution, Drogenhandel und Tabakschmuggel ein.

Das BIP wird in **jeweiligen Preisen** und **preisbereinigt** errechnet. Auf Vorjahrespreisbasis wird die „reale" Wirtschaftsentwicklung im Zeitablauf **frei von Preiseinflüssen** dargestellt. Die **Veränderungsrate** des **preisbereinigten** BIP dient als **Messgröße** für das **Wirtschaftswachstum** einer Volkswirtschaft. Das BIP ist damit die **wichtigste Größe** der volkswirtschaftlichen Gesamtrechnungen.

Hinweis:

Ein steigendes Bruttoinlandsprodukt bedeutet noch nicht, dass die Volkswirtschaft tatsächlich im angezeigten Umfang mehr produziert hat. Das Wachstum kann vielmehr ganz oder teilweise auf **gestiegene Preise** zurückzuführen sein. Das zu jeweiligen (im Betrachtungsjahr aktuellen) Preisen bewertete Bruttoinlandsprodukt bezeichnet man als **nominales Bruttoinlandsprodukt.** Zur Ermittlung des nominalen Bruttoinlandsproduktes werden die produzierten Güter und Dienstleistungen eines Jahres mit den tatsächlich gezahlten Preisen multipliziert und die Einzelergebnisse dann addiert.

Beispiel:

In einer Volkswirtschaft werden im Jahr 01 von einem Sportwagenhersteller 20 exklusive Nobel-Karosserien hergestellt und zu einem Preis von 1 Mio. EUR pro Stück verkauft. Im Jahr 02 werden vom gleichen Modell 15 Wagen hergestellt und zu einem Preis von 2 Mio. EUR pro Stück verkauft. Obwohl 5 Autos weniger hergestellt wurden, hat sich das nominelle Bruttoinlandsprodukt – einzig wegen der gestiegenen Preise – um 10 Mio. EUR erhöht.

Will man die **tatsächliche** Mehrleistung einer Volkswirtschaft im Vergleich zum Vorjahr ermitteln, muss man das **reale** (preisbereinigte) **Bruttoinlandsprodukt** berechnen. Dies geschieht im Kern dadurch, dass man aus dem nominalen Bruttoinlandsprodukt die **Preissteigerungen** herausrechnet.

2.3 Die Leistung unserer Wirtschaft

Die Ergebnisse des Wirtschaftsprozesses einer Volkswirtschaft für eine bestimmte Periode (z. B. ein Jahr) werden von der **volkswirtschaftlichen Gesamtrechnung (VGR)** erfasst. Sie liefern den Trägern der Wirtschaftspolitik wichtige Informationen u. a. darüber, was die eingeleiteten wirtschaftspolitischen Maßnahmen bewirkt haben.

In der volkswirtschaftlichen Gesamtrechnung gibt es **drei verschiedene Ansätze** zur Berechnung des Bruttoinlandsprodukts:

- **Entstehungsrechnung:** Wo ist das Bruttoinlandsprodukt **entstanden?**
- **Verwendungsrechnung:** Wie wird das Bruttoinlandsprodukt **verwendet?**
- **Verteilungsrechnung:** Wie werden die bei der Entstehung des Bruttoinlandsprodukts erzielten Einkommen **verteilt?**

Das Jahr 2020 war ein schlechtes Jahr für die deutsche Wirtschaft. Die Folgen der Corona-Pandemie führten zu Einbrüchen, die in ihrer Stärke mit der Wirtschafts- und Finanzkrise im Jahr 2009 vergleichbar sind. Damals sank das nominale Bruttoinlandsprodukt (BIP) um 4,0 % im Vergleich zum Vorjahr. Rechnet man den Preisanstieg heraus, lag das Minus sogar bei 5,7 %. 2020 waren die Veränderungen ähnlich: nominal minus 3,4 % und real minus 4,9 %. Dabei war das Wachstum 2019 schon geringer ausgefallen als die Jahre davor. Der Grund waren u. a. Handelskonflikte. Im Jahr 2020 lag das BIP bei 3332 Mrd. EUR und damit unter dem Wert des Jahres 2018.

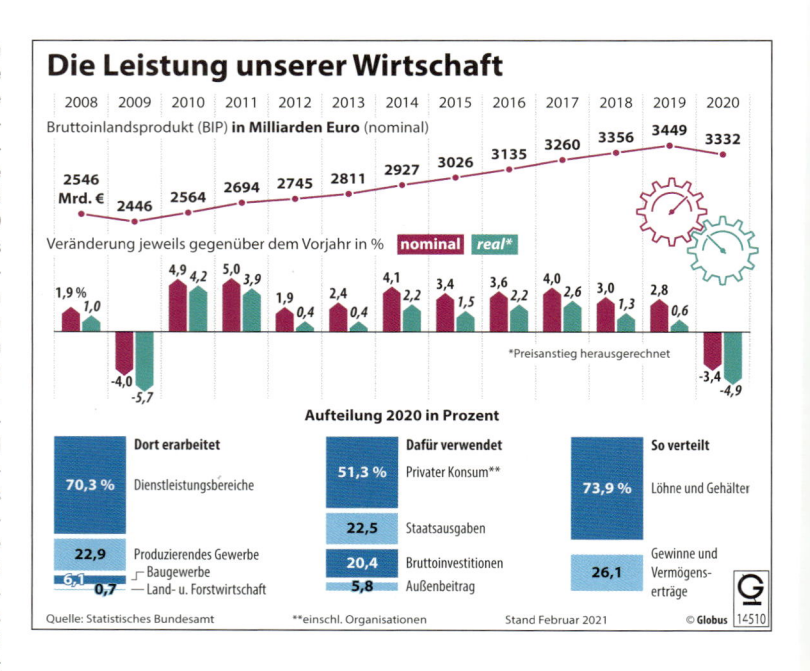

2.4 Kritik am Modell des BIP als Wohlstandsindikator

(1) Erfassungs- und Bewertungsprobleme

Die Ermittlung der volkswirtschaftlichen Leistung stößt auf Erfassungs- und Bewertungsprobleme, sodass **Schätzungen** erforderlich werden, die auf mehr oder weniger willkürlichen **Annahmen** beruhen.

Beispiele:

- Die Leistungen des Staates werden nicht auf dem Markt gehandelt. Viele staatliche Leistungen sind unentgeltlich. Deshalb gibt es für die staatlichen Leistungen keine Marktpreise. Bei der Berechnung der volkswirtschaftlichen Gesamtleistung werden deshalb die staatlichen Leistungen mit den Herstellungspreisen bewertet.
- Die Höhe der verschiedenen Messzahlen gesamtwirtschaftlicher Leistung hängt u. a. davon ab, ob Abschreibungen nachgewiesen und wie diese berechnet werden.

Abschreibungen sind keine direkt messbare Größe, sondern ein kalkulatorischer Posten, der nach festgelegten Grundsätzen bewertet wird. Die Berechnung der volkswirtschaftlichen Abschreibungen unterscheidet sich daher von den Berechnungs- und Bewertungsgrundsätzen im einzelwirtschaftlichen Rechnungswesen. Die volkswirtschaftlichen Abschreibungen gehen vom Wiederbeschaffungswert aus; sie stellen deshalb eine fiktive (angenommene) Größe dar.

(2) Gesamtleistung ist teilweise zu hoch bewertet

Die volkswirtschaftliche Gesamtleistung (z. B. das Bruttonationaleinkommen und das Bruttoinlandsprodukt) ist vor allem deshalb zu hoch berechnet, weil die **sozialen Kosten,** die abgesetzt werden müssten, nicht erfasst werden.

Die Gesamtleistung wird auch deswegen **zu hoch** wiedergegeben, weil Teile der sozialen Kosten der Gesamtleistung hinzugerechnet werden, so z. B. die Behandlungskosten von Unfallopfern und Berufskranken, die Reparaturen an Unfallfahrzeugen oder -maschinen sowie die Neuanschaffungen von Fahrzeugen und Maschinen, die aufgrund von Unfällen erforderlich werden.

(3) Gesamtleistung ist teilweise zu niedrig bewertet

Zu niedrig ist die Gesamtleistung insofern, als die nicht auf den Märkten in Erscheinung tretenden Leistungen unberücksichtigt bleiben.

Hierzu rechnen z. B. die Kindererziehung, die Arbeitsleistungen im privaten Haushalt oder die Leistungen der Kleingärtner.

Zu diesen legalen[1] Vorgängen der **Schattenwirtschaft** kommen die illegalen[2] wie z. B. Schwarzarbeit, Beschäftigung illegaler Einwanderer sowie Lieferungen und Leistungen ohne Rechnung. Die im Rahmen der Schattenwirtschaft geschaffenen Leistungen finden **nur als Schätzgröße** Berücksichtigung.

Auch die Leistungen des Staates sind nicht ausreichend bewertet. Da es für staatliche Leistungen keine „Marktpreise" gibt (z. B. Dienstleistungen der Justiz, der Behörden, der Schulen und Universitäten), müssen diese zu Herstellungspreisen bewertet werden.

Der Gesamtleistung hinzugerechnet werden sollten auch die **sozialen Leistungen** (der „soziale Nutzen").

> Zu den **sozialen Leistungen** rechnen alle der gesamten Gesellschaft zugutekommenden Nutzeffekte, wie z. B. die Umwelt erhaltende Tätigkeit der Landwirtschaft, der Erholungswert rekultivierter Industrielandschaften, die Ausbildungsleistungen der Unternehmen oder die Nutzung der Infrastruktur.[3]

2.5 Alternativer Wohlstandsindikator: Human Development Index (HDI)

Das durch Mehr- oder Wenigerrechnung bereinigte Bruttonationaleinkommen bzw. Bruttoinlandsprodukt bleibt nach wie vor ein **eindimensionaler Wohlstandsmaßstab,** da lediglich quantitativ (zahlenmäßig) erfassbare Größen berücksichtigt werden können. Qualitative Dimensionen,[4] die sogenannte **Lebensqualität** (Gesamtheit aller Lebensumstände in einer Gesellschaft), werden nicht berücksichtigt. Die Lebensqualität kann nur mithilfe **sozialer** oder **ökologischer Indikatoren** beschrieben werden, die sich meist einer Bewertung in Geld entziehen. Soziale und ökologische Indikatoren sind qualitative Größen, die wesentliche Tatbestände der Gesellschaft wiedergeben.

---

[1] **Legal:** gesetzlich, erlaubt.
[2] **Illegal:** ungesetzlich, verboten.
[3] Unter **Infrastruktur** sind alle der Allgemeinheit dienlichen öffentlichen und privaten Einrichtungen zu verstehen (z. B. private und öffentliche Straßen, Eisenbahnen, Krankenhäuser, Schulen, Kindergärten, Versorgungseinrichtungen).
[4] **Dimension:** Abmessung, Ausdehnung; hier: Gesichtspunkte.

Beispiele:

Die Qualität der medizinischen Versorgung lässt sich z. B. ablesen an der Geburtensterblichkeit, der Müttersterblichkeit, der Zahl der Krankenbetten oder an den Wartezeiten zwischen dem Auftreten einer Krankheit und der Aufnahme in ein Krankenhaus.

Die Qualität des Arbeitslebens spiegelt sich z. B. in den Arbeitslosenzahlen, in der Zahl der offenen Stellen oder in der Zahl der Arbeitsunfälle und Berufskrankheiten wider.

Zu den Indikatoren, die soziale und ökologische Aspekte berücksichtigen, zählt z. B. der Human Development Index.

Der **Human Development Index** (Index der menschlichen Entwicklung) versucht mit einer Maßzahl den Stand der menschlichen Entwicklung in den Ländern der Welt abzubilden. Dieser Index wird jährlich im Weltentwicklungsbericht (Human Development Report, HDR) veröffentlicht, welchen das United Nations Development Programme (UNDP), das Entwicklungsprogramm der Vereinten Nationen, herausgibt.

> Der Human Development Index als Messzahl für den Entwicklungsstand eines Landes setzt sich aus **drei Komponenten** zusammen:
> - **Lebenserwartung** bei der Geburt,
> - **Ausbildung** (Alphabetisierung der erwachsenen Bevölkerung, Einschulungsrate in Grund-, Sekundär- und Hochschulen) und
> - **Kaufkraft** (Bruttoinlandsprodukt pro Kopf).

Darüber hinaus enthält der Human Development Report eine Vielzahl zusätzlicher Daten aus dem ökonomischen, sozialen und politischen Bereich.

Entwicklungsstand und Wohlergehen eines Landes und seiner Menschen nur anhand des Bruttoinlandsprodukts zu messen, wird zu Recht als ungenügend empfunden. Vor allem für die Lebensverhältnisse in der Dritten Welt ist ein Maßstab, der sich allein an der marktbezogenen Wirtschaftsleistung orientiert, von beschränkter Aussagekraft. Aufschlussreicher erscheint eine Antwort auf die Frage, ob und inwieweit eine Steigerung des Bruttoinlandsprodukts zur **menschlichen Entwicklung** beiträgt. Das *UN-Entwicklungsprogramm (UNDP)* versteht darunter „einen Prozess, der die Möglichkeiten des Einzelnen erweitert", ihm also zu einem längeren und gesunden Leben, einem bestimmten Maß an Bildung und einem ausreichenden Einkommen verhilft. Schon ein flüchtiger Vergleich zwischen „reichen" und „armen" Ländern zeigt, dass wirtschaftlicher Erfolg nicht automatisch mit höherer **Lebensqualität** einhergeht. So ist es möglich, dass Länder mit niedrigem Bruttoinlandsprodukt ihrer breiten Bevölkerung einigermaßen befriedigende Lebensbedingungen bieten, während in viel wohlhabenderen Staaten manchmal extreme soziale Gegensätze herrschen.

Um solche Vergleiche auf eine feste, nachprüfbare Grundlage zu stellen, hat das UNDP einen besonderen Maßstab ausgearbeitet: den **Index der menschlichen Entwicklung.** Dabei wird für jedes Land ein Satz statistischer Kennzahlen, in denen sich die durchschnittliche Lebenserwartung, das Bildungsniveau und das kaufkraftbereinigte Pro-Kopf-Einkommen niederschlägt, zu einem einzigen Indexwert gebündelt.

Quelle: o. V.: Maßstab menschliche Entwicklung, ZB 603 146.

2 Bruttoinlandsprodukt als Maß für die wirtschaftliche Leistung

Lebensbedingungen in der Welt

Der Index der menschlichen Entwicklung (HDI) 2019 bewertet den durchschnittlichen Stand von 189 Ländern in grundlegenden Bereichen der menschlichen Entwicklung. Dazu zählen unter anderem die Lebenserwartung bei der Geburt, das Bildungsniveau und das Pro-Kopf-Einkommen.

Hier ist die menschliche Entwicklung ...   sehr hoch   hoch   mittel   niedrig   keine Angaben

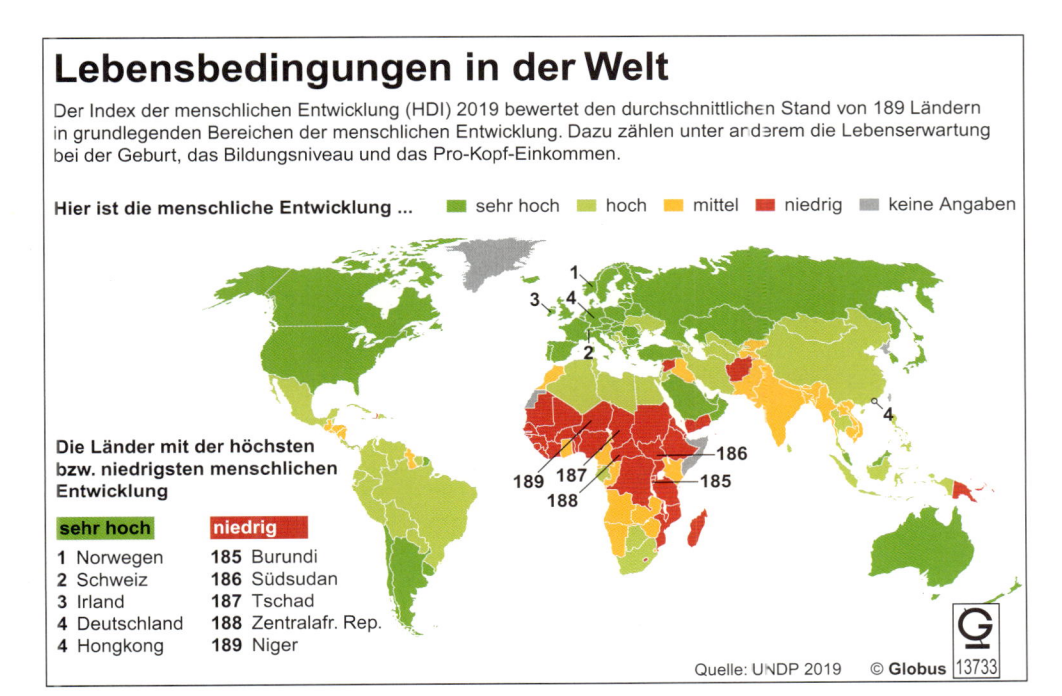

Die Länder mit der höchsten bzw. niedrigsten menschlichen Entwicklung

sehr hoch	niedrig
1 Norwegen	185 Burundi
2 Schweiz	186 Südsudan
3 Irland	187 Tschad
4 Deutschland	188 Zentralafr. Rep.
4 Hongkong	189 Niger

Quelle: UNDP 2019   © Globus 13733

In Norwegen genießen die Menschen weltweit die besten Lebensbedingungen. Das geht aus dem Weltentwicklungsbericht der Vereinten Nationen hervor. Dieser gibt den sogenannten Index der menschlichen Entwicklung (HDI = Human Development Index) wieder, der die Fortschritte in den jeweiligen Staaten misst. Dabei werden Lebenserwartung, Gesundheit, Bildung und Lebensstandard eingerechnet. Laut den Werten für das Jahr 2018 finden sich die zweitbesten Lebensbedingungen in der Schweiz, gefolgt von Irland. Deutschland landet auf dem vierten Platz, zusammen mit Hongkong. Auf den letzten fünf Plätzen im Index stehen afrikanische Staaten. Schlusslicht auf Rang 189 ist Niger, das weltweit die schlechtesten Lebensbedingungen hat. Der Abstand zwischen dem erstplatzierten Norwegen und Niger ist riesig: Ein Kind, das heute in Norwegen geboren wird, hat eine Lebenserwartung von 82 Jahren und wird etwa 18 Jahre in die Schule gehen. Im westafrikanischen Niger wird ein Kind durchschnittlich 62 Jahre alt und geht nur knapp sieben Jahre zur Schule.

Als wesentliche **Kritikpunkte** am HDI werden angeführt, dass gewisse Elemente wie beispielsweise Einkommensunterschiede innerhalb eines Landes oder zwischen Geschlechtern, sowie die politische Freiheit des Landes keine Berücksichtigung finden. Auch unterscheidet der HDI nicht zwischen Städten und ländlichen Gebieten.

> **Hinweis:**
>
> **Alle existierenden Indikatoren** zur Wohlstandserfassung eines Landes (also auch der HDI) erfassen **nur einzelne Teile** dessen, was den Wohlstand als Ganzes ausmacht. Es wird lediglich versucht, die Mängel des Bruttoinlandsprodukts durch einzelne Aspekte zu ergänzen. Eine **ganzheitliche Lösung** für das Problem der Wohlstandserfassung **gibt es jedoch noch nicht.**

Kompetenztraining

189
1. Erklären Sie, was die Größe „Bruttoinlandsprodukt" über den Wohlstand der Bevölkerung eines Landes aussagen kann!
2. Erläutern Sie, auf welchen Wegen das Bruttoinlandsprodukt ermittelt wird und welche Fragen dabei im Zentrum der jeweiligen Ermittlung stehen!
3. Nennen Sie fünf allgemeine Bestimmungsfaktoren für den Wohlstand eines Landes!
4. Nennen Sie neben dem Bruttoinlandsprodukt zwei weitere nichtökonomische Größen für die Beurteilung des Wohlstandes eines Landes!
5. Formulieren Sie drei Kritikpunkte, die an der herkömmlichen Berechnung der Messzahlen der gesamtwirtschaftlichen Leistung geübt werden!

3 Markt als Ort des Zusammentreffens von Angebot und Nachfrage

3.1 Systematisierung von Märkten

3.1.1 Begriff Markt

Wer den Begriff Markt hört, denkt vermutlich zunächst an solche Märkte wie z. B. den Wochenmarkt, den Supermarkt oder den Flohmarkt. Des Weiteren werden einem sicher Begriffe wie Arbeitsmarkt oder Wohnungsmarkt einfallen. Auch Zeitungsanzeigen enthalten oft Überschriften wie Gebrauchtwagenmarkt oder Stellenmarkt.

> Wirtschaftlich betrachtet ist der **Markt** der Ort, an dem Angebot und Nachfrage aufeinandertreffen.

Der Markt hat die Aufgabe, über die **Preisbildung** einen Ausgleich zwischen den angebotenen und den nachgefragten Waren zu schaffen. Bestimmt wird der Preis durch den **Wettbewerb der Anbieter** und dem **Verhalten der Nachfrager**.

> Der **Preis** ist der in Geld ausgedrückte Tauschwert einer Ware.

Anbieter versuchen auf dem Markt ihre Güter abzusetzen. Dabei streben sie nach **Gewinnmaximierung**.

MARKT

Nachfrager versuchen auf dem Markt ihre Nachfragepläne zu verwirklichen. Sie streben nach **Nutzenmaximierung**.

3 Markt als Ort des Zusammentreffens von Angebot und Nachfrage

3.1.2 Marktarten[1]

Je nachdem, von welchem **Gesichtspunkt** aus man die Märkte betrachtet, kann man verschiedene **Einteilungen** vornehmen:

(1) Gliederung des Marktes nach der Art der Marktpreisbildung

Vollkommene Märkte[2]	Unvollkommene Märkte
Märkte, auf denen es nur einen **einheitlichen Preis** für ein **bestimmtes Gut** geben kann.	Märkte, auf denen es **unterschiedliche Preise** für ein **bestimmtes Gut** gibt.

(2) Gliederung des Marktes nach der Anzahl der Anbieter und Nachfrager

Polypolistische Märkte[3]	Vollständige Konkurrenz, d. h., **unzählige Anbieter und Nachfrager** treten auf dem Markt auf.
Oligopolistische Märkte[4]	Märkte, bei denen auf einer und/oder beiden Marktseiten **wenige Anbieter und Nachfrager** vorhanden sind.
Monopolistische Märkte[5]	Märkte, bei denen sich auf **einer und/oder beiden Marktseiten** nur **ein Marktbeteiligter** befindet.

3.2 Nachfragekurven und Nachfrageverschiebungen

3.2.1 Begriff und Bestimmungsgründe der Nachfrage

Nachfrage ist der auf dem Markt erscheinende Bedarf.[6]

Wichtige Faktoren, die die individuelle Nachfrage z. B. der privaten Haushalte bestimmen, sind:

- die **Dringlichkeit der Nachfrager** ein **Bedürfnis**[7] **zu befriedigen,**
- die Höhe des **verfügbaren Einkommens** bzw. **Vermögens** der Nachfrager,
- der **Preis** des nachgefragten Gutes,
- die **Preise** für **austauschbare Güter (Substitutionsgüter)** bzw. sich gegenseitig **ergänzende Güter (Komplementärgüter).**

---

1 Man spricht von „Marktformen".
2 Vgl. Kapitel 3.4.3.
3 Die Vorsilbe **poly** … bedeutet „viel", z. B. in „Polygamie" die Vielehe.
4 Die Vorsilbe **olig** … bedeutet „wenig", z. B. in „Oligarchie" die Herrschaft weniger.
5 Die Vorsilbe **mono** … bedeutet „ein", z. B. in „Monotonie" die Eintönigkeit.
6 Die mit Kaufkraft versehenen Bedürfnisse bezeichnet man als **Bedarf**.
7 Unter **Bedürfnissen** versteht man ein Mangelempfinden der Menschen, das diese beheben möchten.

3.2.2 Preis und Nachfrage

Lassen wir alle anderen Bestimmungsgründe der individuellen Nachfrage außer Acht, dann kann man folgende **Beziehungen zwischen Preis und nachgefragter Menge** annehmen („**Gesetz der Nachfrage**"):

> - Mit **steigendem** Preis eines Gutes **sinkt** die Nachfrage nach diesem Gut.
> - Mit **sinkendem** Preis eines Gutes **steigt** die Nachfrage nach diesem Gut.

Das Gesetz der Nachfrage beschreibt das **normale Nachfrageverhalten** eines privaten Haushalts. Hiervon gibt es auch Ausnahmen. Nimmt ein Nachfrager z. B. den Preis eines Gutes als Qualitätsmaßstab, wird er mit **steigendem Preis** mengenmäßig **mehr**, mit **sinkendem Preis** mengenmäßig **weniger** nachfragen **(anomale Nachfrage)**. Ähnliche Verhaltensweisen sind auch möglich, wenn ein privater Haushalt steigende (sinkende) Preise erwartet.

Normale Nachfrage eines 4-Personen-Haushalts nach Kartoffeln

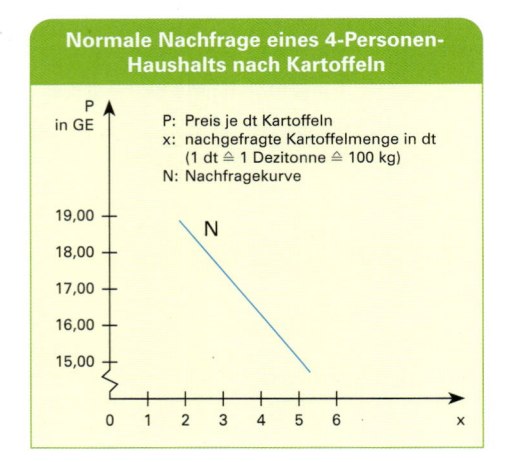

P: Preis je dt Kartoffeln
x: nachgefragte Kartoffelmenge in dt (1 dt ≙ 1 Dezitonne ≙ 100 kg)
N: Nachfragekurve

Beispiel:

Legt der Haushalt Müller weniger Wert auf Teigwaren, sondern bevorzugt er Kartoffeln, wird seine mengenmäßige Nachfrage nach Kartoffeln nur geringfügig abnehmen, wenn der Kartoffelpreis steigt. Man sagt, die Nachfrage ist preisunelastisch. Preiselastisch[1] ist hingegen seine Nachfrage nach Teigwaren. Steigen die Preise der Teigwaren, wird der Haushalt Müller weniger oder gar keine Teigwaren mehr nachfragen.

Mögliche Nachfragekurven

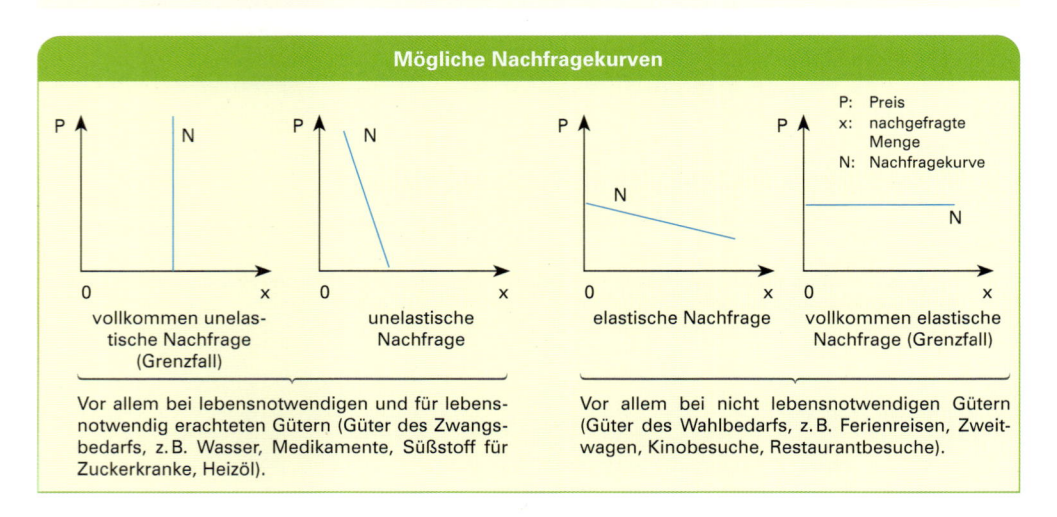

P: Preis
x: nachgefragte Menge
N: Nachfragekurve

- vollkommen unelastische Nachfrage (Grenzfall)
- unelastische Nachfrage
- elastische Nachfrage
- vollkommen elastische Nachfrage (Grenzfall)

Vor allem bei lebensnotwendigen und für lebensnotwendig erachteten Gütern (Güter des Zwangsbedarfs, z. B. Wasser, Medikamente, Süßstoff für Zuckerkranke, Heizöl).

Vor allem bei nicht lebensnotwendigen Gütern (Güter des Wahlbedarfs, z. B. Ferienreisen, Zweitwagen, Kinobesuche, Restaurantbesuche).

---

[1] Eine **elastische Nachfrage** liegt vor, wenn die prozentuale Änderung der nachgefragten Menge größer ist als die prozentuale Preisänderung. In diesem Fall ergibt sich für die Elastizität ein Wert, der größer als 1 ist.

3 Markt als Ort des Zusammentreffens von Angebot und Nachfrage

3.2.3 Nachfrageverschiebungen

Eine Nachfragekurve gilt nur für einen bestimmten Zeitpunkt, denn in der Wirtschaft verändern sich die Nachfrageverhältnisse laufend, d. h., die Nachfragekurven **verschieben** sich. Solche Verschiebungen treten z. B. ein, wenn sich die Bedürfnisse ändern, die Preise anderer Güter steigen oder fallen, die Zahl der Nachfrager wächst oder schrumpft (z. B. aufgrund einer Bevölkerungszunahme oder -abnahme) oder die Einkommen steigen oder fallen.

> - **Zunehmende Nachfrage** bedeutet, dass bei gegebenen Preisen mehr nachgefragt wird: Die Nachfragekurve verschiebt sich nach „rechts".
> - **Abnehmende Nachfrage** bedeutet, dass bei gegebenen Preisen weniger nachgefragt wird: Die Nachfragekurve verschiebt sich nach „links".

Beispiel:

Durch neue Studien wird belegt, dass regelmäßiges Joggen schon bei zwei Stunden pro Woche die durchschnittliche Lebenserwartung um mehrere Jahre ansteigen lässt. Diese Erkenntnis wird über einen längeren Zeitraum in verschiedenen Medien sehr umfangreich thematisiert. Daraufhin nimmt die Nachfrage nach Joggingschuhen stark zu. Die Nachfragekurve verschiebt sich nach **„rechts"**.

Aufgrund der Antiraucherkampagne mag es sein, dass einige Haushalte das Rauchen ganz aufgeben bzw. einige Haushalte den Konsum senken. Die Nachfrage nach Zigaretten wird also bei gleichen Preisen und gleichbleibenden Einkommen insgesamt zurückgehen. Die Nachfragekurve verschiebt sich nach **„links"**.

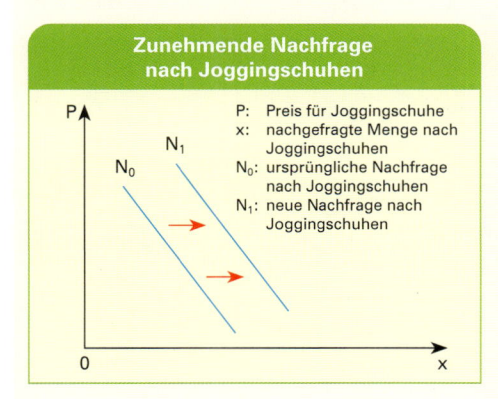

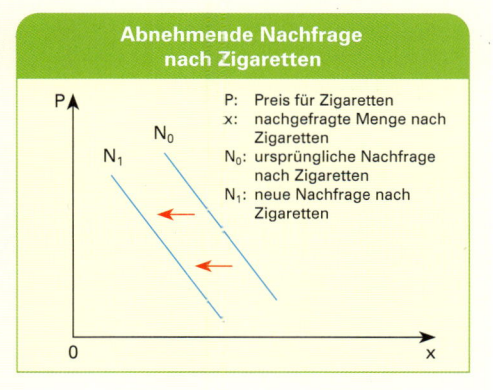

Zunehmende Nachfrage nach Joggingschuhen

P: Preis für Joggingschuhe
x: nachgefragte Menge nach Joggingschuhen
N_0: ursprüngliche Nachfrage nach Joggingschuhen
N_1: neue Nachfrage nach Joggingschuhen

Abnehmende Nachfrage nach Zigaretten

P: Preis für Zigaretten
x: nachgefragte Menge nach Zigaretten
N_0: ursprüngliche Nachfrage nach Zigaretten
N_1: neue Nachfrage nach Zigaretten

3.3 Angebotskurven und Angebotsverschiebungen

3.3.1 Begriff und Bestimmungsgründe des Angebots

> **Angebote** sind die auf dem Markt erscheinenden Verkaufswünsche.

Wichtige Faktoren, die das individuelle Angebot eines Unternehmens bestimmen, sind z. B. die

- **Zielsetzung** des Anbieters (z. B. Gewinnmaximierung, Kostendeckung),
- **Marktstellung** des Anbieters,
- tatsächliche und/oder erwartete **Marktlage** des Anbieters,
- **Kosten** des Anbieters.

3.3.2 Preis und Angebot

Die Wirtschaftstheorie sieht i. d. R. folgende Beziehungen zwischen Preis und Angebotsmenge (**„Gesetz des Angebots"**):

> - Mit **steigendem** Preis eines Gutes **steigt** das Angebot für dieses Gut.
> - Mit **sinkendem** Preis **sinkt** das Angebot für dieses Gut.

Das Gesetz des Angebots lässt sich wie folgt begründen: Mit steigenden Absatzpreisen wird der Anbieter versuchen, sein Angebot mengenmäßig auszuweiten, weil er sich zusätzliche Gewinne verspricht. Bei sinkenden Preisen wird er sein Angebot verringern oder (längerfristig) ganz aus dem Markt nehmen, weil die Gewinne sinken oder Verluste entstehen.

Die **Angebotskurven** sind von Anbieter zu Anbieter unterschiedlich, weil Zielsetzungen, Marktstellungen, Marktsituationen und Kostenstrukturen verschieden sind.

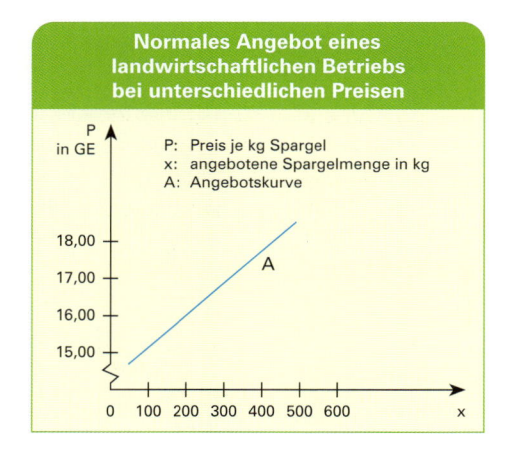

Normales Angebot eines landwirtschaftlichen Betriebs bei unterschiedlichen Preisen

P: Preis je kg Spargel
x: angebotene Spargelmenge in kg
A: Angebotskurve

Beispiel:

Das Angebot ist in der Regel vollkommen elastisch, wenn ein Anbieter unterbeschäftigt ist, sodass er bei steigender Nachfrage nicht die Preise erhöhen möchte, um den Absatz nicht zu gefährden. Sein Angebot wird jedoch dann vollkommen unelastisch, wenn er an seiner Kapazitätsgrenze angelangt ist: Er kann die Preise erhöhen, nicht aber sein mengenmäßiges Angebot.

Mögliche Angebotskurven

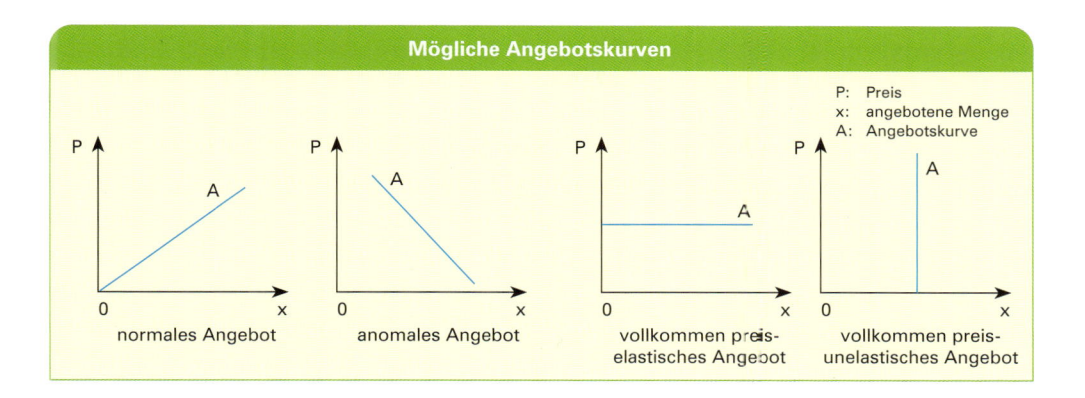

| normales Angebot | anomales Angebot | vollkommen preis-elastisches Angebot | vollkommen preis-unelastisches Angebot |

P: Preis
x: angebotene Menge
A: Angebotskurve

3.3.3 Angebotsverschiebungen

Das Marktangebot für ein Gut verschiebt sich im Laufe der Zeit aus verschiedensten Gründen. Nimmt z. B. die Zahl der Anbieter zu, nimmt auch das Angebot zu. Nimmt die Zahl der Anbieter ab, nimmt auch das Angebot ab, es sei denn, die Kapazitäten der Anbieter verändern sich.

Weitere Gründe für die Zunahme des Angebots sind z. B. der **technische Fortschritt** (aufgrund des Übergangs der Betriebe auf anlageintensivere Produktionsverfahren erweitern sich die Kapazitäten und damit das mögliche Angebot), die **Zukunftserwartungen** der Unternehmer (aufgrund zusätzlicher Investitionen nimmt das Angebot zu) und **Faktorpreissenkungen** (die bisherigen Mengen können nun zu niedrigeren Preisen angeboten werden). Das Umgekehrte gilt, wenn das Marktangebot abnimmt.

- **Zunehmendes Angebot** bedeutet, dass bei gegebenen Preisen mehr angeboten wird: Die Angebotskurve verschiebt sich nach **„rechts"**.
- **Abnehmendes Angebot** bedeutet, dass bei gegebenen Preisen weniger angeboten wird: Die Angebotskurve verschiebt sich nach **„links"**.

Zunehmendes Angebot an Smartphones aufgrund steigender Anbieter

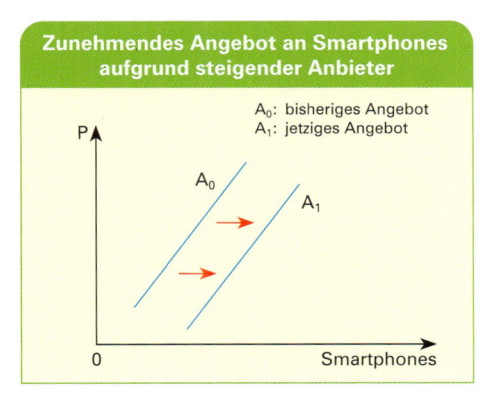

A_0: bisheriges Angebot
A_1: jetziges Angebot

Abnehmendes Angebot aufgrund der Überfischung der Meere

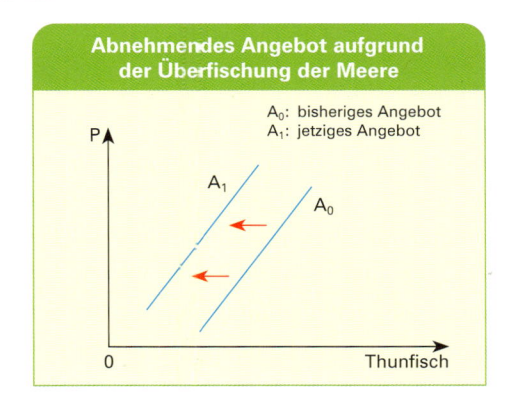

A_0: bisheriges Angebot
A_1: jetziges Angebot

Kompetenztraining

190 1. Die privaten Haushalte Armbruster, Brecht und Czerny haben ein gleich hohes Nettoeinkommen. Ihre Haushaltsbücher zeigen für den Monat Januar u. a. folgende Posten (in GE = Geldeinheiten):

Güterarten	Armbruster	Brecht	Czerny
Backwaren	30 GE	5 GE	33 GE
Teigwaren	25 GE	8 GE	26 GE
Gemüse	20 GE	15 GE	22 GE
Fleisch- und Wurstwaren	15 GE	20 GE	0 GE
Milch- und Milchprodukte	12 GE	14 GE	5 GE
Eier	5 GE	10 GE	0 GE
Nicht alkoholische Getränke	10 GE	16 GE	20 GE
Alkoholische Getränke	0 GE	22 GE	10 GE
⋮	⋮	⋮	⋮

Aufgaben:

1.1 Kennzeichnen Sie die Bedarfsstrukturen der drei Haushalte!

1.2 Schätzen Sie ab, wie die drei Haushalte auf Preiserhöhungen von Backwaren, Fleisch- und Wurstwaren und alkoholischen Getränken reagieren!

2. Erläutern Sie die Zusammenhänge, die normalerweise unter sonst gleichen Bedingungen zwischen dem Preis eines Gutes und der Nachfrage nach diesem Gut bestehen! Begründen Sie Ihre Aussage!

3. Nennen und begründen Sie mindestens zwei Ursachen für Nachfrageverschiebungen!

4. Beschreiben Sie, welche Faktoren das Anbieterverhalten der Unternehmen auf dem Markt mitbestimmen können! Nennen und begründen Sie mindestens zwei Bestimmungsgründe des Anbieterverhaltens!

5. Stellen Sie dar, welche Zusammenhänge normalerweise unter sonst gleichen Bedingungen zwischen dem Preis eines Gutes und dem Angebot für dieses Gut bestehen!

6. Nennen und begründen Sie mindestens zwei Ursachen für Angebotsverschiebungen!

7. Anbieter und Nachfrager treten auf dem Markt mit entgegengesetzten Interessen auf. Nennen Sie diese Interessen!

3.4 Preisbildung auf dem vollkommenen Polypolmarkt am Beispiel der Börse

3.4.1 Bildung des Gleichgewichtspreises

Um den Preis als Regulator verstehen zu können, ist es zweckmäßig, sich einen Markt mit sehr vielen Anbietern und sehr vielen Nachfragern vorzustellen **(Polypol)**. Auf diesem Markt liegt **vollständige Konkurrenz**[1] (vollständiger Wettbewerb) vor. Eine Marktform wie das Polypol kommt in der Wirklichkeit in reiner Form recht selten vor. Ein wichtiges Beispiel für das Polypol ist die Börse.

> Die **Börse** ist ein Markt für einheitliche (homogene) Waren oder Wertpapiere, der regelmäßig an einem bestimmten Ort stattfindet **(Punktmarkt)**.

Beispiel:

Die Warenbörsen erhalten von den Käufern und Verkäufern Kauf- oder Verkaufsaufträge. Dabei können Käufer und Verkäufer ihre Aufträge limitieren, d. h. begrenzen. Ein Käufer kann z. B. den Warenmakler[2] beauftragen, eine bestimmte Warenmenge **höchstens** zu 63,00 EUR je Gewichtseinheit zu kaufen. Sollte der Kurs (= der an der Börse festgelegte Preis) am Kauftag höher sein, wird der Auftrag nicht ausgeführt.

Ein Verkäufer kann den Warenmakler beauftragen, eine bestimmte Warenmenge zu **mindestens** 61,00 EUR zu verkaufen. Ist der Kurs (Preis) am Verkaufstag niedriger, wird der Auftrag ebenfalls nicht ausgeführt.

Werden die Kauf- und Verkaufsaufträge nicht limitiert (nach oben oder unten begrenzt), werden die zum Kauf nachgefragten bzw. die zum Verkauf angebotenen Waren „bestens", d. h. zu dem am Abschlusstag gültigen Kurs (Preis) ge- oder verkauft.

Angenommen, bei einem Warenmakler laufen für eine Ware einheitlicher Qualität folgende Aufträge ein:

Kaufaufträge (Nachfrage)	Verkaufsaufträge (Angebot)
50 dt[3] bestens	30 dt bestens
45 dt zu 61,00 EUR höchstens	45 dt zu 61,00 EUR mindestens
20 dt zu 62,00 EUR höchstens	85 dt zu 62,00 EUR mindestens
70 dt zu 63,00 EUR höchstens	40 dt zu 63,00 EUR mindestens
20 dt zu 64,00 EUR höchstens	35 dt zu 64,00 EUR mindestens

Der Makler hat nun die Aufgabe, festzustellen, bei welchem Preis (Kurs) der höchste Umsatz erzielt werden kann.

Dazu muss festgestellt werden, welche Umsätze (= Menge · Preis) bei den einzelnen Preisen möglich sind:

---

1 Vgl. hierzu S. 450.
2 Ein **Makler** ist ein Kaufmann, der Geschäfte für andere vermittelt. Für seine Tätigkeit erhält er eine Maklergebühr (Courtage), die von beiden Vertragspartnern (Käufer, Verkäufer) je zur Hälfte zu zahlen ist.
3 1 dt = 1 Dezitonne = ein Zehntel einer Tonne = 100 kg.

Wechselseitige Beziehungen der Wirtschaftssubjekte in der Volkswirtschaft

Mögliche Preise (Kurse)	Durchführbare Kaufaufträge (Nachfrage)	Durchführbare Verkaufsaufträge (Angebot)	Umsetzbare Menge	Umsatz (Menge · Preis)
60,00 EUR	205 dt[1]	30 dt[3]	30 dt	1 800,00 EUR
61,00 EUR	205 dt	75 dt	75 dt	4 575,00 EUR
62,00 EUR	160 dt[2]	160 dt	160 dt	9 920,00 EUR
63,00 EUR	140 dt	200 dt	140 dt	8 820,00 EUR
64,00 EUR	70 dt	235 dt	70 dt	4 480,00 EUR

In diesem Beispiel beträgt der vom Makler festgesetzte Preis 62,00 EUR je dt, weil hier der größtmögliche Umsatz getätigt werden kann. Man spricht vom **Gleichgewichtspreis**.

> - Treffen Angebot und Nachfrage auf einen Markt, auf dem es eine Vielzahl von Anbietern und Nachfragern gibt, so werden die Waren zu dem Preis gehandelt, bei dem die meisten Waren gekauft bzw. verkauft werden können. Diesen Preis bezeichnet man als **Gleichgewichtspreis**.
> - Der Gleichgewichtspreis bringt **Angebot und Nachfrage zum Ausgleich,** er „räumt den Markt".

Zu beachten ist aber, dass die Anbieter, die einen höheren Preis erzielen wollten, und die Nachfrager, die nur einen geringeren Preis bezahlen wollten, leer ausgehen.

Handelt es sich um **reproduzierbare Güter** (immer wieder neu herstellbare Güter), kommt in den Preisforderungen der Anbieter die Höhe ihrer **Produktionskosten** zum Ausdruck. (Je höher die Produktionskosten jedes einzelnen Anbieters sind, desto höher muss auch seine Preisforderung sein.) In den Preisvorstellungen der Käufer kommen, falls es sich um **Konsumgüter** handelt, ihre individuellen **Nutzenvorstellungen** zum Ausdruck. (Je höher der individuelle Nutzen ist, desto mehr ist der Einzelne zu zahlen bereit.)

Ganz wesentlich ist die Erkenntnis, dass nur der Gleichgewichtspreis (Einheitspreis) den Markt räumen kann. Setzt der Börsenmakler beispielsweise einen Kurs von 61,00 EUR je dt fest, beträgt die Nachfrage 205 dt, das Angebot nur 75 dt (Unterangebot → Übernachfrage → Angebotslücke). Der Börsenmakler wird also den Preis **heraufsetzen**.

> Ist bei einem gegebenen Preis das Angebot kleiner als die Nachfrage **(Angebotslücke),** wird der Preis steigen.

Märkte mit Angebotslücken werden als **Verkäufermärkte** bezeichnet. Die Anbieter (Verkäufer) haben eine **starke Stellung,** weil im Verhältnis zur Nachfrage zu wenig Güter angeboten werden.

Umgekehrt ist es, wenn der Börsenmakler beispielsweise einen Preis von 63,00 EUR je dt bestimmt. Dann beläuft sich das Angebot auf 200 dt, die Nachfrage lediglich auf 140 dt (Überangebot → Unternachfrage → Nachfragelücke). Der Makler wird also den Preis **herabsetzen**.

---

1 Bei einem Preis (Kurs) von 60,00 EUR wollen alle Auftraggeber kaufen, auch diejenigen, die eigentlich einen höheren Kurs zu zahlen bereit sind.

2 Bei einem Preis von 62,00 EUR kaufen die Auftraggeber nicht mehr, die höchstens 61,00 EUR anlegen wollten. Die Käufer, die nicht limitiert haben, kaufen jedoch zu jedem Kurs.

3 Es verkaufen nur die Auftraggeber, die nicht limitiert haben. Alle anderen wollen einen höheren Preis erzielen.

3 Markt als Ort des Zusammentreffens von Angebot und Nachfrage

> Ist bei einem gegebenen Preis die Nachfrage kleiner als das Angebot (**Nachfragelücke**), wird der Preis sinken.

Märkte mit Nachfragelücken heißen **Käufermärkte**. Die Nachfrager (Käufer) haben eine **starke Marktstellung**, weil im Verhältnis zur Nachfrage zu viel Güter angeboten werden.

Das Zahlenbeispiel von S. 448 lässt sich auch grafisch veranschaulichen. Tragen wir an der x-Achse (waagerechte Achse des Koordinatensystems) die angebotenen bzw. nachgefragten Gütereinheiten (im Beispiel dt) und an der y-Achse (senkrechte Achse) die möglichen Preise (hier EUR je dt) ab, erhalten wir folgende **Angebots- und Nachfragekurven**:

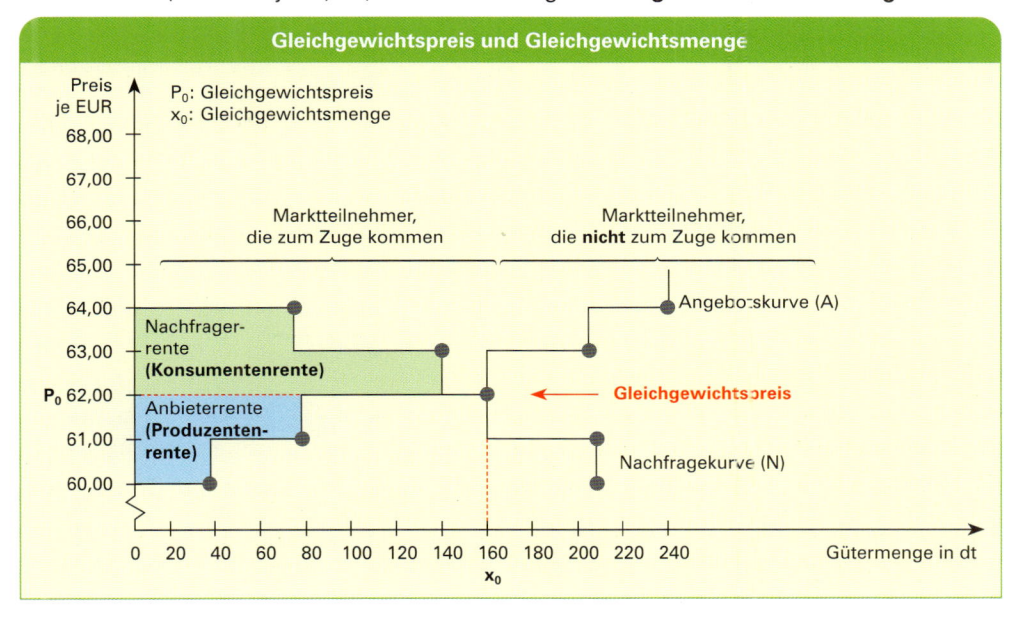

Gleichgewichtspreis und Gleichgewichtsmenge

P_0: Gleichgewichtspreis
x_0: Gleichgewichtsmenge

- Marktteilnehmer, die zum Zuge kommen
- Marktteilnehmer, die **nicht** zum Zuge kommen
- Angebotskurve (A)
- Nachfragerrente (**Konsumentenrente**)
- Anbieterrente (**Produzentenrente**)
- Gleichgewichtspreis
- Nachfragekurve (N)
- Gütermenge in dt

3.4.2 Auswirkungen des Gleichgewichtspreises

Der Verkauf zum Gleichgewichtspreis hat für Anbieter und Nachfrager folgende Auswirkungen:

- **Anbieter**, die einen **höheren Preis** als den Gleichgewichtspreis (Marktpreis) erzielen wollen, und **Nachfrager**, die nur einen **niedrigeren Preis** als den Gleichgewichtspreis bezahlen wollen, **gehen leer aus**.

  > **Beispiel:**
  > Im vorgegebenen Fall geht der Nachfrager, der nur 61,00 EUR zu zahlen bereit ist, leer aus. Gleiches gilt für den Anbieter, der nur zum Preis von 63,00 EUR verkaufen möchte.

- **Anbieter**, die auch zu einem **niedrigeren Preis** als zu dem Gleichgewichtspreis verkaufen würden, erzielen einen zusätzlichen Gewinn, den man als **Produzentenrente** bezeichnet.

  > **Beispiel:**
  > Im vorgegebenen Fall erzielen die Anbieter, die zu 60,00 EUR oder 61,00 EUR verkaufen würden, eine Produzentenrente.

- **Käufer**, die auch einen **höheren Preis** als den Gleichgewichtspreis zu zahlen gewillt wären, erzielen eine **Konsumentenrente**. Sie stellt für die Nachfrager einen **Nutzengewinn** dar.

> **Beispiel:**
> Im vorgegebenen Fall erzielen die Nachfrager, die auch zu 63,00 EUR oder 64,00 EUR kaufen würden, eine Konsumentenrente.

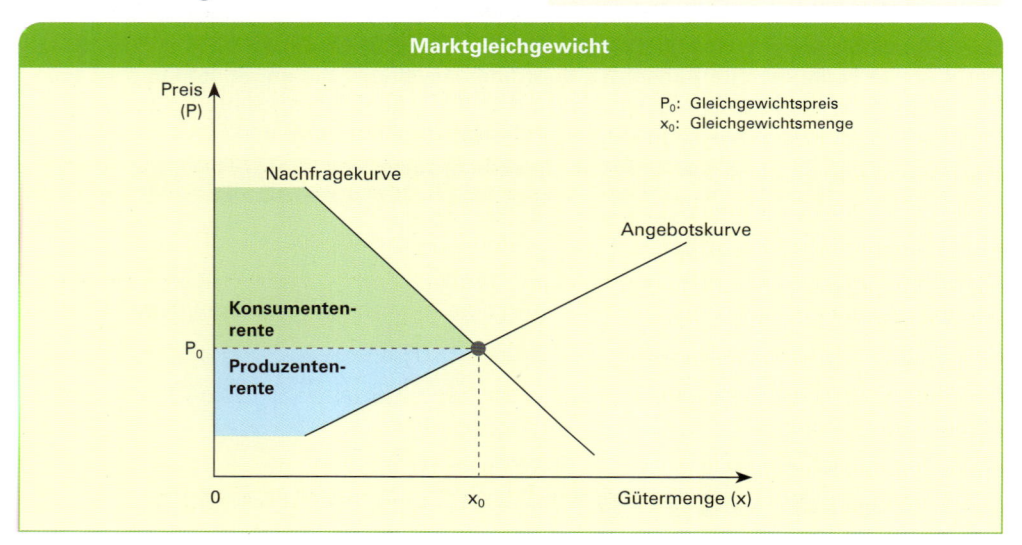

Marktgleichgewicht

P_0: Gleichgewichtspreis
x_0: Gleichgewichtsmenge

3.4.3 Vollkommener Markt

Voraussetzung dafür, dass ein Gleichgewichtspreis (Einheitspreis) entstehen kann, ist, dass ein vollkommener Markt vorliegt. Dies ist der Fall, wenn auf dem Markt folgende **Voraussetzungen (Prämissen)** gegeben sind:

Voraussetzungen	Beispiele
Die auf dem Markt gehandelten **Güter** müssen **vollkommen gleichartig** (homogen) sein.	Banknoten, Aktien einer bestimmten Aktiengesellschaft, Edelmetalle, Baumwolle eines bestimmten Standards, Benzin einer bestimmten Oktanzahl.
Angebot und Nachfrage müssen gleichzeitig an einem bestimmten Ort aufeinandertreffen **(Punktmarkt)**.	Nur die an einem bestimmten Tag bei einem Börsenmakler zusammenlaufenden Kauf- und Verkaufsaufträge bestimmen den Kurs (den Preis) des Tages.
Anbieter und Nachfrager müssen eine **vollständige Marktübersicht** (Markttransparenz) besitzen.	■ Ein Verbraucher hat dann eine vollständige Marktübersicht, wenn er die Preise und Qualitäten aller angebotenen Waren kennt. ■ Ein Anbieter besitzt dann eine vollkommene Markttransparenz, wenn ihm die Kaufabsichten beim Kunden bekannt sind.
Anbieter und Nachfrager müssen **sofort** auf Änderungen der Marktsituation **reagieren können**.	■ Der Käufer einer Aktie hat jederzeit die Möglichkeit, sich über das Internet an der Börse über den Stand der Nachfrage, des Angebots und der Kurse zu informieren (Markttransparenz). ■ Zugleich hat er die Möglichkeit, z. B. bei steigenden Kursen mehr anzubieten oder weniger nachzufragen (schnelle Reaktionsfähigkeit).

3 Markt als Ort des Zusammentreffens von Angebot und Nachfrage

Voraussetzungen	Beispiele
Käufer und Verkäufer dürfen sich nicht gegenseitig bevorzugen (**Abwesenheit von Präferenzen**: Bevorzugungen).	■ Eine **sachliche Präferenz** liegt vor, wenn ein Käufer der Meinung ist, dass das Produkt des Herstellers A besser als das des Herstellers B ist, auch wenn beide Produkte objektiv gleich (homogen) sind. ■ **Persönliche Präferenzen** bestehen z. B. dann, wenn ein Kunde ein Produkt aufgrund einer besonders freundlichen Bedienung bevorzugt. ■ Bei **räumlichen Präferenzen** ziehen die Käufer den nächstgelegenen Anbieter aus Bequemlichkeit, aus Gründen der Zeit- und Transportkostenersparnis oder wegen der Besichtigungsmöglichkeit der Erzeugnisse und Waren vor. ■ Im Fall von **zeitlichen Präferenzen** ist ein Anbieter deshalb für den Käufer erste Wahl, weil er schneller und/oder pünktlicher als seine Mitbewerber liefern kann.

> Fehlt nur eine der genannten Bedingungen, spricht man von einem **unvollkommenen Markt**. Annähernd vollkommene Märkte sind die Ausnahme, unvollkommene Märkte sind die Regel.

Das äußere Merkmal des unvollkommenen Marktes ist, dass es für eine Güterart **unterschiedliche Preise** gibt.

3.4.4 Funktionen[1] des Preises im Modell des vollkommenen Marktes

Ausgleichsfunktion	Der Gleichgewichtspreis ist der Preis, bei dem der höchstmögliche Umsatz erzielt wird. Alle Nachfrager, die den Gleichgewichtspreis bezahlen wollen (oder können), und alle Anbieter, die zum Gleichgewichtspreis verkaufen wollen (oder können), kommen zum Zuge. „Der freie Preis räumt den Markt".
Signalfunktion	Sie äußert sich darin, dass der freie Marktpreis den Knappheitsgrad eines Gutes anzeigt (signalisiert). Steigt der Preis, so wird erkennbar, dass ■ sich entweder das Güterangebot bei gleichbleibender Nachfrage verknappt hat, ■ sich die Nachfrage bei gleichbleibendem Güterangebot erhöht hat oder ■ die Nachfrage schneller als das Güterangebot gestiegen ist. Der fallende Preis zeigt die gegenteilige Marktsituation an.
Lenkungsfunktion	Der freie Marktpreis steuert das Angebot und damit die Produktion auf diejenigen Märkte hin, auf denen die größte Nachfrage herrscht und folglich die höchsten Preise (und damit Gewinne) erzielt werden können. ▎**Beispiel**: Sinkt die Nachfrage nach Rindfleisch zugunsten der Nachfrage nach Geflügelfleisch, werden die Rindfleischpreise sinken und die Geflügelpreise steigen. Die Landwirte stellen sich auf die Produktion von Geflügelfleisch um und schränken die Produktion von Rindfleisch ein.
Erziehungsfunktion	Da der Preis bei vollkommener polypolistischer Konkurrenz vom einzelnen Nachfrager nicht beeinflussbar ist, zwingt er die Produzenten, ihre Kosten zu senken, wenn sie rentabel anbieten wollen. Die Verbraucher werden dazu erzogen, möglichst sparsam (möglichst preisgünstig) einzukaufen, wenn sie ihren Nutzen maximieren wollen.

---
[1] **Funktionen**: hier im Sinne von Aufgaben.

Kompetenztraining

191

1. Legen Sie mit eigenen Worten dar, wie der Preis im vollkommenen Polypol den Markt zum Ausgleich bringt!

2. Angenommen, auf einem Wochenmarkt treten folgende Anbieter frischer und absolut gleichwertiger Pfifferlinge auf, wobei jeder Anbieter 10 kg auf den Markt bringt:

   Die Mindestpreisvorstellungen der Anbieter sind:

Anbieter	A	B	C	D	E	F
Preis je kg in EUR	10,00	11,00	12,00	13,00	14,00	15,00

   Als Nachfrager treten 50 Einkäufer auf, die höchstens Folgendes ausgeben und je 1 kg kaufen wollen:

Einkäufer	1–10	11–20	21–30	31–40	41–50
Preisvorstellungen je kg in EUR	13,00	12,50	12,00	11,50	11,00

   Aufgabe:
   Zeichnen Sie die Angebots- und die Nachfragekurve! Stellen Sie den Gleichgewichtspreis fest!

3. In Aufgabe 2 haben wir zwar so getan, als ob es sich um einen vollkommen polypolistischen Markt handle. In Wirklichkeit ist dies jedoch nicht der Fall. Begründen Sie, warum!

4. Erläutern Sie, warum die Börse dem Modell des vollkommenen polypolistischen Marktes ziemlich nahe kommt!

192

1. Auf einem Markt besteht für ein Gut folgende Gesamtnachfrage und folgendes Gesamtangebot:

Preis je Stück	Gesamte Nachfragemenge	Gesamte Angebotsmenge
5,00 EUR	2 500	1 500
5,20 EUR	2 250	1 750
5,40 EUR	2 000	2 000
5,60 EUR	1 750	2 250
5,80 EUR	1 500	2 500

   Aufgaben:
   Entscheiden Sie, welche der folgenden Aussagen durch das obige Zahlenbeispiel bestätigt werden kann!
   (1) Bei einem Preis von 5,80 EUR besteht ein Nachfrageüberhang von 1 000 Stück.
   (2) Der Gleichgewichtspreis bildet sich bei einer Nachfragemenge von 2 250 Stück.
   (3) Bei einem Preis von 5,00 EUR ergibt sich ein Angebotsüberhang von 1 000 Stück.
   (4) Bei einem Preis von 5,60 EUR ergibt sich eine Gleichgewichtsmenge von 1 750 Stück.
   (5) Bei einem Preis von 5,20 EUR ergibt sich ein Nachfrageüberhang von 500 Stück.

3 Markt als Ort des Zusammentreffens von Angebot und Nachfrage

2. Ordnen Sie den nachfolgenden Begriffen die im Schaubild aufgeführten Ziffern zu!

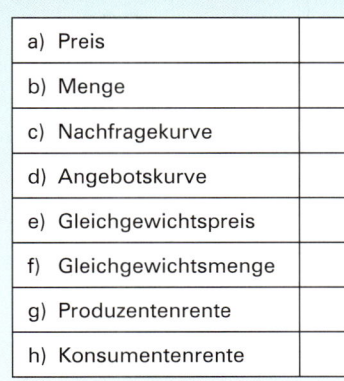

a)	Preis	
b)	Menge	
c)	Nachfragekurve	
d)	Angebotskurve	
e)	Gleichgewichtspreis	
f)	Gleichgewichtsmenge	
g)	Produzentenrente	
h)	Konsumentenrente	

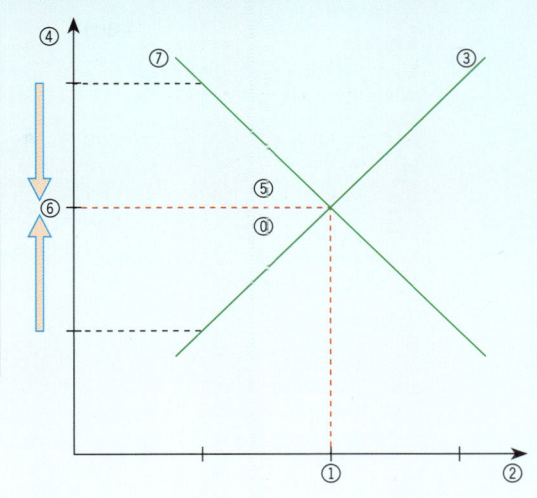

193

1. Auf dem Markt für Vitamine herrscht bezüglich einer bestimmten Vitaminart folgende Nachfrage- und Angebotssituation:

Preis der Vitaminart in EUR	30,00	25,00	20,00	15,00	10,00	5,00
Nachgefragte Stücke in 100	0	1	3	5	7	9
Angebotene Stücke in 100	6,5	5,5	4,5	3,5	2,5	1,5

Aufgabe:
Zeichnen Sie die Angebots- und Nachfragekurve je 5,00 EUR bzw. je 100 Stück ≙ 1 cm und bestimmen Sie den Gleichgewichtspreis und die zu diesem Preis umsetzbaren Stückzahlen!

2. Die Polypolpreisbildung stellt einen Ausgleichsmechanismus zwischen den gegensätzlichen Interessen der Anbieter und Nachfrager dar.

   Aufgaben:
   2.1 Nennen Sie die gegensätzlichen Interessen der Anbieter und Nachfrager!
   2.2 Begründen Sie, warum es sich bei der Polypolpreisbildung um einen Mechanismus, d. h. um ein sich selbstständig regelndes System, handelt!

3. Bei einem Makler an einer Warenbörse gehen folgende Kauf- und Verkaufsaufträge ein:

Kaufaufträge	Verkaufsaufträge
10 t bestens	15 t bestens
15 t zu 80,00 EUR höchstens	10 t zu 81,00 EUR mindestens
5 t zu 81,00 EUR höchstens	20 t zu 82,00 EUR mindestens
20 t zu 82,00 EUR höchstens	5 t zu 83,00 EUR mindestens
30 t zu 83,00 EUR höchstens	25 t zu 84,00 EUR mindestens
25 t zu 84,00 EUR höchstens	30 t zu 85,00 EUR mindestens

Aufgabe:
Ermitteln Sie, welchen Kurs der Warenmakler festlegt!

194 1. Auf dem Markt für einen bestimmten Rohstoff liegen dem Makler folgende Kauf- und Verkaufsaufträge vor:

Käufer	**Jeweils akzeptierte Preisobergrenze**
Kunde A möchte 480 t kaufen	240,00 EUR pro t
Kunde B möchte 192 t kaufen	288,00 EUR pro t
Kunde C möchte 288 t kaufen	324,00 EUR pro t
Kunde D möchte 144 t kaufen	360,00 EUR pro t

Verkäufer	**Jeweils akzeptierte Preisuntergrenze**
Kunde E möchte 480 t verkaufen	360,00 EUR pro t
Kunde F möchte 288 t verkaufen	324,00 EUR pro t
Kunde G möchte 432 t verkaufen	288,00 EUR pro t
Kunde H möchte 192 t verkaufen	240,00 EUR pro t

Aufgaben:

1.1 Ermitteln Sie den vom Makler festzusetzenden Marktpreis!

1.2 Ermitteln Sie, wie hoch der bei dem vom Makler festzusetzenden Marktpreis erzielbare Gesamtumsatz auf dem Markt ist!

1.3 Berechnen Sie den Angebotsüberhang bei einem Preis von 324,00 EUR je Tonne!

2. Auf einem Gemüsemarkt werden bei einem Preis von 9,00 EUR je kg insgesamt 800 kg Spargel nachgefragt und 250 kg Spargel angeboten. Nennen Sie die Zeile, in der die Marktsituation richtig beschrieben wird!

Zeile	Marktlage	Marktumsatz in EUR	Preisentwicklung
1	Angebotsüberhang	7 200,00	fallend
2	Nachfrageüberhang	7 200,00	steigend
3	Angebotsüberhang	2 250,00	fallend
4	Nachfrageüberhang	2 250,00	steigend
5	Angebotsüberhang	2 250,00	steigend

9 Wirtschaftliches Handeln in der Sozialen Marktwirtschaft

1 Grundgedanken und Ordnungsmerkmale der sozialen Marktwirtschaft in der Bundesrepublik Deutschland

1.1 Wirtschaftsordnungen

(1) Begriff Wirtschaftsordnung

> Unter einer **Wirtschaftsordnung** versteht man die Art und Weise, wie eine Volkswirtschaft die Produktion und die Verteilung der hergestellten Güter organisiert.

Die Ausgestaltung der Wirtschaftsordnung hängt weitgehend von den gesellschaftspolitischen Grundentscheidungen zwischen **Individualismus** einerseits und **Kollektivismus** andererseits ab. Individualismus und Kollektivismus stellen die beiden großen **gegensätzlichen Anschauungen über das Wesen des Menschen** dar.

(2) Individualismus und Kollektivismus

Individualismus[1]	■ Für den Individualismus ist der Mensch eine **eigenständige Persönlichkeit,** der für sich selbst verantwortlich ist. Oberster Grundsatz des Individualismus ist die **Freiheit des Einzelnen.** ■ Für die Wirtschaftsordnung bedeutet dies, dass sich der Staat nicht durch Gesetze und Verordnungen in die Wirtschaft einmischen soll. Der Individualismus ist davon überzeugt, dass die uneingeschränkte Verfolgung der Einzelinteressen zum höchsten Allgemeinwohl führt. Diese Form der Wirtschaftsordnung bezeichnet man als **freie Marktwirtschaft.** ■ In der **Wirklichkeit** gab es bisher **keine vollständig freie Marktwirtschaft.**
Kollektivismus[2]	■ Für den Kollektivismus ist der Mensch in erster Linie ein **Gemeinschaftswesen.** Deswegen stehen **Staat und Gesellschaft über dem Einzelnen.** Hieraus folgt, dass sich der Einzelne den Prinzipien des Staates unterzuordnen hat. ■ Für die Wirtschaftsordnung bedeutet dies, dass der Staat das gesamte wirtschaftliche Geschehen zu planen, zu lenken und zu kontrollieren hat. Diese Form der Wirtschaftsordnung bezeichnet man als **Zentralverwaltungswirtschaft.** ■ In der **Wirklichkeit** ist bisher **keine Zentralverwaltungswirtschaft**[3] **vollständig verwirklicht** worden.

---

1 **Individuum** (lat.): Einzelwesen.
2 **Kollektiv**: Gesamtheit, Zusammenschluss (Kollektivum: das Ganze).
3 Versuche zur Verwirklichung der Idee der **Zentralverwaltungswirtschaft** waren z. B. die sozialistischen Wirtschaftsordnungen der ehemaligen Ostblockstaaten (z. B. die UdSSR, der DDR, der VR Polen) sowie der Volksrepublik China.

1.2 Begriff soziale Marktwirtschaft

Wird in der öffentlichen Diskussion von „sozialer Marktwirtschaft" gesprochen, ist immer die in der Wirklichkeit (Realität) der Bundesrepublik Deutschland bestehende Wirtschaftsordnung gemeint. „Vater" der sozialen Marktwirtschaft ist Ludwig Erhard.[1]

Grundziel dieser Wirtschafts- und Gesellschaftsordnung ist: „So viel **Freiheit wie möglich**, so viel **staatlichen Zwang wie nötig**", wobei man sich freilich immer darüber streiten kann, was möglich bzw. was nötig ist.

> Die **soziale Marktwirtschaft** ist eine **Wirtschaftsordnung**, die grundsätzlich den freien Markt bejaht, ohne die Nachteile der freien Marktwirtschaft in Kauf nehmen zu wollen.

1.3 Ordnungsmerkmale der sozialen Marktwirtschaft

In einem Rechtsstaat muss die Wirtschaftsordnung in eine Rechtsordnung eingebunden sein, die sich wiederum an der Verfassung, in der Bundesrepublik Deutschland also am Grundgesetz [GG][2] auszurichten hat.

Das **Grundgesetz** schreibt ausdrücklich **keine bestimmte Wirtschaftsform** vor, sondern lässt einen weiten Spielraum für denkbare Wirtschaftsordnungen. Das Grundgesetz enthält deshalb neben garantierten Freiheitsrechten auch eine Vielzahl von Einschränkungen dieser Rechte, damit das Gemeinwohl nicht zu kurz kommt.

1.3.1 Garantierte Freiheitsrechte des Grundgesetzes

> **Art. 2 GG:** (1) Jeder hat das Recht auf die freie Entfaltung seiner Persönlichkeit, soweit er nicht die Rechte anderer verletzt und nicht gegen die verfassungsmäßige Ordnung oder das Sittengesetz verstößt. (2) Jeder hat das Recht auf Leben und körperliche Unversehrtheit. Die Freiheit der Person ist unverletzlich. In diese Rechte darf nur aufgrund eines Gesetzes eingegriffen werden.

Im wirtschaftlichen Bereich bedeutet der Freiheitsgrundsatz, dass im Kern folgende **Freiheitsrechte garantiert** sind:

Gewerbefreiheit	Jeder hat das Recht, ein Unternehmen zu gründen, zu führen oder auch aufzulösen.
Vertragsfreiheit	Jeder hat das Recht, Verträge abzuschließen, aufzulösen und deren Inhalt frei zu gestalten.
Konsumfreiheit	Jeder hat das Recht, jede Ware dort zu kaufen, wo es ihm am günstigsten erscheint.

---

1 Ludwig Erhard, der erste Wirtschaftsminister der Bundesrepublik Deutschland, verwendete den Begriff der „sozialen Marktwirtschaft", als er nach 1948 die Marktwirtschaft in der Bundesrepublik einführte und damit die Zwangswirtschaft der ersten Nachkriegsjahre ablöste. Der Begriff „soziale Marktwirtschaft" selbst stammt von seinem Mitarbeiter, dem Staatssekretär Alfred Müller-Armack.

2 Grundgesetz für die Bundesrepublik Deutschland [GG] vom 23. Mai 1949. Das GG ist kein Paragrafengesetz, sondern ein Artikelgesetz.

1 Grundgedanken und Ordnungsmerkmale der sozialen Marktwirtschaft in der Bundesrepublik Deutschland

In den Art. 9, 11, 12 und 14 GG wird der Freiheitsgrundsatz des Art. 2 GG fortgeführt, denn in einer vorwiegend auf Privatinitiative und Wettbewerb beruhenden Gesellschaftsordnung müssen auch folgende Rechte garantiert sein:

Vereinigungsfreiheit	Jeder hat das Recht zur Gründung von Handelsgesellschaften, Gewerkschaften und Arbeitgeberverbänden.
Recht auf Freizügigkeit	Jeder hat das Recht, dort seinen Arbeitsplatz (und seinen Wohnsitz) zu nehmen, wo es ihm beliebt.
Recht auf Berufsfreiheit	Jeder hat das Recht auf freie Wahl des Berufs, des Arbeitsplatzes und der Ausbildungsstätte.
Recht auf Privateigentum	Jeder hat das Recht auf Privateigentum sowohl an Konsumgütern (z. B. Kleidung, Privatauto, Eigenheim, Eigentumswohnung) als auch an Produktionsmitteln einschließlich Grund und Boden.

1.3.2 Einschränkung der Freiheitsrechte in der sozialen Marktwirtschaft

Die Grenze der Freiheitsrechte nach Art. 2 GG ist dort erreicht, wo die Rechte anderer verletzt werden können. Im Folgenden werden die wichtigsten Einschränkungen von Freiheitsrechten genauer betrachtet:

1 Einschränkung der Vertragsfreiheit

Vertragspartner können den Abschluss von Verträgen grundsätzlich frei gestalten. Dabei müssen sie allerdings die für den Vertragsgegenstand relevanten Gesetze beachten.

2 Einschränkung der Gewerbefreiheit

Nach Art. 20 I GG ist die Bundesrepublik Deutschland ein demokratischer und sozialer Bundesstaat. Hieraus folgt, dass im Interesse der **sozialen Gerechtigkeit** die Handlungsfreiheit der Unternehmen eingeschränkt werden muss.

Beispiele:

- Approbation[1] von Ärzten und Apothekern,
- Anmeldepflicht der Gründung eines Gewerbebetriebs,
- staatliche Überwachung gefährlicher Anlagen und Betriebe sowie bestimmter Gewerbezweige.
- Schließlich ist auch das **Umweltrecht** ein Eingriff in die Gewerbefreiheit. Bei Nichteinhaltung gesetzlicher Umweltvorschriften drohen privatrechtliche Schadensersatzansprüche und verwaltungsrechtliche bzw. strafrechtliche Sanktionen.[2]

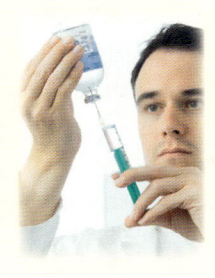

---

1 **Approbation**: staatliche Zulassung.
2 **Sanktionen** (lat.): wörtl. Vergeltung, mit positiven oder negativen Folgen antworten.

Wirtschaftliches Handeln in der sozialen Marktwirtschaft

Wichtige umweltschutzrechtliche Vorschriften:

Schutzbereich	Umweltschutzgesetze	Sanktionen
Luftreinhaltung Lärmbekämpfung	Gesetz zum Schutz vor schädlichen Umwelteinwirkungen durch Luftverunreinigungen, Geräusche, Erschütterungen und ähnliche Vorgänge (Bundes-Immissionsschutzgesetz [BImSchG])[1]	Betriebsverbot; Freiheits- oder Geldstrafen
Schutz vor gefährlichen Stoffen	Gesetz zum Schutz vor gefährlichen Stoffen (Chemikaliengesetz [ChemG])	Verbot der Inverkehrbringung; Freiheits- oder Geldstrafen
Gewässerschutz	Gesetz zur Ordnung des Wasserhaushalts (Wasserhaushaltsgesetz [WHG])	Gefährdungshaftung nach dem UmweltHG; Freiheits- oder Geldstrafen
Naturpflege, Artenschutz; Bodenschutz;	Gesetz über Naturschutz und Landschaftspflege (Bundesnaturschutzgesetz [BNatSchG])	Geld- oder Freiheitsstrafen

3 Einschränkung der Eigentumsrechte

Das Eigentumsrecht umfasst sowohl das **Privateigentum an Konsumgütern** (z. B. Kleidung, Privatauto, Eigenheim) als auch an **Produktionsgüter** (z. B. Einzelhandelsgeschäft, Maschinen, Kraftfahrzeuge sowie Grund und Boden). Allerdings gewährt das Grundgesetz dem Gesetzgeber weitgehende Eingriffsrechte in das Privateigentum.

- Eigentum verpflichtet. Sein Gebrauch soll zugleich dem Wohl der Allgemeinheit dienen [Art. 14 II GG]. Wir sprechen auch von der **sozialen Bindung des Eigentums**. Eigentum berechtigt also nicht zur Willkür, sondern zum „rechten Gebrauch".

Beispiele:
- Der Eigentümer darf sein Haus oder gar seinen Betrieb nicht anzünden.
- Die Veräußerung landwirtschaftlicher Gründstücke ist genehmigungspflichtig.
- Ein Grundstück kann mit einem Bauverbot belegt sein.
- Beim Bau einer Industrieanlage ist der Landschaftsschutz zu berücksichtigen.

- Nach Art. 14 III GG ist in der Bundesrepublik Deutschland eine **Enteignung** möglich.

Beispiel:
Eine Gemeinde möchte ein neues Krankenhaus bauen, weil die Bevölkerung derzeit med medizinisch unterversorgt ist. Der gemeindeeigene Bauplatz reicht nicht aus, die Gemeinde muss noch Grundstücke hinzukaufen. Ein Teil der Grundstückseigentümer weigert sich jedoch, die erforderlichen Grundstücke an die Gemeinde zu verkaufen. Mögliche Folge: Die bisherigen Eigentümer werden enteignet.

---

1 **Immission** (lat.): Einleitung von Schadstoffen; das Einwirken von Luftverunreinigungen, Schadstoffen, Lärm, Strahlen u. Ä. auf Menschen, Tiere und Pflanzen.

Eine Enteignung ist nur möglich, wenn sie dem „Wohle der Allgemeinheit" dient [Art. 14 III GG]. Die bisherigen **Eigentümer müssen entschädigt** werden [Art. 14 III GG]. Die Entschädigung darf nicht einseitig vom Staat festgesetzt werden. Vielmehr hat jeder durch ein Enteignungsverfahren betroffene Bürger das Recht, wegen der Höhe der Entschädigung vor einem ordentlichen Zivilgericht (Amtsgericht, Landgericht) zu klagen, um eine unabhängige richterliche Entscheidung zu erhalten.

4 Wettbewerbsgesetzgebung

Die soziale Marktwirtschaft ist eine Wirtschaftsordnung, die auf die Steuerung durch Märkte und Preise nicht verzichten will. Wenn aber der Preismechanismus wirken soll, muss – wie im Kapitel 5 gezeigt wird – **Wettbewerb herrschen.** Der Erhaltung des Wettbewerbs dient die **Wettbewerbspolitik,** die in der **Wettbewerbsgesetzgebung** ihren Niederschlag findet. Das wichtigste Gesetz, das der Erhaltung des Wettbewerbs dienen soll, ist das sog. „Kartellgesetz". Das **Gesetz gegen Wettbewerbsbeschränkungen [GWB]** verbietet aufeinander abgestimmte Verhaltensweisen von Unternehmen zur Verhinderung, Einschränkung oder Verfälschung des Wettbewerbs [§ 1 GWB]. Das können beispielsweise Absprachen über eine gemeinsame Preiserhöhung sein.

Der Wettbewerb wird ferner geregelt z. B. durch das **Gesetz gegen den unlauteren Wettbewerb [UWG],** die **Gewerbeordnung [GewO],** das **Markengesetz [MarkenG].**

1.3.3 Tarifautonomie und Sozialgesetzgebung

1 Tarifautonomie

Ein ganz wesentliches Ordnungsmerkmal der sozialen Marktwirtschaft ist das im Grundgesetz Art. 9 III verbriefte Recht der Arbeitnehmer, Gewerkschaften zu bilden bzw. das Recht der Arbeitgeber, sich in Arbeitgebervereinigungen zusammenzuschließen. Die Sozialpartner schließen in freier Vereinbarung Tarifverträge ab.

2 Sozialgesetzgebung

Aufgabe der **Sozialgesetzgebung** ist, die **soziale Sicherung** zu erhalten und zu verbessern. Die Sozialgesetzgebung umfasst die Bereiche der **Aufklärung, Beratung** und **Versorgung** breiter Bevölkerungsschichten.

- **Aufklärung** liegt vor, wenn private oder öffentliche Stellen über Vorsorgemaßnahmen, Rechte und Pflichten informieren.

Beispiele:

So klären die Gesundheitsämter über die Vermeidung ansteckender Krankheiten auf. Die gesetzlichen Krankenkassen informieren ihre Versicherten und andere Interessierte über ihre Leistungen.

- Unter **Beratung** versteht man im Rahmen der sozialen Sicherung die persönliche Hilfe oder Einflussnahme in Fragen der Gesundheit, Lebensgestaltung, Erziehung, Berufsfindung, Berufswechsel, Weiterbildung usw. durch private oder staatliche Einrichtungen.

■ **Beispiele:**

Die soziale Marktwirtschaft hat sehr viele Beratungseinrichtungen geschaffen. Es entstanden Erziehungs-, Mütter-, Eheberatungsstellen. Die Berufsberatung macht aufgrund von Eignungsuntersuchungen Berufsvorschläge, die sich nach den für einen Beruf ermittelten Anforderungen richten.

- Die **Versorgung** will dem Einzelnen (oder bestimmten Gruppen) auch dann einen angemessenen Lebensstandard sichern, wenn dieser (bzw. die betreffende soziale Gruppe) keine entsprechende Leistung (z. B. eine Gegenleistung in Form von Versicherungsbeiträgen) erbracht hat.

Das Bündel aller Maßnahmen zur Verwirklichung der Ziele der sozialen Sicherung bezeichnet man als das **soziale Netz**.[1]

Kompetenztraining

195
1. Begründen Sie, warum die Ausgestaltung der Wirtschaftsordnungen von den gesellschaftspolitischen Grundentscheidungen zwischen Individualismus einerseits und Kollektivismus andererseits abhängt!

2. Zeigen Sie auf, wie unser Staat versucht, Auswüchse in der Wirtschaft zu vermeiden und seiner sozialen Verpflichtung gerecht zu werden! (4 Beispiele!)

3. Nennen Sie fünf wesentliche Ordnungsmerkmale der sozialen Marktwirtschaft!

4. 4.1 Erklären Sie anhand von Beispielen, wie in der sozialen Marktwirtschaft
    4.1.1 die Vertragsfreiheit,
    4.1.2 die Gewerbefreiheit und
    4.1.3 die Eigentumsrechte
    eingeschränkt werden!

    4.2 Erklären Sie, warum die Tarifautonomie ein wesentlicher Bestandteil der sozialen Marktwirtschaft ist!

196 Entscheiden Sie, ob die folgenden Regelungen des Staates mit den Prinzipien der sozialen Marktwirtschaft vereinbar sind!

1. Das Steuersystem wird so geordnet, dass jeder Steuerpflichtige über das gleiche Nettoeinkommen verfügen kann.

2. Jeder Einwohner erhält das Recht, in Notfällen seinen Anspruch auf Unterstützung durch den Staat gerichtlich einklagen zu können.

3. Der Staat erhält das Recht, zum Wohle der Allgemeinheit Enteignungen gegen Entschädigung vornehmen zu dürfen.

---

1 Vgl. hierzu S. 463 ff.

1 Grundgedanken und Ordnungsmerkmale der sozialen Marktwirtschaft in der Bundesrepublik Deutschland

4. Zur Erhaltung von 40 000 Arbeitsplätzen räumt der Staat dem Unternehmen X auf Dauer eine Ermäßigung der Umsatz- und Gewerbesteuer ein.
5. Zur Ankurbelung der Konjunktur gewährt der Staat Sonderabschreibungen für Anlageinvestitionen, die innerhalb eines bestimmten Zeitraums durchgeführt werden.
6. Der Staat verbietet durch Gesetz den Zusammenschluss von Unternehmen, wenn diese dadurch eine Marktbeherrschung erreichen wollen.
7. Der Staat zahlt Unternehmen einer Branche Zinszuschüsse für Anpassungsinvestitionen, die durch den technischen Fortschritt notwendig wurden, obwohl die Unternehmensleitungen diese Anpassungen in der Vergangenheit fahrlässig unterlassen haben.
8. Der Staat gewährt nach sozialen Gesichtspunkten gestaffelte Prämien für Arbeitnehmer, die einen Teil ihres Einkommens vermögenswirksam anlegen.
9. Der Staat schreibt Preise für Grundnahrungsmittel und Mietwohnungen vor.
10. Der Staat zahlt Umschulungsbeihilfen für Arbeitnehmer, die ihre Arbeitsplätze infolge technologischer Entwicklungen verloren haben.

197 Lesen Sie zunächst den nachfolgenden Artikel!

Soziale Marktwirtschaft

Die deutsche Wirtschaftspolitik orientiert sich seit Mitte des 20. Jahrhunderts am Konzept der Sozialen Marktwirtschaft. Es geht zurück auf Ludwig Erhard, der von 1949 bis 1963 der erste Bundeswirtschaftsminister der Bundesrepublik Deutschland war. Die zentrale Idee besteht darin, die Freiheit aller, die als Anbieter oder Nachfrager am Markt teilnehmen, zu schützen und gleichzeitig für sozialen Ausgleich zu sorgen. Erstmals schriftlich erwähnt wurde der Begriff „Soziale Marktwirtschaft" von Erhards Mitstreiter Alfred Müller-Armack, 1952 Leiter der wirtschaftspolitischen Grundsatzabteilung im BMWi [Bundesministerium Wirtschaft] und ab 1958 Staatssekretär für Europapolitik.

Die Soziale Marktwirtschaft ist ein wesentlicher Teil unserer freiheitlichen, offenen und solidarischen Gesellschaft. Mit ihr gibt es einen bewährten Kompass, der Wohlstand und Vollbeschäftigung ermöglicht und zugleich den sozialen Ausgleich und den gesellschaftlichen Zusammenhalt in unserem Land festigt.

Der erste Grundsatz in der Sozialen Marktwirtschaft ist, dass die Märkte über den Preismechanismus für den Ausgleich von Angebot und Nachfrage sorgen: Sind besonders begehrte Güter knapp, steigt deren Preis. Das drängt Nachfrage zurück und bietet zugleich Gewinnmöglichkeiten für zusätzliche Anbieter. Anbieter werden versuchen, die Produktion so kostengünstig wie möglich zu gestalten. So kommt es zu einer effizienten Verwendung der Produktionsmittel und zu günstigen Preisen für die Verbraucher. Dafür ist wichtig, dass Wettbewerb mit offenem Marktzugang herrscht und Marktmacht verhindert wird. Der Marktmechanismus erhöht dann die Konsummöglichkeiten, motiviert die Anbieter zu Innovationen und technischem Fortschritt und verteilt Einkommen und Gewinn nach individueller Leistung. Es ist eine wichtige Aufgabe des Staates, den Rahmen für einen funktionierenden Wettbewerb zu schaffen und zu erhalten. Gleichzeitig muss er die Bereitschaft und die Fähigkeit der Menschen zu eigenverantwortlichem Handeln und mehr Selbstständigkeit fördern.

Der zweite Grundsatz der Sozialen Marktwirtschaft neben dem freien Markt ist der soziale Ausgleich. Dieser soll eine soziale Absicherung für diejenigen bereitstellen, die aufgrund von Alter, Krankheit oder Arbeitslosigkeit keine Markteinkommen erzielen können. Zu einer Sozialen Marktwirtschaft gehören zudem nicht nur gute Wettbewerbsbedingungen und ein gutes Investitionsklima, sondern auch soziale Teilhabe sowie Chancengerechtigkeit.

Wirtschaftliches Handeln in der sozialen Marktwirtschaft

> **Rechtliche Grundlage**
>
> Die Soziale Marktwirtschaft wurde nie namentlich als Wirtschaftssystem Deutschlands im Grundgesetz verankert, weil das Grundgesetz keinen eigenen Abschnitt zur Wirtschaft enthält. Allerdings legen zentrale Elemente unserer Rechtsordnung, wie u. a. die Grundrechte, die Vertrags- und Koalitionsfreiheit oder das Recht auf eine freie Berufs- und Arbeitsplatzwahl die Grundlage für die Soziale Marktwirtschaft und schließen die Extreme einer reinen Zentralverwaltungswirtschaft oder einer schrankenlosen Marktwirtschaft aus.
>
> Im Mai 1990 wurde die Soziale Marktwirtschaft im Vertrag über die Schaffung einer Währungs-, Wirtschafts- und Sozialunion zwischen der Bundesrepublik und der ehemaligen DDR rechtlich als gemeinsame Wirtschaftsordnung verankert.

Textquelle: www.bmwi.de.

Aufgaben:

1. Notieren Sie sich zunächst die Begriffe in dem vorangestellten Text, die Ihnen unverständlich erscheinen und recherchieren Sie diese anschließend im Internet!

2. Nennen Sie die zentrale Idee der sozialen Marktwirtschaft und legen Sie kurz dar, wo die soziale Marktwirtschaft in der Bundesrepublik Deutschland verankert ist!

3. Erläutern Sie in wenigen Worten die aus dieser Idee (vgl. Aufgabe 2) resultierende Zielsetzung der sozialen Marktwirtschaft!

4. Ein Grundsatz der sozialen Marktwirtschaft betont den sogenannten „sozialen Ausgleich". Erläutern Sie kurz, was man hierunter versteht und führen Sie konkrete Beispiele an, wie dieser Grundsatz im Alltag anzutreffen ist!

5. Nicht wenige Kritiker führen immer wieder an, dass der „soziale Ausgleich" ein wesentlicher Grund für die zunehmende Belastung der öffentlichen Haushalte darstellt.

    Recherchieren Sie im Internet, wie hoch die Sozialausgaben aktuell die öffentlichen Haushalte belasten und diskutieren Sie über Möglichkeiten, diese Ausgaben künftig einzudämmen!

198 Kommentieren und bewerten Sie die folgenden Aussagen zur Wirtschaftsordnung der Bundesrepublik Deutschland!

1. Krankenhäuser können ihre Entgeltforderungen für stationäre Leistungen frei bestimmen.

2. Wirtschaftspolitische Maßnahmen dienen häufig der Förderung strukturschwacher Branchen und Regionen.

2 System der sozialen Absicherung

2.1 Notwendigkeit sozialer Absicherung

> Die **soziale Sicherung** ist eine wesentliche Lebensgrundlage der Menschen.

Die bedeutsamste Absicherung erfolgt in der Bundesrepublik Deutschland durch die gesetzliche **Sozialversicherung**.

- Die gesetzliche Sozialversicherung ist durch das **Solidaritätsprinzip** gekennzeichnet: „Einer für alle, alle für einen."
- Die Sozialversicherung ist eine **gesetzliche Versicherung,** der die Mehrheit der Bevölkerung **kraft Gesetzes** angehören muss **(Pflichtversicherung).**
- Die **meisten Leistungen** der Sozialversicherung sind **gesetzlich festgelegt.** Der Beitrag richtet sich bis zu einer **Beitragsbemessungsgrenze** an der Höhe des Einkommens aus. Versicherte mit hohen Einkommen tragen so zur Finanzierung von Leistungen für Versicherte mit niedrigen Einkommen bei.

2.2 System der Sozialversicherung

2.2.1 Überblick über die Zweige der Sozialversicherung

Zweige der gesetzlichen Sozialversicherung				
Gesetzliche Krankenversicherung Träger z. B.: ■ Allgemeine Ortskrankenkassen ■ Betriebskrankenkassen ■ Innungskrankenkassen ■ Ersatzkassen (z. B. Barmer, DAK, KKH)	**Soziale Pflegeversicherung** Träger: Pflegekassen (verwaltet von den Krankenkassen)	**Gesetzliche Rentenversicherung** Träger z. B.: ■ Bundesträger (Deutsche Rentenversicherung Bund) ■ Regionalträger (Deutsche Rentenversicherung mit Zusatz für jeweilige regionale Zuständigkeiten)	**Gesetzliche Arbeitsförderung** Träger: Bundesagentur für Arbeit in Nürnberg mit den Regionaldirektionen (mittlere Verwaltungsebene) und den Agenturen für Arbeit (örtliche Verwaltungsebene)	**Gesetzliche Unfallversicherung** Träger z. B.: ■ Gewerbliche und landwirtschaftliche Berufsgenossenschaften ■ Gemeindeunfallversicherungsverbände
Gesetzliche Krankenkassen	**Pflegekassen***	**Deutsche Rentenversicherung**	**Bundesagentur für Arbeit**	**Berufsgenossenschaften und Unfallversicherungsträger der öffentlichen Hand**
Träger der Sozialversicherung				

* Die soziale Pflegeversicherung ist eine eigenständige Säule im System der gesetzlichen Sozialversicherung, auch wenn die gesetzlichen Pflegekassen organisatorisch in die Träger der gesetzlichen Krankenversicherung eingebunden sind.

2.2.2 Gesetzliche Krankenversicherung

(1) Anmeldung und Versicherungspflicht

Die **Anmeldung** der Versicherungspflichtigen bei der gesetzlichen Krankenkasse hat durch den Arbeitgeber grundsätzlich binnen 14 Tagen nach Arbeitsantritt zu erfolgen.

Die **Versicherungspflicht** umfasst z. B. grundsätzlich alle Arbeitnehmer, wenn sie monatlich durchschnittlich nicht mehr als 5 362,50 EUR brutto verdienen,[1] alle Auszubildenden, die Bezieher von Renten aus der Rentenversicherung, Empfänger von Arbeitslosengeld und eine Reihe von Selbstständigen. Bestimmte Beschäftigungsgruppen, wie z. B. Beamte, sind nicht versicherungspflichtig. Sie können sich bei einer privaten Krankenversicherung versichern lassen.

> **Alle Bürger** müssen einer (gesetzlichen oder privaten) **Krankenversicherung** angehören und dadurch einen Krankenversicherungsschutz erhalten.

(2) Gesundheitsfonds

Die Krankenversicherungsbeiträge werden in einen **Gesundheitsfonds** eingezahlt, aus dem die einzelnen Krankenkassen dann pro **Versicherten** eine **Pauschale** sowie **ergänzende Zu- und Abschläge** – Risikostrukturausgleich genannt – je nach Alter, Geschlecht und Krankheit erhalten.

Im Jahr 2021 beträgt der Zusatzbeitrag im Durchschnitt 1,3 %.

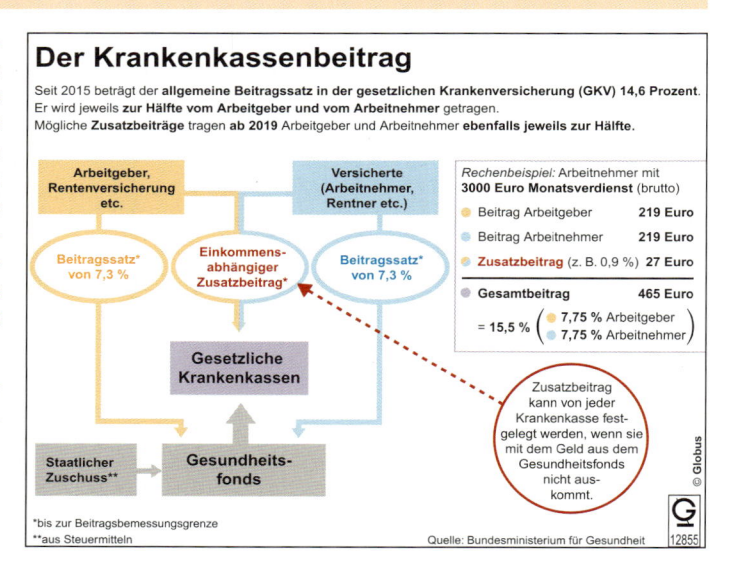

Der Krankenkassenbeitrag

Seit 2015 beträgt der **allgemeine Beitragssatz in der gesetzlichen Krankenversicherung (GKV) 14,6 Prozent.** Er wird jeweils **zur Hälfte vom Arbeitgeber und vom Arbeitnehmer** getragen.
Mögliche **Zusatzbeiträge** tragen **ab 2019** Arbeitgeber und Arbeitnehmer **ebenfalls jeweils zur Hälfte.**

Arbeitgeber, Rentenversicherung etc. → Beitragssatz* von 7,3 %
Versicherte (Arbeitnehmer, Rentner etc.) → Beitragssatz* von 7,3 %
Einkommensabhängiger Zusatzbeitrag* → Gesetzliche Krankenkassen
Staatlicher Zuschuss** → Gesundheitsfonds

Rechenbeispiel: Arbeitnehmer mit **3000 Euro Monatsverdienst** (brutto)
- Beitrag Arbeitgeber: 219 Euro
- Beitrag Arbeitnehmer: 219 Euro
- Zusatzbeitrag (z. B. 0,9 %): 27 Euro
- **Gesamtbetrag: 465 Euro**
- = 15,5 % (7,75 % Arbeitgeber / 7,75 % Arbeitnehmer)

Zusatzbeitrag kann von jeder Krankenkasse festgelegt werden, wenn sie mit dem Geld aus dem Gesundheitsfonds nicht auskommt.

*bis zur Beitragsbemessungsgrenze
**aus Steuermitteln
Quelle: Bundesministerium für Gesundheit
© Globus 12855

(3) Leistungen

Die Leistungen der gesetzlichen Krankenkassen sind gesetzlich vorgeschrieben **(Regelleistungen)**. Über diese Mindestleistungen hinaus können die Krankenkassen in ihren Satzungen **Mehrleistungen** festlegen. Die Tabelle auf S. 465 gibt einen Überblick über die wichtigsten Leistungen der gesetzlichen Krankenversicherung:

---

1 Diese **Versicherungspflichtgrenze** gilt für das Jahr 2021. Allerdings sind höherverdienende Arbeitnehmer erst dann **krankenversicherungsfrei** – und können damit selbst entscheiden, ob sie weiterhin freiwillig gesetzlich versichert bleiben oder sich privat krankenversichern wollen –, wenn sie **im vergangenen Kalenderjahr mit ihrem Arbeitsentgelt die Jahresarbeitsentgeltgrenze (JAG) überschritten haben und im laufenden Jahr überschreiten** werden.

2 System der sozialen Absicherung

Folgende Leistungen werden erbracht:	Beispiele aus dem Leistungskatalog
Vorbeugung gegen Krankheiten	Aufklärung und Beratung über Gesundheitsgefährdungen und Vorbeugungsmaßnahmen gegen Krankheit, z. B. Verhütung von Zahnerkrankungen, Vorsorgekuren. Für das gesundheitsbewusste Verhalten der Versicherten (z. B. Teilnahme an Vorsorge- und Früherkennungsuntersuchungen, Präventionsprogrammen oder betrieblicher Gesundheitsförderung) können die Krankenkassen einen Bonus einräumen.
Früherkennung von Krankheiten	■ Krebsvorsorge für Frauen (ab dem 20. Lebensjahr) und Männer (ab dem 45. Lebensjahr) jährlich einmal. ■ Vorsorgeuntersuchungen für Kinder. ■ Gesundheits-Check-up ab dem 35. Lebensjahr zur Erkennung von Herz-, Kreislauf- und Nierenerkrankungen alle zwei Jahre. (Weitere Beispiele erfragen Sie bitte bei Ihrer Krankenkasse.)
Krankenbehandlung	■ Ärztliche Behandlung. ■ Zahnärztliche Behandlung. ■ Versorgung mit Arznei-, Verband-, Heil- und Hilfsmitteln. ■ Krankenhausbehandlung. ■ Häusliche Krankenpflege und Haushaltshilfe ■ Maßnahmen zur Rehabilitation.
Krankengeld	Versicherte, die durch eine Krankheit arbeitsunfähig sind oder stationär in einem Krankenhaus oder einer Rehabilitationseinrichtung behandelt werden, haben Anspruch auf Krankengeld, das 70 % des regelmäßig erzielten Arbeitsentgelts beträgt und 90 % des Nettoarbeitsentgelts nicht übersteigen darf.
Bei Schwangerschaft und Mutterschaft	Sie umfassen z. B. die ärztliche Betreuung, Versorgung mit Arznei-, Verband- und Hilfsmitteln, Hebammenhilfe, die stationäre Entbindung, häusliche Pflege, Haushaltshilfe, Zahlung von Mutterschaftsgeld[1] sowie Zahlung von Elterngeld. Die Bezieher von Mutterschaftsgeld sind beitragsfrei sozialversichert, sofern sie schon vorher dort versichert waren und keine anderen beitragspflichtigen Einnahmen haben.
Sonstige Hilfen	Hierzu gehören z. B. alle Leistungen, die im Zusammenhang mit der Empfängnisverhütung, Sterilisation, dem Schwangerschaftsabbruch und der künstlichen Befruchtung stehen.

---

[1] Das **Mutterschaftsgeld** wird von der Krankenkasse bezahlt und beträgt zurzeit höchstens 13,00 € täglich. Beträgt nach den gesetzlichen Abzügen vom Einkommen das tägliche Arbeitsentgelt mehr als 13,00 €, bezahlt der Arbeitgeber diesen Unterschied als Zuschuss zum Mutterschaftsgeld.
Auch berufstätige werdende Mütter, die nicht in einer Krankenkasse versichert sind, bekommen während der Schutzfrist Mutterschaftsgeld. Sie erhalten es vom Bundesversicherungsamt.
Während die Frau Mutterschaftsgeld bezieht, bleibt sie beitragsfrei sozialversichert (renten-, pflege-, kranken- und arbeitslosenversichert), sofern sie schon vorher dort versichert war und keine anderen beitragspflichtigen Einnahmen hat.

2.2.3 Soziale Pflegeversicherung

(1) Begriff Pflegebedürftigkeit

- Als **pflegebedürftig** gelten [§ 14 SGB XI]
  - Personen, die gesundheitlich bedingte **Beeinträchtigungen von Selbstständigkeit oder von Fähigkeiten** aufweisen und deshalb der Hilfe durch andere bedürfen.
  - Personen, die **körperliche, kognitive[1] oder psychische Beeinträchtigungen** oder **gesundheitliche Belastungen** nicht selbstständig bewältigen können.
- Die Pflegebedürftigkeit muss **dauerhaft** sein, **mindestens** aber für **6 Monate** bestehen.

Um die Pflegebedürftigkeit zu bestimmen, werden in den folgenden **sechs Lebensbereichen** individuelle Beeinträchtigungen und Fähigkeiten erfasst:

1. **Mobilität** (z. B. Fortbewegen innerhalb des Wohnbereichs, Treppensteigen etc.)
2. **Kognitive und kommunikative Fähigkeiten** (z. B. örtliche und zeitliche Orientierung etc.)
3. **Verhaltensweisen und psychische Problemlagen** (z. B. nächtliche Unruhe, selbstschädigendes und autoaggressives Verhalten)
4. **Selbstversorgung** (z. B. Körperpflege, Ernährung etc.)
5. **Bewältigung von und selbstständiger Umgang mit krankheits- oder therapiebedingten Anforderungen und Belastungen** (z. B. Medikation, Wundversorgung, Arztbesuche, Therapieeinhaltung)
6. **Gestaltung des Alltagslebens und sozialer Kontakte** (z. B. Gestaltung des Tagesablaufs)

(2) Pflegegrad

Pflegebedürftige erhalten je nach Schwere der Beeinträchtigung einen Pflegegrad, der in einem pflegewissenschaftlichen Begutachtungsverfahren, dem **Neuen Begutachtungsassessment (NBA)**, abgeklärt wird. Dazu werden die Beeinträchtigungen in den sechs pflegerelevanten Lebensbereichen mit Punkten bewertet. Aus einer gewichteten Gesamtpunktzahl ergibt sich das Maß der Pflegebedürftigkeit, unterschieden nach **fünf Pflegegraden**:

- Pflegegrad 1: geringe Beeinträchtigung der Selbstständigkeit
- Pflegegrad 2: erhebliche Beeinträchtigung der Selbstständigkeit
- Pflegegrad 3: schwere Beeinträchtigung der Selbstständigkeit
- Pflegegrad 4: schwerste Beeinträchtigung der Selbstständigkeit
- Pflegegrad 5: schwerste Beeinträchtigung der Selbstständigkeit mit besonderen Anforderungen an die pflegerische Versorgung

(3) Versicherungspflicht

Die Versicherungspflicht in der **sozialen Pflegeversicherung** besteht für alle Mitglieder der Krankenversicherung (auch freiwillige), ihre nicht berufstätigen Ehepartner und Kinder. Privatversicherte wie z. B. Beamte müssen eine **private Pflegeversicherung** abschließen.

---

[1] **Kognitiv:** die Erkenntnis betreffend.

2 System der sozialen Absicherung

(4) Leistungen

Art der Leistungen	Erläuterungen
Bei häuslicher Pflege:	
■ Pflegehilfe	Pflegebedürftige haben bei häuslicher Pflege Anspruch auf körperbezogene Pflegemaßnahmen und pflegerische Betreuungsmaßnahmen sowie auf Hilfen bei der Haushaltsführung als **Sachleistung**. Häusliche Pflege wird durch geeignete Pflegekräfte erbracht. Die Höhe der Pflegehilfe hängt von der Pflegebedürftigkeit ab.
■ Pflegegeld	Pflegebedürftige, welche ihre Pflege selbst sicherstellen, können anstelle der häuslichen Pflegehilfe ein nach dem Pflegegrad gestaffeltes monatliches Pflegegeld erhalten.
	Nimmt der Pflegebedürftige die Sachleistungen nur teilweise in Anspruch, erhält er daneben ein anteiliges Pflegegeld.
Teilstationäre Pflege und Kurzzeitpflege: ■ Tages- und Nachtpflege ■ Kurzzeitpflege	Pflegebedürftige haben Anspruch auf teilstationäre Pflege, wenn häusliche Pflege nicht in ausreichendem Umfang möglich ist. Die Höhe der Aufwendungen für Pflege, Betreuung und medizinische Behandlung richtet sich nach dem jeweiligen Pflegegrad.
	Kann häusliche Pflege zeitweise nicht, noch nicht oder nicht im erforderlichen Umfang erbracht werden und reicht teilstationäre Pflege nicht aus, kann für eine Übergangszeit von maximal 8 Wochen im Jahr vollstationäre Pflege in Anspruch genommen werden.
Vollstationäre Pflege	Ist häusliche oder teilstationäre Pflege nicht möglich, haben Pflegebedürftige Anspruch auf vollstationäre Pflege. Gestaffelt nach Pflegegraden überweist die Pflegekasse monatliche Pauschalen für Pflege, Betreuung und medizinische Behandlung direkt an das Pflegeheim.

Die Zahl der Pflegebedürftigen in der sozialen Pflegeversicherung in Deutschland ist in den vergangen Jahren deutlich gestiegen. Waren es im Jahr 1997 noch rund 1,7 Millionen, lag ihre Zahl im Jahr 2019 bei 4,0 Millionen. Die meisten von ihnen (3,1 Mio.) wurden 2019 ambulant, also zu Hause durch Angehörige und/oder durch Pflegedienste betreut. Rund 858 000 wurden stationär in Pflegeheimen und Behinderteneinrichtungen versorgt. Mehr als die Hälfte der Pflegebedürftigen (51,9 %) war 80 Jahre und älter, aber auch jüngere Menschen befanden sich unter ihnen, wenn auch mit einem wesentlich geringeren Anteil. So waren Ende 2019 beispielsweise rund 215 000 Menschen unter 20 Jahren auf Pflegeleistungen der sozialen Pflegeversicherung angewiesen. Das waren 5,4 % aller Pflegebedürftigen.

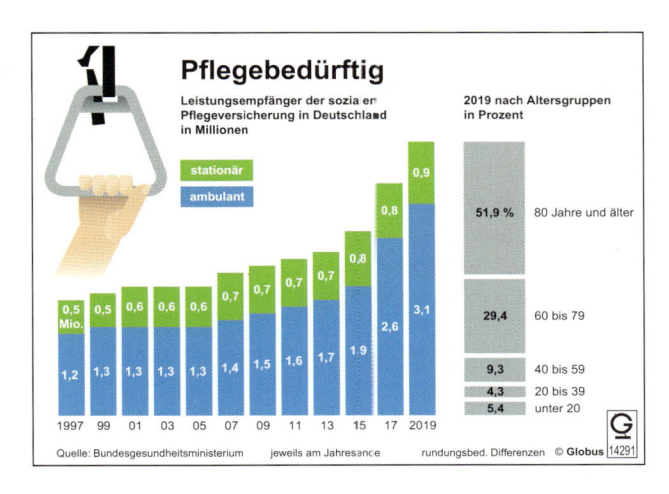

2.2.4 Gesetzliche Arbeitsförderung (Arbeitslosenversicherung)

2.2.4.1 Anmeldung, Versicherungspflicht und die Leistungen an Arbeitnehmer

(1) Anmeldung und Versicherungspflicht

Die **Anmeldung** erfolgt durch den **Arbeitgeber**. Die **Versicherungspflicht** umfasst vor allem die Auszubildenden, Arbeitnehmer ohne Rücksicht auf die Höhe ihrer Einkommen.

(2) Leistungen der gesetzlichen Arbeitsförderung

- **Berufsberatung und Arbeitsmarktberatung**

  Die Agenturen für Arbeit beraten Jugendliche und Erwachsene, die am Arbeitsleben teilnehmen oder teilnehmen wollen, zum Beispiel über die Berufswahl, die berufliche Entwicklung, über Berufswechsel, über die Lage und Entwicklung des Arbeitsmarkts und der Berufe sowie über die Leistungen der Arbeitsförderung.

- **Ausbildungs- und Arbeitsvermittlung**

  Die örtliche Agentur für Arbeit bietet Ausbildungsuchenden, Arbeitsuchenden und Arbeitgebern eine grundsätzlich unentgeltliche Ausbildungs- und Arbeitsvermittlung an. Zur **ortsnahen Leistungserbringung** sollen die Leistungen der Arbeitsförderung vorrangig durch die **örtlichen Agenturen für Arbeit** erbracht werden. Als einheitliche Anlaufstelle für alle einen Arbeitsplatz oder Ausbildungsplatz suchenden Personen werden von den Agenturen für Arbeit **Jobcenter** eingerichtet. Hier werden diese Personen informiert, der Beratungs- und Betreuungsbedarf geklärt und der erste Eingliederungsschritt in die Arbeit verbindlich vereinbart. Vor allem Langzeitarbeitslose und erwerbsfähige Sozialgeldempfänger sollen hierdurch wieder schneller eine Arbeit vermittelt bekommen.

  Arbeitslose können von der Agentur für Arbeit die **Zuweisung in eine Maßnahme** zur Aktivierung und beruflichen Eingliederung verlangen, wenn sie **sechs Monate** nach Eintritt ihrer Arbeitslosigkeit noch arbeitslos sind.

- **Leistungen an Arbeitnehmer**

Leistungen (Auswahl)	Erläuterungen
Unterstützung von Arbeitslosen	Unterstützung von Arbeitslosen und von Arbeitslosigkeit bedrohten Arbeitsuchenden sowie der Ausbildungsuchenden, z.B. durch die Übernahme von Bewerbungs- und Reisekosten.

Leistungen (Auswahl)	Erläuterungen
Hilfen zur Eingliederung in den Arbeitsprozess	■ **Verbesserung der Eingliederungsaussichten** durch Trainingsmaßnahmen, indem z. B. Maßnahmekosten (Lehrgangskosten, Prüfungsgebühren, Fahrtkosten) von der Agentur für Arbeit übernommen werden. ■ **Maßnahmen der Eignungsfeststellung** und **Förderung der Aufnahme einer Beschäftigung**, z. B. durch Leistungen aus dem Vermittlungsbudget, Gründungszuschuss, Förderung der Berufsausbildung, der beruflichen Weiterbildung, berufsvorbereitende Bildungsmaßnahmen und Förderung der Teilnahme behinderter Menschen am Arbeitsleben.
Zahlung von Entgeltersatzleistungen ■ **Arbeitslosengeld**	Arbeitnehmer haben einen Anspruch auf Arbeitslosengeld bei **Arbeitslosigkeit** oder bei **beruflicher Weiterbildung**. Der Arbeitslose hat sich persönlich bei der zuständigen Agentur für Arbeit arbeitslos zu melden. Wer einen Arbeitsplatz ohne wichtigen Grund aufgibt, erhält Arbeitslosengeld grundsätzlich erst nach 12 Wochen. Überhaupt kein Arbeitslosengeld erhält, wer einen von der Agentur für Arbeit vermittelten zumutbaren Arbeitsplatz auf Dauer ablehnt.[1] Die Dauer des Anspruchs auf Arbeitslosengeld hängt von der Dauer des Versicherungsverhältnisses und dem Lebensalter der arbeitslosen Person bei der Entstehung des Anspruchs ab. Das Arbeitslosengeld beträgt zurzeit 60 % und für die Arbeitslosen, die z. B. mindestens ein Kind haben, 67 % des für den Bemessungszeitraum berechneten pauschalierten Nettoentgelts.
■ **Kurzarbeitergeld**	Kurzarbeitergeld erhalten Arbeitnehmer, wenn ein erheblicher Arbeitsausfall mit Entgeltausfall vorliegt. Das Kurzarbeitergeld beträgt 60 % des Nettoentgelts (bei Beschäftigten mit mindestens einem Kind 67 %).
■ **Insolvenzgeld**	Insolvenzgeld[2] erhalten Arbeitnehmer, wenn sie z. B. bei der Eröffnung des Insolvenzverfahrens über das Vermögen des Arbeitgebers für die dem Insolvenzereignis vorausgehenden drei Monate des Arbeitsverhältnisses noch Ansprüche auf Arbeitsentgelt haben. Das Insolvenzgeld wird in Höhe des **Nettoarbeitsentgelts** geleistet.

2.2.4.2 Grundsicherung für Arbeitsuchende

(1) Aufgabe der Grundsicherung

Die Grundsicherung soll vor allem erwerbsfähige leistungsberechtigte Personen bei der Aufnahme oder Beibehaltung einer **Erwerbsfähigkeit unterstützen** und deren **Lebensunterhalt sichern**.

---

1 Die Dauer der **Sperrzeit** wegen Arbeitsablehnung, wegen Ablehnung einer beruflichen Eingliederungsmaßnahme oder wegen Abbruchs einer beruflichen Eingliederungsmaßnahme beträgt drei oder sechs Wochen, bei unzureichenden Eigenbemühungen zur Beendigung der Arbeitslosigkeit zwei Wochen.

2 Als **Insolvenz** bezeichnet man vorübergehende Zahlungsschwierigkeiten oder die dauernde Zahlungsunfähigkeit eines Schuldners.

(2) Berechtigte Personen

Leistungen erhalten Personen, die das 15. Lebensjahr vollendet und das 65. Lebensjahr noch nicht vollendet haben, erwerbsfähig und hilfebedürftig[1] sind und ihren gewöhnlichen Aufenthalt in Deutschland haben (**erwerbsfähige Leistungsberechtigte**).

(3) Leistungen

- **Leistungen zur Eingliederung in Arbeit**

Durch diese Leistungen soll die Eingliederung der erwerbsfähigen Leistungsberechtigten in Arbeit unterstützt werden. Hierzu soll die Agentur für Arbeit z. B. für jeden erwerbsfähigen Leistungsberechtigten einen **persönlichen Ansprechpartner** benennen und mit diesen Personen die für ihre Eingliederung erforderlichen Leistungen vereinbaren (**Eingliederungsvereinbarungen**).

- **Leistungen zur Sicherung des Lebensunterhalts**[2]

Einstiegsgeld	Ein zeitlich befristetes Einstiegsgeld (als Zuschuss zum Arbeitslosengeld II) kann arbeitslosen erwerbsfähigen Leistungsberechtigten zur Überwindung ihrer Hilfebedürftigkeit bei Aufnahme einer Erwerbstätigkeit gezahlt werden.
Arbeitslosengeld II	Als Arbeitslosengeld II werden vom Staat Leistungen zur **Sicherung des Lebensunterhalts** einschließlich der angemessenen Kosten für Unterkunft und Heizung gewährt. Zu berücksichtigende Einkommen und Vermögen mindern die Geldleistungen der Agentur für Arbeit und kommunalen Träger (z. B. Gemeinden, Kreise). Der **monatliche Regelbedarf** zur Sicherung des Lebensunterhalts (insbesondere für die Ernährung, Kleidung, Körperpflege, Hausrat, Bedarf des täglichen Lebens, Beziehungen zur Umwelt und zur Teilnahme am kulturellen Leben) beträgt für Personen, die alleinstehend oder alleinerziehend sind, zurzeit 446,00 EUR.[3] Für Jugendliche zwischen 14 und 17, die in einer Bedarfsgemeinschaft ohne eigenen Haushalt leben, beträgt der Regelbedarf 373,00 EUR pro Monat. Jeweils zum 1. Januar eines Jahres wird der Regelbedarf der aktuellen Preis- und Lohnentwicklung entsprechend angepasst.
Leistungen für Unterkunft und Heizung	Leistungen für Unterkunft und Heizung werden in Höhe der tatsächlichen Aufwendungen erbracht, soweit diese angemessen sind.
Sozialgeld	Sozialgeld erhalten nicht erwerbsfähige Leistungsbedürftige ohne einen Anspruch auf Sozialhilfe, wenn in ihrer Bedarfsgemeinschaft mindestens ein erwerbsfähiger Hilfebedürftiger lebt.
Bedarfe für Bildung und Teilhabe („Bildungspaket")	Damit wird Kindern aus Familien, in denen Arbeitslosengeld II, Sozialgeld oder Sozialhilfe bezogen wird, ermöglicht, in verschiedenen Formen am kulturellen, sozialen und sportlichen Leben teilzuhaben (z. B. Teilnahme an Schulausflügen, an Mittagsverpflegung, Nachhilfeunterricht; Mitgliedsbeiträge für Sport). Für die Erbringung dieser Leistungen sind ausschließlich die Gemeinden und Städte verantwortlich.

---

1 **Hilfebedürftig** ist, wer seinen Lebensunterhalt nicht oder nicht ausreichend aus dem zu berücksichtigenden Einkommen oder Vermögen sichern kann und die erforderliche Hilfe nicht von anderen, insbesondere Angehörigen oder von Trägern anderer Sozialleistungen, erhält.

2 Personen, die von keiner Sozialleistung erfasst werden, erhalten **Sozialhilfe**. Zuständig ist das Sozialamt der Stadt oder des Landkreises, wo der Hilfesuchende seinen tatsächlichen Aufenthalt hat.

3 Stand: Januar 2021.

2.2.5 Gesetzliche Unfallversicherung

(1) Versicherungspflicht

Versicherungspflicht besteht z. B. für alle Arbeitnehmer einschließlich Auszubildende, unabhängig von der Höhe ihres Einkommens, für die meisten Unternehmer (Arbeitgeber), Arbeitslose, Kinder während des Besuchs von Kindergärten, Schüler und Personen während der Rehabilitation.

(2) Leistungen

Die Leistungen der Unfallversicherung bestehen vor allem in der **Unfallverhütung** (die Berufsgenossenschaften erlassen Unfallverhütungsvorschriften) und in den finanziellen Leistungen bei **Unfallfolgen**.

Leistungen (Auswahl)	Erläuterungen
Unfallverhütung	Die Unfallverhütungsvorschriften verpflichten den Unternehmer (Arbeitgeber), die Arbeitsplätze so einzurichten und zu erhalten, dass die Arbeitskräfte im Rahmen des Möglichen gegen Unfälle und Berufskrankheiten geschützt sind.
Finanzielle Leistungen bei Unfallfolgen	■ **Heilbehandlung.** Hierzu gehören vor allem die Kosten für ärztliche und zahnärztliche Behandlung, Arznei- und Verbandmittel, sonstige Hilfsmittel, stationäre Behandlung in Krankenhäusern oder Spezialkliniken. ■ **Leistungen zur Teilhabe am Arbeitsleben.** Diese umfassen z. B. Leistungen zur Erhaltung und Erlangung eines Arbeitsplatzes einschließlich der Leistungen zur Förderung der Arbeitsaufnahme, zur beruflichen Anpassung, Fortbildung, Ausbildung und Umschulung. ■ **Leistungen zur Teilnahme am Leben in der Gemeinschaft und ergänzende Leistungen.** Hierzu gehören z. B. die Kraftfahrzeughilfe, Wohnungshilfe, Haushaltshilfe, Reisekosten, Beratung sowie sozialpädagogische und psychosoziale Betreuung. ■ **Rentenzahlungen.** Renten an Versicherte bei Minderung ihrer Erwerbsfähigkeit infolge eines Versicherungsfalls um mindestens 20 %, an Hinterbliebene als Witwen- und Witwerrente und als Waisenrente für Kinder von verstorbenen Versicherten. ■ **Verletztengeld.** Es wird bei einem Unfall oder einer Berufskrankheit bezahlt und hat den Zweck, einen eintretenden Einkommensausfall auszugleichen. Es wird ab der 7. Woche bezahlt, wenn der Arbeitgeber keinen Lohn mehr bezahlt. Es beträgt 80 % des Regelentgelts.

2.2.6 Gesetzliche Rentenversicherung

(1) Anmeldung und Versicherungspflicht

Die **Anmeldung** beim Rentenversicherungsträger erfolgt durch den Arbeitgeber binnen 14 Tagen vom Arbeitsantritt an über die Krankenkasse.

Wirtschaftliches Handeln in der sozialen Marktwirtschaft

Die **Versicherungspflicht** umfasst vor allem alle Auszubildenden, Arbeiter und Angestellten **ohne Rücksicht auf die Höhe ihres Einkommens**. Pflichtversichert sind u. a. auch Heimarbeiter und bestimmte selbstständig Tätige. Wer aus einem Arbeitsverhältnis ausscheidet (z. B. Frauen, die sich ihrer Familie widmen möchten), kann sich freiwillig weiterversichern lassen.

(2) Leistungen

Rentenart	Erläuterungen
Regelaltersrente	Versicherte haben Anspruch auf Altersrente, wenn sie ihre persönliche Altersgrenze (zwischen dem 65. und 67. Lebensjahr) erreicht und eine Versicherungszeit von fünf Jahren erfüllt haben.
	Damit die gesetzliche Rentenversicherung ihre Aufgabe – Sicherung eines angemessenen Lebensunterhalts im Alter – angesichts der sinkenden Geburtenzahlen und steigender Lebenserwartung weiterhin erfüllen kann, wird zwischen 2012 und 2029 das Rentenalter schrittweise angehoben. Für die Geburtenjahrgänge 1947 bis 1964 steigt die Altersgrenze für die Regelaltersrente stufenweise von 65 auf 67 Jahre. 2030 ist dieser Übergang zur **„Rente mit 67"** abgeschlossen.
Altersrente für langjährig Versicherte	Versicherte haben Anspruch auf Altersrente für langjährig Versicherte, wenn sie das 67. Lebensjahr vollendet und die Wartezeit von 35 Jahren erfüllt haben.
	Die vorzeitige Inanspruchnahme dieser Altersrente ist nach Vollendung des 63. Lebensjahres (mit einem entsprechenden Abschlag) möglich.
Altersrente für besonders langjährig Versicherte	Besonders langjährig Versicherte, die vor 1953 geboren sind und mindestens 45 Jahre in der gesetzlichen Rentenversicherung versichert waren, können bereits **mit 63 Jahren ohne Abschläge** in Rente gehen.
	Ab Jahrgang 1953 steigt diese Altersgrenze für die abschlagsfreie Rente wieder schrittweise an. Für alle 1964 oder später Geborenen liegt sie bei 65 Jahren.
Rente wegen teilweiser Erwerbsminderung	Bis zur Vollendung des 65. Lebensjahrs haben Versicherte einen Anspruch auf eine **Rente wegen teilweiser Erwerbsminderung**. Eine teilweise Erwerbsminderung liegt vor, wenn die Versicherten wegen ihrer Krankheit oder Behinderung auf nicht absehbare Zeit außerstande sind, unter den üblichen Bedingungen des allgemeinen Arbeitsmarktes mindestens sechs Stunden täglich erwerbstätig zu sein.
Rente wegen voller Erwerbsminderung[1]	Einen Anspruch auf eine **Rente wegen voller Erwerbsminderung** haben Versicherte bis zur Vollendung des 65. Lebensjahrs. Versicherte sind grundsätzlich voll erwerbsgemindert, wenn diese wegen ihrer Krankheit oder Behinderung auf nicht absehbare Zeit außerstande sind, unter den üblichen Bedingungen des allgemeinen Arbeitsmarkts mindestens drei Stunden täglich erwerbstätig zu sein.
Renten wegen Todes	Renten an Hinterbliebene werden als große oder kleine **Witwen- bzw. Witwerrenten**, als **Erziehungsrente** (bei Tod des geschiedenen Ehegatten, wenn ein eigenes oder ein Kind des geschiedenen Ehegatten erzogen wird) und als **Waisenrente** bezahlt.

---

[1] Renten wegen **Erwerbsminderung** werden auf Zeit (befristet) geleistet.

(3) Dynamisierung[1] der Renten

Die Rentenhöhe ist nicht für alle Zeiten absolut festgelegt. Erhöht sich der durchschnittliche Nettoarbeitsverdienst aller Arbeitnehmer, so erhöhen sich grundsätzlich die Renten entsprechend. Die in gewissen Zeitabständen durch **Rentenanpassungsgesetze** erfolgte Anpassung der Renten an die allgemeine Lohnentwicklung ist die sogenannte **Rentendynamisierung**.

(4) Generationenvertrag[2]

Dem deutschen Rentensystem liegt der sogenannte Generationenvertrag zugrunde. Er besagt, dass die **heute Berufstätigen** durch ihre Beiträge zur Rentenversicherung die **Rente der Älteren finanzieren** – in der Erwartung, dass die kommende Generation dann später die Renten für sie aufbringt. Da derzeit die Anzahl der Kinder abnimmt, müssen in den kommenden Jahren weniger Beitragszahler mehr Rentner finanzieren.

2.2.7 Finanzierung der Sozialversicherung

(1) Sozialversicherungsbeiträge

Außer der **Unfallversicherung**, die der Arbeitgeber allein zu tragen hat, müssen Arbeitnehmer und Arbeitgeber je 50 % der Beiträge zur Kranken-, Pflege-, Renten- und Arbeitslosenversicherung zahlen. Die Beiträge für jeden Sozialversicherungszweig werden bis zur jeweiligen Beitragsbemessungsgrenze über einen festen Prozentsatz vom jeweiligen Bruttoverdienst berechnet. Über die Beitragsbemessungsgrenze hinaus werden keine Beiträge zur jeweiligen Sozialversicherung erhoben.

Derzeit gelten für die Sozialversicherung folgende monatliche **Beitragssätze** bzw. **Beitragsbemessungsgrenzen** (2021):[3]

			In den alten Bundesländern	In den neuen Bundesländern
Krankenversicherung:*	14,6 %	Beitragsbemessungsgrenze:[4]	4 837,50 EUR	4 837,50 EUR
Pflegeversicherung:	3,05 %	Beitragsbemessungsgrenze:[4]	4 837,50 EUR	4 837,50 EUR
Rentenversicherung:	18,6 %	Beitragsbemessungsgrenze:	7 100,00 EUR	6 700,00 EUR
Arbeitslosenversicherung:	2,4 %	Beitragsbemessungsgrenze:	7 100,00 EUR	6 700,00 EUR

* Der Beitragssatz zur Krankenversicherung in Höhe von 14,6 % ist **bundeseinheitlich**. Jede Krankenkasse kann hierauf einen **kassenindividuellen Zusatzbeitrag** erheben. Die Höhe des Zusatzbeitrags hängt insbesondere davon ab, wie wirtschaftlich eine Kasse arbeitet.

Sonderregelungen zur Finanzierung der Pflegeversicherung

Für alle kinderlosen Pflichtversicherten erhöht sich der Beitrag zur Pflegeversicherung um 0,25 % des beitragspflichtigen Einkommens. Für diesen Personenkreis beträgt daher der Beitragssatz 1,775 %. An dieser Erhöhung ist der **Arbeitgeber nicht beteiligt**. Ausgenommen von diesem Beitragszuschlag sind Personen, die das 23. Lebensjahr noch nicht vollendet haben.

---

1 **Dynamisch**: beweglich, sich entwickelnd.
2 Der **Generationenvertrag** ist nirgendwo schriftlich festgelegt – er ist ein allgemeines gesellschaftliches Übereinkommen.
3 Die **Beitragssätze** für die Sozialversicherung bzw. die Beitragsbemessungsgrenzen werden im Regelfall jährlich neu festgelegt. Informieren Sie sich bitte über die derzeit geltenden Beitragssätze und Bemessungsgrenzen.
4 Die bundesweit geltende **Versicherungspflichtgrenze** für die gesetzliche Krankenversicherung und Pflegeversicherung beträgt 5 362,50 EUR (2021).

(2) Staatszuschüsse

Reichen die Sozialbeiträge der beitragspflichtigen Versicherten nicht aus, so muss der Bund die nötigen Mittel aus Steuergeldern aufbringen (sog. **Bundesgarantien**).

Die soziale Sicherheit in Deutschland kostete im Jahr 2019 schätzungsweise gut eine Billion Euro. Das geht aus dem Sozialbudget hervor, das regelmäßig vom Bundesministerium für Arbeit und Soziales (BMAS) veröffentlicht wird. In dieser riesigen Summe sind sämtliche Sozialleistungen enthalten, also beispielsweise Renten und Pensionen, Krankenversicherungsleistungen und Arbeitslosengeld, Jugend- und Sozialhilfe und vieles Anderes mehr. Drei große Geldgeber sorgen dafür, dass das soziale Netz nicht zerreißt: der Staat (also Bund, Länder und Gemeinden), die Unternehmen und privaten Haushalte, darunter vor allem die Arbeitnehmerhaushalte, die Sozialversicherungsbeiträge entrichten. Bedenkt man allerdings, wie Staat und Unternehmen ihren Teil finanzieren, so sind es am Ende die Bürger, die dafür aufkommen: Die Bürger nämlich bezahlen mit Steuern und Abgaben das staatliche soziale Engagement; und als Verbraucher kaufen sie Waren und Dienstleistungen, in deren Preise die Unternehmen ihre Sozialkosten bereits einkalkuliert haben. Fazit: Am Ende sind es die Steuerzahler und Konsumenten, die – direkt und indirekt – den Sozialstaat finanzieren.

Wer finanziert den Sozialstaat?
Anteile im Jahr 2019 in Deutschland in Prozent (Schätzung)

- private Haushalte: 31,4 %
- Unternehmen: 27,8
- Bund: 20,6
- Gemeinden: 9,8
- Länder: 9,0
- private Organisationen, Sozialversicherung: 1,5

Quelle: BMAS, rundungsbed. Differenz © Globus 14150

(3) Soziale Sicherung bei demografischem Wandel

Die anhaltend niedrige Geburtenziffer und die beständig steigende Lebenserwartung führen zu einer drastischen Veränderung des Verhältnisses zwischen jüngerer und älterer Generation. Der Anteil der unter 20-Jährigen an der Bevölkerung wird sich zwischen 1960 und 2060 von 28,4 % auf 16,4 % reduzieren. Parallel steigt der Anteil der Personen, die über 60 und älter sind, von 17,4 % auf 38,2 %. Für die Finanzierung des Sozialversicherungssystems hat dieser **demografische[1] Wandel** in zweifacher Hinsicht Auswirkungen. Durch die **Zunahme älterer Menschen steigen die Ausgaben**, während eine **Abnahme an Erwerbstätigen** gleichzeitig einen **Rückgang der Einnahmen** bedeutet.[2]

> **Beispiel:**
> Haben 2010 noch drei Erwerbstätige einen Rentner finanziert, so werden dies im Jahr 2030 zwei Erwerbstätige sein.

---

[1] **Demografie:** Beschreibung der wirtschafts- und sozialpolitischen Bevölkerungsbewegung.
[2] Quelle: http://www.rente.com/altersarmut/generationenvertrag.

2 System der sozialen Absicherung

Herausforderung Generationenvertrag
Der demografische Wandel belastet das Rentensystem und erhöht die Rentenlast.

Erwerbstätige — Rentenkasse — Rentner

Rentenlast im Jahr 2030
Zwei Beschäftigte müssen die monatliche Rente für einen Rentner finanzieren.

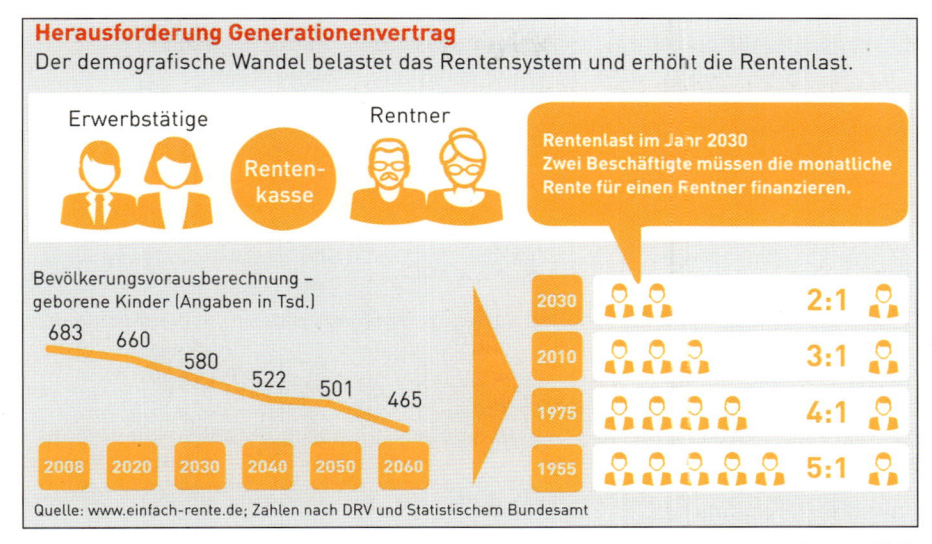

Bevölkerungsvorausberechnung – geborene Kinder (Angaben in Tsd.)
683 (2008), 660 (2020), 580 (2030), 522 (2040), 501 (2050), 465 (2060)

2030: 2:1
2010: 3:1
1975: 4:1
1955: 5:1

Quelle: www.einfach-rente.de; Zahlen nach DRV und Statistischem Bundesamt

Quelle: Stiftung Jugend und Bildung, Wiesbaden, in Zusammenarbeit mit dem Bundesministerium der Finanzen (BMF), Berlin: Finanzen & Steuern, Lehrerinfo 2017/2018, S. 26

2.2.8 Sozialversicherungsausweis

Jede sozialversicherungspflichtige Person erhält einen Sozialversicherungsausweis. Bei Beginn der Beschäftigung muss sich der Arbeitgeber den Ausweis vorlegen lassen. Geschieht dies nicht, ist die Krankenkasse mittels einer Kontrollmeldung unverzüglich zu verständigen, wenn der Beschäftigte die unterlassene Vorlage nicht innerhalb von drei Tagen nachholt.

2.3 Dreischichtenmodell

In der Bundesrepublik Deutschland gibt es ein dichtes Netz an sozialen Leistungen. Sie umfassen zunächst die klassischen Systeme der Sozialversicherung, die eine **Grundversorgung** gegen viele Lebensrisiken, die durch Krankheit, Alter, Unfall, Arbeitslosigkeit und Pflegebedürftigkeit entstehen, bieten.

Hinzu kommen weitere Maßnahmen, die einen sozialen Ausgleich herstellen sollen (z. B. Kinder- und Jugendhilfe, Hilfe für schwangere Frauen und für Familien in Notlagen, Elterngeld, Elternzeit). Es handelt sich hier um zusätzliche Hilfen außerhalb des Sozialversicherungsrechts **(Zusatzversorgung)**.

Neben den sozialen Leistungen, die die Gemeinschaft erbringt, ist es notwendig, dass jeder Einzelne noch eine zusätzliche private Vorsorge trifft (z. B. für Berufsunfähigkeit oder das Renteneinkommen), um auch in Notlagen bzw. im Alter den gewohnten Lebensstandard aufrechterhalten zu können **(private Absicherung)**.

Soziale Sicherungsmaßnahmen
- Grundversorgung
- Zusatzversorgung
- private Absicherung

Grundversorgung, Zusatzversorgung und **private Absicherung** stellen die **drei Säulen der sozialen Absicherung** dar.

Kompetenztraining

199
1. Nennen Sie die fünf Sozialversicherungszweige mit den jeweiligen Trägern der Sozialversicherung!

2. Die gesetzliche Sozialversicherung unterscheidet sich erheblich von privaten Vertragsversicherungen.
   Aufgabe:
   Stellen Sie mehrere Grundsätze heraus, die für die Sozialversicherungen kennzeichnend sind!

3. Unterscheiden Sie die Begriffe Beitragsbemessungsgrenze und Versicherungspflichtgrenze!

200
1. Hans Steiner verdient als Filialleiter 3 450,00 EUR im Monat. Er ist bei der Gesundheitskasse AOK versichert. Der Beitragssatz liegt bei 14,6 % zuzüglich eines Zusatzbeitrags von 1 %. Herr Steiner erhält ab 01. 10. 20.. eine Gehaltserhöhung von 150,00 EUR.
   Aufgabe:
   Berechnen Sie, wie viel EUR Herrn Steiner jetzt monatlich mehr für die Krankenversicherung abgezogen werden!

2. Ben Bloom beginnt am 1. März im Sanitätshaus Johann Rupp GmbH zu arbeiten. Der Arbeitgeber versäumt es, seinen neuen Mitarbeiter bei der Krankenkasse anzumelden. Am 16. März wird Ben Bloom ernstlich krank.
   Aufgabe:
   Begründen Sie, ob Ben Bloom einen Anspruch auf die Leistungen der Krankenkasse hat!

3. Die kaufmännische Angestellte Lara Klein erkrankt. Sie freut sich trotzdem, denn jetzt – so meint sie – erhält sie 6 Wochen lang die Fortzahlung des Arbeitsentgelts im Krankheitsfalle (Entgeltfortzahlung) und zusätzlich das Krankengeld.
   Aufgabe:
   Begründen Sie, ob die Freude von Lara Klein berechtigt ist!

4. Geben Sie an, welche finanziellen Mittel in den Gesundheitsfonds fließen!

201
1. Nennen Sie zwei Leistungen, die die gesetzliche Arbeitsförderung erbringt!

2. Emil Koch ist nicht der Fleißigste. Als Verkäufer unterhält er sich lieber mit den Kolleginnen und Kollegen, statt die Kunden zu beraten. Als ihn der Abteilungsleiter zurechtweist, geht Emil Koch wütend ins Personalbüro, kündigt fristlos und lässt sich seine Papiere geben. Am nächsten Tag beantragt er bei der Agentur für Arbeit Arbeitslosengeld.
   Aufgabe:
   Begründen Sie, ob Emil Koch Arbeitslosengeld erhalten wird, ggf. ab welchem Zeitpunkt!

202
1. Das Sozialgesetzbuch XI [SGB XI] unterscheidet mehrere Leistungsbereiche in der Pflegeversicherung.
   Aufgabe:
   Geben Sie an, welche Leistungen im Leistungsbereich „Häusliche Pflege" gewährt werden können!

2. Die häusliche Pflege eines ambulanten Pflegedienstes [§ 36 SGB XI] wird vom Pflegebedürftigen selbst oder von seinen Angehörigen in die Wege geleitet. Die folgenden Schritte beschreiben die Abfolge der notwendigen Handlungen.
   ① Zwischen dem Pflegebedürftigen und dem ambulanten Pflegedienst wird ein schriftlicher Pflegevertrag abgeschlossen.
   ② Der ambulante Pflegedienst erbringt die Leistungen gemäß Pflegevertrag.

3 Konjunkturverlauf und konjunkturelle Schwankungen

③ Der ambulante Pflegedienst bestätigt die Leistungserbringung für den Pflegebedürftigen.

④ Der ambulante Pflegedienst reicht seine Rechnung mit der Leistungsbestätigung zwecks Begleichung bei der Pflegekasse des Pflegebedürftigen ein.

Aufgabe:
Korrigieren Sie einen Ablaufschritt mit einer fehlerhaften Aussage!

203 1. Frau Schussel fällt im Büro von der Leiter, als sie vom obersten Regal einen Aktenordner herunterholen will. Sie verletzt sich so schwer, dass sie stationär behandelt werden muss.

Aufgabe:
1.1 Nennen Sie die zuständige Sozialversicherung und den Träger dieser Sozialversicherung!
1.2 Nennen Sie die Leistungen, die von dieser Sozialversicherung erbracht werden!

2. Ilka Fröhlich arbeitet als Abteilungsleiterin für den Bereich Einkauf bei der Harlinger Bergklinik AG. Nach Geschäftsschluss geht sie in ein Kino. Auf dem Nachhauseweg fällt sie bei Glatteis hin und bricht sich ein Bein. Deshalb will sie die Leistungen der gesetzlichen Unfallversicherung in Anspruch nehmen. Diese lehnt ab. Ilka Fröhlich erhebt Widerspruch, der ebenfalls abschlägig beschieden wird. Sie möchte im Anschluss daran beim Sozialgericht klagen.

Aufgabe:
Prüfen Sie, ob Ilka Fröhlich Erfolg haben wird!

204 **Arbeitsvorschlag mit regionalem Bezug:**

Die Lerngruppe sollte in Kleingruppen eingeteilt werden, von denen jede Gruppe ein soziales Projekt aus ihrer Region vorstellt (z. B. eine örtliche Obdachlosenhilfe, eine regional aktive Jugendhilfe, eine örtliche Tafel). Im Fokus der Referate sollte vor allem stehen, welcher Kreis von sozial benachteiligten Menschen durch dieses Projekt unterstützt wird und welche Hilfen im Einzelnen geleistet werden. Diskutieren Sie im Anschluss an die vorgestellten Projekte darüber, welches Projekt Sie als Lerngruppe – eventuell unter Einbindung Ihrer Schule – ganz konkret unterstützen könnten!

Quelle: Bundesverband Deutsche Tafel e. V., Foto: Wolfgang Borrs

3 Konjunkturverlauf und konjunkturelle Schwankungen

3.1 Idealtypischer[1] Konjunkturverlauf

- Die Entwicklung der Wirtschaft (das Wachstum des **realen Bruttoinlandsprodukts**) verläuft nicht gradlinig, sondern in Wellenbewegungen, die als **Konjunkturschwankungen** bezeichnet werden.

- **Konjunkturschwankungen** sind **politisch unerwünscht,** weil Rezessionen z. B. zu sinkenden Steuereinnahmen führen, weniger finanzstarke Unternehmen zum Aufgeben zwingen und zu konjunktureller Arbeitslosigkeit führen. Die **Wirtschaftspolitik** versucht daher, **Konjunkturschwankungen abzuflachen.**

---

1 **Idealtypisch** (griech.-lat.): ein nur in der Vorstellung vorkommendes Modell bestimmter sich ähnelnder oder sich wiederholender Ereignisse oder Merkmale. So gab es z. B. bei den verschiedenen Konjunkturzyklen der Bundesrepublik Deutschland stets Aufschwünge, Hochkonjunkturen, Abschwünge (Rezessionen) und Tiefpunkte (untere Wendepunkte), die sich jedoch im Hinblick auf ihre Verläufe (Stärke, Dauer) unterschieden.

Wirtschaftliches Handeln in der sozialen Marktwirtschaft

Die nachfolgende Grafik stellt einen **idealtypischen Konjunkturzyklus**[1] dar:

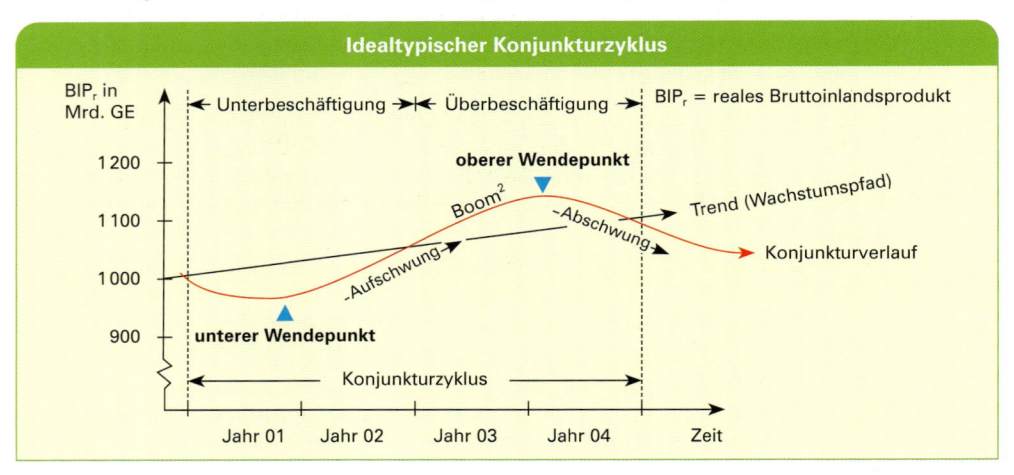

Idealtypischer Konjunkturzyklus

BIP$_r$ in Mrd. GE – Unterbeschäftigung – Überbeschäftigung – BIP$_r$ = reales Bruttoinlandsprodukt

1 200 — oberer Wendepunkt — Boom[2] — Abschwung — Trend (Wachstumspfad)
1 100 — Aufschwung — Konjunkturverlauf
1 000
900 — unterer Wendepunkt

Konjunkturzyklus

Jahr 01 – Jahr 02 – Jahr 03 – Jahr 04 – Zeit

Erläuterungen:

Konjunkturphasen	Auftragsbestände/ Produktion	Konjunkturelle Arbeitslosigkeit	Lohnentwicklung	Zinsen	Wertpapierkurse	Preisentwicklung	Sparneigung	Zukunftserwartungen
unterer Wendepunkt (Talsohle)[3]	auf niedrigem Niveau verharrend	hoch	mäßige Lohnerhöhungen; geringe übertarifliche Leistungen	niedrig	hoch	geringere Preissteigerungsraten; Kosteninflation (Stagflation) jedoch möglich	hoch	abwartend oder vorsichtiger Optimismus
Aufschwung (Expansion)	steigend	noch hoch	mäßige Lohnerhöhungen	noch niedrig	hoch	geringe Preissteigerungsraten	sinkend	optimistisch
Boom (Hochkonjunktur, Überkonjunktur, Überbeschäftigung)	bei Konsumgütern noch steigend; bei Investitionsgütern stagnierend oder sinkend	sinkend	kräftige Lohnerhöhungen	steigend	sinkend	hohe Preissteigerungsraten	niedrig	optimistisch
oberer Wendepunkt (Konjunkturgipfel)	bei Konsumgütern stagnierend; bei Investitionsgütern sinkend	gleichbleibend	kräftige Lohnerhöhungen ("Lohnlag")[4]	hoch	niedrig	hohe Preissteigerungsraten	niedrig	abwartend bis pessimistisch
Abschwung (Rezession, Niedergang)	sinkend	steigend	mäßige Lohnerhöhungen (Inflationsausgleich); u. U. Abbau übertariflicher Leistungen	langsam sinkend	langsam steigend	abnehmende Preissteigerungsraten (auf polypolistischen Märkten u. U. sinkende, auf oligopolistischen und monopolistischen Märkten weiter steigende Preise)	steigend	pessimistisch

---

1 **Zyklus** (lat.): regelmäßig wiederkehrende Erscheinung, regelmäßige Folge. Zyklisch: regelmäßig wiederkehrend.
2 **Boom** (engl.): kräftiger Aufschwung.
3 Ein lang anhaltender wirtschaftlicher Tiefstand wird als **Depression** (wörtl. Niedergeschlagenheit, traurige Stimmung) bezeichnet. Die Depression ist keine konjunkturelle Erscheinung, sondern Ausdruck einer tief greifenden strukturellen **Krise**.
4 **Lag** (engl.): Verschiebung, Verzögerung.

3 Konjunkturverlauf und konjunkturelle Schwankungen

Wie die folgende Grafik zeigt, ist die wirtschaftliche Entwicklung in Deutschland durch zyklische Schwankungen gekennzeichnet, deren Abfolge und Intensität sich an der **realen** (d. h. von Preiseinflüssen bereinigten) Veränderung des Bruttoinlandsprodukts ablesen lässt.

Langfristig folgte die Wirtschaftsentwicklung in Deutschland einem **aufsteigenden Trend**: Durch alle Zyklen hindurch setzte sich das reale Wachstum der Wirtschaftsleistung fort. Allerdings wurden die Wachstumswellen immer flacher, die wirtschaftliche Dynamik immer schwächer. Auch gab es von Mal zu Mal tiefere Konjunktureinbrüche am Ende eines Zyklus.

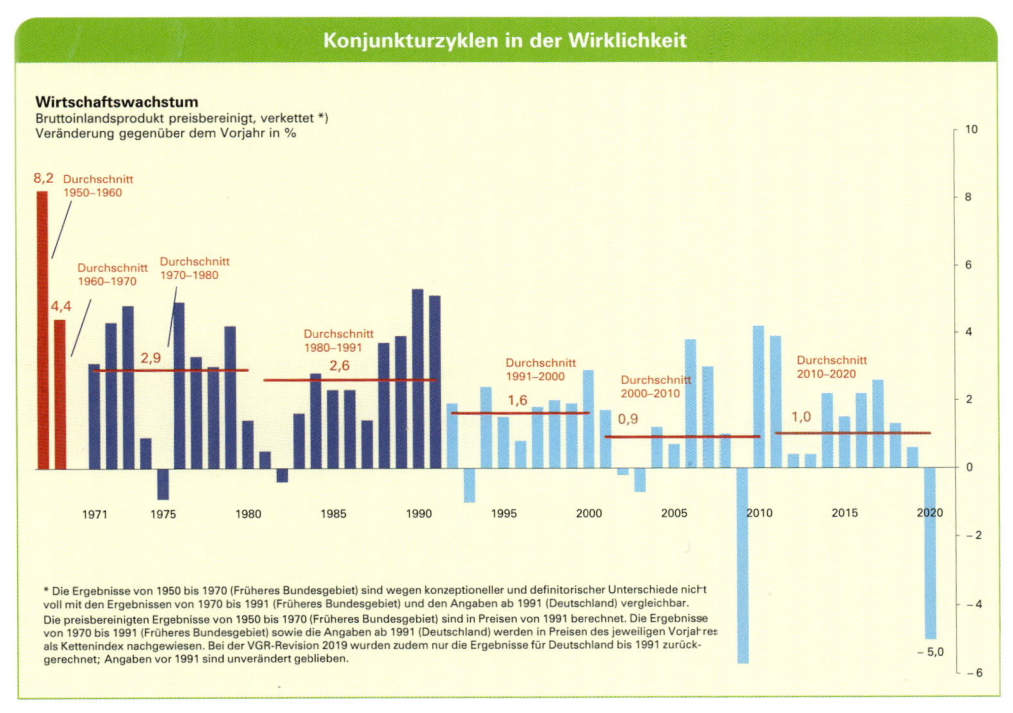

Konjunkturzyklen in der Wirklichkeit

Wirtschaftswachstum
Bruttoinlandsprodukt preisbereinigt, verkettet *)
Veränderung gegenüber dem Vorjahr in %

- 8,2 Durchschnitt 1950–1960
- 4,4
- Durchschnitt 1960–1970
- Durchschnitt 1970–1980
- 2,9
- Durchschnitt 1980–1991
- 2,6
- Durchschnitt 1991–2000
- 1,6
- Durchschnitt 2000–2010
- 0,9
- Durchschnitt 2010–2020
- 1,0
- −5,0

* Die Ergebnisse von 1950 bis 1970 (Früheres Bundesgebiet) sind wegen konzeptioneller und definitorischer Unterschiede nicht voll mit den Ergebnissen von 1970 bis 1991 (Früheres Bundesgebiet) und den Angaben ab 1991 (Deutschland) vergleichbar. Die preisbereinigten Ergebnisse von 1950 bis 1970 (Früheres Bundesgebiet) sind in Preisen von 1991 berechnet. Die Ergebnisse von 1970 bis 1991 (Früheres Bundesgebiet) sowie die Angaben ab 1991 (Deutschland) werden in Preisen des jeweiligen Vorjahres als Kettenindex nachgewiesen. Bei der VGR-Revision 2019 wurden zudem nur die Ergebnisse für Deutschland bis 1991 zurückgerechnet; Angaben vor 1991 sind unverändert geblieben.

Quelle: Statistisches Bundesamt, Volkswirtschaftliche Gesamtrechnungen 2020, Wiesbaden 2021.

3.2 Ursachen für Konjunkturschwankungen

Das Phänomen ist dem Menschen seit jeher bekannt: Die wirtschaftliche Entwicklung vollzieht sich nicht regelmäßig, sondern in „Schwankungen". Selbst die Bibel berichtet von den „sieben fetten und den sieben mageren Jahren".

> Die heutige Volkswirtschaftslehre weiß, dass die wirtschaftlichen Wellenbewegungen **nicht** auf **eine Ursache allein** zurückgeführt werden können. Es gibt zahlreiche „Auslöser" für den Konjunkturauf- bzw. -abschwung.

Einen Überblick über die **wichtigsten Ursachen für Konjunkturschwankungen** gibt nachfolgende Übersicht.

Determinanten[1] des Konjunkturverlaufs	
Faktoren, die den **Konjunkturaufschwung** auslösen können:	Faktoren, die den **Konjunkturabschwung** auslösen können:
■ Ausweitung des Geldangebots (Kreditangebots) durch die Zentralbank: sinkende Zinssätze – steigende Kreditnachfrage. ■ Steigende private und staatliche Investitionsgüternachfrage. ■ Steigende private und staatliche Konsumgüternachfrage. ■ Steigender Außenbeitrag (Export > Import). ■ Zahlungsbilanzüberschüsse. ■ Optimistische Zukunftserwartungen der Wirtschaftssubjekte. ■ Positive politische Ereignisse (z. B. Beendigung von Kriegen, Abschluss wichtiger Friedensverträge).	■ Verknappung des Geldangebots (Kreditangebots) durch die Notenbank: steigende Zinssätze – sinkende Kreditnachfrage. ■ Sinkende private und staatliche Investitionsgüternachfrage. ■ Sinkende private und staatliche Konsumgüternachfrage. ■ Sinkender Außenbeitrag (Export < Import). ■ Zahlungsbilanzdefizite. ■ Pessimistische Zukunftserwartungen der Wirtschaftssubjekte. ■ Negative politische Ereignisse (z. B. Kriegsausbrüche, Aufstände, Generalstreiks, Terroranschläge).

3.3 Maßnahmen zur Vermeidung von Konjunkturschwankungen

Bei der Darstellung des idealtypischen Konjunkurverlaufs wurde festgestellt, dass dieser ständigen Schwankungen unterliegt.

> Die **Konjunkturpolitik** hat die Aufgabe, die Konjunkturausschläge so gering wie möglich zu halten, d. h. für ein **stetiges und angemessenes Wirtschaftswachstum** bei gleichzeitiger **Stabilität des Preisniveaus, hohem Beschäftigungsgrad** und **außenwirtschaftlichem Gleichgewicht** zu sorgen [§ 1 StabG].

Da die Haushaltspolitik des Staates erheblichen Einfluss auf die Gesamtwirtschaft ausübt, liegt es nahe, dass der Staat seine Einnahmen- und Ausgabenpolitik (Finanzpolitik) bewusst in den Dienst der Wirtschaftspolitik stellt. Die staatliche Konjunkturpolitik mithilfe der Einnahmen- und Ausgabenpolitik wird auch als **Fiskalpolitik**[2] bezeichnet.

> Unter **Fiskalpolitik** versteht man **alle finanzpolitischen** Maßnahmen des Staates, die zur **Stabilisierung der Konjunktur und des Wachstums** beitragen.

Geht man davon aus, dass die nachfrageswirksame Geldmenge[3] tatsächlich die Entwicklung des Preisniveaus wesentlich beeinflusst, hat der Staat die Möglichkeit, Stabilitäts- und Beschäftigungspolitik zu betreiben.

---

1 **Determinanten:** Ursachen, (Bestimmungs-)Gründe.

2 Unter „**Fiskus**" versteht man heute den Staat schlechthin, insoweit er es mit den Staatseinnahmen (vor allem Steuern), den Staatsausgaben oder dem Staatsvermögen zu tun hat („Einheit von Fiskus und Staat"). Das Wort „Fiskus" kommt aus dem Lateinischen und bedeutet Korb, Geldkorb, Kasse. Fiskalpolitik ist somit Wirtschaftspolitik mit Geldmitteln aus der „Staatskasse".

3 Die nachfragewirksame Geldmenge setzt sich aus dem für Kaufzwecke bereitgestellten Bar- und Giralgeld, multipliziert mit seiner Umlaufgeschwindigkeit, zusammen:

$$\text{Nachfragewirksame Geldmenge} = \text{Geldmenge (G)} \cdot \text{Umlaufgeschwindigkeit (U)}$$

3 Konjunkturverlauf und konjunkturelle Schwankungen

Erhöhung der Staatseinnahmen / Senkung der Staatsausgaben

- Besteht Inflationsgefahr, kann der Staat die Steuern erhöhen (**Steuerpolitik**) und die zusätzlichen Einnahmen bei der Deutschen Bundesbank stilllegen (**Konjunkturausgleichsrücklage**). Dem Wirtschaftskreislauf wird Geld entzogen, die Inflation wird gebremst.
- Die Kürzung von Staatsausgaben (z. B. Einstellungs- und Beförderungsstopp im öffentlichen Dienst, Verringerung der Staatsausgaben für öffentliche Investitionen) wirkt in die gleiche Richtung: Die nachfragewirksame Geldmenge wird geringer, der Preisauftrieb wird gedämpft.

Senkung der Staatseinnahmen / Erhöhung der Staatsausgaben

- Ist die Wirtschaft unterbeschäftigt, kann der Staat die Steuern senken und den Einnahmeausfall durch **Auflösung der Konjunkturausgleichsrücklage** und/oder durch **Kreditaufnahmen** decken. Dem Wirtschaftskreislauf wird zusätzliches Geld zugeführt. Der Staat erwartet, dass aufgrund dieser Maßnahme die Nachfrage nach Konsum- und Investitionsgütern steigt und so die Arbeitslosigkeit abgebaut wird. Die **Politik des bewussten Schuldenmachens** durch den Staat zum Zweck der Konjunkturförderung wird als „**Deficit-Spending**" bezeichnet.[1]
- In die gleiche Richtung wirkt die **Ausweitung der Staatsausgaben,** die der Staat mit Krediten finanziert. Fragt der Staat z. B. mehr Bauleistungen nach, erhöht sich die Beschäftigung in der Bauindustrie. Diese wiederum kann mehr Baumaterialien, mehr Maschinen, mehr Kraftfahrzeuge und mehr Arbeitskräfte nachfragen (Multiplikatorwirkung[2] zusätzlicher Staatsausgaben).

Diese Form der Einnahme- und Ausgabepolitik des Staates zur Beeinflussung der gesamtwirtschaftlichen Entwicklung bezeichnet man als **antizyklische Finanzpolitik.**

> Das **Konzept der antizyklischen Fiskalpolitik** basiert auf der Forderung, dass der Staat (Fiskus) **seine Einnahmen- und Ausgabenpolitik** in den jeweiligen Konjunkturphasen genau **entgegengesetzt zum Verhalten der übrigen Wirtschaftssubjekte** gestaltet.

Die Möglichkeiten der staatlichen Konjunkturförderung sind von der **Ausgabenseite** her **begrenzt,** weil die meisten Staatsausgaben gesetzlich oder durch internationale Vereinbarungen festgelegt sind (z. B. Ausgaben für Löhne und Ge-

Antizyklische Finanzpolitik im Modell (Idealfall)

BIP_r: reales Bruttoinlandsprodukt;
A: Staatsausgaben;
E: Staatseinnahmen
------- (gedachte) Linie eines ausgeglichenen Staatshaushalts

Bildung von Konjunkturausgleichsrücklagen; Schuldentilgung; Haushaltsüberschuss.

Auflösung von Konjunkturausgleichsrücklagen; Kreditaufnahmen; Haushaltsdefizit.

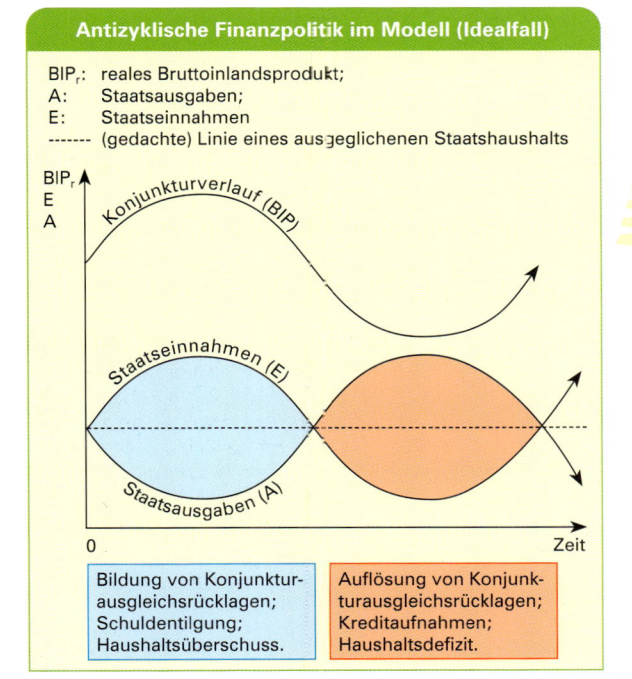

---
[1] **Deficit** (engl.): Defizit, Fehlbestand.
[2] **Multiplikator** (lat.): Vervielfältiger.

hälter der Staatsbediensteten, für die soziale Sicherung, für die Verteidigung). Werden in Zeiten der Hochkonjunktur bestehende Schulden nicht ausreichend abgebaut und keine Konjunkturrücklagen gebildet, nehmen die Staatsschulden von Konjunkturrückgang zu Konjunkturrückgang zu. Die staatliche Konjunkturpolitik besteht dann nur noch aus einem immer umfangreicher werdenden **Deficit-Spending**. Der **wachsende Schuldendienst** (Zins- und Tilgungszahlungen) verkleinert dann zunehmend die finanzielle Manövriermasse,[1] die zur Konjunkturförderung eingesetzt werden könnte.

Kompetenztraining

205 Beschreiben Sie die Wirtschaftsschwankungen als Konjunkturzyklus, unterscheiden Sie dabei vor allem deren Phasen!

206
1. Stellen Sie dar, welche Möglichkeit staatlicher Konjunkturpolitik in nebenstehender Abbildung veranschaulicht wird! Begründen Sie Ihre Feststellung!

2. Der Versuch des Staates (der Regierung), durch Steuer- und Ausgabenpolitik den Konjunkturverlauf zu beeinflussen, wird als Fiskalpolitik bezeichnet. Die Fiskalpolitik sollte „antizyklisch" sein.

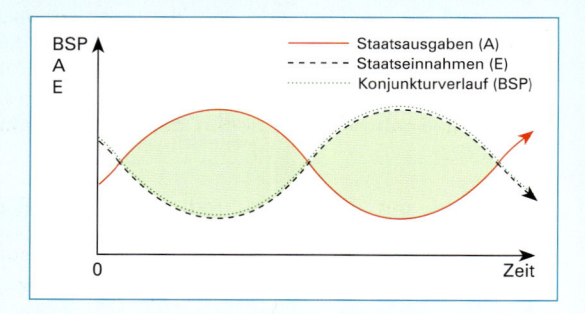

Aufgaben:

2.1 Begründen Sie die Forderung nach einer antizyklischen Fiskalpolitik (Finanzpolitik)!

2.2 Die antizyklische Finanzpolitik setzt i. d. R. voraus, dass der Staat „Deficit-Spending" betreibt, wenn er die Konjunktur ankurbeln möchte. Begründen Sie diese Aussage!

207 In einem Industrieland herrscht hohe Arbeitslosigkeit. Die Regierung möchte das Wirtschaftswachstum anregen und die Arbeitslosigkeit verringern. Sie beschließt daher, die Ausgaben für Bildung, Forschung und Entwicklung erheblich aufzustocken. Um die zusätzlichen Ausgaben zu finanzieren, erhöht sie die Umsatzsteuer auf 19 %. Der bisherige Umsatzsteuersatz betrug 16 %.

Aufgabe:

Prüfen Sie, ob die genannten Maßnahmen der Regierung geeignet sind!

---

1 **Manövrieren** (frz.): geschickt zu Werke gehen; finanzielle Manövriermasse sind Geldmittel, die der Staat frei je nach Bedarf einsetzen kann.

4 Wirtschaftspolitische Ziele und mögliche Zielkonflikte

4.1 Begriff Wirtschaftspolitik

Die Wirtschaftspolitik versucht Antworten auf die Fragen zu finden:

- **Welche** Ziele sind realisierbar und
- **wie** lassen sich die festgelegten Ziele erreichen?

> Am Anfang der Wirtschaftspolitik steht ein **Ziel,** das realisiert werden soll. Die Festlegung solcher Ziele und Normen, also dessen, was sein sollte, lässt sich wissenschaftlich allgemeingültig nicht vornehmen.

Da man folglich über die Ziele der Wirtschaftspolitik **unterschiedlicher Meinung** sein kann, sollte deren Festlegung bzw. Formulierung letztlich über politisch legitimierte Organe im Sinne eines gesamtgesellschaftlichen Konsenses[1] erfolgen. Die anzustrebenden Ziele sind im Wesentlichen politisch durch die **Träger der Wirtschaftspolitik,** etwa durch das Parlament, zu bestimmen.

> Unter **Wirtschaftspolitik** versteht man die Beeinflussung der Wirtschaft durch politische Maßnahmen, mit denen der **Staat regelnd** und **gestaltend** in die Wirtschaft eingreift.

Wirtschaftspolitik umfasst alle Maßnahmen staatlicher Instanzen

- zur Gestaltung der Wirtschaftsordnung (**Ordnungspolitik**).
  Beispiele: Wettbewerbsordnung, Gewerbeordnung, Eigentumsordnung.
- zur Beeinflussung der Struktur (**Strukturpolitik**).
  Beispiele: Steuererleichterungen und Subventionen zur Modernisierung bzw. Anpassung einzelner Industrien oder Branchen, finanzielle Förderung von Forschung, Verbesserung der Infrastruktur.
- zum Ablauf des arbeitsteiligen Wirtschaftsprozesses (**Prozesspolitik**).
  Beispiele: Arbeitsmarktpolitik, Konjunkturpolitik (Fiskalpolitik) und Geldpolitik.

Die Wirtschaftspolitik kann sich auf die gesamte Volkswirtschaft **(allgemeine Wirtschaftspolitik)** oder auf Teilbereiche **(spezielle Wirtschaftspolitik)** erstrecken.

4.2 Wirtschaftspolitische Ziele und ihre Zielbeziehungen

4.2.1 Ziele des Stabilitätsgesetzes und ihre Messgrößen

(1) Überblick

> - **Politik** ist **zielgerichtetes** Handeln. Der Staat muss sich also Ziele setzen, nach denen er seine Wirtschaftspolitik ausrichtet.

---

1 **Konsens:** Zustimmung, Einwilligung, Übereinstimmungen der Meinungen.

Wirtschaftliches Handeln in der sozialen Marktwirtschaft

- Das **Grundgesetz** mit seinen Forderungen nach **größtmöglicher Freiheit** und **sozialer Gerechtigkeit** setzt hierzu nur „Eckpfeiler". In diesem weit gespannten Rahmen ist der Staat in seinen Zielsetzungen und Maßnahmen frei.

Nach § 1 des Gesetzes zur Förderung der Stabilität und des Wachstums der Wirtschaft vom 8. Juni 1967 **(„Stabilitätsgesetz")** haben Bund und Länder bei ihren wirtschafts- und finanzpolitischen Maßnahmen die Erfordernisse des gesamtwirtschaftlichen Gleichgewichts zu beachten.

Gesamtwirtschaftliches Gleichgewicht liegt vor, wenn **alle** Produktionsfaktoren vollbeschäftigt sind und sich **alle** Märkte (z. B. Arbeits-, Kredit-, Gütermärkte) ausgleichen.

Aus diesem **Oberziel** leitet das Stabilitätsgesetz **vier Unterziele (magisches Viereck)** ab:

- Stabilität des Preisniveaus,
- hoher Beschäftigungsstand,
- außenwirtschaftliches Gleichgewicht und
- stetiges und angemessenes Wirtschaftswachstum.

Die vier genannten Ziele sind **quantitative Ziele,** weil sie sich in Zahlen erfassen lassen. Zwei weitere wichtige, nicht ausdrücklich im Stabilitätsgesetz erwähnte **qualitative Ziele** sind:

- sozial verträgliche Einkommens- und Vermögensverteilung und
- Erhaltung der natürlichen Lebensgrundlagen (Umweltschutz).

Werden die **quantitativen** und **qualitativen** Ziele gleichzeitig verfolgt, so spricht man von einem **magischen Sechseck.**

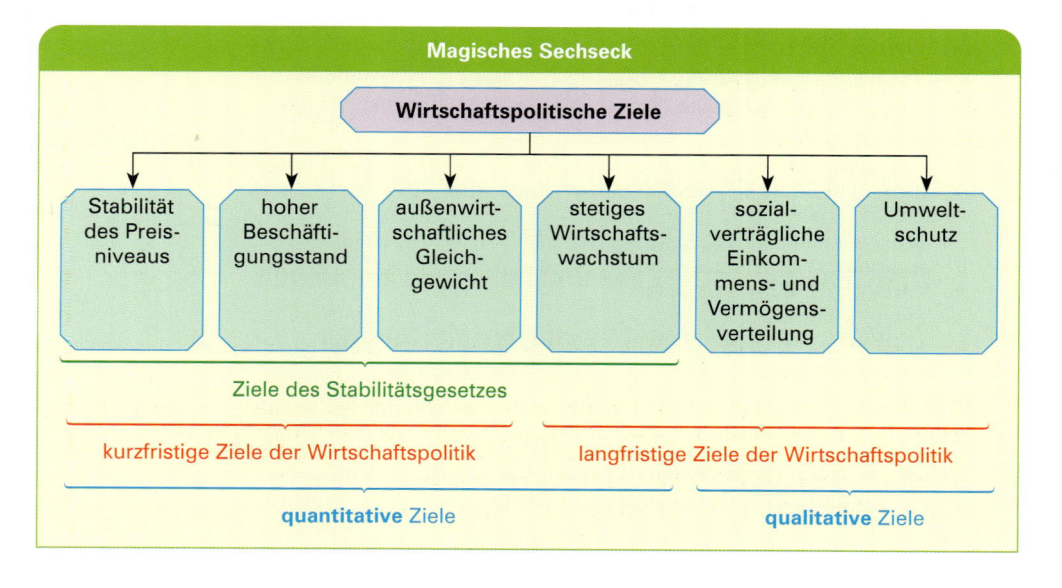

Magisches Sechseck

Wirtschaftspolitische Ziele

- Stabilität des Preisniveaus
- hoher Beschäftigungsstand
- außenwirtschaftliches Gleichgewicht
- stetiges Wirtschaftswachstum
- sozialverträgliche Einkommens- und Vermögensverteilung
- Umweltschutz

Ziele des Stabilitätsgesetzes

kurzfristige Ziele der Wirtschaftspolitik | langfristige Ziele der Wirtschaftspolitik

quantitative Ziele | **qualitative** Ziele

(2) Hoher Beschäftigungsstand

> Die **Beschäftigung** zeigt den Grad der **Kapazitätsausnutzung** einer Volkswirtschaft an.

Die Beschäftigungslage in einer Volkswirtschaft beurteilt man meist an den Arbeitslosenzahlen und den offenen Stellen.

Vollbeschäftigung	Sie ist gegeben, wenn die **Arbeitslosenquote** (Anteil der Arbeitslosen an den beschäftigten Erwerbspersonen) **nicht mehr als rund 2 %** beträgt.
Überbeschäftigung	Sie liegt vor, wenn die Zahl der offenen Stellen erheblich über der Zahl der Arbeitslosen liegt.
Unterbeschäftigung	Sie ist gegeben, wenn die Arbeitslosenquote höher als rund 2 % ist und die Zahl der offenen Stellen niedriger als die Arbeitslosenzahl ist.

Eine einheitliche Berechnungsformel für die **Arbeitslosenquote** gibt es nicht. Die Bundesagentur für Arbeit verwendet in Anlehnung an die Berechnung der EU-Arbeitslosenquote folgende Berechnungsmethode:

$$ALQ = \frac{\text{Arbeitslosenzahl} \cdot 100}{\text{Anzahl der Erwerbspersonen}}$$

Unter **Erwerbspersonen** sind die selbstständigen und die unselbstständigen Erwerbspersonen **zuzüglich der Arbeitslosen** zu verstehen. Demnach besteht die Zahl der abhängigen Erwerbspersonen aus den abhängig Beschäftigten **und** den Arbeitslosen.

Zu den wichtigsten **Problemen der Unterbeschäftigung** innerhalb einer Volkswirtschaft zählen:

- Drohende Arbeitslosigkeit bewirkt einen **Rückgang der Nachfrage**.
- Die **Steuereinnahmen** des Staates **gehen zurück**, sodass dieser seine Aufgaben nicht mehr in vollem Umfang erfüllen kann.

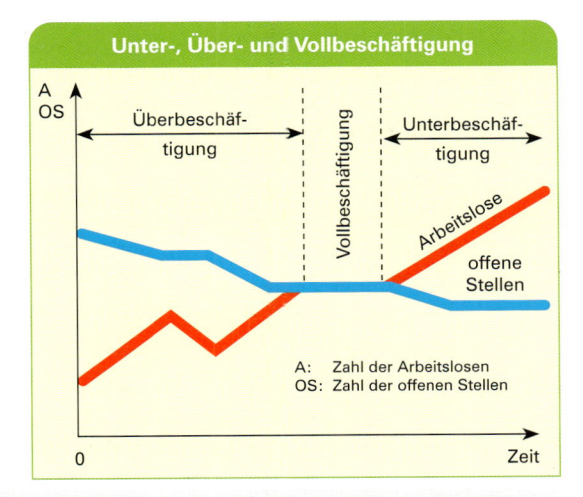

Unter-, Über- und Vollbeschäftigung

A: Zahl der Arbeitslosen
OS: Zahl der offenen Stellen

- Die **Familien** der Arbeitslosen kommen in **finanzielle Schwierigkeiten**, sodass die sozialen Probleme zunehmen.
- Sinkende Beitragseinnahmen der **Sozialversicherungsträger** und zugleich steigende Ausgaben (z. B. der Arbeitslosenversicherung), steigende Lohnnebenkosten der Unternehmen durch Erhöhung der Beitragssätze, dadurch Gefährdung der internationalen Wettbewerbsfähigkeit, Verschärfung einer bestehenden Arbeitslosigkeit.
- **Soziale Konflikte** können sich verstärken (z. B. Radikalisierung).

Wirtschaftliches Handeln in der sozialen Marktwirtschaft

> Eine der wichtigsten Aufgaben der Wirtschaftspolitik ist die Sicherung eines **hohen Beschäftigungsstands**.

Wie Studien mittlerweile belegen, besteht bei Personen mit **geringer Qualifikation** ein wesentlich **höheres Risiko**, arbeitslos zu werden, als bei Personen mit weiterführender Ausbildung. Bei Jugendlichen ist das Risiko der Arbeitslosigkeit aufgrund mangelnder Bildung sogar um ein Vielfaches höher, als bei Erwachsenen. So verwundert es nicht, dass der Bildungspolitik im Zusammenhang mit der Bekämpfung der Arbeitslosigkeit eine besondere Rolle zufällt.

> **Bildungskosten** sind keine Kosten, sondern letztlich eine **Investition** in die Zukunft, die sich für den Einzelnen, für die Unternehmen, für den Staat und die Sozialkassen rechnet.

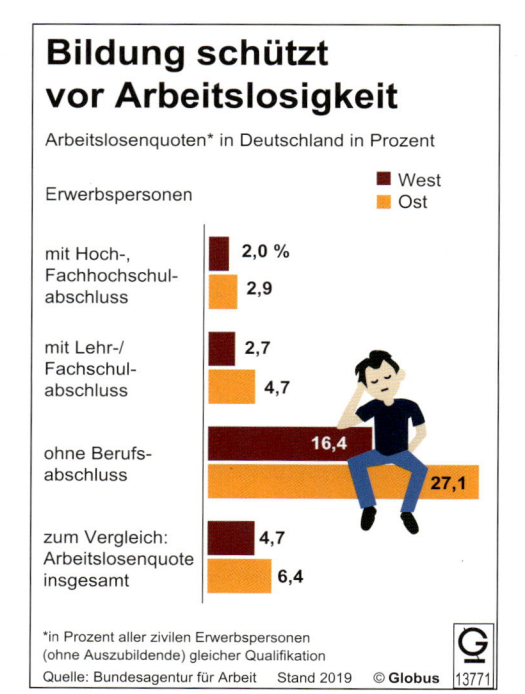

Bildung schützt vor Arbeitslosigkeit

Arbeitslosenquoten* in Deutschland in Prozent

Erwerbspersonen — West / Ost

Qualifikation	West	Ost
mit Hoch-, Fachhochschulabschluss	2,0 %	2,9
mit Lehr-/Fachschulabschluss	2,7	4,7
ohne Berufsabschluss	16,4	27,1
zum Vergleich: Arbeitslosenquote insgesamt	4,7	6,4

*in Prozent aller zivilen Erwerbspersonen (ohne Auszubildende) gleicher Qualifikation
Quelle: Bundesagentur für Arbeit   Stand 2019   © Globus 13771

(3) Stabilität des Preisniveaus

> Eine (absolute) **Stabilität des Preisniveaus** (Geldwertstabilität) liegt vor, wenn sich das Preisniveau[1] überhaupt nicht verändert.

Auch bei absoluter Preisstabilität können sich die Preise der einzelnen Güter verändern. Bedingung ist jedoch, dass Preissteigerungen einzelner Wirtschaftsgüter durch die Preissenkungen anderer Wirtschaftsgüter ausgeglichen werden.

Die Wirtschaftspolitik konnte oder wollte bisher nur in seltenen Fällen eine absolute Preisstabilität erreichen. Aus diesem Grund wird heute eine relative Preisstabilität gefordert. Nach der **Definition der Europäischen Zentralbank (EZB)** ist Preisstabilität gegeben, wenn die jährliche **Preissteigerungsrate** im Durchschnitt mehrerer Jahre **unter 2 %** liegt.

Inflationsraten,[2] die über der genannten Zielvorstellung liegen, bringen erhebliche Nachteile mit sich. Die Sparer werden dann geschädigt, wenn die Inflationsraten (Preissteigerungsraten) höher als die Sparzinsen sind. Hingegen werden die Schuldner und die Besitzer von Realvermögen (z. B. von Grundstücken, Betriebsvermögen und Anteilsrechten wie z. B. Aktien) bevorzugt. Steigt das inländische Preisniveau schneller als das ausländische, wird der Export beeinträchtigt, sodass die Arbeitsplätze in Gefahr geraten.

> Der **Verbraucherpreisindex** erfasst die Preisänderungen bei ca. 650 Sachgütern und Leistungen **("Warenkorb")**, die vom privaten Haushalt gekauft werden.

---

[1] **Preisniveau**: gewogener Durchschnitt aller Güterpreise.

[2] **Inflationsraten**: Preissteigerungsraten (prozentuale durchschnittliche Preissteigerungen in Bezug auf das Vorjahr). Unter Inflation (lat. Aufblähung) versteht man eine lang anhaltende Steigerung des Preisniveaus.

4 Wirtschaftspolitische Ziele und mögliche Zielkonflikte

Was ist die Inflationsrate?

Die Inflationsrate zeigt an, wie die Preise für Waren und Dienstleistungen, die ein typischer Haushalt in Deutschland kauft, im Zeitablauf steigen.

Beobachter in **94** Regionen (Städte und Gemeinden) erfassen …

in zahlreichen **Geschäften** und im **Internet** …

jeden Monat über **300 000 Einzelpreise** der am häufigsten gekauften Produkte/Dienstleistungen.

Diese werden zu **650 Güterarten** zusammengefasst.

Sie bilden den immer gleich zusammengesetzten **Warenkorb**.

Aus den Preisänderungen wird ein **gewichteter Mittelwert (Inflationsrate)** gebildet: Je größer der Anteil eines Produktes an den Gesamtausgaben des Haushalts ist, umso größer ist auch sein Gewicht im Warenkorb (Beispiel: Miete und Wohnungskosten machen allein 32,5 % aus).

Gewichtung im Warenkorb
(in Promille)

- **Verkehr** (z. B. Fahrzeuge, Bahn- und Flugtickets, Kraftstoffe) — 129,05
- **Freizeit, Unterhaltung, Kultur** (z. B. Sportartikel, TV-Geräte, Bücher, Kinokarten) — 113,36
- **Nahrungsmittel, alkoholfreie Getränke** — 96,85
- **andere Waren u. Dienstleistungen** (z. B. Friseur, Versicherungsbeiträge) — 74,25
- **Möbel, Haushaltsgeräte u. a.** — 50,04
- **Beherbergung, Gaststätten** — 46,77
- **Wohnung, Wasser, Strom, Gas** (z. B. Mieten, Reparaturen, Müllgebühren) — 324,70 ‰
- **Bildungswesen** (z. B. Studien-, Kindergartengebühren) — 9,02
- **Post, Telekommunikation** (z. B. Porto, Telefon, Internet) — 26,72
- **Alkohol, Tabak** — 37,77
- **Bekleidung und Schuhe** — 45,34
- **Gesundheitspflege** (z. B. Medikamente) — 46,13

Quelle: Stat. Bundesamt Stand Februar 2019 © Globus 13039

Jeden Monat ermittelt das Statistische Bundesamt den Anstieg des Preisniveaus in Deutschland (Inflation). Dabei spiegelt der Verbraucherpreisindex die Preisentwicklung für diejenigen Waren und Dienstleistungen wider, die ein durchschnittlicher Privathaushalt im Monat braucht. Dazu werden all diese Waren und Dienstleistungen in einen sogenannten Warenkorb gepackt. Die Preise dieser Waren werden je nach Bedeutung für die Gesamtausgaben gewichtet. Das heißt: Weil Kosten für die Wohnung (Miete etc.) im Schnitt etwa ein Drittel eines Haushaltsbudgets ausmachen, spielen Preissteigerungen hier auch eine besonders starke Rolle für den Gesamtindex. Beobachter in 94 Regionen erfassen jeden Monat über 300 000 Einzelpreise in Geschäften und auf Internetseiten. Zusätzlich erfasst das Statistische Bundesamt Preise teilweise auch durch „Web Scraping", also durch automatisches Auslesen von Internetdaten. Da sich die Verbrauchs- und Einkaufsgewohnheiten ändern, müssen von Zeit zu Zeit die Berechnungsgrundlagen aktualisiert werden. Im aktuellen Wägungsschema hat der Bereich „Wohnen" einen Ausgabenanteil von 32,5 %. Nach alter Basis lag dieser Anteil bei 31,7 %. Bei den Lebensmitteln ist der Anteil im Warenkorb kleiner geworden: Er sinkt von 10,3 auf 9,7 %.

(4) Außenwirtschaftliches Gleichgewicht

> Ein **außenwirtschaftliches Gleichgewicht** liegt vor, wenn die Zahlungsbilanz mittelfristig ausgeglichen ist.

Die Zahlungsbilanz ist die Gegenüberstellung aller in Geld messbaren Transaktionen (Bewegungen, Übertragungen) zwischen In- und Ausland. Sind die Zahlungsströme ins Inland größer als die Zahlungsströme ins Ausland, spricht man von Zahlungsbilanzüberschuss. Sind die Zahlungsströme vom Inland ins Ausland größer als die Zahlungsströme vom Ausland ins Inland, handelt es sich um ein Zahlungsbilanzdefizit. Im ersten Fall liegt eine **aktive Zahlungsbilanz**, im zweiten eine **passive Zahlungsbilanz** vor.

Da die Hauptursachen von **Zahlungsbilanzungleichgewichten** meistens in einem anhaltenden **Missverhältnis von Importen und Exporten** liegen, wollen wir uns auf die Wirkungen von Export- bzw. Importüberschüssen beschränken.

Exportüberschüsse	■ Exportüberschüsse führen zu **Devisenüberschüssen**,[1] weil die Exporteure die eingenommenen Devisen in der Regel bei den Banken in Binnenwährung umtauschen. ■ Der Geldumlauf in der Binnenwirtschaft steigt. Bei bestehender Vollbeschäftigung steigt das Preisniveau (**„importierte Inflation"**).[2]
Importüberschüsse	■ Die Importeure zahlen die Importe entweder in Binnen- oder in Fremdwährung. Wird in Binnenwährung gezahlt, tauschen die im Devisenausland ansässigen Exporteure ihre Erlöse in ihre eigene Währung um. Wird in Fremdwährung gezahlt, müssen die Importeure die benötigten Devisen im eigenen Währungsgebiet kaufen. ■ In beiden Fällen **schrumpft der Devisenvorrat** der Binnenwirtschaft: Die Zahlungsbilanz wird passiv. Die abnehmende Geldmenge bremst zwar den Preisauftrieb, gefährdet aber die Arbeitsplätze.

(5) Stetiges und angemessenes Wirtschaftswachstum

■ **Begriff Wirtschaftswachstum**

> Ein **stetiges Wirtschaftswachstum** liegt vor, wenn das Wachstum des **realen** Bruttoinlandsprodukts keine oder nur geringe Konjunkturschwankungen aufweist.

Das Wirtschaftswachstum ist in allen Wirtschaftsordnungen ein wesentliches Ziel der Wirtschaftspolitik, denn nur dann, wenn die Produktion wirtschaftlicher Güter schneller als die Bevölkerung wächst, kann der **materielle Lebensstandard** pro Kopf der Bevölkerung **erhöht** werden. Wirtschaftliches Wachstum ist umso wichtiger, je geringer der Entwicklungsstand und damit der Lebensstandard einer Volkswirtschaft ist.

Schwieriger ist der Begriff des **angemessenen Wirtschaftswachstums** zu bestimmen, denn was unter „angemessen" zu verstehen ist, kann nur politisch entschieden werden. Derzeit würde ein jährliches Wirtschaftswachstum von **3 %** im Bundesdurchschnitt als großer wirtschaftspolitischer Erfolg gewertet werden.

---

[1] **Devisen:** Zahlungsmittel (z. B. Schecks und Überweisungen) in Fremdwährung.

[2] Weil bei Exportüberschüssen der Geldumlauf im eigenen Währungsgebiet steigt und dort zugleich das Güterangebot sinkt, spricht man auch vom **doppelt inflationären Effekt** der **Exportüberschüsse**.

4 Wirtschaftspolitische Ziele und mögliche Zielkonflikte

■ Bedingungen des quantitativen Wirtschaftswachstums

Das Wachstum der Wirtschaft – gemessen an der Höhe des **realen Bruttoinlandsprodukts** – ist vor allem auf folgende Faktoren zurückzuführen:

- ausreichend zur Verfügung stehende Rohstoff- und Energiequellen (Ressourcen),
- hohe Sparrate, die hohe Investitionen ermöglicht,
- gute Ausbildung der arbeitenden Bevölkerung („Know-how"),
- ausgebaute Infrastruktur,
- optimistische Zukunftserwartungen der Wirtschaftssubjekte,
- sicherer (steigender) Absatz mit angemessenen Unternehmensgewinnen.

■ Grenzen des Wirtschaftswachstums

Die Bedingungen des Wirtschaftswachstums machen zugleich seine möglichen Grenzen sichtbar: Die **Rohstoff- und Energievorräte** der Erde sind begrenzt, die **Bevölkerungszahl** der hoch industrialisierten Länder stagniert oder schrumpft und die **Umweltbelastung** durch Schadstoffe nimmt zu. Hinzu kommt, dass in den industriellen „Wohlstandsgesellschaften" die materiellen Grundbedürfnisse weitgehend befriedigt sind.

(6) Zielkonflikte der Wirtschaftspolitik (magisches Viereck)

Die Forderung, dass die Wirtschaftspolitik gleichzeitig einen hohen Beschäftigungsstand, Preisstabilität (Geldwertstabilität), außenwirtschaftliches Gleichgewicht sowie stetiges und angemessenes Wirtschaftswachstum anzustreben habe, ist leicht zu erheben, aber schwierig zu erfüllen. Je nach Ausgangslage besteht Zielharmonie oder ein Zielkonflikt.

> Von **Zielharmonie** spricht man, wenn bestimmte wirtschaftspolitische Maßnahmen der Erreichung mehrerer Ziele dienlich sind.
> - Ein **Zielkonflikt** liegt vor, wenn die Ergreifung einer bestimmten Maßnahme die Wirtschaft zwar einem Ziel näher bringt, sie dafür aber von anderen Zielen entfernt.
> - **Zielindifferenz**[1] ist gegeben, wenn durch die Verfolgung eines wirtschaftspolitischen Ziels die Verfolgung anderer wirtschaftspolitischer Ziele weder gefährdet noch gefördert wird.

Es ist ersichtlich, dass in der Regel die gleichzeitige Verfolgung der genannten Ziele nicht möglich ist. Man spricht daher vom **„magischen Viereck"**. Nur ein Magier, also ein Zauberer, könnte gleichzeitig Vollbeschäftigung, Preisstabilität, außenwirtschaftliches Gleichgewicht sowie stetiges und angemessenes Wirtschaftswachstum erreichen.

Magisches Viereck der Wirtschaftspolitik

- Hoher Beschäftigungsstand
- Stabilität des Preisniveaus
- Außenwirtschaftliches Gleichgewicht
- Angemessenes Wirtschaftswachstum

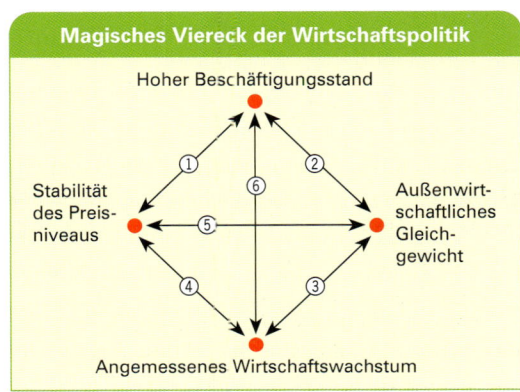

(Die Pfeile bedeuten mögliche Zielkonflikte)

---
[1] **Indifferenz** (lat.): "Keinen Unterschied haben"; indifferent: unbestimmt, unentschieden, gleichgültig, teilnahmslos.

Beispiel für eine mögliche Konfliktsituation:

Ist eine Wirtschaft **unterbeschäftigt**, liegt in der Regel folgende Situation vor: Die Zahl der Arbeitslosen übersteigt die Anzahl der offenen Stellen; der Preisauftrieb ist gedämpft, sofern die Gewerkschaften trotz Unterbeschäftigung keine überhöhten Lohnforderungen durchsetzen. Die Investitionsneigung der Unternehmen ist gering, weil der entsprechende Absatz fehlt. Die Steuereinnahmen des Staates reichen nicht aus, um die Staatsausgaben zu finanzieren. Angenommen nun, die Wirtschaft soll mithilfe von Exportförderungsmaßnahmen (z. B. Exportsubventionen, Abwertung) belebt werden. War die Zahlungsbilanz bisher ausgeglichen, kann somit das Ziel des außenwirtschaftlichen Gleichgewichts *nicht* angestrebt werden. Das Ziel der Preisstabilität hingegen ist in dieser Situation nicht gefährdet, weil die unterbeschäftigte Wirtschaft zunächst zu konstanten Preisen anbieten kann.

4.2.2 Sozial verträgliche Einkommens- und Vermögensverteilung

Das wirtschafts- und sozialpolitische Ziel einer sozial verträglichen Einkommens- und Vermögensverteilung läuft darauf hinaus, die Einkommen und Vermögen in Zukunft **gleichmäßiger** unter die großen sozialen Gruppen der Arbeitnehmer einerseits und der Selbstständigen („Unternehmer") einschließlich der sonstigen Vermögensbesitzer andererseits zu verteilen. Bezüglich der Einkommenspolitik des Staates bedeutet das, die **Lohnquote** (Anteil der Arbeitnehmer am Gesamteinkommen) zu erhöhen.

Wie viel Geld steht einer Haushaltsgemeinschaft in Deutschland, die aus mindestens einer Person besteht, monatlich zur Verfügung? Nach einer Auswertung des GfK GeoMarketings kamen im Jahr 2020 gut die Hälfte der Haushalte (52,6 %) mit Lohn bzw. Gehalt, Rente, Mieteinnahmen u. ä. zusammen auf mindestens 2 600,00 EUR netto. Den höchsten Anteil gab es mit 23,7 % in der Einkommensgruppe 4 000,00 bis 7 500,00 EUR. Der Anteil der Topverdiener mit einem Einkommen von 7 500,00 EUR und mehr lag bei 5,8 %. Mit weniger als 1 100,00 EUR im Monat mussten dagegen 10,5 % der Haushalte auskommen.

Die Verfolgung des Ziels einer sozial verträglichen Einkommensverteilung ist für die Regierung der Bundesrepublik Deutschland deswegen schwierig, weil Tarifautonomie besteht, d. h., weil die Sozialpartner (Tarifpartner) das Recht haben, die Arbeitsentgelte selbstständig und ohne staatliche Einmischung zu vereinbaren. Dennoch verbleiben dem Staat eine Reihe von **wirtschafts- und sozialpolitischen Maßnahmen** vor allem vermögenspolitischer Art. Hierzu gehören die

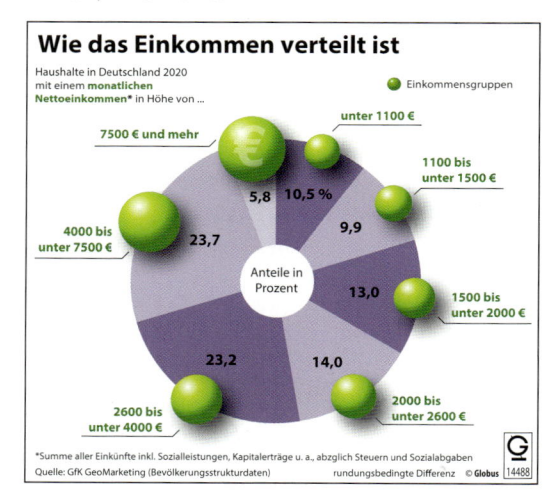

- Einführung eines **Investivlohns** (Gewinnausschüttungen an Arbeitnehmer, die im eigenen oder in fremden Unternehmen investiert werden),
- Einführung eines **gesetzlichen Mindestlohns**,
- der **Kombilohn** (bei niedrigen Löhnen stockt der Staat den Lohn auf) und
- **Sparförderungsmaßnahmen**.

Hinzu kommt die **Steuerpolitik,** mit deren Hilfe die **Einkommen umverteilt** werden: Hohe Einkommen werden überproportional hoch, niedrigere Einkommen nur gering oder überhaupt nicht direkt besteuert **(Steuerprogression).**

4.2.3 Erhaltung der natürlichen Lebensgrundlagen

Das wirtschafts- und sozialpolitische Ziel, die Umwelt lebenswert zu erhalten und/oder zu verbessern, ist ein **qualitatives Ziel.**

Wird in den Zielkatalog einer **sozialen Marktwirtschaft** das Ziel des Umweltschutzes aufgenommen, müssen – ebenso wie dies zur Erreichung sozialer Ziele erforderlich ist – **staatliche Eingriffe** erfolgen, die die Marktbedingungen so verändern, dass **Nachfrage** und **Angebot** in der gewünschten Weise gelenkt werden. **Marktkonforme Maßnahmen** müssen hierbei die Regel, **marktkonträre Maßnahmen** die Ausnahme bilden.

Art der Maßnahme	Erläuterungen	Beispiele
Marktkonforme Maßnahmen **Ziel:** **Anreize** zu umweltschonendem Verhalten geben, **ohne den Preismechanismus** des Marktes **außer Kraft zu setzen.**	Hier versucht der Staat umweltschädliche Maßnahmen und Produkte mithilfe von Steuern, Abgaben und Zöllen (**„Ökosteuern"**) so stark zu belasten, dass in absehbarer Zeit sowohl Nachfrage als auch Angebot reagieren werden. Umgekehrt sollen alle als umweltschonend erkannten Maßnahmen und Produkte so stark entlastet (erforderlichenfalls auch subventioniert) werden, sodass sich Nachfrage und Produktion in die gewünschte Richtung bewegen.	■ Mögliche Einführung von „Öko-Produktsteuern", z. B. für Batterien, tropisches Holz, Waschmittel und Streusalz. ■ Erhebung von Müllvermeidungssteuern für Einwegflaschen, Getränkedosen, Kunststoffbehälter und -flaschen, Aluminiumfolien und für Werbezwecke verwendetes Papier. ■ Rücknahmeverpflichtung für umweltbelastende Produkte, nachdem ihre Nutzungsdauer abgelaufen ist (z. B. Kühlschränke, Autos, Batterien).
Marktkonträre Maßnahmen **Ziel:** Zu umweltschonendem Verhalten **zwingen, indem der Preismechanismus** des Marktes **aufgehoben wird**	Marktkonträre Maßnahmen sind **Verbote** und die Vorgabe von **Grenzwerten.** Das Problem der Vorgabe von Grenzwerten ist, dass sie auch noch unterboten werden können, die Wirtschaftssubjekte aber nicht einsehen, dass sie die Kosten für eine weitere Verringerung von Schadstoffen tragen sollen, wenn dies nicht gesetzlich vorgeschrieben ist.	■ Umweltschädliche Produkte, auf die vollständig verzichtet werden kann, müssen verboten werden (z. B. umweltschädliche Treibgase in Sprühdosen, Glühbirnen). ■ Einzelschadstoffe, die mit technischen Mitteln auf einen bestimmten Stand reduziert werden können, sind mithilfe von Grenzwerten zu verringern (z. B. Schadstoffe in Autoabgasen).

4.2.4 Wechselwirkungen wirtschaftspolitischer Maßnahmen

> **Beispiel:**
>
> Angenommen, die Regierung eines Landes setzt die Einkommensteuersätze herauf, um die Staatseinnahmen zu erhöhen. Die Rechnung dieses Ursache-Wirkungsdenkens („höhere Steuersätze bringen dem Staat mehr Geld") geht nicht auf: Die Steuereinnahmen steigen nicht. Sie nehmen sogar ab, weil die Konsumenten weniger Geld zur Verfügung haben, sodass die Konsumausgaben sinken. Die Beschäftigung im Handel in der Konsumgüterindustrie geht zurück. Letztere wiederum stellt ihre Investitionsvorhaben zurück, sodass die Kapazitätsauslastung in der Investitionsgüterindustrie sinkt. Die Steuererhöhung hat das Gegenteil dessen bewirkt, was sie eigentlich wollte.

Das Beispiel zeigt, dass die Wirkungen wirtschaftspolitischer Maßnahmen meistens nicht richtig beurteilt werden können, wenn einfache „lineare" Denkmuster zugrunde gelegt werden. Das Denken in „Wenn-dann-Beziehungen" (Ursache-Wirkungbeziehungen) führt deswegen zu ungenauen, manchmal sogar falschen Ergebnissen, weil neben den **unmittelbaren (direkten) Beziehungen eines Systems** auch die **mittelbaren (indirekten)** Beziehungen, die außerdem **zeitverzögert** eintreten können, berücksichtigt werden müssen. Außerdem sind **Rückkopplungen,** d. h. in diesem Falle also Rückwirkungen bestimmter staatlicher Maßnahmen, zu berücksichtigen.

Darüber hinaus können sich staatliche Eingriffe auf die gesamte Wirtschaft (das In- und Ausland) auswirken. Beispiele sind die Auswirkungen von Zollerhöhungen oder -senkungen auf den Außenhandel und die Beschäftigung, von Umweltschutzmaßnahmen auf die Investitionstätigkeit inländischer und ausländischer Investoren oder der Zulassung oder Nichtzulassung von genmanipulierten[1] Futter- und Nahrungsmitteln auf die in- und ausländische Landwirtschaft und die Gesundheit der Bevölkerung.

Kompetenztraining

208
1. Nennen und beschreiben Sie den Zielkatalog des „magischen Vierecks"!
2. Erläutern Sie, warum diese Zielkombinationen (Frage 1) als „magisch" bezeichnet werden!
3. Die im Kapitel 4.2.1 genannten wirtschaftspolitischen Ziele sind Oberziele. Wählen Sie drei dieser Ziele aus und überlegen Sie sich, welche Zwischen- und Unterziele sich aus diesen Oberzielen ableiten lassen!

209 Bearbeiten Sie folgende Aufgaben:
1. Das Oberziel der Wirtschaftspolitik von Deutschland ist nach § 1 StabG das „gesamtwirtschaftliche Gleichgewicht". Erläutern Sie, was hierunter zu verstehen ist!
2. Erläutern Sie, warum die Vollbeschäftigung ein wichtiges Ziel der Wirtschaftspolitik ist!
3. Erläutern Sie, unter welchen Bedingungen Vollbeschäftigung vorliegt!

---

1 **Genmanipulation:** künstliche Veränderung der Erbfaktoren.

4 Wirtschaftspolitische Ziele und mögliche Zielkonflikte

4. Erklären Sie das wirtschaftspolitische Ziel „Preisniveaustabilität"!
5. Begründen Sie, warum der Staat für außenwirtschaftliches Gleichgewicht sorgen sollte!
6. Erläutern Sie, welche möglichen Zielkonflikte zwischen den Zielen „hoher Beschäftigungsstand", „Stabilität des Preisniveaus" und „außenwirtschaftliches Gleichgewicht" bestehen können!
7. Erklären Sie, was unter stetigem Wirtschaftswachstum zu verstehen ist!
8. Nennen Sie neben dem Ziel des stetigen Wirtschaftswachstums noch weitere langfristige Ziele der Wirtschaftspolitik!

210
1. Erläutern, Sie welche Zielkonflikte sich zwischen dem Ziel des stetigen Wirtschaftswachstums einerseits und den kurzfristigen Zielen der Stabilität des Preisniveaus, des hohen Beschäftigungsstands und des außenwirtschaftlichen Gleichgewichts andererseits ergeben können!
2. Die möglichen Zielkonflikte erfordern, dass der Staat wirtschaftspolitische Kompromisse schließen muss. Erläutern Sie diese Aussage!
3. Erläutern Sie, warum in Deutschland trotz Wirtschaftswachstum das Ziel eines möglichst hohen Beschäftigungsstands seit Jahren unerreichbar scheint!

211 Ökosteuern und -abgaben, Verbote und die Vorgabe von Grenzwerten sollen zu einem umweltverträglichen Wirtschaften beitragen.

Beispiele:
a) Erhebung einer Abwasserabgabe, die mit zunehmendem Reinheitsgrad der Abwässer sinkt.
b) Abschaffung der Kraftfahrzeugsteuer und Erhöhung der Mineralölsteuer.
c) Verbot umweltschädlicher Produkte (z. B. umweltschädlicher Treibgase in Sprühdosen).
d) Begrenzung der zulässigen Rußzahlen bei Ölfeuerungsanlagen.
e) Fahrverbot für Kraftfahrzeuge mit Dieselmotoren.
f) Stromsteuer auf Atomstrom und Strom aus Verbrennungskraftwerken.
g) Vorgabe von Abgasgrenzwerten (z. B. für Kraftwerke, Autos).
h) Subventionen zur Gewinnung von Erdwärme.
i) Steuererleichterung für Kraftfahrzeuge mit Elektroantrieb.
j) Herstellungsverbot asbesthaltiger Werkstoffe.
k) Einführung des Dosenpfands.
l) Importverbot für genmanipulierte Lebensmittel.

Aufgabe:
Begründen Sie, welche der genannten Maßnahmen als marktkonform und welche als marktkonträr zu bezeichnen sind!

10 Geld und Währung im Europäischen System der Zentralbanken

1 Europäische Wirtschafts- und Währungsunion (WWU)

Die Schaffung der Wirtschafts- und Währungsunion (WWU)[1] wurde 1991 von den Staats- und Regierungschefs der EU-Länder in **Maastricht** beschlossen. Der Maastricht-Vertrag trat 1992 in Kraft.

Die **Wirtschafts- und Währungsunion** wurde in mehreren Stufen verwirklicht:

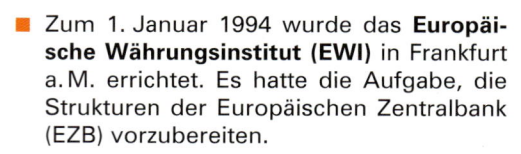

- Zum 1. Januar 1994 wurde das **Europäische Währungsinstitut (EWI)** in Frankfurt a. M. errichtet. Es hatte die Aufgabe, die Strukturen der Europäischen Zentralbank (EZB) vorzubereiten.

- Anfang 1998 fiel die Entscheidung durch die Staats- und Regierungschefs der EU über die **Teilnahme der Länder von Beginn an.** Die Teilnehmer hätten nach dem Maastricht-Vertrag folgenden Kriterien (auch **„Maastricht-Kriterien"** oder **„Konvergenzkriterien"**[2] genannt) genügen sollen:

    - Preisanstieg **höchstens 1,5 Prozentpunkte** über dem Preisanstieg der drei stabilsten Länderwährungen.
    - Haushaltsdefizit **höchstens 3 %** der Wirtschaftsleistung.
    - Staatsverschuldung **nicht höher als 60 %** der Wirtschaftsleistung.
    - Langfristiger Zinssatz **höchstens 2 Prozentpunkte** über dem durchschnittlichen Zinssatz der drei preisstabilsten Länder.

Obwohl die „Maastricht-Kriterien" von vielen EU-Ländern nicht vollständig erfüllt wurden, hat die Europäische Kommission Anfang des Jahres 1998 **elf Länder** zur Teilnahme an der WWU empfohlen. Diese Länder waren Belgien, Deutschland, Finnland, Frankreich, Irland, Italien, Luxemburg, Niederlande, Österreich, Portugal und Spanien.

Dänemark, Großbritannien und Schweden wollen (noch) nicht teilnehmen. Griechenland durfte wegen seines zu hohen Defizits des Staatshaushalts zunächst nicht teilnehmen, wurde aber zum 1. Januar 2001 zwölftes WWU-Mitglied. 2007 traten Slowenien, 2008 Malta und Zypern und 2009 die Slowakei der WWU bei. 2011 wurde Estland Mitglied der Eurozone. 2014 folgte Lettland und ein Jahr darauf schließlich Litauen in die WWU.

Die nicht teilnehmenden EU-Länder werden als **„Outs"**[3] bezeichnet. Zwischen den Euro-Ländern und den Outs bleibt das Europäische Währungssystem, das als **W**echsel**k**urs**m**echanismus II (WKM II) bezeichnet wird, erhalten.

---

1 WWU-Länder: Mitgliedsländer des Euro-Währungsraums („Eurolands"). Die Europäische Währungsunion wird auch mit EWWU oder EWU abgekürzt.
2 **Konvergenz:** Annäherung.
3 **Outs** (engl.): draußen Gebliebene, Außenstehende.

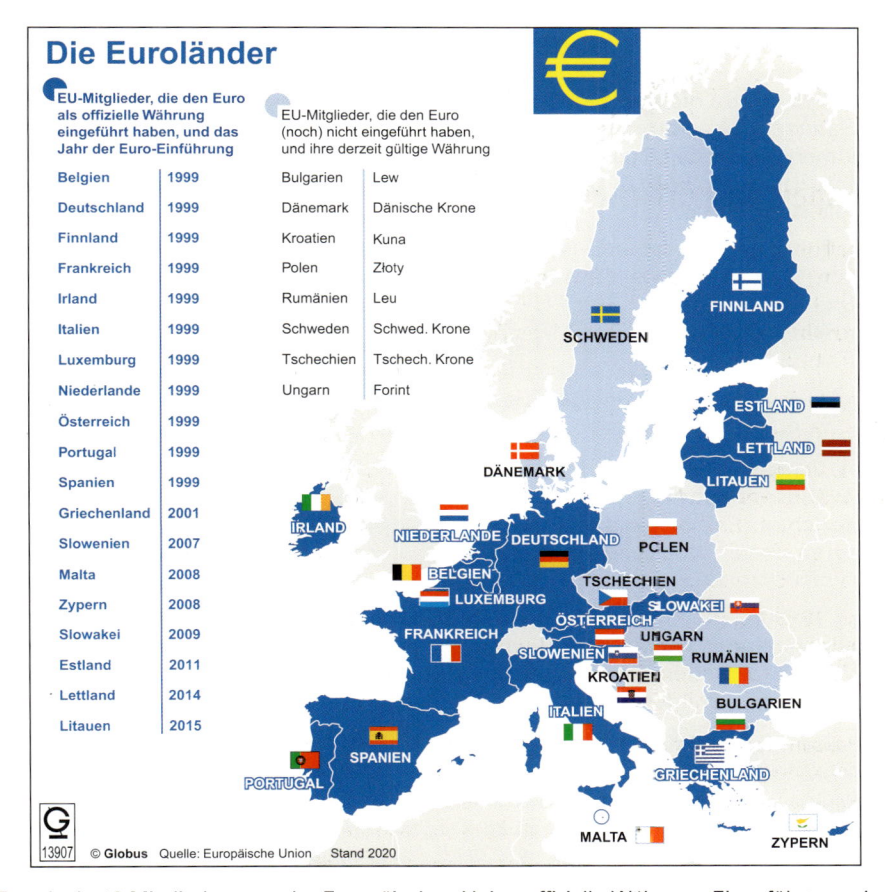

2 Europäische Zentralbank (EZB)

Die Euroländer

EU-Mitglieder, die den Euro als offizielle Währung eingeführt haben, und das Jahr der Euro-Einführung

Belgien	1999
Deutschland	1999
Finnland	1999
Frankreich	1999
Irland	1999
Italien	1999
Luxemburg	1999
Niederlande	1999
Österreich	1999
Portugal	1999
Spanien	1999
Griechenland	2001
Slowenien	2007
Malta	2008
Zypern	2008
Slowakei	2009
Estland	2011
Lettland	2014
Litauen	2015

EU-Mitglieder, die den Euro (noch) nicht eingeführt haben, und ihre derzeit gültige Währung

Bulgarien	Lew
Dänemark	Dänische Krone
Kroatien	Kuna
Polen	Złoty
Rumänien	Leu
Schweden	Schwed. Krone
Tschechien	Tschech. Krone
Ungarn	Forint

© Globus 13907 Quelle: Europäische Union Stand 2020

Der Euro ist in 19 Mitgliedstaaten der Europäischen Union offizielle Währung. Eingeführt wurde er im Jahr 1999 mit den EU-Gründungsmitgliedern Belgien, Deutschland, Frankreich, Italien, Luxemburg und Niederlande und fünf weiteren der neun bis dahin zusätzlich der EU beigetretenen Staaten. Die alten Währungen wurden stufenweise abgelöst. Zunächst behielten sie als Bargeld und als Untereinheit des Euro ihre Gültigkeit, während der Euro virtuell für bargeldlose Zahlungen und Buchhaltungszwecke genutzt wurde. Anfang 2002 wurden dann die ersten Euro-Banknoten und -Münzen eingeführt. Die EU-Mitgliedstaaten, die den Euro noch nicht als offizielle Währung eingeführt haben, werden der Eurozone beitreten, sobald sie die Bedingungen für die Übernahme erfüllt haben. Ausnahme ist Dänemark, das vertraglich ausgehandelt hat, von der Euro-Teilnahme befreit zu sein. Gültig ist der Euro auch in den meisten Außengebieten der Euroländer, wie den Kanaren, den Azoren oder Französisch-Guayana.

Das Gebiet der EU-Länder, die den Euro als Währung eingeführt haben, bezeichnet man als **Eurozone.** Die Eurozone umfasst darüber hinaus auch drei Staaten mit sogenannten Währungsvereinbarungen mit den EU-Mitgliedern. Hierzu zählen: Monaco, San Marino und der Vatikan. **Zusätzlich** wird der Euro in folgenden Ländern als **gültiges Zahlungsmittel** akzeptiert, obwohl dort formal eine andere Währung gilt: Andorra, Kosovo und Montenegro.

2 Europäische Zentralbank (EZB)

Im **Juni 1998** wurde die **Europäische Zentralbank (EZB)** errichtet, die ihre Aufgaben seit dem 1. Januar 1999 wahrnimmt. Die EZB ist verantwortlich für die **Geldpolitik (Steuerung der Geldmenge und der Zinssätze)** in den Mitgliedstaaten der Europäischen **W**irtschafts- und **W**ährungs**u**nion **(WWU)**. Die Organe der EZB sind das Direktorium, der EZB-Rat und der Erweiterte EZB-Rat.

Direktorium	Das Direktorium besteht aus dem Präsidenten, dem Vizepräsidenten und vier weiteren Mitgliedern. Dem Direktorium obliegt die Geschäftsführung, d. h., ■ es führt die vom EZB-Rat beschlossene Geldpolitik aus, ■ verwaltet die Währungsreserven der Mitgliedstaaten, ■ führt Devisengeschäfte (Geschäfte in Fremdwährung) durch und ■ sorgt für funktionierende Zahlungssysteme. Christine Lagarde, Präsidentin der Europäischen Zentralbank[1]
EZB-Rat	Der Europäische Zentralbankrat (EZB-Rat) setzt sich aus dem **Direktorium** und den Präsidenten der **nationalen Notenbanken** der WWU-Mitgliedstaaten zusammen. Der EZB-Rat trifft mit einfacher Stimmenmehrheit die geldpolitischen Entscheidungen und erlässt Weisungen und Leitlinien für die Zentralbanken der Teilnehmer.
Erweiterter EZB-Rat	Dem Erweiterten EZB-Rat gehören der **EZB-Rat** und die **Zentralbank-Präsidenten** der Staaten der Europäischen Union (EU) an, die (noch) nicht Mitglieder der WWU sind.

Damit die EZB ihre Aufgaben erfüllen kann, ist sie mit einer **dreifach gesicherten Unabhängigkeit** (Autonomie) ausgestattet:

■ Sie ist **institutionell unabhängig.** Weder die EZB noch eine nationale Zentralbank noch ein Mitglied ihrer Beschlussorgane darf Weisungen von EU-Organen oder von den Regierungen der Mitgliedstaaten einholen oder entgegennehmen.

■ Sie ist **personell unabhängig.** Der Präsident und die übrigen geschäftsführenden Direktoren der EZB werden von den Regierungen, vertreten durch die Staats-bzw. Regierungschefs der Mitgliedstaaten, für i. d. R. acht Jahre gewählt. Eine Amtsenthebung kann nur durch den Europäischen Gerichtshof erfolgen. Die im EZB-Rat vertretenen Präsidenten der nationalen Zentralbanken werden für eine Amtszeit von mindestens fünf Jahren berufen.

■ Sie ist **operativ unabhängig.** Die EZB entscheidet autonom über ihre geldpolitischen Maßnahmen.

---

[1] Quelle: https://www.europarl.europa.eu/news/en/press-room/20190912IPR60928/european-parliament-gives-green-light-to-christine-lagarde (21. 12. 2020)

3 Europäisches System der Zentralbanken (ESZB)

(1) Begriffe ESZB und Eurosystem

Das **E**uropäische **S**ystem der **Z**entral**b**anken **(ESZB)** besteht aus der **Europäischen Zentralbank** und den **nationalen Zentralbanken der Mitgliedstaaten** der Europäischen Union. Vorrangiges Ziel des ESZB ist die Preisniveaustabilität [Art. 105 EGV]. Ebenso wie die EZB im Einzelnen, ist das ESZB im Ganzen von Weisungen politischer Instanzen unabhängig.

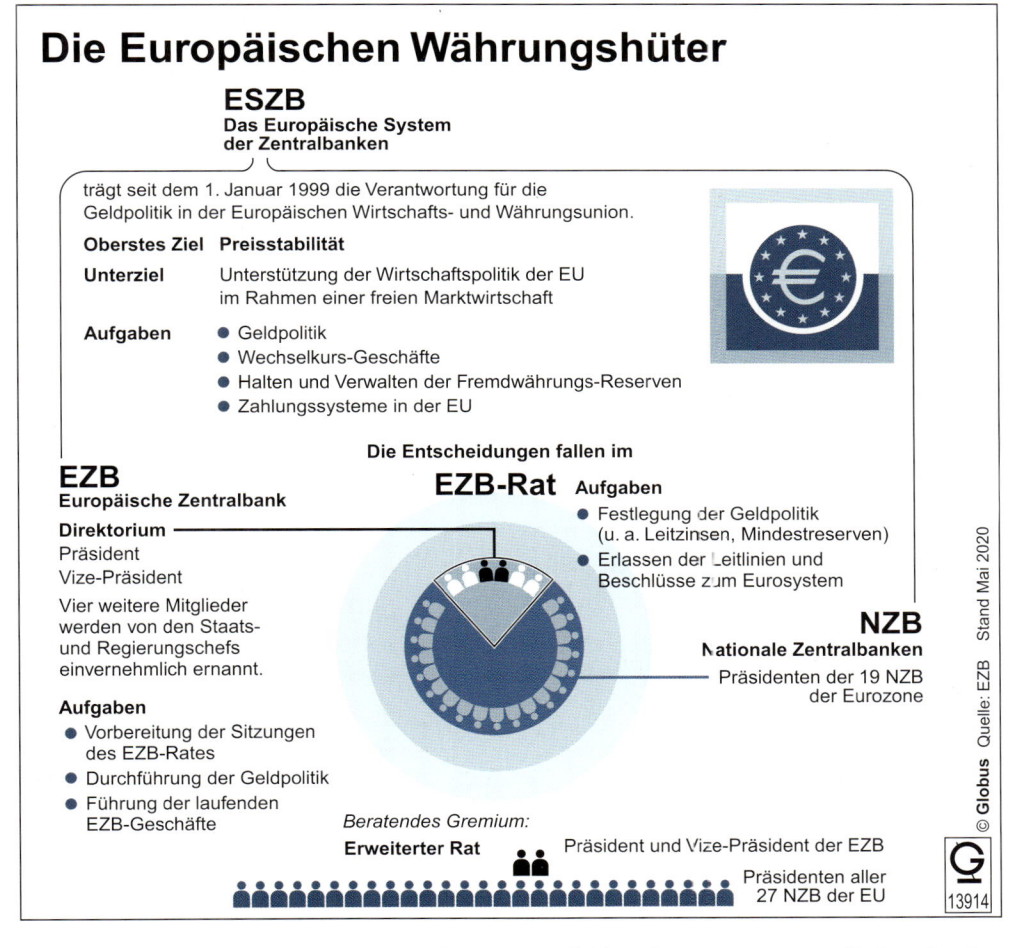

Die Europäischen Währungshüter

ESZB — Das Europäische System der Zentralbanken

trägt seit dem 1. Januar 1999 die Verantwortung für die Geldpolitik in der Europäischen Wirtschafts- und Währungsunion.

- **Oberstes Ziel**: Preisstabilität
- **Unterziel**: Unterstützung der Wirtschaftspolitik der EU im Rahmen einer freien Marktwirtschaft
- **Aufgaben**:
  - Geldpolitik
  - Wechselkurs-Geschäfte
  - Halten und Verwalten der Fremdwährungs-Reserven
  - Zahlungssysteme in der EU

Die Entscheidungen fallen im **EZB-Rat**

EZB – Europäische Zentralbank

Direktorium
- Präsident
- Vize-Präsident
- Vier weitere Mitglieder werden von den Staats- und Regierungschefs einvernehmlich ernannt.

Aufgaben:
- Vorbereitung der Sitzungen des EZB-Rates
- Durchführung der Geldpolitik
- Führung der laufenden EZB-Geschäfte

EZB-Rat Aufgaben:
- Festlegung der Geldpolitik (u. a. Leitzinsen, Mindestreserven)
- Erlassen der Leitlinien und Beschlüsse zum Eurosystem

NZB – Nationale Zentralbanken
- Präsidenten der 19 NZB der Eurozone

Beratendes Gremium:
Erweiterter Rat
- Präsident und Vize-Präsident der EZB
- Präsidenten aller 27 NZB der EU

Stand Mai 2020 · © Globus Quelle: EZB · 13914

Das **Eurosystem** setzt sich aus der EZB und den EU-Ländern zusammen, die bereits den Euro eingeführt haben.

> **Öffentliche Haushalte** dürfen vom **ESZB nicht finanziert** werden. Das ESZB **unterstützt** die **allgemeine Wirtschaftspolitik** der Mitgliedsländer, aber nur, soweit dies **ohne Beeinträchtigung der Preisniveaustabilität möglich** ist.

Geld und Währung im Europäischen System der Zentralbanken

(2) Stabilitätsziel

> ⚠ Nach der Definition der EZB liegt Preisstabilität vor, wenn der Anstieg des **h**armonisierten **V**erbraucher**p**reis**i**ndex **(HVPI)** der WWU **unter 2 %** gegenüber dem Vorjahr beträgt.

Zur Preisstabilität gehört aber auch die **Vermeidung** einer **Deflation**. Deswegen wird von der EZB eine Inflationsrate (Preissteigerungsrate) von jährlich **weniger als 1 %** als **problematisch** angesehen.

(3) Zwei-Säulen-Strategie

Um mögliche Gefahren für die Preisstabilität rechtzeitig feststellen und die notwendigen Maßnahmen zur Abwehr ergreifen zu können, untersucht der EZB-Rat regelmäßig die wirtschaftliche Lage von zwei Seiten her.

An erster Stelle steht eine breit angelegte **wirtschaftliche Analyse** zur Ermittlung der kurz- und mittelfristigen Risiken für die Preisstabilität. Die sich daraus ergebenden Inflationsanzeichen werden in einem zweiten Schritt anhand der **monetären Analyse** aus mittel- und langfristiger Perspektive ermittelt.

Beispiel:
Erwartet die EZB ein jährliches reales Wirtschaftswachstum von 3 % und eine jährliche Preissteigerungsrate (Inflationsrate) von 1,5 %, legt der EZB-Rat einen Referenzwert von 4,5 % für das jährliche Wachstum der Geldmenge M3 fest.

Ein wichtiger Bestandteil dieser Analyse ist die Bewertung der Geldmengenentwicklung. Richtschnur zur längerfristigen Beurteilung des Geldmengenwachstums ist der sogenannte Referenzwert,[1] der in längeren Zeitabständen von der EZB überprüft wird. Der Referenzwert wird in Prozent der Geldmenge M3 ausgedrückt.

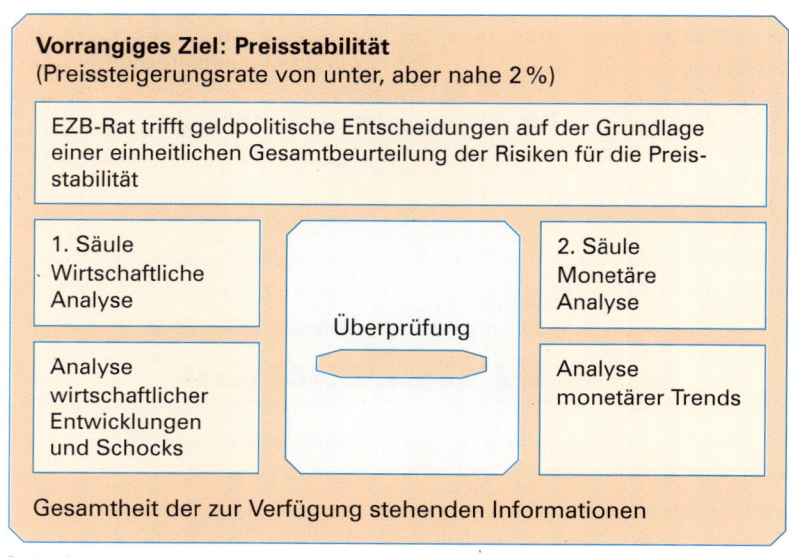

Vorrangiges Ziel: Preisstabilität
(Preissteigerungsrate von unter, aber nahe 2 %)

EZB-Rat trifft geldpolitische Entscheidungen auf der Grundlage einer einheitlichen Gesamtbeurteilung der Risiken für die Preisstabilität

1. Säule Wirtschaftliche Analyse	Überprüfung	2. Säule Monetäre Analyse
Analyse wirtschaftlicher Entwicklungen und Schocks		Analyse monetärer Trends

Gesamtheit der zur Verfügung stehenden Informationen

Quelle: Deutsche Bundesbank (Hrsg.): Geld und Geldpolitik, Frankfurt a. M. 2014.

---

1 **Referenz**: Empfehlung, Referenzwert: empfohlener Wert.

4 Deutsche Bundesbank

Die währungspolitischen Entscheidungen des EZB-Rats werden i. d. R. **dezentral** durch die **nationalen Zentralbanken** – in der Bundesrepublik Deutschland durch die Deutsche Bundesbank – verwirklicht. Nur wenn der EZB-Rat Ermessensspielräume zulässt, hat eine nationale Zentralbank, wie z. B. die Deutsche Bundesbank, gestalterische Möglichkeiten der Umsetzung.

- Die **Deutsche Bundesbank** ist wie die übrigen nationalen Zentralbanken der EU **integraler Bestandteil**[1] **des ESZB.** Sie wirkt an der **Erfüllung seiner Aufgaben** mit dem vorrangigen Ziel mit, die Preisniveaustabilität zu gewährleisten.
- Sie **verwaltet** die **Währungsreserven der Bundesrepublik Deutschland,** sorgt für die **bankmäßige Abwicklung des Zahlungsverkehrs** im Inland und mit dem Ausland und trägt zur **Stabilität der Zahlungs- und Verrechnungssysteme** bei [§ 3 BBankG].

5 Geldpolitische Instrumente der Europäischen Zentralbank

Mithilfe der Geldpolitik kann die Europäische Zentralbank nicht nur die **Entwicklung des Preisniveaus,** sondern auch die **Konjunktur** beeinflussen. Unter Konjunktur versteht man die mehr oder weniger rhythmischen **Schwankungen** der wirtschaftlichen Aktivitäten (z. B. der Nachfrage nach wirtschaftlichen Gütern und damit der Beschäftigung von Arbeitskräften).

Der Europäischen Zentralbank stehen verschiedene geldpolitische Instrumente (Maßnahmen) zur Verfügung, um die Geldmenge und damit den Geldwert und die Konjunktur im Euro-Währungsgebiet zu beeinflussen. Im Folgenden werden die wichtigsten Mittel, die als geldpolitische Instrumente bezeichnet werden, dargestellt.

---

1 **Integraler Bestandteil:** vollständig eingegliederter Bestandteil.

Geld und Währung im Europäischen System der Zentralbanken

DIE GELDPOLITISCHEN INSTRUMENTE

Mindestreservepflicht

- **MINDESTRESERVEBASIS**
  Einlagen, Schuldverschreibungen und Geldmarktpapiere
- **MINDESTRESERVESATZ**
  2 % für die Mehrheit der Positionen, die in die Mindestreservebasis einbezogen werden
- **VERZINSUNG**
  Mindestreserveguthaben werden zum gleichen Satz wie die Hauptrefinanzierungsgeschäfte des Eurosystems verzinst

Offenmarktgeschäfte

- Hauptrefinanzierungsgeschäfte
  (Laufzeit: eine Woche)
- Längerfristige Refinanzierungsgeschäfte
- Feinsteuerungsoperationen
- Strukturelle Operationen

Ständige Fazilitäten

- Einlagefazilität
  (Zinssätze im Allgemeinen unter Marktzinsniveau)
- Spitzenrefinanzierungsfazilität
  (Zinssätze im Allgemeinen über Marktzinsniveau)

5.1 Mindestreservepolitik

> **Mindestreserven** sind Geldbeträge, die die Kreditinstitute gegen eine geringe Verzinsung oder auch unverzinslich bei der Europäischen Zentralbank einzahlen müssen.

Die Mindestreservepflicht der Kreditinstitute bemisst sich nach der Höhe ihrer Verbindlichkeiten gegenüber Nichtbanken.

Zum Verständnis des Zusammenhangs genügt es, wenn wir die Mindestreserven für Sichteinlagen betrachten. Dabei ist es wichtig zu wissen, dass die Kreditinstitute zwar kein Bargeld (Münz- und Notengeld), wohl aber Giralgeld schaffen (schöpfen) können, weil sie **mehr** Geld ausleihen können als sie Einlagen besitzen. Der Grund: Es ist kaum zu erwarten, dass **alle** Bankkunden gleichzeitig ihr Geld abheben wollen. Es genügt vielmehr, wenn die Banken eine verhältnismäßig geringe Bargeldsumme zur Auszahlung bereithalten.

- Je **höher** die Mindestreservesätze, desto **geringer** sind die Geldschöpfungsmöglichkeiten der Kreditinstitute.
- Je **niedriger** die Mindestreservesätze, desto **höher** sind die Geldschöpfungsmöglichkeiten der Kreditinstitute.

5 Geldpolitische Instrumente der Europäischen Zentralbank

Somit lässt sich Folgendes festhalten:

Erhöhung	Senkung
Ist die Wirtschaft vollbeschäftigt und besteht Inflationsgefahr, erhöht die EZB die Mindestreservesätze. Die Kreditinstitute können **weniger** Giralgeld anbieten. Kaufwünsche der Wirtschaftssubjekte können nur in geringerem Umfang erfüllt werden. Die Nachfrage nach Sachgütern und Dienstleistungen wird gebremst, die Inflationsgefahr verringert.	Ist die Wirtschaft unterbeschäftigt und herrscht Preisstabilität, senkt die EZB die Mindestreservesätze. Die Kreditinstitute können mehr Giralgeld anbieten. Kaufwünsche der Wirtschaftssubjekte können erfüllt werden. Die Nachfrage nach Gütern wird gefördert. Die EZB hofft, dass die Wirtschaft angekurbelt wird.

Mindestreservesätze

5.2 Offenmarktpolitik

> Die Offenmarktpolitik spielt eine wichtige Rolle in der Geldpolitik der Europäischen Zentralbank bzw. des Systems der Europäischen Zentralbanken. Offenmarktgeschäfte werden eingesetzt, um **Zinssätze** und **Liquidität** (die Geldmenge) am Markt zu steuern und um Signale zu setzen.

Es stehen z. B. folgende Arten von **Instrumenten zur Durchführung von Offenmarktgeschäften** zur Verfügung:

- definitive Käufe bzw. Verkäufe von Wertpapieren,
- befristete Transaktionen und
- Emissionen von Schuldverschreibungen.

(1) Definitive Käufe und Verkäufe von Wertpapieren

Der definitive[1] Kauf oder Verkauf von Wertpapieren ist ein mögliches Instrument einer Zentralbank zur Beeinflussung der Geldmenge und des Zinsniveaus. Die definitiven Käufe von Wertpapieren rechnet die EZB zu den sogenannten **„strukturellen Operationen"**. Sie finden unregelmäßig, d. h. bei Bedarf statt.

- **Verkauf von Wertpapieren.** Ist die Wirtschaft vollbeschäftigt und besteht Inflationsgefahr, verkauft die Zentralbank Wertpapiere am offenen Markt. Dem Kreditmarkt wird **Liquidität entzogen**. Die Überschussreserven der Kreditinstitute und damit das Kreditangebot verringern sich. Zusätzliche Nachfrage kann nicht finanziert werden. Es ist zu erwarten, dass die inflationäre Entwicklung gebremst wird.
- **Kauf von Wertpapieren.** Ist die Wirtschaft unterbeschäftigt, kauft die Zentralbank Wertpapiere am offenen Markt. Dem Kreditmarkt wird **Liquidität zugeführt**. Die Überschussreserven der Kreditinstitute erhöhen sich und damit das Kreditangebot. Zusätzliche Kreditnachfrage kann also finanziert werden.

---

1 **Definitiv** (lat.): wörtl. bestimmt. Hier: Ein endgültiger Kauf ohne Nebenbedingungen wie z. B. Rücknahmevereinbarungen.

(2) Befristete Transaktionen

> Befristete Transaktionen werden vom Eurosystem in Form von **Pensionsgeschäften** und **Pfandkrediten** durchgeführt.

■ Pensionsgeschäfte

> **Pensionsgeschäfte** sind **Offenmarktgeschäfte auf Zeit** (daher der Begriff „befristete Transaktionen"), weil den Kreditinstituten nur für eine im Voraus feststehende Zeit Zentralbankgeld (Sichtguthaben oder Bargeld) zur Verfügung gestellt wird.

Von Pensionsgeschäften spricht man deshalb, weil das Eurosystem Wertpapiere mit der Maßgabe kauft, dass die Kreditinstitute die Papiere nach Ablauf einer bestimmten Zeit (z. B. nach 28 Tagen) wieder zurückkaufen. Die Papiere werden von den Kreditinstituten beim Eurosystem sozusagen „in Pension" gegeben. Die Pensionsgeschäfte unterscheiden sich also von den definitiven Käufen durch die **Rücknahmevereinbarung** zwischen dem Kreditnehmer und dem Eurosystem. Sie werden deswegen auch als **Repogeschäfte** bezeichnet.

■ Verpfändung refinanzierungsfähiger Sicherheiten

In diesem Fall hinterlegen die Kreditinstitute bei einer nationalen Zentralbank Sicherheiten (Pfänder), die von dieser befristet beliehen werden können.

(3) Emission von Schuldverschreibungen

Die Emission (Ausgabe) von Schuldverschreibungen durch das Eurosystem zählt ebenfalls zu den strukturellen Operationen. Die Schuldverschreibungen stellen eine Verbindlichkeit des Eurosystems gegenüber dem Inhaber der Schuldverschreibung dar. Sie werden stückelos[1] begeben und bei Zentralverwahrern[2] im Euro-Währungsraum verwahrt.

Die Schuldverschreibungen werden in **abgezinster** Form emittiert, d. h. zu einem Kurs, der **unter** dem Nennwert liegt, und bei **Fälligkeit zum Nennwert** eingelöst.

Die geschäftliche Abwicklung erfolgt über die nationalen Zentralbanken. Ebenso wie die definitiven Verkäufe und Käufe von Wertpapieren beeinflusst die Ausgabe von Wertpapieren die Geldmenge und das Zinsniveau.

> ■ **Verkauf von Schuldverschreibungen.** Besteht Inflationsgefahr, emittiert die EZB über die nationalen Zentralbanken Schuldverschreibungen. Dem Geldmarkt wird **Liquidität entzogen**. Die Überschussreserven der Kreditinstitute verringern sich und damit das Geldangebot. Zusätzliche Nachfrage kann nicht finanziert werden. Es ist zu erwarten, dass die Inflation gebremst wird. Da das Geldangebot abnimmt, steigt das Zinsniveau.

---

[1] **Stückelos** heißt, dass keine Wertpapiere gedruckt werden.

[2] **Zentralverwahrer** in Deutschland ist die Deutsche Börse Clearing AG (vormals Deutscher Kassenverein). Sie ist die zentrale Verwahrstelle für girosammelverwahrte Wertpapiere und Trägerin des Effektengirosystems.

5 Geldpolitische Instrumente der Europäischen Zentralbank

- **Tilgung von Schuldverschreibungen.** Durch die Tilgung von Schuldverschreibungen wird dem Geldmarkt **Liquidität zugeführt.** Die Überschussreserven der Kreditinstitute erhöhen sich und damit das Geldangebot. Zusätzliche Geldnachfrage kann also finanziert werden. Unter sonst gleichen Bedingungen führt das zunehmende Geldangebot zu einem sinkenden Zinsniveau.

Die liquiditätszuführende Wirkung von Tilgungsleistungen kann geldpolitisch unerwünscht sein. Das Eurosystem kann diese Wirkung durch eine weitere oder erhöhte Ausgabe von Schuldverschreibungen kompensieren (ausgleichen) oder überkompensieren.

5.3 Ständige Fazilitäten[1]

Ständige Fazilitäten umfassen
- **Kreditbereitstellungen** des Eurosystems, die von den Kreditinstituten jederzeit bei Bedarf in Anspruch genommen werden können, und
- die Bereitschaft des Eurosystems, **Einlagen** der Kreditinstitute entgegenzunehmen.

Im ersten Fall spricht man von Spitzenrefinanzierungsfazilität, im zweiten von Einlagenfazilität.

(1) Spitzenrefinanzierungsfazilität

Die Spitzenrefinanzierungsfazilität dient der **Abdeckung** von am Tagesende bestehenden (i. d. R. durch den Zahlungsverkehr entstandenen) **Sollsalden** der Kreditinstitute. Die Kreditgewährung erfolgt **„über Nacht"** gegen refinanzierungsfähige Sicherheiten (z. B. Wertpapiere, Wechsel). Der Zinssatz wird von der EZB festgelegt und bildet die **Obergrenze des Tagesgeldzinssatzes.**[2]

Die nationalen Zentralbanken (z. B. die Deutsche Bundesbank) können im Rahmen der Spitzenrefinanzierungsfazilität den Kreditinstituten Liquidität (Geld) in Form von **Übernacht-Pensionsgeschäften** oder als **Übernacht-Pfandkredite** zur Verfügung stellen. Beim Pfandkredit wird vom Kreditnehmer (Schuldner) dem ESZB (dem Gläubiger) ein Sicherungsrecht an den hinterlegten Pfändern[3] (z. B. Wertpapieren) eingeräumt, wobei der Schuldner das Eigentum an den Pfändern behält.

(2) Einlagenfazilität

Die Einlagenfazilität ist gewissermaßen das Gegenteil der Spitzenrefinanzierungsfazilität, denn hier ermöglicht das Eurosystem den Kreditinstituten, **Übernachtliquidität** (in der Regel durch den Zahlungsverkehr entstandene Habensalden) bei den nationalen Zentralbanken anzulegen. Die Einlagen werden zu einem im Voraus festgelegten Zinssatz verzinst, der im Allgemeinen die **Untergrenze des Tagesgeldzinssatzes** bildet.

---

1 **Fazilität** (lat.): Möglichkeit. Fazilität (eigentlich „Kreditfazilität") bedeutet die Möglichkeit, einen Kredit aufnehmen zu können. Einlagenfazilität ist die Möglichkeit, Geld bei einer Zentralbank anlegen zu können.

2 Zinssatz, der für täglich fälliges Geld zu zahlen ist.

3 Die Kreditinstitute können beim ESZB Pfänder hinterlegen, um bei Bedarf z. B. die Übernacht-Pfandkredite in Anspruch nehmen zu können. Die hinterlegten Sicherheiten werden als **Pfanddepot** bezeichnet.

Der Zugang zur Einlagenfazilität wird nur gemäß den Zielen und allgemeinen geldpolitischen Erwägungen des Eurosystems gewährt. Das Eurosystem kann die Bedingungen der Fazilität jederzeit ändern oder sie aufheben, z. B. in Zeiten konjunktureller Schwäche, in denen keine Liquiditätsabschöpfung erwünscht ist.

Kompetenztraining

212
1. Erläutern Sie kurz, was die EZB unter Preisniveaustabilität versteht!

2. Erklären Sie die EZB als Institution und beschreiben Sie kurz deren Funktionen! Grenzen Sie dabei auch die Begriffe EZB und ESZB voneinander ab!

213
1. Lesen Sie zunächst den folgenden Text:

> **Lagarde: Unabhängigkeit der EZB darf nicht infrage gestellt werden**
>
> FRANKFURT (dpa-AFX) – EZB-Präsidentin Christine Lagarde pocht angesichts des einschränkenden Urteils des Bundesverfassungsgerichts zu Anleihenkäufen auf die Unabhängigkeit der Notenbank. „Wir sind zuversichtlich, dass eine gute Lösung gefunden wird – eine Lösung, die in keiner Weise die Unabhängigkeit der EZB und das Primat des europäischen Rechts infrage stellt", sagte Lagarde nach der Sitzung des Rates der Europäischen Zentralbank (EZB) am Donnerstag in Frankfurt. [...]
>
> Das Bundesverfassungsgericht hatte am 5. Mai die milliardenschweren Staatsanleihenkäufe der EZB im Rahmen des sogenannten PSPP-Programms beanstandet [...]. Die Bundesbank darf sich dem Urteil zufolge künftig nur an diesen Käufen beteiligen, wenn der EZB-Rat deren Verhältnismäßigkeit nachvollziehbar darlegt. [...]

Quelle: www.boerse.de vom 04.06.2020.

Aufgaben:

1.1 Erläutern Sie kurz, warum die Unabhängigkeit der EZB eine wichtige Voraussetzung für die erfolgreiche Arbeit der Notenbank ist!

1.2 Erläutern Sie, warum der Ankauf von Staatsanleihen kriselnder Euro-Staaten die Unabhängigkeit der EZB beeinträchtigen könnte!

2. Beschreiben Sie kurz die Aufgaben des Eurosystems!

3. Erläutern Sie, inwiefern der Erweiterte Rat der EZB eine Brückenfunktion erfüllt!

4. **Unterrichtsvorschlag: Referat**

   Untersuchen Sie, welche EU-Staaten bis dato noch nicht den Euro als offizielle Währung eingeführt haben. Gehen Sie in Ihrem Referat insbesondere auf die unterschiedlichen Ursachen ein, welche für die Nichteinführung des Euro genannt werden.

5 Geldpolitische Instrumente der Europäischen Zentralbank

214 1. Lesen Sie zunächst nachfolgende Geschichte!

> Es war einmal ein höchst ehrenwerter und seriöser englischer Gentleman, der seinen Sommerurlaub regelmäßig auf einer netten kleinen Insel im Ägäischen Meer verbrachte. Er war dort Stammgast und seine Kreditwürdigkeit war bei den Inselbewohnern über jeden Zweifel erhaben. Die Inselbewohner hatten keinerlei Einwände dagegen, dass er alles per Scheck bezahlte. Man hatte ja aufgrund der langjährigen Erfahrung die Gewissheit, dass diese Schecks stets gedeckt waren. Der Engländer war auf der Insel schließlich allen so wohlbekannt und genoss ein so großes Vertrauen, dass die Inselbewohner sich sogar untereinander mit diesen Schecks bezahlten. Wenn zum Beispiel der Restaurantbesitzer einen Teil seiner Zahlungen an den Lebensmittelhändler mit einem Scheck, den er für ein Essen erhalten hatte, leisten wollte, war das dem Lebensmittelhändler nur recht. Er konnte dann mit dem Scheck seine Benzinrechnung begleichen, und auf diese Art und Weise zirkulierten die Schecks des Engländers auf der ganzen Insel. Das ging dann sogar so weit, dass sie nie die Londoner Bank des Engländers zur Einlösung erreichten.

Quelle: Maurice Levi, Ökonomie ohne Rätsel, Birkhäuser Verlag, Basel 1982.

Aufgabe:
Erläutern Sie, wer denn nun eigentlich die Ferien des Engländers bezahlt hat!

2. Verdeutlichen Sie am Beispiel des Kaufs bzw. Verkaufs von Wertpapieren
    2.1 durch eine Zentralbank die Wirkungsweise des Hauptrefinanzierungsgeschäfts in Form der Verpfändung refinanzierungsfähiger Sicherheiten!
    2.2 Stellen Sie dar, inwieweit das Hauptrefinanzierungsgeschäft eine Doppelwirkung hat!

215 Die Europäische Zentralbank (EZB) setzt zur Erhaltung der Preisniveaustabilität im Euro-Währungsraum ihre geldpolitischen Instrumente ein.

Aufgaben:
Entscheiden Sie, welche Geldmengenänderung zu erwarten ist (Geldmenge sinkt oder Geldmenge steigt),

1. wenn die EZB Wertpapiere an die Geschäftsbanken verkauft oder
2. wenn die EZB den Hauptrefinanzierungssatz senkt oder
3. wenn die EZB die Mindestreservesätze senkt.

Stichwortverzeichnis

A

ABC-Analyse 197
Abfall 108
Abfallentsorgung 206
Abfallvermeidung 109
Abfallverzeichnis-Verordnung 206
Abmahnung 420
Abnahmeverzug 266
Abrechnungsdaten 326
Abschwung 478
Abteilungsbildung 40
administrierter Preis 142, 167
Agentur für Arbeit 370, 468
AGG 374, 380
Akkordlohn 414
Aktie 75
Aktiengesellschaft (AG) 52, 75
aktives Wahlrecht 118
Akutkrankenhaus 24
Akzeptanzstelle 286
Alleinstellungsmerkmal 161
Alleinwerbung 174
allgemeine Geschäfts-
  bedingungen 240
allgemeiner Kündigungsschutz
  422
Allgemeines Gleichbehandlungs-
  gesetz 374, 380
allgemeines Krankenhaus 24, 28
Allgemeinverbindlichkeits-
  erklärung 134
alternative Wohlstands-
  indikatoren 437
ambulante Behandlung 20
Anbieterrente 449
Anfechtung (Begriff) 218
Anforderungssatz medizinische
  Begründung 326
Anfrage 225
Angebot 227, 444
Angebotskurven 444
Angebotsverschiebung 445
Anlernausbildung 409
Anmeldung der Mitarbeiter zur
  Sozialversicherung 389
Annahmeverzug 265
anomale Nachfrage 442
Anschlussheilbehandlung 29
Anschlussrehabilitation 22
antizyklische Werbung 176
Approbation 457
Arbeitgeberverbände 132
Arbeitsförderung 468
Arbeitslosengeld 469
Arbeitslosengeld II 470
Arbeitslosenquote 485
Arbeitslosenversicherung
  (siehe Arbeitsförderung)
Arbeitsmarktberatung 468
Arbeitsschutz 96
Arbeitssicherheitsgesetz 107
Arbeitsverleihunternehmen 370
Arbeitsvermittlung 468
Arbeitsvertrag 384
– befristeter 387
– Begriff 384
– Inhalt 385
Arbeitszeit 112
Arbeitszeit, Flexibilisierung 396
Arbeitszeitgesetz 106
Arbeitszeitmodell 396
Arbeitszeugnis 98
arglistig 252
Arten der Lagerhaltungskosten
  294
Arten von Geschäftsprozessen
  335
Arzt-Krankenhausaufnahme-
  vertrag 310
ärztliche Schweigepflicht 321
ärztliche Wahlleistung 306
Arztzusatzvertrag 310
Assessment-Center 379
Audit 352
Aufbauorganisation 37, 41
Aufbewahrungsfrist 314
Auffüllmenge 205
Aufgabengliederung 37
Aufhebungsvertrag 418
Aufklärungsmaßnahmen 350
Auflösungsvertrag
  (Fußnote 1) 418
Aufnahmesatz 326
Aufnahmestatus 338
Aufschwung 478
Aufsichtsrat 71, 77
Auftragsvergabeverfahren 235
Aufwendungen für Krankenhaus-
  leistungen 139
Ausbildender 92
Ausbilder 92
Ausbildung 90
Ausbildungsbetrieb 92
Ausbildungsnachweispflicht 96
Ausbildungsordnung 93
Ausbildungspflicht 95
Ausbildungsplan 94
Ausbildungsrahmenplan 93
Ausbildungsverhältnis 93
Ausbildungszeit 96
Ausgleichsfunktion 451
Außenverhältnis 56
außenwirtschaftliches
  Gleichgewicht 488
außergerichtliches Mahn-
  verfahren 273
außerordentliche Kündigung 420
Aussperrung 135
Auszubildendenvertretung 121
Auszubildender 92
AVV 206

B

Bankdienstleistung, Vorteile 289
Bank Identifier Code 281
Bargeld 279
bargeldlose Zahlung 279
Bedarfsplanung 195
Bedarfsstelle 292
Bedarfsstellenlager 293
Befolgungspflicht 95
Beförderungsaufwendung 230
Befragung 156
befristeter Arbeitsvertrag 387
befristete Transaktionen 502
Behandlungsfehler 312
Behandlungspfad 340
Behandlungsvertrag 308
Beitragsbemessungsgrenze 463,
  473
Beitragssätze 473
Belästigung 380
Benachteiligung 380
Benachteiligungsverbot 380
Benchmarking 359
Beobachtung 155
Beratungsrecht (Betriebsrat) 119
Beratungs- und Fördergespräch
  404
Bereitschaftsdienst 400
Berichtsheft 96
Berufsausbildung 90, 408
Berufsausbildungsvertrag 94
Berufsberatung 468
Berufsbildungsgesetz 93
Berufsgenossenschaft 104
Berufskrankheiten-Behandlung
  328
Berufsordnung für Ärzte 172
Berufsschule 92
Berufsschulpflicht 95
Beschaffung (Begriff) 188
Beschaffungsmarktforschung 190
Beschäftigung 485
beschränkte Geschäftsfähigkeit
  215
Beschwerdemanagement 350
Beschwerdemanagement-
  Konzept 351
Beschwerderecht 123
Besitz 242
besonderer Kündigungsschutz
  422
Bestandsoptimierung in der
  Lagerhaltung 294

Stichwortverzeichnis

Bestellabwicklung
– Zertifizierung 247
Bestellbestätigung 234
Bestellmenge, optimale 202
Bestellpunktverfahren 204
Bestellrhythmusverfahren 204
Bestellung 233
– rechtliche Bindung 233
Bestellverfahren 204
Bestellzeitpunkt 205
Beteiligungslohn 415
betriebliche Vollmacht 391
Betriebsärzte 107
Betriebsordnung 123
Betriebsrat 96, 107, 118, 122
Betriebsvereinbarung 123, 385
Betriebsverfassung 117
Betriebsverfassungsgesetz 118, 122
Betriebsversammlung 120, 122
Beurkundung 51
Beurteilungsgespräch 404
Beurteilungskonflikt 406
Bewerbung 376
Bewerbungsschreiben 376
Bewerbungsunterlagen 373
Beziehungskonflikt 406
Bezugskalkulation
– Einfaktorenvergleich 210
BIC 281
Bildungspaket 470
Bindung an das Angebot 227
Bonus 229
Boom 478
Branchentarifvertrag 134
Brückenteilzeit 401
Bruttoinlandsprodukt 434
Bruttopreis 229
Buchführungspflicht 49
Buchgeld 279
Bundesgarantien 474

C

Chancen-Risiken-Analyse 151
Checkliste 191, 349
Chefarztbehandlung 306
Clinical Pathways 340
Coaching 410
Corporate Identity (Fußnote 1) 179

D

DALE-UV-Verfahren 329
Datenaustauschverfahren 327
Datenerhebungsverfahren 153
Datenschutz 318
Datenschutzbeauftragte 319
Datensicherheit 318
Datenübermittlung ärztlicher Leistungen 324
Datenverarbeitung 316
Debitkarte (Fußnote 1) 285

Deckungskauf 262
Deficit-Spending 481
deklaratorisch 50, 59, 63
Delegation 391
Delegation von Verantwortung 403
demografischer Wandel 474
Desinfektion 106
Deutsche Bundesbank 499
dezentrales Lager 292
Dienstgemeinschaft 126
Dienstleistung 305
Dienstleistungspflicht 387
Dienstplangestaltung 397
Dienstvertrag 384
Digital Natives 183
DIN EN 15224 356
DIN EN ISO 9001:2015 355
Direct-Response-Werbung 183
Direktmarketing 182
Direktorium 496
Direktwerbung 174
Diskriminierungsverbot 388
Draufgabe 229
Dreingabe 229
Dreischichtenmodell 475
Drittelbeteiligungsgesetz 118
duale Berufsausbildung 90
duales Ausbildungssystem 94
Durchlaufwirtschaft 109
durchschnittliche Lagerdauer 297
durchschnittlicher Lagerbestand 296
Dynamisierung der Renten 473

E

E-Commerce, Zahlungsform 288
Eigenbetrieb 124
Eigenkapitalaufbringung 56, 59, 64, 70, 76
Eigenlagerung 298
Eigentum 242
Eigentumsrechte 458
Eigentumsübertragung 242
Eigentumsvorbehalt 272
Eignungsprofil 378
einfacher Wirtschaftskreislauf 428
einfaches Zeugnis 97
Einfaktorenvergleich mit Bezugskalkulation 210
Eingangsrechnung, Prüfung 247
Eingliederungsvereinbarung 470
Einigungsstelle 125
Einkommensstrom 428
Einkommens- und Vermögensverteilung 490
Einlagenfazilität 503
Einliniensystem 41
einrichtungsinternes Qualitätsmanagement 348
Einstiegsgeld 470
Einwilligung 215

Einzelgeschäftsführungsrecht 59
Einzelkaufleute 52
Einzelunternehmung 55, 80
eiserner Bestand 295
elastische Nachfrage 442
E-Learning 409
elektronische Form 222
elektronisches Geld 279
Empfehlungsrate 145
Enteignung 458
Entgeltfortzahlung 387
Entgeltgespräch 404
Entgeltkorridor 134
Entgeltpolitik 167
Entlassmanagement 305
Entlassung 426
Entlassungsanzeige 326
Entlassungsstatus 338
Entsorgung 314
E-Procurement 300
Erfolgsbeteiligung 415
Erfüllung des Kaufvertrags 240
Erfüllungsgeschäft 239
Ergebnisqualität 346
Ernährungsverhalten 108
Ersatzbedarf (Personal) 368
Ersatz vergeblicher Aufwendung 256, 263, 270
Erstuntersuchung 113
erweiterter EZB-Rat 496
erweiterter Wirtschaftskreislauf 429
Erwerbsminderung 472
Erwerbspersonen 485
erwerbswirtschaftliches Prinzip 25
Erziehungsfunktion 451
Euroländer 495
Europäisches System der Zentralbanken 497
Europäische Wirtschafts- und Währungsunion 494
Europäische Zentralbank 496
Eurosystem 497
Eventmarketing 183
Exportüberschüsse 488
externe Personalbeschaffung 370
EZB-Rat 496

F

Fahrlässigkeit 255
Faktormärkte 428
Fantasiefirma 53
Feedback, Regeln 88
Fehlermanagement 350
Firma 53, 55, 59, 70, 76
– Einzelunternehmen 53
– KG 53
– OHG 53
Firmengrundsätze 54
Firmenzusatz 53
flexible Arbeitszeit 396

Stichwortverzeichnis

Formfreiheit 221
Formkaufmann 51
Formzwang 221
Fortbildung 410
Freiberufler 49
freie Marktwirtschaft 455
freigemeinnütziger Träger 26
Freiklausel 228
Freistellungspflicht 95
Fremdlagerung 298
Friedenspflicht 134
fristlose Kündigung 420
Früherkennung 17, 465
Frührehabilitation 21
Frühverrentung 397
Führen durch Zielvereinbarung 403
Führen nach dem Ausnahmeprinzip 403
Führungsgespräch 404
Führungsmethode 403
Führungsstil 403
Funktionalsystem 42
Funktionen des Preises 451
Funktionsstelle 42
Fürsorgepflicht 95, 387

G

Gattungswaren 228
G-BA-Richtlinie 348
Gebotszeichen 103
Gehalt 413
Gehaltstarifvertrag 133
Geldarten 279
geldpolitische Instrumente 499
Geldschulden 231
Geldstrom 339, 428
gemeinsamer Bundesausschuss 348
Gemeinschaftswerbung 174
gemeinwirtschaftliches Prinzip 25
gemischte Firma 53
Genehmigung 215
Generationenvertrag 473
Generation Internet 183
Generika 164
Gerichtsstand 233, 242
Gesamtgeschäftsführungsbefugnis 71, 77
Gesamtgeschäftsführungsrecht 60
Gesamthandsvermögen 59
Gesamtvertretungsmacht 77
Gesamtvertretungsvollmacht 71
Geschäftsanteil 70
Geschäftsfähigkeit 215
Geschäftsführer 71
Geschäftsführung 56, 59, 64
Geschäftsprozess
– Arten 335
– Merkmale 334
– Optimierung 336

Geschäftsprozess im Krankenhaus 337
Geschäftsunfähigkeit 215, 218
Gesellschaft bürgerlichen Rechts 58
Gesellschafterversammlung 71
Gesellschaft mit beschränkter Haftung (GmbH) 52, 69, 80
Gesellschaftsvertrag 69
– KG 65
Gesetz der Nachfrage 442
Gesetz des Angebots 444
gesetzliche Bindungsfrist 227
gesetzliche Form 222
gesetzliche Krankenversicherung 139, 327
gesetzlicher Mindestlohn 388
gesetzliches Wettbewerbsverbot 387
Gesprächsführung
– Grundlagen 404
Gesundheitseinrichtung 24
Gesundheitsfonds 464
Gesundheitsleistung 17, 161
Gesundheitsmanagement 108
Gesundheitsmarkt 142
Gesundheitsschutz 106
Gesundheitsversorgung 17
Gewährleistungsrecht 253
– Verbrauchsgüterkauf 257
Gewerbeaufsichtsamt 104
Gewerbebetrieb 49
Gewerbefreiheit 456
Gewerbetreibende 49
Gewerkschaft 96, 131
Gewinnbeteiligung 60, 66, 71
Gewinnorientierung 25
Gewinn- und Verlustbeteiligung 71, 77
Gewinn- und Verlustverteilung 56
Gewinnverteilungstabelle 60, 66
Giralgeld 279
Girocard 285
Girokonto 279
Giropay 288
Girovertrag 279
Gläubiger-Identifikationsnummer 283
Gleichgewichtspreis 447
Gleitarbeitszeit 396
gleitender Übergang in den Ruhestand 397
Grundkapital 76
Grundkündigungsfrist 419
Grundsicherung 469
Gründungsmotive 56, 61
Grundversorgung 24, 475
Güteprämie 414
Güterstrom 428

H

Haftpflicht 387

Haftung 60, 64, 76
Haftungsfall 312
Haftungsverhältnis 56
Händehygiene 105
Handelsgewerbe 49
Handelsregister 51, 59, 63, 69, 72, 76
Handlager 293
Handlungsvollmacht 392
Hauptversammlung 77
Haustarifvertrag 134
HDI 437
headship 402
Heilmittelwerbegesetz 172
Heimvertrag 330
Hilfebedürftigkeit 470
Hintergrunddienst 400
Hochkonjunktur 478
Höchstbestand 205
Holschulden 230
Homepage 184
Human Development Index 437
humanitäre Ziele 33
Hygiene 105

I

IBAN 280
IKEA-Klausel 252
Importüberschüsse 488
Individualismus 455
Infektionsschutz 104
Informationsquelle 193
– externe 193
– interne 193
Informationsrecht (Betriebsrat) 119
Informationsstrom 338
Informations- und Anhörungspflicht 387
Inhaber 56
Inkassovereinbarung 283
Innenverhältnis 56
Insolvenzgeld 469
integriertes IT-System 302
International Bank Account Number 280
interne Personalbeschaffung 370
Internet 183
Investitionsgüter 430
Investivlohn 490
Istkaufmann 50
IT-System 302

J

Jahresarbeitsentgeltgrenze 464
Jahresarbeitszeit 397
Jobcenter 468
Jobsharing 396
Jugendarbeitsschutz 112
Jugend- und Auszubildendenvertretung 96, 121
juristische Person 51, 69, 75, 214

Stichwortverzeichnis

K

Kannkaufmann 51
Kapitalgesellschaft 69, 75
Karten mit Geldkartenfunktion 288
Kauf
– auf Rechnung 288
– mit Kreditkarte 288
Käufermärkte 449
Kaufmann 49
kaufmännischer Auszubildender 94
kaufmännisches Mahnverfahren 273
Kaufmann kraft Rechtsform 51
Kaufpreis, Zahlung 247
Kaufvertrag 238
– Erfüllungsgeschäft 239
– Rechte und Pflichten 239
– Rücktritt 255, 262
Kernprozess 335, 340
kirchliches Arbeitsrecht 127
Kleinbetrieb 51
Klinik-Homepage 184
Klinische Behandlungspfade 340
Koalitionsfreiheit 131
Kollektivismus 455
Kollektivvertrag 132
Kombilöhne 490
Kommanditgesellschaft (KG) 52, 63, 80
Kommanditist 63
Kommunikationspolitik 171
Kommunikationsprozess 404
Kommunikationsweg 183
Komplementär 63
Konflikt, Regelung 406
Konjunkturausgleichsrücklage 481
Konjunkturphasen 478
konkludentes Handeln 308
konstitutiv 51, 69, 76
Konsumentenrente 449
Konsumfreiheit 456
Konsumgütermarkt 429
Kontaktinfektion 105
kontinuierlicher Verbesserungsprozess 346
Kontrahierungspolitik 167
Konventionalstrafe 263
Konvergenzkriterien 494
Körpersprache 86
Kostendämpfung 140
Kostendeckungsprinzip 25
Kostenübernahmesatz 326
Krankenbehandlung 20, 465
Krankengeld 465
Krankenhaus 24, 305, 325, 337
Krankenhausaufnahmevertrag 310
Krankenhausbetriebsprozesse 338
Krankenhaus-Betriebswirtschaft 140
Krankenhausleistung 139, 305
Krankenkasse 325
Krankenversicherung 473
– gesetzliche 463
Kreditkarte 286, 288
Kreditkartenorganisation 286
Kreislaufwirtschaft 109
KTQ-Regelwerk 352
Kundenanalyse 150
Kündigung 97, 419
– durch den Ausbildenden 97
– durch den Auszubildenden 97
Kündigungsfrist 97
Kündigungsschutz 422
– allgemeiner 422
– besonderer 422
Kündigungsschutzklage 423
Kurzarbeitergeld 469

L

LAGA-Vollzugshilfe 207
Lager
– Arten 291
– Begriff 291
– dezentrales 292
– Funktion 291
– Mindestbestand 295
– zentrales 292
Lagerbuchhaltung 246
Lagerhaltungskosten
– Arten 294
Lagerkennzahlen
– Berechnung 296
– Wirtschaftlichkeitskennzahl 298
Lagerkosten 298
Lagerplanung, Risiken 298
Lagerumschlagshäufigkeit 297
Lagerzinssatz 298
Lastschrift 288
leadership 402
Lebensarbeitszeit 397
Lebenslauf 376
Leistungslohn 414
Leistungsort 233, 241
Leistungsstörung 251
Leistungsstrom 338
Leistungszeit 241
Leitbild 32
Leitungssystem 41
Lenkungsfunktion 451
Lernort 90
Lernpflicht 95
Lichtbild 377
Liefererauswahl 191, 210
Lieferschein 244
Lieferungsbedingung 230
Lieferungsverzug 260
Lieferzeit 231
Lohn 413

Lohnquote (Fußnote 1) 132
Lohntarifvertrag 133

M

Maastricht-Kriterien 494
magisches Sechseck 484
magisches Viereck 484, 489
Mahnbescheid 274
Mahnung 260
Management by Delegation 403
Management by Exception 403
Management by Objectives 403
Managementprozess 336, 340
Mängelansprüche, Verjährungsfrist 257
Mängelarten 252
mangelhafte Lieferung 251
Manteltarifvertrag 133
Marketing 142
– Aufgaben 146
– Ziele 143
Marketingkonzept 159
Marketingmix 159
Marktanalyse 148
Marktbeobachtung 148
Marktforschung 148
Marktforschungsinstitut 149
marktkonforme Maßnahmen 491
marktkonträre Maßnahmen 491
Marktprognose 149
Marktsegmentierung 159
Massenwerbung 174
Materialauswahl 196
Materialstrom 339
Maximalversorgung 24
MBO 172
medizinische Begründung 326
medizinische Behandlung 311
medizinische Rehabilitation 21
medizinische Versorgung 17
medizinische Wahlleistung 307
Mehrfaktorenvergleich 212
Mehrliniensystem 42
Meldebestand 205, 295
Mengenplanung 202
Mengenrabatt 229
Mentoring 410
Methoden der Informationsgewinnung 155
Minderung 256
Mindestbestand 205, 295
Mindestreservepolitik 500
Mini-GmbH 71
Mitarbeiterbefragung 350
Mitarbeitergespräch 403
Mitarbeiterorientierung 353
Mitarbeitervertretungsordnung 126
Mitbestimmung 117
Mitbestimmungsrecht (Betriebsrat) 120
mittelbare Handlung 214

Stichwortverzeichnis

Mitwirkung des Betriebsrats bei Einstellung 373
Mitwirkungsrecht (Betriebsrat) 119
monopolistische Märkte 441
Mutterschaftsgeld (Fußnote 1) 465
Mutterschutzgesetz 106

N

Nacherfüllung 254
Nachfrage
- Begriff 441
- Bestimmungsgründe 441
- kurven 441
- verschiebung 441, 443
Nachfragelücke 449
Nachfragerrente 449
Nachnahme 288
Nachuntersuchung 113
Nachwirkung (Grundsatz der) 134
Naturalrabatt 229
natürliche Personen 214
Nennbeträge 70
Nennbetragsaktie 76
Nettopreis 229
Neubedarf (Personal) 368
Nichtigkeit 218
Nicht-Rechtzeitig-Lieferung 260
Nicht-Rechtzeitig-Zahlung 267
Non-Profit-Betrieb 25
Non-Profit-Unternehmen 27
nosokomiale Infektion 104
notarielle Beurkundung 223
Nutzungsprämie 414

O

oberer Wendepunkt 478
Oberschwellenbereich 235
Offenbarungsbefugnis 322
offene Handelsgesellschaft (OHG) 52, 58, 80
offene Wirtschaft 431
Offenmarktpolitik 501
öffentliche Beglaubigung 223
öffentlicher Auftrag 234
Öffentlichkeitsarbeit 179
öffentlich-rechtlicher Träger 27
ökologische Ziele 33
ökonomische Ziele 33
Ökosteuern 491
oligopolistische Märkte 441
Onlinebanking 287
optimale Bestellmenge 202
Optimierung von Geschäftsprozessen 336
Ordnungspolitik 483
Organe der AG 77
Organe der GmbH 71
Organigramm 40, 46
Organisation 37
- prozessorientierte 334

Organisationsform im Krankenhaus 340
Organisationsplan 40
Outdoor Training 410

P

paritätische Mitbestimmung 118
passives Wahlrecht 118
Patientenakte 314
Patientenbefragung 350
Patientendaten 321
Patientendurchlauf 340
Patienteninformation 350
patientenorientiertes Beschwerdemanagement 350
Patientenorientierung 353
Patientenschutz 172
Pay-later-Karte 286
PayPal 288
pCC-Anforderungskatalog 355
PDCA-Zyklus 347
Pensionsgeschäft 502
Personalakte 389
Personalanalyse 366
Personalauswahl 377
Personalauswahlverfahren, Ablauf 372
Personalbedarfsplanung 366
- qualitative 368
- quantitative 368
Personalberater 370
Personalbeschaffung
- externe 370
- interne 370
Personalbeschaffungsplanung 369
Personalbeschaffungsweg 370
Personaleinsatzplan 395
Personalentwicklung 408
Personalförderung 409
Personalfreisetzung 417
Personalführung 402
Personalrabatt 229
Personalrat 124
Personalwirtschaft 364
personelle Überdeckung 417
personenbezogene Daten 316
Personenfirma 53
Personengesellschaft 58, 63
Pflege 22
Pflegebedürftigkeit 466
Pflegegeld 467
Pflegegrad 466
Pflegeheim 24, 30
Pflegehilfe 467
Pflegemindestlohn 388
Pflege-Transparenzvereinbarung 358
Pflege-TÜV 358
Pflegeversicherung 329, 463, 466, 473
Pflichtverletzung 255, 262
Pflichtversicherung 463

Pflicht zur Ausstellung eines Zeugnisses 387
Pflicht zur Verschwiegenheit 387
PIN 285
Point of Sale 178, 285
polypolistische Märkte 441
Polypolmarkt 447
POS 285
Postnachnahme 274
Praktikum 409
Prämienlohn 414
Präsentation 82
- Regeln 86
- Vorbereitung 85
Prävention 17
Preisbildung 440, 447
Preisstabilität 486
Preisstrategie 167
Primärforschung 153
Primär-Input 338
Primärprävention 18
private Absicherung 475
private Arbeitsvermittlung 370
privater Träger 26
Privatgeheimnis 321
Probezeit 96
Problemlösungsgespräch 404
proCum Cert 355
Produktionsfaktoren 428
Produkt-Lebenszyklus 163
Produktpolitik 161
Produzentenrente 449
Profit-Betrieb 25
Profit-Unternehmen 27
Projektorganisation 44
Projekt „Tag der offenen Tür" 179
Prokura 391
prozessorientierte Organisation 334
Prozesspolitik 483
Prozessqualität 346
Prüfung der Eingangsrechnung 247
Public Relations 179
Punktebewertungstabelle 191, 212
Punktmarkt 447

Q

qualifiziertes Zeugnis 97
Qualität 345
Qualitätsdimension 345
Qualitätsindikator 360
Qualitätsmanagement 345
Qualitätssicherung 27
Qualitätszirkel 346

R

Rabatt 229
Radio Frequency Identification 245
Rahmenlehrplan 94

Stichwortverzeichnis

Rahmentarifvertrag 133
Rechnungssatz 326
Recht auf Anhörung 122
Recht auf Berufsfreiheit 457
Recht auf Freizügigkeit 457
Recht auf Privateigentum 457
Recht auf Unterrichtung 122
Rechte und Pflichten aus dem Kaufvertrag 239
rechtfertigender Notstand 322
rechtliche Bindung an die Bestellung 233
Rechtsfähigkeit 214
Rechtsformwahl 80
Rechtsformzusätze 53
Rechtsgeschäft 214
– Anfechtbarkeit 218
– Form 221
– Nichtigkeit 218
Recycling 109
Referenz 377
Regelaltersrente 472
Regelleistung 305
Regelung von Konflikten 406
Regelversorgung 24
Rehabilitation 21, 29
Rehabilitationseinrichtung 328
Rehabilitationskrankenhaus 29
Rentenart 472
Rentenversicherung 327, 463, 471
Repogeschäfte 502
Rettungszeichen 103
Rezession 478
RFID 245
Risiken einer fehlerhaften Lagerplanung 298
Risikohaftung 64, 70, 76
Risikomanagement 350, 353, 355
rollierendes Arbeitszeitsystem 397
Rückabwicklungsschuldverhältnis (Fußnote 1) 255
Rücktritt vom Kaufvertrag 255, 262
Rufbereitschaft 400

S

Sachfirma 53
Saisonarbeit 397
Satzung 69, 76
Schadenersatz 313
– neben der Leistung 253, 256
– statt der Leistung 255, 262
– wegen Verzögerung der Leistung 262
Schadensmeldung 245
Schattenwirtschaft 437
Scheingeschäft 218
Scherzgeschäft 218
Schichtarbeit 397
Schichtdienstplan 398
Schickschulden 230

Schlechtleistung 251
Schlichtung 135
Schmerzensgeld 313
Schmierinfektion 105
Schnittstellenmanagement 349
Schriftform 222
schuldhaftes Verhalten 255
Schuldverschreibungen 502
Schwangerschaft 465
Schweigepflicht 96, 321
Schwerpunktversorgung 24
Scoring-Modell 212
Sekundärforschung 154
Sekundär-Input 338
Sekundärprävention 19
Selbstbewertungsbericht 354
SEPA-Basis-Lastschriftmandat 283
SEPA-Basis-Lastschriftverfahren 282
SEPA Core Direct Debit Scheme 282
SEPA-Dauerauftrag 282
SEPA-Mandat 283
SEPA (Single Euro Payments Area) 280
SEPA-Überweisung 280
SEPA-Zahlung 280
sexuelle Belästigung 380
Sicherheitsbeauftragte 104
Sicherheitsbestand 205
Sicherheitszeichen 103
Signalfunktion 451
Skonto 231
SMART 33
Solidaritätsprinzip 463
Sonntags- und Feiertagsarbeit 397
soziale Kosten 437
soziale Marktwirtschaft 455
– und Grundgesetz 456
soziale Ziele 33
Sozialgeheimnis 324
Sozialgeld 470
Sozialgesetzgebung 459
Sozialhilfe (Fußnote 2) 470
Sozialpartner 131
Sozialplan 123
Sozialversicherung
– Arbeitsförderung 463, 468
– Arbeitslosenversicherung 463, 468
– Finanzierung 473
– Grundsicherung 469
– Krankenversicherung 463
– Notwendigkeit 463
– Pflegeversicherung 463, 466
– Rentenversicherung 463, 471
– Sozialversicherungsausweis 475
– Träger 463
– Unfallversicherung 463, 471

– Zweige 463
Sozialversicherungsausweis 475
Sozialversicherungsbeitrag 473
Sperrzeit (Fußnote 1) 469
Speziessachen 228
Spitzenrefinanzierungsfazilität 503
Sponsoring 182
Sprache 88
Staatszuschüsse 474
Stabilität des Preisniveaus 486
Stabilitätsgesetz 483
Stabliniensystem 43
Staffelarbeitszeit 396
Stammeinlagen 70
Stammkapital 70
ständige Fazilitäten 503
Stärken-Schwächen-Analyse 151
stationäre Behandlung 20
stationäre Versorgung 24
Stellenanzeige 374
Stellenbeschreibung 38
Stellenbildung 38
strafrechtliche Haftung 312
Streik 135
Streugebiet 176
Streukreis 176
Streuzeit 175
Strukturpolitik 483
Strukturqualität 345
Stückaktie 76
Support-Management 340
SWIFT-Code 281
SWOT-Analyse 151
– Ziele 152

T

Tag der offenen Tür 179
Tagesarbeitszeit 396
TAN 287
Tarifautonomie 132, 459
Tarifbindung 134
Tariffähigkeit 132
Tariföffnungsklauseln 134
Tarifvertrag 132, 385
Taschengeldparagraf 216
Teamarbeit 82
Teamsitzung 83
Teilzeitarbeit 396
Teilzeitbeschäftigung 401
Telefonmarketing 182
Tendenzbetrieb 125
Tendenzträger 126
Terminprämie 414
Tertiärprävention 19
Träger der Marktforschung 149
Trägergruppe 26
Traineeprogramm 410
Training off the Job 409
Training on the Job 409
Transaktionsnummer 287
Trend 479
Treuerabatt 229

U

Überbeschäftigung 485
Überbrückungsbedarf (Personal) 368
Übergabe 239
Übermittlung von Patientendaten 320
Übernachtliquidität 503
Überwachung des Zahlungseingangs 272
Umschulung 409
Umweltcheckliste 111
Umweltschutz 108, 196
unelastische Nachfrage 442
Unfallfolgen 471
Unfallverhütung 471
Unfallversicherung 328
– gesetzliche 463, 471
UNI-DAV 329
Unterbeschäftigung 485
Unternehmensführung 353
Unternehmensleitbild 32
Unternehmensverfassung 117
Unternehmensziele 32
Unternehmergesellschaft 71
Unternehmergesellschaft (UG) 70
Unterstützungsprozess 340
unvollkommener Markt 441, 451
Urabstimmung 135
Urlaubsentgelt 387

V

Verarbeitung personenbezogener Daten 318
Verbotszeichen 103
Verbraucherschutz 240
Verbrauchsgüterkauf, Gewährleistungsrecht 257
Verbrauchsstelle 292
Verbundwerbung 174
Vereinigungsfreiheit 457
Vergaberecht 234
Vergessenskurve 175
Verjährung 276
Verjährungsfrist 276
– von Mängelansprüchen 257
Verkäufermärkte 448
Verkaufsförderung 178
verlängerte Kündigungsfrist 419
Verlängerungsanzeige 326
Verletztengeld 471
Verlustbeteiligung 61, 66, 71
Verpackungsaufwendung 230
Verpflichtungsgeschäft 238

Versicherungspflicht 464, 466, 468, 471
Versicherungspflichtgrenze (Fußnote 1) 464
Versorgungseinrichtung 24
Versorgungsstufe 24
Verstöße gegen die Schweigepflicht 322
Verteilungskonflikt 406
vertragliche Bindungsfrist 228
Vertragsfreiheit 456
Vertrauensarbeitszeit 396
Vertretung 56, 59, 64
Vertretungsvollmacht 391
Verzugsschaden 262
Vetorecht 119
Visitation 354
volkswirtschaftliche Gesamtrechnung 435
Vollbeschäftigung 485
vollkommener Markt 441
vollständiger Wirtschaftskreislauf 430
Vorauskasse 288
Vorbereitung einer Präsentation 85
Vordergrunddienst 400
Vorsatz 255
Vorsorge 29
Vorsorgeuntersuchungen 107
Vorstand 77
Vorstellungsgespräch 377
Vorteile von Bankdienstleistung 289

W

Wahlleistung 306
Warenabnahme 244
Warenannahme (Fußnote 1) 244
Warenprüfung 245
Warenschulden 230
Warnzeichen 103
Wechselschichtdienst 398
Weisungssystem 41
Weiterbeschäftigung (Auszubildender) 97
Weiterbildung 410, 469
Werbeerfolgskontrolle 176
Werbeetat 176
Werbemittel 174
Werbeplan 173
Werbeträger 175
Werbung 171
Wertschöpfung 335

Wertschöpfung im Krankenhaus 338
Wettbewerberanalyse 150
Wettbewerbsgesetzgebung 459
Widerspruch 275
Widerspruchsrecht 119
Wiederbeschaffungszeit 205
Wiederverkäuferrabatt 229
Wiederverwendung 109
Willenserklärung 214
Wirtschaftsordnung 455
Wirtschaftspolitik 483
wirtschaftspolitische Ziele 484
Wirtschaftswachstum 434, 488
Wochenarbeitszeit 397
Wohlfahrtsverband 26
Wohn- und Betreuungsvertrag 330

Z

Zahlung des Kaufpreises 247
Zahlungsarten 279
Zahlungsbedingungen 231
Zahlungsformen beim E-Commerce 288
Zahlungsfrist 231
Zahlungssatz 326
Zahlungsverkehr 279
Zahlungsverzug 267
Zahlungszeitpunkt 268
Zeitlohn 413
Zeitplanung 204
zentrales Lager 292
Zentrallager 293
Zentralverwaltungswirtschaft 455
Zertifizierung
– Bestellabwicklung 247
Zertifizierungsbericht 354
Zeugnis 97, 377, 424
– einfaches 97
– qualifiziertes 97
Zeugniscode 425
Zielgeschäft 239
Zielharmonie 35, 489
Zielindifferenz 489
Zielkonflikt 35, 190, 489
Zielsetzungsgespräch 404
zivilrechtliche Haftung 312
Zug-um-Zug-Geschäft 239
Zusatzversorgung 475
Zweckbetrieb 27
Zwei-Säulen-Strategie 498
zyklische Werbung 176